내가 뽑은 원픽! 최신 출제경향에 맞춘 최고의 수험서

2025
경영정보 시각화능력
실기 Power BI
한권완성

최형규 · 정경문 공저

머리말

데이터는 오늘날 경영에서 단순한 기록을 넘어, 의사결정을 지원하고 성과를 분석하며 미래를 예측하는 중요한 자원으로 자리 잡았습니다. 특히, 다양한 데이터를 효과적으로 분석하고 전달하는 데이터 시각화는 조직과 개인의 경쟁력을 높이는 필수적인 역량이 되었습니다.
이러한 기술은 단순히 정보를 보는 데 그치지 않고, 데이터를 통해 문제를 발견하고 해결 방안을 제시하는 데 중요한 역할을 합니다.

경영정보시각화능력 시험은 이러한 능력을 체계적으로 평가하며, 실기시험에서는 Power BI와 같은 BI 프로그램을 활용하여 데이터의 가공, 분석, 시각화 작업을 수행합니다.

본 도서는 경영정보시각화능력 실기 시험 대비를 목적으로 Power BI Desktop을 활용한 데이터 처리와 시각화 전 과정을 다룹니다. 데이터를 불러오고 전처리하며, 관계를 설정하고 시각화 보고서를 작성하는 과정을 단계별로 정리하여 독자들이 각 주제를 체계적으로 학습할 수 있도록 구성하였습니다.
단계별 실습과 쉽게 따라할 수 있는 풀이 과정을 제공하며, 데이터 처리부터 DAX 함수 활용, 시각화 보고서 작성과 같은 주요 평가 항목을 효율적으로 준비할 수 있도록 작성하였습니다.

이와 함께 실무에서 자주 접하는 분석 과제와 지표, 시각화 요구를 반영하여 실습과 예제를 마련하였습니다. 다양한 지표를 작성하고 이를 시각적으로 표현하는 방법을 익히는 과정을 통해 실무에서 실질적으로 활용 가능한 기술을 자연스럽게 연습할 수 있습니다.

이 책은 데이터를 처음 접하는 초보자부터 시험 대비 수험생, 데이터 시각화 역량 강화를 목표로 하는 실무자까지 폭넓은 독자를 대상으로 합니다. 시험 대비와 실무 활용이라는 두 가지 목표를 모두 반영하여, 독자들에게 유용한 자료가 될 수 있기를 기대합니다.

마지막으로 시험을 준비하시는 모든 분들이 좋은 결과를 얻기를 진심으로 기원합니다.

저자 **최형규**

시험 가이드

경영정보시각화능력(Business Intelligence Specialist) 개요

4차 산업혁명, ICT 기술 발전, 디지털 전환 등으로 인해 데이터에서 의미 있는 정보를 도출하는 능력이 무엇보다 중요해지고 있다. 경영정보시각화능력은 이러한 흐름에 따라 기업·기관의 경영과 관련된 정보를 시각화하는 능력을 평가하기 위해 신설된 국가기술자격 시험이다.

응시자격

제한 없음(단, 실기시험은 필기 합격 후 2년 이내 있는 실기시험 응시 가능)

필기시험

- 검정방법 : 객관식 4지 택일형(60분)
- 합격기준 : 과목당 100점 만점에 전 과목 40점 이상(전 과목 평균 60점 이상)
- 시험과목

등급	과목명	문제수	주요항목
단일등급	경영정보 일반	20문항	• 경영정보 이해 • 기업 내부 정보 파악 • 기업 외부 정보 활용
	데이터 해석 및 활용	20문항	• 데이터 이해 및 해석 • 데이터 파일 시스템 • 데이터 활용
	경영정보시각화 디자인	20문항	• 시각화 디자인 기본원리 이해 • 시각화 도구 활용 • 시각화 요소 디자인

실기시험

- 검정방법 : 컴퓨터 작업형(70분)
- 합격기준 : 100점 만점에 70점 이상
- 시험과목

등급	과목명	문제수	주요항목
단일등급	경영정보시각화 실무	3~5문항	• 경영정보시각화 작업 준비 • 경영정보시각화 결과물 레이아웃 구성 • 경영정보시각화 요소 구현

※ 2025년 실기시험 프로그램 버전 안내 : 파워비 데스크탑(버전 2.138.1452.0), 태블로 데스크탑 퍼블릭 에디션(버전 2024.30)

2025년 시험일정

구분		접수기간	시험일	결과발표
1회	필기	04.03.~04.09.	04.26.	05.27.
	실기	06.05.~06.11.	06.28.	08.26.
2회	필기	08.21.~08.27.	09.13.	10.14.
	실기	10.09.~10.15.	11.01.	12.30.

※ 자세한 사항은 대한상공회의소 자격평가사업단 홈페이지(https://license.korcham.net)를 참고하시기 바랍니다.

구성과 특징

STEP 01 Power BI 핵심이론+상세한 작업과정 풀이로 탄탄한 기초 완성!

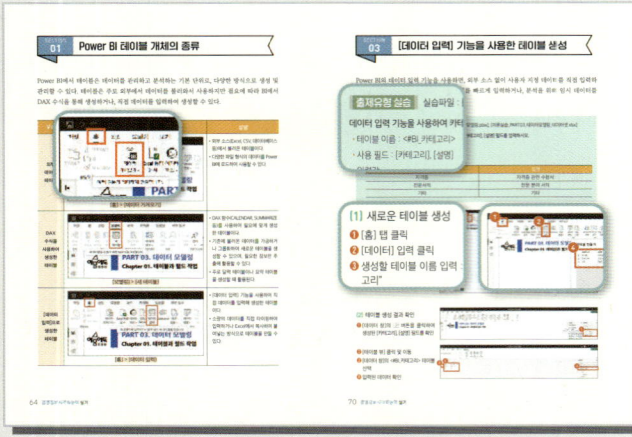

- 복잡한 Power BI 핵심이론을 쉽게 이해할 수 있도록 도표 및 그림을 활용하여 수록하였습니다.
- Power BI 실습 시 [출제유형 실습]을 통해 기출문제와 유사한 형태의 지시문을 익힐 수 있도록 하였습니다.
- 효과적인 학습이 이루어질 수 있도록 작업화면에 표시된 작업과정 순서와 이에 대한 상세한 풀이를 수록하였습니다.

STEP 02 시행처 공개 문제(A·B형)로 출제 경향 파악!

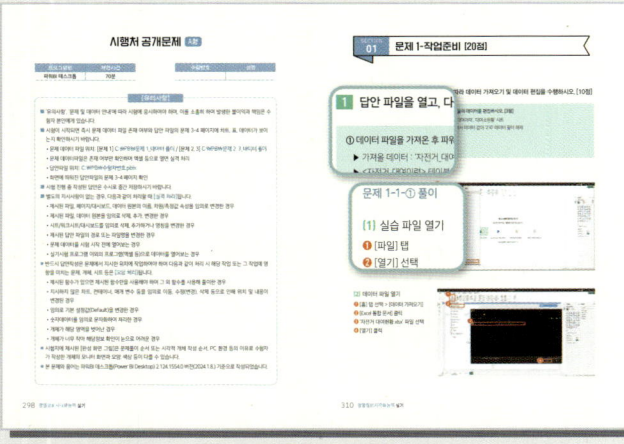

- 시행처 공개 문제 A·B형을 모두 수록하여 수험생들이 출제 경향을 파악할 수 있도록 하였습니다.
- 각 문제에 대한 상세한 풀이뿐만 아니라 [문제] 박스를 추가로 수록하여 빠르고 효율적인 학습이 가능하도록 하였습니다.

FEATURES

 모의고사 3회분으로 완벽한 실전 대비!

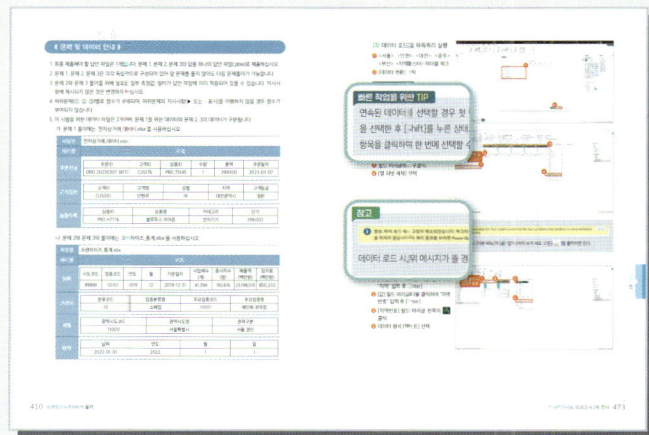

- 실제 기출문제와 동일한 구성의 모의고사 3회분을 수록하여 실전 감각을 향상시킬 수 있도록 하였습니다.

- Power BI 및 정보시각화능력 실기 시험에 대한 이해도를 높일 수 있도록 [빠른 작업을 위한 TIP], [알고가기], [참고], [심화]를 수록하였습니다.

 최초 수록한 2024년 제1회 기출유형복원문제로 초단기 합격!

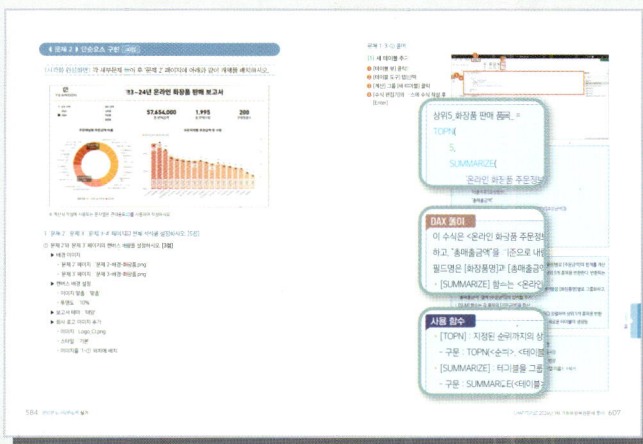

- 시험 직전 실제 시험 문제의 유형 및 난이도를 확인하고 놓치거나 헷갈렸던 개념을 복습할 수 있도록 2024년 제1회 기출문제를 완벽히 복원하여 수록하였습니다.

- 복잡한 Power BI 함수를 쉽게 익힐 수 있도록 [함수 수식], [DAX 풀이], [사용 함수]를 수록하였습니다.

예제 파일 다운로드 및 사용법

STEP 01 로그인 후 메인 화면의 [자료실]을 선택합니다.

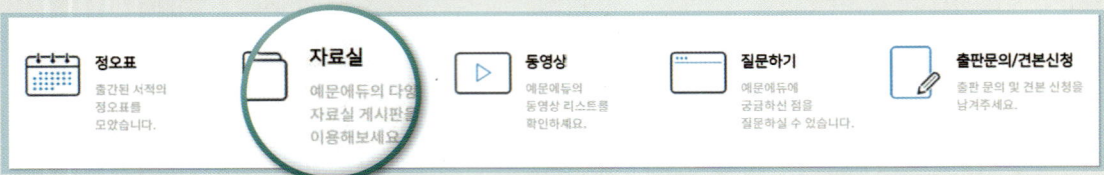

STEP 02 자료실 화면이 나타나면 '경영정보시각화능력 실기 한권완성 Power BI_예제파일' 게시글을 클릭합니다.

STEP 03 게시글의 첨부파일(PB.zip)을 클릭해 예제 파일을 다운로드 받은 후 압축 해제합니다.

STEP 04 'PB' 폴더를 'C 드라이브'에 복사한 후 해당 폴더를 기준으로 실습을 진행합니다(참고로 시험에서는 C:\PB 폴더에 시험 관련 자료들이 제공됩니다).

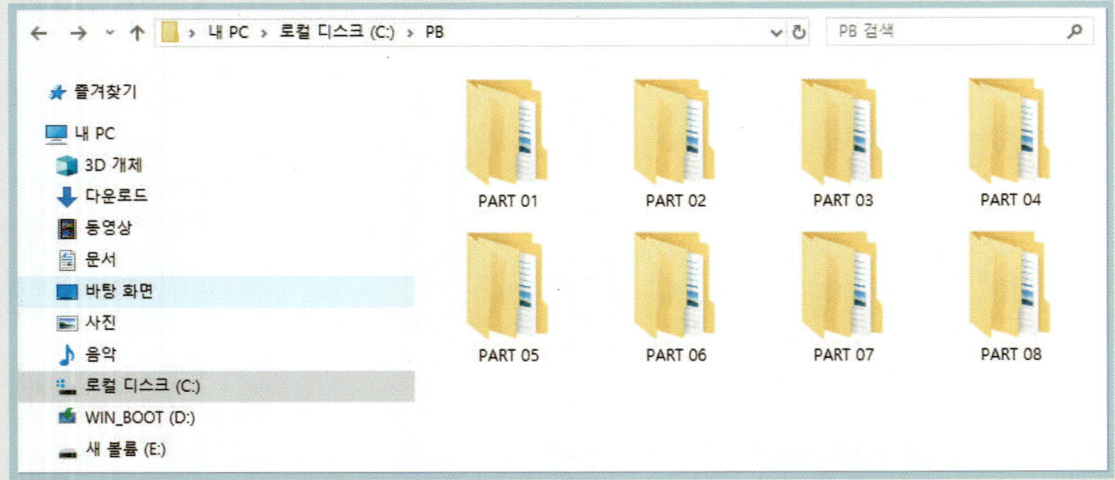

목차

PART 01
데이터 가져오기
CHAPTER 01 데이터 가져오기 17

PART 02
파워 쿼리 편집기 소개
CHAPTER 01 Power Query 편집기 열기 및 메뉴 소개 27
CHAPTER 02 Power Query 기능 35

PART 03
데이터 모델링
CHAPTER 01 테이블과 필드 작업 63
CHAPTER 02 관계 관리 103

PART 04
DAX(Data Analysis eXpressions)
CHAPTER 01 DAX 기본 이해와 종류 121
CHAPTER 02 DAX 함수 출제 범위와 유형별 함수 정리 131
CHAPTER 03 유형별 주요 DAX 함수 실습 155

PART 05
시각화
CHAPTER 01 보고서 테마 205
CHAPTER 02 시각화 개체 213
CHAPTER 03 기타 개체 253
CHAPTER 04 시각화 개체 기능 267
CHAPTER 05 필터창 289

PART 06
시행처 공개 문제
CHAPTER 01 시행처 공개 문제 A형 297
CHAPTER 02 시행처 공개 문제 A형 풀이 309
CHAPTER 03 시행처 공개 문제 B형 351
CHAPTER 04 시행처 공개 문제 B형 풀이 363

PART 07
모의고사
CHAPTER 01 모의고사 1회 409
CHAPTER 02 모의고사 1회 풀이 419
CHAPTER 03 모의고사 2회 459
CHAPTER 04 모의고사 2회 풀이 471
CHAPTER 05 모의고사 3회 517
CHAPTER 06 모의고사 3회 풀이 529

PART 08
기출유형복원문제
CHAPTER 01 2024년 1회 기출유형복원문제 579
CHAPTER 02 2024년 1회 기출유형복원문제 풀이 591

Power BI 기본정보&작업 준비

Power BI Desktop 설치 및 환경 세팅

경영정보시각화능력 실시 프로그램 Power BI Desktop은 대한상공회의소에서 제공하는 다음 웹하드 링크를 통해 다운로드할 수 있다.

- 다운로드 경로 : http://webdisk.korcham.net/fsdownload/4SyNvWkPn
- Power BI Desktop : 버전 2.124.1554.0

Power BI 데스크탑은 매월 고객 피드백과 새로운 기능을 통합하여 업데이트되고 릴리스된다. Microsoft 공식 홈페이지에서는 Power BI Desktop은 최신 버전만 지원된다.

- Microsoft power BI Desktop 다운로드 센터 : https://www.microsoft.com/en-us/download/details.aspx?id=58494

대한상공회의소에서는 실기 프로그램 관련 유의사항과 버전에 대해 공지한다.

- 대한상공회의소 자격평가사업단 > 종목소개 > 경영정보시각화능력 > 관련자료

Power BI Desktop 다운로드 및 설치

설치파일 다운로드

❶ 다운로드 경로 접속

❷ '교육 및 수험용 실기프로그램' 폴더 선택

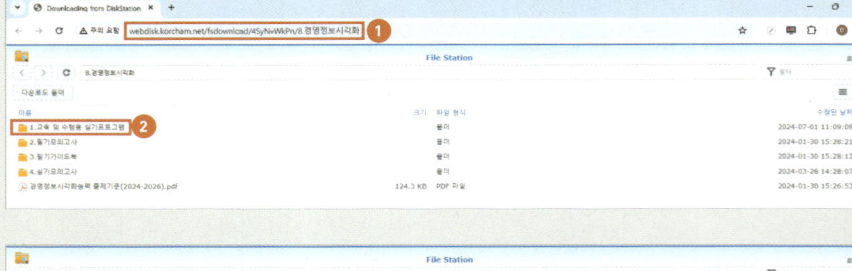

❸ '파워BI' 항목 다운로드

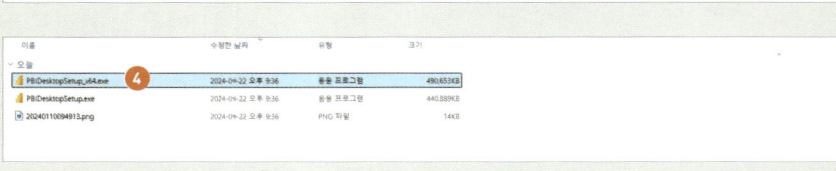

❹ 'PBIDesktopSetup_x64.exe' 파일을 더블 클릭하여 설치

- Windows 10 이하 : PBIDesktopSetup.exe

설치

❶ 설치 마법사 시작 후 '한국어' 언어 선택

❷ [다음]을 클릭

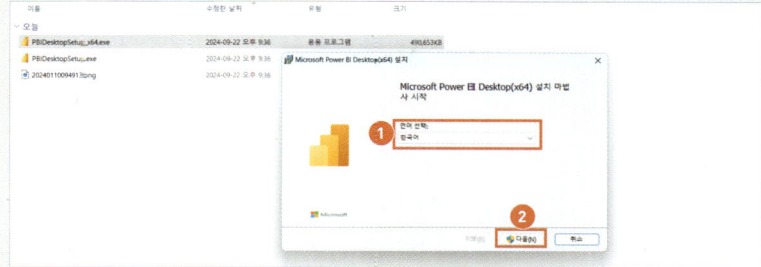

❸ 설치 마법사 시작 계속 진행 시 [다음]을 클릭

❹ 소프트웨어 사용 조건 동의함 체크

❺ [다음]을 클릭

❻ 설치 대상 폴더 선택 후 [다음] 클릭

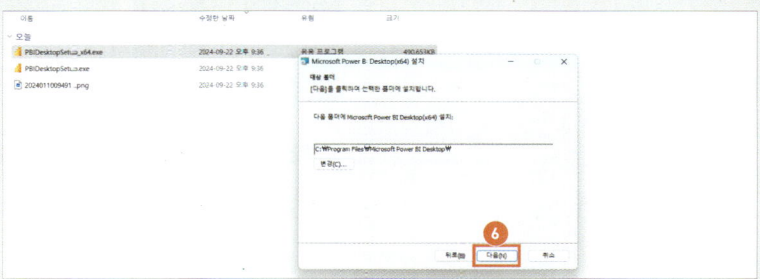

❼ 설치 준비 완료 바탕화면에 바로가기 만들기 체크 후 [설치] 클릭

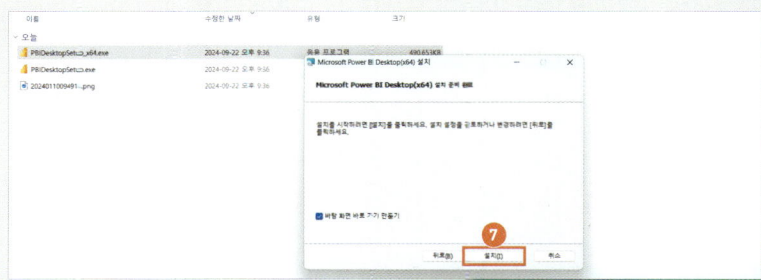

- 설치 소요시간 : 약 5분

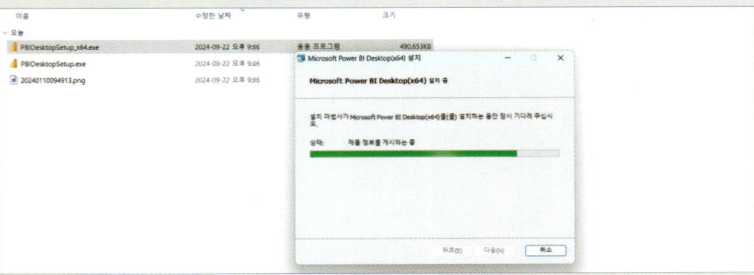

❽ 설치 완료 [마침] 클릭

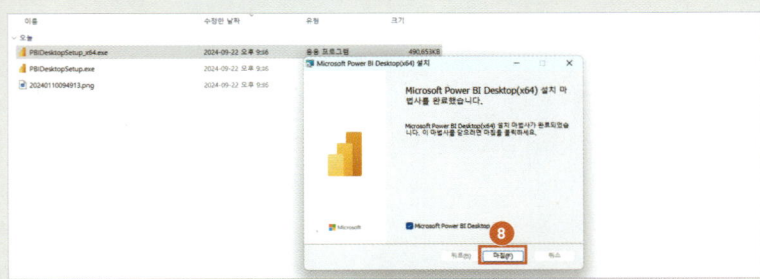

🥧 자동실행 및 시작

❶ Power BI Desktop 자동실행 우측 상단에 구독 및 전자 메일 주소 등록창 [닫기] 클릭

❷ 공동작업 및 공유 기능 알림 [닫기] 클릭

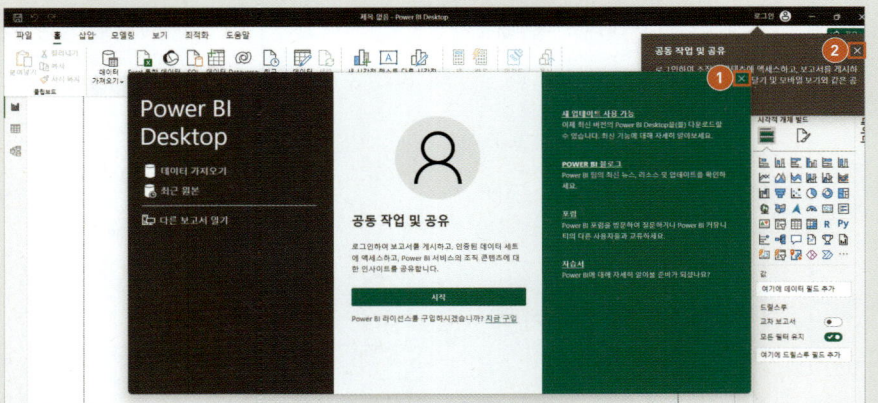

- Power BI Desktop 시작화면

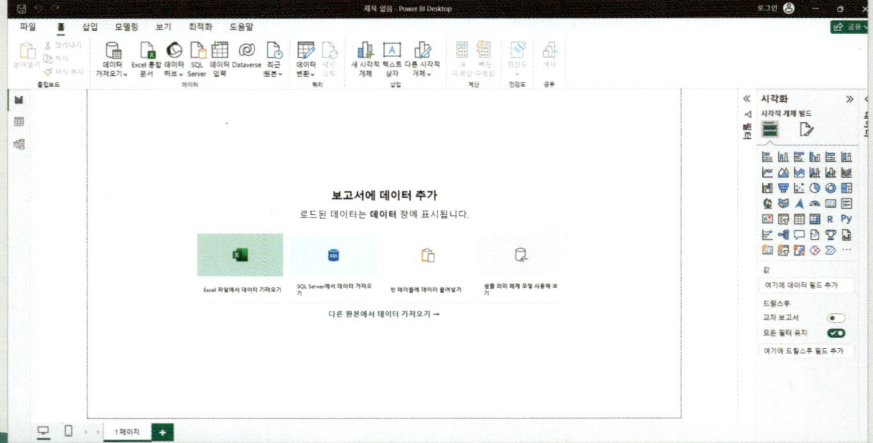

Power BI와 시각화 보고서 개발

Power BI는 Microsoft에서 제공하는 데이터 시각화 및 비즈니스 인텔리전스(BI) 도구로, 다양한 데이터를 연결하여 분석하고 시각화된 보고서를 만들 수 있도록 지원한다. 사용자가 손쉽게 다양한 목적의 데이터 분석과 시각화 보고서를 개발할 수 있도록 직관적인 인터페이스와 여러 기능들을 제공하며, 이를 통해, 데이터 기반의 인사이트 도출과 의사결정을 효과적으로 수행할 수 있다.

Power BI의 종류

Power BI는 사용 환경에 따라 세 종류로 구분할 수 있다. 로컬, 웹, 모바일의 환경별 어플리케이션을 별도 제공하여 데이터 분석과 시각화 보고서의 개발 작업 이후의 사용자 간 공유 및 활용을 지원한다.

[로컬] Power BI Desktop	[웹] Power BI Service	[모바일] Power BI Mobile
• Power BI Desktop은 로컬 환경에서 데이터 분석과 보고서 작성을 수행할 수 있는 데스크탑 애플리케이션이다. • 사용자는 데이터를 가져와 모델링하고, 다양한 시각화를 추가하여 보고서를 작성할 수 있다. • DAX 함수 작성, 모델링, 시각화 개체 구성 등 보고서 개발 시 제공되는 모든 기능을 사용할 수 있다.	• Power BI Service는 클라우드 기반의 웹 아플리케이션으로, Power BI Desktop에서 작성한 보고서를 업로드하고 공유할 수 있는 플랫폼이다. • 사용자는 보고서를 업데이트 및 관리할 수 있으며, 게시된 보고서의 시각화 개체 종류 및 사용된 데이터의 변경, 레이아웃 및 서식 조정이 가능하다.	• Power BI Mobile은 스마트폰이나 태블릿에서 Power BI 보고서와 대시보드를 조회할 수 있는 모바일 앱이다. • 모바일 앱에서는 보고서 편집이나 데이터 변경 작업이 불가능하며, 조회 및 모니터링에 초점이 맞춰져 있다.

• 데이터 연결 : 다양한 소스의 데이터를 연결
• 모델링 및 관계 설정
  - 테이블 간의 관계를 설정
  - 데이터 분석을 위한 모델 구축
• 계산 열 및 측정값 생성
  - 분석을 위한 고급 계산값 생성
  - DAX함수를 사용한 계산열 및 측정값
• 보고서 작성 : 다양한 시각화 도구를 사용하여 데이터를 시각화하고 보고서를 구성
	• 보고서 게시 및 공유 : Power BI Desktop으로 개발한 보고서를 웹으로 업로드하고, 클라우드에서 공유
	• 데이터 새로고침 : 게시된 보고서의 데이터 소스를 클라우드와 연동하여 변경되는 데이터를 실시간 혹은 정기적으로 업데이트
	• 제한사항 : 관계 설정, DAX 함수 수정, 파워 쿼리 및 열 도구를 통한 데이터 변경 작업은 지원되지 않음
		• 보고서 및 대시보드 조회
		  - 게시된 보고서를 모바일에서 조회
		  - 원하는 필터를 적용해 데이터 탐색
		• 알림 및 경고 설정
		  - 데이터에 조건을 설정 가능
		  - 조건 충족 시 알림 및 경고 설정
		• 제한사항 : 보고서 편집 및 데이터 변경 불가

> **참고**
> 경영정보시각화능력 실시 시험에서는 'Power BI Desktop'을 사용하여 시각화 보고서를 작성하는 내용만 출제된다.

Power BI Desktop 소개

Power BI Desktop은 로컬 환경에서 데이터 분석과 보고서 작성을 수행할 수 있는 데스크탑 애플리케이션이다. 사용자는 데이터를 가져와 모델링하고, 다양한 시각화를 추가하여 보고서를 작성할 수 있으며, 보고서 개발 시 제공되는 DAX 함수 작성, 모델링, 시각화 개체 구성 등 모든 기능을 사용할 수 있다.

기본화면 구성요소

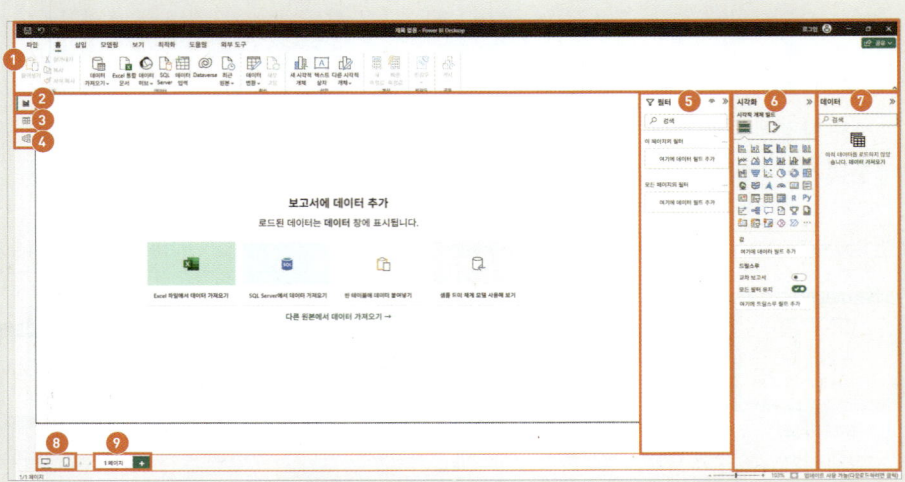

구성요소	설명
❶ 리본 메뉴	• 상단에 위치한 리본 메뉴는 주요 기능을 빠르게 사용할 수 있도록 제공된 도구 모음이다. • 파일 열기, 데이터 변환, 시각화 추가, 모델링 작업 등을 할 때 자주 사용하는 메뉴이다. **알고 가기** 메뉴, 시각화 개체, 데이터 필드 등 선택 메뉴 및 항목에 따라 작업에 필요한 메뉴가 표시된다. • 보고서 보기 탭 > 개체선택 없음 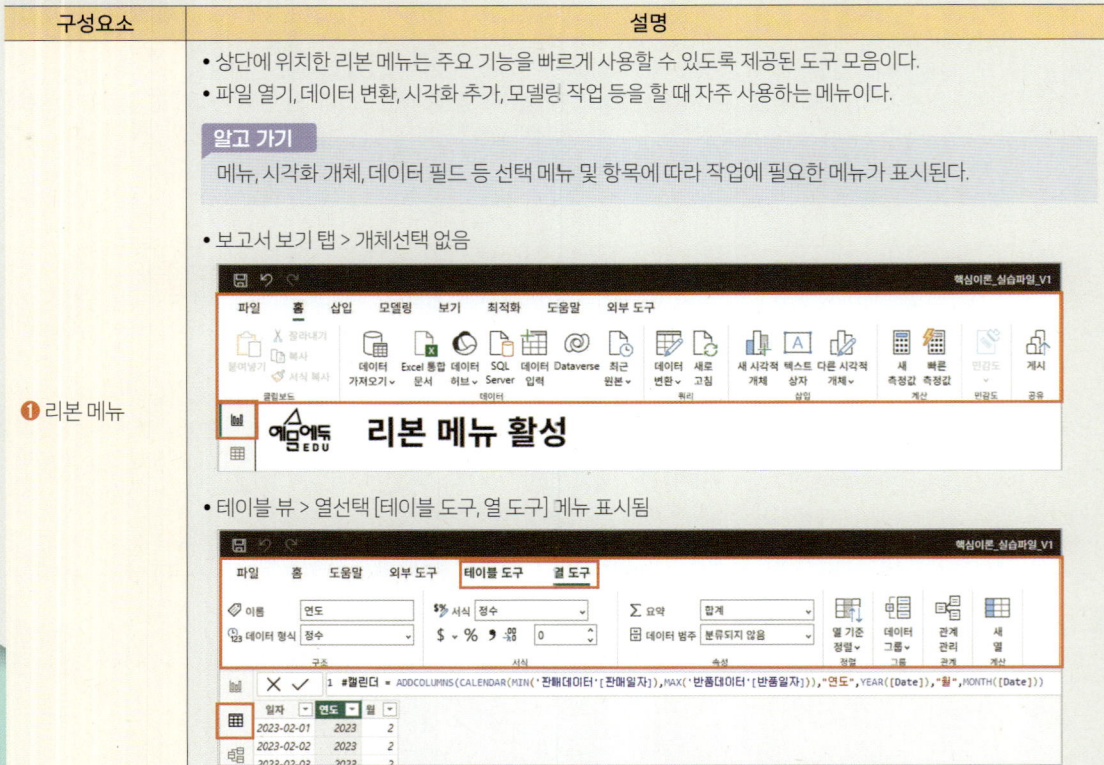• 테이블 뷰 > 열선택 [테이블 도구, 열 도구] 메뉴 표시됨

❷ 보고서 보기	• 데이터를 시각화하여 보고서를 작성하는 작업영역이다. • 차트, 테이블, 카드 등의 시각화 요소와 다양한 도구를 사용하여 보고서를 구성할 수 있다.	
❸ 테이블 뷰	• 데이터를 테이블 형식으로 확인하고, 데이터를 탐색할 수 있는 작업영역이다. • 불러온 데이터가 테이블 형식으로 표시되며, 데이터의 개별 값들을 확인할 수 있다.	
❹ 모델 보기	• 데이터 모델링을 수행하고 테이블 간의 관계를 시각적으로 확인할 수 있는 작업영역이다. • 테이블 간의 관계를 설정하고, 분석 및 시각화에 필요한 데이터 흐름을 구성할 수 있다.	
❺ 보고서 페이지 탭	[보고서 보기] 작업영역일 때, 보고서의 페이지를 관리 및 선택하여 전환할 수 있는 탭이다.	
❻ 필터 창	• 보고서에서 필드를 추가 및 조건을 설정하여 데이터를 필터링하는 데 사용하는 영역이다. • 필터 설정 가능 영역은 [보고서 > 페이지 > 시각적 개체] 단위로 설정이 가능하다.	
❼ 시각화 창	• [보고서 보기] 작업영역일 때, 보고서에서 사용할 다양한 시각화 도구를 제공하는 영역이다. • 다양한 시각화 개체를 선택하고, 데이터 필드를 시각화에 연결할 수 있다. • 시각화의 속성(축, 색상, 데이터 레이블 등)을 사용자 요구에 맞게 세부 설정할 수 있다.	
❽ 레이아웃 전환	• 데스크탑용 레이아웃과 모바일용 레이아웃 간 전환 버튼이다. • 데스크탑 및 모바일 기기에서 각각의 레이아웃을 설정할 수 있다. **알고 가기** 모바일용 레이아웃 설정 시, 데스크탑용 레이아웃에 사용된 시각화 요소의 재배치만 가능하다.	
❾ 데이터 창	• [보고서 보기] 작업영역일 때, 보고서에 사용할 수 있는 데이터 필드를 관리하는 영역이다. • 불러온 데이터의 테이블 및 필드 목록이 표시되며, 이 데이터를 보고서에 시각화할 때 사용한다. • 데이터 필드와 측정값을 시각화 창이나 개체로 드래그 앤 드롭하여, 보고서에 반영할 수 있다.	

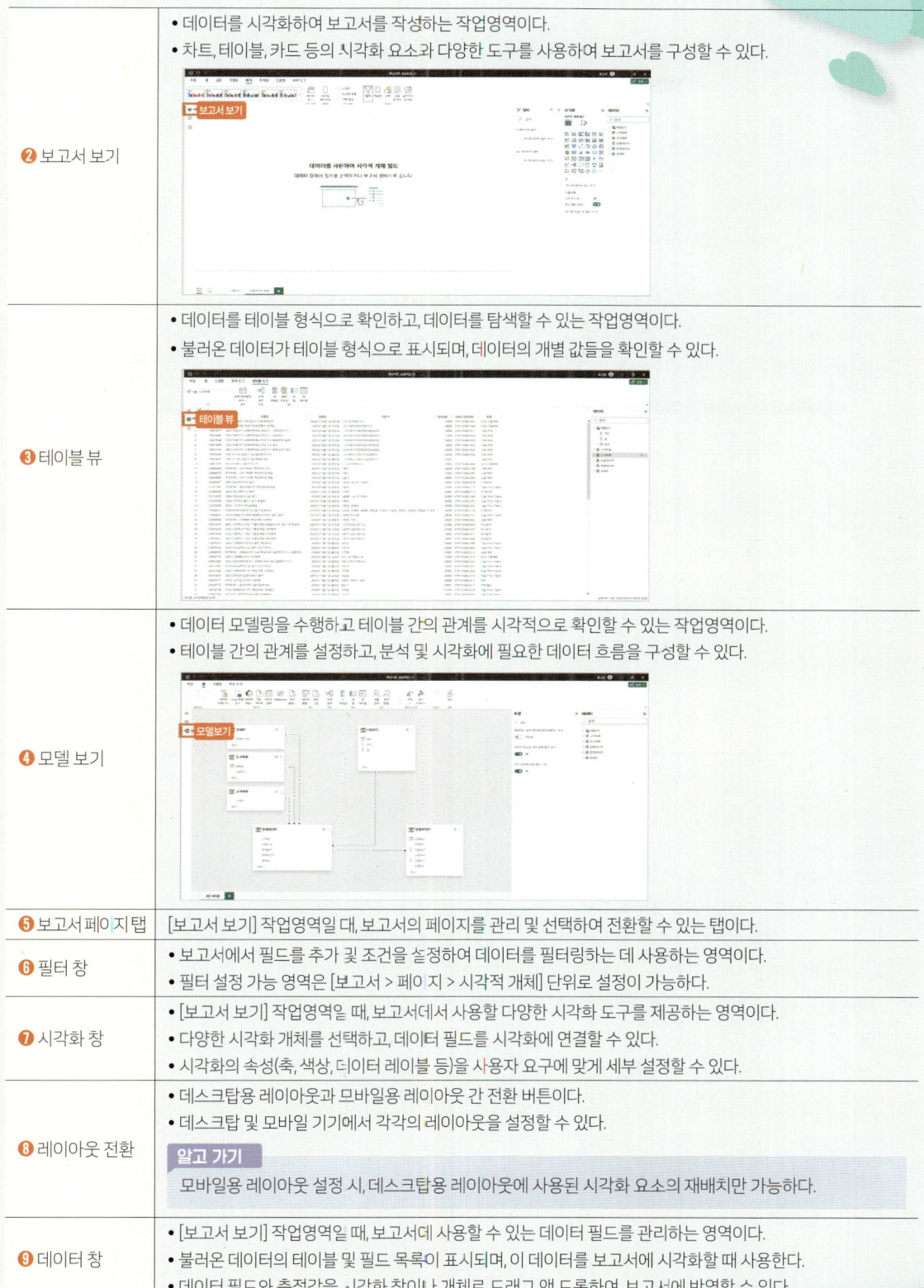

> **알고 가기**
> 각 구성 요소는 메뉴, 시각화 개체의 종류, 데이터 필드 등 선택 항목에 따라 표시되는 메뉴가 달라진다. 사용자는 각 영역에서 주요 설정 및 메뉴가 활성화되는 조건을 충분히 이해해야 경영정보시각화능력 실기 시험 합격에 유리하다.

> **참고**
> '❽ 레이아웃 전환'의 모바일용 레이아웃 설정은 경영정보시각화능력 실기 시험의 출제 대상이 아니다.

🥧 Power BI Desktop의 버전

- 시험에서 사용되는 Power BI Desktop은 2024년 1월 3일 배포된 버전을 사용한다.
- Power BI는 매월 업데이트를 통해 새로운 기능과 개선 사항을 추가한다. 최신 버전을 사용할 경우, 시험에서 다루는 버전과 일부 기능 차이가 있을 수 있으므로 주의가 필요하다.

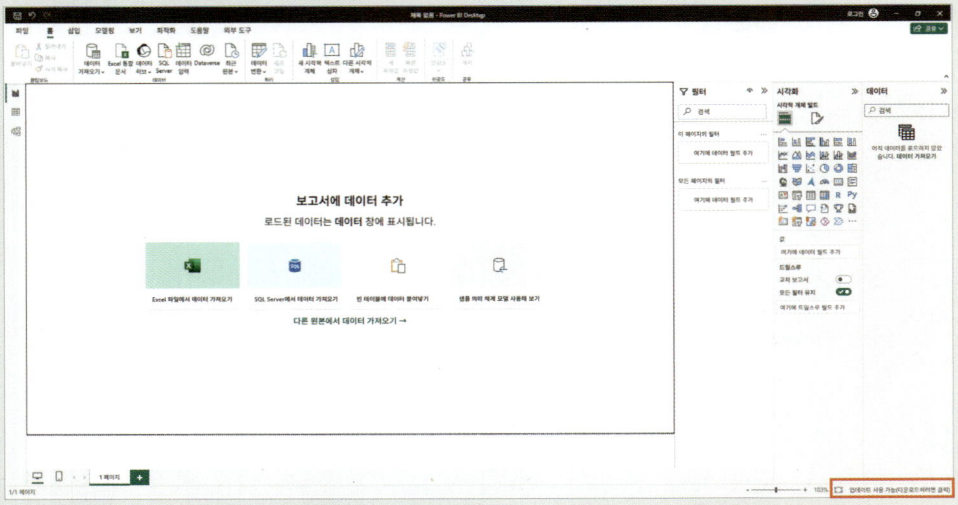

> **참고**
> 최신 버전이 아닐 경우 우측 하단에 업데이트 알림이 표시된다. 실수로 클릭하더라도 즉시 업데이트되지 않고, 최신 버전을 다운로드할 수 있는 페이지가 브라우저로 열리므로 안심해도 된다.

- 최신 버전과 기존 버전의 주요 차이는 다음과 같다.
  - 새로운 시각화 도구 및 UI 변경 사항 : 최신 버전에서는 새로운 시각화 개체와 다양한 서식 옵션이 추가되었으며, 리본 메뉴의 구성과 사용자 인터페이스(UI)도 일부 변경되었다. 하지만 시험에서는 2024년 1월 버전의 리본 메뉴와 UI를 기준으로 진행된다.
  - DAX 함수와 테이블 간 관계 설정 : 최신 버전은 더욱 편리한 기능을 제공하지만, 시험 버전에서도 기본적인 모델링 작업은 충분히 가능하다.
- 최신 기능을 사용하기 위해 최신 버전을 설치하려면, 알림 창의 [업데이트] 버튼을 클릭해 연결된 링크에서 다운로드 및 설치할 수 있다. 시험을 최신 버전으로 준비할 경우, 버전 간의 차이를 충분히 인지하고 학습해야 한다.

> **참고**
>
> 실기 시험 프로그램의 버전은 매년 1월 대한상공회의소자격평가사업단 홈페이지(https://license.korcham.net/indexmain.jsp)에서 공지될 예정이다. 시험에 응시하기 전, 미리 공지사항을 확인한다.
>
> Q. 경영정보시각화능력 실기는 어떤 프로그램으로 응시하나요?
>
> A. 경영정보시각화능력 실기 프로그램은 Power BI desktop과 Tableau Public desktop 입니다. 수험자는 이 중 1개 프로그램을 선택하여 시험에 접수 및 응시하게 됩니다. 접수시 신청하신 프로그램은 변경이 불가능합니다. 실기프로그램의 버전은 매년 1월에 공지될 예정입니다.
> 실기프로그램은 시험 전 시험장 PC에 사전에 설치될 예정입니다. (단, 이는 프로그램 개발사의 라이센스 제공 상황 및 가격 정책에 따라 변경 될 수 있습니다.)

🥧 시각화 보고서 개발 순서

Power BI 시각화 보고서 개발 프로세스는 크게 기획 설계와 시각화 보고서 개발의 두 단계로 나뉜다. 먼저, 분석 주제를 설정하고, 사용할 데이터를 확인한 후, 시각화할 콘텐츠와 동작 방식을 설계하는 기획 설계 단계가 진행된다. 그 후, 데이터를 가져와 모델링하고 시각화 작업을 통해 보고서를 작성하는 시각화 보고서 개발 단계로 이어지며, 최종적으로 보고서는 Power BI Service에 게시되어 공유 및 협업할 수 있다.

• 기획&설계

진행 단계	설명
분석 주제 설정	분석 주제와 목표를 정의하고, 이를 통해 보고서의 방향과 사용자에게 필요한 핵심 정보를 파악한다.
확보 가능한 데이터 확인	분석 주제에 맞는 데이터를 확보할 수 있는지 확인하고, 내·외부 데이터 소스를 파악한다. 데이터의 품질과 적합성도 함께 검토한다.
시각화 화면 및 동작 방식 설계	- 보고서에서 표현할 시각화 콘텐츠와 사용자의 상호 작용 방식을 설계한다. - 필요한 차트, 테이블, 필터 등 시각화 요소와 사용자 경험을 고려해 레이아웃을 기획한다.

• 시각화 보고서 개발

진행 단계	설명
데이터 연결	분석 주제와 목표를 정의하고, 이를 통해 보고서의 방향과 사용자에게 필요한 핵심 정보를 파악한다.
데이터 전처리	분석 주제에 맞는 데이터를 확보할 수 있는지 확인하고, 내·외부 데이터 소스를 파악한다. 데이터의 품질과 적합성도 함께 검토한다.
데이터 모델링	- 보고서에서 표현할 시각화 콘텐츠와 사용자의 상호 작용 방식을 설계한다. - 필요한 차트, 테이블, 필터 등 시각화 요소와 사용자 경험을 고려해 레이아웃을 기획한다.
측정값(DAX) 및 매개 변수 생성	- 보고서 구현에 필요한 측정값과 매개 변수를 생성한다. - 가변형 측정값으로 다양한 분석 시나리오를 지원한다. - 가변형 축 생성으로 시각화 구성에 유연성을 제공한다.
시각화	- Power BI에서 제공하는 다양한 시각적 개체를 사용해 데이터를 시각화한다. - 보고서에 시각화 도구를 배치하고, 보고서의 전체적인 레이아웃을 구성한다.
보고서 게시 및 공유	- 작성한 보고서를 Power BI Service에 게시하여, 팀 또는 조직 내에서 공유하고 협업할 수 있도록 한다. - 데이터를 실시간 또는 주기적으로 업데이트 할 수 있다

> **참고**
>
> 시험에서는 '시각화 보고서 개발' 진행 단계 중 '보고서 게시 및 공유'를 제외한 부분이 출제된다.

PART 01

데이터 가져오기

Power BI에서 경영정보를 시각화하기 위해서 가장 먼저 할 일은 데이터를 가져오는 작업이다. Power BI에서는 세 가지 파일 형식에서 데이터를 연결하거나 가져올 수 있다.

- Microsoft Excel(.xlsx, .xlsm) 파일
- CSV(쉼표로 구분된 값)(.csv) 파일
- Power BI Desktop(.pbix) 보고서 파일

실무에서는 로컬(컴퓨터), OneDrive(클라우드), SharePoint(팀 사이트)의 데이터와 연결할 수 있으며, 경영정보시각화능력 실기 시험에서는 로컬에 있는 데이터 파일(xlsx, csv)을 가져오는 문제가 출제된다.

CHAPTER **01**

데이터 가져오기

학습 Point

- 엑셀 파일에서 특정 테이블 가져오기
- 텍스트/CSV에서 데이터 가져오기
- 불필요한 데이터 필터링하여 삭제하기
- 데이터의 형식을 변경하기

SECTION 01 　 Excel&CSV 데이터 가져오기

SECTION 01 Excel&CSV 데이터 가져오기

Excel은 가장 일반적인 데이터 파일 중 하나이며, Power BI 역시 Excel 파일에서 데이터 가져오기를 지원한다. Power BI로 데이터를 가져올 때, Excel에서 데이터의 범위가 표로 서식이 지정되어 있는 것이 좋다. 데이터를 가져올 때 로드 또는 변환을 선택할 수 있으며, 변환 선택 시 파워 쿼리 편집기로 연결되어 데이터 전처리 기능을 제공한다.
CSV는 Comma-Separated Values의 약자로 여러 필드를 쉼표(,)로 구분한 텍스트 데이터 및 텍스트 파일을 말한다. 확장자가 CSV인 파일은 비교적 작은 용량으로 많은 양의 데이터를 저장할 수 있어 Power BI에서 데이터 원본으로 쓰인다. Power BI에서는 최대 파일 크기 1GB를 지원한다.

1 Excel 통합문서

> **출제유형 실습**
>
> 다음 지시사항에 따라 데이터 가져오기 및 편집을 수행하시오.
> - 가져올 데이터 : '예문에듀 도서정보.xlsx' 파일의 <도서목록_표>, <반품데이터_표>, <판매데이터_표>, <판매처_표> 테이블
> - 파워 쿼리 편집기에서 <도서목록_표> 테이블의 [순서] 필드의 'Null' 값 삭제
> - 필드의 데이터 형식 변경
>   - [ISBN/고유번호] 필드 : '텍스트'

(1) Excel 통합문서 열기
❶ [홈] 탭을 클릭
❷ [Excel 통합문서]를 클릭

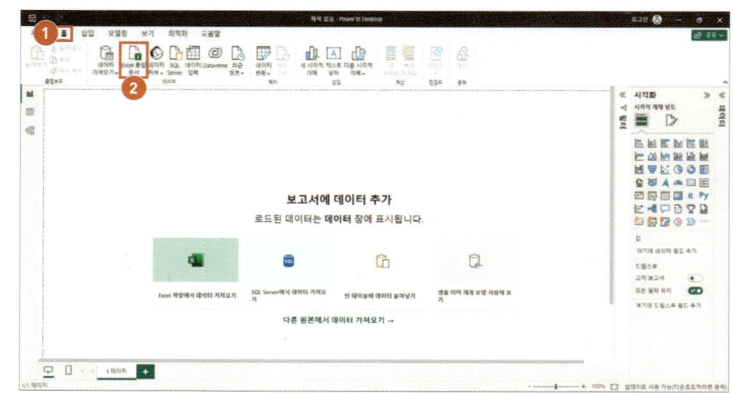

(2) 파일 선택

❶ [열기] 팝업창에서 '예문에듀 도서정보' 파일을 선택
❷ [열기] 버튼을 클릭

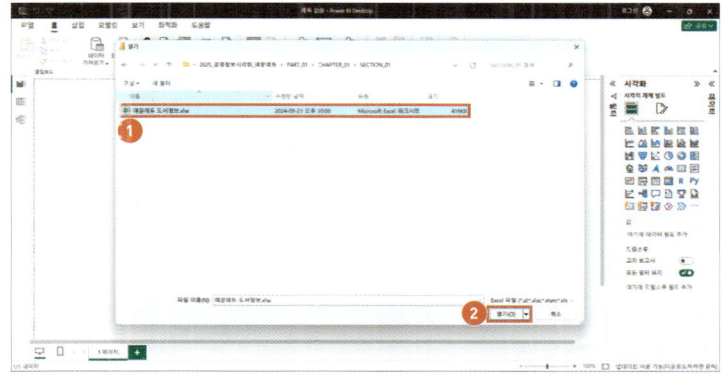

> **빠른 작업을 위한 TIP**
>
> 단축키 : Alt → H → DX
> - Alt : 단축키 실행
> - H : 홈 탭
> - DX : Excel 통합문서

(3) 테이블 선택

❶ [탐색창]에서 <도서목록_표>, <반품데이터_표>, <판매데이터_표>, <판매처_표> 테이블 체크박스 선택
❷ [데이터 변환] 버튼을 클릭

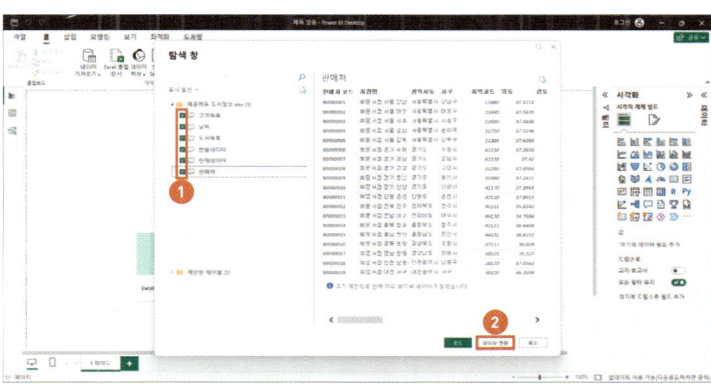

> **참고**
>
> **로드와 데이터 변환의 차이점**
> - 로드 : 데이터를 전처리 작업 없이 바로 사용
> - 데이터 변환 : 특정 값 삭제, 데이터 형식 변경, 필드 추가, 쿼리 병합 등 데이터 전처리를 위해 쿼리 편집기 실행
>   ⋯▶ 경영정보시각화 실기에서는 데이터 변환을 클릭하여 데이터 전처리 작업을 필수로 수행한다.

(4) 작업 테이블 선택

❶ <도서목록_표> 테이블을 선택

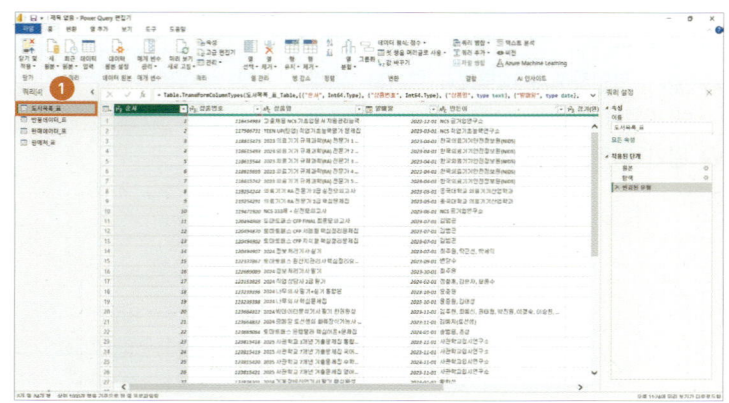

(5) 불필요한 값 제거

❶ [순서] 필드의 필터 단추를 클릭
❷ '(Null) 값이 없음'을 체크 해제
❸ [확인] 버튼 클릭

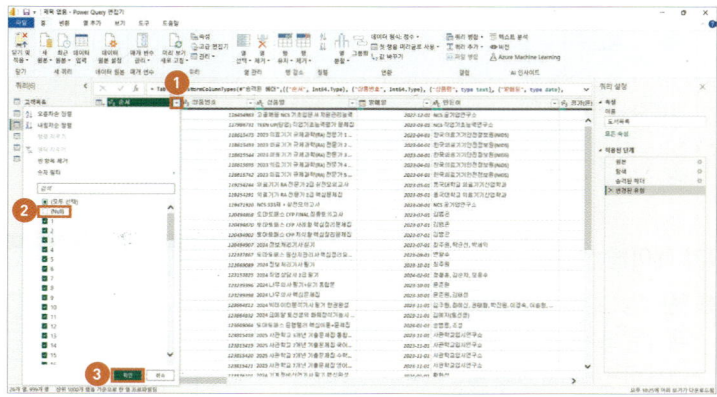

(6) 작업 필드 필터 선택

❶ [ISBN/고유번호] 필드의 필터 단추를 클릭

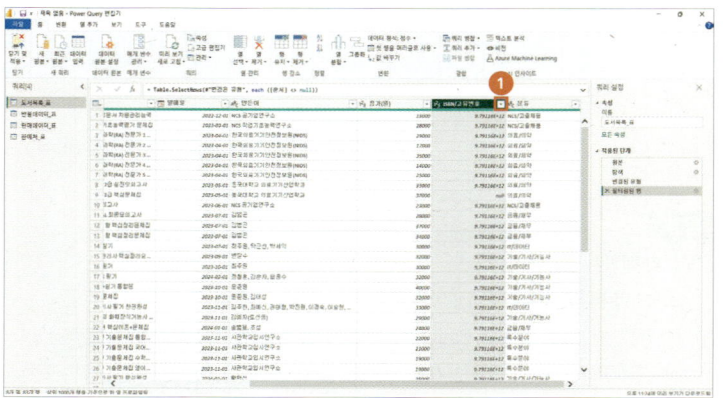

[7] 불필요한 값 제거

❶ '(Null) 값이 없음'을 체크 해제
❷ [확인] 버튼 클릭

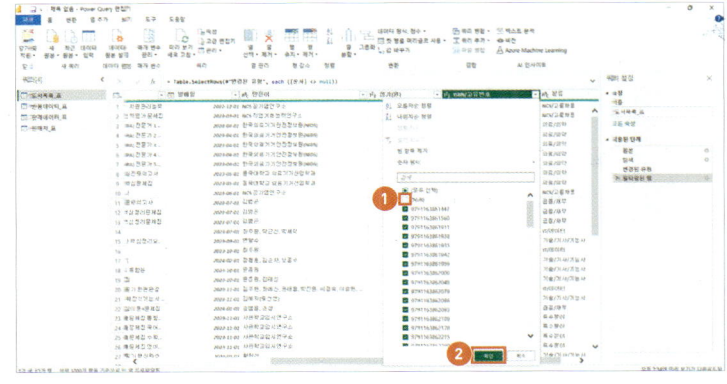

[8] 데이터 형식 변환

❶ [변환] 탭 선택
❷ [열] 도구에서 [데이터 형식] 클릭
❸ [텍스트]를 선택하여 데이터 형식을 변환

> **참고**
>
> **데이터 형식 변환**
> • 숫자 형식
>   - 10진수 : 가장 일반적인 숫자 형식으로 정수 또는 소수 처리(예 3.14)
>   - 고정10진수 : 소수점 넷째 자리까지 고정된 10진수(예 3.1415)
>   - 정수 : 소수점이 없는 64비트 숫자(예 3)
>   - 백분율 값에 100을 곱하고 백분율 기호를 추가(예 14%)
> • 날짜/시간 형식
>   - 날짜/시간 : 날짜 및 시간 값. 10진수 형태(예 2025-01-01 오전12:00:00)
>   - 날짜 : 시간 부분이 없는 날짜만 표시(예 2025-01-01)
>   - 시간 : 날짜 부분이 없는 시간만 표시(예 오전 2:00:00)
>   - 날짜/시간/표준 시간대 : 표준 시간대 오프셋이 있는 날짜 시간(예 2025-01-01 오전12:00:00 +09:00)
>   - 기간 : 시간의 길이로 10진수 형식으로 변환
> • 텍스트 형식
>   - 텍스트 : 문자, 숫자 또는 날짜 형태의 유니코드 문자열(예 다니엘)
> • 이진 형식
>   - True/False : 참(True) 또는 거짓(False)의 Bool 값(예 FALSE)

> **빠른 작업을 위한 TIP**
>
> **빠른 데이터 형식 변환**
> 열 머리글의 왼쪽 아이콘을 클릭하면 데이터 형식을 바로 변경 가능하다.

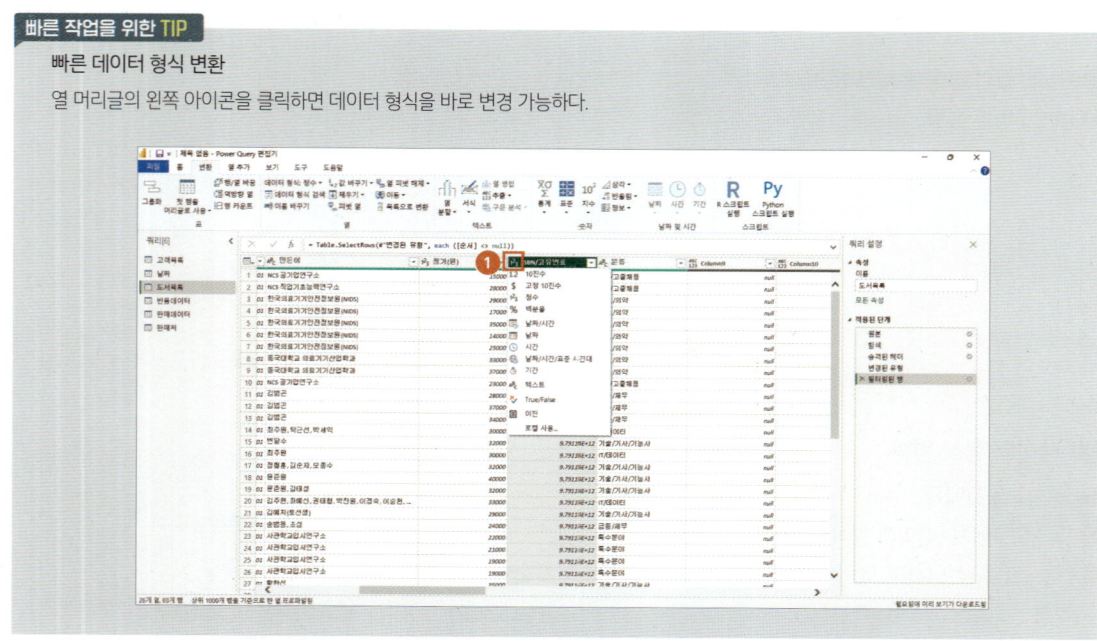

2 텍스트/CSV 데이터 가져오기

> **출제유형 실습**
>
> 다음 지시사항에 따라 데이터 가져오기 및 편집을 수행하시오.
> - 가져올 데이터 : '예문에듀 고객정보.csv' 파일의 <고객정보> 테이블
> - 파워 쿼리 편집기를 통해 <고객정보> 테이블에서 [고객ID], [고객명], [성별], [생년월], [가입지점]을 제외한 다른 필드 삭제
> - 필드 이름 변경
>   - <고객정보> 테이블의 [고객명] 필드 → [성명] 필드로 변경
>   - <고객정보> 테이블의 [가입지점] 필드 → [가입지점코드] 필드로 변경

[1] 데이터 가져오기

❶ [홈] 탭을 클릭
❷ [데이터 가져오기]를 클릭
❸ [텍스트/CSV]를 선택

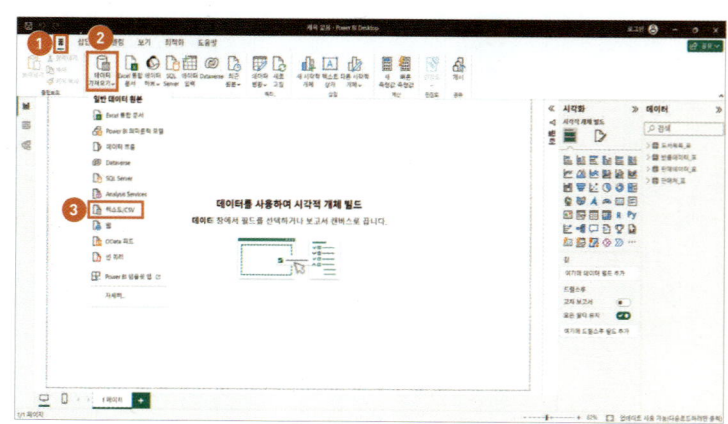

(2) 파일 선택

❶ [열기] 팝업창에서 '예문에듀 고객정보' 파일을 선택
❷ [열기] 버튼을 클릭

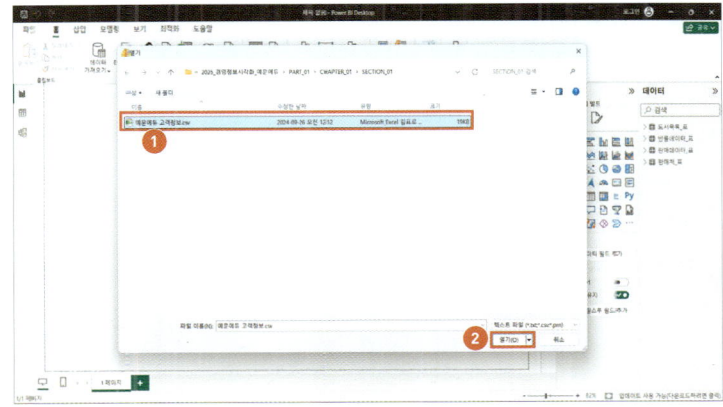

(3) 데이터 변환 선택

❶ 데이터 미리보기 확인 후 [데이터 변환] 버튼을 클릭

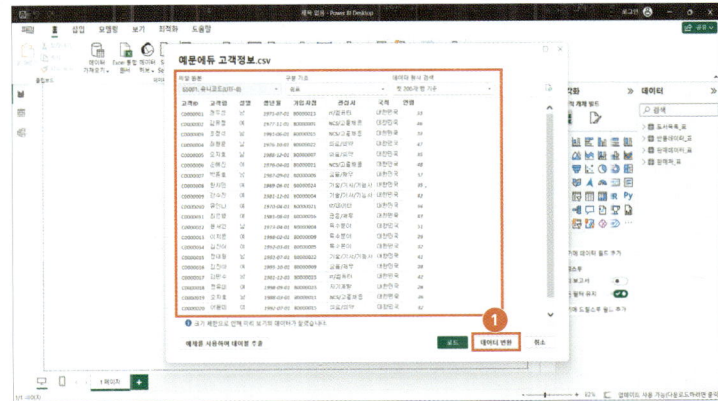

(4) 작업 테이블 선택

❶ <고객정보> 테이블을 선택

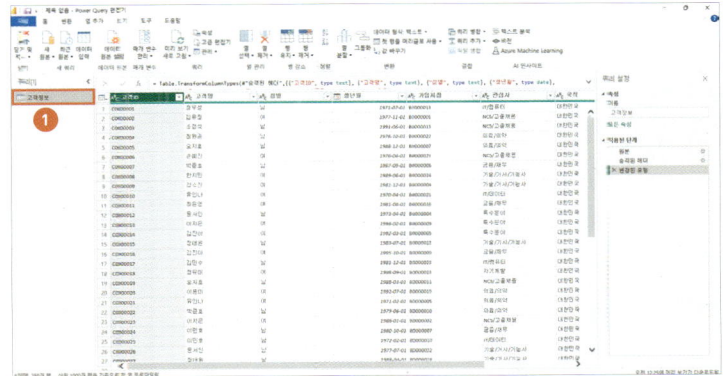

(5) 열 선택 및 다른 열 제거

❶ [고객ID] 필드명 선택
❷ [Shift]를 누른 상태에서 [가입지점] 필드를 클릭하여 여러 열 선택
❸ 필드명 위에서 마우스 오른쪽 버튼을 클릭하여 [다른 열 제거] 선택

(6) 고객명 필드명 편집

❶ [고객명] 필드명을 더블 클릭
❷ [고객명] 대신 "성명"을 입력 후 [Enter]

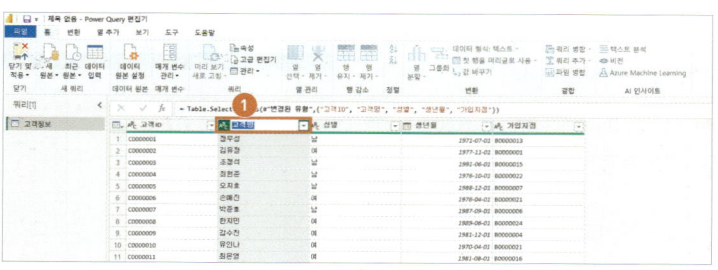

(7) 가입지점 필드명 편집

❶ [가입지점] 필드명을 더블 클릭
❷ [가입지점] 대신 "가입지점코드"를 입력 후 [Enter]

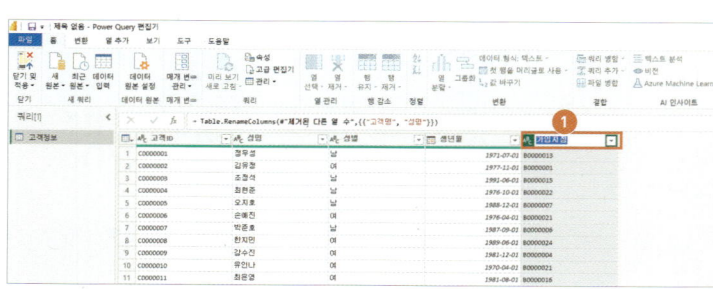

PART 02

파워 쿼리 편집기 소개

파워 쿼리(Power Query)는 Microsoft에서 제공하는 데이터 추출, 변환, 로드 등 데이터 전처리 작업을 위한 프로그램이다. 파워 쿼리에서는 다양한 소스로부터 원본 데이터를 가져와서 데이터 전처리 작업을 수행하고, 이것들을 Power BI, Excel 등의 시각화 도구, 사무 자동화 프로그램, 클라우드 스토리지 등에 연결할 수 있다.
파워 쿼리에서 제공하는 주요 기능은 다음과 같다.

- 데이터 가져오기(Extract) 및 변환(Transform), 적재(Load)
- 데이터 흐름 만들기(출제 범위 제외)

CHAPTER **01**

Power Query 편집기 열기 및 메뉴 소개

 학습 Point

- Power Query 편집기 실행 및 기본 화면 구성 숙지하기
- 메뉴 및 탭, 버튼에 대한 기능 및 이름 숙지하기
- Power Query 편집기 닫기 및 적용하기

SECTION 01	개요
SECTION 02	실행 방법
SECTION 03	기본 화면구성
SECTION 04	닫기 및 적용

SECTION 01 개요

Power Query 편집기는 Power BI로 데이터를 가져올 때 또는 홈 화면에서 데이터 변환 버튼을 통해 실행한다. 처음 Power BI와 Power Query 편집기를 접한다면, 생김새나 메뉴가 익숙하지 않기 때문에 Power BI와 구분하여 기본 화면 구성과 메뉴를 사전에 숙지하는 것이 좋다.

경영정보시각화능력 실기 시험에서는 Power Query 편집기에서 다음 기능을 활용하는 문제가 주로 출제된다.

- 데이터 가져오기 및 필터 기능을 사용한 특정 값 삭제
- 필드의 데이터 형식 변경 및 서식 변경
- 쿼리 병합 기능을 사용한 필드 추가, 조건 열 기능을 사용한 필드 추가
- 다른 열 제거, 필드 이름 변경, 열 피벗 해제 및 피벗열
- 테이블의 로드 사용 해제

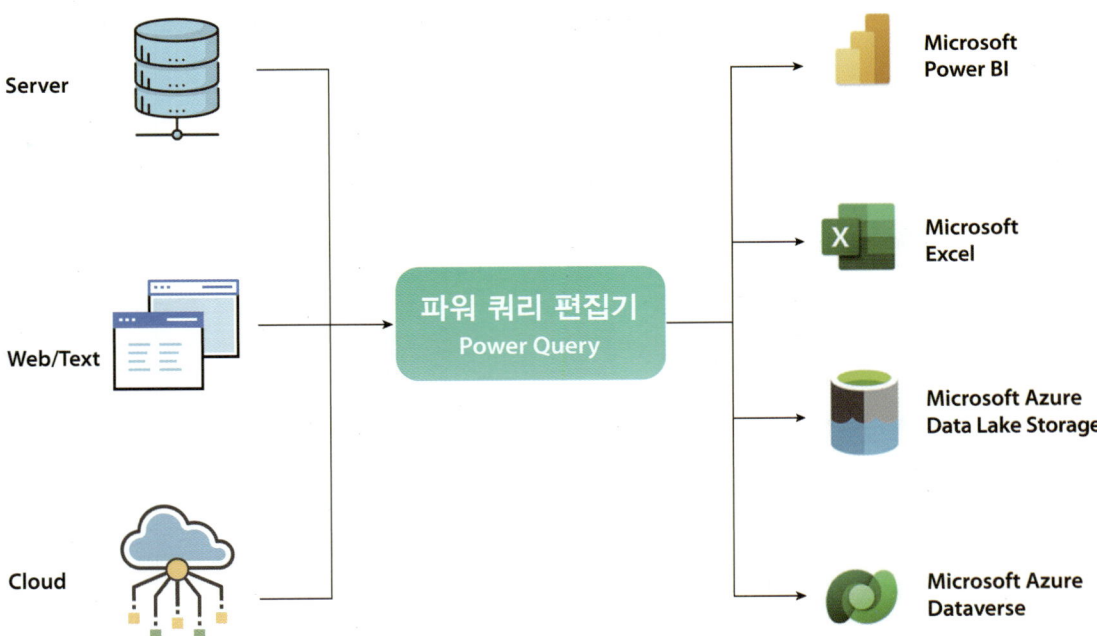

SECTION 02 실행 방법

1 데이터 가져오기에서 실행

Power Query 편집기는 데이터 가져오기 또는 Excel 통합 문서에서 데이터를 가져올 때, [데이터 변환] 버튼을 클릭함으로써 자동으로 실행할 수 있다.

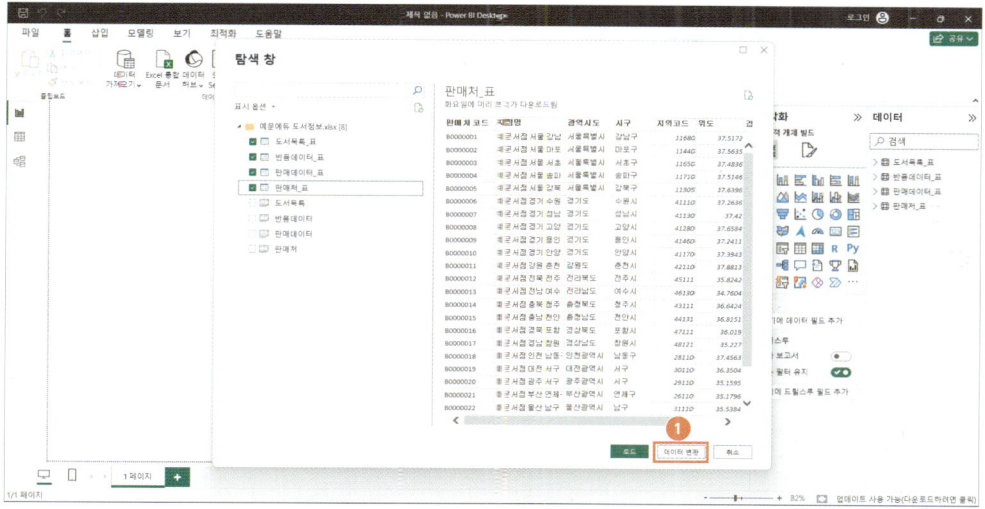

2 홈 화면에서 실행

Power Query 편집기는 Power BI의 [홈] 메뉴에서 [데이터 변환] 버튼을 누르면 새로운 창이 열리면서 자동 실행된다.

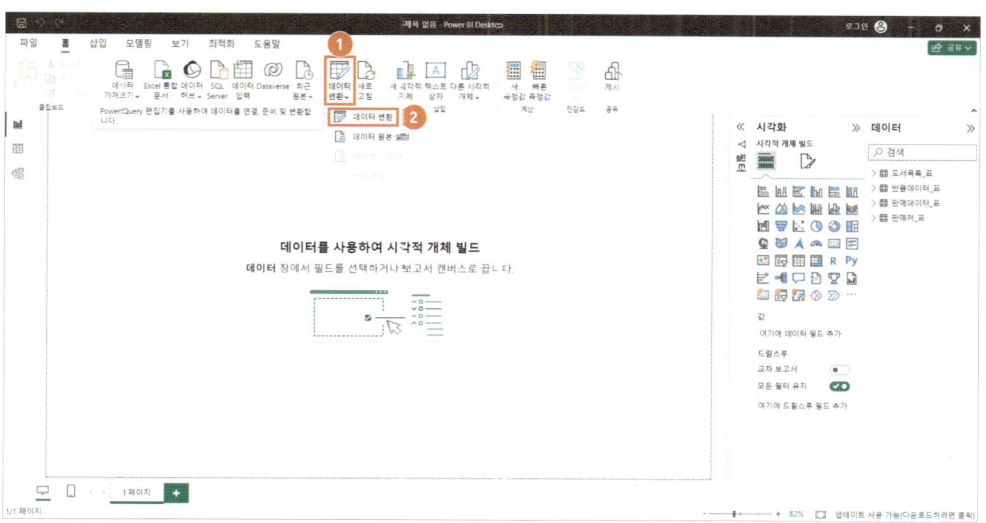

SECTION 03 기본 화면구성

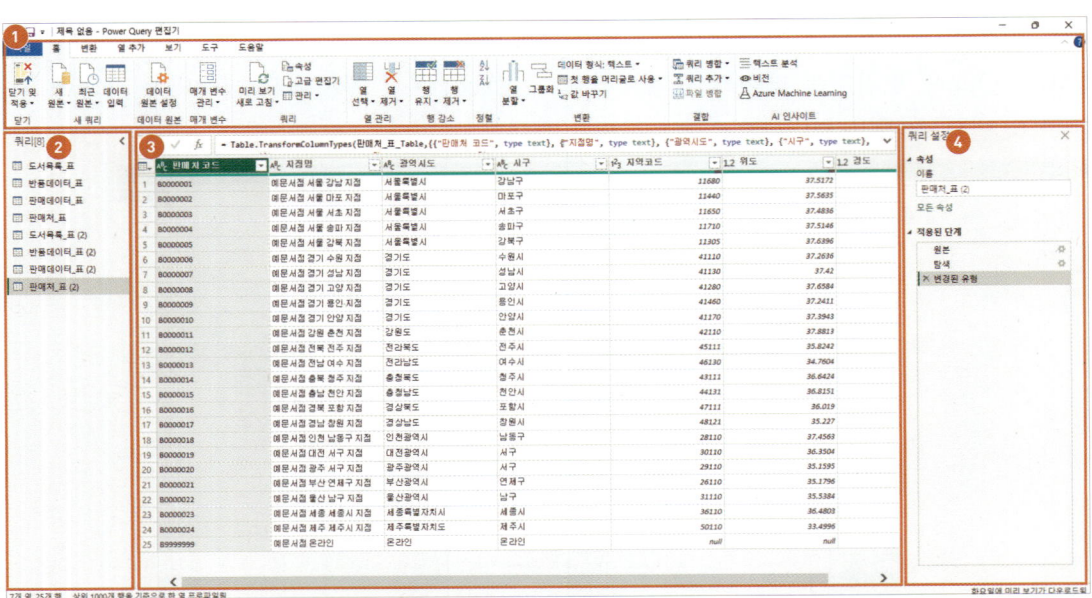

구성요소	설명
❶ 리본 메뉴	• 상단에 위치한 리본 메뉴는 [홈], [변환], [열 추가], [보기], [도구], [도움말] 6개 탭으로 구성되어 있다. • [홈] 탭에는 자주 쓰는 메뉴들이 구성되어 있으며, [변환] 그룹과 [결합] 그룹의 기능이 자주 출제된다. 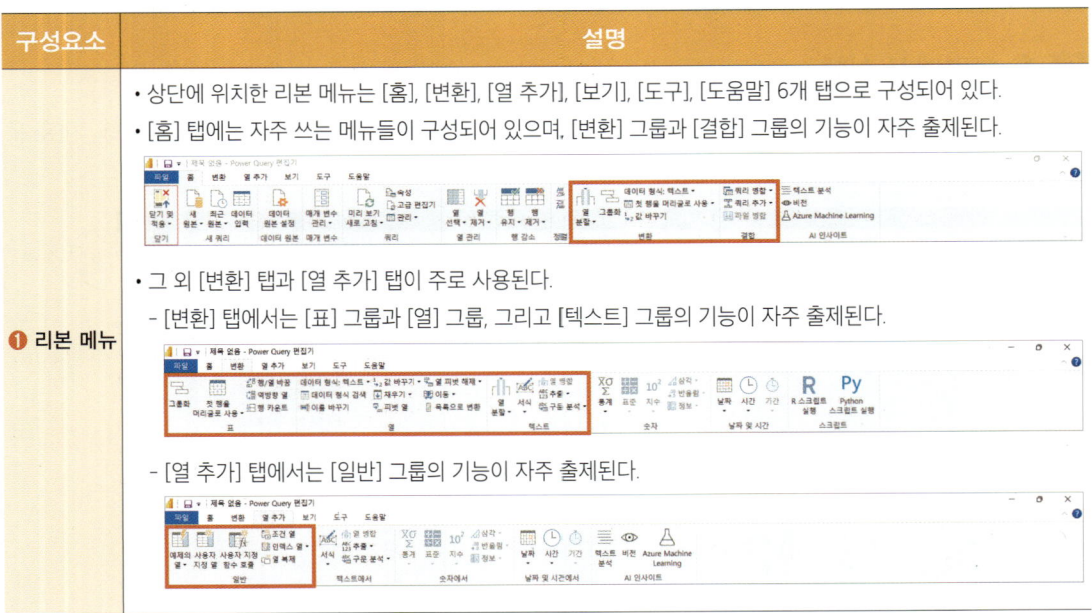 • 그 외 [변환] 탭과 [열 추가] 탭이 주로 사용된다. - [변환] 탭에서는 [표] 그룹과 [열] 그룹, 그리고 [텍스트] 그룹의 기능이 자주 출제된다. - [열 추가] 탭에서는 [일반] 그룹의 기능이 자주 출제된다.

❷ 쿼리 창	• 사용할 수 있는 모든 테이블을 볼 수 있다. • 마우스 오른쪽 버튼을 통해 로드 사용 설정 및 해제 등 작업을 수행할 수 있다. 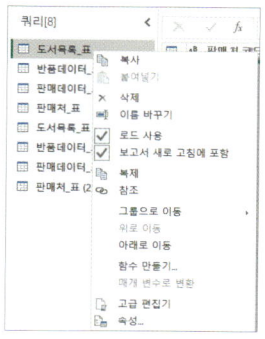
❸ 현재 보기	• 데이터에 대한 미리보기를 표시한다. • M 함수 입력창, 필드명에서 다우스 오른쪽 버튼, 필드명 왼쪽 아이콘 및 오른쪽 필터 버튼, 데이터 값에서 마우스 오른쪽 버튼을 통해 작업을 수행할 수 있다. • 가장 윗 부분에는 파워 쿼리 M 함수가 표시된다. 기본적으로 버튼과 아이콘 기반의 사용자 인터페이스를 제공하고, 선택된 기능이 실행되면 자동으로 M 함수에 반영된다. M 함수를 직접 입력할 수도 있지만, 경영정보시각화능력 실기시험에서는 출제 범위에 속하지 않는다. • 필드명에서 마우스 오른쪽 버튼을 클릭했을 때, 표시되는 창에서 복사 및 삭제 등 다양한 기능을 수행할 수 있다. 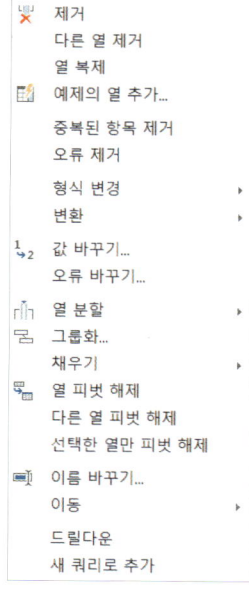

- 필드명에서 왼쪽 아이콘을 클릭하면 데이터 형식을 변경할 수 있는 창이 표시된다.

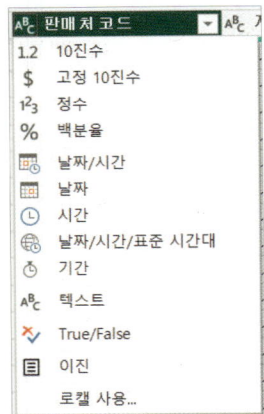

- 필드명에서 필터 버튼을 클릭했을 때, 표시되는 창에서 열에 대한 정렬이나, 불필요한 값을 필터링하여 제거할 수 있다.

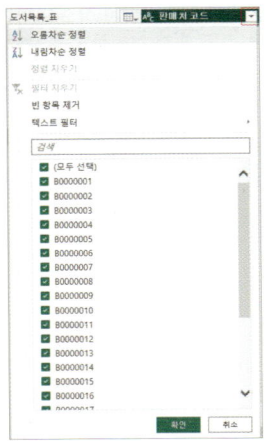

- 데이터 값에서 마우스 우측 버튼을 클릭하면 값 복사, 텍스트 필터 등 일부 기능을 실행할 수 있는 창이 표시된다.

❹ **쿼리 설정** 쿼리 이름과 같은 쿼리 속성, 적용된 쿼리 단계가 도시되며 단계를 취소하거나 탐색할 수 있다.

SECTION 04 닫기 및 적용

데이터 전처리 작업 완료 후 [홈] 탭의 [닫기 및 적용]을 클릭하면, 서로 고친 데이터를 Power BI에 반영하고 Power Query 편집기를 닫는다.

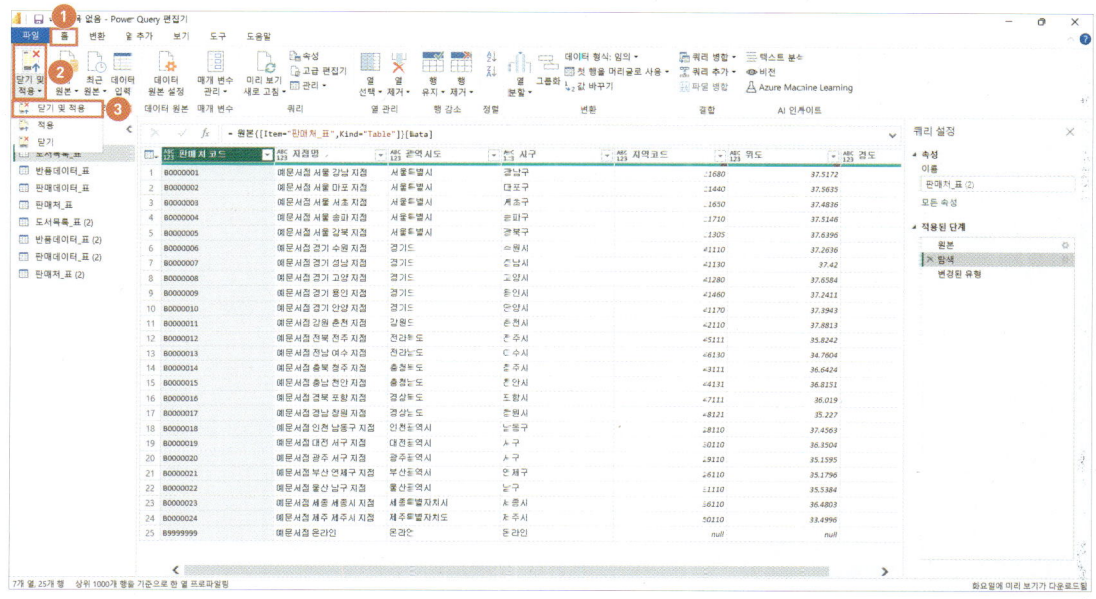

CHAPTER **02**

Power Query 기능

 학습 Point

- 데이터 필터링과 데이터 형식 변경
- 열 분할 및 추출, 행 제거 및 헤더 설정
- 쿼리 병합 및 추가
- 조건 열, 사용자 지정 열, 예제의 열·피벗 및 언피벗

SECTION 01	불필요한 데이터 필터링
SECTION 02	행과 열 편집
SECTION 03	쿼리 병합·참조·그룹화
SECTION 04	필드 추가
SECTION 05	피벗 열과 열 피벗 해제

SECTION 01 불필요한 데이터 필터링

Power Query에서 필드명 우측에 있는 아래쪽 화살표 아이콘(▼)을 클릭하면, 특정 값을 제외 또는 포함시킬 수 있는 필터링 화면이 나타난다. 여기서 값을 체크 또는 해제하면 필터링 기능이 실행된다. 필터링이 적용된 열에는 화살표 아이콘 대신 필터 아이콘(▼)이 생성된다.

1 데이터 가져오기 및 필터링

> **출제유형 실습** 실습파일 : [이론실습_PART02_데이터 필터링.pbix], [이론실습_PART02_데이터 필터링_2025년 월별 도서판매(폴더)]
>
> 데이터 가져오기를 이용하여 파워 쿼리 편집기를 통해 테이블의 데이터를 편집하시오.
> - 가져올 데이터 : '2025년 월별 도서판매' 폴더 내 모든 파일, '2025년_1월_도서판매데이터.csv', '2025년_2월_도서판매데이터.csv', '2025년_3월_도서판매데이터.csv'
> - 파워 쿼리 편집기에서 가져온 데이터 테이블의 [고객ID] 필드의 '증정' 값 삭제
> - 필드의 데이터 형식 변경
>   - [할인율] 필드 : '백분율'
> - 활용 기능 : 데이터 가져오기의 '폴더' 가져오기, 데이터 필터링, 데이터 형식 변경

(1) 여러 데이터 가져오기

❶ [홈] 탭 > [데이터 가져오기] 클릭
❷ [데이터 가져오기] 창에서 '폴더' 선택
❸ [연결] 버튼 클릭

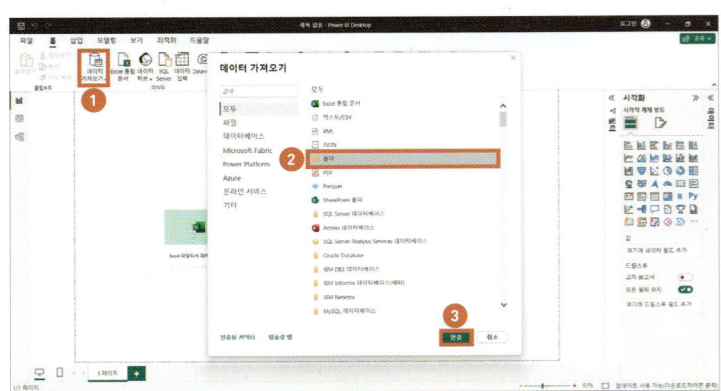

(2) 폴더 선택

❶ [폴더] 창에서 [찾아보기] 버튼 클릭
❷ 해당 폴더 경로를 찾아 선택
❸ [폴더 찾아보기] 창에서 [확인] 버튼 클릭
❹ [폴더] 창에서 [확인] 버튼 클릭

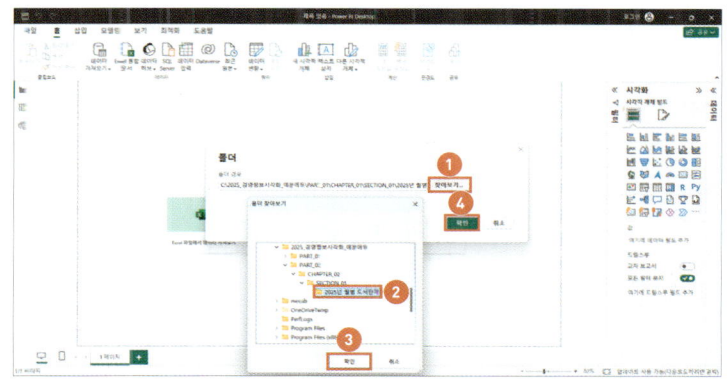

(3) 데이터 결합 및 변환

❶ 데이터 미리보기를 확인 후, [결합] 버튼 클릭
❷ [데이터 결합 및 변환] 클릭

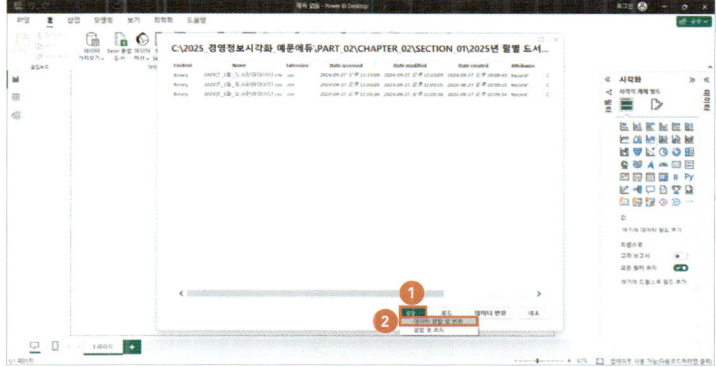

(4) 파일 병합 확인

❶ 파일 병합 설정 및 미리보기를 확인 후, [확인] 버튼을 클릭

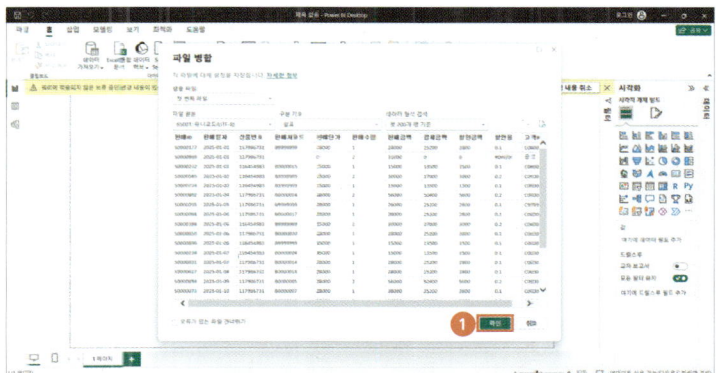

(5) 데이터 결합 확인 및 열 제거

- Source.Name 필드를 확인하여, 폴더 안에 있는 데이터 파일이 정상적으로 로드되었는지 확인한다.
❶ [Source.Name] 필드명 위에서 마우스 오른쪽 버튼을 클릭
❷ 해당 열을 제거하기 위해 [제거] 선택

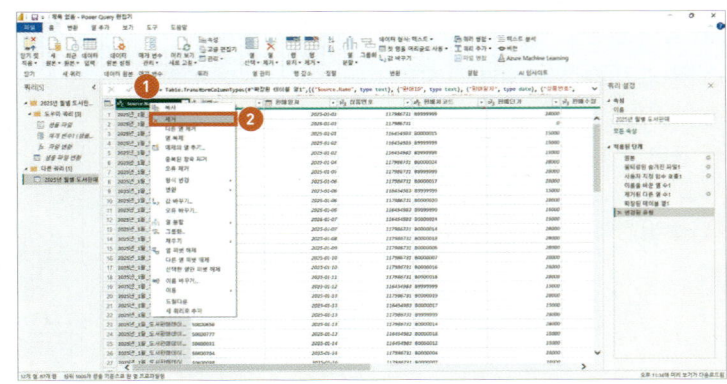

(6) 데이터 필터링

- 가장 오른쪽으로 스크롤을 이동하여 [고객ID] 필드명을 선택한다.
❶ 필드명 오른쪽에서 아래쪽 화살표 버튼을 클릭
❷ 스크롤을 내려서 가장 아래 '증정' 값 체크 해제
❸ [확인] 버튼을 클릭

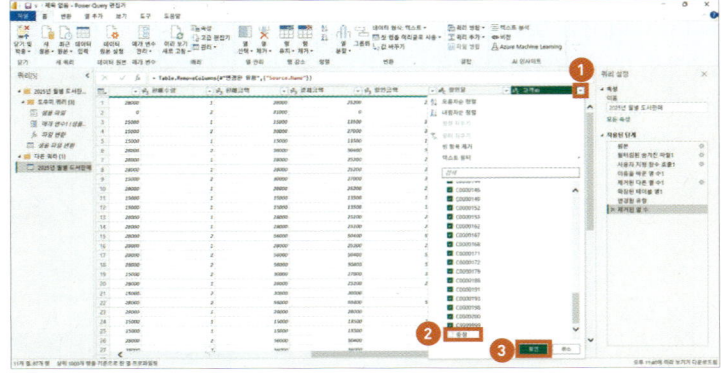

(7) 데이터 형식 변경

- 가장 오른쪽에서 두 번째 위치한 [할인율] 필드를 선택한다.
❶ 필드명 왼쪽의 A^B_C 아이콘을 클릭
❷ 네 번째 위치한 [백분율]을 선택

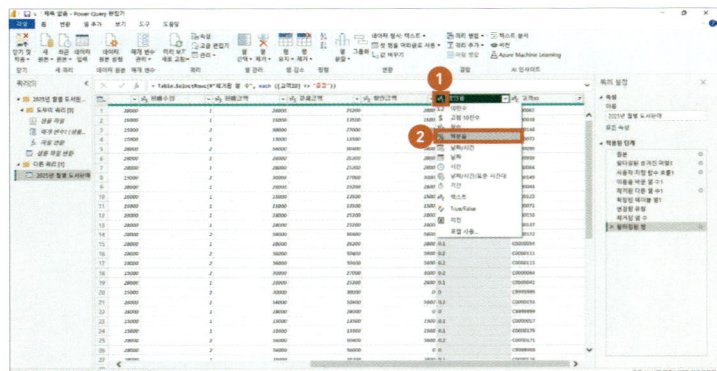

(8) 닫기 및 적용

❶ [홈] 탭의 [닫기 및 적용] 클릭

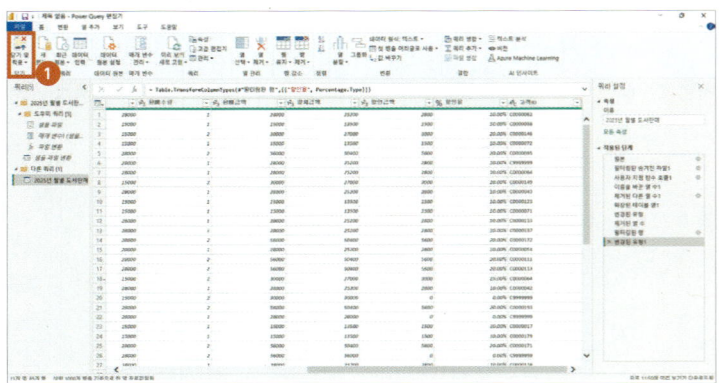

SECTION 02 행과 열 편집

Power Query에서 데이터를 편집하면서 불필요한 행이나 열을 삭제하거나, 머리글을 설정하는 작업은 필수이다. 불필요한 행을 제거할 때는 [홈] 탭의 "행 제거" 기능을 사용하고, 테이블로 설정되지 않은 데이터를 가져올 때 "첫 행을 머리글로 사용"이라는 변환 메뉴를 통해 머리글을 설정할 수 있다. 또한 하나의 열을 ",(comma)", ".(full stop)", "/(slash)" 등의 구분 기호를 기준으로 값을 "열 분할"하거나 "추가"할 수 있다.
경영정보시각화능력 실기 시험에서는 이러한 기능들을 복합적으로 구성하여 출제되며, 짧은 시간 안에 자유자재로 다룰 수 있는지를 평가한다.

1 행과 열의 편집 및 변환 기능

출제유형 실습 실습파일 : [이론실습_PART02_행과 열 편집.pbix], [이론실습_PART02_행과 열 편집_판매집계.xlsx]

데이터 가져오기를 이용하여 파워 쿼리 편집기를 통해 테이블의 데이터를 편집하시오.

- 가져올 데이터 : '판매집계'
- <판매집계> 테이블 편집 조건
  - 첫 행(판매처 분류) 및 마지막 행(합계) 삭제
  - 다음 행(판매처)을 열 머리글로 변환
  - [판매처] 필드에 있는 비어 있는 값을 위에 있는 값으로 채우기
  - [판매목록집계파일] 필드에서 날짜 부분만 추출(쿼리설정에서 적용된 단계를 단 하나로 구성할 것)
  - 필드 이름 [판매목록집계파일] → "판매집계일"로 변경 후, 데이터 형식을 "날짜"로 변경

(1) 데이터 가져오기

❶ [홈] 탭 > [Excel 통합 문서] 클릭
❷ '판매처별 판매집계.xlsx' 선택
❸ [열기] 버튼 클릭

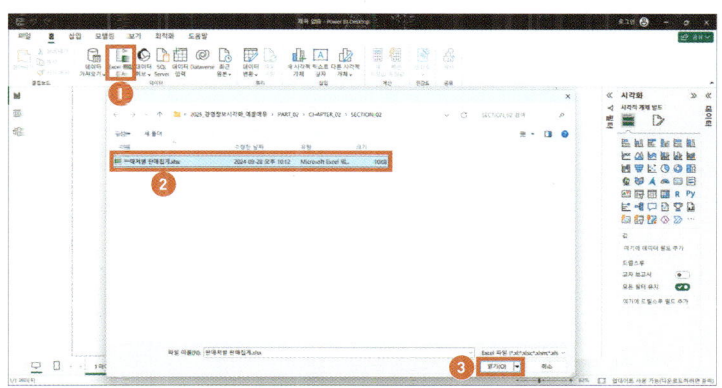

(2) 테이블 선택

❶ [탐색] 창에서 <판매집계> 테이블 체크
❷ [데이터 변환] 버튼 클릭

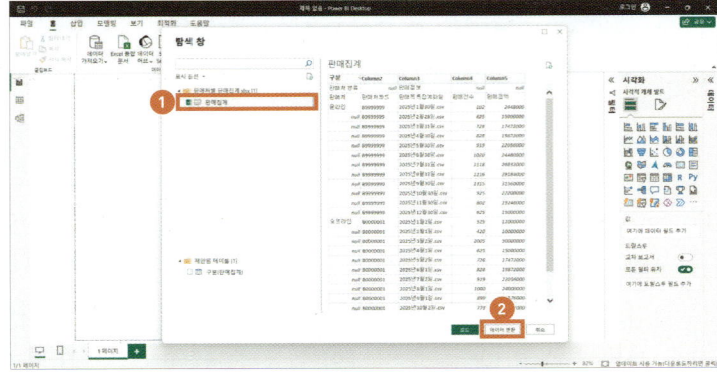

(3) 첫 행(판매분류) 삭제

❶ [홈] 탭의 [행 감소] 그룹에서 [행 제거] 버튼 클릭
❷ [상위 행 제거] 클릭

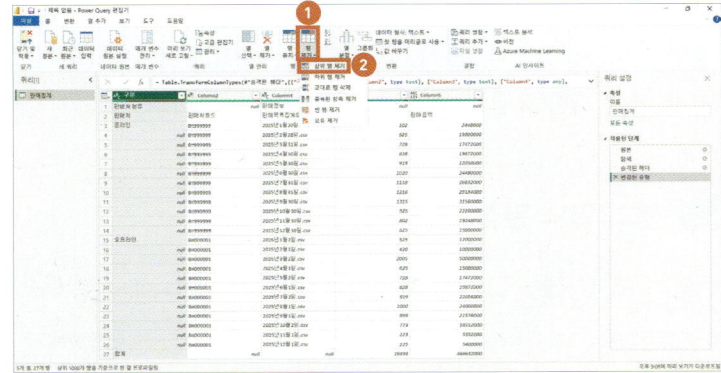

❸ [상위 행 제거] 창의 행 수 칸에 "1"을 입력
❹ [확인] 버튼을 클릭

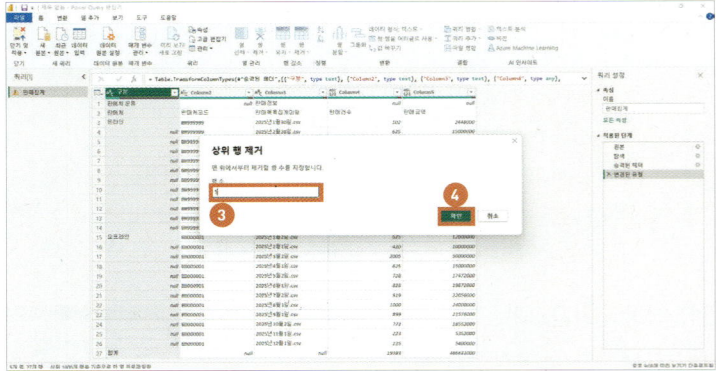

(4) 마지막 행(합계) 삭제

❶ [홈] 탭의 [행 감소] 그룹에서 [행 제거] 버튼 클릭
❷ [하위 행 제거] 클릭

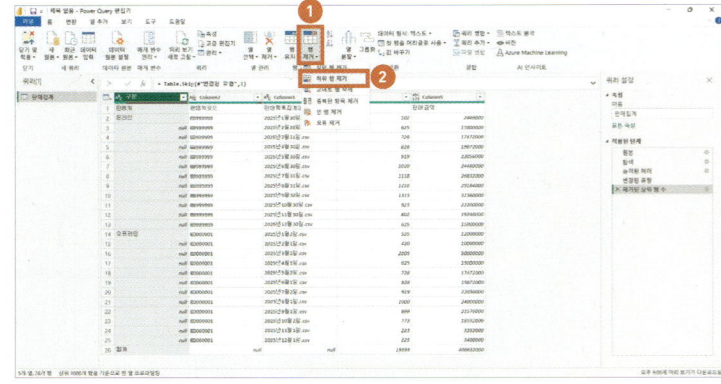

❸ [하위 행 제거] 창의 행 수 칸에 "1"을 입력
❹ [확인] 버튼을 클릭

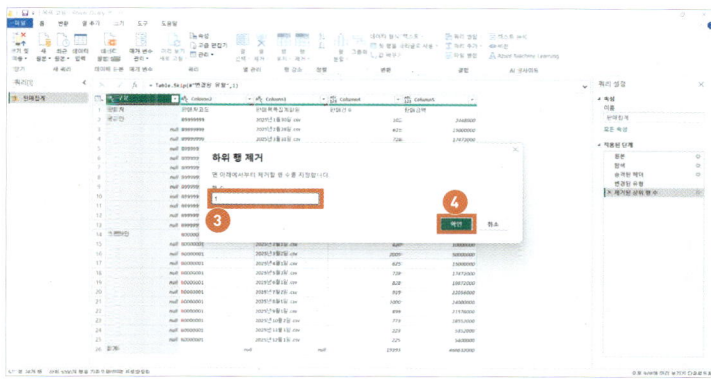

(5) 첫 행을 머리글로 사용

- 첫 행 제거 이후, 남아 있는 다음 첫 행을 머리글로 설정한다.
❶ [홈] 탭의 [변환] 그룹에 있는 [첫 행을 머리글로 사용] 버튼 클릭
- '판매처, 판매코드' 등의 필드명이 올바르게 설정된 것을 확인한다.

(6) 값으로 채우기

- null 값으로 비어 있는 값을 채우는 방법은 위쪽에 있는 값을 아래로 채우는 방법과 아래쪽에 있는 값을 위로 채우는 방법 두 가지가 있다.
❶ [판매처] 필드를 선택
❷ [변환] 탭을 선택
❸ [채우기] 버튼을 클릭
❹ [아래로] 옵션을 선택

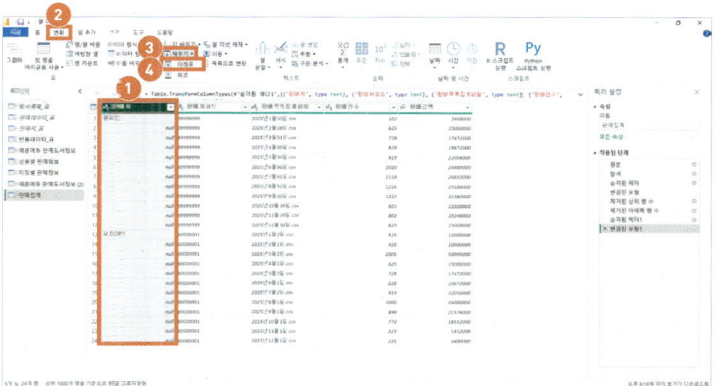

- 위쪽에 있는 값(온라인)이 아래 null 자리에 채워지고, 다음 위쪽에 있는 값(오프라인)이 아래 null 자리에 채워진 결과를 확인한다.

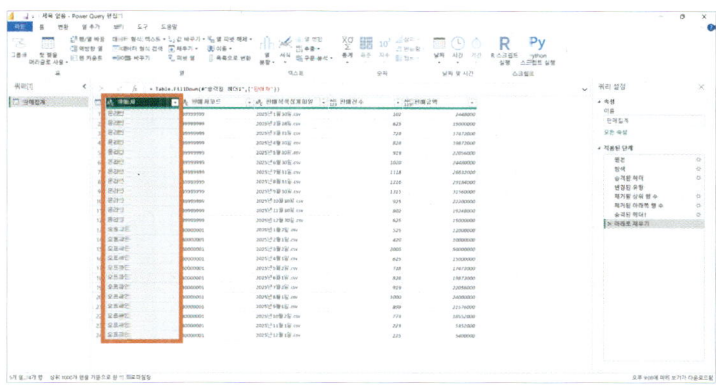

(7) 추출

- [판매목록집계파일] 필드에서 날짜 부분만 추출한다.
❶ [판매목록집계파일] 필드를 선택
❷ [변환] 탭을 선택
❸ [추출] 버튼을 클릭
❹ [구분 기호 앞 텍스트] 선택
- (기존) 2025년1월30일.csv
  → (추출) 2025년1월30일

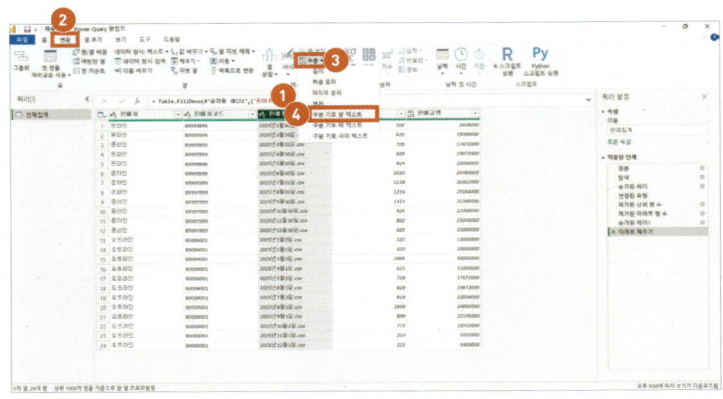

❺ 구분 기호 칸에 "."을 입력
❻ [확인] 버튼 클릭

> **참고**
> 실기 시험에서는 '쿼리설정에서 적용된 단계를 단 하나로 구성할 것'과 같이 단계를 제한한다.
> 만일 단계를 제한하지 않는다면, '[열 분할] → 구분 기호 기준 → 불필요한 열 제거' 순으로 작업할 수도 있다.

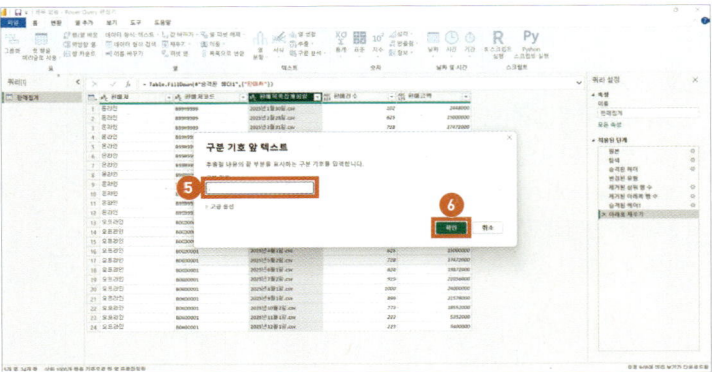

(8) 데이터 형식 변경 ⓐ

❶ [판매목록집계파일] 필드명 왼쪽의 ABC 아이콘을 클릭
❷ [날짜] 선택

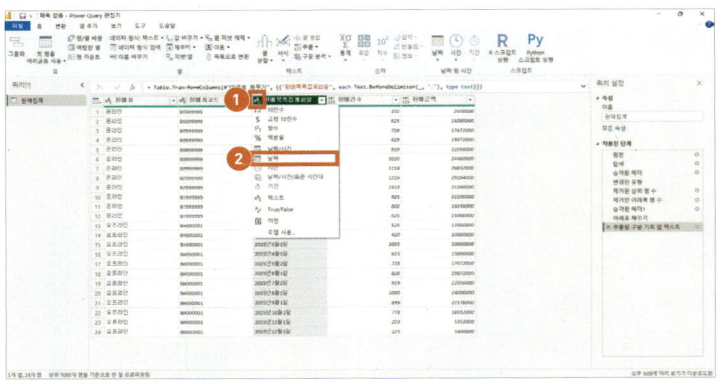

(9) 데이터 형식 변경 ⓑ

❶ [판매건수] 필드명 왼쪽의 ABC 123 아이콘을 클릭
❷ [정수] 선택

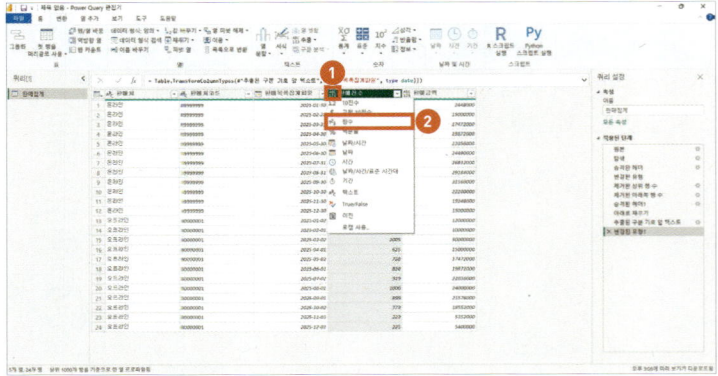

[10] 데이터 형식 변경 ⓒ

❶ [판매금액] 필드명 왼쪽의 ABC 123 아이콘을 클릭
❷ [정수] 선택

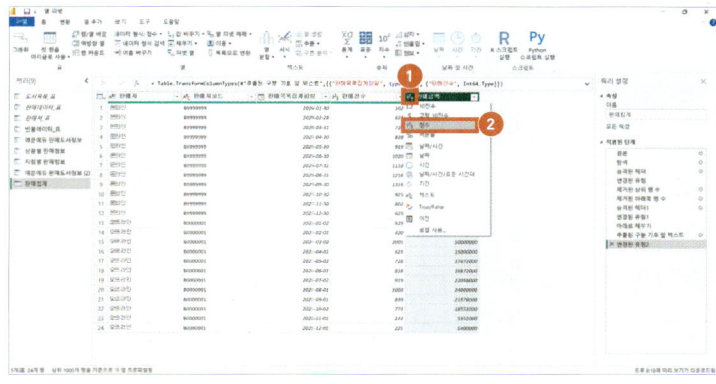

[11] 필드명 변경

❶ [판매목록집계파일] 필드명을 더블클릭
❷ 필드명을 "판매집계일"로 변경

[12] 닫기 및 적용

❶ [홈] 탭의 [닫기 및 적용] 클릭

CHAPTER 02 Power Query 기능

SECTION 03 쿼리 병합 · 참조 · 그룹화

Power Query에서 두 개의 테이블 또는 쿼리(데이터에서 테이블을 만들기 위한 요청)를 하나로 결합할 수 있다. 쿼리를 결합하는 방법은 병합(기존 테이블에 결합 열 추가)과 추가(신규 테이블 생성 후 결합 결과 저장) 두 가지 방법이 있다.

먼저 파워 쿼리 편집기의 왼쪽 창에서 병합의 기준이 되는 테이블을 선택한다. 두 개의 테이블을 연결할 때는 공통으로 일치하는 열이 필요한데 이것을 키(Key)라고 부른다. 또한, 테이블 간에 열 방향으로 데이터를 이어붙이는 것을 '조인(join)'이라고 표현하는데, 조인 방식에는 '왼쪽/오른쪽/내부/외부'가 있다. Power Query에서는 왼쪽 외부 등 5가지 옵션을 제공한다.

1 쿼리 병합

> **출제유형 실습** 실습파일 : [이론실습_PART02_쿼리병합.pbix], [이론실습_PART02_예문에듀 도서정보.xlsx]
>
> 쿼리 병합 기능을 사용하여 <판매데이터_표>, <도서목록_표>, <판매처_표> 테이블을 다음 기준에 맞게 하나의 테이블로 병합하시오.
> - 가져올 데이터 : '예문에듀 도서정보'
> - 병합된 테이블 이름 : <예문에듀 판매도서정보>
> - 기준 ⓐ : <판매데이터_표>, <도서목록_표> 테이블의 [상품번호] 필드를 기준으로 병합
>   - 조인 종류 : '왼쪽 외부'
>   - 추가된 필드 이름 : [상품명], [만든이], [분류]
> - 기준 ⓑ : <판매데이터_표>, <판매처_표> 테이블의 [판매처] 필드를 기준으로 병합
>   - 조인 종류 : '왼쪽 외부'
>   - 추가된 필드 이름 : [지점명], [광역시도], [시구]

(1) 데이터 가져오기
❶ [홈] 탭 > [Excel 통합 문서] 클릭
❷ '예문에듀 도서정보.xlsx' 선택
❸ [열기] 버튼 클릭

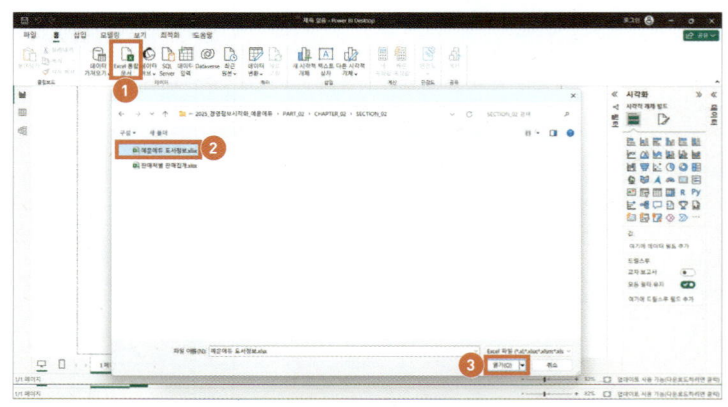

(2) 테이블 선택

❶ [탐색] 창에서 <도서목록_표>, <반품데이터_표>, <판매데이터_표>, <판매처_표> 테이블 체크

❷ [데이터 변환] 버튼 클릭

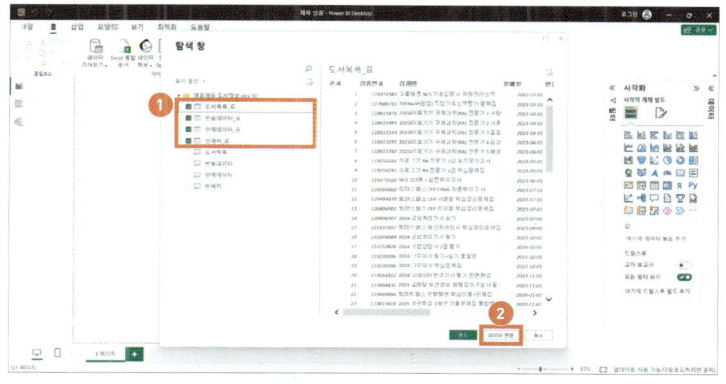

(3) 기준 ⓐ-쿼리를 새 항목으로 병합

❶ 왼쪽 쿼리 창에서 <판매데이터_표> 테이블을 선택

❷ [홈] 탭의 [결합] 그룹에서 [쿼리 병합] 오른쪽에 있는 아래쪽 화살표 버튼(▼)을 클릭

❸ [쿼리를 새 항목으로 병합] 선택

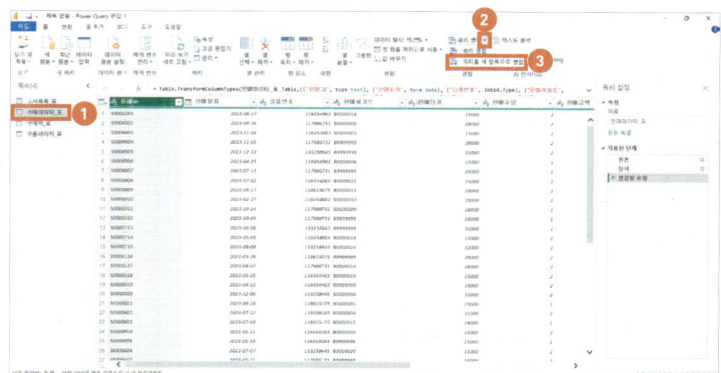

(4) 병합 설정

❶ 기준이 되는 왼쪽 테이블 <판매데이터_표>에서 연결 키(Key)로 사용할 [상품번호] 필드를 선택

❷ 병합할 오른쪽 테이블로서 <도서목록_표>를 선택

❸ 오른쪽 테이블에서 연결 키(Key)로 사용할 [상품번호] 필드를 선택

• 조인 종류의 기본 옵션 '왼쪽 외부' 확인

❹ [확인] 버튼 클릭

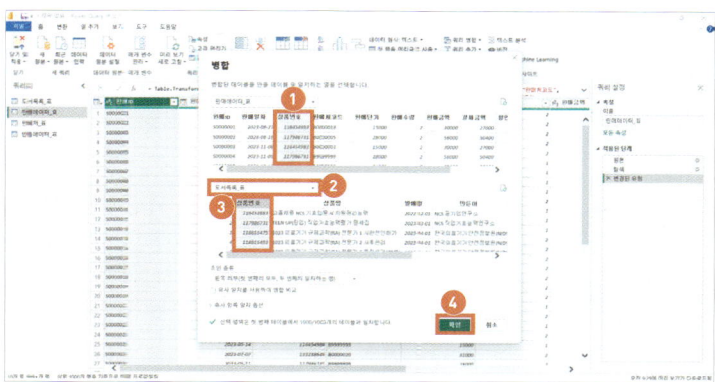

(5) 확장 대상 열 선택

❶ 병합된 테이블에서 맨 오른쪽 필드에 있는 [도서목록_표] 필드명 오른쪽 확장 버튼(⋈)을 클릭
❷ [상품명], [만든이], [분류]를 선택
❸ '원래 열 이름을 접두사로 사용' 체크 해제
❹ [확인] 버튼 클릭

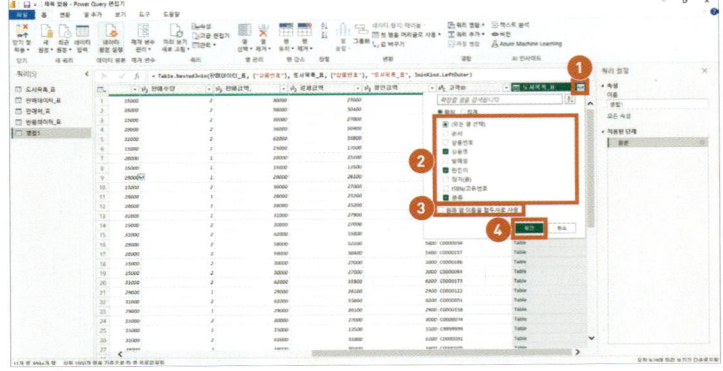

• 추가된 필드 [상품명], [만든이], [분류]를 확인한다.

> **참고**
> 쿼리 병합 버튼 선택 시 나타나는 하위 메뉴에서 '쿼리 병합'은 현재 선택된 테이블에 필드를 추가하고, '새 항목으로 쿼리 병합'은 새로운 테이블 '병합1'을 생성하여 필드를 추가한다.

(6) 기준 ⓑ-쿼리 병합

❶ [홈] 탭의 [결합] 그룹에서 [쿼리 병합] 버튼 클릭
❷ [병합] 창에서 기준이 되는 왼쪽 테이블 <병합1>에서 연결 키(Key)로 사용할 [판매처 코드] 필드를 선택
❸ 병합할 오른쪽 테이블로서 <판매처_표>를 선택
❹ 오른쪽 테이블에서 연결 키(Key)로 사용할 [판매처 코드] 필드를 선택
• 조인 종류의 기본 옵션 '왼쪽 외부' 확인
❺ [확인] 버튼 클릭

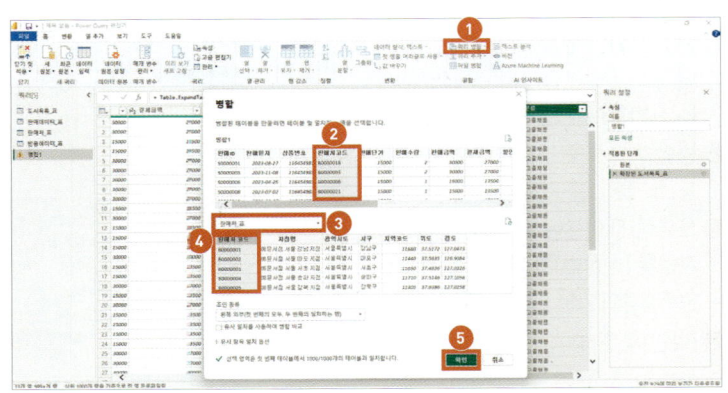

(7) 확장 대상 열 선택

❶ 병합된 테이블에서 맨 오른쪽 필드에 있는 [판매처_표] 필드명 오른쪽 확장 버튼(⇹)을 클릭
❷ [지점명], [광역시도], [시구]를 선택
❸ '원래 열 이름을 접두사로 사용' 체크 해제
❹ [확인] 버튼 클릭

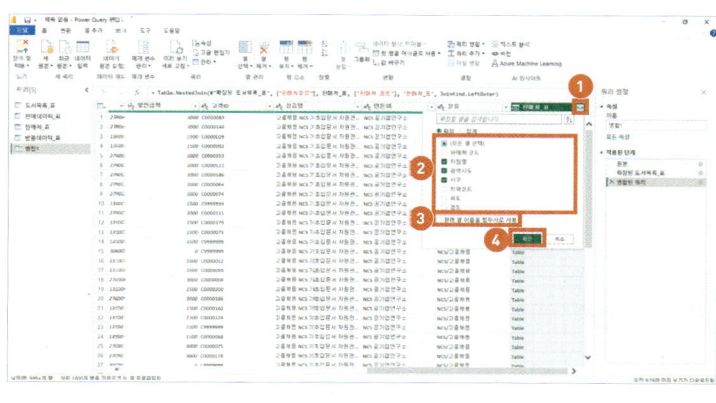

• 추가된 필드 [지점명], [광역시도], [시구]를 확인한다.

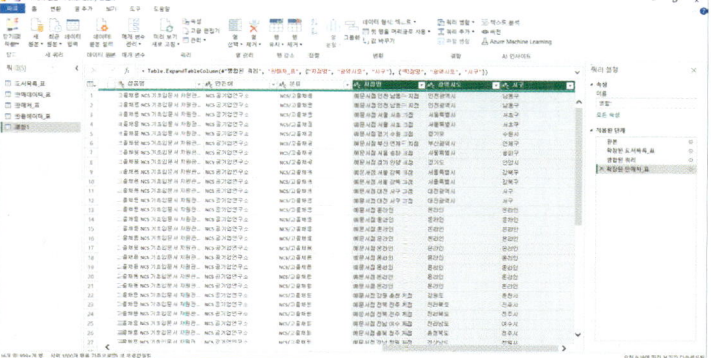

(8) 테이블명 변경

❶ 왼쪽 쿼리 창에서 [병합1] 테이블명에서 마우스 오른쪽 버튼 클릭
❷ 도구상자 팝업창에서 [이름 바꾸기] 메뉴를 선택

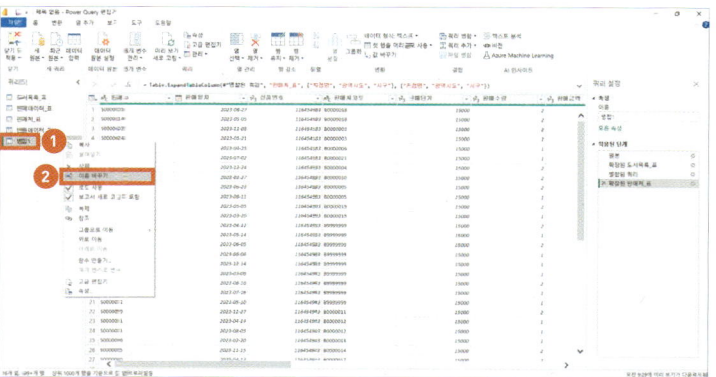

❸ 테이블명에 "예문에듀 판매도서정보" 입력 후 [Enter]

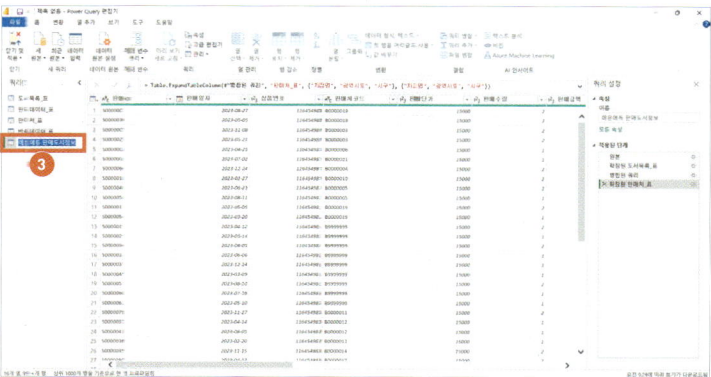

CHAPTER 02 Power Query 기능

2 쿼리 참조 및 그룹화

출제유형 실습 실습파일 : [이론실습_PART02_쿼리병합.pbix], [이론실습_PART02_예문에듀 도서정보.xlsx]

앞에서 병합한 <예문에듀 판매도서정보> 테이블을 '참조'하여 <상품별 판매정보>, <지점별 판매정보> 테이블을 추가하시오.

- 그룹화 필드 ⓐ : [상품명]
  - 집계 필드 추가 : [상품별 총판매수량], [상품별 총판매금액]
  - [상품별 총판매수량], [상품별 총판매금액] 모두 합계를 표시
- 그룹화 필드 ⓑ : [지점명]
  - 집계 필드 추가 : [지점별 총판매수량], [지점별 총판매금액]
  - [지점별 총판매수량], [지점별 총판매금액] 모두 합계를 표시

(1) 참조 ⓐ-상품명 기준

❶ 쿼리 창의 <예문에듀 판매도서정보> 테이블을 선택하고 마우스 오른쪽 버튼을 클릭
❷ [참조] 클릭

❸ 쿼리 창에서 참조 복사된 테이블명 <예문에듀 판매도서정보(2)>를 더블 클릭하고, 테이블명을 "상품별 판매정보"로 변경 후 [Enter]

(2) 참조 ⓑ-판매처명 기준

- 위와 같은 방법으로 지점별 판매정보 테이블을 생성한다.
❶ 쿼리 창의 <예문에듀 판매도서정보> 테이블을 선택하고 마우스 오른쪽 버튼을 클릭
❷ [참조] 클릭

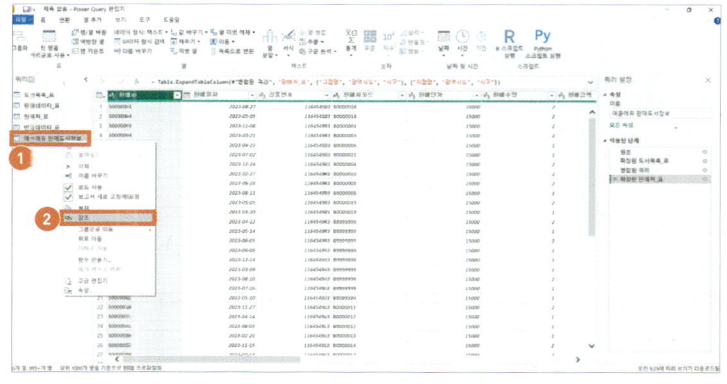

❸ 쿼리 창에서 참조 복사된 테이블명 <예문에듀 판매도서정보(2)>를 더블 클릭하고, 테이블명을 "지점별 판매정보"로 변경 후 [Enter]

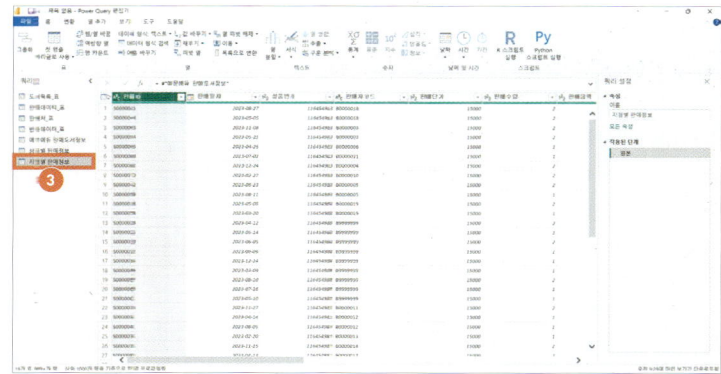

(3) 그룹화 ③-상품명 기준

❶ 쿼리 창에서 <상품별 판매정보> 테이블 선택
❷ 데이터에서 [상품명] 필드를 선택
❸ [변환] 탭에서 [그룹화] 버튼 클릭
❹ 그룹화 대화상자 팝업창에서 '고급' 기능 선택
- 상품명을 기준으로 그룹화한다(앞서 선택한 필드를 기준으로 자동 설정됨).
❺ 새 열 이름에 "상품별 총판매수량"을 입력하고, 연산에 '합계', 참조 열에 '판매수량'을 선택
❻ [집계 추가] 버튼 클릭
❼ 새 열 이름에 "상품별 총판매금액"을 입력하고, 연산에 '합계', 참조 열에 '판매금액'을 선택
❽ [확인] 버튼 클릭

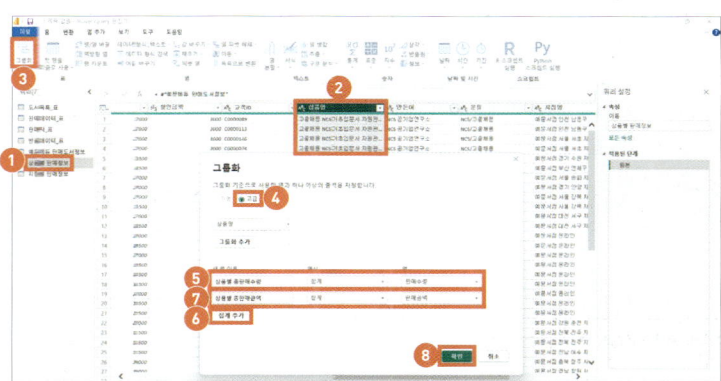

- '상품명, 상품별 총판매수량, 상품별 총판매금액'을 필드로 갖는 테이블이 생성된 것을 확인한다.

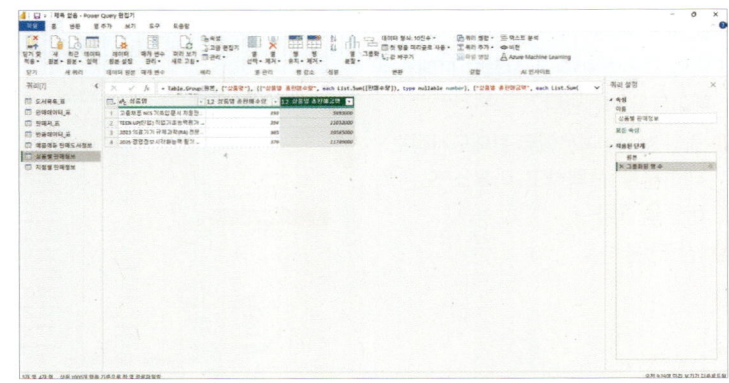

(4) 그룹화 ⓑ - 지점명 기준

❶ 쿼리 창에서 <지점별 판매정보> 테이블 선택
❷ 데이터에서 [지점명] 필드를 선택
❸ [변환] 탭에서 [그룹화] 버튼 클릭
❹ 그룹화 대화상자 팝업창에서 '고급' 기능 선택
  · 지점명을 기준으로 그룹화한다(앞서 선택한 필드를 기준으로 자동 설정됨).
❺ 새 열 이름에 "지점별 총판매수량"을 입력하고, 연산에 '합계', 참조 열에 '판매수량'을 선택
❻ [집계 추가] 버튼 클릭
❼ 새 열 이름에 "지점별 총판매금액"을 입력하고, 연산에 '합계', 참조 열에 '판매금액'을 선택
❽ [확인] 버튼 클릭

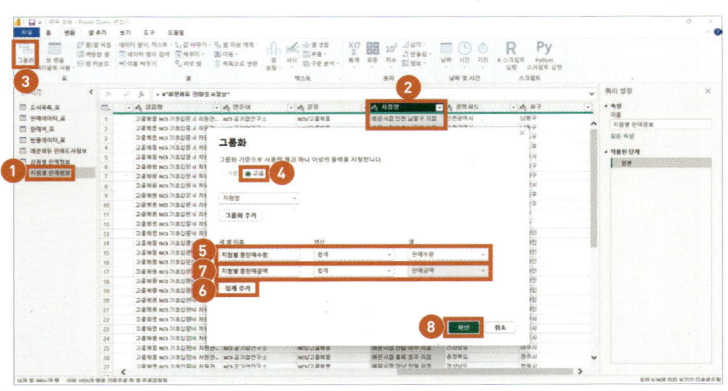

- '지점명, 지점별 총판매수량, 지점별 총판매금액'을 필드로 갖는 테이블이 생성된 것을 확인한다.

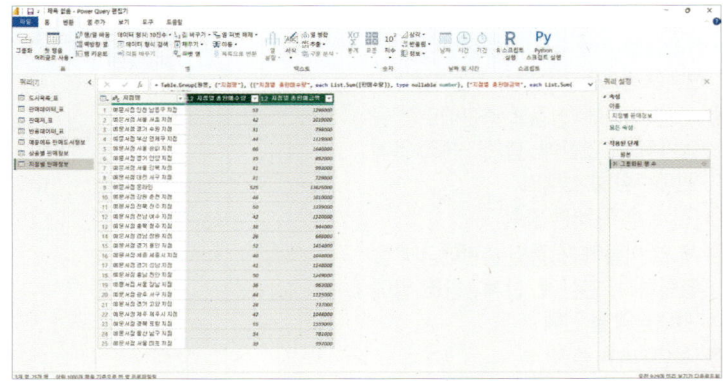

50 경영정보시각화능력 실기

(5) 로드 사용 해제

❶ 쿼리 창에서 <도서목록_표>를 선택한 후, 마우스 오른쪽 버튼을 클릭
❷ [로드 사용] 체크 해제

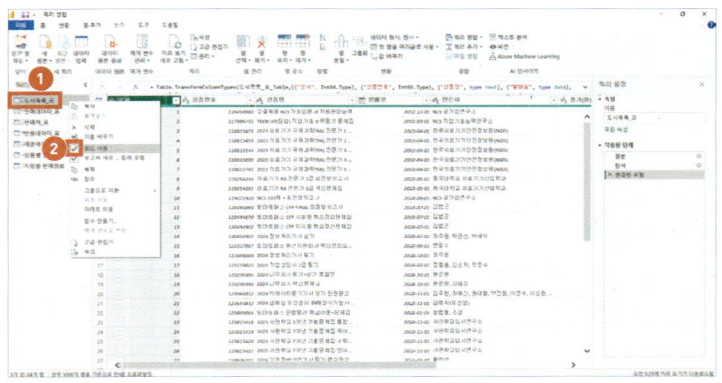

❸ 가능한 데이터 손실 경고에서 [계속]을 클릭

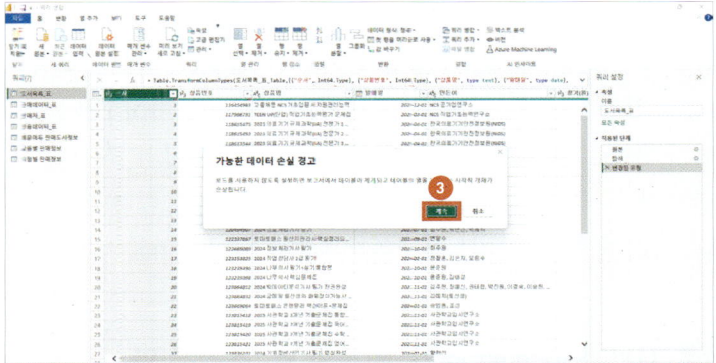

• 위와 같은 순서로, <판매데이터_표>, <판매처_표>, <반품데이터_표>의 [로드 사용] 체크 해제

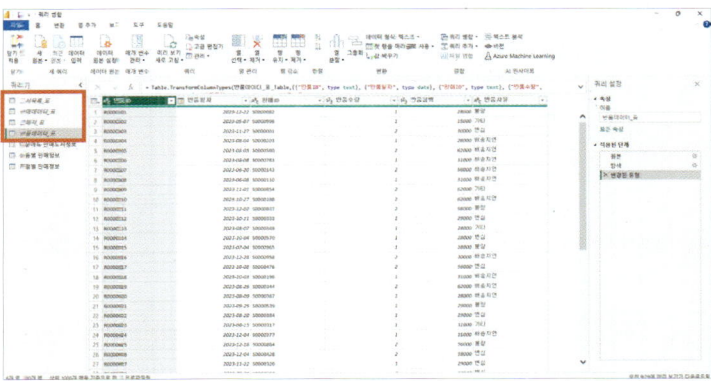

(6) 닫기 및 적용

❶ [홈] 탭의 [닫기 및 적용] 클릭

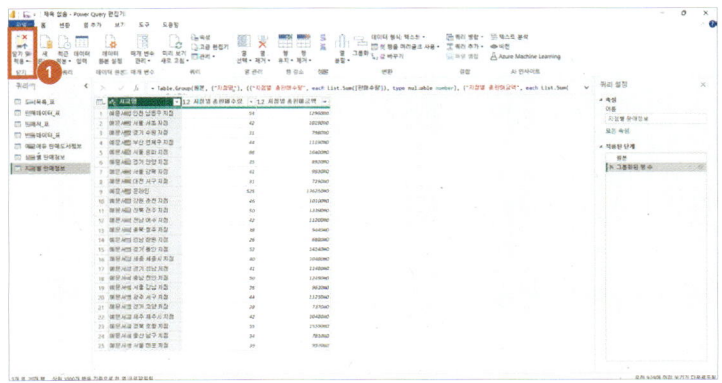

SECTION 04 필드 추가

Power Query 편집기에서는 기존에 존재하는 열을 사용하여 '+, -, *, /' 등 사칙연산뿐만 아니라, 사용자가 원하는 수식을 만들어서 새로운 열을 추가할 수 있다. 이러한 열 추가 기능을 "사용자 지정 열 추가(Custom column)"라고 한다.

또한, 새 열을 추가할 때 예제 값을 입력하면 나머지 데이터들에 대해 자동으로 변환하는 기능을 제공한다. 지원되는 변환은 텍스트 변환(결합, 바꾸기, 추출 등), 날짜 변환(연, 월, 일, 요일 등), 시간 변환(시, 분, 초 등), 숫자 변환(절댓값, 사인·코사인·탄젠트, 합계, 제곱근 등)이 있다. 이러한 열 추가 기능을 "예제의 열(Column from examples)"이라고 한다.

마지막으로 테이블의 기존 열의 값에 하나 이상의 조건을 적용하여 새 열을 만들 수 있다. 조건부 절을 추가하고 새 열 이름과 연산자, 값과 출력 등을 설정하면 조건에 따른 열이 추가된다. 이러한 열 추가 기능을 "조건부 열(Conditional column)"이라고 한다.

1 사용자 지정 열 추가, 예제의 열, 조건부 열

출제유형 실습 실습파일 : [이론실습_PART02_필드추가.pbix]

'필드추가.pbix' 파일을 열고, 파워 쿼리 편집기를 통해 <예문에듀 판매도서정보> 테이블에 다음 지시에 따라 필드를 추가하시오.

- 사용자 지정 열 사용
  - 필드 이름 : "결제금액"
  - 활용 필드 : <예문에듀 판매도서정보> 테이블의 [판매단가], [판매수량], [할인금액]
  - 계산 : [판매단가]×[판매수량]-[할인금액]
  - 추가된 필드 형식 : '정수'
- 예제의 열 사용
  - 필드 이름 : "주소"
  - 활용 필드 : <예문에듀 판매도서정보> 테이블의 [광역시도], [시구]
  - 조건 : [광역시도] 필드의 텍스트와 [시구] 텍스트를 연결하고, 온라인일 경우 값 바꾸기를 통해 "https://yeamoonedu.com"로 대체
  - 추가된 필드 형식 : '텍스트'
- 조건 열 사용
  - 필드 이름 : "온오프라인 구분"
  - 활용 필드 : <예문에듀 판매도서정보> 테이블의 [지점명]
  - 조건 : <예문에듀 판매도서정보> 테이블의 [지점명] 필드값이 "예문서점 온라인"일 경우 "온라인", 그 외의 값일 경우 "오프라인"을 반환
  - 추가된 필드 형식 : '텍스트'

(1) 파일 열기

❶ '필드추가.pbix' 파일을 열고, [홈] 탭의 [데이터 변환]을 클릭하여 파워 쿼리 편집기를 실행

(2) 테이블 선택 및 사용자 지정 열

❶ 쿼리 창에서 <예문에듀 판매도서정보> 테이블을 선택
❷ [열 추가] 탭 선택
❸ 사용자 지정 열을 클릭

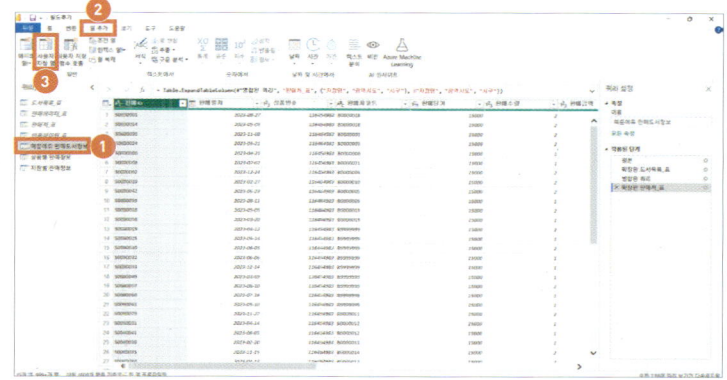

(3) 사용자 지정 열 추가

❶ [사용자 지정 열] 창에서 '새 열 이름'에 "결제금액"을 입력
❷ '사용자 지정 열 수식 란'에 '=[판매단가]*[판매수량]-[할인금액]'을 입력
• 열 이름 입력 시 오른쪽에 있는 '사용 가능한 열'에서 더블 클릭 또는 선택 후, 아래 [삽입] 버튼을 눌러서 입력할 수 있다.
❸ [확인] 버튼 클릭

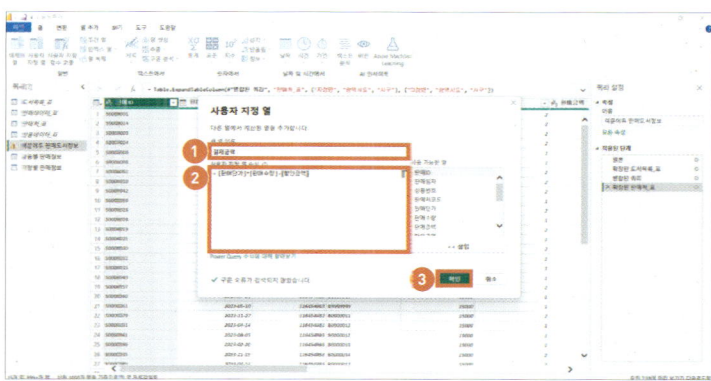

(4) 결제금액 열 위치 이동

❶ 생성된 [결제금액] 필드 확인 및 클릭
❷ [결제금액] 필드를 클릭한 상태에서 드래그해서 [할인금액] 오른쪽으로 드롭

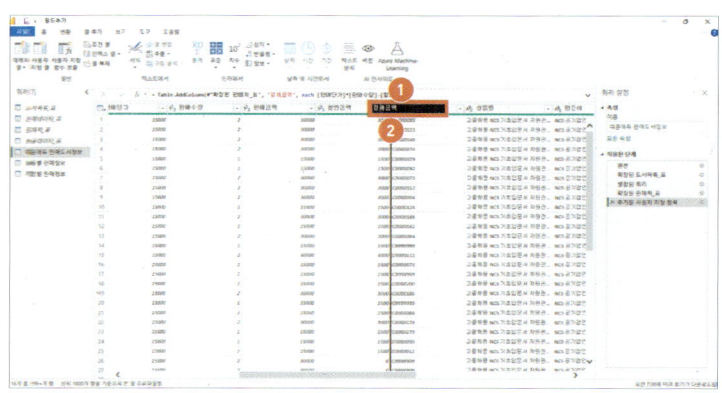

CHAPTER 02 Power Query 기능 53

(5) 데이터 형식 변경

❶ [결제금액] 필드명 왼쪽의 ABC123 아이콘을 클릭
❷ [정수] 선택

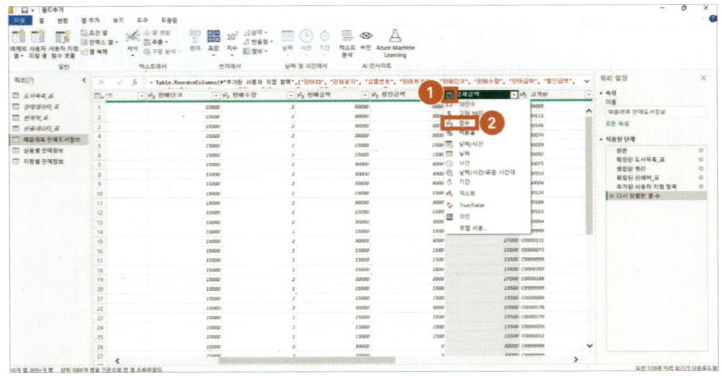

(6) 예제의 열 대상 필드선택

❶ [광역시도] 필드를 클릭
❷ [Ctrl]을 누른 상태에서 [시구] 필드를 클릭

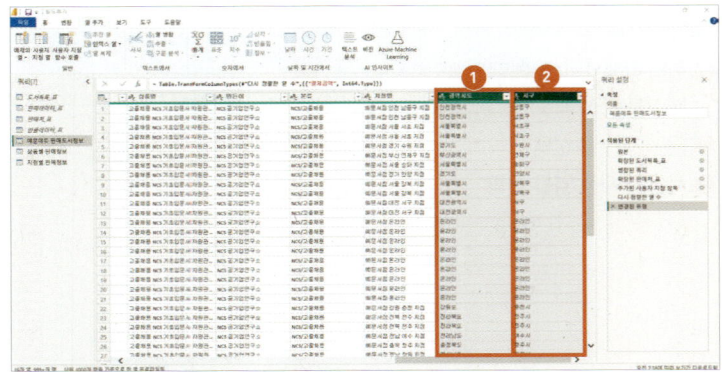

(7) 선택 항목에서 예제의 열 선택

❶ [열 추가] 탭의 [예제의 열▼] 선택
❷ [선택 항목에서]를 선택

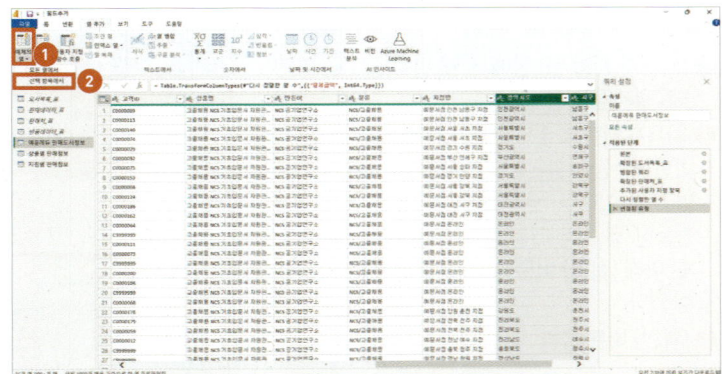

(8) 예제의 열 입력

❶ 첫 번째 칸에 작업이 완료된 형태의 텍스트 "인천광역시 남동구" 입력
❷ [확인] 버튼 클릭
• [병합됨] 필드가 생성되면서 예제로 입력한 규칙으로 나머지 값들이 자동으로 입력된다.

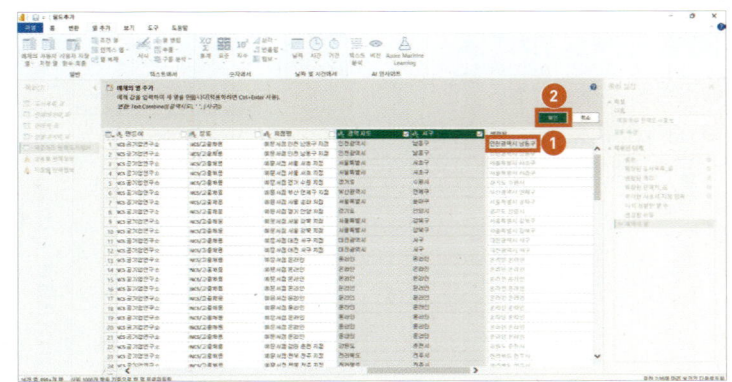

(9) 값 바꾸기

❶ [변환] 탭 선택
❷ [열] 그룹에 있는 [값 바꾸기]를 클릭
❸ [값 바꾸기] 창에서 찾을 값에 "온라인 온라인" 입력
❹ 바꿀 항목에 "https://yeamoonedu.com" 입력
❺ [확인] 버튼 클릭

(10) 필드명 변경

❶ [병합됨] 필드명을 더블 클릭하여 수정 상태로 변경한 후, "판매처 주소"를 입력하고 [Enter]
- 자동 설정된 데이터 형식 (ABC)이 '텍스트'인 것을 확인한다.

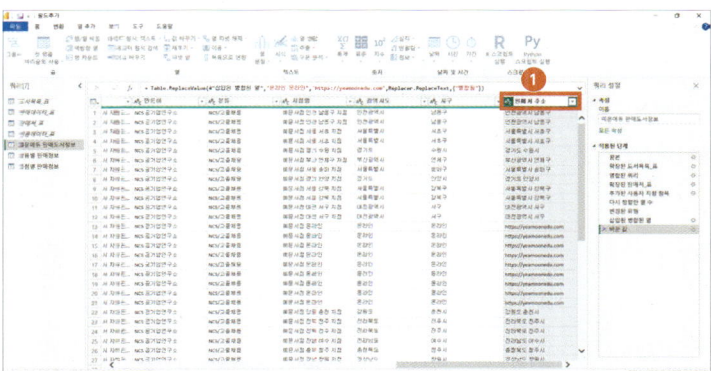

(11) 조건 열 사용

❶ [열 추가] 탭 선택
❷ [일반] 그룹 [조건 열] 클릭

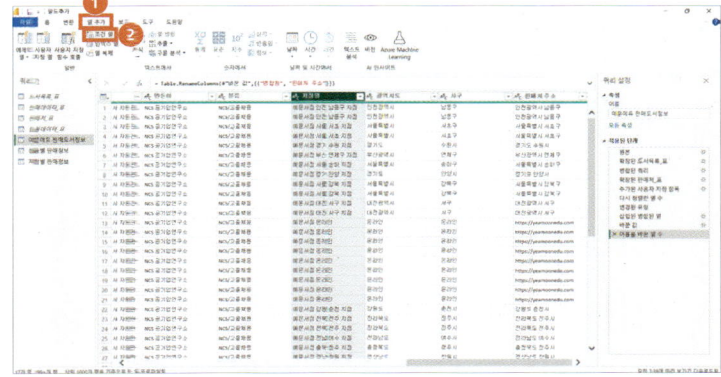

(12) 조건 열 사용

❶ 새 열 이름 "온오프라인 구분" 입력
❷ 조건 절에서 조건을 적용할 열 이름은 '지점명', 연산자는 '같음', 값은 '예문서점 온라인', 결과는 '온라인'으로 설정
❸ 조건 절에 해당하지 않는 나머지 값이 표시되는 기타 칸에 "오프라인"을 입력
❹ [확인] 버튼 클릭

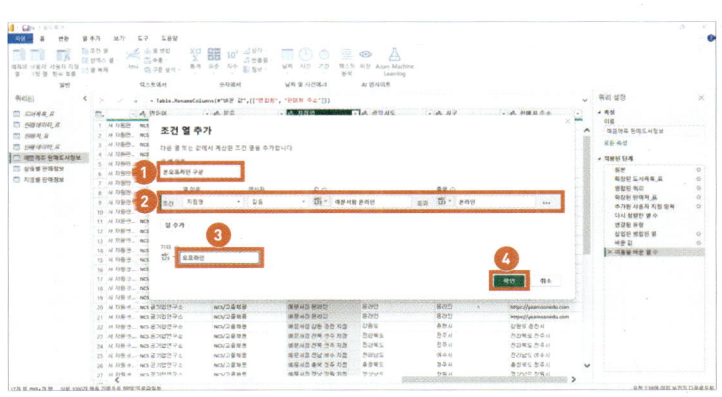

CHAPTER 02 Power Query 기능

> **참고**
> 실기 시험에서 하나 이상의 조건 절을 요구하는 경우, [절 추가] 버튼을 클릭하여 조건을 입력할 수 있는 동일한 행을 추가하여 설정한다.
> 연산자는 '같음' 외에도 '같지 않음', '시작 문자', '포함', '포함하지 않음' 등을 사용할 수 있다.

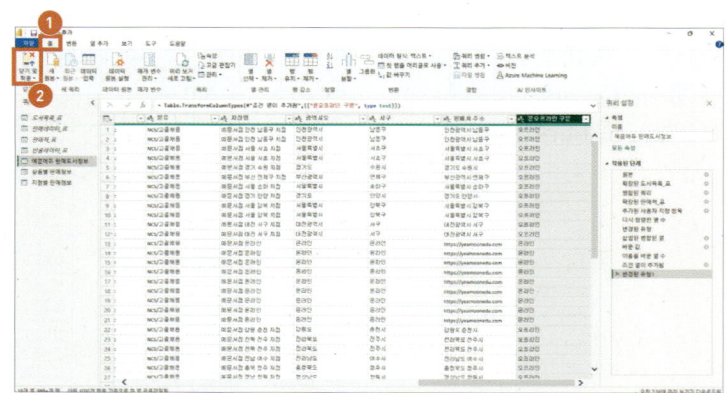

같음
같지 않음
시작 문자
제외할 시작 문자
끝 문자
제외할 끝 문자
포함
포함하지 않음

(13) 데이터 형식 변경
❶ [온오프라인 구분] 필드명 왼쪽의 ABC 123 아이콘을 클릭
❷ [텍스트] 선택

(14) 닫기 및 적용
❶ [홈] 탭
❷ [닫기 및 적용] 클릭

SECTION 05 피벗 열과 열 피벗 해제

1 개요

1) 피벗 열

① 엑셀의 피벗 테이블과 같이 데이터를 교차 테이블 형태로 요약하는 기능이 Power Query의 '피벗 열'이다.
② '피벗 열'은 하나 또는 그 이상의 열 속성(Attribute)이 가진 고유한 값(Value)을 그룹화하여 집계함으로써, 기존 열의 값(Value)을 새로운 테이블의 열 이름(Header)으로 만들 수 있다.
③ Power Query에서는 수치형 데이터는 합계를 기본적인 집계 방식으로 계산하고, 범주형 데이터는 개수를 기본 집계 방식으로 계산한다.
④ 고급 옵션을 통해 카운트, 최소, 최대, 중앙값, 평균 등을 집계할 수 있다.

출처 : https://learn.microsoft.com

<열 피벗의 개념>

2) 열 피벗 해제

① 이와는 반대로 피벗 테이블 형태의 요약된 교차 테이블의 데이터를 속성(Attribute)과 값 쌍(Value)의 열 집합으로 변경하는 기능이 바로 '열 피벗 해제'이다.
② 열 피벗을 해제하면 속성과 값의 쌍의 테이블 데이터가 열 기준 데이터로 다시 변환된다.
③ 일반적으로 데이터는 세로 열에 속성(Attribute)을 가지며, 가로 행에 관측(Observation), 셀에 값(Value)을 가진다.

④ 이러한 형태의 데이터를 저장과 분석에 적합한 데이터라고 해서 '깨끗한 데이터(Tidy Data)'라고 한다.

<열 피벗 해제의 개념>

2 피벗 열과 열 피벗 해제

출제유형 실습 실습파일 : [이론실습_PART02_열 피벗.pbix]

'열 피벗.pbix' 파일을 열고, 파워 쿼리 편집기를 통해 <반품데이터_표> 테이블에 다음 지시에 따라 필드를 추가하시오.

- 피벗 열 ⓐ : 지점(행)과 반품사유(열)별 반품금액 합계
  - 선택 열 : [지점명], [반품사유], [반품금액]
  - 피벗 열 : [반품사유]
  - 값 열 : [반품금액]
- 열 피벗 해제를 통해 원래 테이블로 변환
  - 필드 선택 : [불량], [배송지연], [변심], [기타]
  - 필드명 변경 : [특성] → "반품사유", [값] → "반품금액"
- 피벗 열 ⓑ : 반품사유(행)와 지점(열)별 반품금액 합계
  - 피벗 열 : [지점명]
  - 값 열 : [반품금액]

(1) 파일 열기

❶ '열 피벗.pbix' 파일을 열고, [홈] 탭의 [데이터 변환]를 클릭하여 파워 쿼리 편집기를 실행

(2) 열 선택 및 다른 열 제거

- 쿼리 창에서 <반품데이터_표>가 기본으로 선택된 것을 확인한다.
❶ 현재보기 창에서 [반품금액], [반품사유], [지점명] 필드를 선택([Ctrl]을 누른 상태에서 중복 선택)
❷ 필드명 위에서 마우스 오른쪽 버튼 클릭
❸ [다른 열 제거] 선택

(3) 피벗 열 ⓐ-기능 실행

❶ [반품사유] 필드 선택
❷ [변환] 탭 선택
❸ [열] 그룹의 [피벗 열] 클릭

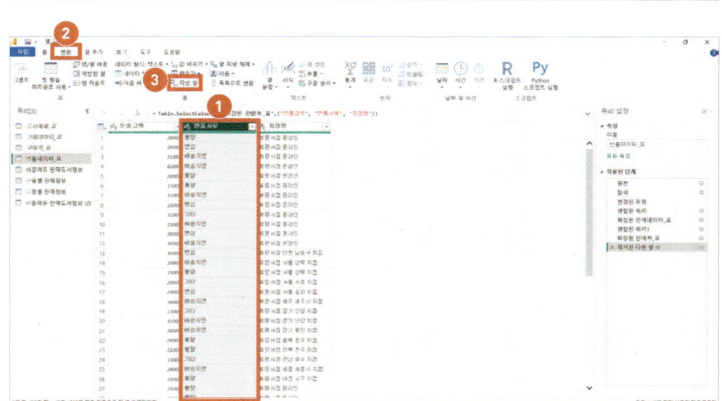

(4) 피벗 열 ⓐ-값 열 선택

❶ 값 열에 [반품금액]을 선택
❷ [확인] 버튼 클릭

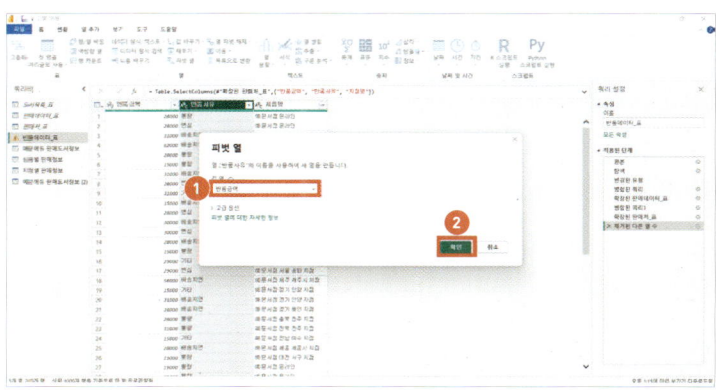

CHAPTER 02 Power Query 기능 59

- 지점(행)과 반품사유(열)별 반품금액 합계 피벗 테이블을 확인한다.

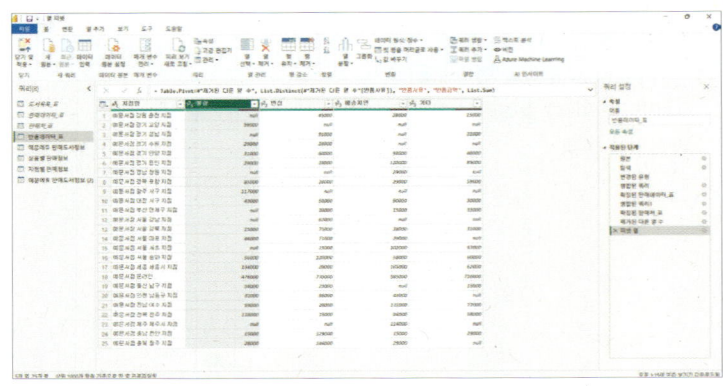

(5) 열 피벗 해제-필드 선택

❶ [불량] 필드명을 클릭
❷ 키보드에서 [Shift]를 누른 상태로 [기타] 필드명을 클릭
❸ [열 피벗 해제] 클릭

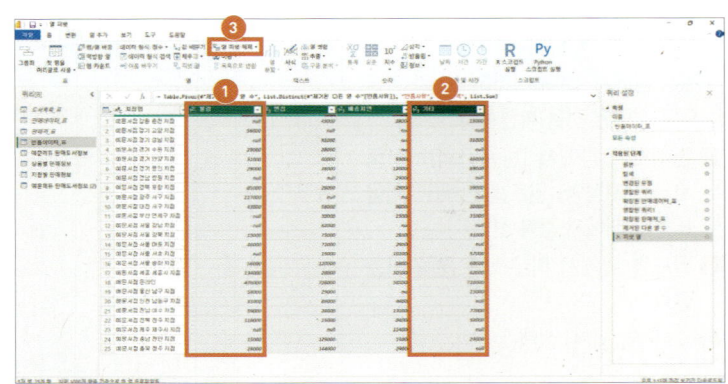

(6) 열 피벗 해제-필드명 변경

❶ [특성] 필드명을 더블 클릭하여 "반품사유"로 변경
❷ [값] 필드명을 더블 클릭하여 "반품금액"으로 변경

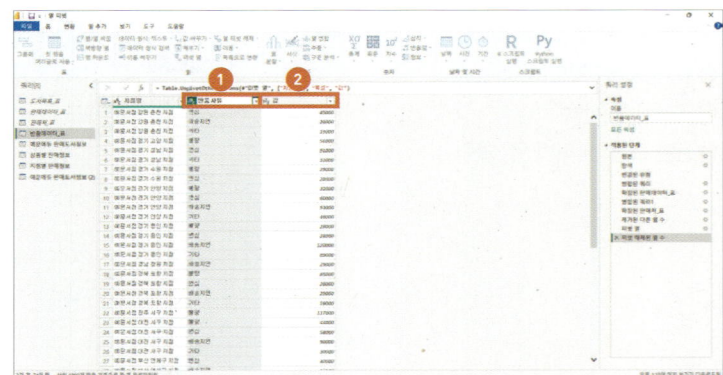

(7) 피벗 열 ⓑ

❶ [지점명] 필드 선택
❷ [변환] 탭의 [피벗 열] 클릭
❸ 값 열에 [반품금액]을 선택
❹ [확인] 버튼 클릭

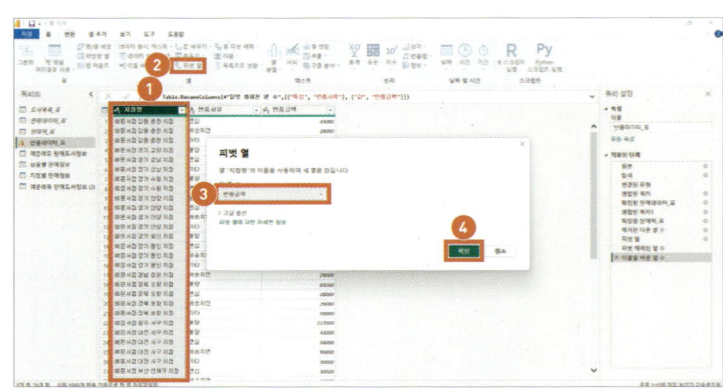

60 경영정보시각화능력 **실기**

- 반품사유(행)와 지점(열)별 반품금액 합계 피벗 테이블을 확인한다.

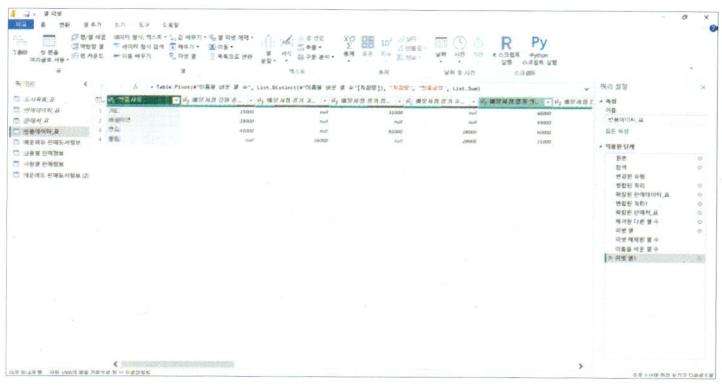

(8) 닫기 및 적용

❶ [홈] 탭
❷ [닫기 및 적용] 클릭

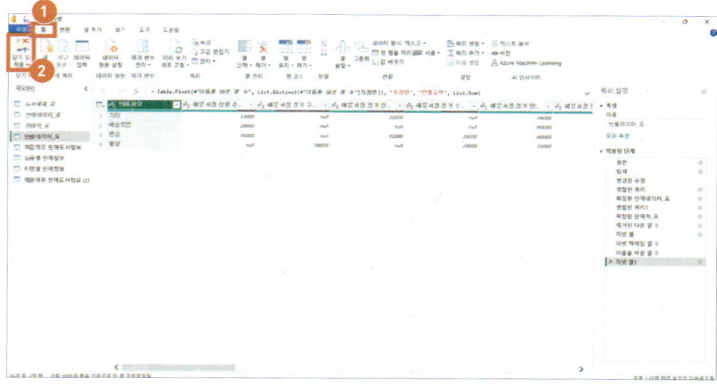

PART 03

데이터 모델링

데이터 모델링은 Power BI에서 데이터를 효과적으로 분석할 수 있는 기반을 마련하는 작업이다.

이 파트에서는 DAX 수식을 사용하거나 데이터를 입력해 테이블을 생성하고, 테이블 간 관계를 설정하는 과정을 다룬다. 또한, 각 테이블의 필드(열) 설정과 모델링 작업을 통해 데이터를 정렬하고, 필터링하며, 범주를 지정하는 방법을 익힌다.

모델링 작업과 관련된 메뉴 위치와 작업 수행 방식을 숙달하여, 데이터 모델을 정확하고 신속하게 구성할 수 있도록 한다.

CHAPTER **01**

테이블과 필드 작업

 학습 Point

- DAX 수식 사용 혹은 데이터 입력을 통한 새로운 테이블 생성
- 테이블 및 열 편집 기능에 대한 고급 설정 학습
- 테이블 및 열과 관련된 작업 이해

SECTION 01	Power BI 테이블 개체의 종류
SECTION 02	DAX 함수를 사용한 테이블 생성
SECTION 03	[데이터 입력] 기능을 사용한 테이블 생성
SECTION 04	[새 열] 메뉴를 사용한 신규 필드 생성
SECTION 05	테이블과 필드 편집
SECTION 06	필드 데이터 범주 설정
SECTION 07	필드 데이터 정렬
SECTION 08	데이터 그룹 설정

SECTION 01 — Power BI 테이블 개체의 종류

Power BI에서 테이블은 데이터를 관리하고 분석하는 기본 단위로, 다양한 방식으로 생성 및 관리할 수 있다. 테이블은 주로 외부에서 데이터를 불러와서 사용하지만 필요에 따라 BI에서 DAX 수식을 통해 생성하거나, 직접 데이터를 입력하여 생성할 수 있다.

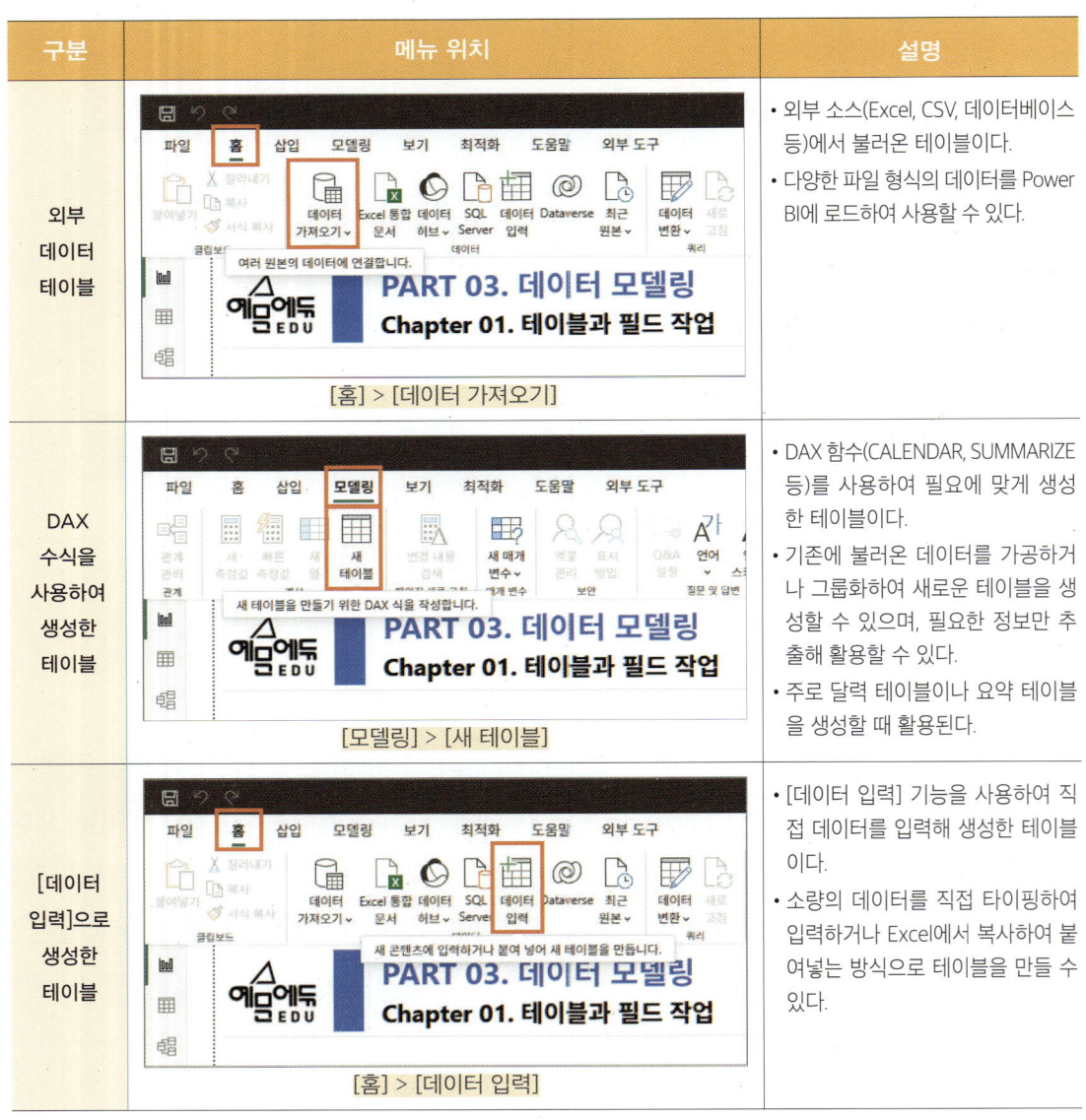

구분	메뉴 위치	설명
외부 데이터 테이블	[홈] > [데이터 가져오기]	• 외부 소스(Excel, CSV, 데이터베이스 등)에서 불러온 테이블이다. • 다양한 파일 형식의 데이터를 Power BI에 로드하여 사용할 수 있다.
DAX 수식을 사용하여 생성한 테이블	[모델링] > [새 테이블]	• DAX 함수(CALENDAR, SUMMARIZE 등)를 사용하여 필요에 맞게 생성한 테이블이다. • 기존에 불러온 데이터를 가공하거나 그룹화하여 새로운 테이블을 생성할 수 있으며, 필요한 정보만 추출해 활용할 수 있다. • 주로 달력 테이블이나 요약 테이블을 생성할 때 활용된다.
[데이터 입력]으로 생성한 테이블	[홈] > [데이터 입력]	• [데이터 입력] 기능을 사용하여 직접 데이터를 입력해 생성한 테이블이다. • 소량의 데이터를 직접 타이핑하여 입력하거나 Excel에서 복사하여 붙여넣는 방식으로 테이블을 만들 수 있다.

SECTION 02 DAX 함수를 사용한 테이블 생성

Power BI에서 테이블을 생성할 때 DAX(Data Analysis eXpressions) 함수는 강력한 도구로 활용된다. DAX를 사용해 테이블을 생성하면, 데이터를 요약하거나 규칙적인 패턴에 맞는 테이블을 쉽게 만들 수 있다.

1 캘린더 테이블 생성

출제유형 실습 실습파일 : [이론실습_PART03_데이터모델링.pbix]

2020년 1월 1일부터 2025년 12월 31일까지의 날짜를 포함한 캘린더 테이블을 생성하고, 각 날짜의 연도와 월 필드를 추가하시오. 또한, 주중/주말 여부를 표시하는 열을 추가하시오.

- 테이블 이름 : "#BI_DimDate"
- 사용 필드 : 날짜(Date), 연도(Year), 월(Month), 주말구분(Weekday/Weekend)
- 사용 함수 : CALENDAR, ADDCOLUMNS, YEAR, MONTH, WEEKDAY, IF, FORMAT
- DATE 필드 시작일 : 2020년 1월 1일
- DATE 필드 종료일 : 2025년 12월 31일
- 주말 구분 필드 : 주중은 "**주중**", 주말은 "**주말**"로 표시
- 월 필드 : 숫자가 아닌 "YYYY-MM" 형식으로 표시

(1) 새로운 테이블 생성

① [모델링] 탭 > [새 테이블] 클릭
② [테이블 도구] 활성
③ [수식 입력창] 활성

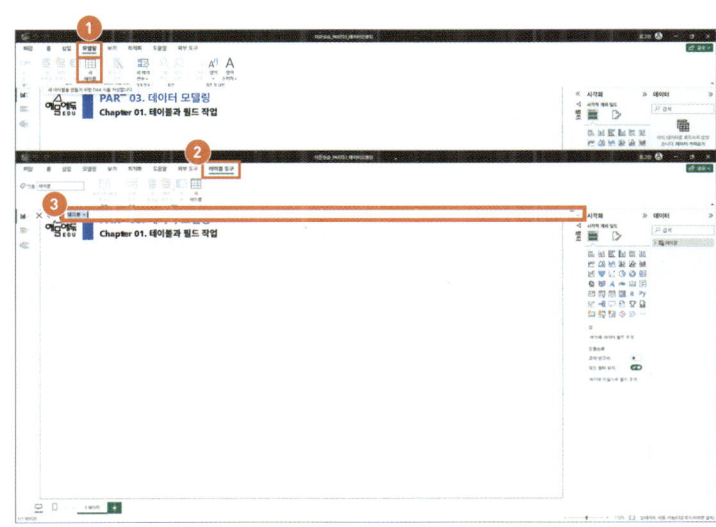

(2) <#BI_DimDate> 달력 테이블 생성을 위한 DAX 수식 입력

❶ [수식 입력창]에 수식을 입력

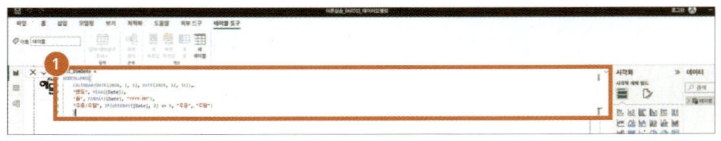

심화
수식 입력창에서 다음의 기능을 사용하여 수식을 알아보기 쉽게 정리하고 주석을 추가할 수 있다.
- 줄 바꿈 : [Shift]+[Enter]
- 들여쓰기 : [Tap]
- 내어쓰기 : [Shift]+[Tap]
- 주석
  - "--" 또는 "//"+"작성 내용" : 같은 줄에서 기호 이후의 내용이 주석 처리된다.
  - "/*"+"작성 내용"+"*/" : "/*"부터 "*/" 사이의 내용이 주석 처리된다.

알고 가기
[CALENDAR] 함수의 요소인 시작일과 종료일은 **날짜 형식의 단일 값** 데이터가 필요하다.

```
#BI_DimDate =
ADDCOLUMNS(
CALENDAR(DATE(2020, 1, 1), DATE(2025, 12, 31)),
"연도", YEAR([Date]),
"월", FORMAT([Date], "YYYY-MM"),
"주중/주말", IF(WEEKDAY([Date], 2) <= 5, "주중", "주말")
)
```

DAX 풀이
이 수식은 <캘린더> 테이블을 생성하고, 추가적인 열(연도, 월, 주중/주말)을 계산하여 테이블에 추가하는 구조이다.
- [CALENDAR] 함수를 사용해 날짜 범위를 생성
- [ADDCOLUMNS] 함수를 통해 날짜별로 [연도], [월], [주중/주말]을 구분하는 열을 추가

사용 함수
- [CALENDAR] : 주거진 시작일과 종료일 사이의 날짜 목록을 생성
  - 구문 : CALENDAR(<시작일>, <종료일>)
- [ADDCOLUMNS] : 기존 테이블에 새로운 열을 추가
  - 구문 : ADDCOLUMNS(<테이블>, <새 열 이름>, <계산식>, …)
- [YEAR] : 주어진 날짜에서 연도를 추출
  - 구문 : YEAR(<날짜>)
- [FORMAT] : 숫자나 날짜 값을 특정 형식의 텍스트로 변환
  - 구문 : FORMAT(<값>, "<형식>")
- [WEEKDAY] : 날짜의 요일을 숫자로 반환하고, 주의 시작을 지정할 수 있음
  - 구문 : WEEKDAY(<날짜>, <주 시작일 옵션>)
- [IF] : 조건이 참일 경우와 거짓일 경우 각각 다른 값을 반환하는 조건문
  - 구문 : IF(<조건>, <참일 때 값>, <거짓일 때 값>)

(3) 테이블 생성 결과 확인

❶ [테이블 뷰] 클릭 및 이동
❷ 생성된 필드들을 확인한 후, [Date] 컬럼의 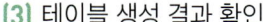 클릭
❸ 첫 번째 날짜 "2020-01-01" 확인
❹ [내림차순 정렬] 클릭

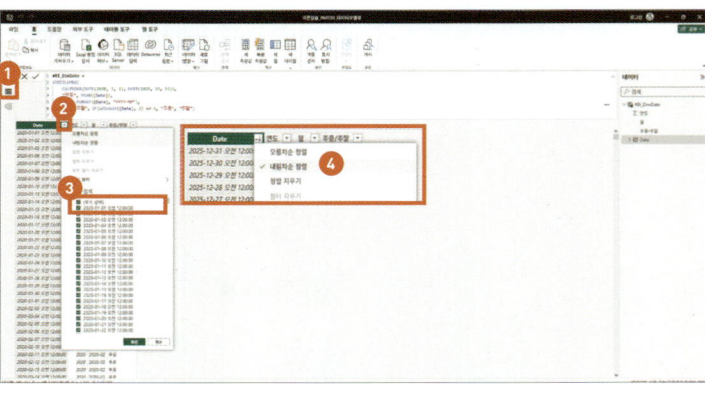

❺ 마지막 날짜 "2025-12-31" 확인

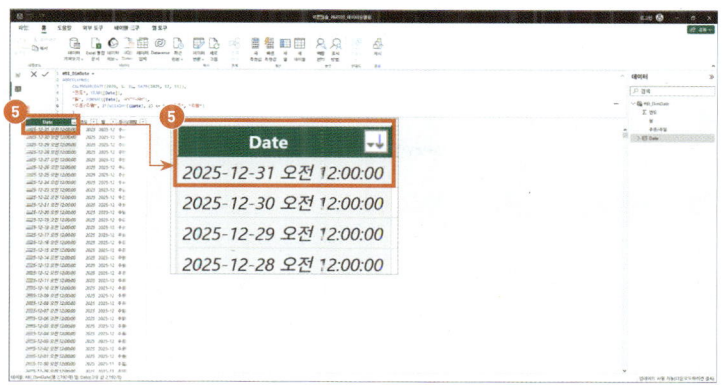

2 요약 테이블 생성

요약 테이블은 기존 데이터 테이블을 특정 기준으로 그룹화하고, 요약된 결과를 새로운 테이블로 생성하는 작업이다. 이를 통해 특정 조건에 따라 데이터를 분석하고, 핵심 지표를 도출하는 데 활용할 수 있다.

> **출제유형 실습** 실습파일 : [이론실습_PART03_데이터모델링.pbix]
>
> 제품별 총 판매량을 요약한 요약 테이블을 생성하고, 각 제품의 총 판매량을 나타내는 필드를 추가하시오.
> - 테이블 이름 : "#도서별판매요약"
> - 사용 테이블 : <판매데이터_표>
> - 사용 필드 : [도서명], [판매수량]
> - 사용 함수 : SUMMARIZE, SUM

(1) <#도서별판매요약> 테이블 생성을 위한 DAX 수식 입력

❶ [모델링] 탭 > [새 테이블] 클릭
❷ [수식 입력창]에 수식 입력

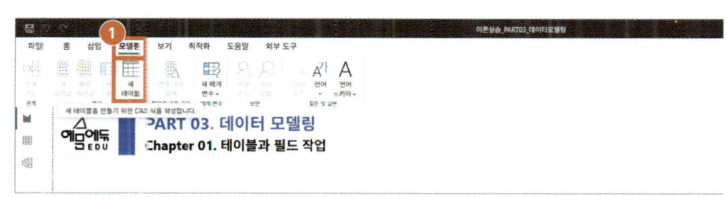

심화

요약 테이블을 생성할 때 [SUM] 외에도 [AVERAGE], [COUNT], [MIN], [MAX] 등 다양한 집계 함수를 사용할 수 있다.
예를 들어, 최소 혹은 최대 판매량이나 평균 판매량을 구하는 테이블을 생성할 수 있다.

```
#도서별판매요약 =
SUMMARIZE(
    '판매데이터_표',
    '판매데이터_표'[도서명],
    "총 판매량", SUM('판매데이터_표'[판매수량])
)
```

DAX 풀이

이 수식은 <도서별 판매> 테이블을 생성하고, 도서명별로 총 판매량을 계산하여 요약하는 구조이다.
- [SUMMARIZE] 함수를 사용해 도서명별로 그룹화
- [SUM] 함수를 통해 각 도서의 총 판매량을 계산하여 새로운 열을 추가

사용 함수

- [SUMMARIZE] : 주어진 테이블을 특정 필드로 그룹화하고, 요약된 테이블을 반환
  - 구문 : SUMMARIZE(<테이블>, <그룹 필드>, <새 필드 이름>, <계산식>, …)
- [SUM] : 주어진 열의 값을 모두 더하여 합계를 반환
  - 구문 : SUM(<열>)

빠른 작업을 위한 TIP

수식 입력 시, 테이블명이나 컬럼명을 찾을 때, 전체 이름을 입력할 필요가 없다.
- '(작은 따옴표) 후에 일부 키워드만 입력하면, 해당 키워드를 포함한 테이블명이나 컬럼명이 자동으로 나열된다. 입력하는 위치에 필요한 요소가 테이블일 경우, 필드명은 표시되지 않는다.

```
1  #도서별판매요약 =
2  SUMMARIZE(
3  '판매데이터_표',
4  '판매데이터_표'[도서명],
5  "총 판매량", SUM('판매')
```

- '판매데이터_표'
- '판매데이터_표'[결제금액]
- '판매데이터_표'[고객ID]
- '판매데이터_표'[도서명]
- '판매데이터_표'[상품번호]
- '판매데이터_표'[판매ID]
- '판매데이터_표'[판매금액]
- '판매데이터_표'[판매단가]
- '판매데이터_표'[판매수량]
- '판매데이터_표'[판매일자]
- '판매데이터_표'[판매처 코드]
- '판매데이터_표'[확인금액]

- 찾는 키워드가 영문일 경우, 작은따옴표 없이도 자동으로 활성화된다. 하지만, 한글일 경우에는 반드시 **작은따옴표(')**를 입력해야 해당 기능이 활성화된다.

```
1  #제품별판매요약 =
2  SUMMARIZE(
3      '판매데이터_표',
4      '판매데이터_표'[판매ID],
5      "총 판매량", SUM(ID)
6  )
        ▦ '판매데이터_표'[고객ID]
        ▦ '판매데이터_표'[판매ID]
```

- 더 빠르고 효율적으로 Power BI 작업을 할 수 있게 해주는 기능이니, 꼭 기억하도록 하자.

※ 자동완성 및 설명창이 활성화되지 않을 경우, [Ctrl]+[Space]를 입력하면 다시 활성화된다.

SECTION 03 [데이터 입력] 기능을 사용한 테이블 생성

Power BI의 데이터 입력 기능을 사용하면, 외부 소스 없이 사용자 지정 데이터를 직접 입력하여 테이블을 만들 수 있다. 소량의 데이터를 빠르게 입력하거나, 분석을 위해 임시 데이터를 사용할 때 유용하다.

출제유형 실습 실습파일 : [이론실습_PART03_데이터모델링.pbix], [이론실습_PART03_데이터모델링_데이터셋.xlsx]

데이터 입력 기능을 사용하여 카테고리 테이블을 생성하고, [카테고리], [설명] 필드를 입력하시오.
- 테이블 이름 : <#BI_카테고리>
- 사용 필드 : [카테고리], [설명]
- 입력값

카테고리	설명
자격증	자격증 관련 수험서
전문서적	전문 분야 서적
기타	기타

(1) 새로운 테이블 생성

❶ [홈] 탭 클릭
❷ [데이터] 입력 클릭
❸ 생성할 테이블 이름 입력 : "#BI_카테고리"
❹ 생성할 데이터 입력
- 개별 타이핑 및 엑셀의 표 데이터를 복사 붙여넣기 하여 입력 가능하다.

❺ [로드] 버튼 클릭

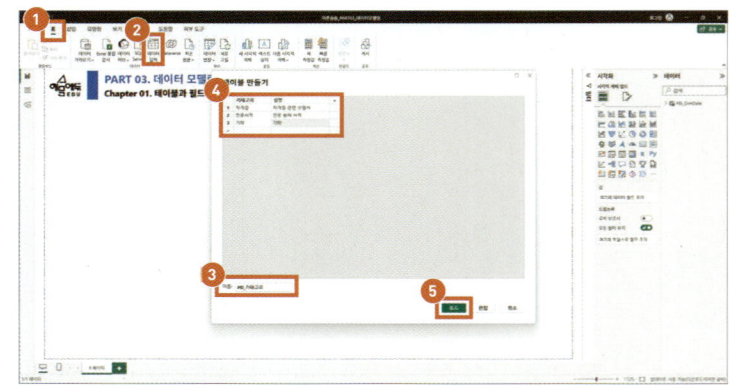

(2) 테이블 생성 결과 확인

❶ [데이터 창]의 > 버튼을 클릭하여 생성된 [카테고리], [설명] 필드를 확인

❷ [테이블 뷰] 클릭 및 이동
❸ [데이터 창]의 <#BI_카테고리> 테이블 선택
❹ 입력된 데이터 확인

SECTION 04 [새 열] 메뉴를 사용한 신규 필드 생성

Power BI에서 [새 열] 기능을 사용하면 테이블에 새로운 계산 열을 추가할 수 있다. 이 기능을 통해 데이터를 행 단위로 계산하고, 계산된 데이터를 필드로 추가하여 분석 및 시각화에 활용할 수 있다. 또한, DAX 수식을 사용하면 다양한 연산과 조건을 적용할 수 있으며, 이를 통해 분석을 위한 새로운 데이터를 생성할 수 있다.

1 신규 필드 생성 방법

(1) 신규 필드 생성

❶ [보고서 보기] 영역에서 계산 열을 추가할 테이블을 선택
❷ 선택 시 [테이블 도구] 리본 메뉴 활성
❸ [리본 메뉴] > [테이블 도구] > [새 열] 선택

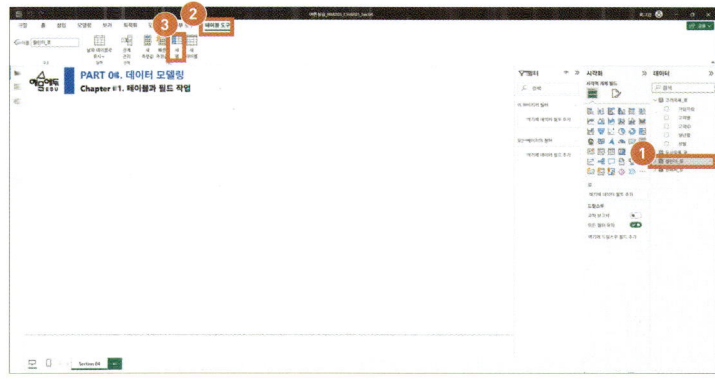

❹ [새 열] 선택 시 수식 입력창 활성

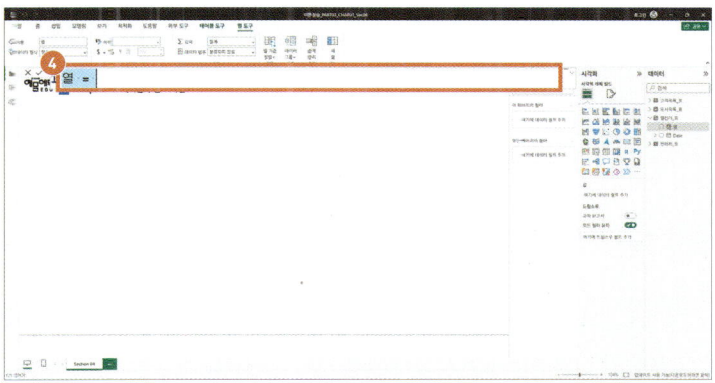

빠른 작업을 위한 TIP

[데이터 창]에서 계산열 추가를 원하는 테이블명 위에서 우클릭 시 확인할 수 있는 팝업 메뉴에서도 [새 열]을 선택할 수 있다.

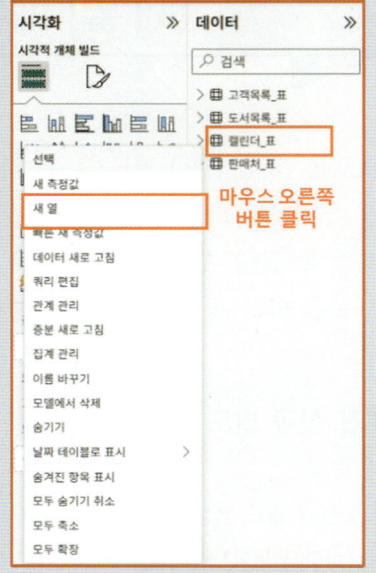

(2) 수식 입력 및 결과 확인

❶ 원하는 계산식을 DAX로 작성하여 입력
❷ 생성된 계산 열 필드 결과 확인
• 테이블 혹은 행렬 개체를 사용하여 확인하거나 [테이블 뷰] 작업영역에서 확인할 수 있다.

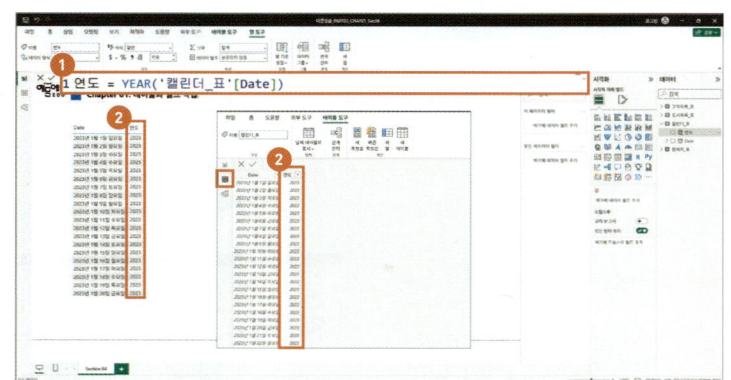

2 날짜 관련 필드 생성

출제유형 실습   실습파일 : [이론실습_PART03_CHAP01_Sec04.pbix]

[캘린더_표] 테이블에 다음의 조건으로 계산 열 필드를 추가하시오.
- 필드 : [연도], [분기], [월], [일], [요일번호] 구성
- 사용 함수 및 연산자 : YEAR, QUARTER, MONTH, DAY, WEEKDAY
- [연도], [분기], [월], [일], [요일번호] 필드 : [Date] 필드 기준으로 값 표시
- [요일번호] 필드 : "월요일이 1, 일요일이 7"로 표시되도록 적용

(1) [연도] 필드 생성

❶ [보고서 보기] 영역 [데이터 창]에서 <캘린더_표> 테이블 선택
❷ [새 열] 선택

❸ [수식 입력창]에 [연도] 필드 생성을 위한 DAX 계산식을 입력

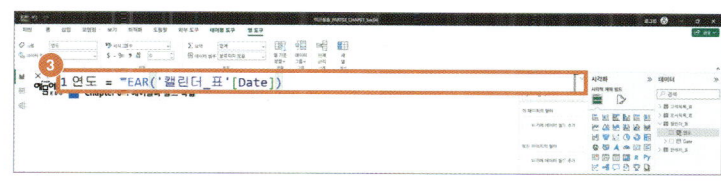

연도 = YEAR('캘린더_표'[Date])

사용 함수

- [YEAR] : 주어진 날짜에서 연도를 숫자 형식으로 추출
  - 구문 : YEAR(<날짜>)

(2) [분기] 필드 생성

- (1)의 ❶~❷를 반복하여 [새 열] 생성 진행
❶ [수식 입력창]에 [분기] 필드 생성을 위한 DAX 계산식을 입력

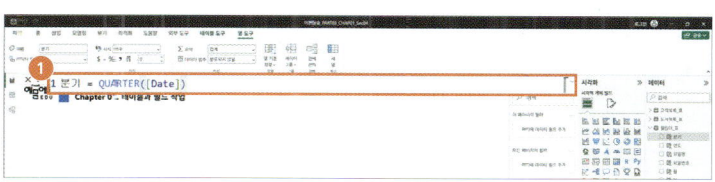

분기 = QUATER('캘린더_표'[Date])

사용 함수

- [QUATER] : 주어진 날짜에서 분기를 숫자 형식으로 추출
  - 구문 : QUATER(<날짜>)

CHAPTER 01 테이블과 필드 작업 73

(3) [월] 필드 생성

- (1)의 ❶~❷를 반복하여 [새 열] 생성 진행
- ❶ [수식 입력창]에 [월] 필드 생성을 위한 DAX 계산식을 입력

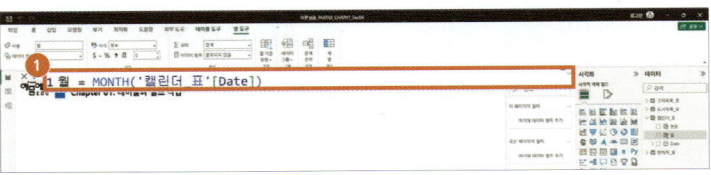

> 월 = MONTH('캘린더_표'[Date])

사용 함수
- [MONTH] : 주어진 날짜에서 월을 숫자 형식으로 추출
  - 구문 : MONTH(<날짜>)

(4) [일] 필드 생성

- (1)의 ❶~❷를 반복하여 [새 열] 생성 진행
- ❶ [수식 입력창]에 [일] 필드 생성을 위한 DAX 계산식을 입력

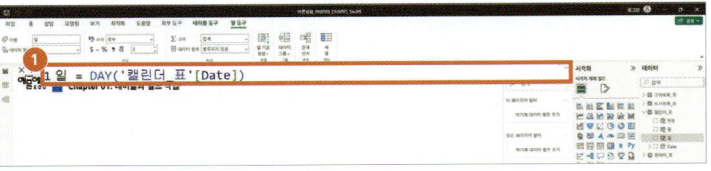

> 일 = DAY('캘린더_표'[Date])

사용 함수
- [DAY] : 주어진 날짜에서 일을 숫자 형식으로 추출
  - 구문 : DAY(<날짜>)

(5) [요일번호] 필드 생성

- (1)의 ❶~❷를 반복하여 [새 열] 생성 진행
- ❶ [수식 입력창]에 [요일번호] 필드 생성을 위한 DAX 계산식을 입력

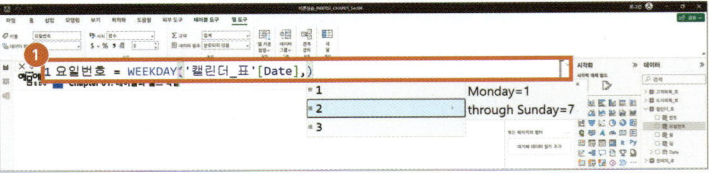

> 요일번호 = WEEKDAY('캘린더_표'[Date], 2)

DAX 풀이

이 수식은 <캘린더_표> 테이블에서 [Date] 필드를 기준으로 요일을 계산하고, [WEEKDAY] 함수를 사용하여 요일 번호를 반환하는 구조이다.
- [WEEKDAY] 함수는 [Date] 필드의 날짜에서 요일을 숫자로 계산하여 반환함. 주 시작일 옵션으로 '2'를 사용하여, 월요일을 '1'로 설정한 후 요일을 계산함

사용 함수
- [WEEKDAY] : 주어진 날짜에서 요일을 숫자 형식으로 추출함
  - 구문 : WEEKDAY(<날짜>, <주 시작일 옵션>)
  - 주 시작일 옵션의 구분
    1 : 주의 시작이 일요일부터 시작-일요일(1)~월요일(7)
    2 : 주의 시작이 월요일부터 시작-월요일(1)~일요일(7)
    3 : 주의 시작이 일요일부터 시작-월요일(0)~일요일(6)

> **심화**
>
> [WEEKDAY] 함수의 경우, 단독으로 사용되기 보다는 [SWITCH], [IF] 등의 함수와 함께 사용되어 요일과 관련된 정보를 표시한다.
>
> • [SWITCH]와 함께 사용 : 요일명 표시

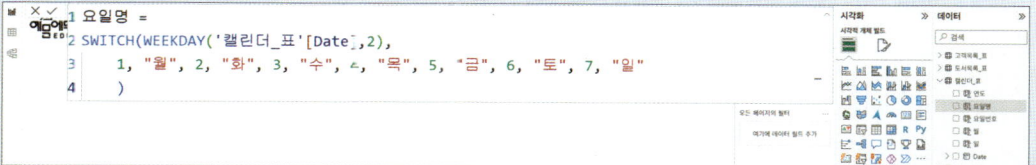

> • [IF]와 함께 사용 : 평일과 주말을 구분하여 표시

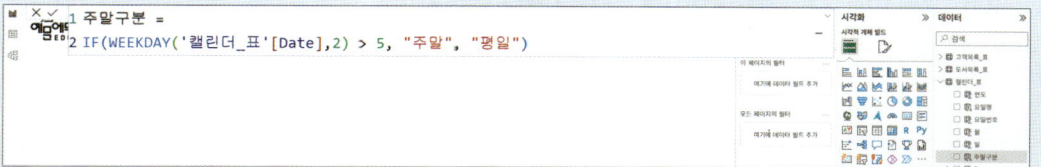

(6) 생성 필드 결과 확인

❶ [테이블 뷰] 선택
❷ [데이터 창]에서 <캘린더_표> 테이블 선택
❸ 생성된 필드 결과 확인

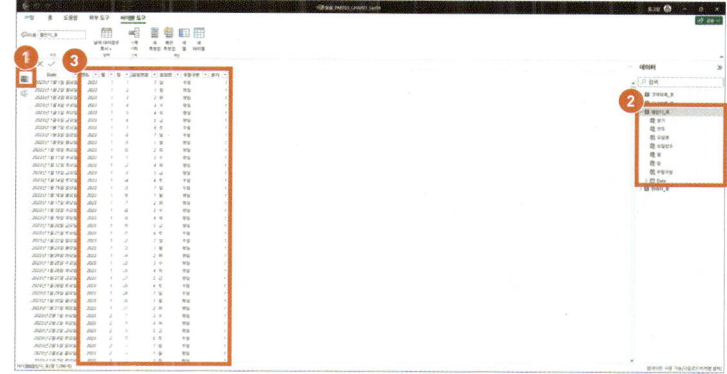

> **참고**
>
> 날짜 및 시간 관련 DAX 함수는 Power BI에서 데이터 분석과 모델링을 할 때 매우 중요한 역할을 한다. 특히, [CALENDAR], [DATE], [YEAR], [MONTH], [WEEKDAY]와 같은 함수는 날짜 필드를 다룰 때 자주 사용된다. 예를 들어, 캘린더 테이블을 생성하거나 기간별 분석을 할 때 이러한 함수들이 필수적이다. 시험에서 날짜 관련 함수의 활용 능력은 기본적이고 중요한 평가 요소이므로 반복적으로 연습하여 익숙해지는 것이 필요하다.

3 연산자와 DAX 함수를 활용한 필드 및 계산열 생성

1) 텍스트 결합 필드 생성

출제유형 실습 실습파일 : [이론실습_PART03_CHAP01_Sec04.pbix]

[캘린더_표] 테이블을 사용하여 다음 조건에 맞는 새 열을 생성하시오.
- 사용 테이블 : <캘린더_표>
- 사용 필드 : [연도], [월], [분기], [Date]
- 사용 함수 및 연산자 : CONCATENATE, FORMAT, &(연결 연산자)
- 조건
  - 연분기 : 연도 필드와 분기 필드를 결합하여 **"연도.Q분기"** 형식의 필드 생성
  - 연도명 : 연도 필드 앞에 **"Y"**라는 접두어를 추가하여 **"Y연도"** 형식의 필드 생성
  - 연월 : 연도와 월 필드를 결합하여 **"연도.월"** 형식의 필드 생성. 월 필드는 **두 자리 숫자**로 표시되어야 한다.
  - 월명 : Date 필드에서 월을 추출하여, 앞에 **"M"**을 붙인 **"M월"** 형식의 월명 필드를 생성하시오. 월 필드는 두 자리 숫자로 표시되어야 한다.

(1) 신규 필드 생성

❶ [테이블 뷰] 작업영역 이동
❷ [데이터 창]에서 <캘린더 표> 테이블 선택
❸ [새 열] 클릭

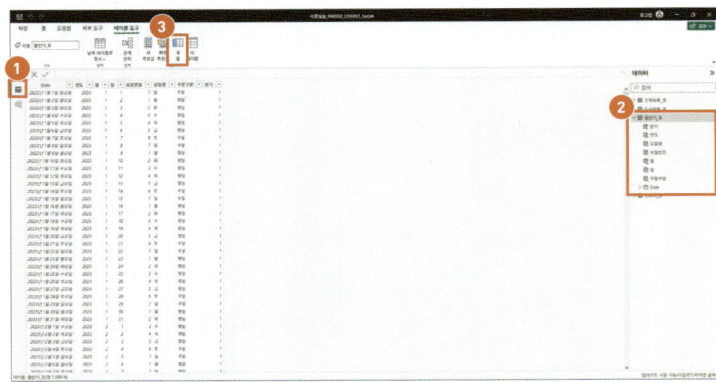

(2) 생성 수식 입력

❶ [수식 입력창]에 [연분기] 필드 생성을 위한 DAX 계산식을 입력

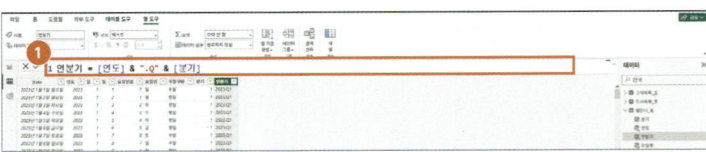

연분기 = [연도] & ".Q" & [분기]

DAX 풀이

이 수식은 [연도]와 [분기] 필드를 결합하여 "연도.Q분기" 형식의 [연분기] 필드를 생성하는 구조이다.
- [연도] 필드와 [분기] 필드를 결합하여, "연도.Q분기" 형식의 새로운 문자열을 생성
- [&(연결 연산자)]를 사용해 문자열과 필드를 결합함. ".Q"는 연도와 분기 사이에 추가되는 텍스트로 분기 앞에 ".Q"를 표시하기 위함임

> **사용 연산자**
> - **[&(연결 연산자)]** : 두 개 이상의 문자열 혹은 필드나 측정값을 연결할 때 사용됨. 문자일 뿐만 아니라 숫자와 텍스트 형태의 데이터를 결합할 수 있으며, 결과는 문자열(텍스트) 데이터로 반환됨
>   - 사용 방법 ⓐ : <문자열1>&<문자열2>
>   - 사용 방법 ⓑ : <필드>&<필드> 혹은 <문자열>&<필드>
>   ※ 동일 테이블 내에서 새 열을 생성할 때 사용 가능하다.
>   - 사용 방법 ⓒ : [측정값]&[측정값]

(3) [연도명] 필드 생성

- (1)을 반복 진행
- ❶ [수식 입력창]에 [연도명] 필드 생성을 위한 DAX 계산식을 입력

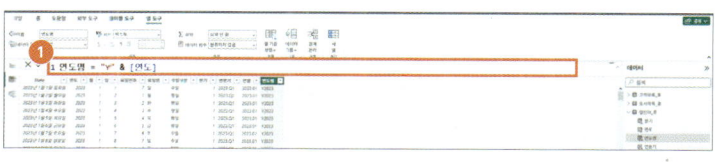

> 연도명 = "Y" & [연도]

> **DAX 풀이**
> 이 수식은 연도 값 앞에 "Y"라는 텍스트를 붙여 "Y연도" 형식의 [연도명] 필드를 만드는 수식이다.
> - "Y" 문자열과 연도 값을 연결하여 새로운 필드 값을 생성
> - [&(연결 연산자)]를 사용해 "Y"와 연도 값을 결합함. 여기서 "Y"는 연도 값 앞에 붙는 고정된 문자열임

(4) [연월] 필드 생성

- (1)을 반복 진행
- ❶ [수식 입력창]에 [연월] 필드 생성을 위한 DAX 계산식을 입력

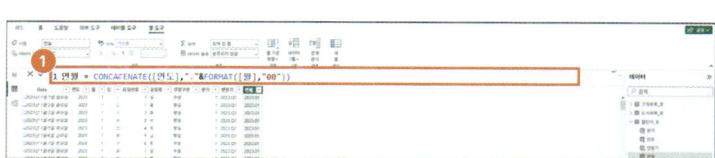

> 연월 = CONCATENATE([연도], "."&FORMAT([월],"00"))

> **DAX 풀이**
> 이 수식은 [연도]와 [월] 필드를 결합하여 "연도.월" 형식으로 나타낸다. [FORMAT] 함수는 월을 항상 두 자리 숫자로 표현하기 위해 사용된다.

> **사용 함수**
> - **[CONCATENATE]** : 두 개의 텍스트 값을 하나로 결합함
>   - 구문 : CONCATENATE(<문자열1>, <문자열2>)
> - **[FORMAT]** : 숫자 값을 특정 형식의 텍스트로 변환하는 함수로 이 수식에서는 월을 두 자리로 표시하기 위해 사용됨
>   - 구문 : FORMAT(<값>, <형식>)

(5) [월명] 필드 생성

- (1)을 반복 진행
- ❶ [수식 입력창]에 [월명] 필드 생성을 위한 DAX 계산식을 입력

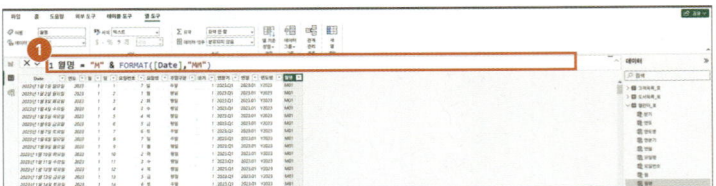

> 월명 = "M" & FORMAT([Date],"MM")

DAX 풀이

"M"이라는 텍스트와 [Date] 필드에서 추출한 월 값을 결합해 "M01~M12" 형식으로 만든다.

사용 함수

- [FORMAT] : 숫자나 날짜 값을 특정 형식의 텍스트로 변환하는 함수이다. 여기서는 월을 두 자리 숫자로 표시하기 위해 사용됨
  - 구문 : FORMAT(<값>, <형식>)

(6) 생성 필드 결과 확인

- ❶ [테이블 뷰] 선택
- ❷ [데이터 창]에서 <캘린더_표> 테이블 선택
- ❸ 생성된 필드 결과 확인

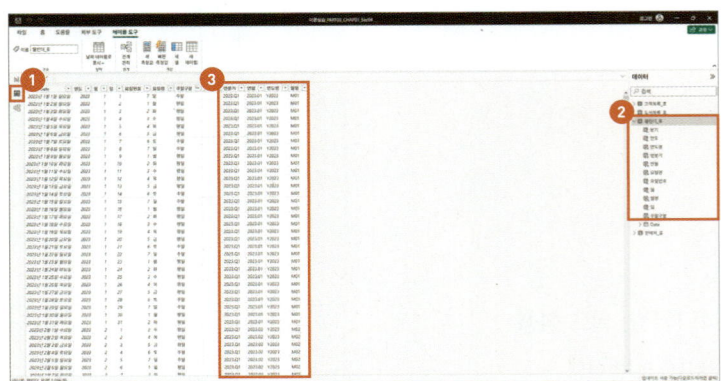

2) DAX 함수를 활용한 계산 열 생성

출제유형 실습 실습파일 : [이론실습_PART03_CHAP01_Sec04.pbix]

<판매데이터_표> 테이블을 사용하여 다음 조건에 맞는 새 열을 생성하시오.

- 추가 필드 이름 : [할인율], [판매구분]
- 사용 테이블 : <판매데이터_표>
- 사용 필드 : [판매가격], [할인금액]
- 사용 함수 : DIVIDE, IF
- 조건
  - 할인율 : [할인금액] 필드와 [판매가격] 필드를 사용하여, 할인율을 계산하는 필드 생성 → 할인율은 할인액을 판매가격으로 나누어 계산함
  - 판매구분 : [할인금액] 필드를 사용하여, 판매형태를 구분하는 필드 생성 → '0'보다 큰 경우 "할인판매", 그 외의 경우 "정가판매"로 표시함

(1) 신규 필드 생성

❶ [테이블 뷰] 작업영역 이동
❷ [데이터 창]에서 <판매데이터_표> 테이블 선택
❸ [새 열] 클릭

(2) 필드 생성 수식 입력

❶ [수식 입력창]에 [할인율] 필드 생성을 위한 DAX 계산식을 입력

> 할인율 = DIVIDE([할인금액], [판매금액], 0)

DAX 풀이
할인금액을 판매가격으로 나누어 할인율을 계산하며, 판매가격이 0일 경우 "0"을 반환한다.

사용 함수
- [DIVIDE] : 두 숫자를 나누는 연산에서 0으로 나누는 오류를 방지하기 위해 사용됨
  - 구문 : DIVIDE(<분자>, <분모>, <대체값>)

(3) [판매구분] 필드 생성

- (1)을 반복 진행
❶ [수식 입력창]에 [판매구분] 필드 생성을 위한 DAX 계산식을 입력

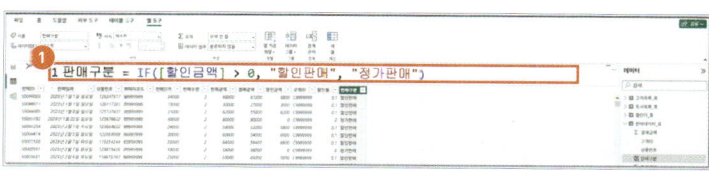

> 판매구분 = IF([할인금액] > 0, "할인판매", "정가판매")

DAX 풀이
할인금액이 0보다 큰 경우 "할인판매", 그 외의 경우 "정가판매"를 값으로 반환한다.

사용 함수
- [IF] : 조건에 따라 다른 결과를 반환
  - 구문 : IF(<조건>, <참일 때 값>, <거짓일 때 값>)

(4) 생성 필드 결과 확인

❶ [테이블 뷰] 선택
❷ [데이터 창]에서 <판매데이터_표> 테이블 선택
❸ 생성된 [할인율], [판매구분] 필드 결과를 확인

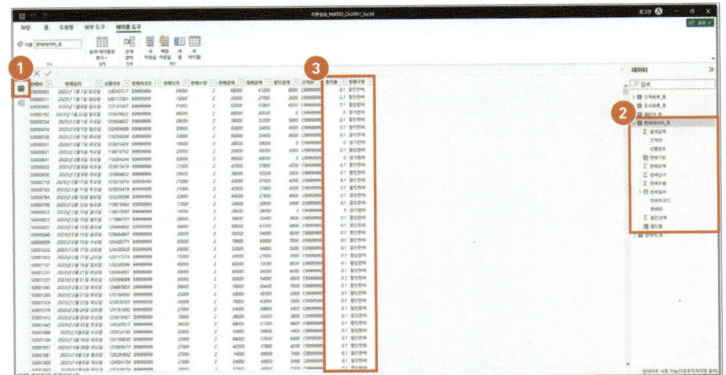

> **알고 가기**
>
> • [새 열] 메뉴로 생성된 계산 열 필드는 테이블의 각 행에 대해 고정된 값을 계산하며, 보고서 화면에서 사용자가 설정한 필터와 상관없이 모든 행에 적용된다.
> • 계산 열 vs. 측정값
> - 계산 열은 데이터 모델 내에서 행 단위로 고정된 값을 가지는 반면, 측정값은 시각화나 필터에 따라 값이 변한다.
> - 예를 들어, 총 판매금액이 행 단위로 고정되어야 할 경우에는 계산 열을, 특정 조건에 따라 합계가 변해야 할 경우에는 측정값을 사용하는 것이 적합하다.

SECTION 05 테이블과 필드 편집

테이블과 필드의 편집 작업은 데이터 모델의 구조를 정리하고 가독성을 높이는 데 매우 중요한 과정이다. 필드 및 테이블의 이름 변경, 숨기기, 삭제 등을 통해 데이터 모델을 효율적으로 관리하고, 분석 및 보고서 작성 시 편리하게 활용할 수 있다.

1 테이블 및 필드 이름 변경

테이블 및 필드의 이름을 변경하면 데이터 모델의 가독성과 유지 관리가 쉬워진다. 특히 여러 테이블과 필드가 있는 복잡한 모델에서 더욱 중요하다. 테이블과 필드의 이름을 직관적이고 일관성 있게 변경하면 모델의 명확성이 높아진다.

1) 테이블 이름 변경

> **출제유형 실습** 실습파일 : [이론실습_PART03_CHAP01_Sec05.pbix]
>
> 테이블 이름에 포함된 "_표"를 삭제하시오
> - 사용 테이블 : <고객목록_표>, <도서목록_표>, <캘린더_표>, <판매데이터_표>, <판매처_표>
> - 변경할 테이블 이름 : <고객목록>, <도서목록>, <캘린더>, <판매데이터>, <판매처>

[1] 변경 대상 테이블 선택

① [보고서 보기] 작업영역 이동
② [데이터 창]에서 <고객목록_표> 테이블의 오른쪽에 있는 추가 옵션 아이콘(…)을 클릭하거나 **우클릭**

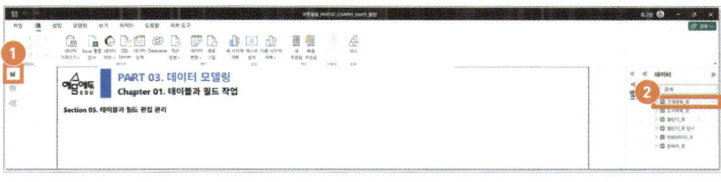

[2] 변경 이름 입력

① 추가 옵션 메뉴에서 [이름 바꾸기] 클릭
② [데이터 창]에서 <고객목록_표> 테이블의 이름이 수정 가능하게 활성화된 것을 확인
③ 테이블명을 "**고객목록**"으로 입력 후 [Enter]

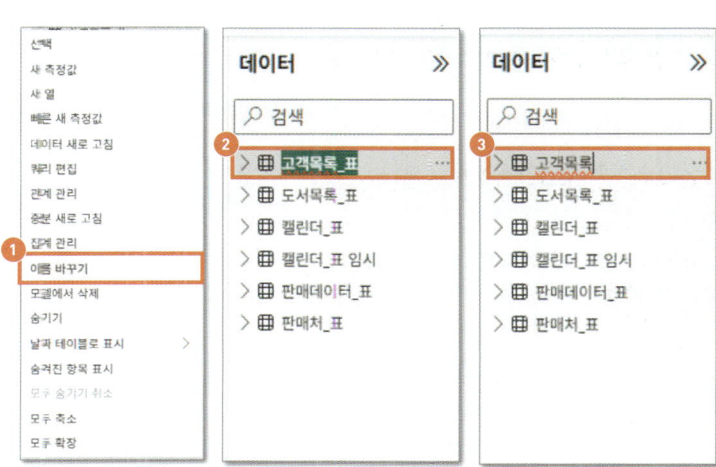

> **빠른 작업을 위한 TIP**
> [데이터 창] 테이블 및 필드를 더블 클릭하면 (2)의 ❷로 바로 진행 가능하다.

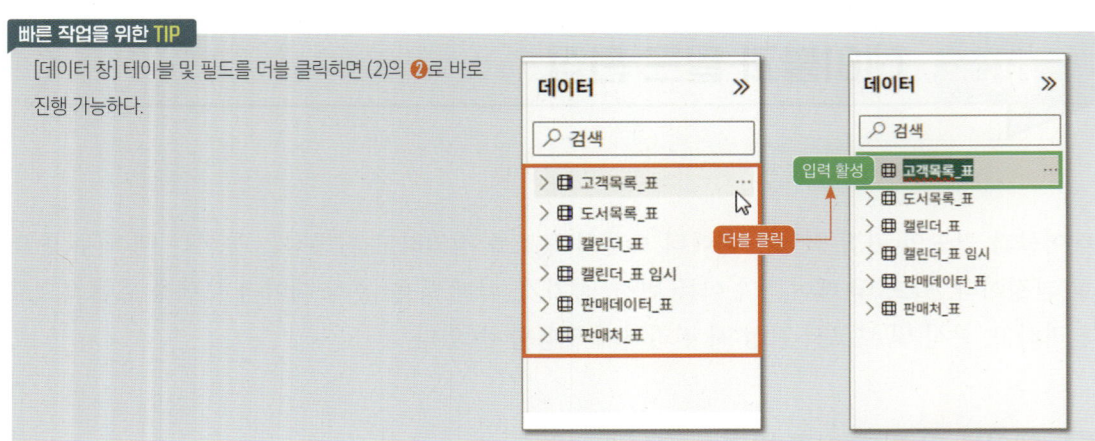

(3) 테이블 이름 변경 진행

- (1)~(2)를 반복하여 나머지 테이블 이름 변경
❶ <도서목록_표> 테이블의 이름을 <도서목록>으로 변경
❷ <캘린더_표> 테이블의 이름을 <캘린더>로 변경
❸ <판매데이터_표> 테이블의 이름을 <판매데이터>로 변경
❹ <판매처_표> 테이블의 이름을 <판매처>로 변경

2) 필드 이름 변경

출제유형 실습 실습파일 : [이론실습_PART03_CHAP01_Sec05.pbix]

<판매데이터> 테이블의 [판매단가] 필드명을 변경하시오
- 변경할 이름 : 정가(원)

(1) 변경대상 필드 선택

❶ [보고서 보기] 작업영역 이동
❷ [데이터 창]에서 <판매데이터> 테이블 앞의 > 아이콘을 클릭하여 확장
❸ [판매단가] 필드 더블 클릭 후 수정 가능하게 활성화된 것을 확인

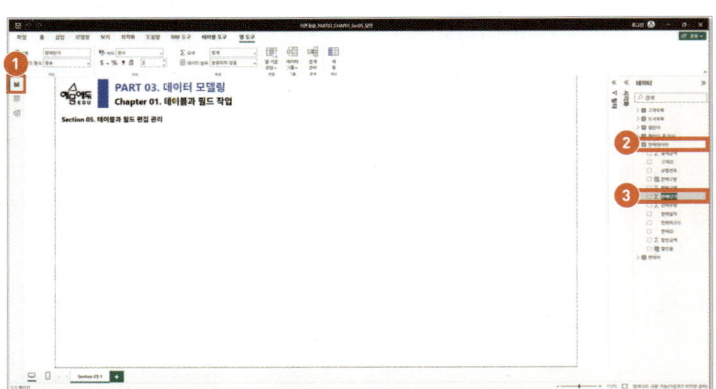

(2) 변경 이름 입력

❶ "정가(원)" 입력 후 [Enter]

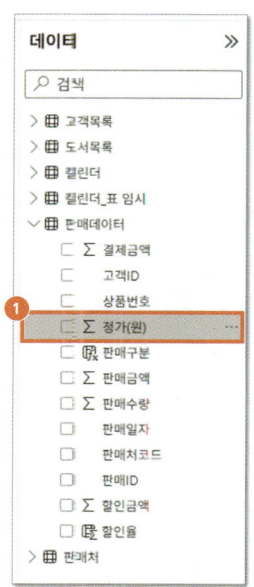

빠른 작업을 위한 TIP
- [데이터 창]의 검색창을 활용하면 빠른 작업이 가능하다.
- 필터링된 결과에서도 추가 설정 작업을 동일하게 진행할 수 있다.

검색어와 일치하는 테이블 및 필드 필터링 결과 표시

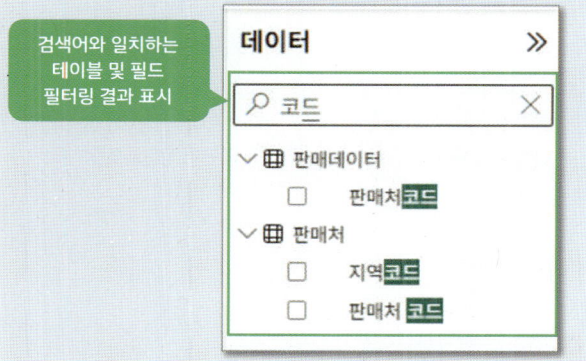

2 테이블 및 필드 숨기기

필드를 숨기면 보고서 작성 시 불필요한 필드가 노출되지 않아 작성 효율이 높아진다. 숨기기 작업은 다양한 작업영역에서 수행할 수 있다.

출제유형 실습 실습파일 : [이론실습_PART03_CHAP01_Sec05.pbix]

<BI_가입지점> 테이블과 <판매데이터> 테이블에서 다음 조건에 맞는 필드를 숨기시오.
- 테이블 : <BI_가입지점>
- 필드 : <판매데이터> 테이블의 [고객ID], [상품번호], [판매처코드]

(1) <BI_가입지점> 테이블 숨기기

❶ [보고서 보기] 작업영역 선택
❷ <BI_가입지점> 테이블 우클릭 혹은 오른쪽에 있는 추가 옵션 아이콘(…) 클릭

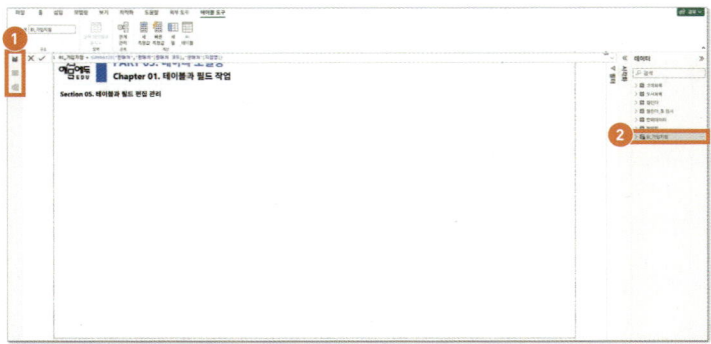

❸ 추가 옵션 메뉴에서 [숨기기] 선택

> **알고 가기**
> - [데이터 창]은 모든 작업영역에서 사용할 수 있다.
> - 현재 작업 중인 영역에서 테이블 및 필드의 관리 작업을 진행하자.

❹ [데이터 창]에서 <BI_가입지점> 테이블이 숨겨진 것을 확인

❺ [테이블 뷰] 혹은 [모델 보기] 작업영역으로 이동
❻ <BI_가입지점> 테이블의 오른쪽 숨김 표시 아이콘(👁) 확인

이 필드 또는 테이블은 보고서 보기에서 숨겨집니다. 표시하려면 선택하세요.

(2) <판매데이터> 테이블의 필드 숨기기

❶ [모델 보기] 작업영역 선택
❷ [데이터 창]에서 <판매데이터> 테이블 앞의 > 아이콘을 클릭하여 확장
❸ [Ctrl]을 누른 상태로 숨길 필드를 차례대로 선택
• 숨길 필드 : [고객ID], [상품번호], [판매처코드]

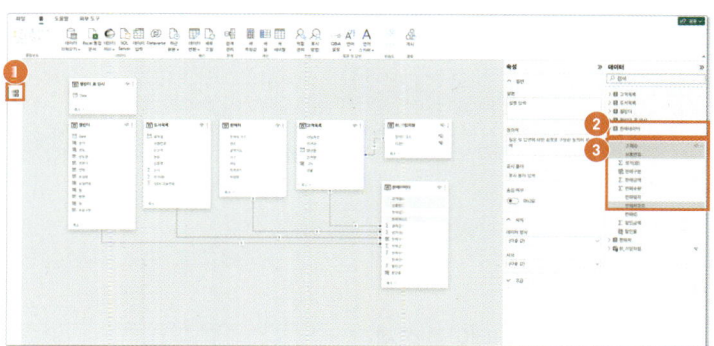

❹ [속성 창]의 [숨김 여부] 설정을 클릭하여 '예'로 체크
❺ [데이터 창]에서 <판매데이터> 테이블의 선택한 필드들이 숨겨진 것을 확인

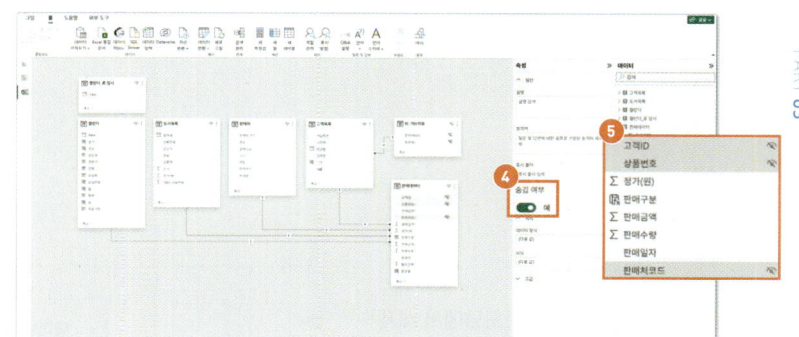

> **알고 가기**
> [모델 보기] 작업영역의 [데이터 창]에서는 키보드의 [Ctrl] 키를 누른 상태로 원하는 항목을 클릭하여 여러 항목을 선택할 수 있다. 테이블과 필드를 구분하지 않고 함께 선택할 수 있다.

> **심화**
> 실무에서는 마스터 테이블과 연결된 팩트 테이블의 연결키 필드를 숨김 처리하여 사용한다. 마스터 테이블은 연결키로 사용되는 코드나 ID 필드 외에도 이름, 분류 정보와 같은 속성 데이터를 포함하고 있으며, 이러한 속성들은 시각적 개체에서 차원으로 활용되어 여러 팩트 테이블에 연결된 데이터를 동적으로 필터링할 수 있도록 한다. 이로 인해 동일한 속성을 사용하는 팩트 테이블 간 통일된 정보와 기능을 제공할 수 있어 데이터 모델의 일관성이 높아진다.
> 팩트 테이블의 연결키 필드를 숨기면 시각적 개체 작성 시 불필요한 필드가 노출되지 않아 작업 효율성을 크게 향상시키고, 시각화 작업에서 발생할 수 있는 오류를 줄일 수 있다.

> **참고**
> 실기 시험에서는 빠른 작업 속도가 중요하다. "숨기기"는 별도의 개별 설정이 필요하지 않기 때문에 모델 보기에서 여러 대상(테이블과 필드)을 한 번에 선택하여 일괄로 처리하는 것이 효율적이다. 모델 보기에서는 테이블과 필드를 섞어서 선택할 수 있으므로, 테이블과 필드를 한 번에 숨김 처리하자.

3 테이블 및 필드 삭제

출제유형 실습 실습파일 : [이론실습_PART03_CHAP01_Sec05.pbix]

<캘린더_표 임시> 테이블과 <고객목록필드> 테이블의 [명단테스트] 필드를 삭제하시오.
- 테이블 : <캘린더_표 임시>
- 필드 : <고객목록필드> 테이블의 [명단테스트] 필드

[1] <캘린더_표 임시> 테이블 삭제

❶ [보고서 보기] 작업영역 선택
❷ <캘린더_표 임시> 테이블 우클릭 혹은 오른쪽에 있는 추가 옵션 아이콘 (⋯) 클릭

❸ 추가 옵션 메뉴에서 [모델에서 삭제] 선택
❹ 테이블 삭제 확인 메뉴에서 '캘린더_표 임시'를 확인하고 [예]를 클릭

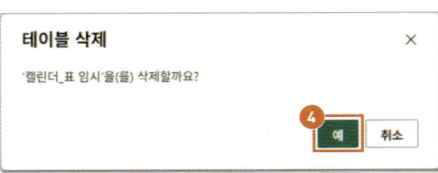

❺ [테이블 뷰] 혹은 [모델 보기] 작업영역으로 이동
❻ [데이터 창]에서 <캘린더_표 임시> 테이블이 삭제된 것을 확인

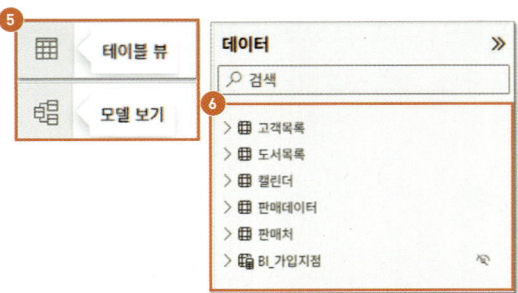

> **알고 가기**
>
> 삭제 작업을 수행할 때, 추가 옵션 메뉴의 **[모델에서 삭제]**와 **[숨기기]**는 바로 위아래 위치하고 있어 선택 시 실수가 발생할 수 있다. 또한, [보고서 보기] 작업영역의 [데이터 창]은 '숨겨진 항목을 표시'하는 기능이 기본적으로 비활성화되어 있다. 주의하지 않으면 숨겨진 항목이나 삭제 여부를 확인하기 어려울 수 있다. 따라서 [테이블 뷰]나 [모델 보기] 작업영역에서 삭제가 정상적으로 완료되었는지 확인하는 것이 좋다.
>
> ※ [데이터 창]에서 우클릭하여 추가 설정 메뉴를 선택할 수 있다. [숨겨진 항목 표시]를 클릭하면 숨겨진 항목을 확인할 수 있다.
>
> | 숨겨진 항목 표시 | ✓ 숨겨진 항목 표시 |
> |---|---|
> | 모두 숨기기 취소 | 모두 숨기기 취소 |
> | 모두 축소 | 모두 축소 |
> | 모두 확장 | 모두 확장 |

(2) <고객목록필드> 테이블의 [명단테스트] 필드 삭제

❶ [테이블 뷰] 작업영역 선택
❷ [데이터 창]의 검색창에 **"테스트"**를 입력
❸ 필터링 된 결과에서 <고객목록필드> 테이블의 [명단테스트] 필드를 선택한 후 [Delete]

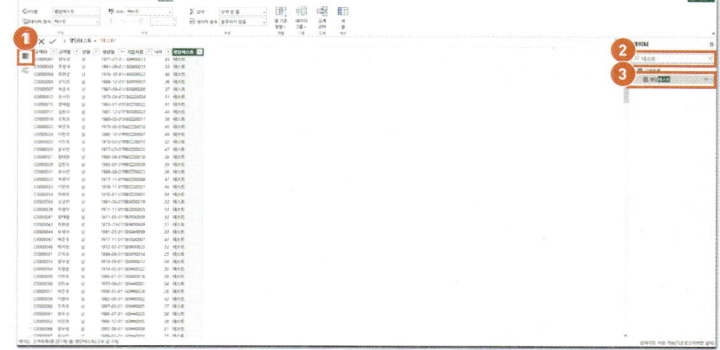

❹ 테이블 삭제 확인 메뉴에서 '명단테스트'를 확인하고 [예]를 클릭

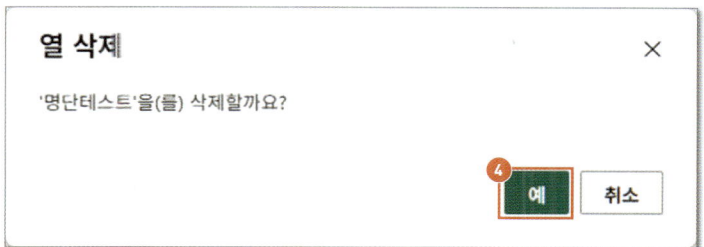

❺ [데이터 창]에서 <고객목록필드> 테이블의 [명단테스트] 필드가 삭제된 것을 확인

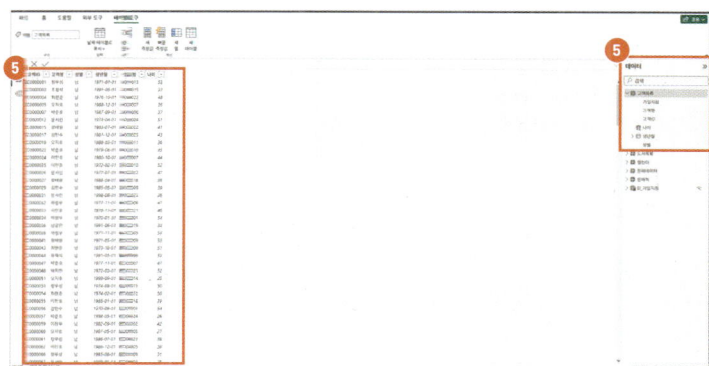

> **알고 가기**
> - 삭제 전에는 항상 백업 파일을 생성하여 데이터 손실을 방지해야 한다. 이는 예상치 못한 상황에서의 데이터 복구를 보장한다.
> - 테이블이나 필드를 삭제한 후 오류가 발생하면 삭제된 항목이 다른 수식이나 시각화 요소에서 참조되었을 가능성이 높으므로 관련 수식을 점검하고 수정해야 한다.
> - 삭제 작업은 대상 항목(테이블, 필드, 측정값 등)과 상관없이 동일한 방법으로 진행할 수 있다. 다양한 삭제 방법을 설명하기 위해 실습에서 테이블과 필드의 삭제 작업을 다르게 진행했다.

4 필드 데이터 형식과 서식

1) 개요

Power BI에서는 "필드 데이터 형식"과 "서식"을 설정하고 관리할 수 있다. 데이터 형식은 필드가 어떻게 처리되고 계산되는지를 결정하며, 서식은 데이터가 화면에 어떻게 표시되는지에 영향을 준다. 실기 시험에서도 이 부분은 매우 중요하므로, 정확한 설정 방법을 숙지하는 것이 필요하다.

2) 데이터 형식

데이터를 올바르게 분석하고 처리하기 위해 필드에 적절한 데이터 형식을 설정하는 것은 매우 중요하다. Power BI에서는 다양한 데이터 형식을 제공하며, 각 형식에 맞는 필드를 설정하면 분석 결과의 정확성을 높일 수 있다.

① 설정 방법 : [데이터 창] 영역에서 필드를 선택한 후, [열 도구] 탭의 [데이터 형식] 메뉴에서 선택이 가능하다.

② 기능 및 특징
- 필드에 저장된 데이터가 어떻게 해석되고 연산되는지를 결정하는 유형이다.
- 숫자, 텍스트, 날짜 등 데이터의 저장 형식을 지정하며, Power BI에서는 지정된 형식에 따라 데이터를 처리하는 방식이 달라진다.
- 숫자형 데이터는 계산이 가능하고, 텍스트는 문자열로 처리되어 계산이 불가능하다.

③ 데이터 형식의 종류 및 주요 데이터

데이터 형식	설명	예시 데이터 값	주요 데이터
정수	• 소수점 없는 정숫값을 저장하는 형식이다. • 주로 개수나 고유 번호를 저장할 때 사용한다.	1,234	사람 수, 재고 수량, 주문번호, 순서 등
10진수	• 소수점을 포함한 실숫값을 저장하는 형식이다. • 가격이나 비율처럼 더 정확한 수치를 기록할 때 사용한다.	19,999.99, 0.18(=18%)	가격, 매출액, 할인율, 기타 비율
고정10진수	• 소수점 자릿수가 고정된 숫자를 저장하는 형식이다. • 매우 정확한 계산이 필요한 경우 사용한다.	1,245.75	재무 및 회계 데이터, 통화 금액 등
날짜/시간	• 날짜와 시간을 함께 저장하는 형식이다. • 특정한 시점에 일어난 일을 기록할 때 사용한다.	2023-10-20 10:00	주문일시, 저장일시, 예약일시 등
날짜	• 날짜만 저장하는 형식이다. • 시간은 제외하고 특정 날만 기록할 때 사용한다.	2023-10-20	판매일, 주문일 등
시간	• 시간만 저장하는 형식이다. • 날짜 없이 특정 시간만 기록할 때 사용한다.	09:30:00	수업 시작 시간, 종료 시간, 이벤트 시간
텍스트	• 문자나 문자열을 저장하는 형식이다. • 이름, 주소, 설명 등을 기록할 때 사용한다.	홍길동	사람 이름, 제품명, 주소, 비고 설명 등
참/거짓	• 참(True) 또는 거짓(False) 값을 저장하는 형식이다. • 조건의 만족 여부를 기록할 때 사용한다.	True(참)	출석 여부, 배송 완료 여부, 합격 여부
이진	• 파일이나 이미지 같은 이진 데이터를 저장하는 형식이다. • 컴퓨터가 이해할 수 있는 형태로 데이터를 저장한다.	이미지 표시용 이진 코드	이미지 파일, 동영상 파일, 첨부 파일

3) 데이터 서식

데이터 형식을 설정한 후에는 데이터가 화면에 어떻게 표시될지를 결정하기 위해 적절한 서식을 설정해야 한다. Power BI에서는 숫자, 날짜, 시간 등의 데이터를 서식화할 수 있는 다양한 옵션을 제공하며, 각 데이터 형식별로 적용할 수 있는 서식은 다르다.

① 설정 방법 : [데이터 창] 영역에서 필드나 측정값을 선택한 후, [열 도구] 탭의 [서식] 메뉴에서 선택이 가능하다.

② 기능 및 특징
- 데이터가 시각화나 테이블에 어떻게 표시되는지를 설정하는 기능이다.
- 데이터 형식에 따라 지정할 수 있는 서식이 다르며, 천 단위 구분, 소수점 자릿수, 날짜 표시 형식 등을 지정할 수 있다.
- "2024년 10월 25일", "123,456.78"과 같은 서식 지정을 통해 데이터의 가독성을 높일 수 있다.

③ 서식의 종류

서식	설명	예시 데이터값	주요 데이터
일반	정수나 10진수 형식의 데이터를 기본적인 숫자 형태로 표시	100, 12345	일반 숫자형 데이터
통화	정수나 10진수 형식의 금액 데이터를 통화 기호와 함께 표시	₩1,000, $50.00	금액 데이터
백분율	10진수 형식의 데이터를 백분율로 변환해 % 형태로 표시	25%, 100%	비율 데이터
천 단위 구분 기호	큰 숫자를 천 단위마다 쉼표(,)로 구분해 읽기 쉽게 표시	1,000,000, 2,500,000	큰 숫자형 데이터
소수점 이하 자릿수 지정	정수나 10진수 형식의 데이터를 소수점 이하 몇 자리까지 표시할지 설정	123.45, 6789.00	소수 포함 데이터
날짜	날짜 및 날짜/시간 데이터를 날짜 관련 형식으로 표시	2024년 12월 31일, 2024-12-31	날짜 데이터
시간	시간 데이터를 시간 관련 형식으로 표시	오후 2:00:00, 14:00:00, 오후 2:00, 14:00	시간 데이터
날짜/시간	날짜/시간 데이터를 날짜와 시간을 함께 표시하는 형식으로 표시	2024-12-31 오후 2:00:00, 2024-12-31 14:00:00	날짜와 시간 데이터

서식	설명	예시 데이터값	주요 데이터
지수	지수 표기법으로 숫자를 간단하게 표시하며, 매우 큰 수나 작은 수를 표현할 때 사용	1.23E+05, 4.56E-03	과학적 데이터, 통계 수치 데이터
사용자 정의 서식	사용자가 원하는 포맷 규칙에 맞춰 데이터를 맞춤형으로 표시	10명, 10개, 24.10.25(금)	사용자 정의 데이터

④ 데이터 형식별 설정 가능한 서식

데이터 형식	서식								
	일반	통화	백분율	천 단위 구분 기호	소수점 이하 자릿수 지정	날짜	시간	날짜/시간	사용자 정의 서식
정수	○	○	×	○	×	×	×	×	○
10진수	○	○	○	○	○	×	×	×	○
고정10진수	○	○	○	○	○	×	×	×	○
날짜/시간	×	×	×	×	×	○	○	○	○
날짜	×	×	×	×	×	○	×	×	○
시간	×	×	×	×	×	×	○	×	○
텍스트	×	×	×	×	×	×	×	×	○

> **알고 가기**
>
> 사용자 지정 서식은 원하는 필드 또는 측정값을 선택한 후 상단 리본 메뉴 [열 도구] 탭의 서식 그룹에 있는 서식 선택 메뉴(   )를 클릭하면 입력 커서가 나타나며, 원하는 서식을 직접 입력하여 설정할 수 있다.
>
>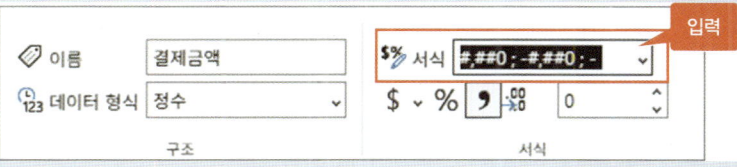
>
> 서식 구문은 텍스트와 숫자, 날짜, 시간 등 여러 유형을 혼합하여 원하는 형태대로 데이터의 서식을 지정하는 것이 가능하다.
>
> - [날짜&요일] YYYY-MM-DD (DDD) → 2024-11-17 (Sat)
> - [문자&날짜 및 시간] "업데이트 일시 : "YY.MM.DD (hh:mm:ss) → 업데이트 일시 : 24.11.17 (12:00:00)
> - [숫자&문자] #,##0"명" → 3,450명
> - [조건부 숫자&문자] "▲"#,##0 ; "▼"#,##0 ; "--" → ▲3,450 / ▼3,450 / --
>
> 위의 서식 구문 예시는 일부 항목들을 설명한 것으로 더 많은 서식 구문은 Microsoft에서 제공하는 공식 문서에서 확인할 수 있다.
> https://learn.microsoft.com/ko-kr/power-bi/create-reports/desktop-custom-format-strings#supported-custom-format-syntax

SECTION 06 필드 데이터 범주 설정

Power BI에서는 필드의 데이터 범주를 설정할 수 있다. 예를 들어, 필드 데이터가 위도, 경도, 주소와 같은 지리적 정보이거나 웹 URL, 이미지 URL일 경우 해당 데이터를 적절히 지정하면 특정 시각화 개체에서 데이터의 특성에 맞는 표현이 가능하다.

필드 데이터 범주는 데이터를 해석하고 시각화에 적합한 형식으로 표시하는 데 중요한 역할을 하며, 필드의 데이터 유형을 정의하는 기능을 제공한다. 기본적으로 Power BI는 데이터의 특성에 따라 자동으로 적절한 범주를 인식하지만, 필드의 형식이 정상적으로 설정되지 않으면 원하는 형태로 시각화되지 않을 수 있다. 따라서 필요에 따라 수동으로 필드의 범주를 설정하여 올바르게 시각화되도록 해야 한다.

1 데이터 범주 설정

[데이터 창]에서 범주를 설정하려는 필드를 선택하면, 상단 리본 메뉴의 [열 도구] 탭이 활성화된다. [데이터 범주] 옆의 ▼ 버튼을 클릭하여 원하는 범주를 선택하면 된다.

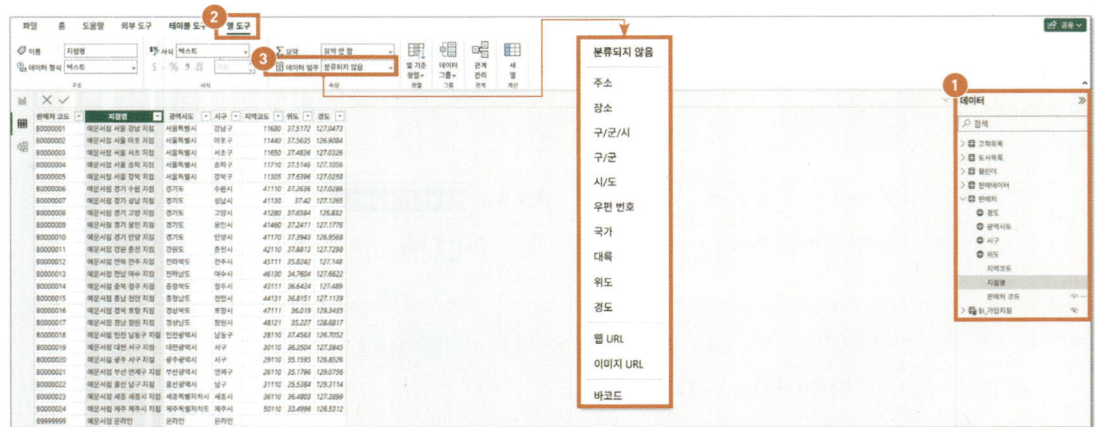

2 주요 데이터 범주의 종류 및 활용

데이터 범주	설명	활용 시각화 개체
지리정보	• 지도를 활용한 시각화에서 특정 위치를 표시하는 데 사용된다. • 전 세계, 특정 도시 혹은 지역의 위치뿐만 아니라 위·경도 데이터를 통해 정확한 위치에 대한 데이터드 표시할 수 있다. 　- 주소, 장소, 행정구격(시·도·구·군 등), 우편번호, 국가, 대륙 　- 위도, 경도	지도, 등치 지역도
URL	• 웹에서 이미지나 웹 페이지를 불러와 시각화할 때 사용된다. • URL 필드는 웹 링크나 이미지를 시각적 보고서에 추가하는 데 유용하다.	표, 행렬
바코드	• 바코드 데이터를 시각적으로 표현하는 데 사용된다. • 바코드는 특정 상품이나 자산을 관리할 때 유용하게 활용될 수 있다.	표, 행렬

> **심화**
> • URL 필드로 설정된 이미지는 표나 행렬 시각화에서 직접 이미지로 표시할 수 있다. 실무에서 제품 목록 등의 테이블 시각화에서 관련 이미지 등을 표시하는 데 매우 유용하게 자주 사용되므로 알아두도록 하자.
> • 바코드는 실무에서도 잘 사용되지 않으며, 시험에서도 출제 범위에 포함되지 않을 가능성이 높다.

SECTION 07 필드 데이터 정렬

데이터 필드 정렬은 시각화의 가독성을 높이고, 분석의 정확성을 보장하는 중요한 작업이다. 정렬된 데이터는 사용자에게 직관적인 시각적 정보를 제공하며, 특정 기준에 따라 데이터를 쉽게 분석할 수 있도록 돕는다.

데이터 필드의 정렬은 기본적으로 자신의 필드 값을 기준으로 하여 오름차순 또는 내림차순으로 설정할 수 있다. 또한, Power BI에서는 다른 필드를 정렬 기준으로 설정하는 기능도 제공하여 더욱 유연한 데이터 분석이 가능하다. 시각화 개체는 필드별로 적용된 정렬 기준을 참고하여 데이터를 표시한다.

1 필드 데이터 그룹 설정 방법

① **데이터 가독성 향상** : 정렬된 데이터는 시각적으로 더 명확하여 사용자가 데이터를 쉽게 이해할 수 있다.
② **정확한 분석 지원** : 특정 기준에 따라 데이터를 정렬하면 사용자는 데이터의 패턴이나 경향을 빠르게 파악할 수 있다.
③ **비교 용이성** : 예를 들어, 판매량이나 수익을 내림차순으로 정렬하면 어떤 제품이 가장 많이 판매되었는지 즉시 확인할 수 있다.

2 데이터 필드 정렬 기준 열 변경

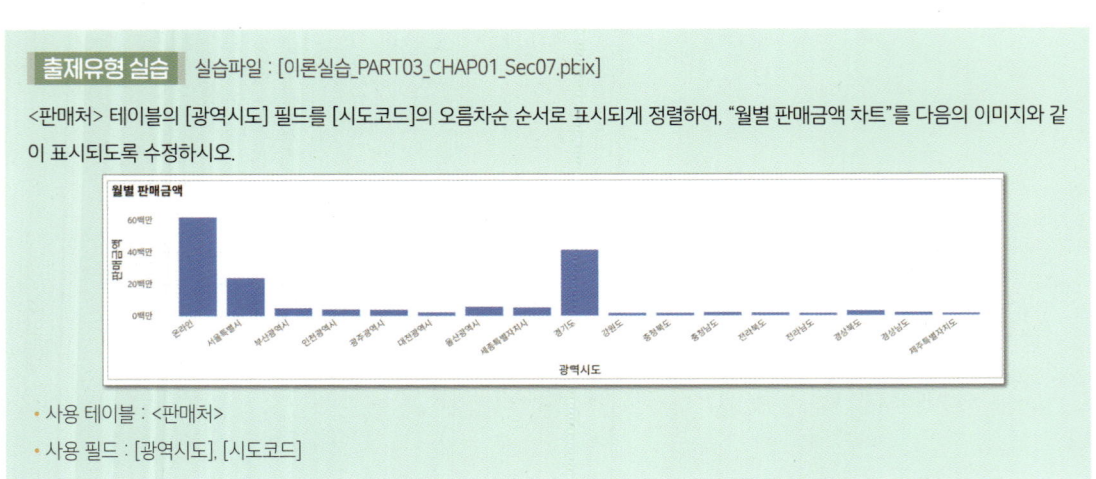

출제유형 실습　실습파일 : [이론실습_PART03_CHAP01_Sec07.pbix]

<판매처> 테이블의 [광역시도] 필드를 [시도코드]의 오름차순 순서로 표시되게 정렬하여, "월별 판매금액 차트"를 다음의 이미지와 같이 표시되도록 수정하시오.

- 사용 테이블 : <판매처>
- 사용 필드 : [광역시도], [시도코드]

(1) 변경 대상 필드 정렬 기준 변경

❶ [보고서 보기] 작업영역 이동
❷ [데이터 창]에서 [광역시도] 필드 선택
❸ 상단 [리본 메뉴]의 [열 도구] 탭 활성 후 [열 기준 정렬] 클릭
❹ [시도코드] 필드를 정렬 기준으로 선택

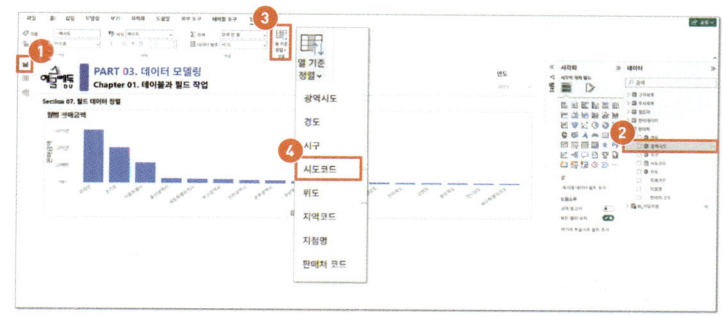

(2) 시각화 개체 축 정렬 기준 확인

❶ "월별 판매금액 차트"의 오른쪽 모서리의 ⋯ 버튼을 클릭
❷ [축 정렬] 옆의 ▷ 버튼 클릭
❸ 정렬 기준 필드 확인

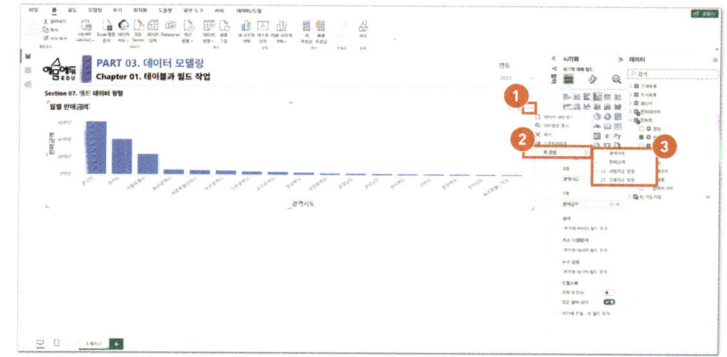

(3) 축 정렬 변경 후 적용 결과 확인

❶ 정렬 기준 필드 [광역시도] 선택
❷ 정렬 방법 [오름차순 정렬] 선택
❸ "월별 판매금액 차트"의 축 정렬 결과 확인

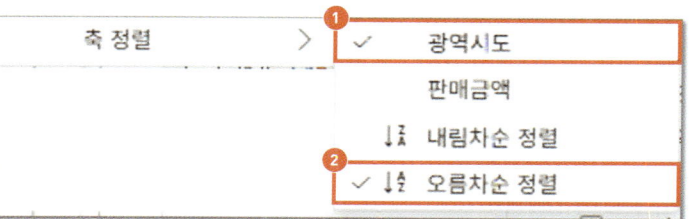

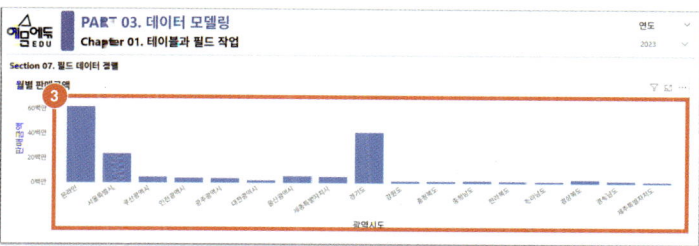

심화

다른 필드를 기준으로 데이터를 정렬할 때, 정렬 대상 필드의 값과 기준 필드의 값은 1:1로 일치해야 한다. 만약 정렬 대상 필드의 하나의 값에 두 개 이상의 기준 필드값이 매칭될 경우, 해당 필드는 정렬 기준으로 사용할 수 없다. 예를 들어, [광역시도] 필드의 값이 여러 개의 [시도코드]와 연결되어 있으면, 이 필드를 기준으로 정렬할 수 없다. 따라서 정렬을 설정하기 전, 기준 필드와 대상 필드 간의 관계를 정확히 파악해야 한다.

SECTION 08 데이터 그룹 설정

Power BI는 데이터를 그룹화하여 요약된 데이터를 통해 패턴을 파악하고 분석의 효율성을 높이는 기능을 제공한다.

데이터 그룹 설정은 큰 범주의 데이터를 작은 집단으로 나누어 다양한 패턴과 경향을 확인할 수 있게 한다. 주로 보고서 내에서 특정 항목을 요약하거나 데이터 범위를 구분할 때 사용되며, 숫자 형식의 데이터는 구간 단위로 그룹화할 수 있는 추가 옵션을 제공한다.

그룹화 기능은 필드 값의 형식이 수치형과 날짜형 또는 텍스트형일 때 사용 가능하다. 수치형과 날짜형 데이터는 bin과 목록으로 그룹화할 수 있으며, 텍스트 데이터는 목록으로만 그룹화할 수 있다.

1 필드 데이터 그룹 설정 방법

① [데이터 창]에서 필드 우클릭 > [새 그룹] 선택
② [데이터 창]에서 필드 선택 > [열 도구] 탭 > [데이터 그룹] 선택 > [새 데이터 그룹] 선택
③ [시각화 개체]의 값을 선택 > 우클릭 > [데이터 그룹화] 선택
④ [테이블 뷰] 작업영역 > 필드 데이터 값 부분에서 우클릭 > [새 그룹] 선택

> **빠른 작업을 위한 TIP**
> 데이터 그룹을 설정하는 여러 방법이 있지만, "① [데이터 창]에서 필드 우클릭 > [새 그룹] 선택" 방법을 사용하는 것이 [보고서 보기], [테이블 뷰], [모델 보기]의 모든 작업영역에서 확인할 수 있어 더 빠르고 효율적이다. 특히, 생성된 결과를 즉시 확인할 수 있는 [테이블 뷰] 작업영역에서 작업을 진행하는 것을 권장한다.

> **알고 가기**
> 데이터 그룹 설정 방법 중 "③ [시각화 개체]의 값을 선택 > 우클릭 > [데이터 그룹화] 선택"은 다음의 제약 사항이 있으니 참고하자.
> - 시각화 개체에서 [데이터 그룹화] 메뉴는 "막대 차트류, 원형 차트류, 트리맵" 등 범위를 표현하는 일부 차트에서만 활성화되며, "꺾은선류 및 테이블, 행렬" 개체에서는 사용할 수 없다.
> - 개체의 [축] 항목이 아닌 [값] 그래프를 선택해야 하며, [값]은 [Ctrl]을 사용하여 복수 선택이 가능하다.

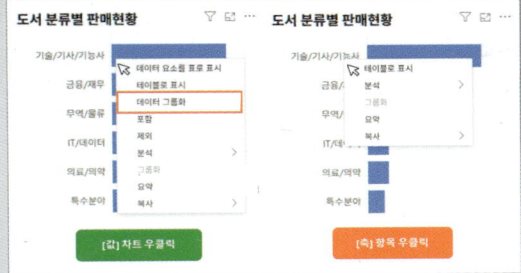

2 데이터 그룹 설정

1) Bin을 사용한 수치 데이터 그룹화

Bin은 Power BI에서 수치형 및 날짜형 데이터를 일정한 구간으로 나누어 그룹화하는 기능이다. 사용자는 연속적인 수치형 데이터(예: 나이, 가격 등)에 대해 구간 크기(bin size)를 지정하여 개별 값 대신 값의 범위로 데이터를 요약할 수 있다. 이를 통해 수치 데이터의 분포를 파악하거나 패턴을 찾을 때 유용하다.

예를 들어, 고객의 나이를 5세 단위로 나누는 bin을 설정하면 각 구간에 속하는 데이터의 빈도나 합계를 시각화하여 분석할 수 있다.

> **출제유형 실습** 실습파일 : [이론실습_PART03_CHAP01_Sec08.pbix]
>
> <고객목록> 테이블의 [나이] 필드를 그룹화하여 새로운 요약 필드를 생성하시오.
> - 사용 테이블 : <고객목록>
> - 사용 필드 : [나이]
> - 생성 필드 이름 : "나이그룹"
> - 그룹유형 : 'Bin'
> - bin 크기 : 5

(1) 필드 선택 및 그룹화 메뉴 진입

❶ [테이블 뷰] 작업영역으로 이동
❷ <고객목록> 테이블의 [나이] 필드 우클릭
❸ [새 그룹] 선택

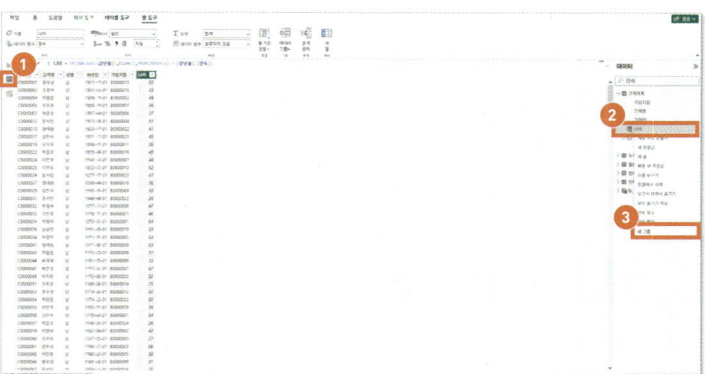

(2) 그룹 필드 설정 및 생성

❶ 생성 그룹 필드 이름을 "나이그룹"으로 입력
❷ 그룹 유형 [Bin] 선택
❸ bin 형식 [bin 크기] 선택
❹ bin 크기 "5" 입력
❺ [확인] 클릭

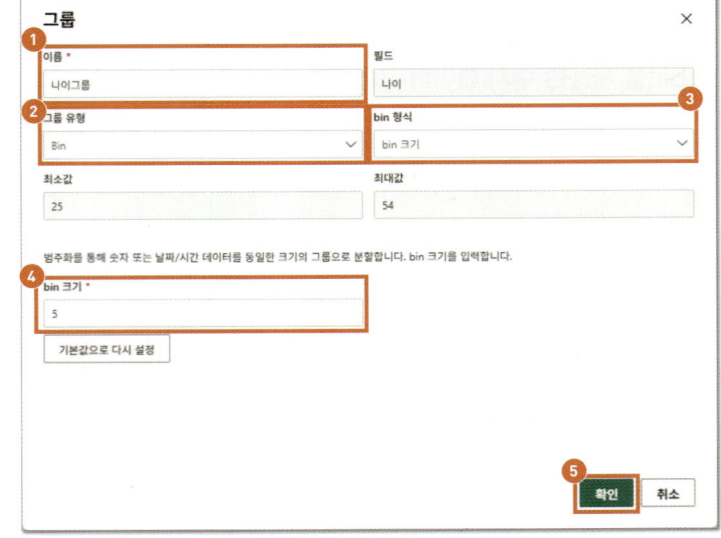

(3) 생성 결과 확인

❶ [테이블 뷰] 작업영역 이동
❷ [나이그룹] 필드 머리글 오른쪽의 ▼ 클릭
❸ 데이터가 5단위 간격으로 생성되었는지 확인하고, 세부 확인을 위해 [30] 선택
❹ [확인] 클릭

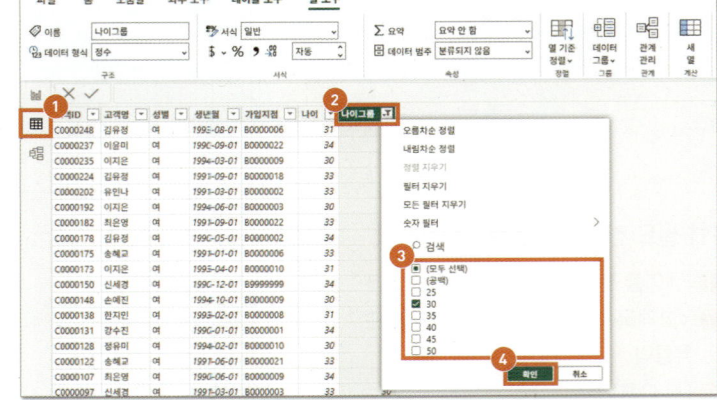

❺ [나이] 필드 머리글 오른쪽의 ▼ 클릭
❻ [30] 구간에 속하는 데이터가 정상적으로 포함되었는지 확인
❼ [확인] 클릭

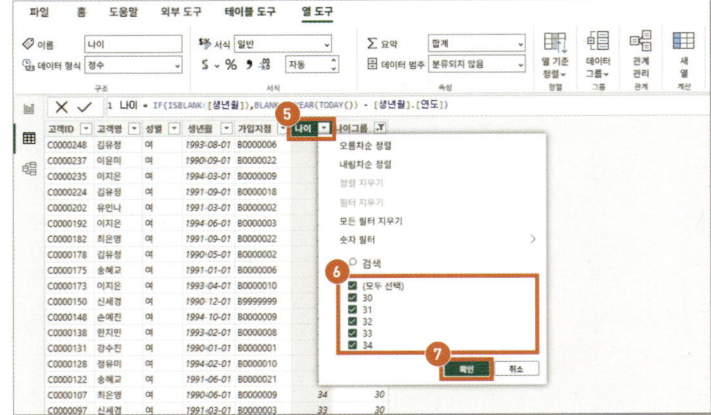

심화

날짜형 데이터도 [데이터 그룹]의 Bin 유형을 사용해 달력 또는 시간 단위로 그룹화할 수 있다. 그러나 날짜 관련 DAX 함수를 사용해 [새 열]을 생성하면 더욱 다양한 방식으로 데이터를 분류할 수 있으므로, 일반적으로 날짜형 데이터를 그룹화할 때는 Bin 기능 대신 DAX 함수를 사용하는 것이 더 효율적이다.

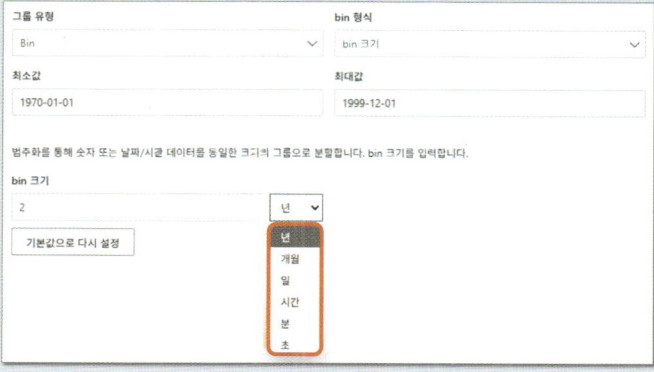

2) 목록을 사용한 데이터 그룹화

데이터 그룹 기능 중 유형 목록은 텍스트 형식 등 범주형 데이터를 그룹화할 때 사용하는 기능이다. 목록을 통해 사용자는 데이터를 지정한 카테고리로 그룹화하여 여러 값을 하나의 그룹으로 묶을 수 있다. 이를 통해 개별 값 대신 그룹화된 데이터를 사용해 분석할 수 있으며, 범주형 데이터의 분포를 파악하거나 분석을 간소화하는 데 유용하다.

예를 들어, 이전에 생성한 [나이그룹] 데이터를 "20대, 30대, 40대"로 그룹화하고 나머지 연령대를 "기타"로 묶으면, 숫자형 데이터로 구분된 항목을 보다 시각화하기 적합한 그룹명으로 재구성할 수 있다. 이를 통해 각 그룹의 데이터를 보다 쉽게 시각화하고 분석할 수 있다.

출제유형 실습 실습파일 : [이론실습_PART03_CHAP01_Sec08.pbix]

<고객목록> 테이블의 [나이그룹] 필드를 그룹화하여 새로운 요약 필드를 생성하시오.
- 사용 테이블 : <고객목록>
- 사용 필드 : [나이그룹]
- 생성 필드 이름 : "연령대"
- 그룹유형 : '목록'
- 그룹기준
  - [값 항목] → "표시명" : [25] → "20대", [30,35] → "30대", [40,45] → "40대"
  - 기타(모든 그룹화되지 않은 값 포함) → "50대 이상"

(1) 필드 선택 및 그룹화 메뉴 진입

❶ [테이블 뷰] 작업영역으로 이동
❷ <고객목록> 테이블의 [나이그룹] 필드 우클릭
❸ [새 그룹] 선택

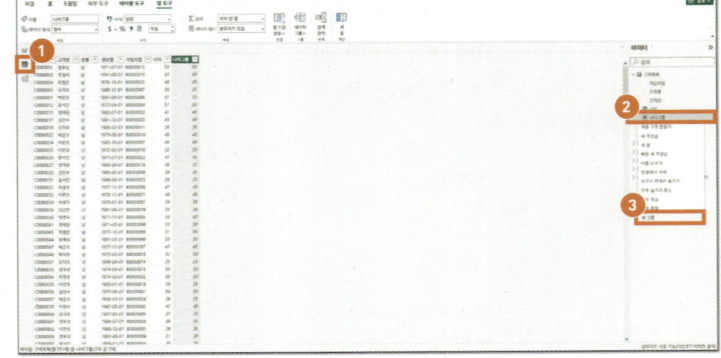

(2) 그룹 필드 설정 및 생성

❶ 생성 그룹 필드 이름을 "연령대"로 입력
❷ 그룹 유형 [목록] 선택
❸ 그룹화되지 않은 값에서 [25] 선택
❹ [그룹화] 클릭

(3) 그룹항목 설정 및 이름 변경

❶ 그룹 및 구성원의 그룹명을 더블 클릭하고 "20대" 입력

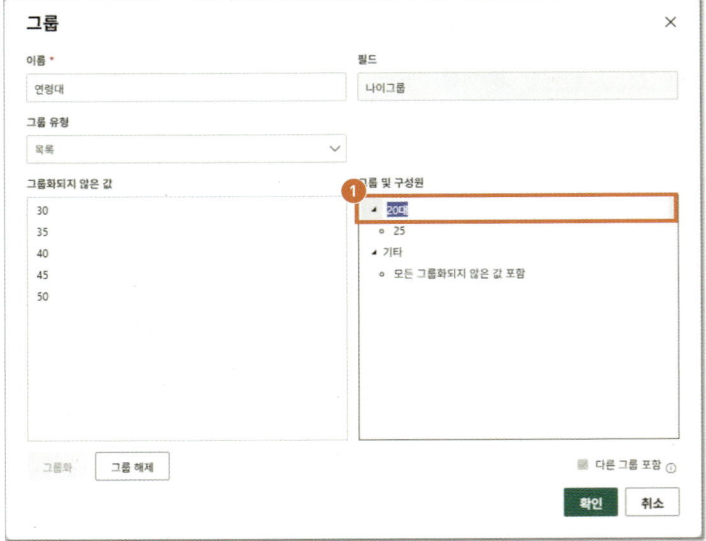

❷ 그룹화되지 않은 값에서 [Ctrl]을 누른 상태로 [30, 35] 선택
❸ [그룹화] 클릭

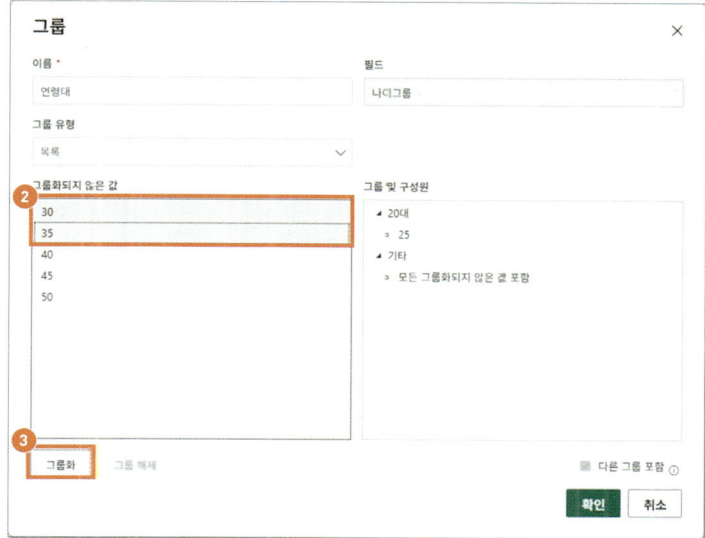

❹ 그룹 및 구성원의 [30, 35]의 그룹명을 더블 클릭하고 "30대" 입력

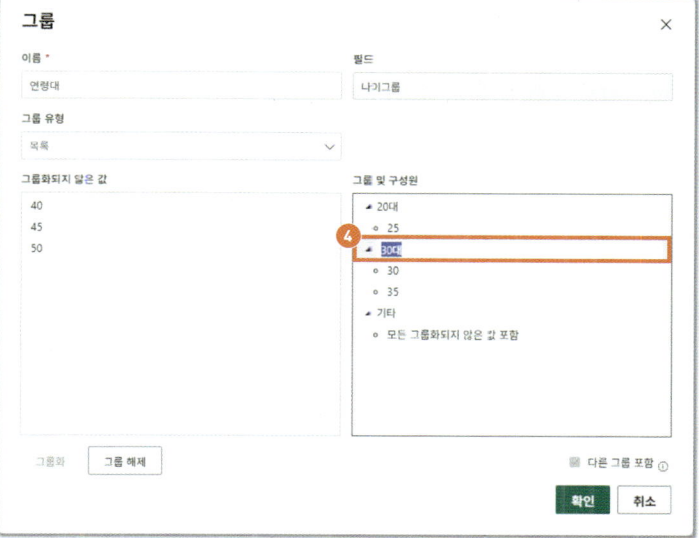

❺ 그룹화되지 않은 값에서 [Ctrl]을 누른 상태로 [40, 45] 선택한 후, (3)의 ❸~❹를 반복하여 "40대" 그룹 생성
❻ 그룹 및 구성원의 [기타] 그룹명을 더블 클릭하여 "50대 이상" 입력
❼ [확인] 클릭

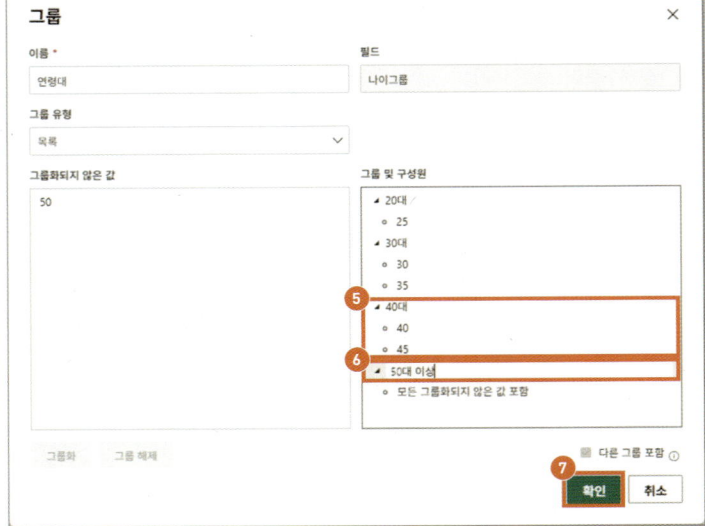

(4) 생성 결과 확인

❶ [테이블 뷰] 작업영역 이동
❷ [연령대] 필드 머리글 오른쪽의 ▼ 클릭
❸ 데이터 그룹이 정상적으로 생성되었는지 확인
❹ [확인] 클릭

> **참고**
> '(공백)' 항목은 연령값이 없는 [온라인고객ID] 데이터이므로, 신경 쓰지 않아도 된다.

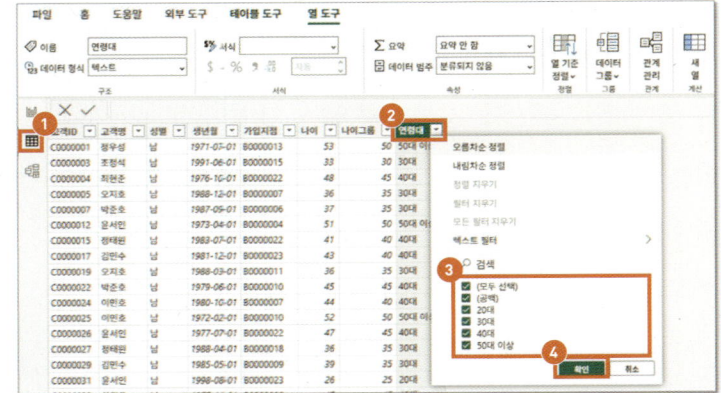

> **심화**
> 범주형 데이터가 지나치게 많은 경우, 목록 그룹화는 개별 항목을 수작업으로 분류해야 하기 때문에 시간이 많이 소요되고 관리가 복잡해질 수 있다. 따라서 대량의 데이터를 그룹화할 때는 조건 함수(예 IF, SWITCH)를 사용하여 먼저 데이터를 선분류한 후, 생성된 분류 필드를 사용해 그룹화하는 방법이 더 효율적이다.
>
> 예를 들어, 도서명을 수작업으로 그룹화하기 어렵다면 조건 함수를 사용해 "수험서", "인문서", "소설" 등으로 미리 분류한 후 그 필드를 목록으로 그룹화하여 작업의 효율성을 높일 수 있다.

CHAPTER **02**

관계 관리

 학습 Point

- Power BI의 관계 관리와 관련된 기본 메뉴 구성과 설정 방법 학습
- 카디널리티와 크로스 필터 방향 등 관계 설정 시 지정해야 하는 옵션들 간의 차이 학습
- 활성 및 비활성 관계의 활용 방법 학습

SECTION 01　　Power BI의 관계 관리
SECTION 02　　관계 설정 옵션

SECTION 01 Power BI의 관계 관리

Power BI의 관계 관리는 데이터 모델링의 핵심 작업으로, 여러 테이블의 데이터를 연결해 분석의 일관성을 유지하고 통합된 시각화를 가능하게 한다. Power BI에서는 서로 다른 테이블의 연관된 필드를 연결하고, 관계의 성격과 데이터 필터링 방향을 정의해 원하는 값을 얻을 수 있는 데이터 모델링 구조를 구성할 수 있다.

또한, [모델 보기] 영역을 통해 테이블 간 관계를 시각적으로 확인하고 관리할 수 있으며, 이 인터페이스는 복잡한 데이터 모델에서도 테이블 간 연결 상태를 한눈에 파악할 수 있게 한다.

1 [모델 보기] 작업영역

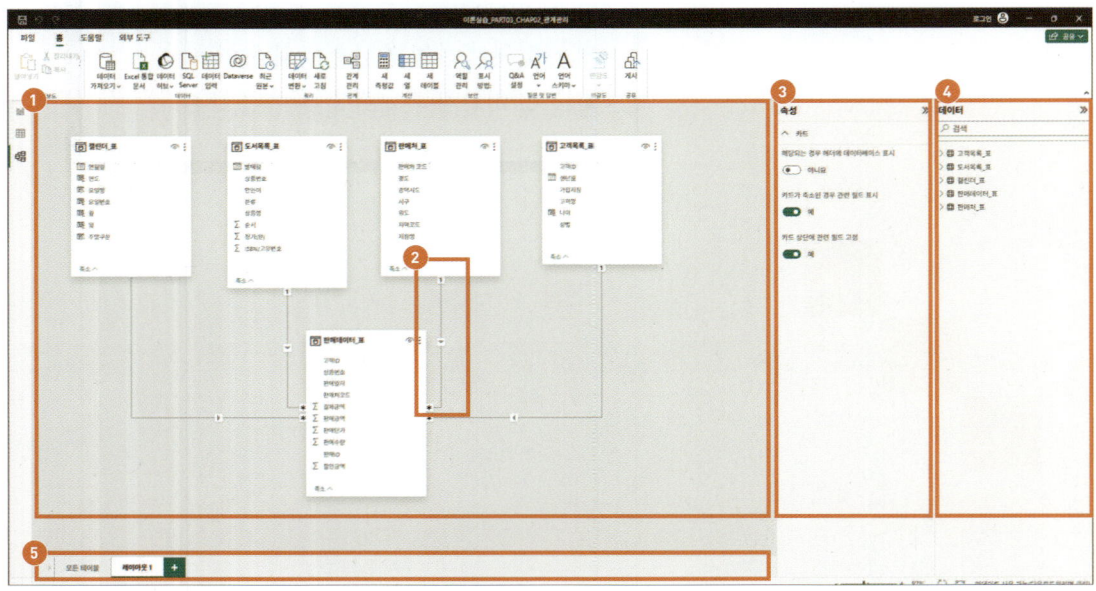

구분	설명
❶ 관계 보기 영역	• 관계 보기 영역에서는 모든 테이블이 시각적으로 배치되어 각 테이블 간의 관계를 쉽게 파악할 수 있다. • 각 테이블은 상자 형태로 표시되며, 상자 안에 테이블의 필드들이 나열된다. • 테이블 상자의 위치와 크기는 사용자가 드래그하여 직접 조정할 수 있다. • [Ctrl]+마우스 휠 스크롤을 통해 줌 기능도 지원한다.

구분	설명
❷ 테이블 간 관계선 표시	• 관계가 설정된 테이블 간에는 선으로 연결되어 있다. 이 관계선은 카디널리티와 크로스 필터 방향을 나타낸다. • 관계선을 클릭하면 연결 세부 정보가 속성 창에 표시되고, 더블 클릭하면 [관계 편집] 메뉴가 팝업으로 표시된다.
❸ 속성 창	• 선택하는 개체 종류에 따라 표시 및 설정 가능한 메뉴가 변경된다. • 선택 개체별 설정 메뉴 4가지 - 빈 화면(선택 없음) : [관계 보기] 영역에 표시되는 테이블의 표시 관련 설정 - 테이블 : 선택 테이블과 관련된 속성 정보 - 필드 : 선택 필드와 관련된 속성 정보 - 관계 연결선 : 관계 설정과 관련된 속성 정보 〈빈 화면(선택 없음)〉　〈테이블〉　〈필드〉　〈관계 연결선〉
❹ 데이터 창	• 불러온 데이터 테이블과 필드의 목록이 표시된다. • [데이터 창]에서 테이블 또는 필드를 선택하면 [관계 보기]에서도 해당 개체가 함께 선택된다. • 새로운 레이아웃을 추가할 때, [데이터 창]에서 테이블을 선택해 [관계 보기]로 드래그 앤 드롭할 수 있다.
❺ 레이아웃 탭	• 모델 뷰에서 작업하는 데이터 모델의 레이아웃을 관리할 수 있다. • 모델링 작업 중에 여러 레이아웃을 만들고, 각 레이아웃에서 다른 테이블 배치가 가능하다. • 예를 들어, 하나의 레이아웃에는 판매 데이터를 중심으로 관계를 설정하고, 다른 레이아웃에서는 반품 데이터를 중심으로 테이블 관계를 시각화할 수 있다. • 기본적으로 생성되어 있는 [모든 테이블] 레이아웃은 삭제가 불가하다. **알고 가기** • 각 레이아웃은 서로 독립적으로 설정되지만, 시각적 배치만 조종할 수 있다. • 특정 레이아웃에서 관계를 설정하면, 모든 레이아웃에 동기화된다.

> **빠른 작업을 위한 TIP**
> - 관계 관리와 직접적인 연관은 없지만, [모델 보기] 영역에서 필드 속성 변경 작업은 매우 유용하다.
> - [보고서 보기]와 [테이블 뷰] 영역에서도 필드 속성 변경 메뉴를 지원하지만, 단일 필드 단위로 하나씩 작업해야 한다. 또한, 속성을 변경할 때마다 설정이 업데이트되는 대기 시간이 발생하여 다수의 필드에 동일한 설정을 적용할 경우 매우 비효율적이다.
> - [모델 보기] 영역에서는 **복수의 필드를 선택해 동일한 속성을 한 번에 적용**할 수 있어 작업 효율이 크게 향상된다.

2 자동 관계 설정

출제유형 실습 실습파일 : [이론실습_PART03_CHAP02_Sec01.pbix]

[관계 관리]의 [자동 검색] 기능으로 관계를 설정하시오.

(1) [자동 검색] 관계 설정
① [홈] 탭 > [관계 관리] 메뉴 클릭
② [관계 관리] 메뉴 창 팝업
③ [자동 검색] 메뉴 클릭

④ 자동 관계 설정 완료
⑤ 설정된 관계 확인

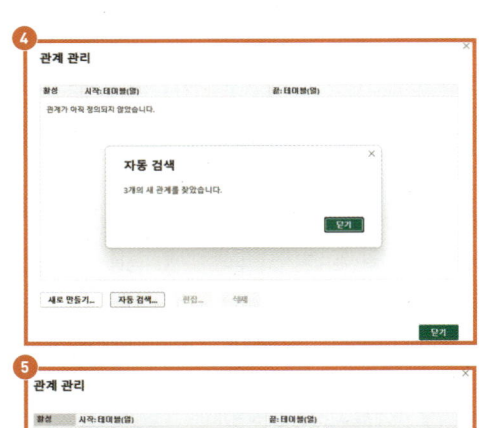

> **알고 가기**
>
> - Power BI는 테이블을 불러올 때, 신규 테이블과 기존 테이블 간 데이터 형식과 필드 이름이 동일하거나 일치하면 자동으로 관계를 설정하려고 시도한다. 사용자가 추가 데이터 테이블을 불러오는 과정에서 원하지 않는 관계가 자동으로 설정되거나, 없던 관계가 생성되는 경우가 자주 발생할 수 있다. 실무에서는 이 [자동 관계 설정 기능]을 해제하고, 직접 관계를 설정하는 것이 일반적이다.
> - [자동 관계 설정 기능]은 상단 리본 메뉴의 [파일] > [옵션 및 설정] > [옵션] > 현재 파일의 [데이터 로드]에서 해지 설정할 수 있다.
> - '데이터가 로드된 후 새 관계 자동 검색'의 체크박스를 해지하면 된다.

3 직접 관계 설정

출제유형 실습 실습파일 : [이론실습_PART03_CHAP02_Sec01.pbix]

<캘린더_표> 테이블과 <판매데이터_표> 테이블의 관계를 설정하시오.
- 활용 필드 : <캘린더_표> 테이블의 [연월일] 필드, <판매데이터_표> 테이블의 [판매일자] 필드
- 기준(시작) 테이블 : <캘린더_표> 테이블
- 카디널리티 : 일대다(1:*)
- 크로스 필터 방향 : 단일

(1) [관계 관리] 메뉴 선택

❶ [모델 보기] 작업영역 선택
❷ [홈] 탭 > [관계 관리] 클릭

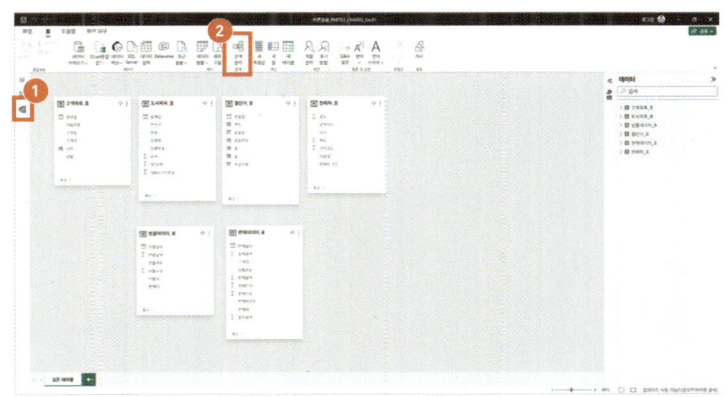

(2) 관계 설정 및 생성

❶ [관계 관리] 창 활성 > [새로 만들기...] 클릭

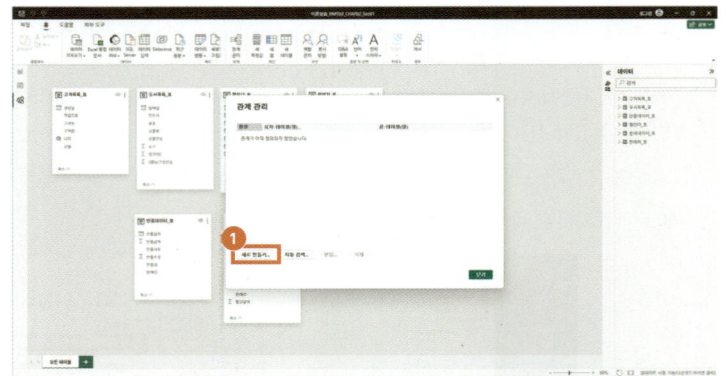

❷ 기준 테이블 <캘린더_표> 선택
❸ [연월일] 필드 선택
❹ <판매데이터_표> 테이블 선택
❺ [판매일자] 필드 선택
❻ [카디널리티] 옵션을 '1대다(1:*)'로, [크로스 필터 방향]을 '단일'로 선택
❼ [확인] 클릭

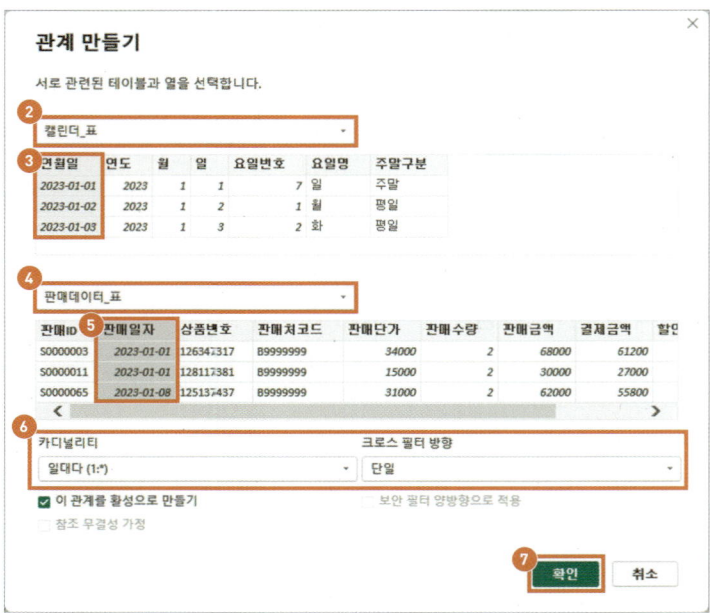

(3) 관계 생성 결과 확인

❶ 목록에 생성된 관계 정보를 확인
❷ [닫기] 클릭

> **참고**
> 시험에서는 지시사항으로 기준 테이블과 카디널리티를 지정하고 있다. 하지만 Power BI 프로그램 자체의 오류인지, '일대다(1:*)'로 설정한 관계를 재확인하면 선택한 기준 테이블과 대상 테이블의 위치가 바뀌고 카디널리티가 '다대일(*:1)'로 변경되어 있다.
> 관계를 설정한 후 [관계 관리] 메뉴를 선택하거나, 관계 연결선을 클릭하는 등 관계 정보를 볼 수 있는 메뉴를 여러 방식으로 선택해도 자동으로 변경되는 정보를 제어할 수 있는 방법은 확인할 수 없었다.

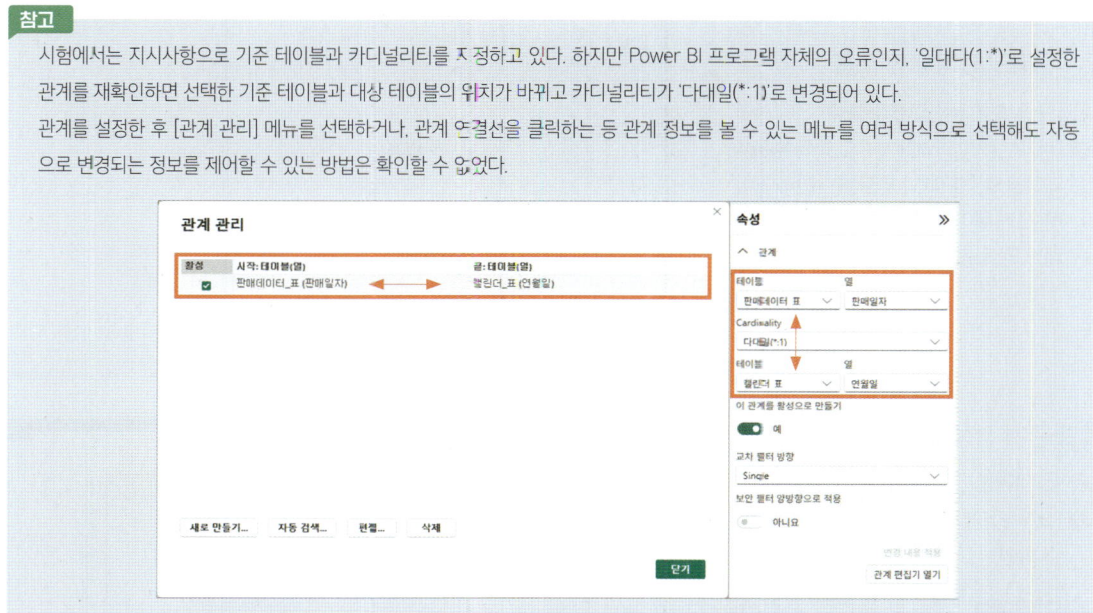

4 Power BI의 다양한 관계 설정 방법 소개

Power BI는 다양한 방식으로 관계 설정 작업을 지원한다. 그중 자주 사용되는 방식을 소개한다. 앞의 [참고] 내용으로 인해 '기준 테이블 설정'이 평가 항목에서 제외될 경우, 아래의 방식이 더 빠른 작업 진행이 가능하다.

1) [관계 보기] 영역에서 관계 설정

> **출제유형 실습** 실습파일 : [이론실습_PART03_CHAP02_Sec01.pbix]
> 다음의 조건으로 관계를 설정하시오.
> - <고객목록_표> 테이블과 <판매데이터_표> 테이블의 관계 설정
> - 활용 필드 : <고객목록_표> 테이블의 [고객ID] 필드, <판매데이터_표> 테이블의 [고객ID] 필드
> - 카디널리티 : 다대일(*:1)
> - 크로스 필터 방향 : 단일

(1) [관계 보기] 영역에서 연결 대상 [필드] 드래그 앤 드롭

❶ [모델 보기] 작업영역 선택
❷ [관계 보기] 영역에서 <고객목록_표> 테이블의 [고객ID] 필드를 <판매데이터_표> 테이블의 [고객ID] 필드로 드래그 앤 드롭

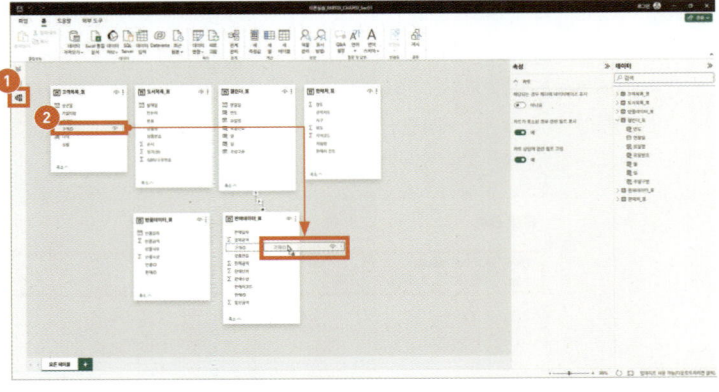

(2) 관계 생성 결과 확인

❶ 두 테이블 간 관계 연결선 생성 확인
❷ [속성 창]에서 생성된 관계의 속성 정보 확인

> **알고 가기**
> [관계 편집기]를 열지 않고 [속성 창]에서 관계 속성 옵션의 변경이 가능하다.

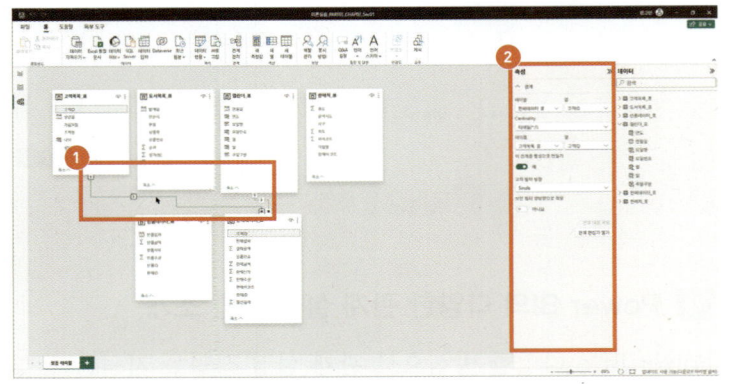

2) [데이터 창] 영역에서 관계 설정

출제유형 실습 실습파일 : [이론실습_PART03_CHAP02_Sec01.pbix]

다음의 조건으로 관계를 설정하시오.
- <도서목록_표> 테이블과 <판매데이터_표> 테이블의 관계 설정
- 활용 필드 : <도서목록_표> 테이블의 [상품번호] 필드, <판매데이터_표> 테이블의 [상품번호] 필드
- 카디널리티 : 다대일(*:1)
- 크로스 필터 방향 : 단일

(1) [데이터 창]에서 연결 대상 필드명 검색 후 연결 대상 필드 드래그 앤 드롭

❶ [데이터 창]의 상단 검색창에 "상품번호" 입력

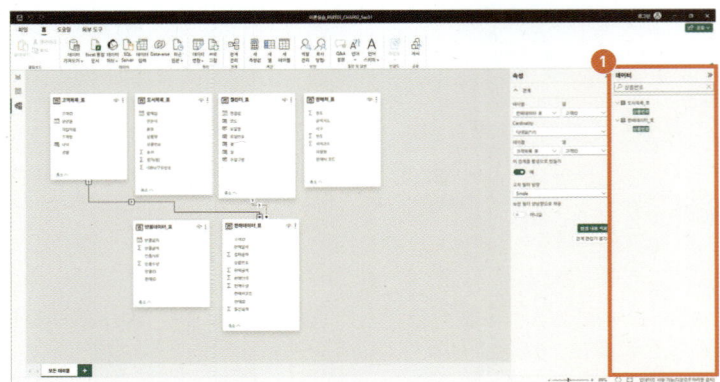

❷ [데이터 창]에서 <도서목록_표> 테이블의 [상품번호] 필드를 <판매데이터_표> 테이블의 [상품번호] 필드로 드래그 앤 드롭

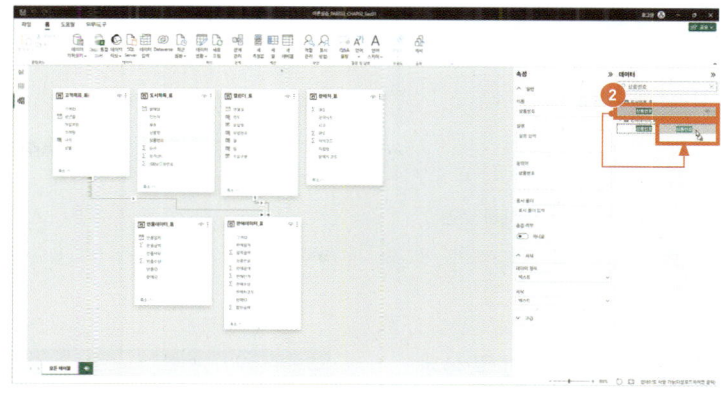

(2) 관계 생성 결과 확인
❶ 두 테이블 간 관계 연결선 생성 확인
❷ [속성 창]에서 생성된 관계의 속성 정보 확인

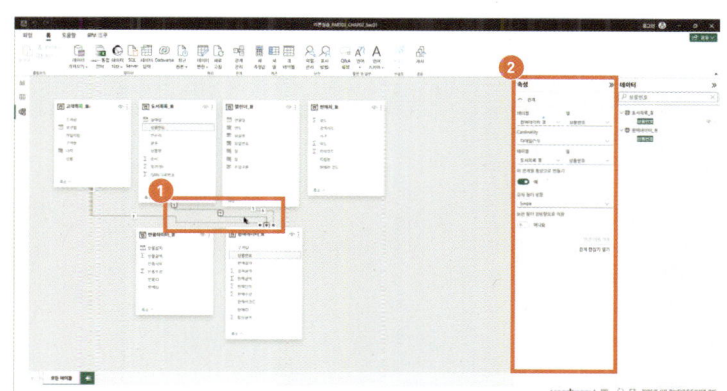

> **빠른 작업을 위한 TIP**
>
> [데이터 창]의 검색 기능은 매우 유용하다. [관계 보기] 영역에 많은 테이블들이 있어 필요한 필드를 찾기 어려울 경우 원하는 필드명을 검색 창에 입력한 후 해당 필드를 선택하면 [모델 뷰어] 창에서 선택한 필드가 음영으로 표시된다.

> **알고 가기**
>
> 1), 2)의 방법은 각 영역 내에서 드래그 앤 드롭 방식의 연결을 지원한다.
>
> 예를 들어, [데이터 창]의 필드를 선택하여 [관계 보기] 영역의 대상 필드로 드래그 앤 드롭해도 연결되지 않는다. 반대로 [관계 보기] 영역의 필드를 [데이터 창]으로 이동해도 연결되지 않는다.

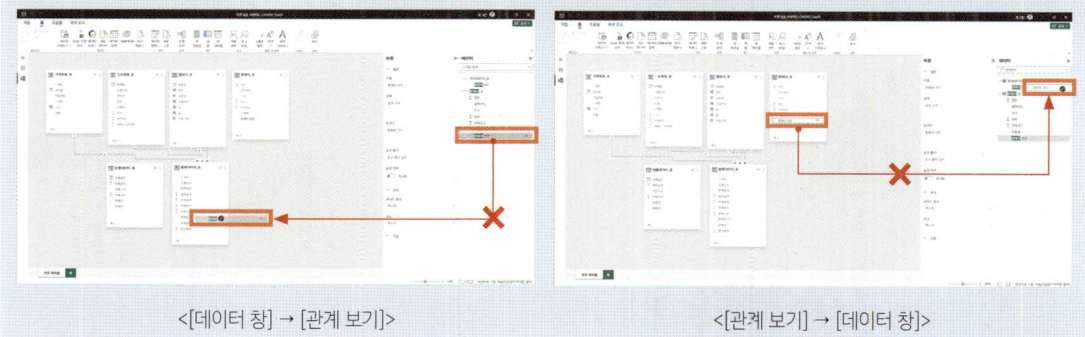

<[데이터 창] → [관계 보기]>　　　　<[관계 보기] → [데이터 창]>

CHAPTER 02 관계 관리　111

5 관계 삭제 및 편집

1) 관계 삭제

> **출제유형 실습** 실습파일 : [이론실습_PART03_CHAP02_Sec01.pbix]
>
> 잘못 연결된 관계를 삭제하시오.
> - <판매처_표> 테이블 [지역코드] 필드와 <판매데이터_표> 테이블의 [판매처코드] 필드 관계 삭제

(1) 잘못된 관계 확인 및 삭제
❶ [모델 보기] 작업영역 선택
❷ [홈] 탭 > [관계 관리] 클릭

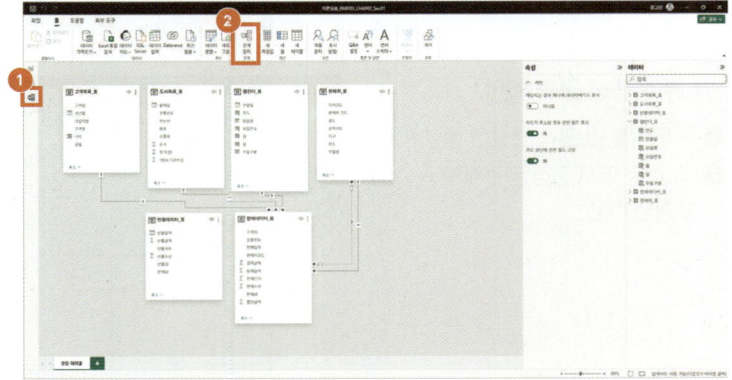

❸ 활성화된 [관계 관리] 창의 목록에서 삭제할 관계를 선택
❹ [삭제] 버튼 클릭

❺ [삭제] 버튼 클릭

(2) 관계 삭제 결과 확인
❶ [관계 관리] 목록을 확인
❷ [닫기] 버튼 클릭

빠른 작업을 위한 TIP

관계 연결선 삭제 방법

- 방법 1 : 관계 연결선을 우클릭하면 [관계 편집기]를 실행할 수 있는 [속성]과 [삭제]를 선택할 수 있다. 해당 위치에서 [삭제]를 클릭하여 [관계 관리] 창을 실행하지 않고 바로 삭제가 가능하다.
- 방법 2 : 관계 연결선을 클릭한 후 [Del] 키를 눌러 삭제할 수 있다. 관기 연결선을 선택하면 연결된 테이블에 검은 테두리가 표시되지만, 강조가 뚜렷하지 않다. 선택 후 [속성 창]에서 정보를 확인해 다른 관계가 삭제되지 않도록 주의해야 한다.

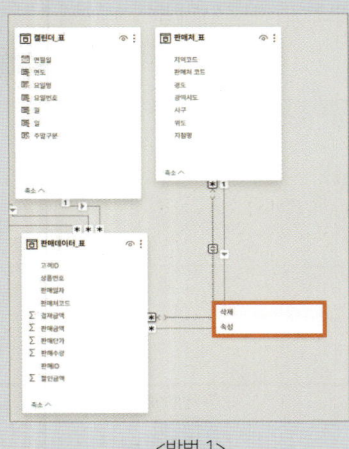
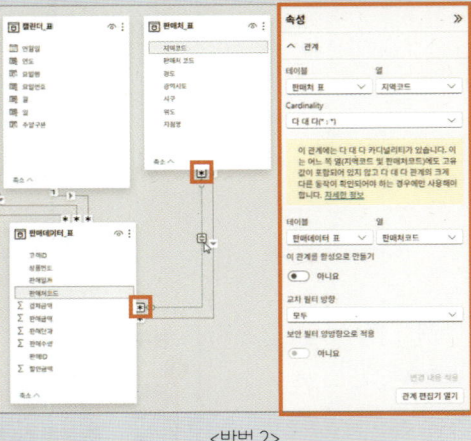

<방법 1>   <방법 2>

2) 관계 편집

> **출제유형 실습**   실습파일 : [이론실습_PART03_CHAP02_Sec01.pbix]
>
> 잘못 연결되어 있는 관계를 편집하시오.
> - <판매처_표> 테이블과 <판매데이터_표> 테이블의 [판매처코드] 필드 관계를 다음의 조건으로 편집
>   - 활용 필드 : <판매처_표> 테이블의 [판매처 코드] 필드, <판매데이터_표> 테이블의 [판매처 코드] 필드
>   - 기준(시작) 테이블 : <판매처_표> 테이블
>   - 카디널리티 : 일대다(1:*)
>   - 크로스 필터 방향 : 단일

(1) 편집 대상 관계 선택

❶ [모델 보기] 작업영역 선택
❷ [홈] 탭의 [관계 관리] 클릭

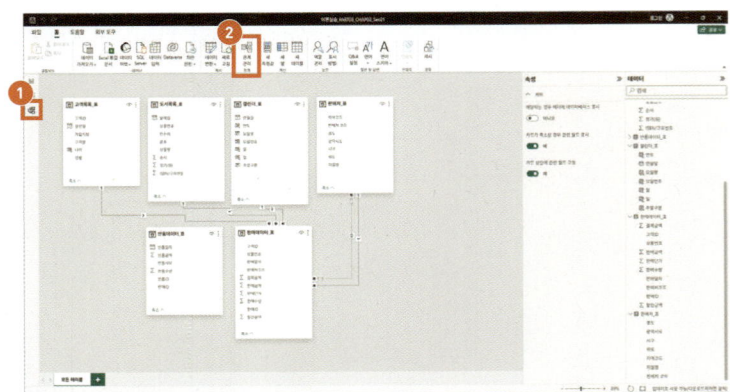

❸ 활성화된 [관계 관리] 창의 목록에서 편집할 관계를 선택
❹ [편집] 버튼 클릭

빠른 작업을 위한 TIP
관계 연결선을 더블 클릭하면 위의 과정 없이 [관계 편집기] 창이 열린다.

(2) 관계 설정 편집

❶ <판매처_표> 테이블의 [판매처 코드] 필드 선택
❷ <판매데이터_표> 테이블의 [판매처 코드] 필드 선택
❸ [카디널리티] 옵션을 '일대다(1:*)'로, [크로스 필터 방향]을 '단일(single)'로 선택
❹ [확인] 버튼 클릭

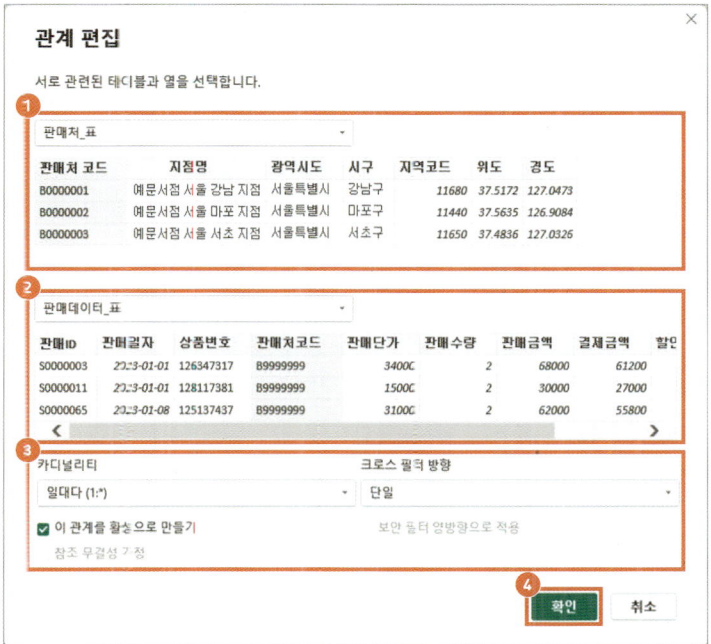

(3) 관계 편집 결과 확인

❶ 활성화된 [관계 관리] 창의 목록에서 편집된 관계를 확인
❷ [닫기] 버튼 클릭

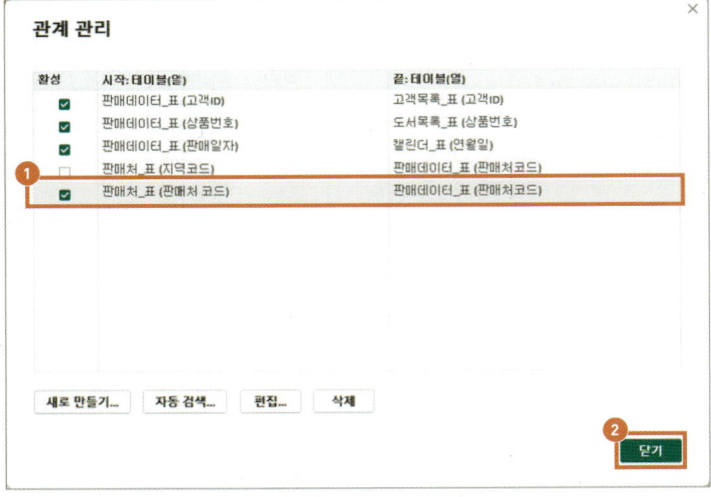

SECTION 02 관계 설정 옵션

Power BI에서 관계 설정 시 여러 옵션을 통해 테이블 간의 데이터 연관성을 정의할 수 있다. 카디널리티와 크로스 필터 방향은 관계의 작동 방식을 정의하는 중요한 설정이며, 활성 및 비활성 관계는 다중 관계가 존재하는 상황에서 특정 관계를 우선 적용하는 방법이다.
관계 설정 옵션은 [관계 편집기]와 관계 연결선을 선택한 후 [속성 창]에서 편집이 가능하다.

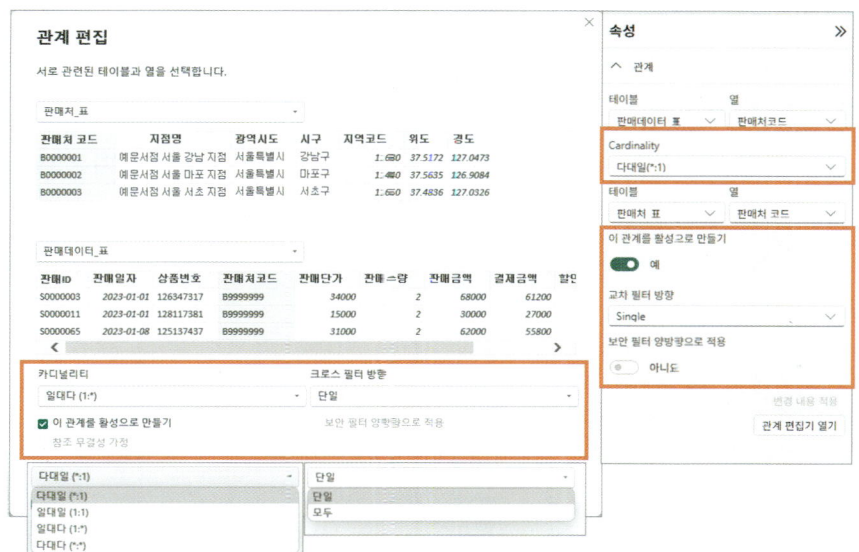

1 카디널리티

① 카디널리티(Cardinality)는 관계가 설정된 필드가 고유한 값인지, 중복된 값을 가진 데이터인지를 나타내는 속성이다.
② 이를 통해 두 테이블 간 필드의 데이터 구조를 확인할 수 있다. 관계 연결선에서 '1'은 고유한 값을, '*'는 중복된 값을 가진 데이터로 이해하면 된다.
③ Power BI에서는 주로 일대다(1:*) 또는 다대일(*:1) 카디널리티를 사용하며, 그 외의 옵션은 특별한 모델링 목적에 따라 사용된다.
④ 카디널리티의 종류

구분	설명	사용 예시
다대일 (*:1)	한 테이블의 중복된 값을 가진 필드가 다른 테이블의 고유한 값을 가진 필드와 연결된다.	• <판매데이터_표> 테이블의 [상품번호] 필드 [*] → [1] • <도서목록_표> 테이블의 [상품번호] 필드와 연결

구분	설명	사용 예시
일대다 (1:*)	• 테이블의 고유한 값을 가진 필드가 다른 테이블의 중복된 값을 가진 필드와 연결된다. • '일대다(1:*)'와 '다대일(*:1)'은 기준 테이블만 다를 뿐 동일한 관계이다.	• <도서목록_표> 테이블의 [상품번호] 필드 [1] → [*] • <판매데이터_표> 테이블의 [상품번호] 필드와 연결
일대일 (1:1)	한 테이블의 고유한 값을 가진 필드가 다른 테이블의 고유한 값을 가진 필드와 정확히 일치한다.	• <캘린더_표> 테이블의 [연월일] 필드 [1] ↔ [1] • <캘린더_표2> 테이블의 [연월일] 필드와 연결
다대다 (*:*)	• 중복된 값을 가진 두 테이블의 필드가 서로 연결된다. • 데이터가 상호 의존적일 때 사용되며, 다대다 관계는 성능에 영향을 미칠 수 있다.	• <도서목록_표> 테이블의 [상품번호] 필드 [*] → [*] • <판매데이터_표> 테이블의 [상품번호] 필드와 연결

2 크로스 필터 방향

① 크로스 필터 방향은 관계를 통해 테이블 간에 필터가 어떻게 전파되는지를 정의하는 설정이다.

② Power BI에서는 기본적으로 단일 방향 필터링이 설정되지만, 필요한 경우 양방향 필터링도 사용할 수 있다.

구분	설명
단일 (Single)	• 기본 설정으로, 한 테이블에서 다른 테이블로만 필터가 전달된다. • 단일(Single)은 가장 간단하고 성능에 최적화된 설정으로, 대부분의 관계에서 사용된다.
양방향 (Both)	• 필터가 양방향으로 전달되며, 두 테이블 간의 데이터가 상호 필터링 된다. • 이 옵션은 다대다 관계와 자주 함께 사용되며, 데이터 모델을 복잡하게 만들 수 있다. • 양방향(Both)은 더 복잡한 모델에서 필요하지만, 과도한 필터링으로 성능 문제가 발생할 수 있다.

> **알고 가기**
> • 관계 필드의 데이터 유형에 따라 선택할 수 있는 카디널리티와 크로스 필터 방향은 상이하다.
> • 일치하는 고유한 값을 가진 필드 간 관계를 설정할 경우, 기본적으로 '일대일(1:1)'로 설정되지만, 목적과 용도에 따라 다른 카디널리티로 선택이 가능하다.
> • 카디널리티가 '일대일(1:1)' 일 경우. 크로스 필터 방향은 '양방향(Both)'만 선택이 가능하다.

From 필드 데이터	To 필드 데이터	선택 가능한 카디널리티	선택 가능한 크로스 필터 방향
고유(Unique)	고유(Unique)	일대일(1:1)	양방향(Both)
		다대일(*:1), 일대다(1:)	단방향(Single), 양방향(Both)
고유(Unique)	중복(Duplicate)	다대일(*:1)	단방향(Single), 양방향(Both)
중복(Duplicate)	고유(Unique)	일대다(1:*)	단방향(Single), 양방향(Both)
중복(Duplicate)	중복(Duplicate)	다대다(*:*)	양방향(Both)

3 활성 및 비활성 관계

1) 활성 관계

① Power BI에서는 두 테이블 간 여러 관계를 설정할 수 있지만, 하나의 활성 관계만이 기본적으로 데이터 모델에서 사용된다.
② 활성 관계는 기본적으로 사용되며, 자동으로 데이터 필터링을 적용한다.

2) 비활성 관계

① 비활성 관계는 다중 관계가 필요한 경우, [USERELATIONSHIP] DAX 함수를 통해 특정 상황에서 활용할 수 있다.
② 비활성 관계는 사용자가 수동으로 제어해야 하며, 특정 상황에서만 필요하다. 여러 관계가 필요할 때 유용하지만 관리가 복잡할 수 있다.

3) 활성 및 비활성 관계 비교

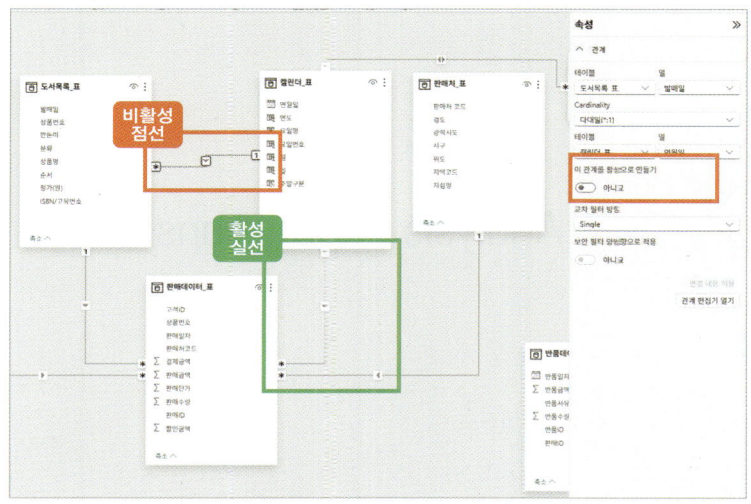

구분	설명
활성 관계	• Power BI는 한 쌍의 테이블 간에 단 하나의 활성 관계만 사용할 수 있으며, [모델 보기]에서 관계 연결선이 실선으로 표시된다. • 기본적으로 모든 분석과 필터링은 이 활성 관계를 기반으로 수행된다.
비활성 관계	• 활성 관계 외에도 테이블 간에 비 활성 관계를 추가할 수 있으며, [모델 보기]에서 관계 연결선이 점선으로 표시된다. • [USERELATIONSHIP] DAX 함수를 사용하여 비활성 관계를 일시적으로 활성화할 수 있다. • [USERELATIONSHIP] 함수를 사용하기 위해서는 테이블 간 기본 활성 관계와 비활성 관계가 모두 존재하는 다중 관계가 설정되어있어야 한다

PART 04

DAX (Data Analysis eXpressions)

DAX는 Excel의 함수와 유사하지만 더 복잡한 데이터 모델과 대규모 데이터를 다루기 위해 설계되었으며, 테이블 관계를 기반으로 다차원적 분석을 가능하게 한다. DAX를 통해 데이터의 집계, 필터링, 조건부 연산 등을 수행하여 단순한 수식 작성부터 복잡한 계산 모델링까지 다양한 분석 작업을 수행할 수 있다.

이 파트에서는 이러한 DAX의 기본 개념과 수식 구조를 익히는 것에서 출발하여, 실기 시험 출제 범위에 포함된 주요 함수들을 유형별로 정리하여 학습한다. 이후 자주 사용하는 함수 조합과 실습 문제를 통해 실전에서의 응용력을 기르고, DAX 수식의 최적화와 오류 해결 방법을 학습하여 실무에서도 효율적으로 데이터 분석과 보고서 작성 능력을 갖출 수 있도록 한다.

CHAPTER 01

DAX 기본 이해와 종류

 학습 Point

- DAX의 기본 개념 및 역할 이해하기
- Power BI에서 DAX가 수행하는 기능 학습
- DAX 수식의 기본 구문과 연산자 학습
- 행 컨텍스트와 필터 컨텍스트의 개념 학습
- 계산 열, 계산 테이블, 측정값의 개념과 활용 방법 이해하기

SECTION 01   DAX의 기본 이해
SECTION 02   DAX 수식의 종류

SECTION 01 DAX의 기본 이해

1 DAX(Data Analysis eXpressions)란?

① DAX는 Power BI와 같은 데이터 분석 도구에서 데이터 모델을 확장하고 분석하는 데 사용되는 함수 기반 언어이다.

② Power BI에서 DAX는 데이터 모델에서 계산 열, 측정값, 테이블 생성을 지원하며, 다양한 수학, 논리, 텍스트, 날짜 함수와 연산자를 통해 복잡한 데이터 분석을 가능하게 한다. 이를 통해 Power BI 사용자는 데이터를 요약하거나 필터링할 수 있을 뿐만 아니라, 다양한 조건부 연산을 통해 데이터의 연결성과 흐름을 반영하여 심층 분석이 가능하다.

③ DAX는 다음과 같은 기능을 통해 Power BI의 데이터 분석과 시각화를 강화한다.
- 계산 열 : 기존 데이터에 기반한 새로운 열을 생성하여 각 행 단위로 계산 결과를 저장
- 측정값 : 모델 내 집계된 요약 값을 계산하여, 보고서나 시각화에서 실시간으로 계산
- 필터 컨텍스트와 행 컨텍스트 : 다양한 컨텍스트에서 동적으로 계산을 수행하여 상황에 맞는 결과 반환

④ DAX의 핵심 개념 정리

구분	설명
정의	DAX는 Power BI, Excel 등 데이터 분석 도구에서 데이터 모델링과 계산을 위해 사용하는 함수 언어
주요 역할	데이터 집계, 필터링, 조건부 연산 기능을 제공하여 복잡한 다차원 분석을 수행할 수 있게 지원
핵심 기능	• 관계 활용 : 여러 테이블 간 관계를 통해 데이터의 연결성과 흐름을 반영 • 함수 및 연산자 제공 : 다양한 함수와 연산자를 통해 복잡한 계산과 집계 수행 • 계산 열 및 측정값 생성 : 기존 데이터를 기반으로 새로운 계산 열 또는 측정값 생성 가능 • 필터 및 컨텍스트 관리 : 필터와 컨텍스트로 동적이고 복잡한 데이터 분석을 지원

2 DAX 수식의 기본 구조

DAX 수식은 보통 측정값 이름 혹은 필드 이름에 수식을 대입하는 방식으로 작성된다. 수식 내에는 함수, 테이블/열 참조, 연산자 등이 포함되며, 특정 계산을 수행하거나 집계 값을 반환한다. 기본적인 단일 수식의 형식은 다음과 같다.

총 매출	=	SUM	(	'판매데이터'	[판매금액]	)
①	②	③		④	⑤	

구분	설명
① 수식명	작성하는 수식의 이름 - 계산 열, 계산 테이블, 측정값의 이름
② 등호(=)	수식의 시작
③ DAX함수	수식에 사용되는 DAX 함수
④ 참조 테이블명	수식에 사용되는 함수의 다개 변수인 참조 테이블명 - '테이블명' : 작은따옴표로 묶음
⑤ 참조 필드명	수식에 사용되는 함수의 다개 변수인 참조 필드명 - [필드명] : 대괄호로 묶음

※ 괄호( ) : DAX 함수의 시작과 끝을 정의하거나, 수식 내 연산 순서를 지정하는 데 사용됨

3 DAX 수식의 구성 요소

1) DAX 수식의 주요 구성 요소

구분	설명
수식명 (필드명 또는 측정값명)	• 계산 결과를 저장할 대상의 이름을 지정하는 부분이다. • 수식의 목적을 명확히 한다. - 총 매출, 평균 판매량 등 수식의 목적을 나타내는 측정값명, 필드명 등
DAX 함수	• 계산을 수행하는 함수이다 • DAX에서 특정 작업을 수행하는 주체 역할을 한다. - SUM, AVERAGE, CALCULATE, IF 등 집계, 조건 연산 등을 위한 함수 등
매개 변수 (식, 참조 인자 등)	• 함수에 전달되는 입력 값이다. • 대상 데이터 지정과 계산 조건 설정에 사용된다. 예 식(Expression) : 집계함수 등 단일 값을 반환하는 계산식 참조 인자 : 참조 테이블, 필드, 값 등 조건(필터) : 특정 데이터를 필터링하는 조건식
연산자	• 수식 내에서 값 비교(=, >, <, …), 산술 계산(+, -, *, /, …), 논리 연산(&&, ||), 텍스트 연결(&)을 수행하는 기호이다. • 수식의 흐름을 제어하며, 논리 및 조건 연산 함수의 조건절에 주로 사용된다.
함수별 옵션	• 특정 함수에 추가 옵션을 설정해 연산 방식을 제어하는 부분이다. • 연산의 세부적인 제어가 가능하다. • 함수별로 필요한 옵션이 상이하며, 옵션지정이 필요하지 않은 경우도 있다. 예 RANKX 함수 : 정렬 순서 옵션(DESC, ASC), 동률 처리 옵션(SKIP, DENSE) DIVIDE 함수 : 대체결과 옵션[0으로 나눌 때 기본값 설정(DIVIDE(10, 0, 1))]

2) 연산자

① DAX는 연산자를 사용하여 값을 비교하거나 산술 계산을 수행하고, 문자열을 다루는 식을 만든다.

② DAX 연산자는 수식 내에서 데이터를 조작하거나 조건을 설정하는 데 사용된다.
③ DAX 연산자는 산술, 비교, 텍스트 연결, 논리의 네 가지 유형으로 구성된다.
④ 이러한 연산자를 통해 다양한 조건과 계산을 구성하여 데이터를 필터링하거나 특정 조건에 따른 결과를 계산할 수 있다.
⑤ 유형별 연산자

유형	기호	설명	예시
산술 연산자	+	더하기	3 + 5 → 8
	-	빼기	10 - 2 → 8
	*	곱하기	2 * 4 → 8
	/	나누기	16 / 2 → 8
	^	지수(제곱)	2 ^ 3 → 8
비교 연산자	=	다음과 같음	[지역] = "서울"
	==	엄격한 같음	[서울] == "서울"
	>	보다 큼	[가격] > 20,000
	<	보다 작음	[가격] < 20,000
	>=	크거나 같음	[판매수량] >= 2
	<=	보다 작거나 같음	[판매수량] <= 1
	<>	같지 않음	[지역] <> "서울"
텍스트 연결 연산자	&	두 텍스트 문자열을 연결	"서울" & "특별시" → "서울특별시"
논리 연산자	&&	두 조건이 모두 참인지 확인 (AND)	[지역] = "서울" && [성별] = "여"
	||	두 조건 중 하나라도 참인지 확인 (OR)	[지역] = "서울" || [회원구분] <> "비회원"
	IN	값이 지정된 값 목록에 포함되는지 확인	[지역] IN {"서울", "부산"}
	NOT	조건이 참인지 아닌지 확인	NOT([상태] = "종료") → true/false
괄호 연산자	()	계산 순서를 지정	(3 + 2) * 4 → 20

> **알고 가기**
>
> 각 연산자별로 고유의 우선순위를 가지며, 기본적으로 수학의 연산 순서를 따른다. 이 우선순위는 복잡한 수식을 작성할 때 각 연산의 순서를 명확히 지정하여 원하는 결과를 얻는 데 매우 중요하다.
>
> - 괄호 연산자 () : 가장 높은 우선순위를 가지며, 수식 내에서 계산 순서를 명확하게 지정하는 데 사용된다.
> - 산술 연산자 : 제곱(^) → 곱셈(*)과 나눗셈(/) → 덧셈(+)과 뺄셈(-) 순으로 우선순위가 적용된다.
> - 비교 연산자 : 산술 연산이 완료된 후에 평가되며, 특정 조건을 비교하여 참(True) 또는 거짓(False)을 반환한다.
> - 논리 연산자 : 조건 결합을 수행하며, NOT이 가장 높은 우선순위를 가지며, 그 다음 &&(AND), ||(OR), IN 순으로 계산된다.
> - 텍스트 연결 연산자 & : 우선순위가 가장 낮으며, 다른 모든 연산이 완료된 후 마지막에 수행된다.

> **심화**
> "==(엄격한 같음)"을 제외한 모든 비교 연산자가 "BLANK(공백)" 값을 숫자 '0'으로 인식하여 연산을 수행한다. 하지만 "==" 연산자를 사용하는 경우, 열의 값이 "BLANK(공백)"일 때 "[필드명] == 0" 수식은 FALSE를 반환한다.

3) DAX 함수의 매개 변수

① DAX 함수는 "함수명(<필요매개 변수1>, <필요매개 변수2>, …)" 형태로 구성되며, 각 함수의 요소 인자는 매개 변수라고 불린다.
② 함수에 따라 필요한 매개 변수는 다르며, 다양한 매개 변수를 통해 데이터를 조작하고 특정 조건을 설정한다.
③ 자주 사용되는 매개 변수

요소	설명
<expression>	• 단일 값을 반환하는 DAX 식이다. • 각 행 또는 컨텍스트에 대해 여러 번 계산된다.
<value>	• 다른 모든 작업 전에 식을 정확히 한 번 계산할 단일 값을 반환하는 DAX 식이다. • 10진수, 정수, 날짜 및 시간 텍스트, 통화, 참/거짓 등 모든 데이터 형식을 사용할 수 있다. • 단일한 값을 반환해야 한다.
<Table>	• 데이터 테이블을 반환하는 DAX 식이다. • 여러 행을 포함한 테이블을 반환할 때 사용된다.
<tableName>	• DAX 식에서 참조 요소로 사용되는 기존 테이블의 이름이다. • 식 <expression>일 수 없다.
<columnName>	• DAX 식에서 참조 요소로 사용되는 기존 열의 이름이다. • 식 <expression>일 수 없다. • 주로 정규화된 형식을 따른다.
<name>	함수에서 생성되는 새 개체의 이름을 지정하는 문자열이다.
<Order>	• 정렬 순서를 결정하는 옵션 설정이다. • 오름차순(ASC) 또는 내림차순(DESC)으로 지정할 수 있다.
<ties>	• 동률 값을 처리하는 방식을 지정하는 옵션 설정이다. • SKIP과 Dense를 사용해 동률 값을 처리하는 방법을 결정한다.

SECTION 02 DAX 수식의 종류

1 DAX 수식의 종류와 특징

① Power BI에서 DAX 수식을 사용하여 계산 테이블, 계산 열(필드), 측정값의 세 가지 형식의 결과를 생성할 수 있다.
② 이 결과물들은 데이터 모델 내에서 저장 방식과 계산 시점이 달라, 각각의 용도와 특성에 영향을 미친다.
③ DAX 수식의 종류별 비교

구분	계산 테이블	계산 열	측정값
정의	DAX 수식을 사용하여 기존 테이블의 데이터를 변형하거나 결합하여 생성한 테이블이다.	기존 테이블에 새로운 열을 추가하여 각 행에 대해 수식을 적용한 결과를 저장하는 열이다.	데이터의 집계나 계산을 수행하여 동적으로 결과를 반환하는 수식이다.
특징	• 데이터 모델 내에서 새로운 테이블로 저장된다. • 다른 테이블과의 관계 설정이 가능하다.	• 각 행별로 수식이 평가되어 고정된 값이 생성된다. • 데이터 모델에 물리적으로 저장되며, 데이터가 변경되지 않는 한 값은 변하지 않는다.	• 필터 컨텍스트에 따라 값이 동적으로 변한다. • 데이터 모델에 물리적으로 저장되지 않으며, 필요할 때마다 계산된다.
용도	특정 조건을 만족하는 행만을 포함하는 필터링 된 테이블을 생성하거나, 요약된 데이터를 위한 테이블을 만들 때 주로 사용된다. 예 <월별 매출 요약>, <지역별 매출요약> 테이블 생성	각 행의 데이터를 변환하거나 추가 정보를 계산하여 테이블에 저장할 때 주로 사용된다. 예 [판매단가]와 [판매수량] 열을 기반으로 [판매금액] 열을 계산하여 추가	보고서나 시각화에서 필터나 슬라이서에 따라 동적으로 변하는 값을 계산할 때 사용된다. 예 [총 매출액]이나 [평균 판매량]과 같은 다양한 지표를 계산하는 데 사용
계산 시점	• 데이터 로드 또는 새로 고침 시 계산한다. • 데이터가 모델에 처음 로드되거나 새로 고침될 때 수식이 평가되어 결과가 저장된다.	• 데이터 로드 또는 새로 고침 시 계산한다. • 데이터가 모델에 처음 로드되거나 새로 고침될 때 수식이 평가되어 결과가 저장된다.	• 필터가 적용될 때마다 실시간으로 계산한다. • 사용자가 보고서에서 필터를 변경할 때마다 수식이 재평가되어 결과가 업데이트된다.

2 계산 테이블(Table)

① 계산 테이블은 DAX 수식으로 원하는 데이터를 생성하여 데이터 모델에 저장할 수 있는 데이터 집합이다.
② 테이블은 물리적으로 데이터가 저장되며, 주로 <달력 테이블>이나 모델 구성을 위한 <마스터 테이블>, <집계 요약 테이블>을 생성할 때 사용된다.
③ 생성방법 및 예시
- [모델링] 탭의 [새 테이블] 메뉴를 사용하여 테이블 수식을 작성할 수 있다.

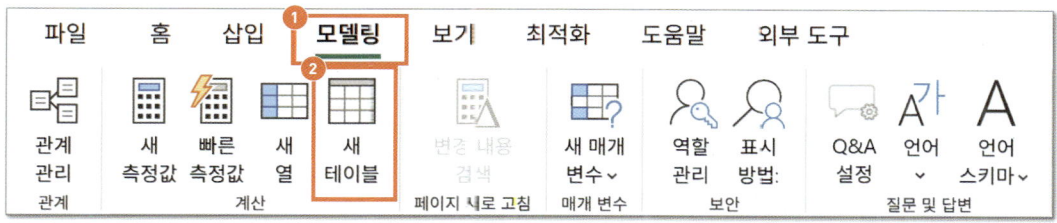

- 달력 및 로드된 데이터를 필터링하거나 그룹화하여 새로운 테이블을 생성할 때 사용한다.
  - 달력 테이블

```
#BI_DimDate =
ADDCOLUMNS(
 CALENDAR(DATE(2020, 1, 1), DATE(2025, 12, 31)),
 "연도", YEAR([Date]),
 "월", FORMAT([Date], "YYYY-MM"),
 "주중/주말", IF(WEEKDAY([Date], 2) <= 5, "주중", "주말")
)
```

  - 요약 테이블

```
#제품별판매요약 =
SUMMARIZE(
 '판매데이터',
 '판매데이터'[판매ID],
 "총 판매량", SUM('판매데이터'[판매수량])
)
```

※ "PART 03_CHAPTER 01_Section 02 - DAX 함수를 사용한 테이블 생성" 참고

3 계산 열(Field or Column)

① 계산 열은 기존의 테이블에 계산 값을 가진 열을 추가하는 DAX 수식이다.
② 필드는 각 행 단위로 계산되며, 물리적으로 데이터 모델에 저장된다.

③ 필드를 통해 참조 키를 생성하거나, 특정 텍스트나 숫자 데이터를 추출하여 열로 저장할 수 있다.

④ 생성방법 및 예시
- [모델링] 탭의 [새 열] 옵션을 사용하여 필드를 생성할 수 있다.

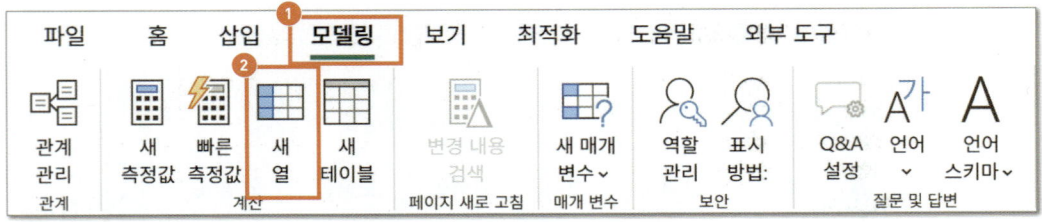

- 행 단위의 계산 혹은 문자열 데이터 필드가 필요한 경우 사용한다.
  - 텍스트 결합

    고객ID_고객명 = '고객목록'[고객ID] & "_" & '고객목록'[고객명]

  - 계산 필드

    할인율 = DIVIDE('판매데이터'[할인금액], '판매데이터'[판매금액], 0)

※ "PART 03_CHAPTER 01_Section 04 - [새 열] 메뉴를 사용한 신규 필드 생성" 참고

4 측정값(Measure)

① 측정값은 동적 계산식으로, 컨텍스트(계산되는 환경의 필터 조건)에 따라 계산 결과가 변하는 특징이 있다.

② 데이터 모델에 물리적으로 저장되지 않으며, 데이터를 실시간으로 계산하여 반환한다.

③ 또한, 측정값은 다른 측정값의 요소로 사용이 가능하다.

④ 생성방법 및 예시
- [모델링] 탭의 [새 측정값]과 [빠른 측정값] 메뉴를 사용하여 측정값을 생성할 수 있다.

[새 측정값]	[빠른 측정값]
- 사용자가 직접 DAX 수식을 작성하여 원하는 계산을 수행할 수 있는 기능이다. - 유연성과 자유도가 높아 사용자 정의 계산을 작성할 수 있다. - 복잡한 계산식이나 사용자 지정 함수를 포함할 수 있어 고급 데이터 분석까지 가능하다.	- Pcwer BI에서 미리 정의된 계산 템플릿을 제공하여, 사용자가 복잡한 DAX 수식 없이도 쉽게 측정값을 만들 수 있도록 돕는 기능이다. - 사용자에게 선택지만을 제공하며, 여러 수식을 자동으로 생성해주어 DAX에 대한 깊은 이해가 없어도 필요한 측정값을 쉽게 만들 수 있다. - 주로 간편한 집계, 날짜 계산, 비율 및 필터링 작업을 위한 빠른 설정에 적합하다. - 사용자가 정의한 변수를 기반으로 DAX 수식이 자동 생성되기 때문에, 맞춤형 계산보다는 템플릿에 기반한 단순 계산이 주를 이룬다.

- 시각화에서 필터나 슬라이서에 따라 동적으로 변하는 값이 필요할 경우 사용한다.
  - 집계성 측정값

  ```
  @판매금액 = SUM('판매데이터'[판매금액])
  @판매수량 = SUM('판매데이터'[판매수량])
  ```

  - 정보성 측정값

  ```
  @Today = TODAY()
  @데이터기준일 = "데이터 기준일 : " & FCRMAT(MAX('판매데이터'[판매일자]),"YYYY. MM. DD")
  ```

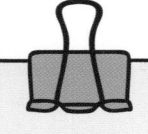

CHAPTER **02**

DAX 함수 출제 범위와 유형별 함수 정리

학습 Point

- 경영정보시각화 실기 시험의 DAX 함수 출제 범위 파악
- 유형별 함수의 기능과 목적 확인
- 유형별 함수의 사용 예시를 통해 기본 사용법과 응용방법 학습

SECTION 01   DAX 출제 범위 주요함수
SECTION 02   유형별 주요 DAX 함수

SECTION 01 DAX 출제 범위 주요함수

경영정보시각화 실기 시험 시행처에서 공개한 Power BI의 DAX와 관련된 출제 범위는 다음과 같다. 주로 기본적인 계산, 조건 판단, 텍스트 조작, 필터링, 날짜 계산과 관련된 DAX 함수 및 연산자, 변수를 활용해 데이터를 가공하고 분석하는 능력을 평가한다. 또한, 데이터를 효율적으로 쿼리하고 결과를 출력하는 DAX 쿼리 구문도 포함된다.

1 DAX 함수

구분	주요 함수
숫자/집계/통계 함수	ABS, DIVIDE, INT, ROUND, ROUNDDOWN, ROUNDUP
	AVERAGE, AVERAGEA, AVERAGEX, COUNT, COUNTA, COUNTAX, COUNTBLANK, COUNTROWS, COUNTX, DISTINCTCOUNT, DISTINCTCOUNTNOBLANK, MAX, MAXA, MAXX, MIN, MINA, MINX, PRODUCT, PRODUCTX, SUM, SUMX
	MEDIAN, RANKX
문자열 함수	CONCATENATE, CONCATENATEX, FIND, FORMAT, LEFT, LEN, LOWER, MID, REPLACE, RIGHT, SEARCH, SUBSTITUTE, TRIM, UPPER, VALUE
논리 함수	AND, IF, IFERROR, NOT, OR, SWITCH, TRUE
날짜 및 시간 함수	CALENDAR, CALENDARAUTO, DATE, DATEDIFF, DAY, EDATE, EOMONTH, HOUR, MINUTE, MONTH, NETWORKDAYS, NOW, TODAY, WEEKDAY, WEEKNUM, YEAR
	DATEADD, DATESBETWEEN, DATESINPERIOD, DATESMTD, DATESQTD, DATESYTD, FIRSTDATE, SAMEPERIODLASTYEAR, TOTALMTD, TOTALQTD, TOTALYTD
테이블 조작/계산 함수	ADDCOLUMNS, DISTINCT, GROUPBY, RELATED, RELATEDTABLE, ROW, SUMMARIZE, SUMMARIZECOLUMNS, TOPN, UNION, VALUES
필터 함수	ALL, ALLEXCEPT, ALLSELECTED, CALCULATE, FILTER, KEEPFILTERS, RANK, REMOVEFILTERS, SELECTEDVALUE
기타 함수	FV, IPMT, NPER, PMT, PPMT, PV, RATE
	HASONEFILTER, ISBLANK, ISERROR, ISFILTERED, ISNUMBER

2 DAX 연산자

구분	종류 (기호)	비고
산술 연산	+, -, *, /, ^	덧셈, 뺄셈, 곱셈, 나눗셈, 제곱
비교 연산	=, ==, >, <, >=, <=, <>	비교 연산을 수행
텍스트 연결 연산	&	두 문자열을 연결
논리 연산	&&(AND), ||(OR), IN, NOT	논리 및 조건 연산을 수행
괄호 연산	()	수식의 계산 순서를 지정

3 DAX 변수

구분	종류	비고
DAX 변수	VAR, RETURN	변수를 선언하고 반환하는 구문

4 DAX 쿼리

구분	종류 (기호)	비고
DAX 쿼리	EVALUATE, ORDER BY, START AT, DEFINE, MEASURE, VAR, TABLE, COLUMN	DAX 쿼리를 작성할 때 사용하는 키워드

SECTION 02 유형별 주요 DAX 함수

경영정보시각화 실기 시험의 DAX 함수 출제 범위에는 숫자 연산, 집계, 통계, 문자열 조작, 논리 판단, 날짜 계산 등 실무에서 자주 사용되는 DAX 함수들이 다양하게 포함되어 있다. 기본적으로 각 함수의 구문과 사용법을 충분히 이해하고, 자주 함께 사용하는 함수 조합을 익혀 빠르게 수식을 작성할 수 있도록 준비하는 것이 중요하다. 함수 구문에서 <매개 변수>는 필수 항목이며, [<매개 변수>]는 선택적으로 생략할 수 있다.

1 숫자/집계/통계 함수

1) 숫자 함수(수학 및 삼각함수)

숫자 값을 절댓값, 반올림, 나눗셈 등 다양한 방식으로 계산하고 조정하는 데 사용된다. MS 공식 문서에서는 숫자 함수가 아닌 수학 및 삼각함수로 분류되어 있다.

함수 구문	설명
ABS (<number>)	• 지정된 숫자의 절댓값을 반환(양수로 변환) • 구문 : ABS(<대상 숫자>) • 결과 : 단일 정수 또는 실수 반환(예 -1, 0, 1, 1.5, 2, …) • 예시 : [절댓값] = ABS('판매데이터'[판매금액]) → 판매금액 값의 절댓값 반환
DIVIDE (<numerator>, <denominator>, [<alternateResult>])	• 두 수를 나누고, 분모가 0일 경우 지정된 기본값을 반환 • 구문 : DIVIDE(<분자>, <분모>, [<예외처리 값>]) • 결과 : 단일 정수 또는 실수 반환(예 -1, 0, 1, 1.5, 2, …) • 예시 : [평균 판매가] = DIVIDE(SUM('판매데이터'[판매금액]), COUNT('판매데이터'[판매건수]), 0) → 총 매출을 판매건수로 나눈 값 반환(분모가 0일 경우 0 반환)
INT (<number>)	• 지정된 숫자의 소수점을 버리고 정수 부분만 반환 • 구문 : INT(<대상 숫자>) • 결과 : 단일 정수 반환(예 -1, 0, 1, 2, …) • 예시 : [정수 판매량] = INT('판매데이터'[판매량]) → 판매량 필드의 정수 부분 반환
ROUND (<number>, <num_digits>)	• 지정된 자리에서 반올림하여 값을 반환 • 구문 : ROUND(<값>, <반올림 자리>) • 결과 : 단일 정수 또는 실수 반환(예 -1, 0, 1, 1.5, 2, …) • 예시 : [반올림 판매금액] = ROUND('판매데이터'[판매금액], 2) → 판매금액을 소수점 이하 2자리에서 반올림

함수 구문	설명
ROUNDDOWN (<number>, <num_digits>)	• 지정된 자리에서 내림하여 값을 반환 • 구문 : ROUNDDOWN(<값>, <내림 자리>) • 결과 : 단일 정수 또는 실수 반환(예 -1, 0, 1, 1.5, 2, …) • 예시 : [내림 평균판매금액] = ROUNDDOWN(AVERAGE('판매데이터'[판매금액]), -1) → 평균판매금액을 10의 자리에서 내림
ROUNDUP (<number>, <num_digits>)	• 지정된 자리에서 올림하여 값을 반환 • 구문 : ROUNDUP(<값>, <올림 자리>) • 결과 : 단일 정수 또는 실수 반환(예 -1, 0, 1, 1.5, 2, …) • 예시 : [올림 평균판매금액] = ROUNDUP(AVERAGE('판매데이터'[판매금액]), 1) → 평균판매금액을 소수점 1자리에서 올림

2) 집계 함수

데이터의 열 또는 테이블의 모든 행에 대한 개수, 합계, 평균, 최소값 또는 최대값과 같은 단일 값을 계산하는 데 사용된다.

함수 구문	설명
AVERAGE (<column>)	• 열에 있는 모든 숫자의 평균을 반환 • 구문 : AVERAGE(<평균 대상 열>) • 결과 : 단일 정수 또는 실수 반환(예 -1, 0, 1, 1.5, 2, …) • 예시 : [평균 판매금액] = AVERAGE('판매데이터'[판매금액]) → 판매데이터의 판매금액 평균값 반환
AVERAGEA (<column>)	• 열에 있는 값의 평균을 반환(TRUE/FALSE는 1/0으로 계산됨) • 구문 : AVERAGEA(<평균 대상 열>) • 결과 : 단일 정수 또는 실수 반환(예 -1, 0, 1, 1.5, 2, …) • 예시 : [평균 주문 수량] = AVERAGEA('주문데이터'[수량]) → TRUE/FALSE 포함 수량 평균
AVERAGEX (<table>, <expression>)	• 테이블의 각 행에 대해 계산된 식의 평균을 반환 • 구문 : AVERAGEX(<테이블>, <식>) • 결과 : 단일 정수 또는 실수 반환(예 -1, 0, 1, 1.5, 2, …) • 예시 : [평균 매출] = AVERAGEX('판매데이터', '판매데이터'[수량] * '판매데이터'[단가]) → 수량과 단가의 평균
COUNT (<column>)	• 비어 있지 않은 값이 포함된 지정된 열의 행 수를 계산 • 구문 : COUNT(<대상 열>) • 결과 : 단일 정수 반환(예 -1, 0 1, 2, …) • 예시 : [총 주문 건수] = COUNT('주문데이터'[주문ID]) → 주문ID가 있는 행 개수 반환
COUNTA (<column>)	• 비어 있지 않은 모든 값이 포함된 열의 행 수를 계산 • 구문 : COUNTA(<대상 열>) • 결과 : 단일 정수 반환(예 -1, 0 1, 2, …) • 예시 : [총 판매 건수] = COUNTA('판매데이터'[판매금액]) → 판매금액 필드 전체 개수 반환

함수	설명
COUNTAX (<table>, <expression>)	• 테이블의 각 행에 대해 계산된 식 결과에서 비어 있지 않은 값의 수를 계산 • 구문 : COUNTAX(<테이블>, <식>) • 결과 : 단일 정수 반환(예 -1, 0, 1, 2, …) • 예시 : [조건 주문 건수] = COUNTAX('주문데이터', '주문데이터'[수량] > 10) → 수량이 10보다 큰 주문 개수
COUNTBLANK (<column>)	• 열의 빈 셀 수를 계산 • 구문 : COUNTBLANK(<대상 열>) • 결과 : 단일 정수 반환(예 -1, 0, 1, 2, …) • 예시 : [빈 주문 수량] = COUNTBLANK('주문데이터'[수량]) → 수량 필드의 빈값 개수 반환
COUNTROWS (<table>)	• 지정된 테이블의 총 행 개수를 계산 • 구문 : COUNTROWS(<대상 테이블>) • 결과 : 단일 정수 반환(예 -1, 0, 1, 2, …) • 예시 : [총 제품 수] = COUNTROWS('제품데이터') → 제품데이터 테이블의 총 행 수 반환
COUNTX (<table>, <expression>)	• 테이블의 각 행에 대해 계산된 식 결과에서 숫자 또는 숫자로 계산되는 값의 수를 계산 • 구문 : COUNTX(<테이블>, <식>) • 결과 : 단일 정수 반환(예 -1, 0, 1, 2, …) • 예시 : [조건 제품 수] = COUNTX('제품데이터', '제품데이터'[재고] > 0) → 재고가 있는 제품 개수
DISTINCTCOUNT (<column>)	• 열의 고윳값 수를 계산 • 구문 : DISTINCTCOUNT(<대상 열>) • 결과 : 단일 정수 반환(예 -1, 0, 1, 2, …) • 예시 : [고유 고객 수] = DISTINCTCOUNT('고객데이터'[고객ID]) → 고유 고객ID 수 반환
DISTINCTCOUNTNOBLANK (<column>)	• 중복과 빈값을 제외한 고윳값 수를 계산 • 구문 : DISTINCTCOUNTNOBLANK(<대상 열>) • 결과 : 단일 정수 반환(예 -1, 0, 1, 2, …) • 예시 : [고유 고객 수] = DISTINCTCOUNTNOBLANK('고객데이터'[고객ID]) → 빈값 제외 고유 고객 수 반환
MAX (<column>)	• 열에서 최대값을 반환(숫자, 날짜, 텍스트 포함) • 구문 : MAX(<대상 열>) • 결과 : 단일 값 반환, 숫자 또는 텍스트 가능(예 -5, 0, 10, "Z", …) • 예시 : [최고 매출액] = MAX('판매데이터'[판매금액]) → 판매금액 필드의 최대값 반환
MAXA (<column>)	• 열에서 가장 큰 값을 반환(텍스트 및 논리값 포함) • 구문 : MAXA(<대상 열>) • 결과 : 단일 값 반환, 숫자 또는 텍스트 가능(예 -10, 1, "최대값", …) • 예시 : [최고 주문 수량] = MAXA('주문데이터'[수량]) → TRUE/FALSE 포함 최대값 반환

함수	설명
MAXX(<table>, <expression>)	• 각 행에 대한 계산식 결과 중 최대값을 반환 • 구문 : MAXX(<테이블>, <식>) • 결과 : 단일 정수 또는 실수 반환(예 -1, 0, 1, 1.5, 2, …) • 예시 : [최대 금액] = MAXX('판매데이터', '판매데이터'[수량] * '판매데이터'[단가]) → 수량과 단가 곱의 최대값 반환
MIN(<column>)	• 지정된 열의 가장 작은 값을 반환(숫자 및 텍스트 포함) • 구문 : MIN(<대상 열>) • 결과 : 단일 값 반환, 숫자 또는 텍스트 가능(예 -10, 0, "A", …) • 예시 : [최저 판매량] = MIN('판매데이터'[판매량]) → 판매량 필드에서 최소값 반환
MINA(<column>)	• 지정된 열의 가장 작은 값을 반환(숫자, 텍스트, 논리값 포함) • 구문 : MINA(<대상 열>) • 결과 : 단일 값 반환, 숫자 또는 텍스트 가능(예 -5, 0 FALSE, …) • 예시 : [최소값] = MINA('판매데이터'[판매량]) → 텍스트와 논리 값 포함 최소값 반환
MINX(<table>, <expression>)	• 테이블의 각 행에 대해 계산된 식에서 최소값을 반환 • 구문 : MINX(<테이블>, <식>) • 결과 : 단일 정수 또는 실수 반환(예 -1, 0, 1, 1.5, 2, …) • 예시 : [최소 금액] = MINX('판매데이터', '판매데이터'[수량] * '판매데이터'[단가]) → 수량과 단가 곱의 최소값 반환
PRODUCT(<column>)	• 지정된 열의 모든 숫자의 곱을 반환 • 구문 : PRODUCT(<대상 열>) • 결과 : 단일 정수 또는 실수 반환(예 -1, 0, 1, 1.5, 2, ‥) • 예시 : [판매량 전체 곱셈] = PRODUCT('판매데이터'[판매량]) → 판매량 필드의 모든 값의 곱 반환
PRODUCTX(<table>, <expression>)	• 각 행의 계산식 결과를 곱하여 반환 • 구문 : PRODUCTX(<테이블>, <식>) • 결과 : 단일 정수 또는 실수 반환(예 -1, 0, 1, 1.5, 2, ‥) • 예시 : [총 매출 곱] = PRODUCTX('판매데이터', '판매데이터'[수량] * '판매데이터'[단가]) → 수량과 단가 곱의 전체 곱 반환
SUM(<column>)	• 지정된 열에 있는 모든 숫자의 합계를 구함 • 구문 : SUM(<합계 대상 열>) • 결과 : 단일 정수 또는 실수 반환(예 -1, 0, 1, 1.5, 2, ‥) • 예시 : [총 매출] = SUM('판매데이터'[판매금액]) → 판매데이터 테이블의 판매금액 필드 합계 반환
SUMX(<table>, <expression>)	• 테이블의 각 행에 대해 계산된 식의 합계를 구함 • 구문 : SUMX(<테이블>, <식>) • 결과 : 단일 정수 또는 실수 반환(예 -1, 0, 1, 1.5, 2, …) • 예시 : [총 매출 금액] = SUMX('판매데이터', '판매데이터'[수량] * '판매데이터'[단가]) → 각 행의 수량과 단가 곱의 합계 반환

3) 통계 함수

중앙값, 순위 등의 통계적 계산을 통해 데이터의 분포와 순위를 파악하는 데 사용한다.

함수 구문	설명
MEDIAN (<column>)	• 지정된 열의 중앙값을 반환 • 구문 : MEDIAN(<대상 열>) • 결과 : 단일 정수 또는 실수 반환(예 -1, 0, 1, 1.5, 2, …) • 예시 : [중앙값 판매금액] = MEDIAN('판매데이터'[판매금액]) → 판매데이터의 판매금액 중앙값을 반환

RANKX
(<table>,
<expression>,
[<value>],
[<order>], [<ties>])
	• 테이블의 각 행에 대해 계산된 식을 평가하여 순위를 반환
	• 구문 : RANKX(<테이블>, <식>, [<값>], [<정렬 순서>], [<동점 처리>])
	• 결과 : 단일 정수 반환(예 1, 2, 3, 4, …)
	• 옵션 : 정렬 순서와 동점 처리를 선택할 수 있음
	  - 정렬 순서 : ASC (오름차순) 또는 DESC (내림차순) 설정 가능
	  - 동점 처리
	    SKIP : 동점 시 공동순위, 이후 건너뜀(2위가 2개일 경우 2, 2, 4, 5위로 표시)
	    DENSE : 동점 시 공동순위, 이후 순위를 연속으로 부여(2위가 2개일 경우 2, 2, 3위로 표시)
	• 예시 : [판매 순위] = RANKX(ALL('판매데이터'), '판매데이터'[판매금액], , DESC, DENSE) → 판매금액 기준 내림차순으로 순위를 계산하고 동점 시 연속된 순위(DENSE) 적용

2 문자열 함수

텍스트 데이터를 연결하거나 특정 문자열을 추출 및 대체하여 텍스트 정보를 다루기 위한 함수로, 데이터 필드 내 텍스트 처리를 최적화한다.

함수 구문	설명
CONCATENATE (<text1>, <text2>)	• 두 텍스트 문자열을 결합하여 하나의 문자열로 반환 • 구문 : CONCATENATE(<텍스트1>, <텍스트2>) • 결과 : 단일 문자열 반환(예 "서울지점판매") • 예시 : [전체 주소] = CONCATENATE('고객정보'[시], '고객정보'[구]) → '고객정보' 테이블의 [시]와 [구] 필드를 결합하여 주소 반환
CONCATENATEX (<table>, <expression>, [<delimiter>])	• 테이블의 각 행에 대해 식을 평가하고 결과를 구분자로 연결 • 구문 : CONCATENATEX(<테이블>, <식>, [<구분자>]) • 결과 : 단일 문자열 반환(예 "사과, 배, 포도") • 예시 : [상품 목록] = CONCATENATEX('상품', '상품'[상품명], ", ") → 상품 테이블의 상품명을 쉼표로 구분하여 결합

함수	설명
FIND (<find_text>, <within_text>, [<start_num>])	• 지정된 텍스트에서 찾고자 하는 문자열의 시작 위치를 반환 • 구문 : FIND(<찾을 문자열>, <대상 문자열>, [<시작 위치>]) • 결과 : 단일 정수 반환(예 1, 2, 3, …) • 예시 : [문자 위치] = FIND("고객", '고객정보'[고객이름], 1) → 고객이름에서 "고객"의 시작 위치 반환
FORMAT (<value>, <format_string>)	• 숫자 또는 날짜 값을 지정된 형식으로 문자열로 변환 • 구문 : FORMAT(<값>, <형식 문자열>) • 결과 : 단일 문자열 반환(예 "1,000", "2023-01-01") • 예시 : [주문 날짜] = FORMAT('주문내역'[주문일자], "YYYY-MM-DD") → 주문일자를 "YYYY-MM-DD" 형식으로 반환
LEFT (<text>, <num_chars>)	• 지정된 텍스트 문자열에서 왼쪽부터 지정한 개수만큼의 문자를 반환 • 구문 : LEFT(<텍스트>, <문자 개수>) • 결과 : 단일 문자열 반환(예 "서울") • 예시 : [고객 코드] = LEFT('고객정보'[고객ID], 2) → 고객ID의 왼쪽 2자리 반환
LEN (<text>)	• 지정된 텍스트 문자열의 문자 개수를 반환 • 구문 : LEN(<텍스트>) • 결과 : 단일 정수 반환(예 1, 2, 3, …) • 예시 : [이름 길이] = LEN('고객정보'[고객이름]) → 고객이름의 문자 개수 반환
LOWER (<text>)	• 지정된 텍스트 문자열을 모두 소문자로 변환하여 반환 • 구문 : LOWER(<텍스트>) • 결과 : 단일 문자열 반환(예 "seoul") • 예시 : [소문자 지역] = LOWER('고객정보'[시]) → 지역 이름을 소문자로 변환하여 반환
MID (<text>, <start_num>, <num_chars>)	• 지정된 텍스트 문자열에서 시작 위치부터 지정한 개수만큼의 문자를 반환 • 구문 : MID(<텍스트>, <시작 위치>, <문자 개수>) • 결과 : 단일 문자열 반환(예 "ㅅ초") • 예시 : [중간 문자] = MID('고객정보'[구], 2, 2) → 구 필드에서 2번째 위치부터 2글자 반환
REPLACE (<old_text>, <start_num>, <num_chars>, <new_text>)	• 지정된 텍스트에서 일부 문자를 새 문자열로 대체하여 반환 • 구문 : REPLACE(<기존 텍스트>, <시작 위치>, <문자 개수>, <새 텍스트>) • 결과 : 단일 문자열 반환(예 "ㅅ울특별시") • 예시 : [변경된 주소] = REPLACE('고객정보'[시], 1, 2, "서울") → 주소 필드의 첫 두 글자를 "서울"로 대체
RIGHT (<text>, <num_chars>)	• 지정된 텍스트 문자열에서 오른쪽부터 지정한 개수만큼의 문자를 반환 • 구문 : RIGHT(<텍스트>, <문자 개수>) • 결과 : 단일 문자열 반환(예 "동") • 예시 : [마지막 문자] = RIGHT('고객정보'[구], 1) → 구 필드의 오른쪽 마지막 글자 반환

함수 구문	설명
SEARCH (<find_text>, <within_text>, [<start_num>])	• 지정된 텍스트에서 찾고자 하는 문자열의 시작 위치를 반환 • 구문 : SEARCH(<찾을 문자열>, <대상 문자열>, [<시작 위치>]) • 결과 : 단일 정수 반환(예 1, 2, 3, …) • 예시 : [문자 위치] = SEARCH("고객", '고객정보'[고객이름], 1) → 고객 이름에서 "고객"의 시작 위치 반환
SUBSTITUTE (<text>, <old_text>, <new_text>, [<instance_num>])	• 지정된 텍스트에서 특정 문자열을 다른 문자열로 대체하여 반환 • 구문 : SUBSTITUTE(<텍스트>, <기존 문자열>, <새 문자열>, [<대체 인스턴스>]) • 결과 : 단일 문자열 반환(예 "서울특별시") • 예시 : [대체된 지역] = SUBSTITUTE('고객정보'[시], "서울", "서울특별시", 1) → "서울"을 "서울특별시"로 대체하여 반환
TRIM (<text>)	• 지정된 텍스트 문자열에서 앞뒤 공백을 제거하여 반환 • 구문 : TRIM(<텍스트>) • 결과 : 단일 문자열 반환(예 "고객명") • 예시 : [정리된 이름] = TRIM('고객정보'[고객이름]) → 고객이름의 앞뒤 공백 제거
UPPER (<text>)	• 지정된 텍스트 문자열을 모두 대문자로 변환하여 반환 • 구문 : UPPER(<텍스트>) • 결과 : 단일 문자열 반환(예 "SEOUL") • 예시 : [대문자 지역] = UPPER('고객정보'[시]) → 지역 이름을 대문자로 변환하여 반환
VALUE (<text>)	• 텍스트 형식의 숫자를 숫자 값으로 변환하여 반환 • 구문 : VALUE(<텍스트>) • 결과 : 단일 정수 또는 실수 반환(예 -1, 0, 1, 1.5, 2, …) • 예시 : [숫자 값] = VALUE("1,000") → "1,000" 문자열을 숫자 1,000으로 변환하여 반환

3 논리 함수

특정 조건에 따라 TRUE 또는 FALSE 값을 반환하거나 여러 조건을 결합하여 논리적 결과를 도출하는 함수로, 조건부 필터링에 주로 사용된다.

함수 구문	설명
AND (<logical1>, <logical2>, …)	• 모든 조건이 TRUE일 때 TRUE 반환 • 구문 : AND(<조건1>, <조건2>, …) • 결과 : 단일 논리값 반환(예 TRUE, FALSE) • 예시 : [고객 상태] = AND('고객정보'[나이] >= 20, '고객정보'[회원 등급] = "VIP") → 나이가 20 이상이고, 회원 등급이 "VIP"인 경우 TRUE 반환

함수	설명
IF (<logical_test>, <value_if_true>, <value_if_false>)	• 조건이 TRUE일 때 지정된 값을 반환하고, FALSE일 때 다른 값을 반환 • 구문 : IF(<조건>, <TRUE일 때 값>, <FALSE일 때 값>) • 결과 : 단일 값 반환 (TRUE/FALSE 또는 텍스트 등) • 예시 : [할인 적용] = IF('주문내역'[수량] > 10, "할인 적용", "할인 없음") → 수량이 10보다 많으면 "할인 적용", 아니면 "할인 없음" 반환
IFERROR (<value>, <value_if_error>)	• 계산 결과가 오류일 경우 대체값을 반환 • 구문 : IFERROR(<값>, <오류 시 반환 값>) • 결과 : 단일 값 반환 • 예시 : [안전한 나누기] = IFERROR('판매데이터'[판매금액] / '판매데이터'[수량], 0) → 수량이 0인 경우 오류 대신 0을 반환
NOT (<logical>)	• 지정된 논리 조건의 반대 값을 반환(TRUE → FALSE, FALSE → TRUE) • 구문 : NOT(<조건>) • 결과 : 단일 논리값 반환(예 TRUE, FALSE) • 예시 : [VIP 아님] = NOT('고객정보'[회원 등급] = "VIP") → 회원 등급이 "VIP"가 아닌 경우 TRUE 반환
OR (<logical1>, <logical2>, …)	• 하나 이상의 조건이 TRUE일 때 TRUE 반환 • 구문 : OR(<조건1>, <조건2>, …) • 결과 : 단일 논리값 반환(예 TRUE, FALSE) • 예시 : [특별 상태] = OR('고객정보'[회원 등급] = "VIP", '고객정보'[포인트] > 1,000) → 회원 등급이 "VIP"이거나 포인트가 1,000 초과 시 TRUE 반환
SWITCH (<expression>, <value1>, <result1>, …, <else>)	• 지정된 값에 따라 여러 결과 중 하나를 반환 • 구문 : SWITCH(<식>, <값1>, <결과1>, …, <기타 값>) • 결과 : 단일 값 반환 • 예시 : [배송 상태] = SWITCH(주문내역'[상태], "발송", "배송 중", "취소", "취소됨", "기타") → 상태에 따라 "배송 중", "취소됨" 등 반환
TRUE ()	• 항상 TRUE를 반환 • 구문 : TRUE() • 결과 : 단일 TRUE 값 반환 • 예시 : [항상 참] = TRUE() → 항상 TRUE 반환

4 날짜 및 시간 함수

1) 날짜 및 시간 함수

날짜와 시간 관련 연산을 수행하며, 특정 날짜 값이나 요일, 월, 연도 등 날짜의 구성 요소 및 시간의 구성요소를 추출하는 데 사용한다.

함수 구문	설명
CALENDAR (<start_date>, <end_date>)	• 지정된 시작 날짜와 종료 날짜 사이의 날짜 테이블을 생성 • 구문 : CALENDAR(<시작 날짜>, <종료 날짜>) • 결과 : 날짜 테이블 반환 • 예시 : CALENDAR(DATE(2023, 1, 1), DATE(2023, 12, 31)) → 2023년 전체 날짜 테이블 반환
CALENDARAUTO ([<fiscal_year_end>])	• 모델에 사용된 데이터 범위를 기준으로 연속 날짜 테이블을 자동 생성 • 구문 : CALENDARAUTO([회계 연도 종료일]) • 결과 : 날짜 테이블 반환 • 예시 : CALENDARAUTO() → 데이터 범위에 따라 자동 생성된 날짜 테이블 반환
DATE (<year>, <month>, <day>)	• 지정된 연도, 월, 일로 날짜를 생성 • 구문 : DATE(<연도>, <월>, <일>) • 결과 : 단일 날짜 반환(예 2023-01-01) • 예시 : DATE(2023, 1, 1) → 2023년 1월 1일 반환

DATEDIFF (<start_date>, <end_date>, <interval>)	• 두 날짜 간의 차이를 지정된 단위(일, 월, 연도)로 반환
	• 구문 : DATEDIFF(<시작 날짜>, <종료 날짜>, <간격>)
	• 결과 : 단일 정수 반환(예 -1, 0, 1, 2, …)
	• 옵션 : <interval>
	  - "DAY"(일)
	  - "MONTH"(월)
	  - "YEAR"(연도) 중 선택 가능
	• 예시 : DATEDIFF(DATE(2023, 1, 1), DATE(2023, 12, 31), "MONTH") → 두 날짜 사이의 월 수 차이 반환

DAY (<date>)	• 지정된 날짜의 일을 반환 • 구문 : DAY(<날짜>) • 결과 : 단일 정수 반환(예 1, 2, 3, …) • 예시 : DAY(DATE(2023, 5, 15)) → 15 반환
EDATE (<start_date>, <months>)	• 지정된 시작 날짜로부터 특정 개월 후의 날짜를 반환 • 구문 : EDATE(<시작 날짜>, <개월 수>) • 결과 : 단일 날짜 반환(예 2023-02-01) • 예시 : EDATE(DATE(2023, 1, 1), 1) → 2023년 2월 1일 반환
EOMONTH (<start_date>, <months>)	• 지정된 시작 날짜에서 특정 개월 후의 월 말일을 반환 • 구문 : EOMONTH(<시작 날짜>, <개월 수>) • 결과 : 단일 날짜 반환(예 2023-01-31) • 예시 : EOMONTH(DATE(2023, 1, 1), 1) → 2023년 2월 말일 반환
HOUR (<date>)	• 지정된 날짜의 시간을 반환 • 구문 : HOUR(<날짜>) • 결과 : 단일 정수 반환(예 0, 1, 2, …) • 예시 : HOUR(TIME(12, 0, 0)) → 12 반환

함수	설명
MINUTE (<date>)	• 지정된 날짜의 분을 반환 • 구문 : MINUTE(<날짜>) • 결과 : 단일 정수 반환(예 0, 1, 2, …) • 예시 : MINUTE(TIME(12, 30, 0)) → 30 반환
NOW ()	• 현재 날짜와 시간을 반환 • 구문 : NOW() • 결과 : 단일 날짜/시간 반환(예 2023-01-01 12:00:00) • 예시 : NOW() → 현재 날짜와 시간 반환
MONTH (<date>)	• 날짜에서 월(month) 값을 반환 • 구문 : MONTH(<날짜>) • 결과 : 단일 정수 반환(예 1, 12) • 예시 : MONTH(DATE(2023, 1, 15)) → 1 반환(1월)
NETWORKDAYS (<start_date>, <end_date>, [<weekend>, <holidays>])	• 두 날짜 사이의 작업일 수를 반환 • 구문 : NETWORKDAYS(<시작 날짜>, <종료 날짜>, [<주말 설정>, <공휴일>]) • 결과 : 단일 정수 반환(예 1, 2, 3, …) • 예시 : NETWORKDAYS(DATE(2023, 1, 1), DATE(2023, 12, 31)) → 두 날짜 사이의 작업일 수 반환
TODAY ()	• 현재 날짜를 반환(시간 정보는 포함되지 않음) • 구문 : TODAY() • 결과 : 단일 날짜 반환(예 2023-01-01) • 예시 : TODAY() → 현재 날짜 반환
WEEKDAY (<date>, [<return_type>])	• 지정된 날짜의 요일을 반환 • 구문 : WEEKDAY(<날짜>, [<반환 유형>]) • 결과 : 단일 정수 반환(예 1, 7) • 옵션 : 반환 유형 - 1(기본값) : 일요일을 1로 반환 - 2 : 월요일을 1로 반환 • 예시 : WEEKDAY(DATE(2023, 1, 1)) → 요일 값 반환(일요일 : 1)
WEEKNUM (<date>, [<return_type>])	• 지정된 날짜가 연도에서 몇 번째 주인지 반환 • 구문 : WEEKNUM(<날짜>, [<반환 유형>]) • 결과 : 단일 정수 반환(예 1, 52) • 예시 : WEEKNUM(DATE(2023, 1, 1)) → 해당 날짜의 주차 반환
YEAR (<date>)	• 날짜에서 연도(year) 값을 반환 • 구문 : YEAR(<날짜>) • 결과 : 단일 정수 반환(예 2023) • 예시 : YEAR(DATE(2023, 1, 1)) → 연도 값 반환(2023)

2) 시간 인텔리전스 함수

시계열 분석을 위해, 전년도 비교, 월별 누적 등 시간 흐름에 따른 데이터를 분석하는 데 사용한다.

함수 구문	설명

DATEADD
(<dates>,
<number_of_
intervals>,
<interval>)
	• 지정된 날짜 열에서 주어진 간격만큼 이동한 날짜를 반환
	• 구문 : DATEADD(<날짜 열>, <간격 수>, <간격 단위>)
	• 결과 : 날짜 테이블 반환
	• 옵션 : <interval>
	  - "DAY"(일)
	  - "MONTH"(월)
	  - "QUARTER"(분기)
	  - "YEAR"(연도) 중 선택 가능
	• 예시 : DATEADD('판매'[날짜], -1, "YEAR") → 1년 전 날짜 반환

DATESBETWEEN (<dates>, <start_date>, <end_date>)	• 지정된 날짜 범위 내의 모든 날짜를 반환 • 구문 : DATESBETWEEN(<날짜 열>, <시작 날짜>, <종료 날짜>) • 결과 : 날짜 테이블 반환 • 예시 : DATESBETWEEN('판매'[날짜], DATE(2023, 1, 1), DATE(2023, 12, 31)) → 2023년 날짜 반환

DATESINPERIOD
(<dates>,
<start_date>,
<number_of_
intervals>,
<interval>)
	• 지정된 시작 날짜로부터 특정 기간 내의 날짜를 반환
	• 구문 : DATESINPERIOD(<날짜 열>, <시작 날짜>, <간격 수>, <간격 단위>)
	• 결과 : 날짜 테이블 반환
	• 옵션 : <interval>
	  - "DAY"(일)
	  - "MONTH"(월)
	  - "QUARTER"(분기)
	  - "YEAR"(연도) 중 선택 가능
	• 예시 : DATESINPERIOD('판매'[날짜], DATE(2023, 1, 1), -3, "MONTH") → 3개월 전 날짜 반환

DATESMTD (<dates>)	• 지정된 날짜에서 월 초부터 해당 날짜까지의 날짜를 반환 • 구문 : DATESMTD(<날짜 열>) • 결과 : 날짜 테이블 반환 • 예시 : DATESMTD('판매'[날짜]) → 월 초부터 현재 날짜까지의 날짜 반환
DATESQTD (<dates>)	• 지정된 날짜에서 분기 초부터 해당 날짜까지의 날짜를 반환 • 구문 : DATESQTD(<날짜 열>) • 결과 : 날짜 테이블 반환 • 예시 : DATESQTD('판매'[날짜]) → 분기 초부터 현재 날짜까지의 날짜 반환

함수	설명
DATESYTD (<dates>, [<year_end_date>])	• 지정된 날짜에서 연도 초부터 해당 날짜까지의 날짜를 반환 • 구문 : DATESYTD(<날짜 열>, [연도 종료일]) • 결과 : 날짜 테이블 반환 • 예시 : DATESYTD('판매'[날짜]) → 연도 초부터 현재 날짜까지의 날짜 반환
FIRSTDATE (<dates>)	• 지정된 날짜 열에서 첫 번째 날짜를 반환 • 구문 : FIRSTDATE(<날짜 열>) • 결과 : 단일 날짜 반환(예 2023-01-01) • 예시 : FIRSTDATE('판매'[날짜]) → 첫 번째 판매 날짜 반환
SAMEPERIODLASTYEAR (<dates>)	• 이전 연도의 동일 기간에 해당하는 날짜를 반환 • 구문 : SAMEPERIODLASTYEAR(<날짜 열>) • 결과 : 날짜 테이블 반환 • 예시 : SAMEPERIODLASTYEAR('판매'[날짜]) → 이전 연도의 동일 기간 날짜 반환
TOTALMTD (<expression>, <dates>, [<filter>])	• 월 초부터 현재 날짜까지의 누적 합계를 계산 • 구문 : TOTALMTD(<표현식>, <날짜 열>, [필터]) • 결과 : 단일 숫자 값 반환(예 1,000, 2,000, …) • 예시 : TOTALMTD(SUM('판매'[금액]), '판매'[날짜]) → 월 누적 판매 금액 반환
TOTALQTD (<expression>, <dates>, [<filter>])	• 분기 초부터 현재 날짜까지의 누적 합계를 계산 • 구문 : TOTALQTD(<표현식>, <날짜 열>, [필터]) • 결과 : 단일 숫자 값 반환(예 1,000, 2,000, …) • 예시 : TOTALQTD(SUM('판매'[금액]), '판매'[날짜]) → 분기 누적 판매 금액 반환
TOTALYTD (<expression>, <dates>, [<filter>])	• 연도 초부터 현재 날짜까지의 누적 합계를 계산 • 구문 : TOTALYTD(<표현식>, <날짜 열>, [필터]) • 결과 : 단일 숫자 값 반환(예 1,000, 2,000, …) • 예시 : TOTALYTD(SUM('판매'[금액]), '판매'[날짜]) → 연도 누적 판매 금액 반환

알고 가기

날짜 테이블을 결과로 반환하는 시간 인텔리전스 함수들은 단일 값을 직접 제공하지 못하므로 집계 함수와 함께 사용해야 한다. 이러한 함수들은 특정 날짜 범위나 기간을 필터링하는 역할을 한다. 전년 동기 대비 분석, 월별 누적 계산 등의 분석에 자주 사용되는 매우 중요하고 유용한 함수이다.

• DATEADD(<dates>, <number_of_intervals>, <interval>)

지정된 날짜에서 주어진 간격만큼 이동한 날짜를 반환하는 함수이다. 전년도 또는 전분기 등의 데이터를 비교할 때 유용하다.

```
[전년판매금액] = CALCULATE(SUM('판매데이터'[판매금액])
              , DATEADD('판매데이터'[판매일자], -1, "YEAR"))
```

→ 전년도판매금액 계산

- **DATESBETWEEN(<dates>, <start_date>, <end_date>)**

  특정 날짜 범위 내의 모든 날짜를 반환하며, 특정 기간의 데이터를 집계할 때 사용된다.

  > [특정 기간 판매금액] = CALCULATE(SUM('판매데이터'[판매금액])
  >   , DATESBETWEEN('판매데이터'[판매일자], DATE(2023, 1, 1), DATE(2023, 12, 31)))
  > → 2023년 전체 기간의 판매금액 계산

- **DATESINPERIOD(<dates>, <start_date>, <number_of_intervals>, <interval>)**

  지정된 시작 날짜로부터 특정 기간 내의 날짜를 반환한다. 최근 몇 개월 또는 몇 분기 등의 데이터 분석에 유용하다.

  > [최근 3개월 판매금액] = CALCULATE(SUM('판매데이터'[판매금액])
  >   , DATESINPERIOD('판매데이터'[판매일자], TODAY(), -3, "MONTH"))
  > → 최근 3개월간의 판매금액 계산

- **SAMEPERIODLASTYEAR(<dates>)**

  이전 연도의 동일 기간에 해당하는 날짜를 반환하여, 전년 동기 대비 분석에 사용된다.

  > [전년 동기 판매금액] = CALCULATE(SUM('판매데이터'[판매금액])
  >   , SAMEPERIODLASTYEAR('판매데이터'[판매일자]))
  > → 전년 동기 판매금액 계산

5 테이블 조작/계산 함수

기존 데이터를 그룹화하거나 요약 테이블을 생성하는 등의 조작을 통해 데이터 모델을 확장하고 구조화하는 데 사용한다.

함수 구문	설명
ADDCOLUMNS (<table>, <columnName>, <expression>, …)	• 지정된 테이블에 계산된 열을 추가하여 반환 • 구문 : ADDCOLUMNS(<테이블>, <열 이름>, <식>, …) • 결과 : 수정된 테이블 반환 • 예시 : ADDCOLUMNS('판매', "총액", '판매'[수량] * '판매'[단가]) → 판매 테이블에 총액 열 추가
DISTINCT (<column>)	• 지정된 열에서 고유한 값만 포함된 테이블 반환 • 구문 : DISTINCT(<열>) • 결과 : 테이블 반환 • 예시 : DISTINCT('고객'[지역]) → 고객 테이블에서 지역별 고윳값 반환

함수	설명
GROUPBY (<table>, <groupBy_columnName>, <name>, <expression>, …)	• 지정된 열을 기준으로 그룹화된 테이블 반환 • 구문 : GROUPBY(<테이블>, <그룹 기준 열>, <이름>, <식>, …) • 결과 : 테이블 반환 • 예시 : GROUPBY('판매', '판매'[카테고리], "카테고리별 총매출", SUMX(CURRENTGROUP(), '판매'[판매금액])) → 카테고리별 총 매출 계산
RELATED (<columnName>)	• 관계를 통해 연결된 테이블에서 특정 열 값을 반환 • 구문 : RELATED(<열 이름>) • 결과 : 단일 열의 값 반환 • 예시 : RELATED('제품'[제품명]) → 제품 테이블에서 관련된 제품명 반환
RELATEDTABLE (<tableName>)	• 관계를 통해 연결된 테이블에서 관련된 모든 행 반환 • 구문 : RELATEDTABLE(<테이블 이름>) • 결과 : 테이블 반환 • 예시 : RELATEDTABLE('판매') → 특정 고객과 관련된 판매 데이터 반환
ROW (<name>, <expression>, …)	• 단일 행을 가진 테이블을 생성 • 구문 : ROW(<열 이름>, <식>, …) • 결과 : 테이블 반환 • 예시 : ROW("제품명", "노트북", "가격", 1,200,000) → "제품명"과 "가격"을 가진 단일 행 테이블 생성
SUMMARIZE (<table>, <groupBy_columnName>, …)	• 지정된 테이블을 그룹화하여 요약된 테이블 반환 • 구문 : SUMMARIZE(<테이블>, <그룹 기준 열>, …) • 결과 : 테이블 반환 • 예시 : SUMMARIZE('판매', '판매'[카테고리], "총매출", SUM('판매'[판매금액])) → 카테고리별 총 매출 요약
SUMMARIZECOLUMNS (<groupBy_columnName>, …, <filterTable>, …)	• 필터링된 테이블을 그룹화하여 요약된 테이블 반환 • 구문 : SUMMARIZECOLUMNS(<그룹 기준 열>, …, <필터 테이블>, …) • 결과 : 테이블 반환 • 예시 : SUMMARIZECOLUMNS('판매'[카테고리], "총매출", SUM('판매'[판매금액]), '판매'[연도] = 2023) → 2023년 카테고리별 총 매출 요약

TOPN (<n_value>, <table>, <orderBy_expression>, [<order>])	• 지정된 테이블에서 상위 N개 행 반환
	• 구문 : TOPN(<개수>, <테이블>, <정렬 기준>, [<정렬 순서>])
	• 결과 : 테이블 반환
	• 옵션 : <order>
	  - ASC(오름차순)
	  - DESC(내림차순) 선택 가능
	• 예시 : TOPN(5, '판매', '판매'[판매금액], DESC) → 판매금액 기준 상위 5개 행 반환

함수 구문	설명
UNION (<table1>, <table2>, …)	• 두 개 이상의 테이블을 결합하여 단일 테이블로 반환 • 결합 대상 테이블의 열 구조가 동일해야 함 • 구문 : UNION(<테이블1>, <테이블2>, …) • 결과 : 결합된 테이블 반환 • 예시 : UNION('판매', '예비판매') → '판매'와 '예비판매' 테이블을 결합한 테이블 반환
VALUES (<columnName>)	• 지정된 열의 고윳값을 포함하는 테이블 반환 • 구문 : VALUES(<열 이름>) • 결과 : 테이블 반환 • 예시 : VALUES('판매'[지역]) → 지역 필드의 고윳값을 가진 열 반환

6 필터 함수

데이터 모델 내 특정 조건에 따른 데이터 필터링을 통해 계산에 필요한 데이터 집합을 선택적으로 포함하는 조건식으로 사용한다.

함수 구문	설명
ALL (<table> | <column>)	• 지정된 테이블 또는 열의 모든 행을 반환하며, 기존 필터를 무시 • 단독 사용되지 않으며, CALCULATE, FILTER 함수와 결합하여 전체 데이터 기준으로 계산할 때 주로 사용 • 구문 : ALL(<테이블> | <열>) • 결과 : 테이블 반환 • 예시 : CALCULATE(SUM('판매데이터'[판매금액]), ALL('판매데이터')) → 전체 판매 금액 계산
ALLEXCEPT (<table>, <column1> [, <column2>, …])	• 특정 열을 제외한 모든 필터를 제거 • 단독 사용되지 않으며, CALCULATE와 결합하여 특정 필드에만 필터를 유지할 때 사용 • 구문 : ALLEXCEPT(<테이블>, <제외할 열1>, <제외할 열2>, …) • 결과 : 테이블 반환 • 예시 : CALCULATE(SUM('판매데이터'[판매금액]), ALLEXCEPT('판매데이터', '판매데이터'[지역])) → 지역 필터만 유지한 채 전체 판매 금액 계산
ALLSELECTED (<table> | <column>)	• 현재 컨텍스트 내에서 필터가 적용된 상태에서 선택된 모든 행 반환 • CALCULATE와 결합하여 시각화에서 선택된 값 기준으로 집계할 때 주로 사용 • 구문 : ALLSELECTED(<테이블> | <열>) • 결과 : 테이블 반환 • 예시 : CALCULATE(SUM('판매데이터'[판매금액]), ALLSELECTED('판매데이터')) → 선택된 값 기준 판매 금액 계산
CALCULATE (<expression>, <filter1>, <filter2>, …)	• 지정된 식을 주어진 필터 내에서 계산 • 구문 : CALCULATE(<식>, <필터1>, <필터2>, …) • 결과 : 단일 값 또는 집계된 값 반환 • 예시 : CALCULATE(SUM('판매데이터'[판매금액]), '판매데이터'[지역] = "서울") → 서울 지역 판매 금액 계산

함수	설명
FILTER (<table>, <expression>)	• 테이블에서 지정된 조건을 만족하는 행을 필터링하여 반환 • 단독 사용되지 않으며, CALCULATE 또는 SUMX와 결합하여 조건부 집계 시 사용 • 구문 : FILTER(<테이블>, <조건>) • 결과 : 필터링된 테이블 반환 • 예시 : CALCULATE(SUM('판매데이터'[판매금액]), FILTER('판매데이터', '판매데이터'[지역] = "서울")) → 서울 지역의 판매 금액 계산
KEEPFILTERS (<filter>)	• CALCULATE 내에서 기존 필터를 유지하면서 추가 필터를 적용 • 기존 필터와 함께 추가 필터 적용 시 사용되며, CALCULATE와 결합하여 특정 필터를 유지 • 구문 : KEEPFILTERS(<필터>) • 결과 : 필터링된 테이블 반환 • 예시 : CALCULATE(SUM('판매데이터'[판매금액]), KEEPFILTERS('판매데이터'[제품] = "전자제품")) → 기존 필터 유지하며 전자제품 판매 금액 계산
REMOVEFILTERS (<table> | <column>)	• 특정 테이블 또는 열에서 모든 필터 제거 • CALCULATE와 결합하여 특정 필드를 필터링하지 않고 집계할 때 사용 • 구문 : REMOVEFILTERS(<테이블> | <열>) • 결과 : 테이블 반환 • 예시 : CALCULATE(SUM('판매데이터'[판매금액]), REMOVEFILTERS('판매데이터'[지역])) → 지역 필터를 제거하고 전체 판매 금액 계산
SELECTEDVALUE (<column>, [<alternateResult>])	• 현재 컨텍스트에서 선택된 단일 값을 반환하고, 여러 값이 선택된 경우 대체 결과 반환 • 구문 : SELECTEDVALUE(<열>, [<대체 결과>]) • 결과 : 단일 값 반환 • 예시 : SELECTEDVALUE('고객'[고객ID], "여러 값 선택됨") → 고객ID 필드에서 단일 값이 선택된 경우 그 값을 반환, 그렇지 않으면 "여러 값 선택됨" 반환

> **알고 가기**
>
> 테이블 조작 및 필터 함수들은 단독으로 의미 있는 결과를 제공하지 않으며, CALCULATE나 SUMX와 같은 필터 및 집계 함수와 함께 사용해야 한다. ALL, FILTER, ALLEXCEPT 등의 필터 함수들은 필터링된 테이블을 반환하는 함수로, 집계 함수와 결합하여 특정 조건에 맞춘 결과를 얻는다.
>
> • ALL : 테이블 또는 열의 기존 필터를 무시하고 전체 데이터를 반환하며, 전체 집계 시 유용
> • FILTER : 조건에 따라 행을 필터링하여 원하는 데이터만 반환하며, 특정 지역 또는 제품 필터링 시 활용
> • REMOVEFILTERS : 지정된 열이나 테이블의 필터를 제거하며, 필터 해제 후 집계 시 유용
>
> 이와 같은 테이블을 반환하는 함수들은 집계 함수 등 다른 함수와의 조합을 통해 유의미한 값을 제공하므로, 단독으로 사용되지 않도록 주의한다.

7 기타 함수

1) 재무 함수

금융 및 재무 관련 계산을 수행하며, 미래 가치, 원금 계산 등 다양한 금융 연산에 사용한다.

함수 구문	설명
FV (<rate>, <nper>, <pmt>, [<pv>], [<type>])	• 일정한 이자율로 미래 가치를 계산 • 구문 : FV(<이자율>, <기간 수>, <지불액>, [<현재 가치>], [<지불 시점>]) • 결과 : 단일 실수 반환(예 -50,000, 100,000, …) • 예시 : FV(0.05, 10, -1,000, , 0) → 10년 동안 5% 이자율로 매년 -1,000을 지불할 경우 미래 가치를 계산
IPMT (<rate>, <per>, <nper>, <pv>, [<type>])	• 일정한 이자율로 대출의 특정 기간 동안의 이자 비용을 계산 • 구문 : IPMT(<이자율>, <기간>, <총 기간>, <현재 가치>, [<지불 시점>]) • 결과 : 단일 실수 반환(예 -1,500, 3,000, …) • 예시 : IPMT(0.05, 5, 10, -100,000, 0) → 10년 동안 5% 이자율로 대출한 원금 -100,000에 대한 5번째 기간의 이자 비용 계산
NPER (<rate>, <pmt>, <pv>, [<fv>], [<type>])	• 일정한 이자율과 지불 금액에 따른 총 지불 기간 계산 • 구문 : NPER(<이자율>, <지불액>, <현재 가치>, [<미래 가치>], [<지불 시점>]) • 결과 : 단일 숫자 반환(예 10, 20, …) • 예시 : NPER(0.05, -1,000, -50,000, , 0) → 5% 이자율로 매년 -1,000씩 지불하여 -50,000을 상환하는 데 필요한 기간 계산
PMT (<rate>, <nper>, <pv>, [<fv>], [<type>])	• 일정한 이자율로 정해진 기간 동안의 대출 월 납입금 계산 • 구문 : PMT(<이자율>, <기간 수>, <현재 가치>, [<미래 가치>], [<지불 시점>]) • 결과 : 단일 실수 반환(예 -1,000, 2,000, …) • 예시 : PMT(0.05, 10, -100,000, , 0) → 5% 이자율과 10년 기간 동안 -100,000을 상환하는 월 지불 금액 계산
PPMT (<rate>, <per>, <nper>, <pv>, [<type>])	• 일정한 이자율로 대출의 특정 기간 동안 원금 상환 금액을 계산 • 구문 : PPMT(<이자율>, <기간>, <총 기간>, <현재 가치>, [<지불 시점>]) • 결과 : 단일 실수 반환(예 -1,000, 2,000, …) • 예시 : PPMT(0.05, 5, 10, -100,000, 0) → 5% 이자율로 10년 동안 상환하는 -100,000의 5번째 기간 원금 상환 금액 계산
PV (<rate>, <nper>, <pmt>, [<fv>], [<type>])	• 일정한 이자율로 미래 금액의 현재 가치를 계산 • 구문 : PV(<이자율>, <기간 수>, <지불액>, [<미래 가치>], [<지불 시점>]) • 결과 : 단일 실수 반환(예 -80,000, 100,000, …) • 예시 : PV(0.05, 10, -1,000, , 0) → 10년 동안 매년 -1,000씩 지불할 경우 현재 가치를 계산

함수 구문	설명
RATE (<nper>, <pmt>, <pv>, [<fv>], [<type>], [<guess>])	• 정기 지불 기간 동안의 이자율을 계산 • 구문 : RATE(<기간 수>, <지불액>, <현재 가치>, [<미래 가치>], [<지불 시점>], [<추정치>]) • 결과 : 단일 실수 반환(예 0.05, 0.07, …) • 예시 : RATE(10, -1,000, -50,000, , 0) → 10년 동안 -50,000을 상환하며 매년 -1,000씩 지불할 때 이자율 계산

2) 정보 함수

값의 유형이나 유효성을 확인하여 데이터의 상태를 판별하고 오류를 감지하는 용도로 사용한다.

함수 구문	설명
HASONEFILTER (<column>)	• 지정된 열에 하나의 필터만 있는지 확인 • 구문 : HASONEFILTER(<열>) • 결과 : 단일 TRUE/FALSE 반환(예 TRUE, FALSE) • 예시 : HASONEFILTER('고객'[지역]) → 고객 테이블의 '지역' 필드에 하나의 필터만 적용되었는지 확인
ISBLANK (<value>)	• 값이 비어 있는지 확인 • 구문 : ISBLANK(<값>) • 결과 : 단일 TRUE/FALSE 반환(예 TRUE, FALSE) • 예시 : ISBLANK('판매데이터'[수량]) → 수량 값이 비어 있는지 확인
ISFILTERED (<column>)	• 열에 필터가 적용되었는지 확인 • 구문 : ISFILTERED(<열>) • 결과 : 단일 TRUE/FALSE 반환(예 TRUE, FALSE) • 예시 : ISFILTERED('고객'[지역]) → 고객 테이블의 '지역' 필드에 필터가 적용되었는지 확인
ISNUMBER (<value>)	• 값이 숫자인지 확인 • 구문 : ISNUMBER(<값>) • 결과 : 단일 TRUE/FALSE 반환(예 TRUE, FALSE) • 예시 : ISNUMBER('판매데이터'[수량]) → 수량 값이 숫자인지 확인

3) 오류 함수

계산 중 발생할 수 있는 오류를 처리하거나 대체값을 반환하여 안정적인 수식을 작성하는 데 사용한다.

함수 구문	설명
ISERROR (\<value\>)	• 값이 오류인지 확인 • 구문 : ISERROR(\<값\>) • 결과 : 단일 TRUE/FALSE 반환(예 TRUE, FALSE) • 예시 : ISERROR(DIVIDE(10, 0))→ 나눗셈 연산이 오류인지 확인
IFERROR (\<value\>, \<alternateResult\>)	• 값이 오류일 경우 대체 결과를 반환 • 구문 : IFERROR(\<값\>, \<대체 결과\>) • 결과 : 단일 값 반환 • 예시 : IFERROR(DIVIDE(10, 0), 0) → 나눗셈이 오류일 경우 0 반환
BLANK ()	• 빈값을 반환 • 구문 : BLANK() • 결과 : 단일 BLANK 반환(예 빈 셀) • 예시 : IF(ISBLANK('판매데이터'[수량]), BLANK(), '판매데이터'[수량]) → 수량이 비어 있는 경우 빈값 반환

4) 변수 함수

변수 함수는 DAX 수식 내에서 특정 값을 일시적으로 저장하고 사용할 수 있도록 도와준다. 복잡한 계산을 간소화하고 가독성을 높이기 위해 사용된다. VAR로 변수를 선언하고 RETURN을 사용하여 최종 계산 결과를 반환하는 형식으로 사용된다.

함수 구문	설명
VAR \<변수명\> = \<값 또는 식1\> RETURN \<결과식\>	• 수식 내에서 특정 값을 변수로 저장한 후, 이 변수를 사용하여 계산을 수행 • 구문 : VAR \<변수명\> = \<값\> RETURN \<결과식\> • 결과 : 지정된 계산 결과를 반환 • 예시 : VAR 총판매 = SUM('판매데이터'[판매금액]) RETURN 총판매 * 1.1 → '판매데이터' 테이블의 '판매금액' 합계를 구한 후 1.1을 곱한 값을 반환

알고 가기

DAX 변수는 수식 내에서 특정 계산값을 임시로 저장하고, 반복해서 사용할 수 있도록 하는 기능으로 복잡한 계산을 간소화한다. 동일한 값을 반복해서 계산할 필요가 없어 성능이 향상되며, 가독성 높은 수식을 작성하는 데 유용하다. 기본적인 사용 방법은 다음과 같다.

- 변수 선언 : VAR 키워드를 사용해 원하는 값을 저장한다.
- 계산식 사용 : RETURN 키워드를 통해 변수에 저장된 값을 활용하여 최종 계산을 수행한다

다음은 선택한 지점의 전체 매출 대비 매출 비중을 계산한 후 서울 지점의 전체 대비 비중과 비교하는 수식을 변수를 사용하지 않은 방식과 변수를 사용하여 작성한 예시 비교이다. 이해를 위한 변수를 한글명(_판매금액)으로 표시했지만, 실제 변수명에는 한글을 사용할 수 없다.

구분	일반수식	변수수식
수식	판매비중비교 = (SUM('판매데이터'[판매금액]) / CALCULATE(SUM('판매데이터'[판매금액]) , ALL('판매처'[지점명]))) - (CALCULATE(SUM('판매데이터'[판매금액]) , '판매처'[지점명] = "서울지점") / CALCULATE(SUM('판매데이터'[판매금액]), ALL('판매처'[지점명])))	판매비중비교 = VAR _판매금액 = SUM('판매데이터'[판매금액]) VAR _전체_판매금액 　= CALCULATE(SUM('판매데이터'[판매금액]) , ALL('판매처'[지점명])) VAR _서울지점_판매금액 　= CALCULATE(SUM('판매데이터'[판매금액]), , '판매처'[지점명] = "서울지점")) VAR _선택지점_판매비중 = _판매금액 / _전체_판매금액 VAR _서울지점_판매비중 = _서울지점_판매금액 / _전체_판매금액 RETURN _선택지점_판매비중 - _서울지점_판매비중
수식풀이	① SUM('판매데이터'[판매금액]) → 선택된 지점의 판매금액 합계를 계산 ② CALCULATE(SUM('판매데이터'[판매금액]), ALL('판매처'[지점명])) → '지점명' 필터를 제거해 전체 지점의 판매금액 합계를 계산 ③ (SUM('판매데이터'[판매금액]) / CALCULATE(SUM('판매데이터'[판매금액]), ALL('판매처'[지점명]))) → 선택된 지점의 매출 비중을 계산 (선택 지점 매출 ÷ 전체 매출) ④ CALCULATE(SUM('판매데이터'[판매금액]), '판매처'[지점명] = "서울지점") → '서울지점' 데이터만 필터링하여 판매금액 합계를 계산 ⑤ (CALCULATE(SUM('판매데이터'[판매금액]), '판매처'[지점명] = "서울지점") / CALCULATE(SUM('판매데이터'[판매금액]), ALL('판매처'[지점명]))) → 서울 지점의 매출 비중을 계산 (서울 지점 매출 ÷ 전체 매출) ⑥ 전체 수식 → 선택 지점 매출 비중에서 서울 지점 매출 비중을 뺀 차이를 반환.	① VAR _판매금액 = SUM('판매데이터'[판매금액]) → 선택 지점의 판매금액 합계를 _판매금액 변수에 저장 ② VAR _전체_판매금액 = CALCULATE(SUM('판매데이터'[판매금액]), ALL('판매처'[지점명])) → 전체 지점의 판매금액 합계를 _전체_판매금액 변수에 저장 (ALL('판매처'[지점명])을 사용해 필터 제거) ③ VAR _서울지점_판매금액 = CALCULATE(SUM('판매데이터'[판매금액]), '판매처'[지점명] = "서울지점") → '서울지점' 데이터의 판매금액 합계를 _서울지점_판매금액 변수에 저장 ④ VAR _선택지점_판매비중 = _판매금액 / _전체_판매금액 → 선택 지점의 매출 비중을 계산하고 _선택지점_판매비중 변수에 저장 ⑤ VAR _서울지점_판매비중 = _서울지점_판매금액 / _전체_판매금액 → 서울 지점의 매출 비중을 계산하고 _서울지점_판매비중 변수에 저장 ⑥ RETURN _선택지점_판매비중 - _서울지점_판매비중 → 선택 지점 매출 비중에서 서울 지점 매출 비중을 뺀 차이를 반환
비교	수식 내에서 동일한 계산 "(SUM('판매데이터'[판매금액]), CALCULATE(SUM('판매데이터'[판매금액]), ALL('판매처'[지점명])))"이 반복되어 가독성이 낮음	각 단계별 계산 결과를 변수에 저장하여 재사용함으로써 수식이 간결하고 가독성이 높음. 반복된 계산을 줄일 수 있어 성능이 향상됨

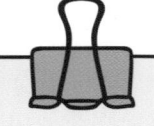

CHAPTER **03**

유형별 주요 DAX 함수 실습

 학습 Point

- DAX실습을 위한 수식입력창 기본 기능 및 측정값 전용 테이블 생성 방법 학습

- 유형별 주요 DAX 함수 실습을 통해 각 함수의 문법과 기능을 구체적으로 학습

- 주요 함수 조합을 통해, 복잡한 조건에서 데이터를 필터링하거나 집계하는 방법 학습

- 실기 시험과 실무에서 발생할 수 있는 오류를 학습하여 문제 해결 능력 배양

SECTION 01	DAX 실습을 위한 기본 준비
SECTION 02	DAX 함수 기본 익히기
SECTION 03	DAX 함수 실습

SECTION 01 DAX 실습을 위한 기본 준비

1 수식 편집기와 Power BI 제공 기능

Power BI의 DAX 수식 편집기는 새로운 계산 열, 측정값, 또는 계산 테이블을 생성할 때 활성화된다. 이 입력창은 수식 작성 시 자동 완성 기능을 제공하여 함수와 열 이름을 빠르게 찾을 수 있도록 돕는다. 또한, 괄호와 따옴표 등의 구문 요소를 자동으로 닫아주어 수식 작성의 정확성과 효율성을 높인다. 이러한 기능들은 DAX 수식 작성 시 발생할 수 있는 오류를 줄이고, 사용자의 생산성을 향상시키는 데 기여한다.

① 수식 편집기 구성

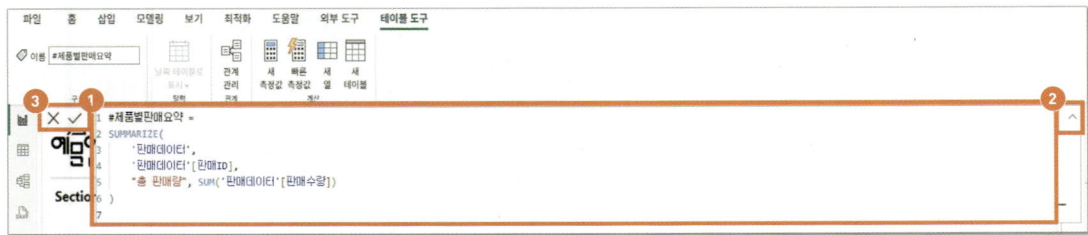

- 수식 입력창 : 사용자가 수식을 입력하는 공간이다.
- 수식 입력창 확장 버튼(⌄, ⌃) : 수식 입력창을 확장하는 버튼이다.
- 수식 커밋, 취소 버튼 (☒☑) : 입력한 수식을 취소(☒)하거나 확정(☑)하는 버튼이다.
  ※ [Enter(확정)]와 [Esc(취소)]로 동일한 기능을 사용할 수 있어 잘 사용하지 않는다.

② Power BI의 DAX 수식 편집기에서 제공되는 주요 기능

구분	설명
구문 강조	수식의 구성 요소를 색상으로 구분해 가독성을 높인다.
자동 완성	함수, 테이블, 열 이름 입력 시 관련 제안을 제공하여 입력 시간을 단축하고 추가 정보를 제공한다. ※ 자동 완성 기능이 활성화 되지 않은 경우, [Ctrl]+[Space]를 입력하면 자동 완성기능과 설명정보 팝업이 활성화 된다.

오류 검출	수식 내 문법적 오류를 실시간으로 표시하고 오류 수식 실행 시 정보를 제공한다.
	• 실시간 수식 작성 중
	  - 오류 발생 위치 밑줄로 강조 표시
	  - 스크롤바에 오류 라인 강조 표시
	• 오류 수식 실행 후
	  - 오류 수식 실행 시 에러 결과 제공
	  - 에러 위치 마우스 오버 시, 추가 정보 툴팁

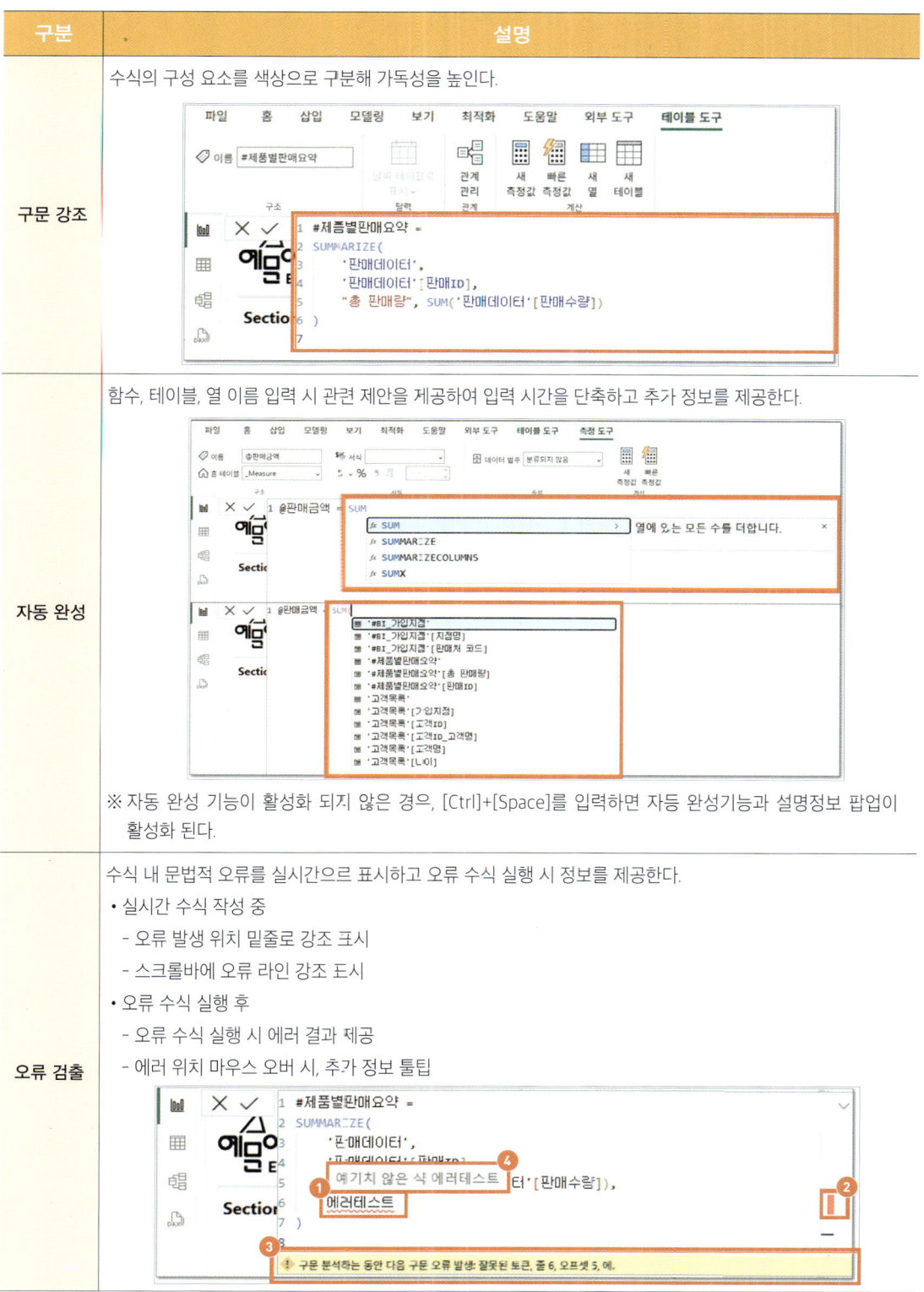

> **빠른 작업을 위한 TIP**
>
> Power BI의 수식 편집기에서는 수식 작성과 편집을 더욱 효율적으로 작업할 수 있도록 단축키를 제공한다. 다양한 기능의 단축키들을 직접 사용해보고, 유용한 단축키들을 익혀서 빠른 작업을 할 수 있도록 하자.

단축키 조합	기능
[Enter]	수식 입력 완료 및 저장
[Shift]+[Enter]	수식 입력 중 줄 바꿈
[Ctrl]+[Shift]+[Enter]	현재 위치의 위에 행 추가
[Ctrl]+[G]	특정 행 번호로 이동(행 번호 입력창 활성)
[Alt]+[↑], [↓]	현재 행을 위/아래로 이동
[Shift]+[Alt]+[↑], [↓]	현재 행을 위/아래로 복사
[Ctrl]+[Shift]+[K]	현재 행 삭제
[Ctrl+[ ]], [[ ]	들여쓰기/내어쓰기
[Ctrl]+[Home], [End]	수식의 시작/끝으로 이동
[Ctrl]+[↑], [↓]	수식 창을 위/아래로 스크롤
[Ctrl]+[Shift]+[Alt]+[↑], [↓]	열 선택(상자 선택)
[Ctrl]+[Alt]+[↑], [↓]	여러 줄에 커서 추가
[Ctrl]+[F2]	현재 선택 및 단어와 일치하는 모든 항목 선택
[Shift]+[Alt]+[→], [←]	선택 영역 확장/축소
[Alt]+[PgUp], [PgDn]	페이지 위/아래로 스크롤
[Ctrl]+[+], [-]	폰트 크기 확대/축소(=[Ctrl]+마우스 스크롤)
[Ctrl]+[Space]	자동 완성 제안 표시
[Ctrl]+[Shift]+[₩]	일치하는 괄호로 이동, 작성 중인 수식의 시작 혹은 끝의 괄호 위치로 이동
[Ctrl]+[/]	선택한 줄 주석 처리
[Ctrl]+[Shift]+[/]	선택한 줄 주석 해제

2 측정값 관리용 테이블 만들기

측정값은 테이블의 하위로 귀속된다. 여러 테이블에 분산되어 있을 수 있지만, 실제 실무에서는 측정값만을 모아놓은 별도의 테이블을 생성하여 관리한다.

(1) 새 테이블 생성

❶ [보고서 보기] 영역
❷ [홈] 탭 >[데이터 입력] 선택
❸ 테이블 이름 "_Measure" 입력
❹ [로드] 클릭

> **참고**
> 공개문제에서는 <_측정값> 테이블명을 사용하며 '(1) 새 테이블 생성' 단계만 진행한다.

(2) 측정값 생성

❶ 생성된 <_Measure> 테이블을 우클릭
❷ [새 측정값] 선택
❸ [수식 편집기]에 수식 입력 후 [Enter]

> **알고 가기**
> 측정값 전용 테이블을 생성하려면 테이블에는 측정값만 포함되어야 한다. 새 테이블 생성 시, 포함된 [열1] 필드를 삭제하기 위해 측정값을 생성하는 것이 목적이므로, 어떤 측정값을 생성하든 무관하다.

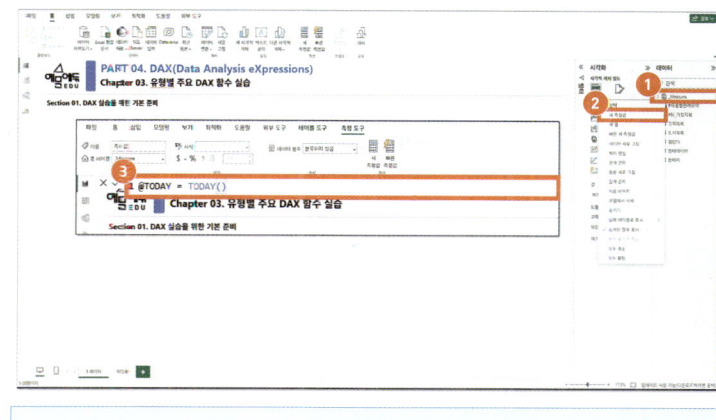

@TODAY = TODAY()

(3) 측정값 전용 테이블 생성

❶ [데이터 창]에서 [열1] 필드 선택 후 [Delete]
❷ [예] 클릭
❸ [데이터 창]의 <_Measure> 테이블의 아이콘 변경 확인(▦ → 🗒)

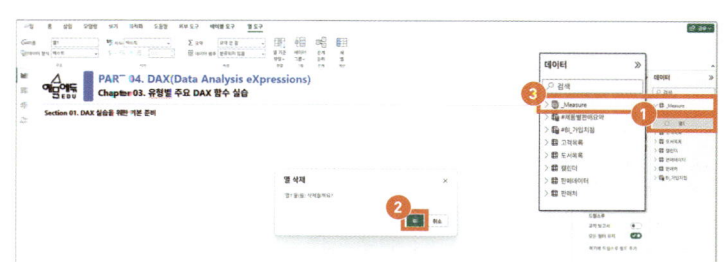

> **알고 가기**
> [데이터 창]에 표시되는 <테이블>, [필드], [측정값]은 속성에 따라 아이콘 모양이 다르게 나타난다. 기본적으로 테이블과 필드는 문자열 오름차순으로 정렬되며, 실무에서는 작업 효율을 높이기 위해 '#', '_', '@' 등의 특수기호를 활용하여 정렬 순서를 조정하는 방법을 사용한다.
>
> ※ 문자열 정렬 우선순위 : '특수기호' > '영문' > '한글'
>
> 또한, 생성한 <_Measure> 테이블은 측정값 전용 테이블로, 특수문자가 없는 <Measure>로 변경하더라도 해당 속성이 문자열보다 정렬 우선순위가 높게 적용되는 것을 확인할 수 있다.

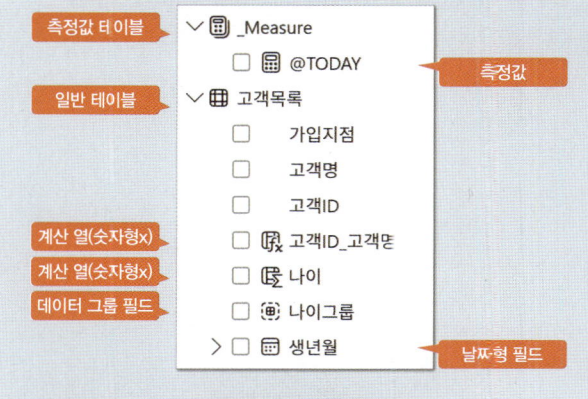 

<속성별 개체 아이콘>   <Measure로 이름 변경 시>

SECTION 02 DAX 함수 기본 익히기

1 기본 집계 함수

수식 작성 시 필수적인 기본 집계 함수에 대해 알아보자. DAX 수식은 단독 함수로 사용되는 경우가 드물며, 원하는 값을 얻기 위해 여러 함수를 조합하고 수식을 중첩하여 사용하는 경우가 대부분이다. 많은 함수가 <식>을 필수 매개 변수로 사용하며, 아래의 집계 함수들은 다른 수식의 기초 역할을 한다. 사용 방법을 숙지하여 정확하게 적용할 수 있도록 하자.

일반적으로 '합산 및 평균', '건수'를 반환하는 함수들을 기초 집계로 사용하며, '최소/최대'의 경우 숫자형 데이터의 값 크기를 비교하는 용도 외에 단일 항목을 추출하는 용도로도 자주 사용된다.

> **알고 가기**
>
> - 기본 집계 함수는 단독으로도 유용하게 사용되지만, 다른 함수의 매개 변수로 포함될 때 더욱 강력한 기능을 발휘한다. 특히, CALCULATE, FILTER와 같은 함수와 조합하여 특정 조건에 맞는 집계 결과를 얻을 수 있다
>
>   예) CALCULATE(<expression>, <filter1>, <filter2>, …)
>   → @서울판매금액 = CALCULATE(SUM('판매데이터'[판매금액]), '판매데이터'[지역] = "서울")
>
> - 측정값은 다른 수식에 활용할 수 있는 이름 지정된 집계로, 동일한 계산을 여러 수식에 재사용할 수 있어 효율적이다. 예를 들어, [@판매금액]이라는 기본 측정값이 이미 정의된 경우, 이를 다른 수식에서 재사용하여 가독성과 유지보수성을 높일 수 있다. 아래와 같이 측정값을 활용하면 여러 수식에서 일관성을 유지할 수 있고, 반복되는 코드를 줄일 수 있다.
>
>   예) '@판매금액 = SUM('판매데이터'[판매금액])' 측정값이 이미 존재하는 경우
>   → @서울판매금액 = CALCULATE([@판매금액], '판매데이터'[지역] = "서울")
>
> - 또한, 실무에서 경영지표 기반 보고서를 작성할 때는 '판매금액', '수량', '주문금액' 등 주요 데이터에 대해 먼저 기본 집계 측정값을 생성하는 것이 좋다. 이후 다양한 조건을 적용한 분석이나 필터링 시 이 측정값을 활용하면 코드가 간결해지고 유지보수가 쉬워진다.

2 측정값 생성 및 서식 지정 실습

> **출제유형 실습** 실습파일 : [이론실습_PART04_CHAP03_Sec02.pbix]
>
> - SUM함수를 사용하여 판매금액 합계 측정값을 생성하시오.
>   - 측정값 이름 : @판매금액
>   - 활용 필드 : <판매데이터> 테이블의 [판매금액] 필드
>   - 설명 : [판매금액]의 합계 계산
>   - 사용 함수 : SUM
>   - 서식 : 천 단위에서 쉼표로 구분되도록 표시, 소수점 아래 0자리까지 표시
> - AVERAGE 함수를 사용하여 평균 구매금액 측정값을 생성하시오.
>   - 측정값 이름 : @평균_구매금액
>   - 활용 필드 : <판매데이터> 테이블의 [판매금액] 필드
>   - 설명 : [구매금액] 평균 계산
>   - 사용 함수 : AVERAGE
>   - 서식 : 천 단위에서 쉼표로 구분되도록 표시, 소수점 아래 2자리까지 표시

(1) 파일 열기

❶ [파일] 탭
❷ [열기] 선택
❸ [이 장치 찾아보기] 클릭 > '이론실습_PART04_CHAP03_Sec02.pbix' 파일 열기

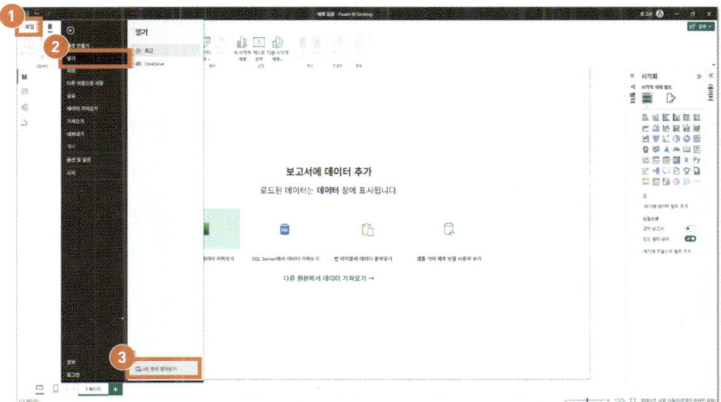

(2) [@판매금액] 측정값 생성

❶ [보고서 보기] 작업영역 선택
❷ [데이터 창]의 <_Measure> 테이블 우 클릭
❸ [새 측정값] 선택

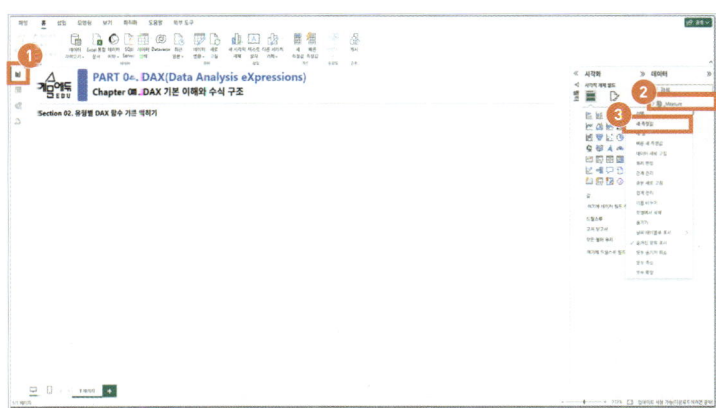

❹ [수식 편집기]의 박스에 수식 작성 후 [Enter]

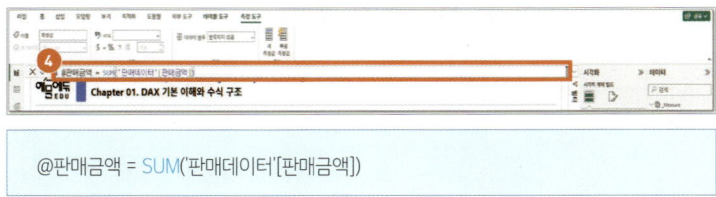

@판매금액 = SUM('판매데이터'[판매금액])

(3) 서식 지정

❶ [데이터 창]의 [@판매금액] 측정값 선택
❷ [측정 도구] 탭에서 천 단위 구분 기호 (,) 클릭
❸ 소수점 이하 자릿수 입력란(🔢 [0]) 에 "0"을 입력

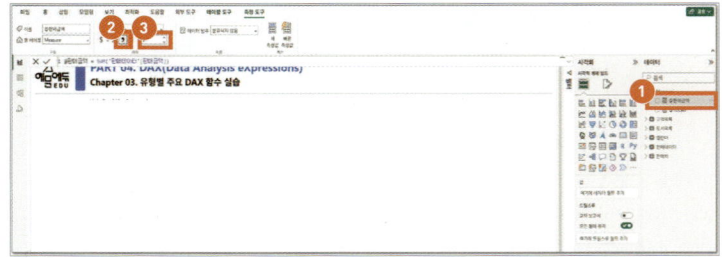

(4) 생성 결과 확인

❶ [시각적 개체 빌드]에서 행렬 시각적 개체(▦) 클릭
❷ 캔버스에 비어 있는 행렬 시각적 개체 확인

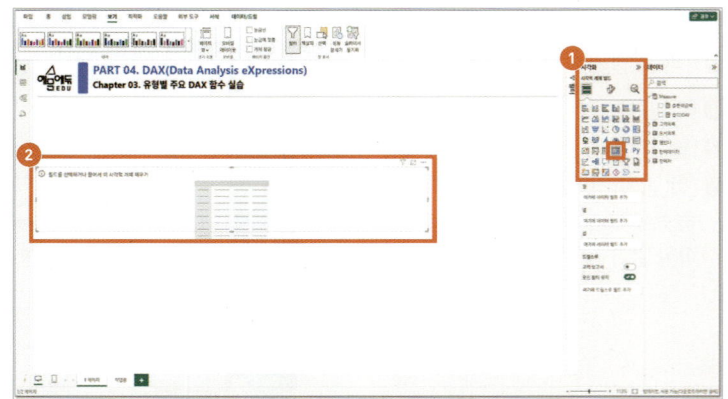

❸ [데이터 창]에서 <_Measure> 테이블의 [@판매금액] 측정값을 행렬 차트의 [값] 영역에 드래그
❹ <도서목록> 테이블의 [분류] 필드를 행렬 차트의 [열] 영역에 드래그
❺ <판매처> 테이블의 [광역시도] 필드를 행렬 차트의 [행] 영역에 드래그
❻ 행렬 차트의 영역이 추가됨에 따라 값이 변경되는 것을 확인

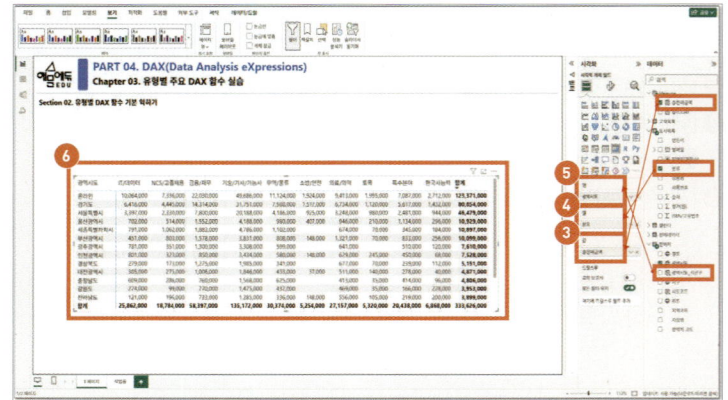

(5) [@평균_구매금액] 측정값 생성

❶ [보고서 보기] 작업영역 선택
❷ [데이터 창]의 <_Measure> 테이블 우클릭
❸ [새 측정값] 선택

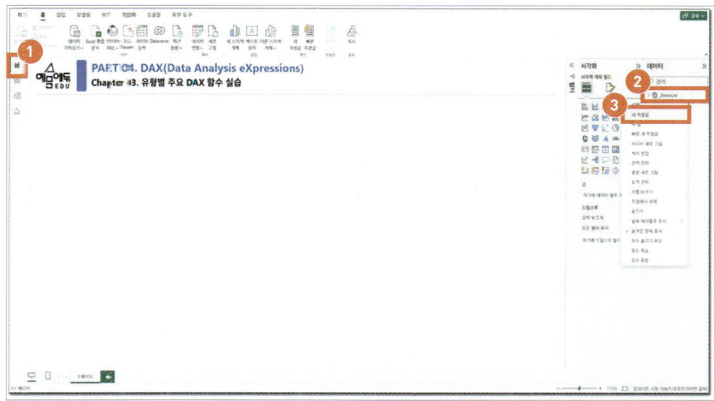

❹ [수식 편집기]의 박스에 수식 작성 후 [Enter]

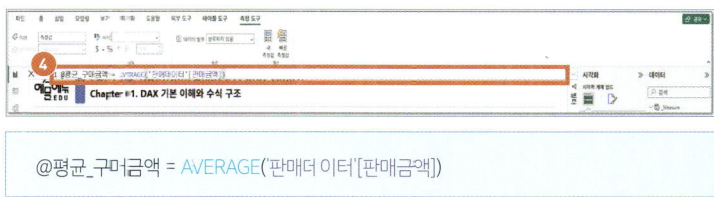

@평균_구머금액 = AVERAGE('판매더 이터'[판매금액])

(6) 생성 결과 확인

❶ [시각적 거체 빌드]에서 행렬 시각적 개체(▦) 클릭
❷ 캔버스에 비어 있는 행렬 시각적 개체 확인

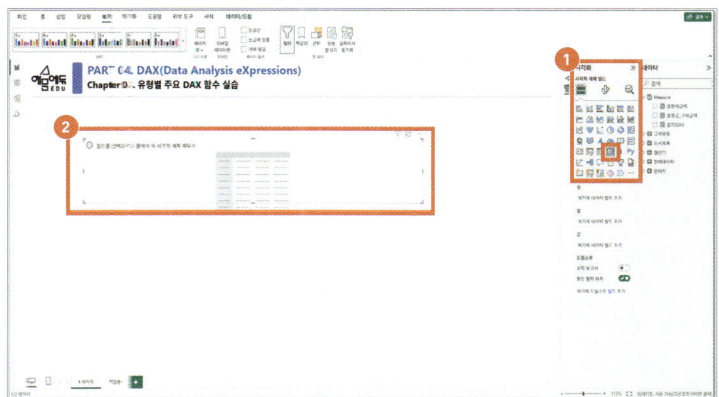

❸ [데이터 창]에서 <_Measure> 테이블의 [@평균_구매금액] 측정값을 행렬 차트의 [값] 영역에 드래그
❹ <고객목록> 테이블의 [성별] 필드를 행렬 차트의 [열] 영역에 드래그
❺ <고객목록> 테이블의 [연령대] 필드를 행렬 차트의 [행] 영역에 드래그
❻ 행렬 차트의 영역이 추가됨에 따라 값이 변경되는 것을 확인

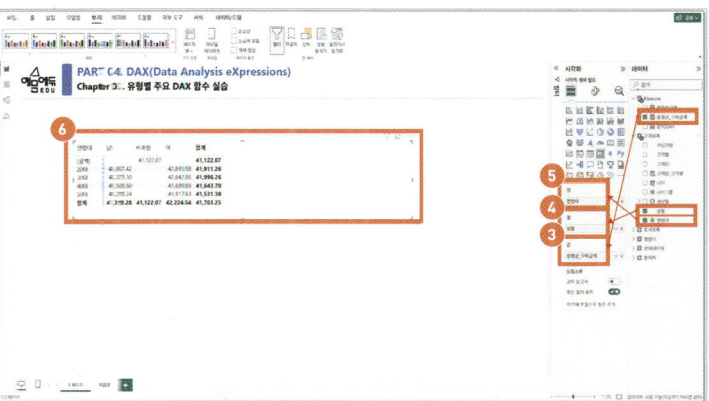

> **참고**
> 시험에서는 [생성 결과 확인]의 과정이 포함되어 있지 않지만, 실습 과정에서 이를 통해 함수 간 미세한 차이와 계산 컨텍스트에 따른 변화를 확인하고 각 함수가 반환하는 값과 결과의 차이를 비교해보는 것이 중요하다.

> **심화**
> DAX 수식에서 '컨텍스트(Context)'는 매우 중요한 개념이다. 컨텍스트는 수식이 계산될 때 어떤 조건이나 환경에서 계산이 이루어지는지를 결정한다. 컨텍스트는 '행 컨텍스트(Row Context)'와 '필터 컨텍스트(Filter Context)'의 두 가지 유형으로 나눌 수 있으며, 시각화 개체 내에서도 적용된다. 동일한 수식이 시각화 개체(테이블, 차트 등), 적용된 필터에 따라 컨텍스트가 다르게 설정되며, 이에 따라 계산 결과도 달라진다.
> - 행 컨텍스트
>   - 수식이 특정 행에서 계산될 때, 해당 행의 데이터만을 참조하여 계산하는 방식이다.
>   - 행 컨텍스트는 '현재 행'을 나타내며 '계산 열(필드)', '계산 테이블' 등 행렬 구조에서 사용된다.
> - 필터 컨텍스트
>   - '측정값(Measure)'에서 사용되며, 모델 관계에 의해 전파된 모델 열 및 필터에 직접 적용되는 필터를 의미한다.
>   - 특정 조건에 맞는 데이터만 선택하여 계산할 때 적용되는 컨텍스트이다.
>   - 'CALCULATE', 'FILTER' 같은 필터 기능 함수와 '슬라이서(Slicer)'와 같은 필터 시각화 개체. 그리고 일반적인 막대. 도넛 시각화 차트의 '축', '범례'에 따라 필터 컨텍스트가 적용된다.

3 자주 발생하는 오류

DAX 수식 작성 시 자주 발생하는 오류들을 이해하고 해결 방안을 숙지하는 것은 수식의 정확성과 안정성을 확보하는 데 필수적이다. 아래 표는 주요 오류 유형, 발생 상황, 결과 예시, 그리고 해결 방안을 정리한 내용이다.

오류 유형	발생 상황	반환 오류 메시지/값	해결 방안
BLANK() 오류	데이터가 없거나 필드가 비어 있어 수식의 연산이 불가능해짐	BLANK() 또는 0 반환	'IF(ISBLANK([판매금액]), 0, [판매금액])'으로 대체값을 설정하여 "0" 또는 다른 기본값을 반환하도록 함
순환 참조 오류	필드나 계산식이 서로를 참조하여 무한 루프가 발생할 때 발생	Circular Dependency Error	계산식을 재구성하거나 계산 항목을 분리하여 참조 구조가 중복되지 않도록 구성함
데이터 형식 오류	숫자, 날짜 등의 형식이 맞지 않아 함수가 예상한 데이터 형식과 다를 때 발생	Data Type Mismatch 또는 NaN	[VALUE], [FORMAT] 함수로 올바른 형식으로 변환 후 계산함 예 YEAR(VALUE([날짜]))
FILTER 함수의 오용	잘못된 테이블이나 열을 필터링 조건에 사용하여 예상치 못한 결과가 반환될 때 발생	The column <column> does not exist	필터링 대상 테이블이 정확한지 확인 후 조건을 설정하고, 필요시 [ALL], [ALLEXCEPT] 함수로 필터를 확장하여 정확성을 높임
분모가 0인 경우	DIVIDE 함수의 분모가 0일 때 발생하며, 0으로 나누는 연산이 불가능해짐	Infinity 또는 NaN 반환	'DIVIDE([매출], [수량], 0)'으로 기본값을 설정하여 0으로 나눌 때 기본값을 반환하도록 함
관계 오류	관련된 두 테이블 간에 관계가 정의되지 않았거나, 잘못된 관계로 인해 데이터 참조가 불가능할 때 발생	The relationship does not exist	데이터 모델에서 테이블 간 관계가 설정되었는지 확인하고, 관계가 필요 없는 경우 [LOOKUPVALUE]를 사용함

SECTION 03 DAX 함수 실습

DAX 수식은 단일 함수로 사용되는 경우가 드물며, 원하는 값을 얻기 위해 여러 함수를 조합하거나 수식을 중첩하여 활용하는 것이 일반적이다. 자주 사용되는 주요 함수와 조합들을 실습을 통해 학습해 보자.

특히, 다양한 유형의 함수와 자주 결합되는 CALCULATE, FILTER, ALL과 같은 필터 함수는 실습 예제에 지속적으로 포함되어 있어 자연스럽게 익힐 수 있으니, 필터 함수 관련 내용은 별도 섹션으로 구성되지 않았음을 참고하자.

> **알고 가기**
>
> 실습과정 중 확인할 수 있는 [DAX풀이]는 계산이 진행되는 순서에 따라 함수를 나열하고, 각 수식 내에서의 역할을 설명하고 있다. 여러 유형의 수식이 중첩될 때 작동 순서를 확인하고 이해하는 학습이 필요하다. 이를 통해 복잡한 수식을 효율적으로 구성하고, 함수 간의 상호 작용을 이해하는 데 도움이 된다.

1 숫자/집계/통계 함수

1) 합계 및 계산 – SUM, DIVIDE

> **출제유형 실습** 실습파일 : [이론실습_PART04_CHAP03_Sec03_실습1.pbix]
>
> 다음의 조건으로 <_Measure> 테이블에 측정값을 추가하시오.
> - 측정값 이름 : @판매금액_서울
>   - 활용 필드 : <판매데이터> 테이블의 [판매금액] 필드, <판매처> 테이블의 [광역시도] 필드
>   - "서울특별시"로 필터링 된 [판매금액] 합계를 계산
>   - 사용 함수 : SUM, CALCULATE
>   - 서식 : 천 단위 구분 기호, 소수점 자릿수 '0'
> - 측정값 이름 : @판매금액_전체
>   - 활용 필드 : <판매데이터> 테이블의 [판매금액] 필드, <판매처> 테이블의 [광역시도] 필드
>   - <판매데이터> 테이블의 [판매금액]을 전체지역으로 필터링 해제하여 계산
>   - 사용 함수 : SUM, CALCULATE, ALL
>   - 서식 : 천 단위 구분 기호, 소수점 자릿수 '0'
> - 측정값 이름 : @판매금액_비중
>   - 활용 필드 : [@판매금액] 측정값, [@판매금액_전체] 측정값
>   - 전체 판매금액 대비 판매금액의 점유율을 계산
>   - 사용 함수 : DIVIDE, BLANK
>   - 분모가 0일 경우 빈값을 반환하도록 설정
>   - 서식 : '백분율', 소수점 자릿수 '2'

(1) 파일 열기

❶ [파일] 탭
❷ [열기] 선택
❸ [이 장치 찾아보기] 클릭 > '이론실습_PART04_CHAP03_Sec03_실습1' 파일 열기

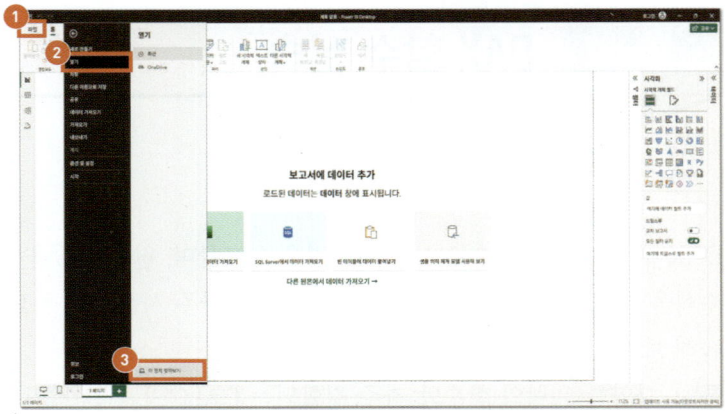

(2) 새 측정값 생성-[@판매금액_서울]

❶ [보고서 보기] 작업영역 선택
❷ [데이터 창]의 <_Measure> 테이블 우클릭
❸ [새 측정값] 선택

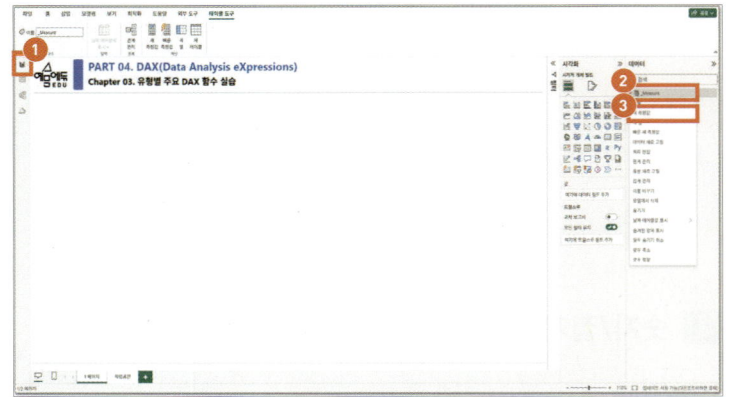

❹ [수식 편집기]의 박스에 수식 작성 후 [Enter]

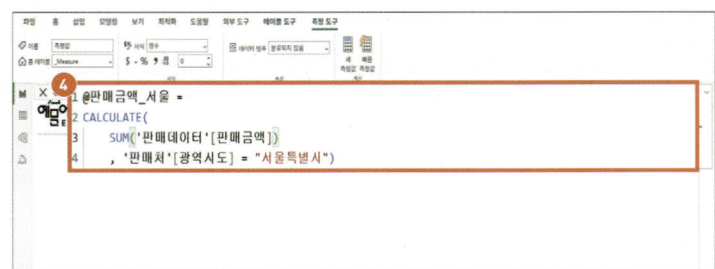

> @판매금액_서울 =
> CALCULATE(SUM('판매데이터'[판매금액])
> , '판매처'[광역시도] = "서울특별시")

DAX 풀이

이 수식은 판매데이터 테이블에서 서울특별시에 해당하는 판매처의 총 판매금액을 계산하여 반환한다. [CALCULATE] 함수를 사용해 특정 조건인 서울 지역에 해당하는 데이터를 필터링하고, [SUM] 함수를 통해 판매금액의 합계를 계산한다.

- [SUM] : <판매데이터> 테이블의 [판매금액] 필드의 모든 값을 더해 총 판매금액을 계산
- [CALCULATE] : SUM으로 계산된 전체 판매금액을 '판매처'[광역시도] = "서울특별시" 조건을 적용하여 서울특별시에 해당하는 판매 데이터로 필터링

> **사용 함수**
> - [SUM] : 주어진 열의 값을 모두 더하여 합계를 반환
>   - 구문 : SUM(<합계 대상 열>)
> - [CALCULATE] : 특정식을 계산하는 동안 지정된 필터를 적용하여 데이터를 필터링하고 계산 결과를 반환
>   - 구문 : CALCULATE(<식>, <필터1>, <필터2>, …)

(3) 서식 지정-[@판매금액_서울]

❶ [데이터 창]의 [@판매금액_서울] 측정값 선택
❷ [측정 도구] 탭에서 천 단위 구분 기호 (,) 클릭
❸ 소수점 이하 자릿수 입력란( )에 "0"을 입력

(4) 새 측정값 생성-[@판매금액_전체]

❶ [보고서 보기] 작업영역 선택
❷ [데이터 창]의 <_Measure> 테이블 우클릭
❸ [새 측정값] 선택

❹ [수식 편집기]의 박스에 수식 작성 후 [Enter]

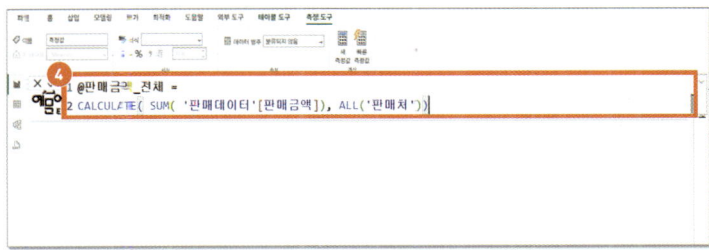

> @판매금액_전체 =
> CALCULATE(SUM('판매데이터'[판매금액]), ALL('판매처'))

> **DAX 풀이**
>
> 이 수식은 전체 판매 금액을 계산하기 위해 [ALL] 함수를 사용하여 필터링된 컨텍스트를 무시하고, '판매처' 테이블의 모든 데이터를 포함하여 [판매데이터]의 [판매금액] 합계를 구한다.
> - [SUM] 함수는 '판매데이터'[판매금액] 필드의 합계를 계산
> - [ALL] 함수는 '판매처' 테이블에 적용된 모든 필터를 제거하여, 필터링되지 않은 전체 테이블 데이터를 반환
> - [CALCULATE] 함수는 필터가 제거된 상태의 SUM 결과를 반환

> **사용 함수**
>
> - [SUM] : 주어진 열의 값을 모두 더하여 합계를 반환
>   - 구문 : SUM(<합계 대상 열>)
> - [CALCULATE] : 특정식을 계산하는 동안 지정된 필터를 적용하여 데이터를 필터링하고 계산 결과를 반환
>   - 구문 : CALCULATE(<식>, <필터1>, <필터2>, …)
> - [ALL] : 특정 테이블이나 열에서 모든 필터를 제거하여 전체 데이터를 반환
>   - 구문 : ALL(<테이블> 또는 <열>)

(5) 서식 지정-[@판매금액_전체]

❶ [데이터 창]의 [@판매금액_전체] 측정값 선택
❷ [측정 도구] 탭에서 천 단위 구분 기호 (9) 클릭
❸ 소수점 이하 자릿수 입력란( )에 "0"을 입력

(6) 새 측정값 생성-[@판매금액_비중]

❶ [보고서 보기] 작업영역 선택
❷ [데이터 창]의 <_Measure> 테이블 우클릭
❸ [새 측정값] 선택

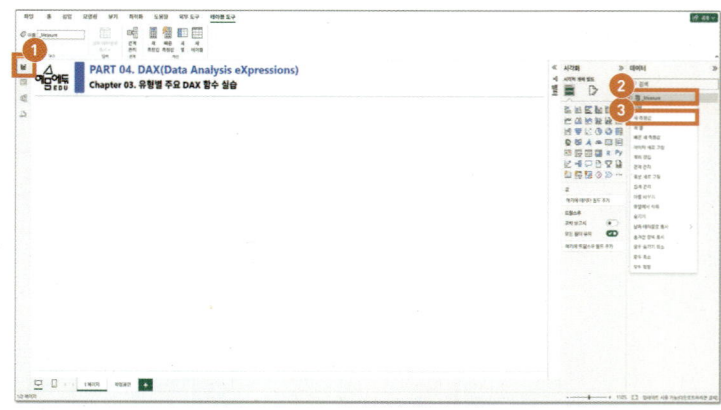

❹ [수식 편집기]의 박스에 수식 작성 후 [Enter]

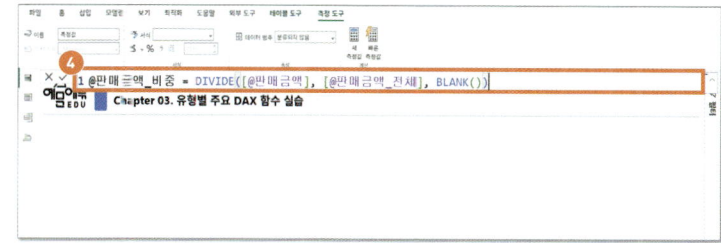

@판매금액_비중 = DIVIDE([@판매금액], [@판매금액_전체], BLANK())

DAX 풀이

이 수식은 전체 판매 금액 대비 특정 판매 금액의 비중을 계산한다. [DIVIDE] 함수를 사용하여 [@판매금액]을 [@판매금액_전체]로 나누고, 나눗셈 결과가 정의되지 않는 경우 BLANK()를 반환한다.

- [DIVIDE] 함수가 [@판매금액]을 [@판매금액_전체]로 나눈 값을 계산
- [DIVIDE] 함수의 세 번째 인수로 BLANK()가 지정되어, [@판매금액_전체]가 0이거나 값이 정의되지 않을 경우 결과로 빈값(BLANK)을 반환

사용 함수

- [DIVIDE] : 나눗셈 연산을 수행하고, 분모가 0이거나 정의되지 않을 경우 지정된 대체값을 반환
  - 구문 : DIVIDE(분자, 분모, [대체값])
- [BLANK] : 빈값을 반환하여 결과가 정의되지 않는 경우 빈값을 대체
  - 구문 : BLANK()

(7) 서식 지정-[@판매금액_비중]

❶ [데이터 창]의 [@판매금액_비중] 측정값 선택
❷ [측정 도구] 탭에서 백분율 표시 기호(%) 클릭
❸ 소수점 이하 자릿수 입력란에 "2"를 입력

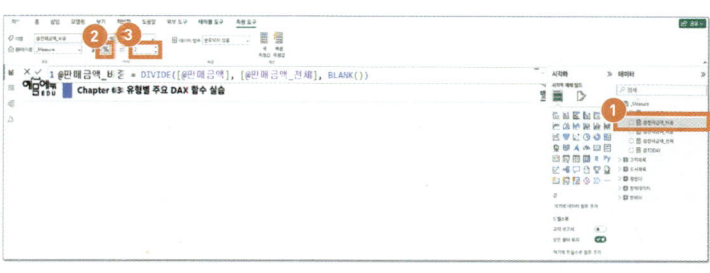

(8) 생성 결과 확인

❶ [시각적 개체 빌드]에서 행렬 시각적 개체(▦) 클릭
❷ 캔버스에 비어 있는 행렬 시각적 개체 생성 확인 후 드래그하여 크기 조정

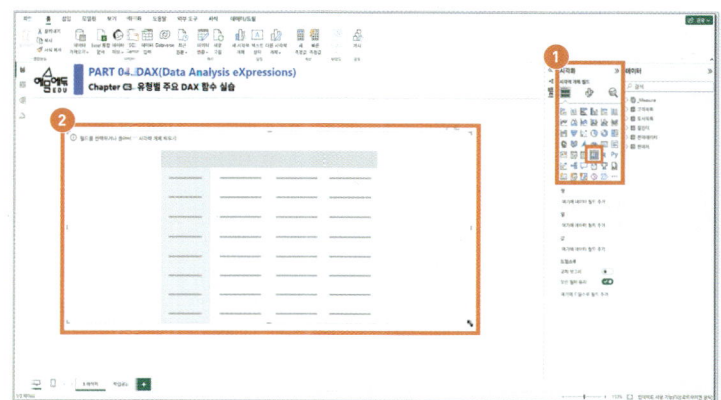

❸ 행렬 차트의 [행]에 <판매처> 테이블의 [광역시도] 필드 추가
❹ 행렬 차트의 [열]에 <캘린더> 테이블의 [연도] 필드 추가
❺ 행렬 차트의 [값]에 <_Measure> 테이블의 [@판매금액], [@판매금액_서울], [@판매금액_전체], [@판매금액_비중] 측정값 추가
❻ 행렬 차트의 영역이 추가됨에 따라 값이 변경되는 것을 확인

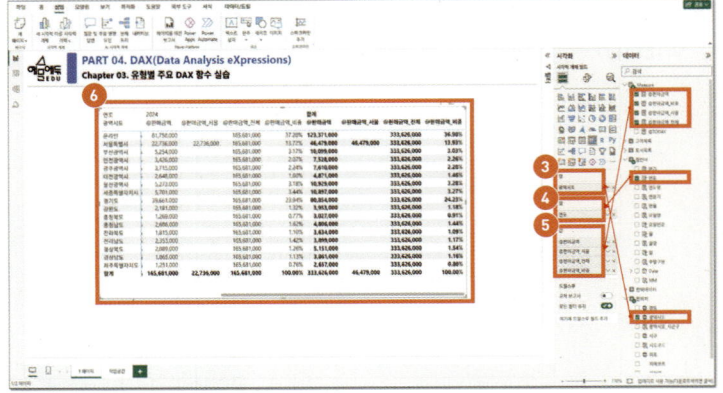

> **알고 가기**
>
> 생성한 DAX 수식의 결과가 정상적으로 동작하는지 확인할 때는 행렬 또는 테이블 시각적 개체를 사용하는 것이 좋다. 이 방법을 통해 여러 컨텍스트에서 수식이 의도한 대로 작동하는지 확인할 수 있으며, 각 필터 상황에서 결과값이 올바르게 반환되는지를 쉽게 파악할 수 있다. 테스트할 때 다양한 필터를 적용해 보고, 값이 정확하게 계산되는지 점검해 보는 것이 바람직하다.

2) 개수 및 고유건수 집계-DISTINCTCOUNT, COUNTROWS

> **출제유형 실습**   실습파일 : [이론실습_PART04_CHAP03_Sec03_실습2.pbix]
>
> 다음의 조건으로 <_Measure> 테이블에 측정값을 추가하시오.
> - 측정값 이름 : @구매회원수
>   - 활용 필드 : <판매데이터> 테이블의 [고객ID] 필드
>   - <판매데이터> 테이블의 [고객ID]의 고유 개수를 집계하여 구매 회원수를 계산
>   - 사용 함수 : DISTINCTCOUNT, CALCULATE
>   - 서식 : 천 단위 구분 기호, 소수점 자릿수 '0'
> - 측정값 이름 : @회원구매건수
>   - 활용 필드 : <판매데이터> 테이블의 [고객명] 필드
>   - <판매데이터> 테이블의 데이터 건수를 계산
>   - 사용 함수 : COUNTROWS, CALCULATE, FILTER
>   - [고객명] 필드가 "비회원"인 경우 합계에서 제외
>   - 서식 : 천 단위 구분 기호, 소수점 자릿수 '0'

(1) 파일 열기

❶ [파일] 탭
❷ [열기] 선택
❸ [이 장치 찾아보기] 클릭 > '이론실습_PART04_CHAP03_Sec03_실습2' 파일 열기

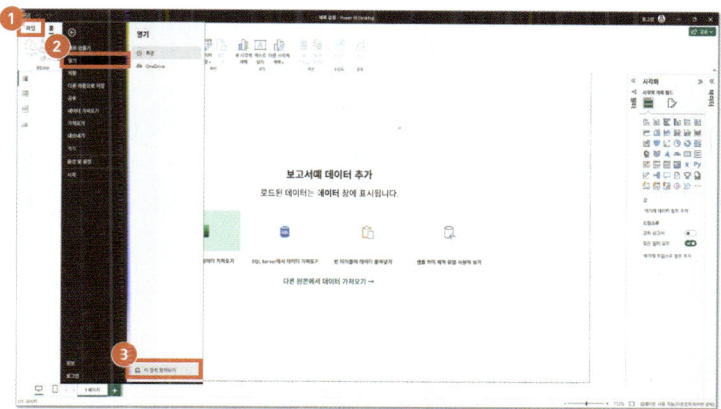

(2) 새 측정값 생성-[@구매회원수]

❶ [보고서 보기] 작업영역 선택
❷ [데이터 창]의 <_Measure> 테이블 우클릭
❸ [새 측정값] 선택

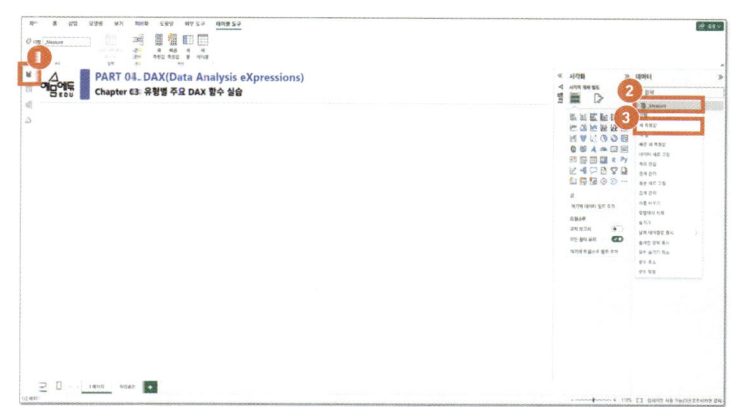

❹ [수식 편집기]의 박스에 수식 작성 후 [Enter]

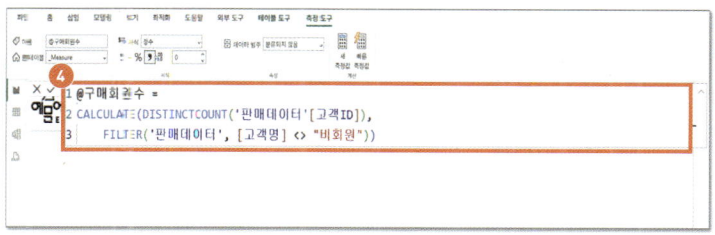

> @구매회원수 =
> CALCULATE(DISTINCTCOUNT('판매데이터'[고객ID]),
>   FILTER('판매데이터', [고객명] <>"비회원"))

DAX 풀이

이 수식은 '판다데이터' 테이블에서 고객명이 "비회원"이 아닌 경우에 대한 고유한 [고객ID] 개수를 계산하여 구매 회원 수를 반환한다.
- [FILTER] 함수가 '판매데이터' 테이블에서 [고객명]이 "비회원"이 아닌 행만 포함하는 필터링 된 테이블을 생성
- [DISTINCTCOUNT] 함수가 필터링 된 테이블의 [고객ID] 필드에서 고유한 ID 개수를 계산
- [CALCULATE] 함수가 필터 조건에 따라 지정된 식을 적용하여 최종적으로 구매 회원 수를 반환

> **사용 함수**
>
> - [CALCULATE] : 주어진 식에 필터를 적용하여 계산 결과를 반환
>   - 구문 : CALCULATE(식, 필터)
> - [DISTINCTCOUNT] : 지정된 열에서 고유한 값의 개수를 계산하여 반환
>   - 구문 : DISTINCTCOUNT(열)
> - [FILTER] : 주어진 조건을 만족하는 행만 포함된 테이블을 반환
>   - 구문 : FILTER(테이블, 조건)

(3) 서식 지정-[@구매회원수]

❶ [데이터 창]의 [@구매회원수] 측정값 선택
❷ [측정 도구] 탭에서 천 단위 구분 기호(,) 클릭
❸ 소수점 이하 자릿수 입력란(🔢 0)에 "0"을 입력

(4) 새 측정값 생성-[@회원구매건수]

❶ [보고서 보기] 작업영역 선택
❷ [데이터 창]의 <_Measure> 테이블 우클릭
❸ [새 측정값] 선택

❹ [수식 편집기]의 박스에 수식 작성 후 [Enter]

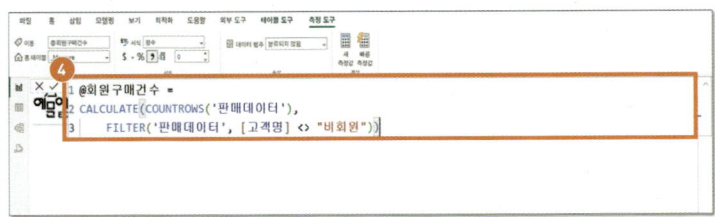

> @회원구매건수 =
> CALCULATE(COUNTROWS('판매데이터'),
>   FILTER('판매데이터', [고객명] <>"비회원"))

> **DAX 풀이**
>
> 이 수식은 <판매데이터> 테이블에서 "비회원"이 아닌 고객의 구매 건수를 계산한다. [FILTER] 함수를 통해 "비회원"을 제외하고, 조건을 만족하는 행의 수를 [COUNTROWS] 함수가 계산하며, [CALCULATE] 함수가 이러한 조건을 적용하여 결과를 반환한다.
> - [FILTER] 함수가 판매데이터 테이블에서 [고객명]이 "비회원"이 아닌 행을 필터링
> - [COUNTROWS] 함수가 필터된 결과에서 행 수를 계산
> - [CALCULATE] 함수가 필터링 된 조건을 적용하여 최종 결과를 반환

> **사용 함수**
>
> - [CALCULATE] : 식의 결과를 지정된 필터 조건을 통해 계산
>   - 구문 : CALCULATE(식, 조건)
> - [COUNTROWS] : 지정된 테이블 또는 식으로 정의된 테이블의 행 수를 계산
>   - 구문 : COUNTROWS(테이블)
> - [FILTER] : 테이블의 행을 특정 조건에 따라 필터링하여 반환
>   - 구문 : FILTER(테이블, 조건)

(5) 서식 지정

❶ [데이터 창]의 [@회원구매건수] 측정값 선택
❷ [측정 도구] 탭에서 천 단위 구분 기호 (,) 클릭
❸ 소수점 이하 자릿수 입력란(　)에 "0"을 입력

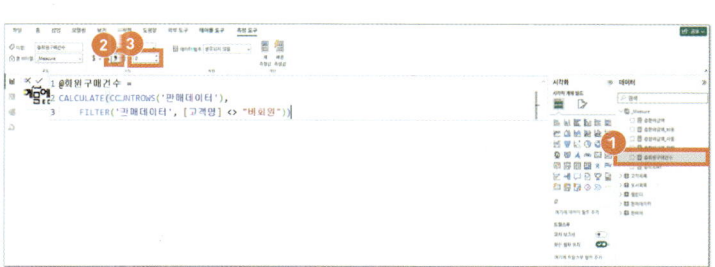

(6) 생성 결과 확인

❶ [시각적 개체 빌드]에서 행렬 시각적 개체(　) 클릭
❷ 캔버스에 띄어 있는 행렬 시각적 개체 생성 확인 후 드래그하여 크기 조정

❸ 행렬 차트의 [행]에 <고객목록> 테이블의 [연령대] 필드 추가
❹ 행렬 차트의 [열]에 <고객목록> 테이블의 [성별] 필드 추가
❺ 행렬 차트의 [값]에 <_Measure> 테이블의 [@회원구매건수] 측정값, [@구매회원수] 측정값 추가
❻ 행렬 차트의 영역이 추가됨에 따라 값이 변경되는 것을 확인

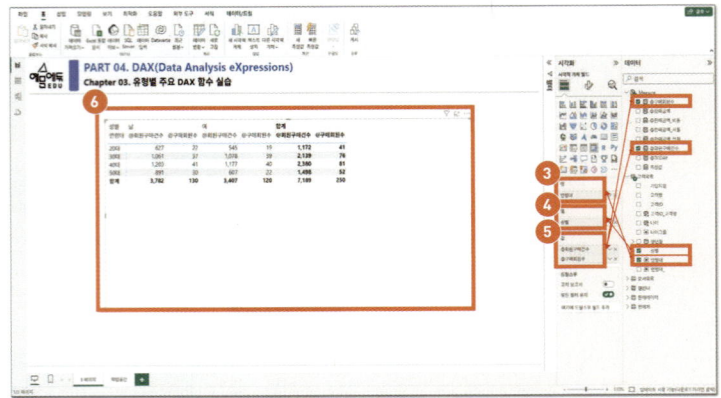

3) 순위 계산 - RANKX+ALL

출제유형 실습　실습파일 : [이론실습_PART04_CHAP01_Sec03_실습3.pbix]

다음의 조건으로 <_Measure> 테이블에 측정값을 추가하시오.
- 측정값 이름 : @도서판매순위
  - 활용 필드 : [@판매금액] 측정값, <도서목록> 테이블의 [상품명] 필드
  - <도서목록> 테이블의 모든 [상품명]을 기준으로 [판매금액]이 높은 순서대로 순위 계산
  - 사용 함수 : RANKX, ALL
  - 동률인 경우 같은 순위로 표시하고 다음 순위의 값이 연속되도록 계산
  - 서식 : 천 단위 구분 기호, 소수점 자릿수 '0'

(1) 파일 열기

❶ [파일] 탭
❷ [열기] 선택
❸ [이 장치 찾아보기] 클릭 > '이론실습_PART04_CHAP03_Sec03_실습3' 파일 열기

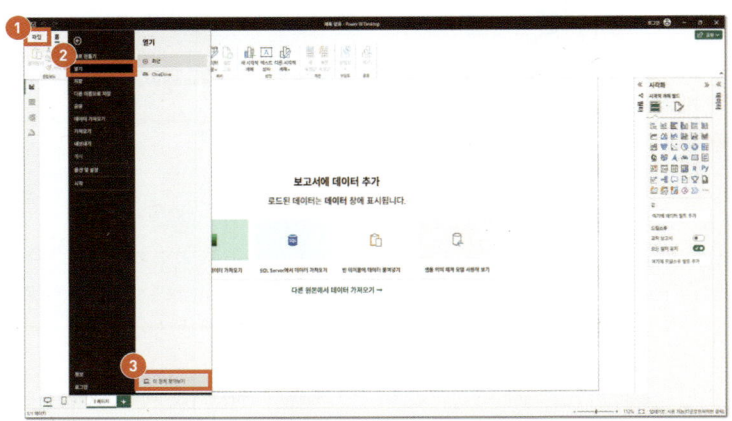

(2) 새 측정값 생성-[@도서판매순위]

❶ [보고서 보기] 작업영역 선택
❷ [데이터 창]의 <_Measure> 테이블 우클릭
❸ [새 측정값] 선택

❹ [수식 편집기]의 박스에 수식 작성 후 [Enter]

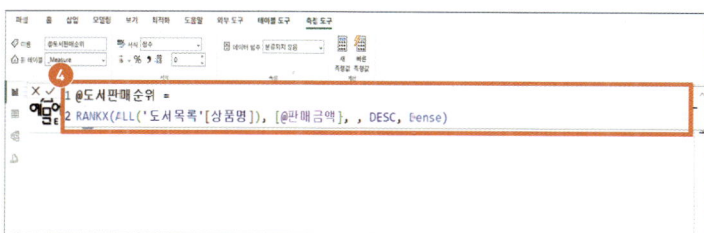

@도서판매순위 =
RANKX(ALL('도서목록'[상품명]), [@판대금액], , DESC, Dense)

DAX 풀이

이 수식은 '도서목록' 테이블 내의 각 상품의 판매금액을 기준으로 순위를 매기며, 동점일 경우 연속된 순위를 부여하는 도서 판매 순위를 계산한다.
- [ALL] 함수가 '도서목록' 테이블의 [상품명] 필드에 적용된 모든 필터를 제거하여, 전체 상품을 대상으로 순위를 계산할 수 있도록 함
- [RANKX] 함수가 모든 상품의 [판매금액] 기준 내림차순으로 순위를 계산함
  - DESC 옵션 : 내림차순 정렬을 지정
  - Dense 옵션 : 동점일 경우 동일 순위, 이후 연속된 순위를 부여(예 1, 2, 2, 3)

사용 함수

- [RANKX] : 지정된 테이블에서 계산된 값에 따라 순위를 매김
  - 구문 : RANKX(테이블, 식, [값], [정렬 순서], [동점 처리])
  - 옵션 ⓐ : DESC(내림차순), ASC(오름차순)
  - 옵션 ⓑ : Dense(동점 시 연속된 순위 부여), Skip(동점 시 건너뜀-예 1, 2, 2, 4)
- [ALL] : 특정 열 또는 테이블의 모든 필터를 제거하여 전체 데이터를 반환
  - 구문 : ALL(열 또는 테이블)

(3) 서식 지정

❶ [데이터 창]의 [도서판매순위] 측정
값 선택
❷ [측정 도구] 탭에서 천 단위 구분 기호
(,) 클릭
❸ 소수점 이하 자릿수 입력란에 "0"을 입력

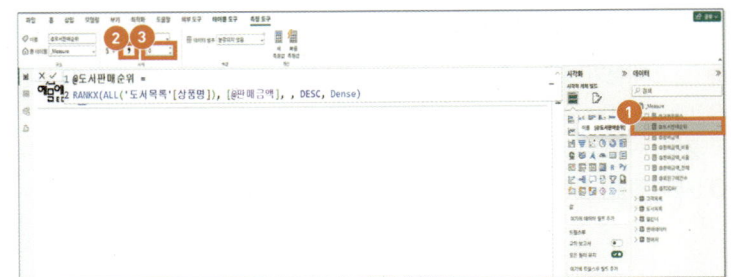

2 문자열 함수

1) 표시 형식 – FORMAT

> **출제유형 실습** 실습파일 : [이론실습_PART04_CHAP01_Sec03_실습3.pbix]
>
> 다음의 조건으로 <_Measure> 테이블에 측정값을 추가하시오.
> • 측정값 이름 : @판매금액_만원
>   - 활용 필드 : <_Measure> 테이블의 [@판매금액] 측정값
>   - [@판매금액] 측정값의 값을 "1,234만원"의 형식으로 표시
>   - 사용 함수 : FORMAT, DIVIDE, BLANK
>   - 분모가 0일 경우 빈값을 반환하도록 설정
> • 측정값 이름 : @최종판매일
>   - 활용 필드 : <판매데이터> 테이블의 [판매일자] 필드
>   - [판매일자] 필드에서 가장 최근 날짜를 가져와, "최종판매 : "이라는 텍스트와 결합하여 "조회기준일 : YYYY.MM.DD(요일)" 형식으로 표시
>   - 사용 함수 : FORMAT, MAX, &(연결연산자)

(1) 새 측정값 생성-[@판매금액_만원]

❶ [보고서 보기] 작업영역 선택
❷ [데이터 창]의 <_Measure> 테이블 우
클릭
❸ [새 측정값] 선택

❹ [수식 편집기]의 박스에 수식 작성 후 [Enter]

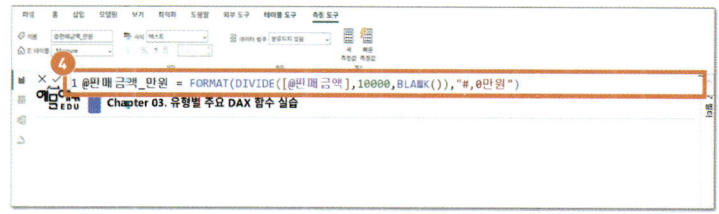

@판매금액_만원 =
FORMAT(DIVIDE([@판매금액], 10000,BLANK()),"#,0만원")

DAX 풀이

이 수식은 판매 금액을 '만원' 단위로 변환하여 쉼표 형식으로 표시하는 구조이다.
- [DIVIDE] : [@판매금액]을 10,000으로 나눠 '만원' 단위로 환산하며, 나눌 수 없는 경우 BLANK() 값을 반환
- [FORMAT] : 나눈 결과를 천 단위로 쉼표(#,0만원)가 포함된 형식의 문자열로 변환

사용 함수

- [FORMAT] : 숫자나 날짜 값을 특정 형식의 텍스트로 변환
  - 구문 : FORMAT(<값>, "<형식>")
- [DIVIDE] : 분자와 분모를 나눌 때, 오류 발생 시 대체값을 반환
  - 구문 : DIVIDE(<분자>, <분모>, [<대체값>])

[2] 새 측정값 생성-[@조회기준일]

❶ [보고서 보기] 작업영역 선택
❷ [데이터 창]의 <_Measure> 테이블 우클릭
❸ [새 측정값] 선택

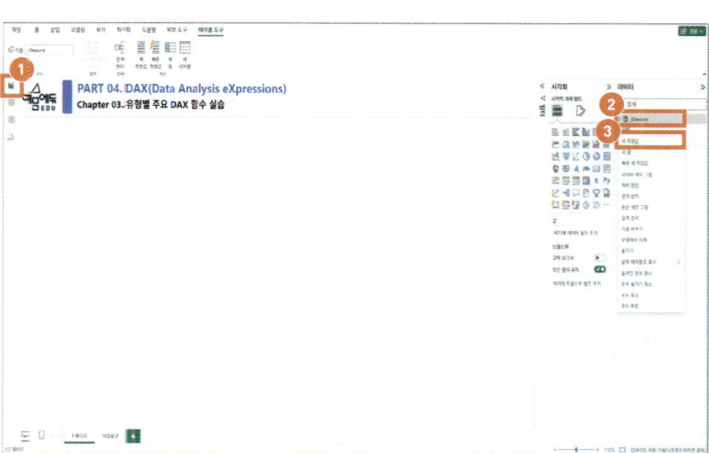

❹ [수식 편집기]의 박스에 수식 작성 후 [Enter]

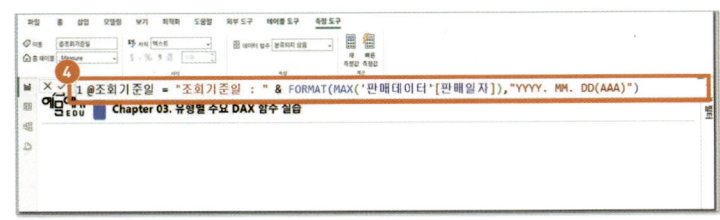

@조회기준일 =
"조회기준일 : " & FORMAT(MAX('판매데이터'[판매일자]),"YYYY. MM. DD(AAA)")

DAX 풀이

이 수식은 가장 최근 판매 날짜를 조회하여 지정된 형식으로 변환하고, "조회기준일 : "이라는 텍스트와 결합하여 출력한다.
- [MAX] : '판매데이터'[판매일자] 필드에서 가장 최근 날짜를 반환
- [FORMAT] : 가장 최근 날짜를 "YYYY. MM. DD(요일)" 형식으로 텍스트로 변환
- &(연결연산자) : "조회기준일 : "텍스트와 변환된 날짜를 연결하여 하나의 문자열 생성

사용 함수

- [FORMAT] : 숫자나 날짜 값을 특정 형식의 텍스트로 변환
  - 구문 : FORMAT(<값>, "<형식>")
- [MAX] : 지정된 열에서 가장 큰(최신) 값을 반환
  - 구문 : MAX(<열>)

알고 가기

- [FORMAT] 함수의 형식 옵션은 [필드] 및 [측정값]의 사용자 지정 서식에도 대부분 동일하게 작동한다.
- 아래 표는 기본적으로 알아야 할 주요 형식 옵션을 나열한 것으로, 이러한 형식 규칙을 숙지하여 자유롭게 혼합해 다양한 방식으로 활용해 보자.

유형	형식 옵션	설명	예시 결과
숫자	#,###	천 단위 구분 기호를 추가하여 숫자를 표현	1,000
	0	소수점 이하 두 자리까지 표시(없는 자리에는 0으로 채움)	123.5
	#,##0.0	소수점 이하 한 자리까지 표시, 천 단위 구분 기호 포함	1,234.50
	0%	백분율 형식으로 표시	85%
	0.00%	소수점 이하 한 자리까지 백분율 형식으로 표시	85.50%
	$#,###.00	통화 형식으로 소수점 이하 두 자리까지 표시	$1,234.50
	#	정수 형태로 소수점 이하 없이 표시	1234
날짜	YYYY-MM-DD	연-월-일 형식으로 날짜 표시	2023-09-30
	MM/DD/YYYY	월/일/연 형식으로 날짜 표시	09/30/2023
	YYYY.MM.DD	연.월.일 형식으로 날짜 표시	2023.09.30
	DD-MM-YYYY	일-월-연 형식으로 날짜 표시	30-09-2023
	YYYY년 MM월 DD일	한국어 연/월/일 형식으로 표시	2023년 09월 30일
	YYYY. MM. DD(AAA)	날짜와 요일을 함께 표시, 요일은 한글로 표현	2023. 09. 30(토)

> **심화**
> - [FORMAT] 함수는 텍스트 형태로 변환되기 때문에, 수치형 데이터를 기반으로 하는 차트나 그래프에서는 사용이 제한된다.
> - 아래는 사용자 지정 서식과 [FORMAT] 함수의 차이를 간략히 정리한 표이다.

구분	사용자 지정 서식	FORMAT 함수
기능 비교	숫자, 날짜 등의 데이터 형식에 직접 적용되어 다양한 시각적 개체에서 사용 가능	텍스트로 변환된 값이므로 텍스트 기반 개체에서만 사용 가능하며, 숫자형 시각화에는 사용 불가
지원되는 시각적 개체	모든 시각적 개체(예: 막대 차트, 행렬, 테이블 등)	표, 카드, 행렬 등 텍스트 기반 시각적 개체

(3) 생성 결과 확인

❶ [시각적 가체 빌드]에서 행렬 시각적 개체(▦) 클릭
❷ 캔버스에 비어 있는 행렬 시각적 개체 생성 확인 후 드래그하여 크기 조정

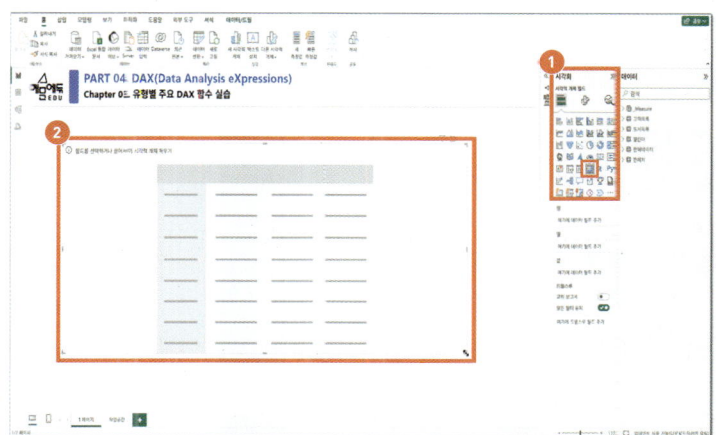

❸ 행렬 차트의 [행]에 <도서목록> 테이블의 [상품명] 필드 추가
❹ 행렬 차트의 [값]에 <_Measure> 테이블의 [@도서판매순위] 측정값, [@판매금액_만원] 측정값, [@최종판매일] 측정값 추가
❺ 행렬 차트의 영역이 추가됨에 따라 변경되는 값들을 확인
❻ 행렬 차트의 순위를 클릭하여 정렬 후 최종값을 확인

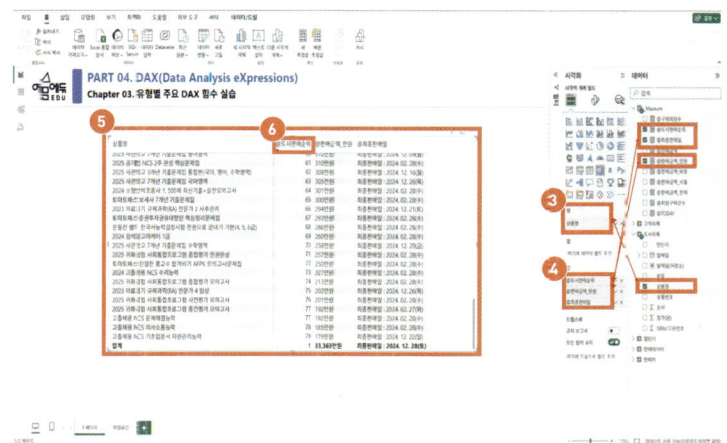

2) 문자열 추출-LEFT/MID/RIGHT, SEARCH+IF

출제유형 실습 실습파일 : [이론실습_PART04_CHAP01_Sec03_실습4.pbix]

다음의 조건으로 <_Measure> 테이블에 측정값을 추가하시오.
- 측정값 이름 : @한권완성
  - 활용 필드 : <도서목록> 테이블의 [상품명] 필드
  - [상품명] 필드의 마지막 4글자가 "한권완성"인 경우 "Y"를 반환하고, 그렇지 않으면 "-"를 반환
  - 사용 함수 : IF, RIGHT, MAX
- 측정값 이름 : @토마토패스
  - 활용 필드 : <도서목록> 테이블의 [상품명] 필드
  - [상품명]에 "토마토"라는 단어가 포함된 경우 "Y"를 반환하고, 그렇지 않으면 "-"를 반환
  - 사용 함수 : IF, SEARCH, MIN

(1) 파일 열기

❶ [파일] 탭
❷ [열기] 선택
❸ [이 장치 찾아보기] 클릭 > '이론실습_PART04_CHAP03_Sec03실습4' 파일 열기

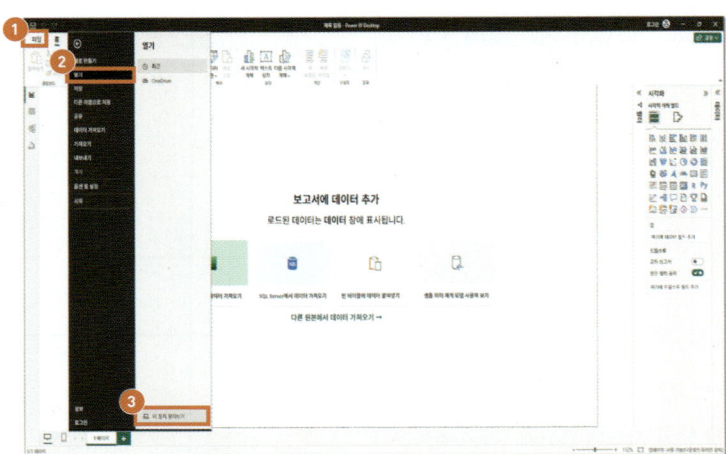

(2) 새 측정값 생성-[@한권완성]

❶ [보고서 보기] 작업영역 선택
❷ [데이터 창]의 <_Measure> 테이블 우클릭
❸ [새 측정값] 선택

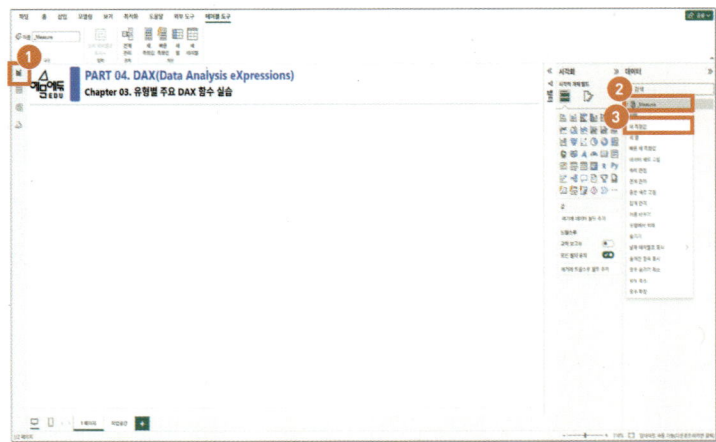

❹ [수식 편집기]의 박스에 수식 작성 후 [Enter]

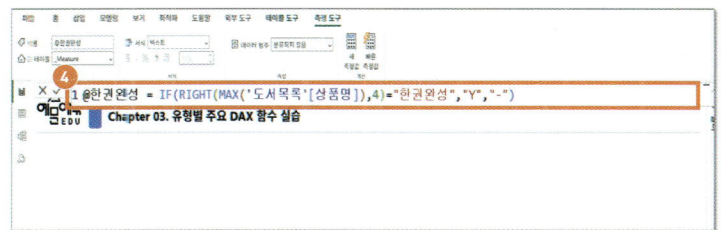

@한권완성 =
IF(RIGHT(MAX('도서목록'[상품명]),4)="한권완성","Y","-")

DAX 풀이

이 수식은 '도서목록' 테이블에서 '상품명' 열의 값을 기준으로 도서명이 "한권완성"으로 끝나는 경우에 "Y"를, 그렇지 않은 경우 "-"를 반환한다.
- [MAX] : <도서목록> 테이블에서 [상품명]의 가장 큰(즉, 사전 순으로 가장 뒤에 있는) 단일 값을 반환
- [RIGHT] : [MAX] 함수로 선택한 상품명의 오른쪽 네 글자를 추출
- [IF] : [RIGHT] 함수로 추출한 값이 "한권완성"과 일치하는지 확인하여 참일 경우 "Y"를, 거짓일 경우 "-"를 반환

사용 함수

- [MAX] : 지정된 열에서 가장 큰 값을 반환
  - 구문 : MAX(<열>)
- [RIGHT] : 텍스트의 오른쪽에서 지정한 수만큼의 문자를 반환
  - 구문 : RIGHT(<텍스트>, <문자 수>)
- [IF] : 주어진 조건에 따라 다른 값을 반환
  - 구문 : IF(<조건>, <참일 때 반환>, <거짓일 때 반환>)

(3) 새 측정값 생성-[@토마토패스]

❶ [보고서 보기] 작업영역 선택
❷ [데이터 창]의 <_Measure> 테이블 우클릭
❸ [새 측정값] 선택

❹ [수식 편집기]의 박스에 수식 작성 후 [Enter]

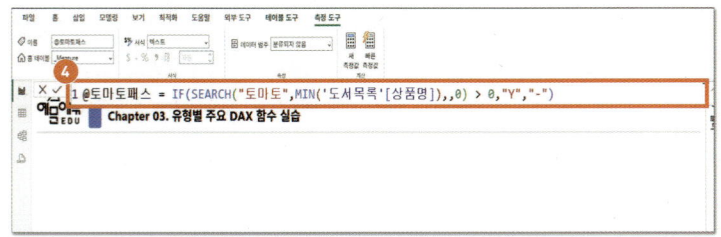

@토마토패스 =
IF(SEARCH("토마토", MIN('도서목록'[상품명]), , 0) > 0, "Y", "-")

DAX 풀이

이 수식은 <도서목록> 테이블에서 [상품명]에 "토마토"라는 문자열이 포함된 상품이 있는지 검색하고, 있으면 "Y", 없으면 "-"를 반환한다.

- [MIN] : <도서목록> 테이블의 [상품명] 필드에서 사전 순으로 가장 앞에 있는 단일 값을 가져옴
- [SEARCH] : MIN 함수로 가져온 [상품명]에 "토마토"가 포함되어 있는지를 확인하고, 위치를 반환
  - 0보다 큰 위치가 반환되면 "토마토"가 포함된 것으로 판단
- [IF] : 조건에 따라 "Y" 또는 "-"를 반환
  - "토마토"라는 문자열이 포함된 경우 "Y", 포함되지 않은 경우 "-"

사용 함수

- [MIN] : 지정된 열에서 가장 작은 값을 반환
  - 구문 : MIN(<열>)
- [SEARCH] : 텍스트 내에서 지정된 문자열의 위치를 반환하고, 찾지 못할 경우 오류를 반환
  - 구문 : SEARCH(<찾을 텍스트>, <대상 텍스트>, [시작 위치])
- [IF] : 조건이 참일 경우 첫 번째 인수를 반환하고, 거짓일 경우 두 번째 인수를 반환
  - 구문 : IF(<조건>, <참일 때 반환>, <거짓일 때 반환>)

(4) 생성 결과 확인

❶ [시각적 개체 빌드]에서 행렬 시각적 개체(▦) 클릭
❷ 캔버스에 비어 있는 행렬 시각적 개체 생성 확인 후 드래그하여 크기 조정

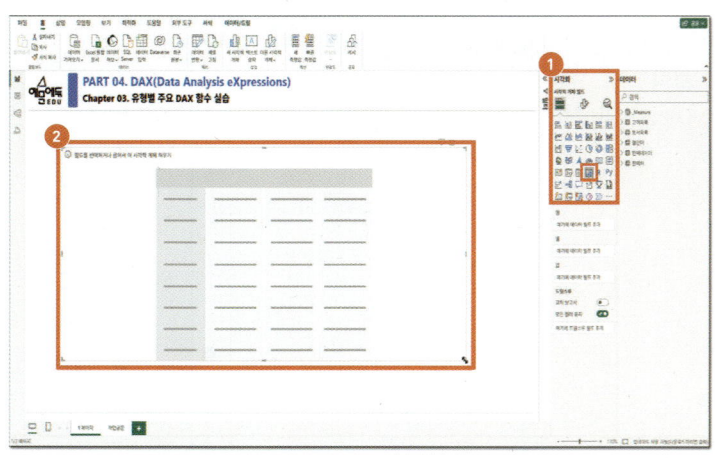

❸ 행렬 차트의 [행]에 <도서목록> 테이블의 [상품명] 필드 추가
❹ 행렬 차트의 [값]에 <_Measure> 테이블의 [@한권완성] 측정값, [@토마토패스] 측정값 추가
❺ 행렬 차트의 값을 확인

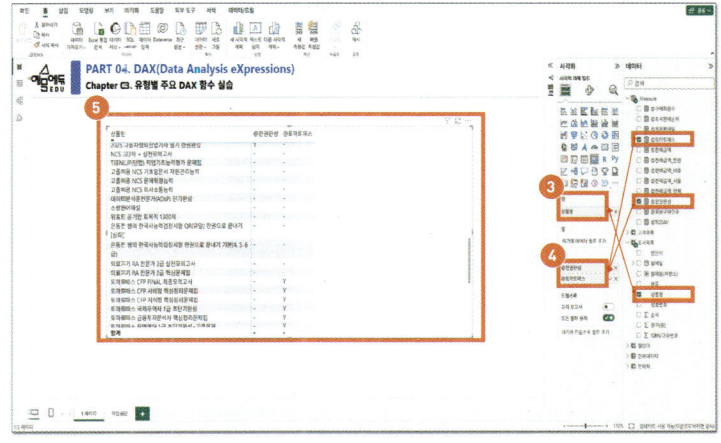

3 논리 및 조건 함수

1) 다중 조건-IF+IF, SWICH+TRUE

> **출제유형 실습** 실습파일 : [이론실습_PART04_CHAP03_Sec03_실습5.pbix]
>
> 다음의 조건으로 <_Measure> 테이블에 측정값을 추가하시오.
> - 측정값 이름 : @시리즈
>   - 활용 필드 : <도서목록> 테이블의 [@토마토파스] 측정값, [@한권완성] 측정값
>   - [@토마토패스] 측정값 또는 [@한권완성] 측정값이 "Y"인 경우 "Y"를 반환하고, 그렇지 않은 경우 "-"를 반환
>   - 사용 함수 : IF, OR
> - 측정값 이름 : @시리즈구분1
>   - 활용 필드 : <_Measure> 테이블의 [토마토패스] 측정값, [한권완성] 측정값
>   - [@토마토패스] 값이 "Y"이면 "토마토패스", [@한권완성] 값이 "Y"이면 "한권완성"을 반환하고, 그 외의 경우 "기타"를 반환
>   - 사용 함수 : IF
> - 측정값 이름 : @시리즈구분2
>   - 활용 필드 : [@토마토패스], [@한권완성] 측정값
>   - [@토마토패스]가 "Y"이면 "토마토패스", [@한권완성]이 "Y"이면 "한권완성"을 반환하고, 그 외의 경우 "기타"를 반환
>   - 사용 함수 : SWITCH, TRUE()

(1) 파일 열기

❶ [파일] 탭
❷ [열기] 선택
❸ [이 장치 찾아보기] 클릭 > '이론실습_PART04_CHAP03_Sec03실습5' 파일 열기

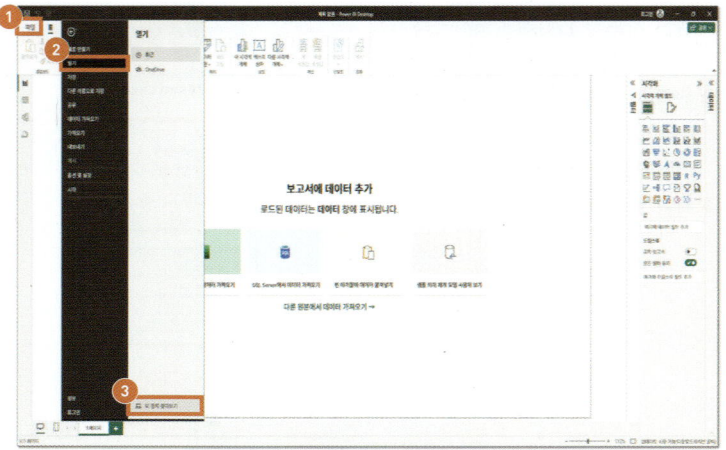

(2) 새 측정값 생성-[@시리즈]

❶ [보고서 보기] 작업영역 선택
❷ [데이터 창]의 <_Measure> 테이블 우클릭
❸ [새 측정값] 선택

❹ [수식 편집기]의 박스에 수식 작성 후 [Enter]

@시리즈 = IF(OR([@토마토패스]="Y", [@한권완성] = "Y"),"Y","-")

DAX 풀이

이 수식은 [@토마토패스] 측정값 또는 [@한권완성] 측정값이 "Y"인 경우, [@시리즈] 값에 "Y"를 반환하고, 그렇지 않으면 "-"를 반환한다.
- [OR] : [@토마토패스] 또는 [@한권완성]이 "Y"인지 확인하여 하나라도 "Y"인 경우 TRUE를 반환
- [IF] : [OR] 함수의 결과가 TRUE일 경우 "Y", FALSE일 경우 "-"를 반환하며, 판매 데이터로 필터링함

사용 함수

- [OR] : 두 개 이상의 조건 중 하나라도 참이면 TRUE를 반환
  - 구문 : OR(<조건1>, <조건2>, …)
- [IF] : 주어진 조건에 따라 참일 경우 첫 번째 값을, 거짓일 경우 두 번째 값을 반환
  - 구문 : IF(<조건>, <참일 때 반환>, <거짓일 때 반환>)

(3) 새 측정값 생성-[@시리즈구분1]

❶ [보고서 보기] 작업영역 선택
❷ [데이터 창]의 <_Measure> 테이블 우클릭
❸ [새 측정값] 선택

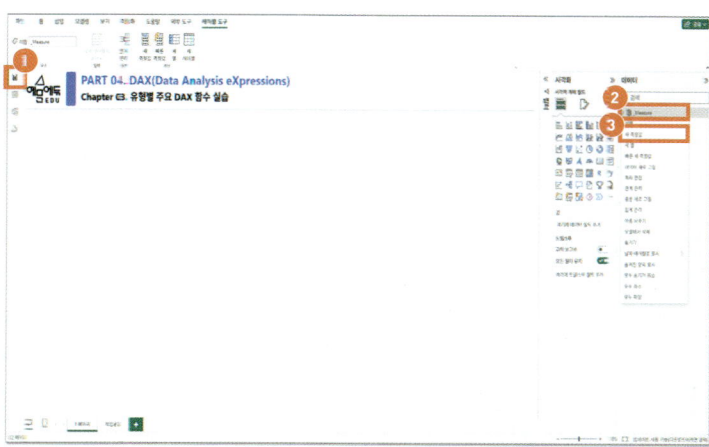

❹ [수식 편집기]의 박스에 수식 작성 후 [Enter]

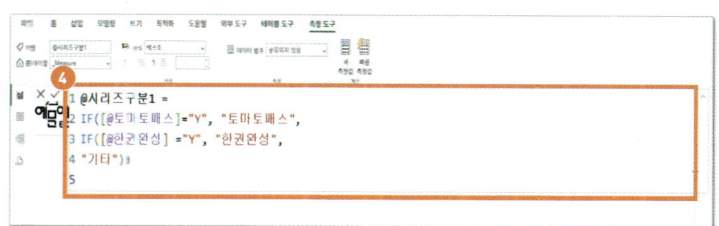

```
@시리즈구분1 =
IF([@토마토퍼스]="Y", "토마토패스",
IF([@한권완성] ="Y", "한권완성",
"기타"))
```

DAX 풀이

이 수식은 [@토마토패스]가 "Y"인지 먼저 확인하여, 참일 경우 "토마트패스"를 반환하고, 거짓일 경우 [@한권완성]이 "Y"인지 확인하여 참일 경우 "한권완성"을 반환한다. 두 조건 모두 거짓일 경우 "기타"를 반환한다.

- 첫 번째 [IF] 함수는 [@토마토패스]가 "Y"인지 확인하여 참일 경우 "토마토패스"를 반환
- 첫 번째 IF의 조건이 거짓일 경우, 두 번째 [IF] 함수는 [@한권완성]이 "Y"인지 확인하여 참일 경우 "한권완성"을 반환
- 두 번째 IF의 조건도 거짓일 경우, 기본값으로 "기타"를 반환

사용 함수

- [IF] : 주어진 조건에 따라 참일 경우 첫 번째 값을, 거짓일 경우 두 번째 값을 반환
  - 구문 : IF(<조건>, <참일 때 반환>, <거짓일 때 반환>)

(4) 새 측정값 생성-[@시리즈구분2]

❶ [보고서 보기] 작업영역 선택
❷ [데이터 창]의 <_Measure> 테이블 우 클릭
❸ [새 측정값] 선택

❹ [수식 편집기]의 박스에 수식 작성 후 [Enter]

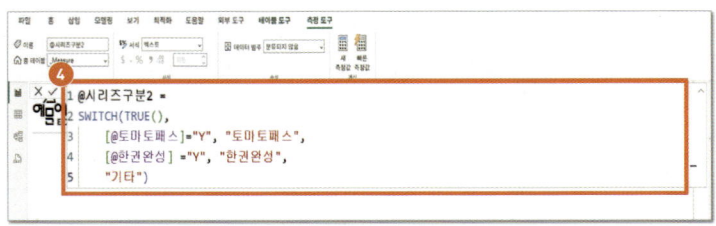

```
@시리즈구분2 =
SWITCH(TRUE(),
  [@토마토패스]="Y", "토마토패스",
  [@한권완성] ="Y", "한권완성",
  "기타")
```

DAX 풀이

이 수식은 [SWITCH] 함수와 TRUE()를 사용해 다중 조건을 평가한다. [@토마토패스]가 "Y"이면 "토마토패스"를 반환하고, 그렇지 않고 [@한권완성]이 "Y"일 경우 "한권완성"을 반환한다. 모든 조건이 거짓일 경우 "기타"를 반환한다.

- [SWITCH] : 첫 번째 인수로 TRUE()를 사용해 조건문 형태로 설정
- 첫 번째 조건 [@토마토패스]가 "Y"이면 "토마토패스"를 반환
- 첫 번째 조건이 거짓일 경우, 두 번째 조건 [@한권완성]이 "Y"이면 "한권완성"을 반환
- 모든 조건이 거짓일 경우, 기본값으로 "기타"를 반환

사용 함수

- [SWITCH] : 여러 조건을 평가하고 각 조건에 따라 다른 값을 반환하는 함수
  - 구문 ⓐ : SWITCH(<식>, <값1>, <결과1>, <값2>, <결과2>, …, <기본값>)
  - 구문 ⓑ : SWITCH(TRUE(), <조건1>, <값1>, <조건2>, <값2>, …, <기본값>)

> **심화**
> - 조건이 여러 개일 경우, IF 함수 중첩보다 SWITCH+TRUE 조합을 사용하는 것이 가독성과 성능 면에서 유리하다.
>   - IF 함수는 여러 조건을 중첩해 사용할 수 있지만, 조건이 많아질수록 코드가 복잡해져 가독성이 떨어진다.
>   - SWITCH(TRUE(), …) 구문은 여러 조건을 간결하게 구성할 수 있어 코드가 깔끔하며, 다수의 조건을 평가할 때 성능이 상대적으로 우수하다.
> - 간단한 조건일 때는 IF 중첩이 적합하지만, 여러 조건을 평가할 경우 SWITCH+TRUE를 사용해 코드의 효율성을 높이는 것이 좋다. 시험에서는 제시된 함수 외의 다른 방법을 사용할 경우, 감점 요인이 될 수 있으니 제시된 방법을 준수하자.

(5) 생성 결과 확인

❶ [시각적 개체 빌드]에서 행렬 시각적 개체(▦) 클릭
❷ 캔버스에 비어 있는 행렬 시각적 개체 생성 확인 후 드래그하여 크기 조정

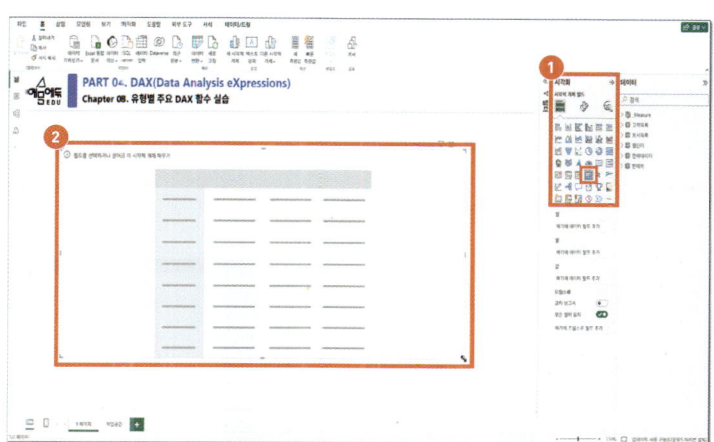

❸ 행렬 차트의 [행]에 <도서목록> 테이블의 [상품명] 필드 추가
❹ 행렬 차트의 [값]에 <_Measure> 테이블의 [@시리즈] 측정값, [@시리즈구분1] 측정값, [@시리즈구분2] 측정값 추가
❺ 행렬 차트의 값을 확인

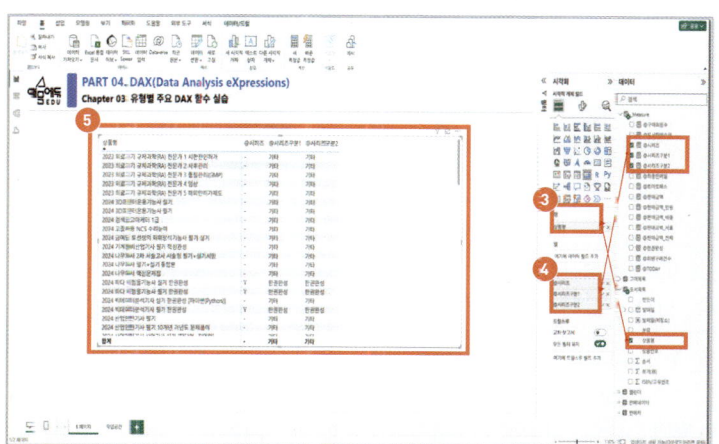

4 날짜 및 시간 함수

1) 누적 시계열 함수-TOTALMTD, DATESMTD

출제유형 실습 실습파일 : [이론실습_PART04_CHAP03_Sec03_실습6.pbix]

<_Measure> 테이블에 월 누적 판매수량 합계 측정값을 생성하시오.
- 측정값 이름 : @월누적_TOTALMTD
  - 활용 필드 : <판매데이터> 테이블의 [판매수량] 필드, <캘린더> 테이블의 [Date] 필드
  - 사용 함수 : TOTALMTD, SUM
  - 서식 : 천 단위 구분기호, 소수점 자릿수 '0'
- 측정값 이름 : @월누적_DATESMTD
  - 활용 필드 : <판매데이터> 테이블의 [판매수량] 필드, <캘린더> 테이블의 [Date] 필드
  - 사용 함수 : DATESMTD, SUM, CALCULATE
  - 서식 : 천 단위 구분기호, 소수점 자릿수 '0'

(1) 파일 열기

❶ [파일] 탭
❷ [열기] 선택
❸ [이 장치 찾아보기] 클릭 > '이론실습_PART04_CHAP03_Sec03_실습6' 파일 열기

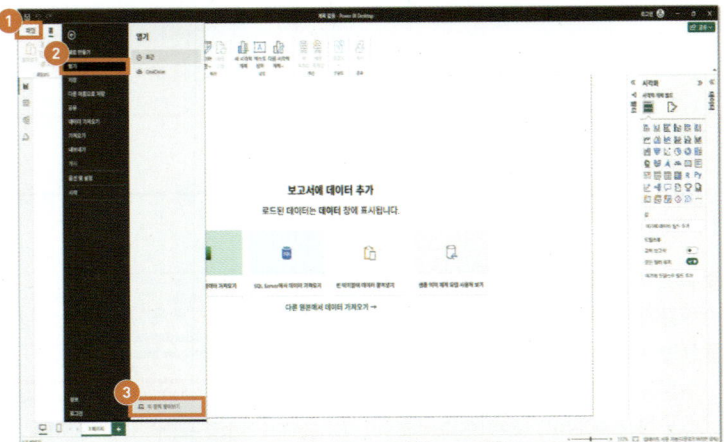

(2) [@월누적_TOTALMTD] 측정값 생성

❶ [보고서 보기] 작업영역 선택
❷ [데이터 창]의 <_Measure> 테이블 우클릭
❸ [새 측정값] 선택

❹ [수식 편집기]의 박스에 수식 작성 후 [Enter]

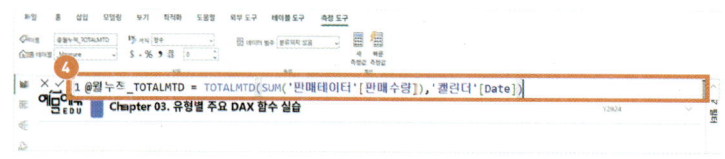

@월누적_TCTALMTD =
TOTALMTD(SUM('판매데이터'[판매수량]),'캘린더'[Date])

DAX 풀이

기 수식은 <단매데이터> 테이블의 [판대일자] 필드를 기준으로 월별 누적 판매수량을 계산하는 측정값을 생성한다. [TOTALMTD] 함수는 지정된 기간의 월 단위 누적 합계를 구할 때 유용하다.
- [SUM] 함수가 <판매데이터> 테이블의 [판매수량] 필드 값을 모두 합산하여 총 판매 수량을 계산
- [TOTALMTD] 함수가 월의 시작일부터 지정된 날짜 범위 내의 누적 판매수량을 반환

사용 함수

- [TOTALMTD] : 지정된 날짜 범위 내에서 월 단위 누적 합계를 계산
  - 구문 : TOTALMTD(<계산식>, <날짜 필드>, [필터])
- [SUM] : 지정된 열의 모든 숫자 값을 합산
  - 구문 : SUM(<대상 열>)

(3) 서식 지정

❶ [데이터 창]의 [@월누적_TOTALMTD] 측정값 선택
❷ [측정 도구] 탭에서 천 단위 구분 기호 (,) 클릭
❸ 소수점 이하 자릿수 입력란( )에 "0"을 입력

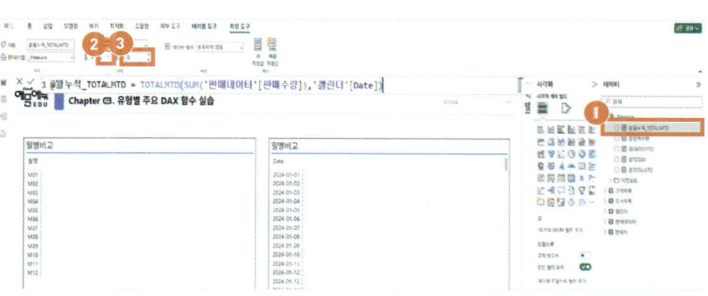

(4) [@월누적_DATESMTD] 측정값 생성

❶ [보고서 보기] 작업영역 선택
❷ [데이터 창]의 <_Measure> 테이블 우클릭
❸ [새 측정값] 선택

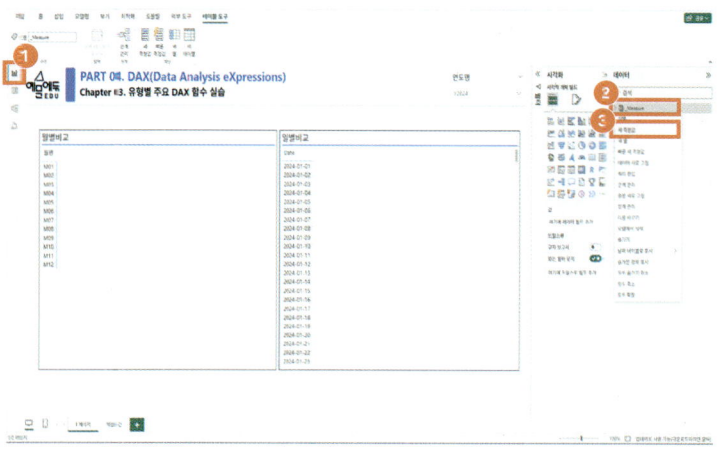

❹ [수식 편집기]의 박스에 수식 작성 후 [Enter]

@월누적_DATESMTD =
CALCULATE(SUM('판매데이터'[판매수량]),DATESMTD('캘린더'[Date]))₩

DAX 풀이

이 수식은 <캘린더> 테이블의 [Date] 필드를 기준으로 월별 누적 판매수량을 계산한다. DATESMTD 함수는 월 초부터 해당 날짜까지의 누적 값을 계산하는 데 사용되며, [CALCULATE] 함수가 필터 컨텍스트를 조정하여 해당 누적 합계를 반환하도록 한다.
- [SUM] 함수가 <판매데이터> 테이블의 [판매수량] 필드 값을 모두 합산하여 기본 판매수량을 계산
- [DATESMTD] 함수가 <캘린더> 테이블의 [Date] 필드에서 현재 월의 시작일부터 특정 날짜까지의 날짜 범위를 반환
- [CALCULATE] 함수가 [SUM] 함수의 계산 결과에 [DATESMTD]의 날짜 범위를 필터로 적용하여 해당 월의 누적 판매수량을 반환

사용 함수

- [CALCULATE] : 식을 계산하고 필터 컨텍스트를 수정함
  - 구문 : CALCULATE(<식>, <필터1>, <필터2>, …)
- [SUM] : 지정된 열의 모든 숫자 값을 합산
  - 구문 : SUM(<대상 열>)
- [DATESMTD] : 월 초부터 특정 날짜까지의 날짜 집합을 반환하여 월 단위 누적 계산에 사용됨
  - 구문 : DATESMTD(<날짜 열>)

(5) 서식 지정

❶ [데이터 창]의 [@월누적_DATESMTD] 측정값 선택
❷ [측정 도구] 탭에서 천 단위 구분 기호 (,) 클릭
❸ 소수점 이하 자릿수 입력란(﹪ [0 ⇅])에 "0"을 입력

(6) 생성 결과 확인-월별비교

❶ 미리 구성해 놓은 월별비교 행렬 시각적 개체 선택
❷ 행렬 차트의 [값]에 <_Measure> 테이블의 [@월누적_DATESMTD], [@월누적_TOTALMTD], [@판매수량] 측정값 추가
❸ 추가된 측정값들의 결과값을 확인 및 비교

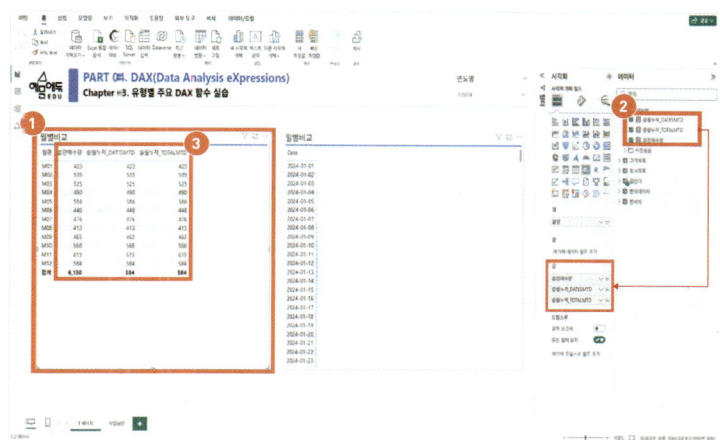

(7) 생성 결과 확인-일별비교

❶ 미리 구성해 놓은 일별비교 행렬 개체 선택
❷ 행렬 차트의 [값]에 <_Measure> 테이블의 [@월누적_DATESMTD], [@월누적_TOTALMTD], [@판매수량] 측정값 추가
❸ 추가된 측정값들의 결과값을 확인 및 비교

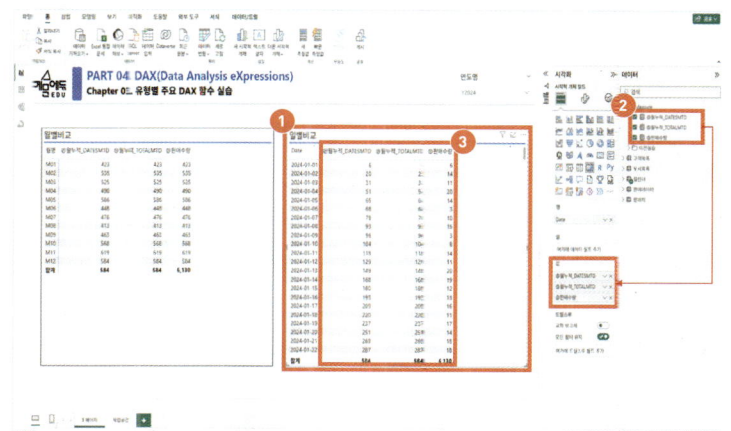

알고 가기

[TOTALMTD] 함수와 [DATESMTD] 함수는 사용 구문의 형태만 다를 뿐 특정 주기의 식을 누적하여 계산하는 역할을 한다. 이를 통해 월, 분기, 연 등의 시계열 기준에 따라 누적 합계를 산출할 수 있다.

- [TOTALMTD] 함수와 [TOTALYTD], [TOTALQTD], [TOTALWTD] 함수는 누적 집계를 위한 대상 기간의 기준만 다를 뿐, 구문고· 기능, 사용법이 동일하다. 필요한 시계열 기준에 맞는 함수를 선택하여 누적 합계를 구할 수 있다.

- [DATESMTD] 함수 역시 [DATESYTD], [DATESQTD], [DATESWTD]와 마찬가지로 대상 기간에 따라 시계열 기준만 다를 뿐, 사용법은 동일하다. 적합한 시계열 기준을 선택하여 누적 범위를 반환할 수 있다.

필요한 조건에 맞추어 적절한 함수를 선택하여 정확한 집계와 범위를 적용하도록 한다.

2) 동기 비교 시계열 함수–DATEADD, PREVIOUS…, SAMEPERIODLASTYEAR

출제유형 실습 실습파일 : [이론실습_PART04_CHAP03_Sec03_실습6.pbix]

<_Measure> 테이블에 전년동기 판매수량 합계 측정값을 생성하시오.
- 측정값 이름 : @전년_판매수량_DATEADD
  - 활용 필드 : <판매데이터> 테이블의 [판매수량] 필드, [판매일자] 필드
  - 사용 함수 : DATEADD, SUM, CALCULATE
- 측정값 이름 : @전년_판매수량_PREVIOUS
  - 활용 필드 : <판매데이터> 테이블의 [판매수량] 필드, [판매일자] 필드
  - 사용 함수 : PREVIOUSYEAR, SUM, CALCULATE
- 측정값 이름 : @전년_판매수량_SAMEPERIOD
  - 활용 필드 : <판매데이터> 테이블의 [판매수량] 필드, [판매일자] 필드
  - 사용 함수 : SAMEPERIODLASTYEAR, SUM, CALCULATE

(1) 파일 열기

❶ [파일] 탭
❷ [열기] 선택
❸ [이 장치 찾아보기] 클릭 > '이론실습_PART04_CHAP03_Sec03_실습7' 파일 열기

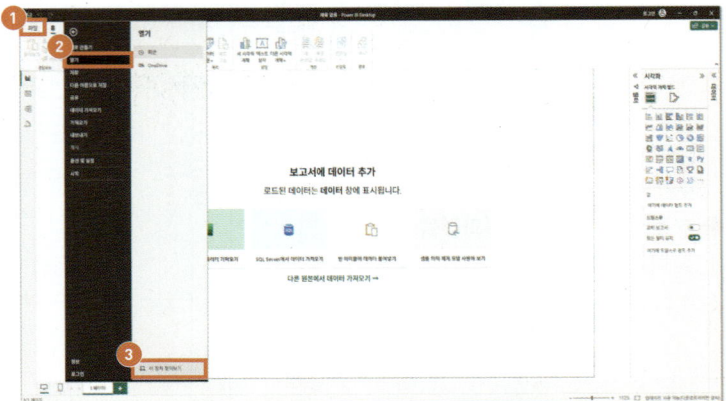

(2) [@전년_판매수량_DATEADD] 측정값 생성

❶ [보고서 보기] 작업영역 선택
❷ [데이터 창]의 <_Measure> 테이블 우클릭
❸ [새 측정값] 선택

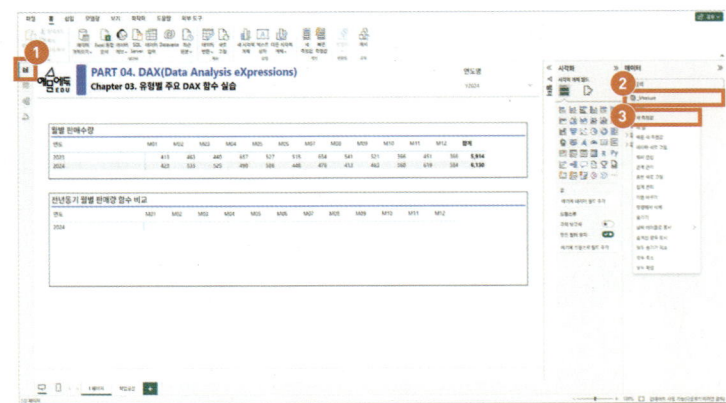

❹ [수식 편집기]의 박스에 수식 작성 후 [Enter]

@전년_판매수량_DATEADD =
CALCULATE(SUM('판매데이터'[판매수량])
 ,DATEADD('캘린더'[Date], -1 ,YEAR)
)

DAX 풀이

이 수식은 현재 연도의 동일 날짜에 대해 전년도 판매 수량을 계산한다. [DATEADD] 함수가 현재 날짜에서 1년 전으로 이동한 날짜 범위를 반환하며, [CALCULATE] 함수가 이 날짜 범위에 따라 필터링 된 상태에서 합계를 구해 전년도 판매 수량을 계산한다.

- [SUM] 함수가 <판매데이터> 테이블으 [판매수량] 필드를 합산하여 전체 판매 수량을 계산
- [DATEADD] 함수가 <캘린더> 테이블의 [Date] 필드 기준으로 현재 날짜에서 1년 전의 날짜 범위를 반환
- [CALCULATE] 함수가 [SUM] 함수의 결과에 [DATEADD] 필터를 적용하여 전년도 동일 기간의 누적 판매 수량을 반환

사용 함수

- [CALCULATE] : 필터 컨텍스트를 수정하여 지정된 식을 계산
  - 구문 : CALCULATE(<식>, <필터1>, <필터2>, …)
- [SUM] : 지정된 열의 모든 숫자 값을 합산
  - 구문 : SUM(<대상 열>)
- [DATEADD] : 날짜 필드를 기준으로 지정된 기간만큼 앞뒤로 이동한 날짜 집합을 반환
  - 구문 : DATEADD(<날짜 열>, <기간>, <간격>)
  - 옵션 : <간격>은 DAY, MONTH, QUARTER, YEAR로 지정 가능

(3) 서식 지정

❶ [데이터 창]에서 [@전년_판매수량_DATEADD] 측정값 선택
❷ [측정 도구] 탭에서 천 단위 구분 기호 (,) 클릭
❸ 소수점 이하 자릿수 입력란에 "0"을 입력

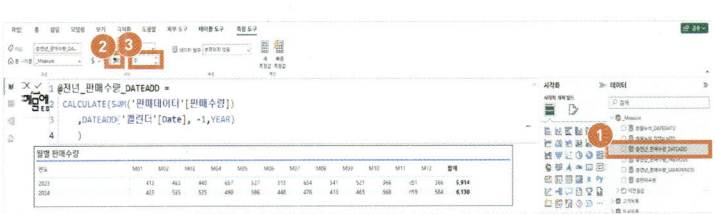

(4) [@전년_판매수량_PREVIOUS] 측정값 생성

❶ [보고서 보기] 작업영역 선택
❷ [데이터 창]의 <_Measure> 테이블 우클릭
❸ [새 측정값] 선택

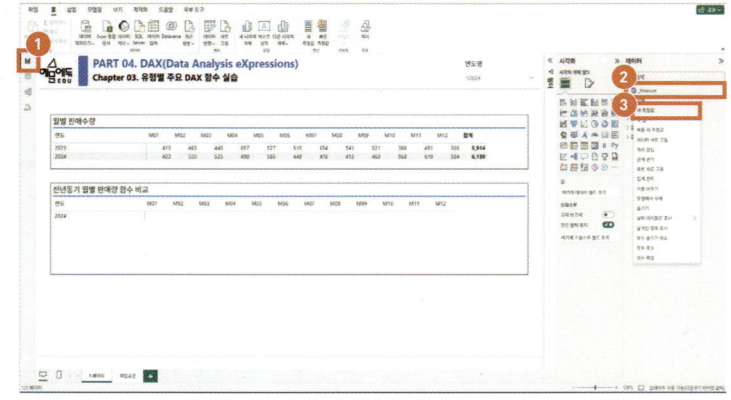

❹ [수식 편집기]의 박스에 수식 작성 후 [Enter]

@전년_판매수량_PREVIOUS =
CALCULATE(SUM('판매데이터'[판매수량])
 ,PREVIOUSYEAR('캘린더'[Date])
)

DAX 풀이

이 수식은 현재 연도의 동일 날짜에 대해 전년도 판매 수량을 계산한다. [PREVIOUSYEAR] 함수가 캘린더의 날짜 필드를 기준으로 전년도 전체 날짜 범위를 반환하며, [CALCULATE] 함수가 이 범위에 따라 필터링된 상태에서 판매 수량의 합계를 계산한다.
- [SUM] 함수가 <판매데이터> 테이블의 [판매수량] 필드를 합산하여 전체 판매 수량을 계산
- [PREVIOUSYEAR] 함수가 <캘린더> 테이블의 [Date] 필드를 기준으로 전년도 날짜 범위를 반환
- [CALCULATE] 함수가 [SUM] 함수의 결과에 [PREVIOUSYEAR] 필터를 적용하여 전년도 전체의 누적 판매 수량을 반환

사용 함수

- [CALCULATE] : 필터 컨텍스트를 수정하여 지정된 식을 계산
  - 구문 : CALCULATE(<식>, <필터1>, <필터2>, …)
- [SUM] : 지정된 열의 모든 숫자 값을 합산
  - 구문 : SUM(<대상 열>)
- [PREVIOUSYEAR] : 지정된 날짜 열을 기준으로 전년도 전체 날짜 범위를 반환
  - 구문 : PREVIOUSYEAR(<날짜 열>)

(5) 서식 지정

❶ [데이터 창]에서 [@전년_판매수량_PREVIOUS] 측정값 선택
❷ [측정 도구] 탭에서 천 단위 구분 기호 (,) 클릭
❸ 소수점 이하 자릿수 입력란( )에 "0"을 입력

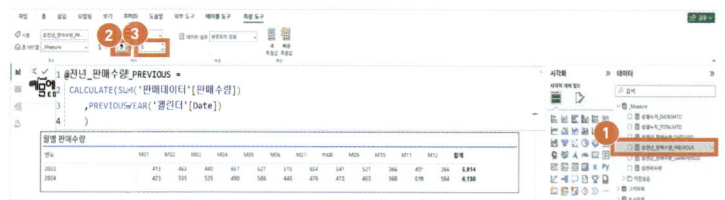

> **알고 가기**
>
> [PREVIOUSYEAR] 함수는 [DATESYTD/QTD/MTD]나 [TOTALYTD/QTD/MTD]처럼 동일한 문법으로 대상 주기만 달리하는 형제 함수들이 있다. 각 함수는 날짜 필드를 인수로 받아 지정된 기간의 바로 이전 기간 데이터를 조회할 수 있도록 지원한다.
>
> • [PREVIOUSYEAR] : 전년을 반환
> • [PREVIOUSQUARTER] : 전분기를 반환
> • [PREVIOUSMONTH] : 전월을 반환

(6) [@전년_판매수량_SAMEPERIOD] 측정값 생성

❶ [보고서 보기] 작업영역 선택
❷ [데이터 창]의 <_Measure> 테이블 우클릭
❸ [새 측정값] 선택

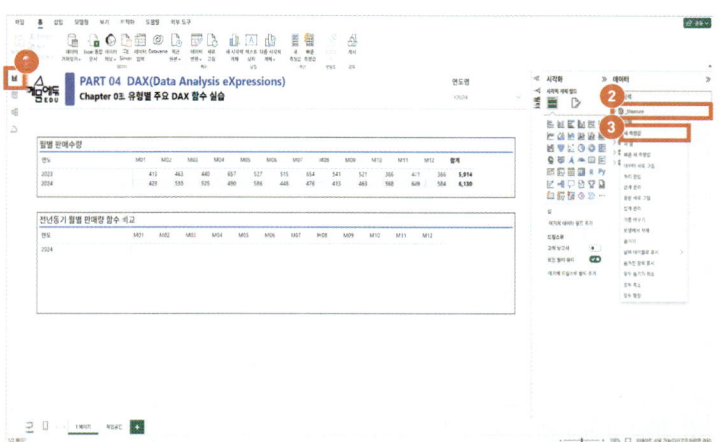

❹ [수식 편집기]의 박스에 수식 작성 후 [Enter]

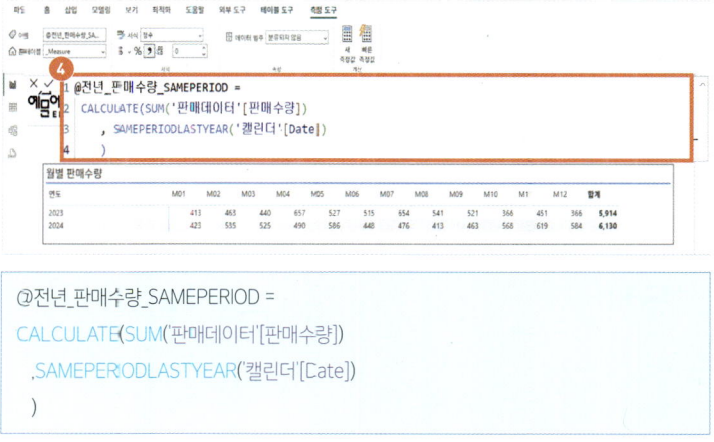

@전년_판매수량_SAMEPERIOD =
CALCULATE(SUM('판매데이터'[판매수량])
,SAMEPERIODLASTYEAR('캘린더'[Date])
)

CHAPTER 03 유형별 주요 DAX 함수 실습 195

> **DAX 풀이**
>
> 이 수식은 현재 연도의 동일 기간에 대해 전년도 판매 수량을 계산한다. [SAMEPERIODLASTYEAR] 함수가 캘린더의 날짜 필드를 기준으로 동일한 날짜 범위의 전년도 값을 반환하며, [CALCULATE] 함수는 이 전년도 범위를 필터로 적용하여 판매 수량의 합계를 구한다.
> - [SUM] 함수가 <판매데이터> 테이블의 [판매수량] 필드를 합산하여 전체 판매 수량을 계산
> - [SAMEPERIODLASTYEAR] 함수가 <캘린더> 테이블의 [Date] 필드를 기준으로 동일 날짜의 전년도 범위를 반환
> - [CALCULATE] 함수가 [SUM] 함수의 결과에 [SAMEPERIODLASTYEAR] 필터를 적용하여 전년도 동일 기간의 누적 판매 수량을 계산

> **사용 함수**
>
> - [CALCULATE] : 필터 컨텍스트를 수정하여 지정된 식을 계산
>   - 구문 : CALCULATE(<식>, <필터1>, <필터2>, …)
> - [SUM] : 지정된 열의 모든 숫자 값을 합산
>   - 구문 : SUM(<대상 열>)
> - [SAMEPERIODLASTYEAR] : 지정된 날짜 열을 기준으로 동일한 기간의 전년도 날짜 범위를 반환
>   - 구문 : SAMEPERIODLASTYEAR(<날짜 열>)

(7) 서식 지정

❶ [데이터 창]에서 [@전년_판매수량_SAMEPERIOD] 측정값 선택
❷ [측정 도구] 탭에서 천 단위 구분 기호(ˏ) 클릭
❸ 소수점 이하 자릿수 입력란에 "0"을 입력

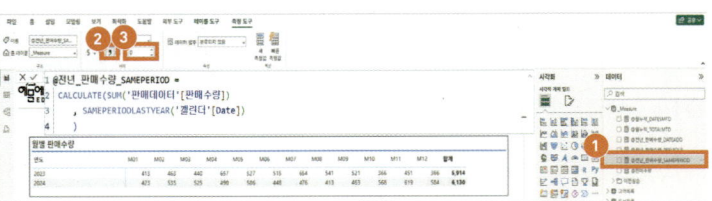

(8) 생성 결과 확인

❶ 미리 구성해 놓은 전년동기 월별 판매량 함수 비교 개체 선택
❷ 행렬 차트의 [값]에 <_Measure> 테이블의 [@전년_판매수량_DATEADD], [@전년_판매수량_PREVIOUS], [@전년_판매수량_SAMEPERIOD], [@판매수량] 측정값 추가
❸ 추가된 측정값들의 결과값과 월별 판매수량 개체의 '2023년 데이터'와 비교 확인

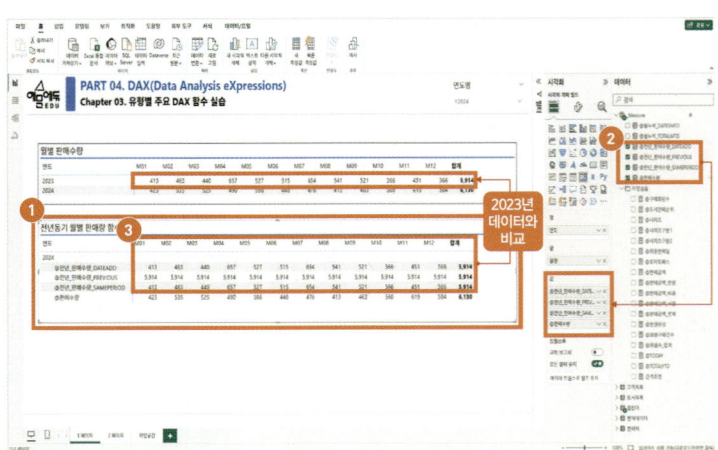

> **알고 가기**
>
> [PREVIOUSYEAR], [DATEADD], [SAMEPERIODLASTYEAR]는 모두 전년도의 데이터를 참조하지만 반환되는 범위가 다르다는 점을 알아두어야 한다. 각 함수는 날짜 필드를 인수로 받아 지정된 기간의 바로 이전 기간 데이터를 조회할 수 있도록 지원한다.
> - [PREVIOUSYEAR] : 전체 전년도 데이터를 반환한다. 필터가 2024년 12월일 경우 2023년 전체 기간의 데이터가 반환된다.
> - [DATEADD] : 지정된 주기 단위와 기간을 조정해, 이전 또는 이후의 데이터를 가져올 수 있어 더 다양한 주기 조정이 가능하다. 필터가 2024년 12월일 경우, [DATEADD]의 옵션을 통해 -1년을 지정하면 2023년 12월 한 달의 데이터가 반환된다.
> - [SAMEPERIODLASTYEAR] : 현재 필터와 동일한 날짜 범위를 전년도 데이터로 반환한다. 필터가 2024년 12월일 경우, 전년도 동일 기간인 2023년 12월이 반환된다.
>
> 이 세 함수의 차이에 대해 정확하게 이해하고, 필요한 데이터 범위에 맞춰 함수를 선택을 신중히 해야 한다.

5 테이블 조작/계산 함수

1) 테이블 생성-VALUES, SUMMARIZE, ADDCOLUMNS

출제유형 실습 실습파일 : [이론실습_PART04_CHAP03_Sec03_실습8.pbix]

다음의 조건으로 데이터 창에 테이블을 추가하시오.

- 테이블 이름 : <#연령대별회원수_남>
  - 필드 : [연령대], [성별], [회원수] 필드 구성
  - 활용 필드 : <고객목록> 테이블의 [연령대], [성별], [고객ID] 필드
  - <고객목록> 테이블에서 [성별] 필드의 값이 "남"인 고객 데이터를 기준으로 연령대별 회원 수의 합계를 반환
  - 사용 함수 : SUMMARIZE, FILTER, COUNT
- 테이블 이름 : <#연령대별회원수_여>
  - 필드 : [연령대], [성별], [회원수] 필드 구성
  - 활용 필드 : <고객목록> 테이블의 [연령대], [성별], [고객ID] 필드
  - 사용 함수 : ADDCOLUMNS, FILTER, VALUES, COUNT, CALCULATE
  - <고객목록> 테이블에서 [연령대] 필드 데이터를 기준으로 연령대별 여자 회원 수의 합계를 반환

필드	조건
[연령대]	"비회원" 값은 제외
[성별]	"여" 텍스트 문자열 반환
[회원수]	<고객목록> 테이블의 [고객ID] 필드의 개수를 반환하되, <고객목록> 테이블의 [성별] 필드의 값이 "여" 값인 고객으로 필터링

- 테이블 이름 : <#연령대별회원수_종합>
  - 필드 : [연령대], [성별], [회원수] 필드 구성
  - 활용 테이블 : <#연령대별회원수_남>, <#연령대별회원수_여자> 테이블
  - 활용 필드 : <#연령대별회원수_남자> 테이블의 [회원수] 필드, <#연령대별회원수_여자> 테이블의 [회원수] 필드
  - 사용 함수 : UNION, ROW
  - <#연령대별회원수_남자> 테이블과 <#연령대별회원수_여자> 테이블의 [회원수] 필드를 사용하여 남, 여 소계를 계산하는 행을 2개 추가한 후, 다음의 구조로 테이블을 생성

연령대	성별	회원수	연령대	성별	회원수
20대	남		20대	여	
50대	남		50대	여	
30대	남		30대	여	
40대	남		40대	여	
소계	남		소계	여	

(1) 파일 열기

❶ [파일] 탭
❷ [열기] 선택
❸ [이 장치 찾아보기] 클릭 > '이론실습_PART04_CHAP03_Sec03_실습8' 파일 열기

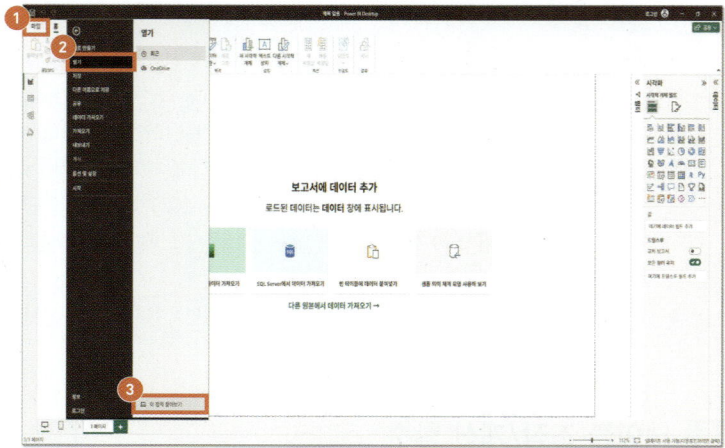

(2) <#연령대별회원수_남자> 테이블 생성

❶ [테이블 뷰] 작업영역 선택
❷ [홈] 탭 선택
❸ [새 테이블] 선택

(3) 수식 입력 및 결과 확인

❶ [수식 편집기]의 박스에 수식 작성 후 [Enter]
❷ 생성된 테이블의 결과 확인

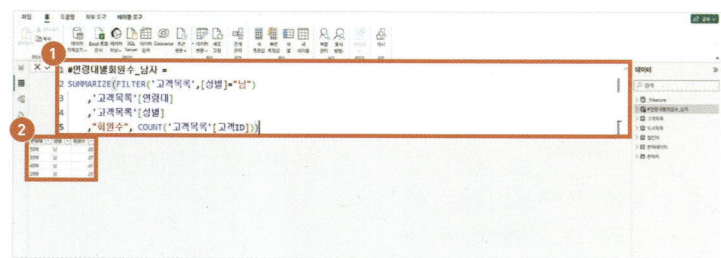

> #연령대별회원수_남자 =
> SUMMARIZE(FILTER('고객목록',[성별]="남")
> ,'고객목록'[연령대]
> ,'고객목록'[성별]
> ,"회원수", COUNT('고객목록'[고객ID]))

DAX 풀이

기 수식은 <고객목록> 테이블에서 성별이 "남"인 각 연령대별 남자 회원 수를 요약하여 반환한다.

- [FILTER] 함수가 <고객목록> 테이블에서 [성별] 필드가 "남"인 행만을 포함한 테이블을 생성
- [SUMMARIZE] 함수가 필터링된 테이블을 [연령대] 필드와 [성별] 필드를 기준으로 그룹화하며, 각 그룹에 대해 "회원수"라는 새 열을 추가하고 [고객ID] 필드의 개수를 계산하여 반환

사용 함수

- [SUMMARIZE] : 지정된 테이블을 특정 필드로 그룹화하고 계산된 열을 추가하여 요약된 테이블을 반환
  - 구문 : SUMMARIZE(<테이블>, <그룹 기준 필드1>, <그룹 기준 필드2>, …, <계산된 열 이름> <식>)
- [FILTER] : 특정 조건을 기준으로 테이블을 필터링하여 반환
  - 구문 : FILTER(<테이블>, <조건>)
- [COUNT] : 지정된 열에서 비어 있지 않은 값을 가진 행의 개수를 계산
  - 구문 : COUNT(<열>)

(4) <#연령대별회원수_여자> 테이블 생성

❶ [테이블 뷰] 작업영역 선택
❷ [홈] 탭 선택
❸ [새 테이블] 선택

(5) 수식 입력 및 결과 확인

❶ [수식 편집기]의 박스에 수식 작성 후 [Enter]
❷ 생성된 테이블의 결과 확인

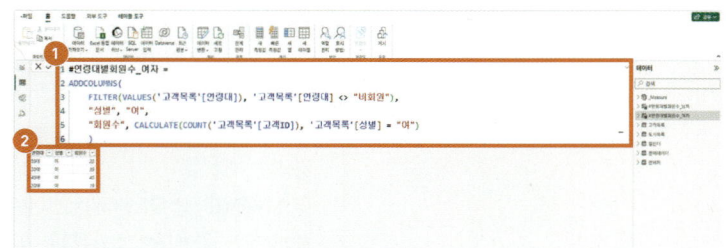

```
#연령대별회원수_여자 =
ADDCOLUMNS(
    FILTER(VALUES('고객목록'[연령대]), '고객목록'[연령대] <>"비회원"),
    "성별", "여",
    "회원수", CALCULATE(COUNT('고객목록'[고객ID]), '고객목록'[성별] = "여")
)
```

DAX 풀이

이 수식은 [고객목록] 테이블에서 "비회원"이 아닌 각 연령대로 여자의 회원 수를 계산하고, 성별을 "여"로 설정하여 결과를 반환한다.
- [VALUES] 함수가 [고객목록] 테이블의 [연령대] 필드에서 고유한 연령대 값을 반환
- [FILTER] 함수가 [연령대] 필드에서 "비회원"이 아닌 값만 필터링
- [ADDCOLUMNS] 함수가 [성별] 및 [회원수]라는 새 열을 추가
  - [성별] 필드에는 "여"로 설정하여 반환될 데이터의 성별을 지정
  - [회원수] 필드에는 [CALCULATE] 함수를 사용하여 성별이 "여"인 [고객ID]의 개수를 계산하여 반환

사용 함수

- [ADDCOLUMNS] : 기존 테이블에 계산된 열을 추가
  - 구문 : ADDCOLUMNS(<테이블>, <열 이름>, <식>, …)
- [VALUES] : 테이블 내 열의 고유한 값을 반환
  - 구문 : VALUES(<열>)
- [FILTER] : 특정 조건에 따라 테이블을 필터링
  - 구문 : FILTER(<테이블>, <조건>)
- [CALCULATE] : 주어진 식을 특정 조건에서 계산
  - 구문 : CALCULATE(<식>, <필터 조건>)

(6) <#연령대별회원수_소계> 테이블 생성

❶ [테이블 뷰] 작업영역 선택
❷ [홈] 탭 선택
❸ [새 테이블] 선택

(7) 수식 입력 및 결과 확인

❶ [수식 편집기]의 박스에 수식 작성 후 [Enter]
❷ 생성된 테이블의 결과 확인

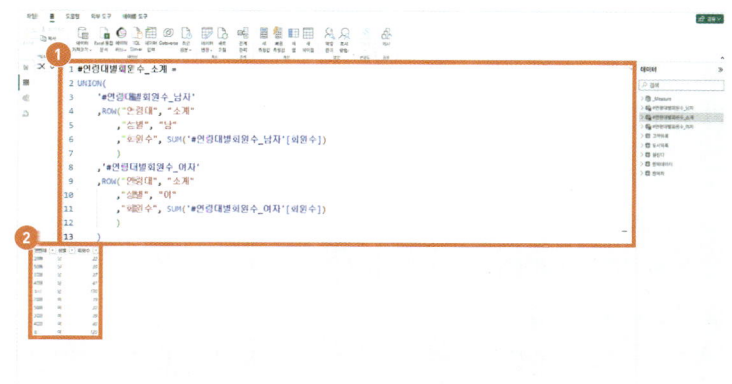

```
#연령대별회원수_소계 =
UNION(
    '#연령대별회원수_남자'
    ,ROW("연령대", "소계"
        ,"성별", "남"
        ,"회원수", SUM('#연령대별회원수_남자'[회원수]))
    ,'#연령대별회원수_여자'
    ,ROW("연령대", "소계"
        ,"성별", "여"
        ,"회원수", SUM('#연령대별회원수_여자'[회원수]))
)
```

> **DAX 풀이**
>
> 이 수식은 <#연령대별회원수_남자>와 <#연령대별회원수_여자>의 데이터를 통합하여 성별 연령대별 회원 수와 소계를 계산하고 결합된 테이블을 반환한다.
> - [UNION] 함수가 두 테이블(<#연령대별회원수_남자>, <#연령대별회원수_여자>)과 각각 소계 행을 추가하여 결합된 테이블을 생성
> - 각 소계 행은 [ROW] 함수를 사용하여 생성되며 [연령대] 필드에 "소계"라는 값을, [성별] 필드에는 남성과 여를 각각 설정
> - 소계의 [회원수] 필드에는 각 성별별로 회원수를 합산하여 반환

> **사용 함수**
>
> - [UNION] : 여러 테이블을 결합하여 하나의 테이블로 반환
>   - 구문 : UNION(<테이블1>, <테이블2>, …)
> - [ROW] : 단일 행을 가진 테이블을 생성
>   - 구문 : ROW(<열 이름>, <값>, …)

2) 유사한 기능을 제공하는 함수

① 그룹화 및 요약 함수 비교

[SUMMARIZE]는 다양한 필드로 그룹화된 요약 테이블을 생성하고 계산 열을 별도 정의할 수 있으며, [GROUPBY]는 주로 [CURRENTGROUP]을 사용해 특정 열에서 그룹화된 데이터를 요약하는 데 사용된다.

함수 구문	설명
SUMMARIZE (〈테이블〉, 〈그룹 기준 열〉, …)	• 여러 필드로 그룹화하여 요약 테이블 생성 • 추가된 계산 열에 대해 별도의 식 정의 가능 • 예시 : SUMMARIZE('판매데이터', [카테고리], "총판매", SUM('판매데이터'[판매금액])) • 결과 : 카테고리별 총판매 요약 테이블 생성
GROUPBY (〈테이블〉, 〈그룹 기준 열〉, …)	• 특정 열을 기준으로 데이터를 그룹화하여 요약 • 추가 열은 제공된 필드에서만 계산 가능 • CURRENTGROUP 함수를 통해 현재 그룹 내 값에 접근 가능 • 예시 : GROUPBY('판매데이터', [카테고리] , "총판매", SUMX(CURRENTGROUP(), '판매데이터'[판매금액])) • 결과 : 카테고리별 총판매 요약 테이블 반환

② 필터 함수 비교

[FILTER]는 단일 조건에 맞춘 행을 필터링하여 반환하며, [CALCULATETABLE]은 필터링 된 테이블과 동시에 계산을 수행할 수 있어 복합적인 조건 하에 집계를 진행하는 데 상대적으로 유용하다.

함수 구문	설명
FILTER (〈테이블〉, 〈조건〉)	• 각 행에 조건을 적용해 필터링 된 행을 포함하는 새로운 테이블 반환 • 특정 조건이 충족되는 행만 남길 때 사용 • 예시 : FILTER('고객목록', '고객목록'[성별] = "남") • 결과 : 성별이 남자인 고객만 포함된 테이블
CALCULATETABLE (〈수식〉, 〈필터 조건〉)	• 필터 조건에 따라 테이블을 필터링하면서 수식 컨텍스트 변경 가능 • 필터링과 계산이 필요한 경우 유용 • 예시 : CALCULATETABLE(SUM('판매데이터'[판매금액]), '판매데이터'[지역] = "서울") • 결과 : 서울 지역의 판매금액 계산 후 테이블 생성

③ 고윳값 함수 비교

[DISTINCT]는 필터 컨텍스트에 영향을 받지 않고 전체 테이블의 고윳값을 반환하는 반면, [VALUES]는 현재 필터 컨텍스트에 따라 고윳값을 반환한다.

함수 구문	설명
DISTINCT (〈열〉)	• 전체 테이블에서 고윳값만 반환(필터 영향 없음) • 예시 : DISTINCT('고객'[지역]) • 결과 : 필터와 관계없이 '고객' 테이블의 지역 필드에서 전체 고윳값 반환
VALUES (〈열〉)	• 필터 컨텍스트 내에서 고윳값만 반환(필터에 따라 결과 달라짐) • 예시 : VALUES('고객'[지역]) • 결과 : 필터가 적용된 상태에서 해당 컨텍스트의 지역 필드 내 고윳값만 반환

④ 집합 함수 비교

세 함수 모두 테이블 간의 결합, 교집합, 차집합 연산을 수행하며, 열 구조가 동일해야 하는 것이 공통점이다. [UNION]은 모든 행을 결합하고, [INTERSECT]는 공통 행만, [EXCEPT]는 첫 번째 테이블에서 제외된 행만 반환한다.

함수 구문	설명
UNION (〈테이블1〉, 〈테이블2〉)	• 두 개 이상의 테이블을 결합하여 단일 테이블을 반환 • 테이블 간 열 이름과 순서가 동일해야 함 • 예시 : UNION('판매데이터1', '판매데이터2') • 결과 : 두 테이블의 모든 행을 결합한 단일 테이블
INTERSECT (〈테이블1〉, 〈테이블2〉)	• 두 테이블에서 동일한 행만 반환 • 열 구조가 동일해야 함 • 예시 : INTERSECT('판매데이터1', '판매데이터2') • 결과 : 두 테이블의 공통 행 반환
EXCEPT (〈테이블1〉, 〈테이블2〉)	• 첫 번째 테이블에만 있는 행을 반환하여 차집합 생성 • 두 번째 테이블에 포함되지 않은 행만 필터링됨 • 예시 : EXCEPT('전체데이터', '중복데이터') • 결과 : 첫 번째 테이블의 중복되지 않은 행 반환

PART 05

시각화

Power BI를 사용하면 복잡한 데이터도 한눈에 파악할 수 있는 시각적 형태로 표현할 수 있다. 이러한 작업을 '시각화'라고 하며, 시각화의 핵심은 데이터를 목적에 맞게 정리하고 명확하게 전달하는 데 있다. 시각화 파트에서는 막대 그래프와 파이 그래프를 비롯하여 트리맵과 리본 차트 같은 시각화 개체를 활용해 인사이트를 도출하고 방법을 배운다.

CHAPTER **01**

보고서 테마

학습 Point

- 이름 및 색, 텍스트, 시각적 개체, 페이지, 필터 창에 대한 테마 사용자 지정 방법
- 페이지 배경에 이미지 추가
- 보고서 전체 텍스트와 시각적 개체에 대해 색상, 글꼴 등 서식 변경
- 도형 상자를 이용하여 보고서 제목 추가

SECTION 01   개요
SECTION 02   보고서 테마 설정

SECTION 01 개요

Power BI에서 '데이터 가져오기 → 데이터 전처리 → 데이터 모델링 → 필요한 측정값과 매개 변수 생성'을 마쳤다면, 이제 시각화를 구현할 차례이다. 데이터 시각화는 데이터로부터 "시각적 개체"를 만드는 작업이다. 시각적 개체는 제목 등 텍스트를 입력할 수 있는 카드 및 텍스트 상자부터, 엑셀 등에서 익숙한 막대형, 꺾은선형, 원형 등 차트, 그리고 지도와 행렬 개체 등이 있다. 구현된 시각적 개체는 서식변경부터 드릴 기능 및 상호 작용 기능, 필터 기능 등을 제공한다. Microsoft에서는 수시 업데이트를 통해 새로운 시각화 개체 제공하고 있으며, 워드 클라우드 등 커스텀 시각적 개체를 불러올 수 있다.

Power BI에서 제공하는 주요 시각화 개체와 기능은 다음과 같다.
- 보고서 전체 테마 설정
- 막대형, 꺾은선형, 원형 차트, 지도 등 기본 시각적 개체
- 슬라이서, 카드, 도형, 텍스트 상자, 버튼, 행렬과 테이블 등 기타 시각적 개체
- 드릴 기능, 도구 설명, 상호 작용 편집 등 시각적 개체의 기능
- 시각적 개체, 페이지 및 보고서 필터

경영정보시각화능력 실기 시험에서는 다음 기능을 활용하는 시각적 개체의 단순요소 구현(문제 2) 및 복합요소 구현(문제 3) 문제가 주로 출제된다.

- **시각적 개체의 단순요소 구현(문제 2)**
  - 보고서 전체 테마 설정 및 사용자 지정 색상 변경
  - 슬라이서와 카드 구현
  - 기본 차트 구현과 차트 서식 변경

- **시각적 개체의 복합요소 구현(문제 3)**
  - 필드 매개 변수와 슬라이서 서식 변경
  - 측정값과 행렬차트 구현 및 조건부 서식 적용
  - 시각적 개체 간 상호 동작 설정, 도구 설명 페이지 및 드릴 스루 필터 구현

SECTION 02 보고서 테마 설정

1 보고서 테마 설정 메뉴

① 보고서 테마는 대시보드에 사용되는 색상의 조합인 팔레트를 구성하거나, 기본 시각적 개체의 서식을 지정하는 등 디자인을 설정하는 작업이다.
② 보고서 테마를 적용하면 해당 대시보드의 모든 시각적 개체에 해당 테마 색상과 서식이 기본으로 설정된다.
③ 보고서 테마는 Power BI에서 제공하는 기본 테마를 선택하거나, 커뮤니티의 테마 갤러리를 사용하거나, 사용자 지정 테마를 직접 설정할 수 있다.
④ 사용자 지정으로 설정할 수 있는 보고서 테마

구분	설명	화면
이름 및 색	테마의 이름 및 색을 설정(KPI에서 부정, 긍정, 중립을 나타내는 색상 등)	
텍스트	데이터 및 축 레이블, 제목, 카드 및 KPI, 탭 머리글에 대한 글꼴, 크기 및 색 등 기본값 설정	

CHAPTER 01 보고서 테마

구분	설명	화면
시각적 개체	배경, 테두리, 헤더 및 도구 설명에 대한 배경색, 테두리 색, 투명도, 아이콘 색상 설정	
페이지	배경 화면과 페이지 배경의 색상과 투명도 설정	
필터 창	배경색, 투명도, 글꼴 및 아이콘 색, 크기, 필터 카드 등	

2 보고서 테마 실습

출제유형 실습 실습파일 : [이론실습_PART05_보고서 테마.pbix]

실습파일을 열고, 페이지의 전체 서식을 설정하시오.
- 보고서 전체의 테마를 설정하고, 테마 사용자 지정 기능을 사용하여 테마 색을 변경하시오.
  - 보고서 테마 : '기본값'
  - '이름 및 색'의 테마 색 변경

구분	색상
테마 색 1	'#C4D35C'
테마 색 2	'#0F4C81'
테마 색 3	'#F36F5F'

- 텍스트 상자를 사용하여 '문제 2' 페이지에 보고서 제목을 작성하시오.
  - 제목 : "도서 판매 분석 보고서"

제목 서식	설정
글꼴	'Segoe UI'
글꼴 크기	'24'
글자 속성	'굵게'
정렬	'가운데'

- 텍스트 상자를 '1-②' 위치에 배치

(1) 페이지 선택

❶ [보고서 보기]() 클릭
❷ '문제 2' 페이지 선택

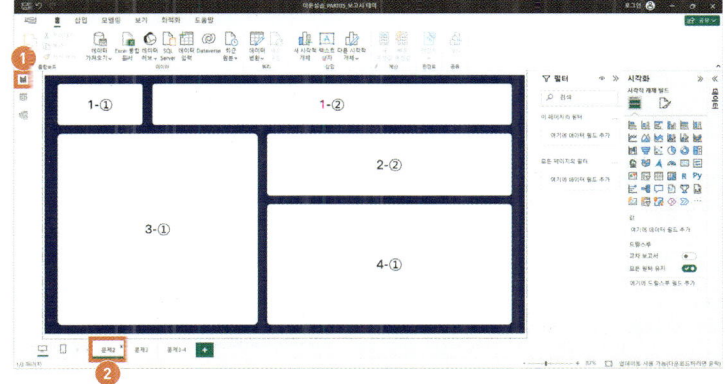

(2) 테마 기능 선택

❶ [보기] 탭 클릭
❷ [테마] 그룹 확장 버튼(∨) 클릭

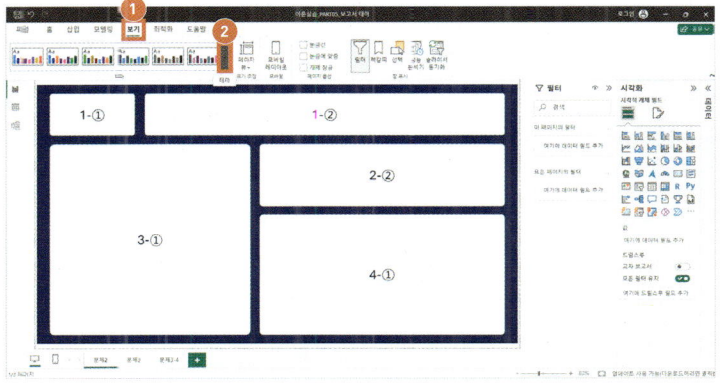

(3) 테마 '기본값' 설정

❶ 이 보고서 '기본값' 선택

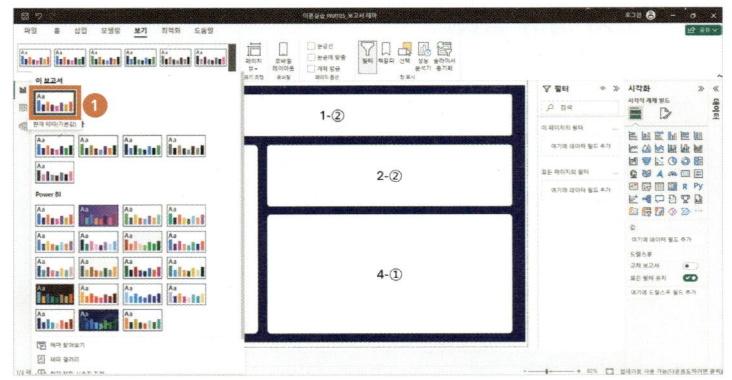

(4) 현재 테마 사용자 지정

❶ 마우스 스크롤을 내리고, [현재 테마 사용자 지정]을 클릭

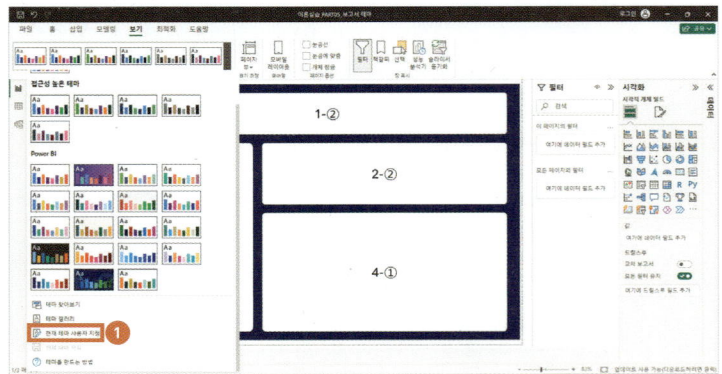

(5) 이름 및 색 설정-테마 색 1

❶ [테마 사용자 지정 창]에서 [이름 및 색] 탭 > [이름 및 색] 상세 탭 > [테마 색] > 색 1의 확장 버튼(⌵) 클릭
❷ 헥스 칸에 문제의 색상 "#C4D35C"를 입력

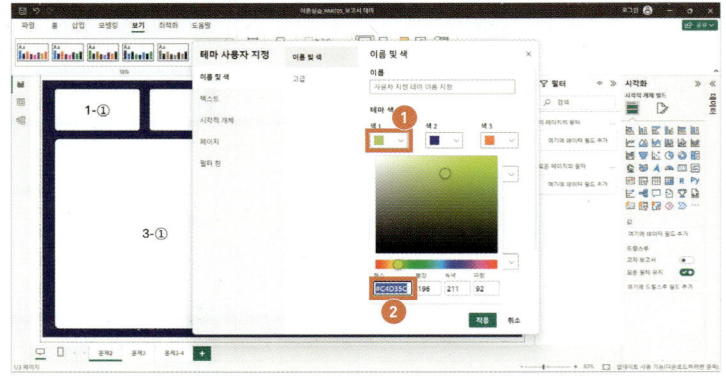

(6) 이름 및 색 설정-테마 색 2

❶ 색 2의 확장 버튼(⌵) 클릭
❷ 헥스 칸에 문제의 색상 "#0F4C81"을 입력

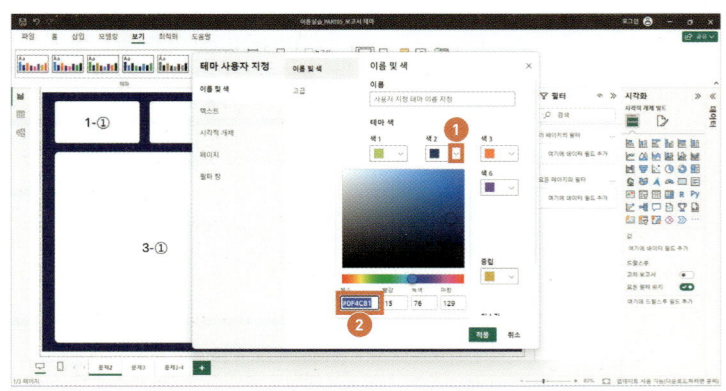

(7) 이름 및 색 설정-테마 색 3

❶ 색 3의 확장 버튼(∨) 클릭
❷ 헥스 칸에 문제의 색상 "#F36F5F"를 입력
❸ [적용] 버튼 클릭

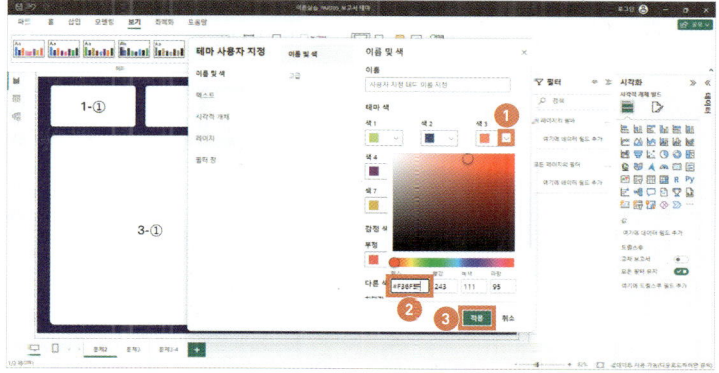

(8) 텍스트 상자 삽입

❶ [홈] 탭 클릭
❷ [삽입] 그룹의 [텍스트 상자] 클릭

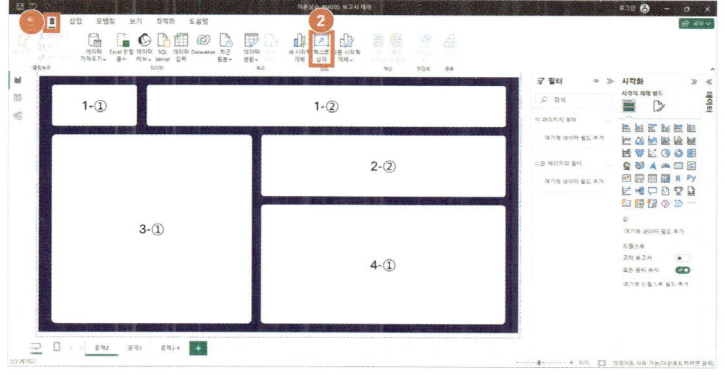

(9) 텍스트 상자 서식 변경

❶ 글꼴 'Segoe UI' 선택
❷ 글꼴 크기 '24' 설정
❸ 글꼴 '굵게' 클릭
❹ '가운데 정렬' 클릭
❺ "도서 판매 분석 보고서" 입력

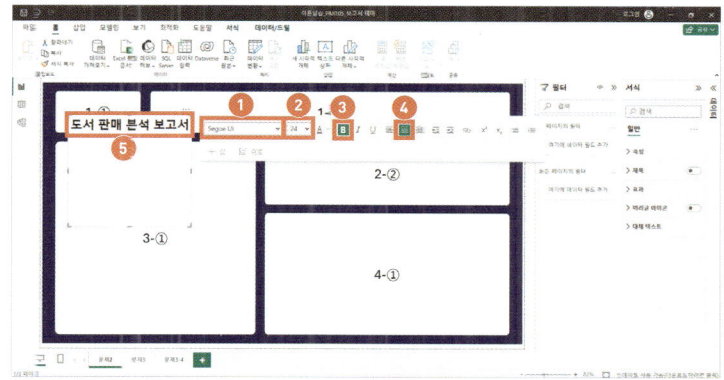

(10) 텍스트 상자 크기, 위치 조정

❶ 텍스트 상자 모서리를 드래그해서 크기를 알맞게 조절
❷ 텍스트 상자 오른쪽 위의 … 아이콘을 드래그해서 1-②에 배치

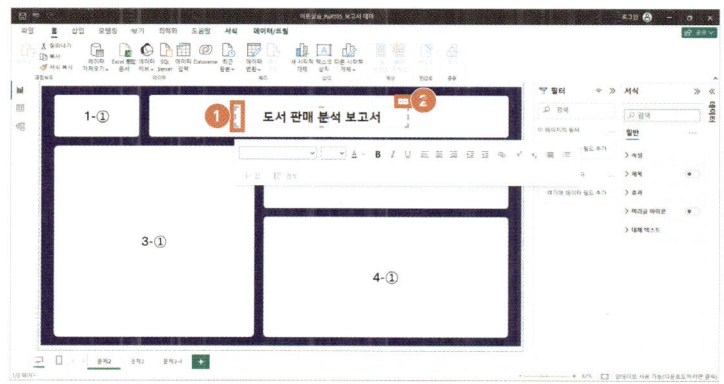

CHAPTER 01 보고서 테마

(11) 확인 및 저장

❶ "도서 판매 분석 보고서" 입력을 확인하고, [저장] 버튼 클릭

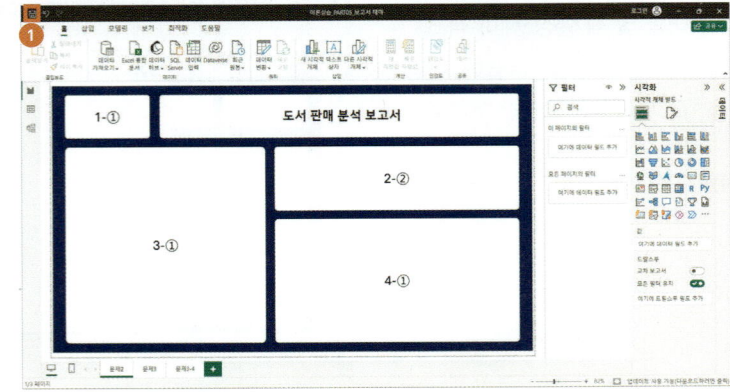

CHAPTER 02

시각화 개체

학습 Point

- 슬라이서 스타일과 설정
- 카드 구현과 표시 단위 및 서식 지정
- 다양한 막대형 차트의 구현과 서식 지정
- 다양한 꺾은선형 차트의 구현과 추세선 및 상수선 설정
- 행렬 구성과 서식 설정
- 원형과 도넛형 차트의 구현과 서식 지정
- 지도 및 기타 차트(게이지, 분산차트, 리본차트, 트리맵 등)의 구현

SECTION 01	개요
SECTION 02	슬라이서
SECTION 03	카드
SECTION 04	꺾은선형 및 묶은 세로 막대형 차트
SECTION 05	꺾은선형 차트
SECTION 06	행렬
SECTION 07	조건부 서식
SECTION 08	도넛형 차트
SECTION 09	깔때기 차트
SECTION 10	트리맵

SECTION 01 개요

Power BI에서는 데이터를 다양한 시각적 개체로 구현할 수 있다. 축과 선 사이의 영역이 채워진 "영역차트", 여러 범주의 크기를 비교하는 "막대형 차트", 중요한 숫자를 추적할 때 쓰이는 "카드", 막대형 차트와 꺾은선형 차트가 결합된 "콤보차트", 여러 차원의 데이터를 드릴다운할 수 있는 "분해 트리", 전체에서 차지하는 비율을 표현하는 "원형 또는 도넛형 차트", 목표에 대한 진행률을 원호 형태로 측정하는 "방사형 계기 차트", 가로 행과 세로 열, 그것들이 만나는 셀의 값을 표현하는 "행렬" 등을 지원한다. "슬라이서"는 페이지의 다른 시각적 개체를 필터링하는 데 사용하는 상호 작용형 도구이다.

Power BI에서 새로운 시각화가 수시로 추가되며, 커뮤니티의 커스텀 개체를 사용할 수 있다.

<Power BI 시각화 개체와 경영정보시각화능력 출제경향>

SECTION 02 슬라이서

출제유형 실습 실습파일 : [이론실습_PART05_슬라이서와 카드.pbix]

다음 조건으로 '문제 2' 페이지에 슬라이서를 구현하시오.
- 활용 필드 : <캘린더> 테이블의 [연도] 필드
- 슬라이서 설정
  - 슬라이서 스타일 : '드롭다운'
  - 슬라이서에 '모두 선택' 항목이 표시되도록 설정
- 슬라이서 값 : '2025' 필터 적용
- 슬라이서를 '1-①' 위치에 배치

(1) 파일 열기
❶ [파일] 탭 선택
❷ [이 장치 찾아보기] > 'PART05_슬라이서와 카드.pbix' 파일 열기

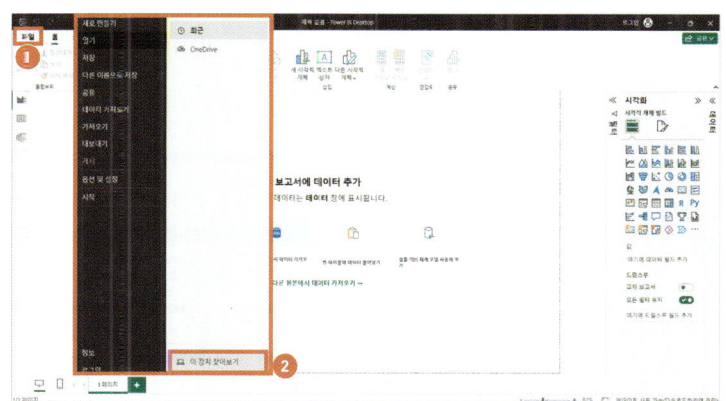

(2) 슬라이서 생성
❶ [시각화 창]의 슬라이서 아이콘(📋) 클릭
❷ [데이터 창]의 [캘린더_표] 테이블 선택
❸ [연도] 필드를 선택
- 연도는 시각화 창의 필드에 표시되고, 보고서에 사이 바(Bar)로 표현된 것을 확인한다.

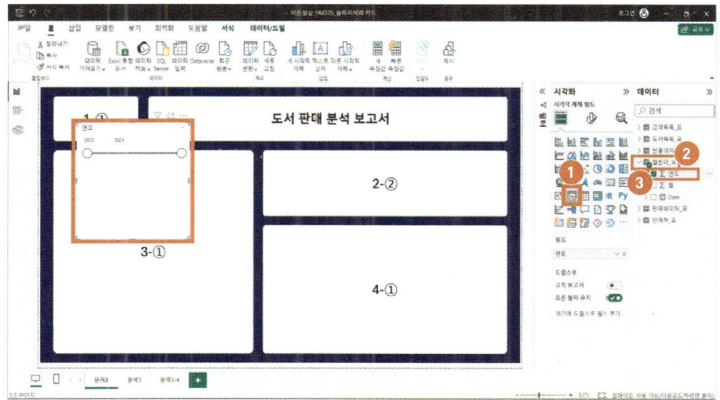

(3) 서식 지정

❶ [시각적 개체 서식 지정](🖌) 클릭
❷ [시각적 개체] 탭의 [슬라이서 설정] 선택
❸ [옵션] 스타일 선택
❹ '드롭다운' 선택

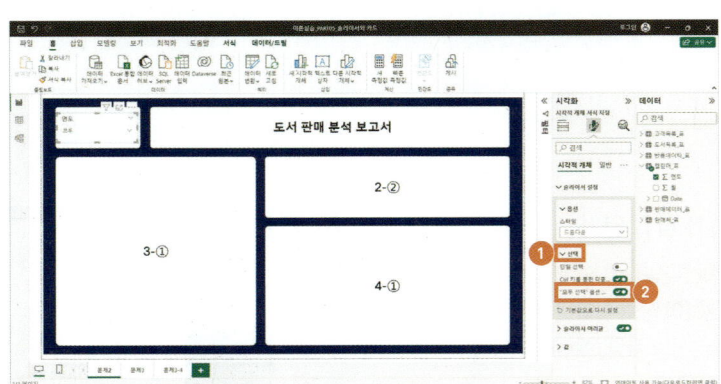

(4) 모두 선택 옵션 설정

❶ [선택] 메뉴 선택
❷ '모두 선택' 옵션표시를 [설정]으로 체크(활성화)

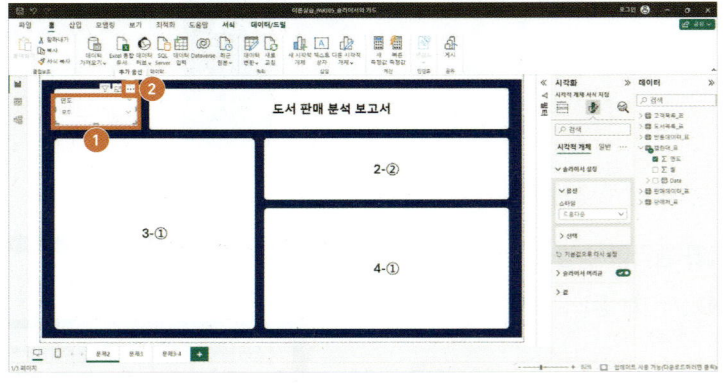

(5) 크기 및 위치 조정

❶ 슬라이서 크기 조정
• 슬라이서 경계선에 마우스를 가져다 대면 크기 조절 화살표가 생긴다.
❷ 슬라이서 위치 1-❶로 이동
• 우측 상단의 ··· 아이콘을 누른 상태에서 드래그한다.

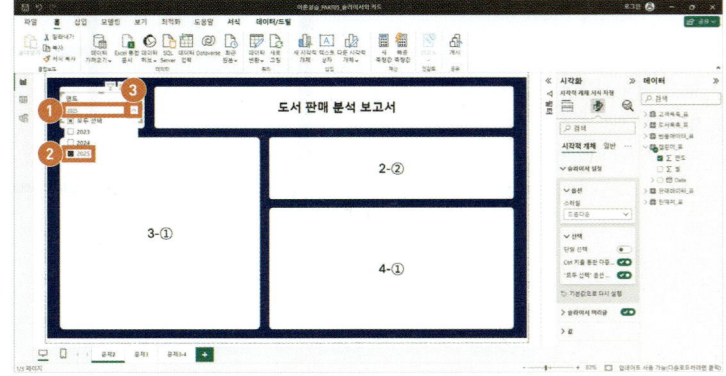

(6) 필터 설정

❶ 슬라이서 선택
❷ '2025' 필터값 선택
❸ 필터 축소/확장 버튼(⌄) 클릭

SECTION 03 카드

출제유형 실습 실습파일 : [이론실습_PART05_슬라이서와 카드.pbix]

다음 조건으로 '문제 2' 페이지에 카드를 구현하시오.

- 활용 필드 및 표시 단위
  - <판매데이터_표> 테이블의 [총결제금액], [총단매금액], [총판매수량] 측정값
  - 표시 단위 : [총결제금액] '백만', [총판매금액] 백만, [총판매수량] '없음'
- 설명 값 서식 : 글꼴 크기 '24'
- 카드를 '2-②' 위치에 배치

(1) 카드 생성

❶ [시각화 창]의 카드 아이콘(123) 클릭
❷ [데이터 창]의 <판매데이터_표> 테이블 선택
❸ [총결제금액] 측정값 선택
- 필드 칸에 '총결제금액'이 채워지고, 보고서상에 카드가 생성된 것을 확인한다.

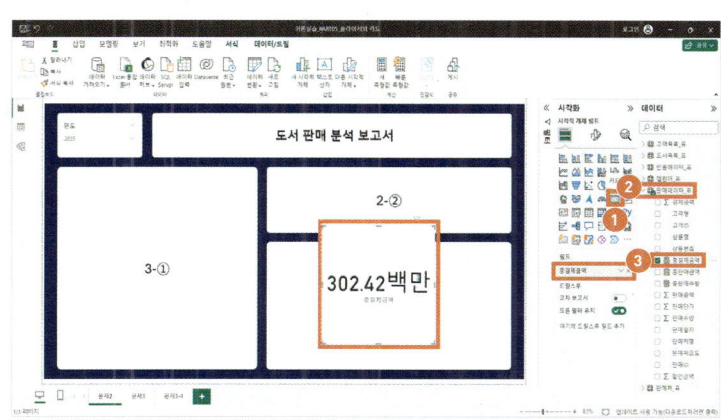

(2) 서식 지정

❶ [시각적 개체 서식 지정](🖌) 클릭
❷ [시각적 개체] 탭 선택
❸ [설명 값] 선택
❹ [글꼴] 'Segoe UI' 선택
❺ 글꼴 크기 '24' 설정
❻ [표시 단위] '백만' 선택
❼ [값 소수 자릿수] '0' 설정

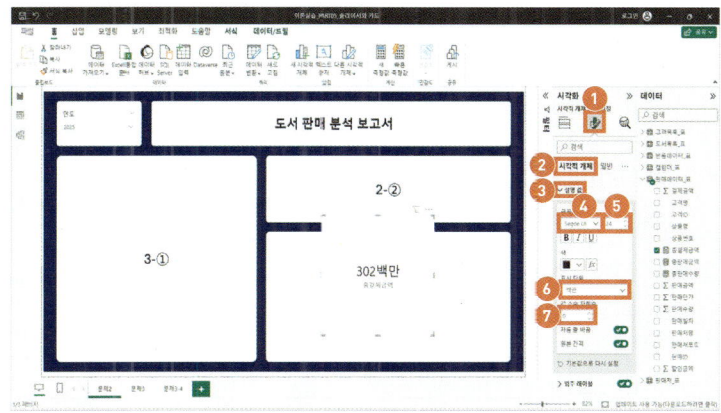

(3) 크기 및 위치 조정

❶ 카드 크기 조정
- 카드 경계선에 마우스를 가져다 대면 크기 조절 화살표가 생긴다.

❷ 카드 위치 2-②로 이동
- 우측 상단의 ⋯ 아이콘을 누른 상태에서 드래그한다.

(4) 카드 복사 붙여넣기 ⓐ

❶ 보고서 창에서 '총결제금액' 카드 선택 후 복사([Ctrl]+[C])
❷ 보고서 빈 곳에 붙여넣기([Ctrl]+[V])
❸ 카드 위치 이동
❹ [총결제금액] 체크 해제
❺ [총판매금액] 체크

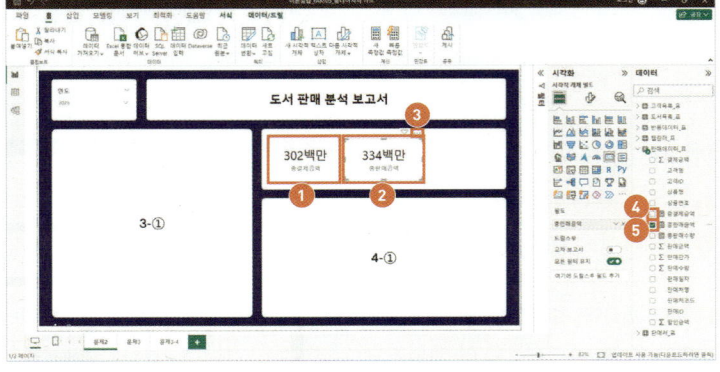

(5) 카드 복사 붙여넣기 ⓑ

❶ 보고서 창에서 '총판매금액' 카드 선택 후 복사([Ctrl]+[C])
❷ 보고서 빈 곳에 붙여넣기([Ctrl]+[V])
❸ 카드 위치 이동
❹ [총판매금액] 체크 해제
❺ [총판매수량] 체크
❻ [시각적 개체 서식 지정] 클릭
❼ [시각적 개체] 탭 선택
❽ [설명 값] 선택
❾ [표시 단위] '없음' 선택

(6) 정렬

❶ '총결제금액' 선택
❷ [Ctrl]을 누른 상태에서 '총판매금액' 다중선택
❸ [Ctrl]을 누른 상태에서 '총판매수량' 다중선택
❹ [서식] 탭 선택
❺ [맞춤] 메뉴 선택
❻ [위쪽 맞춤] 클릭
❼ [가로 균등 맞춤] 클릭

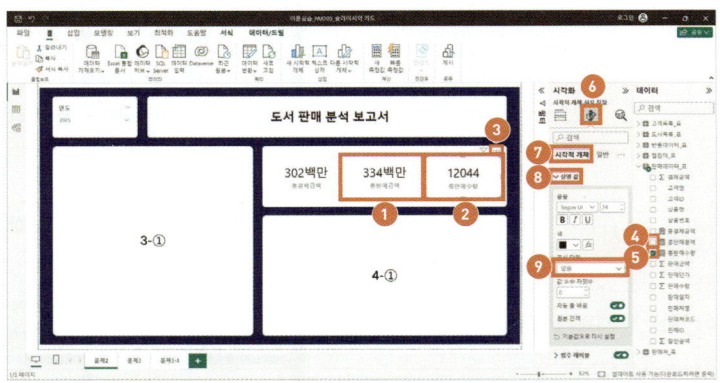

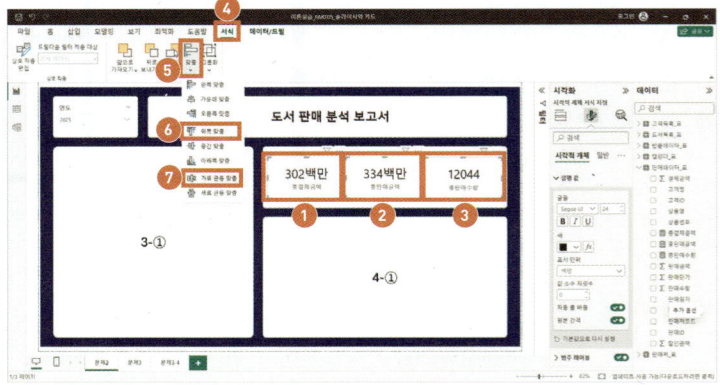

SECTION 04 꺾은선형 및 묶은 세로 막대형 차트

출제유형 실습 실습파일 : [이론실습_PART_05_막대형 차트.pbix]

- 다음 조건으로 '문제 2' 페이지에 꺾은선형 및 묶은 세로 막대형 차트를 구현하시오.
  - 활용 필드

테이블	필드
<도서목록_표>	[분류]
<판매데이터_표>	[총판매금액], [총판매수량] 측정값

  - 열 Y축 : [총판매금액], 선 Y축 : [총판매수량]
  - 꺾은선형 및 묶은 세로 막대형 차트를 '3-①' 위치에 배치
- 다음과 같이 꺾은선형 및 묶은 세로 막대형 차트의 각 요소에 대한 서식을 지정하시오.
  - 차트 제목 : "분류별 판매금액 및 수량"

제목 서식	설정
글꼴	'Segoe UI'
글꼴 크기	'24'
글자 속성	'굵게'
정렬	'가운데'

  - X축 : 축 제목 제거
  - Y축 : 축 제목 제거, 표시 단위는 '백만'
  - 보조 Y축 : 축 제목 제거, 표시 단위는 '없음'
  - 데이터 레이블 : 표시 단위는 [총판매금액] '백만', [총판매수량] '없음'

구분	글꼴 색	배경색
[총판매금액]	'검정색'	'흰색 10% 어둡게, 투명도 30%'
[총판매수량]	'흰색'	'테마색2(0F4C81), 투명도 30%'

- 꺾은선형 및 묶은 세로 막대형 차트에 '총판매금액' 기준으로 상위 8개의 '분류'만 표시하시오.

(1) 파일 열기

❶ [파일] 탭 선택

❷ [이 장치 찾아보기] > 'PART05_막대형 차트.pbix' 파일 열기

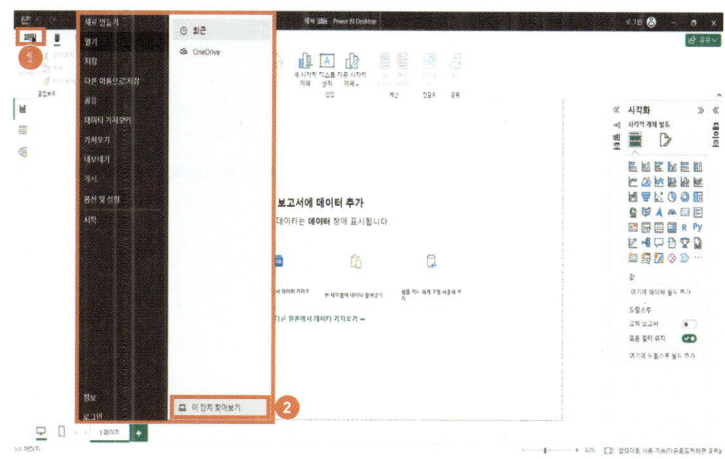

(2) 차트 생성 및 데이터 필드 추가

❶ [시각화 창]의 꺾은선형 및 묶은 세로 막대형 차트 아이콘( ) 클릭
❷ [데이터 창]의 <도서목록_표> 테이블 선택
❸ [분류] 필드를 X축에 데이터 필드 추가
❹ <판매데이터_표> 테이블 선택
❺ [총판매금액] 측정값을 열 y축에 데이터 필드 추가
❻ [총판매수량] 측정값을 선 y축에 데이터 필드 추가

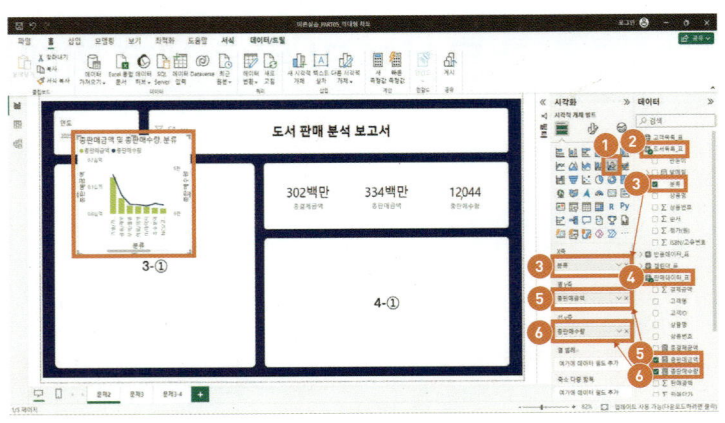

(3) 크기 및 위치 조정

❶ 차트 크기 조정
• 차트 경계선에 마우스를 가져다 대면 크기 조절 화살표가 생긴다.
❷ 차트 위치 3-①로 이동
• 우측 상단의 ⋯ 아이콘을 누른 상태에서 드래그한다.

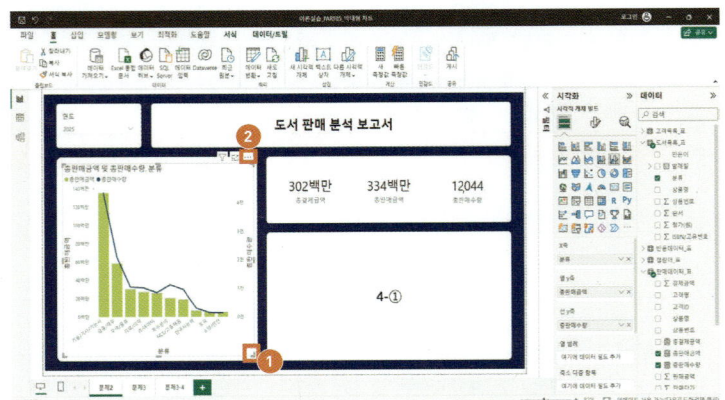

(4) 서식 지정

❶ [시각적 개체 서식 지정]( ) 클릭
❷ [일반] 탭 선택
❸ [제목] 선택
❹ [텍스트]에 "분류별 판매금액 및 수량" 입력
❺ [글꼴] 'Segoe UI' 선택
❻ 글꼴 크기 '20' 설정
❼ 글꼴 '굵게' 설정
❽ [가로 맞춤] '가운데 정렬'

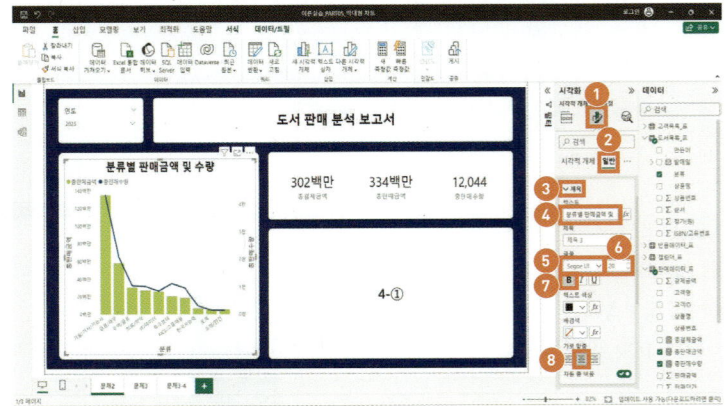

(5) X축 제목 제거

❶ [시각적 개체] 선택
❷ [X축] 선택
❸ [제목] 체크 해제

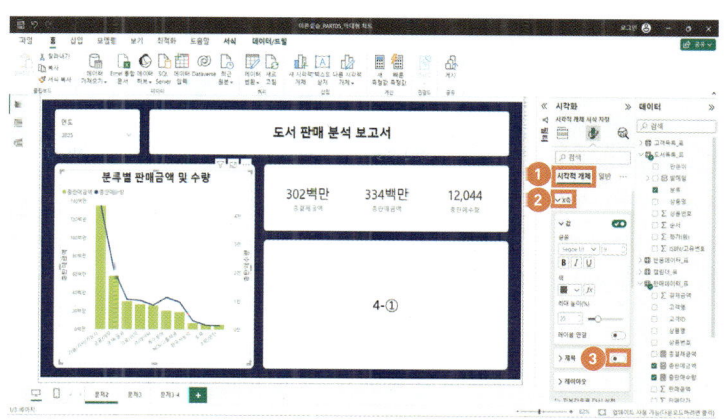

(6) Y축 제목 제거

❶ [Y축] 선택
❷ [값] 체크(활성화)
❸ [표시 단위] '백만' 선택
❹ [제목] 체크 해제

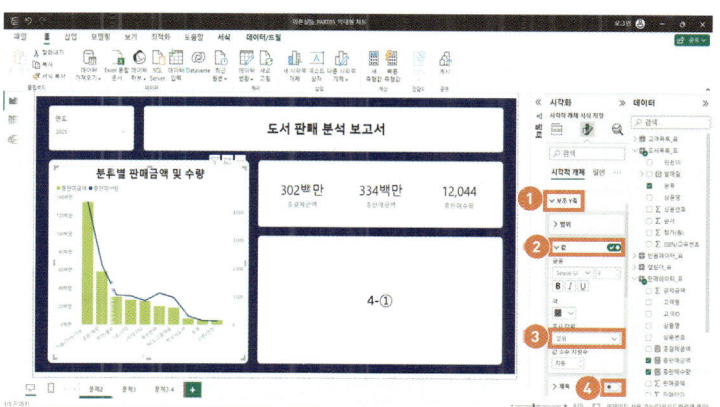

(7) 보조 Y축 제목 제거

❶ [보조 Y축] 선택
❷ [값] 체크(활성화)
❸ [표시 단위] '없음' 선택
❹ [제목] 체크 해제

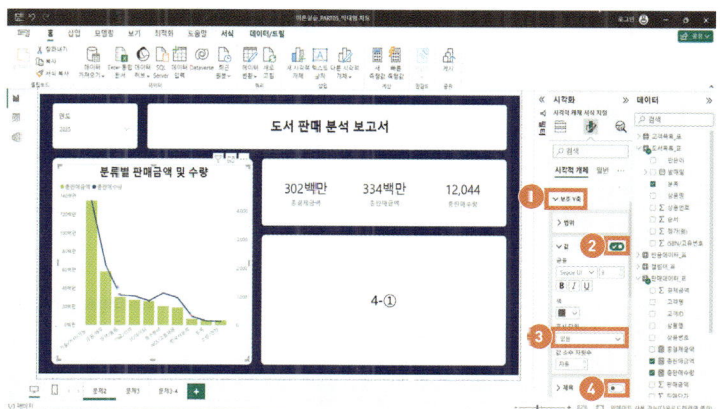

(8) 데이터 레이블 설정 ⓐ

❶ [데이터 레이블] 체크(활성화)
❷ [설정 적용 대상] [총판매금액] 선택
❸ [값] 체크(활성화)
❹ [표시 단위] '백만'
❺ [배경] 색 '흰색 10% 어둡게' 설정
❻ [배경] 투명도 '30%'

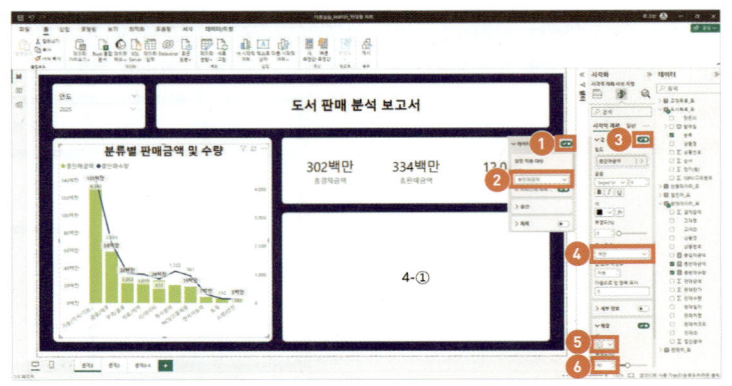

(9) 데이터 레이블 설정 ⓑ

❶ [설정 적용 대상] [총판매수량] 선택
❷ [값] 글꼴 색 '흰색'
❸ [표시 단위] '없음'
❹ [배경] 체크(활성화)
❺ [배경] 색 '테마색2(#0F4C81)' 설정
❻ [배경] 투명도 '30%'

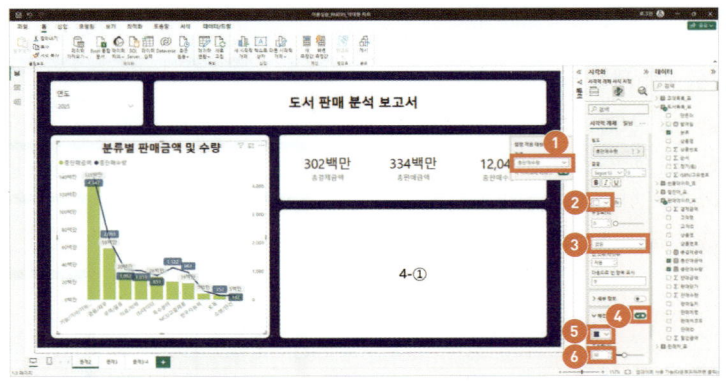

(10) 상위 N 필터

❶ [필터 창] 확대
❷ [분류] 필드 선택
❸ [필터 형식] '상위N' 선택
❹ [항목 표시] '위쪽', '8' 설정
❺ 값 필드에 <판매데이터_표>의 [총판매금액] 드래그
❻ [필터 적용] 클릭

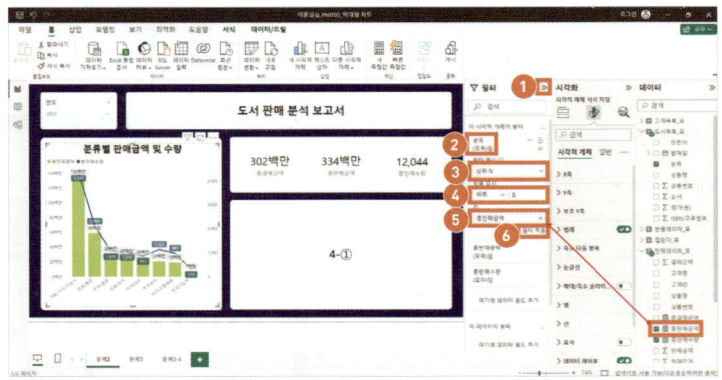

(11) 차트 확인

• "분류별 판매금액 및 수량" 차트를 확인한다.

SECTION 05 꺾은선형 차트

출제유형 실습 실습파일 : [이론실습_PART 05_꺾은선형 차트.pbix]

- 기간별로 판매정보를 분석하는 '꺾은선형 차트'를 구현하시오
  - 활용 필드

테이블	필드
<캘린더_표>	[연도], [월]
<판매데이터_표>	[총판매금액], [총판매수량] 측정값

  - Y축 : [총판매금액], 보조 Y축 : [총판매수량]
  - '연도 월' 기준으로 오름차순 정렬
  - 꺾은선형 차트를 '4-①' 위치에 배치

- 다음 조건으로 차트서식을 변경하시오.
  - 차트 제목 : '월별 판매금액 및 수량'

차트 제목 서식	설정
글꼴	'Segoe UI'
글꼴 크기	'20'
글자 속성	'굵게'
정렬	'가운데'

  - X축 : 값의 글꼴 크기 '10', '굵게', 제목 '없음'
  - Y축

구분	설정
범위	(최소값) 10,000,000~(최대값) 17,000,000
값의 글꼴 크기	'10'
표시 단위	'백만'
제목	'없음'

  - 보조 Y축

구분	설정
범위	(최소값) 200~(최대값) 600
값의 글꼴 크기	'10'
표시 단위	'없음'
제목	'없음'

  - 범례 위치 : '왼쪽 위', 스타일 '선과 마커'로 표시
  - 표식

필드	도형	크기	색
[총판매금액]	◆	'5'	'#C4D35, 테마색1'
[총판매수량]	•	'5'	'#0F4C81, 테마색2'

- 다음 조건으로 차트에 상수 선을 추가하시오.
  - Y축 상수선
  - 선 이름은 '목표매출액' 표시, 값은 13,000,000

- 데이터 레이블

구분	설정
가로 위치	'왼쪽'
세로 위치	'아래'
색상	'#FF0000'
'이름과 데이터 값'	모두 표시

(1) 파일 열기

❶ [파일] 탭 선택
❷ [이 장치 찾아보기] > 'PART05_꺾은선형 차트.pbix' 파일 열기

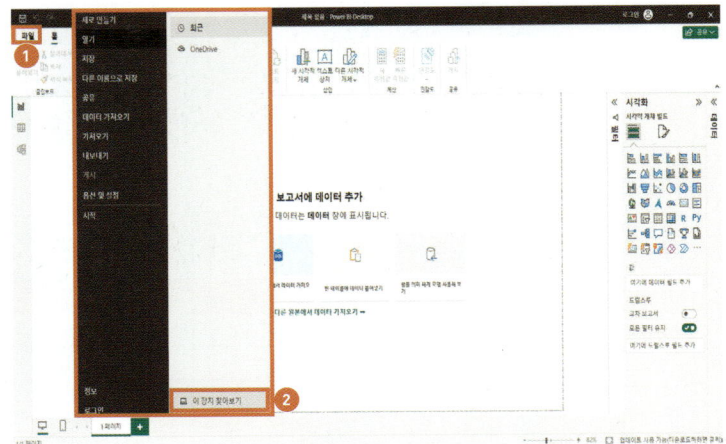

(2) 차트 생성 및 데이터 필드 추가

❶ [시각화 창]의 꺾은선형 차트 아이콘 (〰) 클릭
❷ [데이터 창]의 <캘린더_표> 테이블의 [연도] 필드를 X축에 데이터 추가
❸ [월] 필드를 X축에 추가
❹ <판매데이터_표> 테이블의 [총판매금액] 측정값을 Y축에 데이터 필드 추가
❺ [총판매수량] 측정값을 보조 Y축에 데이터 필드 추가

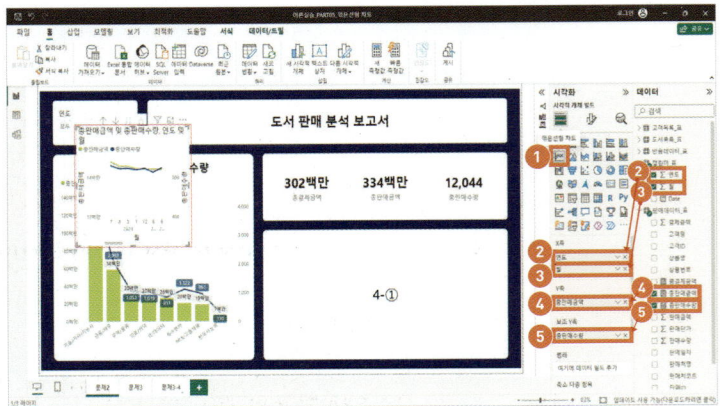

(3) 크기 및 위치 조정

❶ 차트 크기 조정
- 차트 경계선에 마우스를 가져다 대면 크기 조절 화살표가 생긴다.

❷ 차트 위치 4-①로 이동
- 우측 상단의 ⋯ 아이콘을 누른 상태에서 드래그한다.

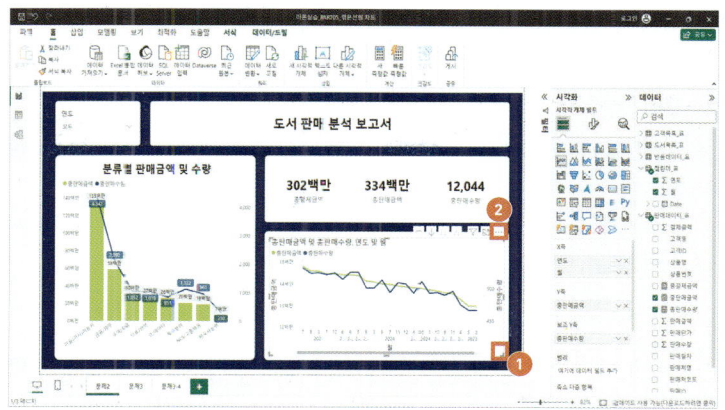

(4) X축 정렬

❶ 그래프 오른쪽 상단 추가옵션 아이콘 (⋯) 클릭
❷ [축 정렬] 선택
❸ [연도 월] 선택
❹ 위와 같은 방식으로 [축 정렬] 선택 후 [오름차순 정렬] 선택

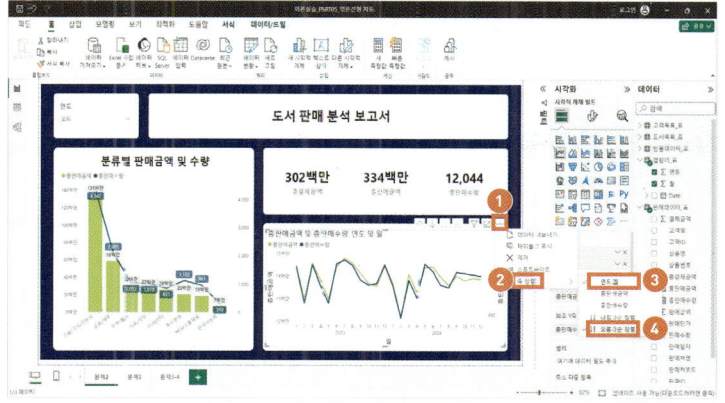

(5) 제목 서식 지정

❶ [시각적 개체 서식 지정](🖌️) 클릭
❷ [일반] 탭 선택
❸ [제목] 선택
❹ [텍스트]에 "월별 판매금액 및 수량" 입력
❺ [글꼴] 'Segoe UI' 선택
❻ 글꼴 크기 '20' 설정
❼ 글꼴 굵게 설정
❽ [가로 맞춤] '가운데 정렬'

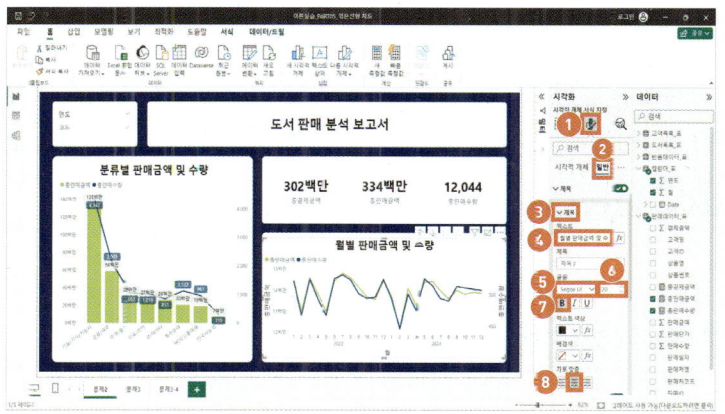

CHAPTER 02 시각화 개체 225

[6] X축 서식 설정

❶ [시각적 개체] 선택
❷ [X축] 선택
❸ [글꼴] 'Segoe UI' 선택
❹ 글꼴 크기 '10' 설정
❺ 글꼴 '굵게' 설정
❻ [제목] 체크 해제

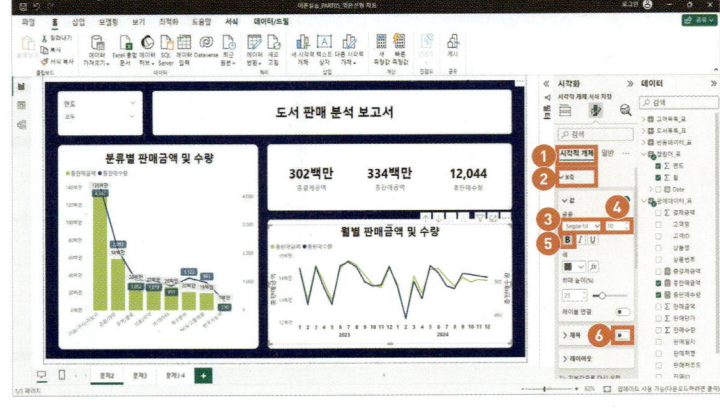

[7] Y축 범위 설정

❶ [Y축] 선택
❷ [범위] 선택
❸ [최소값] "10,000,000" 입력
❹ [최대값] "17,000,000" 입력

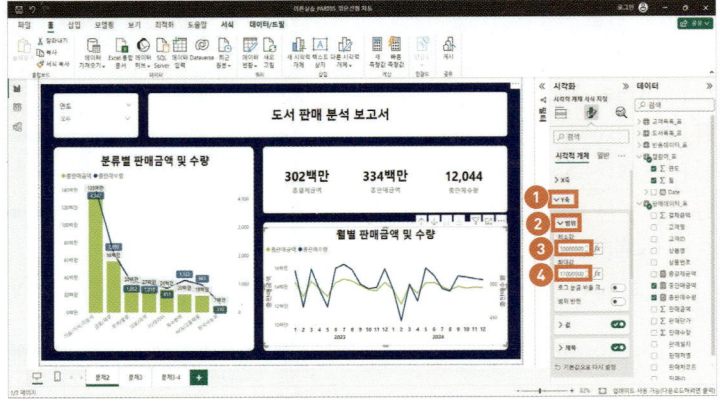

[8] Y축 값 서식 설정

❶ [값] 선택
❷ 글꼴 크기 '10' 설정
❸ [표시 단위] '백만' 선택
❹ [제목] 체크 해제

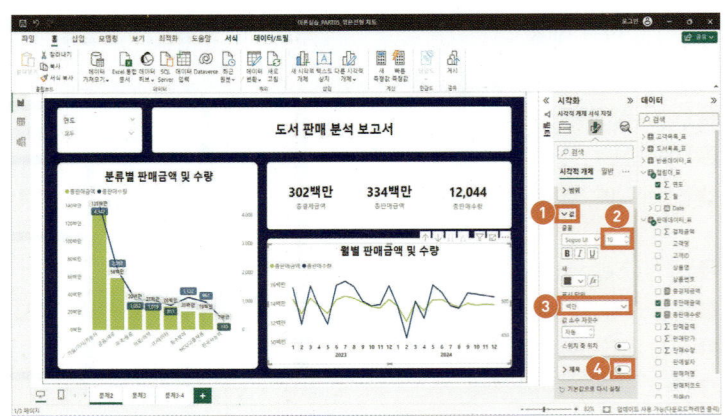

(9) 보조 Y축 범위 설정

❶ [보조 Y축] 선택
❷ [범위] 선택
❸ [최소값] "200" 입력
❹ [최대값] "600" 입력

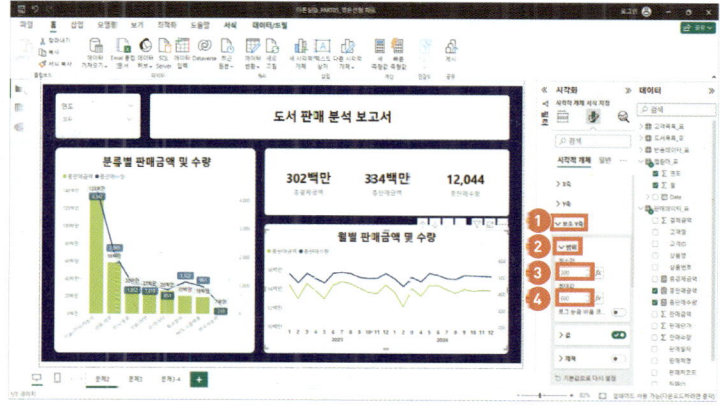

(10) 보조 Y축 설정

❶ [값] 선택
❷ 글꼴 크기 '10' 설정
❸ [표시 단위] '없음' 선택
❹ [제목] 체크 해제

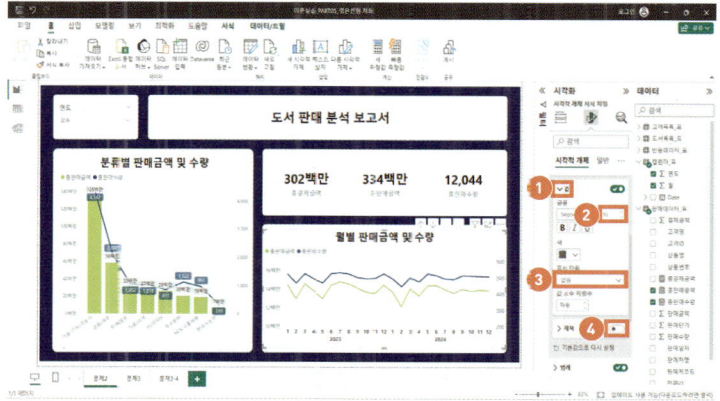

(11) 표식 및 범례 설정 ⓐ

❶ [표식] 체크(활성화)
❷ [설정 적용 대상] '총판매금액' 선택
❸ [도형] 유형 '◆'
❹ [도형] 크기 '5'
❺ [색] '#C4D35, 테마색1'

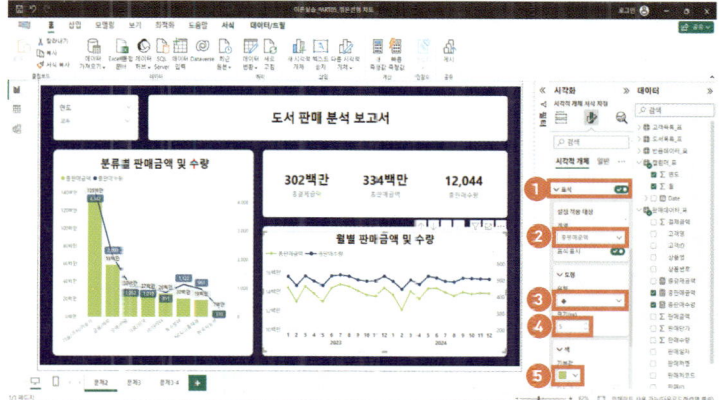

CHAPTER 02 시각화 개체 227

(12) 표식 및 범례 설정 ⓑ

❶ [표식] 체크(활성화)
❷ [설정 적용 대상] '총판매수량' 선택
❸ [도형] 유형 '•'
❹ [도형] 크기 '5'
❺ [색] '#0F4C81, 테마색2'

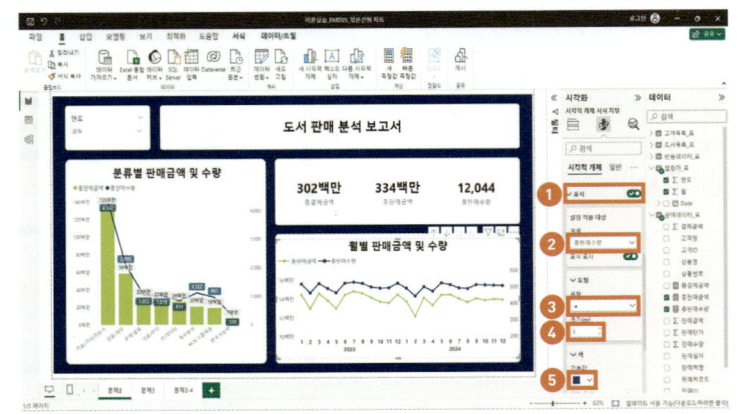

(13) 표식 및 범례 설정 ⓒ

❶ [옵션] [위치] '왼쪽 위'
❷ [스타일] '선 및 마커'

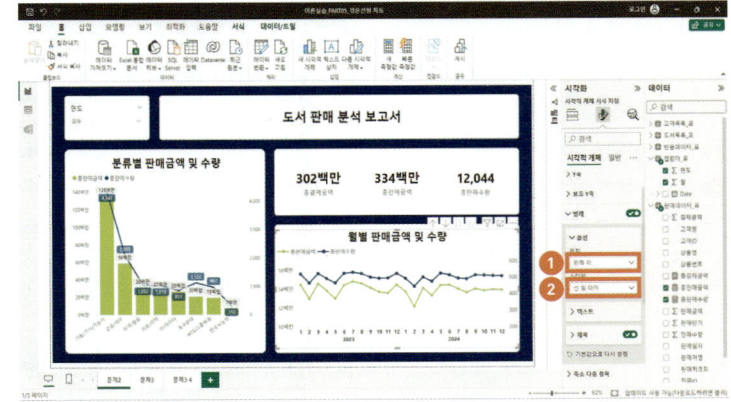

(14) Y축 상수선

❶ [시각화 창]의 [분석 추가] 아이콘(🔍) 클릭
❷ [Y축 상수 선] 선택
❸ [설정 적용 대상] "목표매출액" 입력
❹ [선] 선택
❺ [값] "13,000,000" 입력
❻ [색] '#FF0000'
❼ [투명도] '0%'

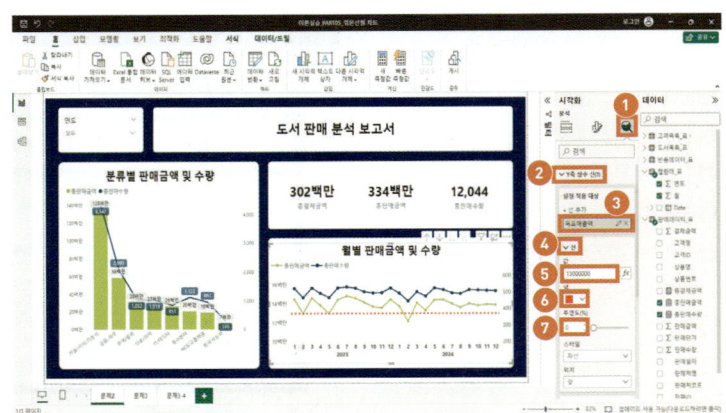

(15) Y축 상수선 데이터 레이블

❶ [데이터 레이블] 체크(활성화)
❷ [가로 위치] '왼쪽' 선택
❸ [세로 위치] '아래' 선택
❹ [스타일] '모두' 선택
❺ [색] '#FF0000'
❻ [표시 단위] '백만'

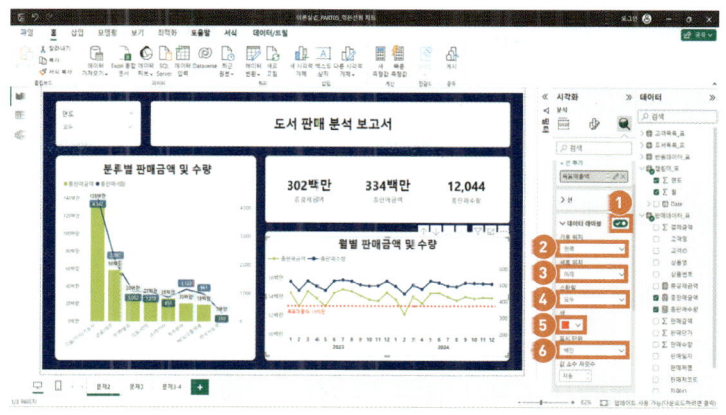

(16) 차트 확인

- "월별 판매금액 및 수량" 꺾은선형 차트를 확인한다.

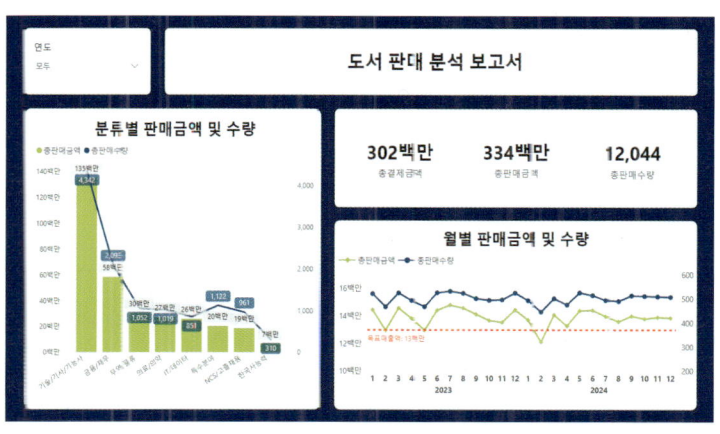

SECTION 06 행렬

행렬(▦) 개체는 데이터를 계층적으로 표시하여 사용자가 행과 열을 통해 다차원 데이터를 요약하고, 드릴다운을 통해 세부 항목을 확인할 수 있도록 하는 도구이다. 주로 대량의 데이터를 요약하여 그룹별 합계나 비율을 빠르게 파악할 수 있으며, 조건부 서식을 통해 특정 값에 색상이나 아이콘을 적용하여 데이터의 상태나 경향을 강조할 수 있다. 테이블과 달리 행렬 개체는 계층 구조를 지원하여, 상위/하위 항목으로의 확장 및 축소가 가능하다.

출제유형 실습 실습파일 : [이론실습_PART05_행렬.pbix]

다음 지시사항에 따라 행렬 차트를 구현하시오.

• 다음 조건으로 행렬 차트를 구현하시오.
  - 활용 필드

테이블	활용 필드
<도서목록>	[분류명], [상품명]
<날짜>	[연도], [월명]
<_Measure>	[@판매금액], [@판매금액_전년], [@판매금액_YoY], [@판매금액_YoY%] 측정값

  - 테이블명 변경

변경 전	변경 후
"@판매금액"	"당월"
"@판매금액_전년"	"전년동월"
"@판매금액_YoY"	"전년비"
"@판매금액_YoY%"	"전년비(%)"

  - 행렬 차트를 '3-①' 위치에 배치

• 다음과 같이 앞에서 구현한 행렬 차트의 각 요소에 대한 서식을 지정하시오.
  - 열 머리글 : 계층 구조의 마지막 수준(월명)까지 모두 확장

열 머리글 서식	설정
글꼴 크기	'9'
머리글 맞춤	'가운데'
표시 단위	'백만'

  - 행 머리글 : 계층 구조의 마지막 수준(상품명)까지 확장, 서로 다른 열로 모든 행을 나열

행 머리글 서식	설정
글꼴 크기	'9'
자동 줄 바꿈	체크 해제(비활성화)
제목	'없음'

  - 행 총합계

행 총합계 서식	설정
텍스트 색상	'흰색'
배경색	'#145086'
레이블에 적용	체크(활성화)

- 특정 열('당월') : [계열] '당월'로 설정 후 '부분합에 적용' 및 '값에 적용' 체크(활성화)

당월 열 서식	설정
배경색	'테마 색2 60% 더 밝게'

(1) 파일 열기

❶ [파일] 탭
❷ [열기] 선택
❸ [이 장치 찾아보기] 클릭 > '이론실습_PART05_행렬' 파일 열기

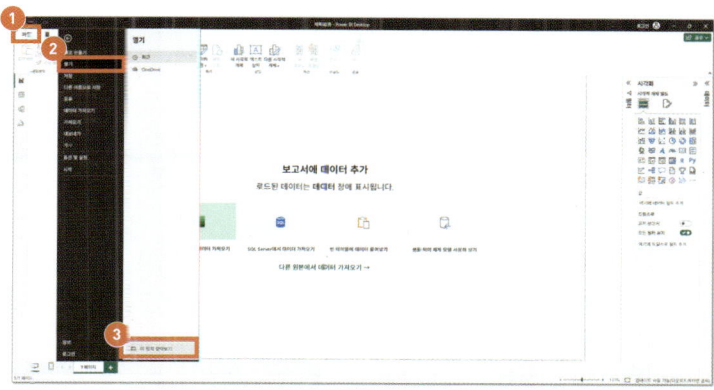

(2) 차트 생성 및 배치

❶ [보고서 보기] 작업영역 선택
❷ [시각화 창]의 [시각적 개체 빌드]에서 행렬 차트 아이콘(▦) 클릭
❸ 개체 생성 확인 후 행렬 차트를 '3-①' 위치에 배치 및 드래그하여 크기 조정

(3) 데이터 필드 추가

❶ 행렬 차트의 [행]에 <도서목록> 테이블의 [분류], [상품명] 필드를 드래그 앤 드롭하여 추가
❷ 행렬 차트의 [열]에 <캘린더> 테이블의 [연도], [월명] 필드를 추가
❸ 행렬 차트의 [값]에 <_Measure> 테이블의 [@판매금액], [@판매금액_전년], [@판매금액_YoY], [@판매금액_YoY%] 측정값 추가

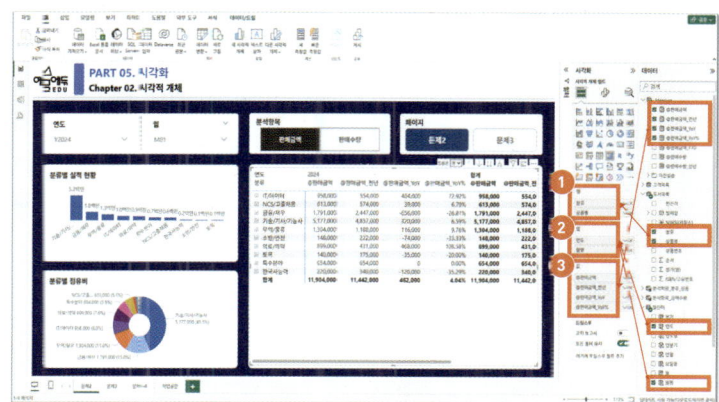

(4) 레이블 명 변경

❶ 행렬 차트의 [값] 레이블을 더블클릭하여 명칭 변경
- "@판매금액" → "당월"
- "@판매금액_전년" → "전년동월"
- "@판매금액_YoY" → "전년비"
- "@판매금액_YoY%" → "전년비(%)"

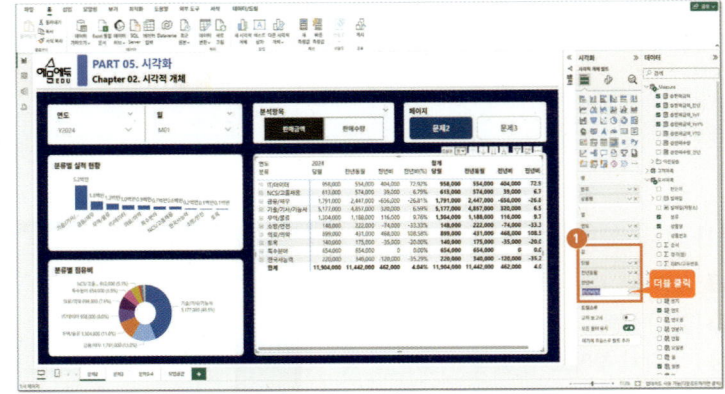

(5) 제목 설정

❶ [시각화 창]의 [시각적 개체 서식 지정] 아이콘( ) 클릭
❷ [일반] 탭 선택
❸ [제목] 표시 활성 및 탭 확장
❹ [제목] 탭 선택 확장
❺ [텍스트]에 "도서별 매출 현황" 입력
❻ [글꼴]에서 'Segoe UI', 글꼴 크기 '20', '굵게' 설정
❼ [가로 맞춤] '왼쪽' 정렬

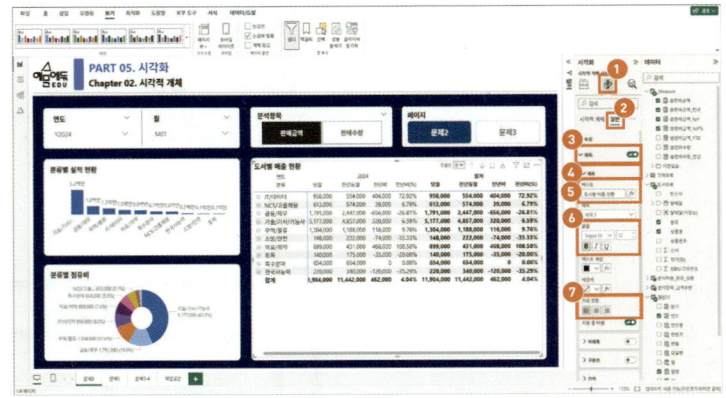

(6) 열 머리글 확장

❶ 행렬 차트 선택 시 활성화되는 우측 상단의 드릴온 [열 ∨] 대상 설정을 [열]로 선택
❷ '계층 구조에서 한 수준 아래로 모두 확장' 아이콘( )을 비활성화될 때까지 클릭
❸ 행렬 차트의 열 머리글이 모두 확장되었는지 확인

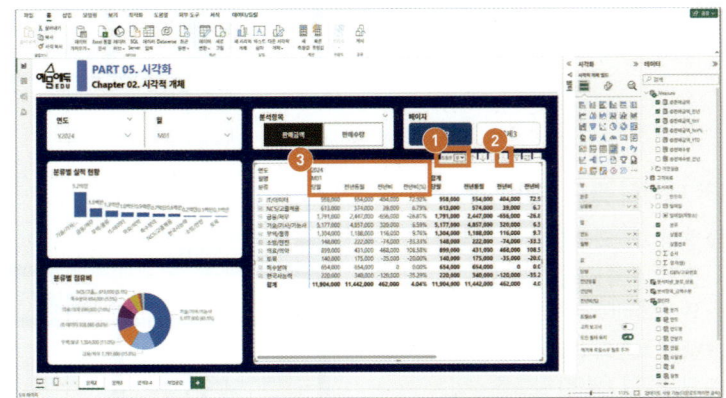

(7) 열 머리글 서식 설정

❶ [시각화 창]의 [시각적 개체 서식 지정] (📝) 클릭
❷ [시각적 개체] 탭 선택
❸ [열 머리글] 탭 선택 확장
❹ [텍스트] 탭 선택 확장
❺ [글꼴]에서 글꼴 크기 '9' 설정
❻ [머리글 맞춤] '가운데 정렬'

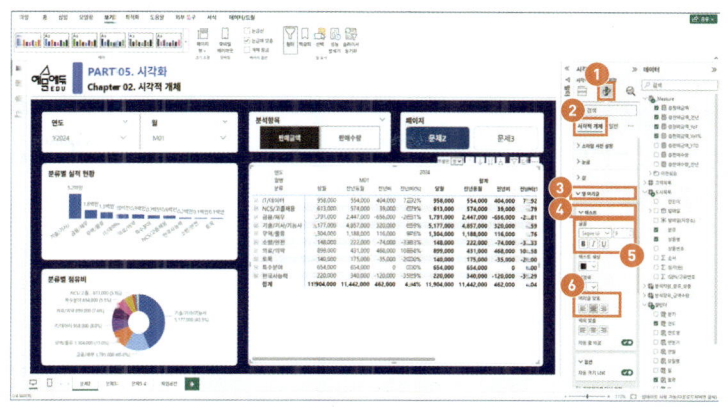

(8) 행 머리 글 확장

❶ 행렬 차트 선택 시 활성화되는 우측 상단의 드릴온 [행 ∨] 대상 설정을 [행]으로 선택
❷ '계층 구조에서 한 수준 아래로 모두 확장' 아이콘(🔽)을 비활성화될 때까지 클릭
❸ 행렬 차트의 행 머리글이 모두 확장되었는지 확인

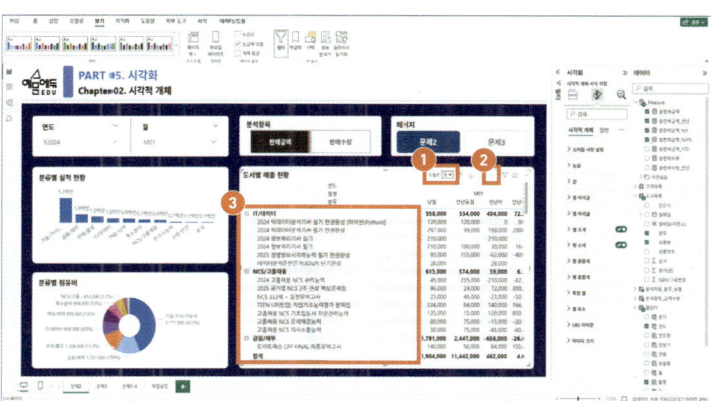

(9) 행 머리글 서식 설정

❶ [시각화 창]의 [시각적 개체 서식 지정] (📝) 클릭
❷ [시각적 개체] 탭 선택
❸ [행 머리글] 탭 선택 확장
❹ [텍스트] 탭 선택 확장
❺ [글꼴]에서 글꼴 크기 '9' 설정
❻ [자동 줄 바꿈 선택] 체크 해제

(10) 행 총합계 서식 설정

❶ [행 총합계] 탭 선택 확장
❷ [값] 탭 선택 확장
❸ 텍스트 색상 아이콘(∨) 클릭
❹ '흰색' 선택

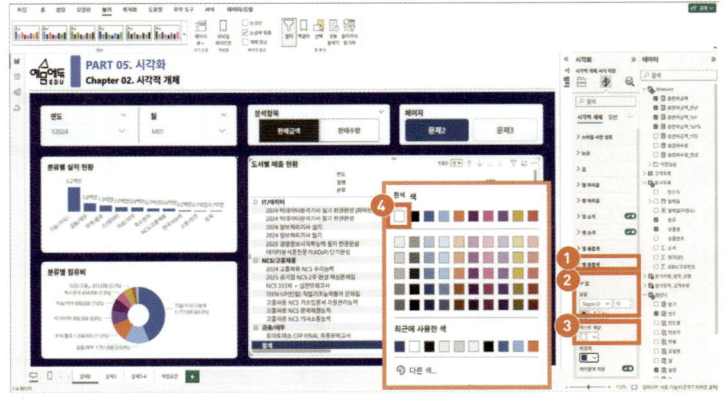

❺ 배경색 아이콘(∨) 클릭
❻ 활성화된 색 선택 창에서 [다른 색...] 아이콘 클릭
❼ [헥스] 입력창에 "#145086" 입력
❽ [레이블에 적용] 체크(활성화)

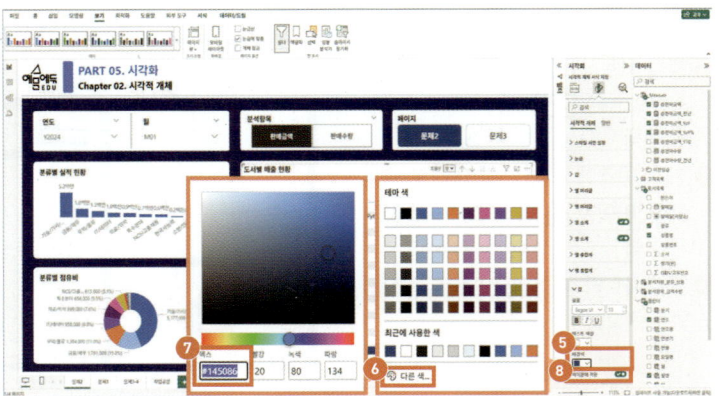

(11) 당월 열 서식 설정

❶ [특정 열] 선택 확장
❷ 설정 적용 대상 설정
 • [계열] [당월] 선택
 • [부분합에 적용] 체크(활성화)
 • [값에 적용] 체크(활성화)
❸ [배경색]을 '테마 색2, 60% 더 밝게'로 설정

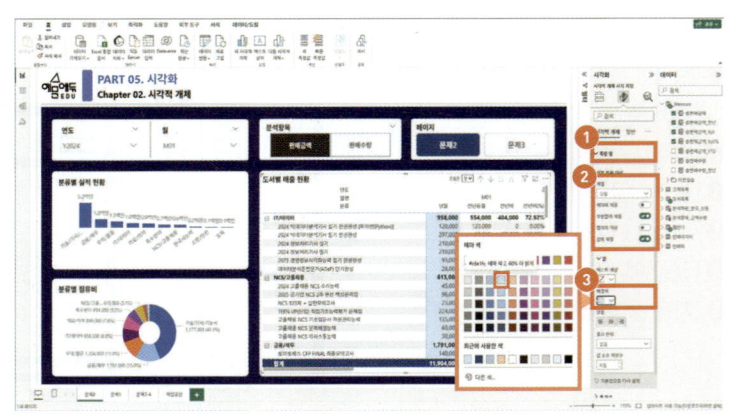

SECTION 07 조건부 서식

조건부 서식은 데이터의 값이나 조건에 따라 셀의 배경색, 글자색, 데이터 막대, 아이콘 등을 자동으로 적용하여 데이터의 상태, 범위, 경향을 시각적으로 강조하는 기능이다. 이를 통해 중요한 정보나 특정 패턴을 쉽게 식별할 수 있다. 예를 들어, 매출이 특정 금액 이상일 때 배경색을 변경하거나, 성장률에 따라 아이콘을 달리하여 데이터의 변화를 직관적으로 파악할 수 있다. 조건부 서식은 테이블, 행렬 등 다양한 시각적 개체에서 사용 가능하여 보고서의 가독성을 높이고 분석 작업을 효과적으로 지원한다.

출제유형 실습 실습파일 : [이론실습_PART05_조건부서식.pbix]

다음 지시사항에 따라 행렬 차트에 조건부 서식과 스파크라인을 적용하시오.

- 행렬 차트의 '전년비' 열에 조건부 서식을 적용하시오.
  - 설정 적용 대상 : '전년비'
  - '데이터 막대' 사용
  - 막대 서식

구분	색상
'양수 막대'	'테마 색1, 60% 더 밝게'
'음수 막대'	'테마 색8, 60% 더 밝게'

- 행렬 차트의 '전년비(%)' 열에 조건부 서식을 적용하시오.
  - 설정 적용 대상 : '전년비(%)'
  - '아이콘' 사용
  - 적용 대상 : '값 및 합계'
  - 서식 스타일 : 규칙

구분	스타일
숫자가 0보다 크고 최대값보다 작거나 같은 경우	녹색 위쪽 삼각형(▲)
숫자가 0인 경우	노란색 파선(-)
숫자가 최소값보다 크거나 같고 0보다 작은 경우	빨간색 아래쪽 삼각형(▼)

- 행렬 차트에 '스파크라인'을 추가하고 편집하시오.
  - 스파크라인 이름 : [누적판매추이]
  - 활용 필드

테이블	필드
<캘린더>	[DATE]
<_Measure>	[@판매금액_YTD] 측정값

  - 스파크라인을 '전년비(%)'열의 다음 위치에 배치

(1) 파일 열기

❶ [파일] 탭
❷ [열기] 선택
❸ [이 장치 찾아보기] 클릭 > '이론실습_PART05_조건부서식' 파일 열기

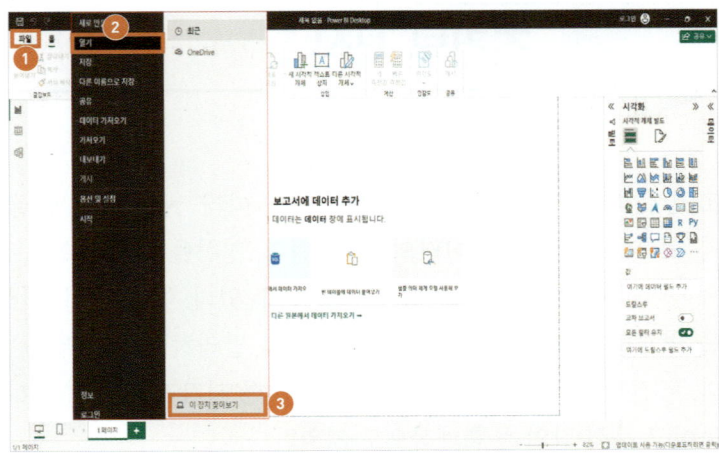

(2) [전년비] 조건부 서식 설정

❶ 행렬 차트 선택
❷ [시각적 개체 서식 지정] 아이콘( ) 클릭
❸ [셀 요소] 탭 선택 확장
❹ [설정 적용 대상] '전년비' 선택
❺ [데이터 막대] 사용 체크(활성화)
❻ [조건부 서식] 아이콘(fx) 클릭

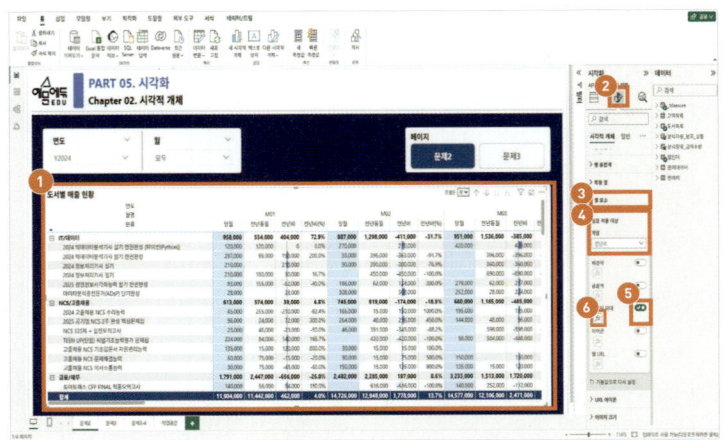

(3) [전년비] 막대 서식 설정

❶ [양수 막대] 색상 '테마 색 1, 60% 더 밝게' 선택
❷ [음수 막대] 색상 '테마 색 8, 60% 더 밝게' 선택
❸ [확인] 클릭

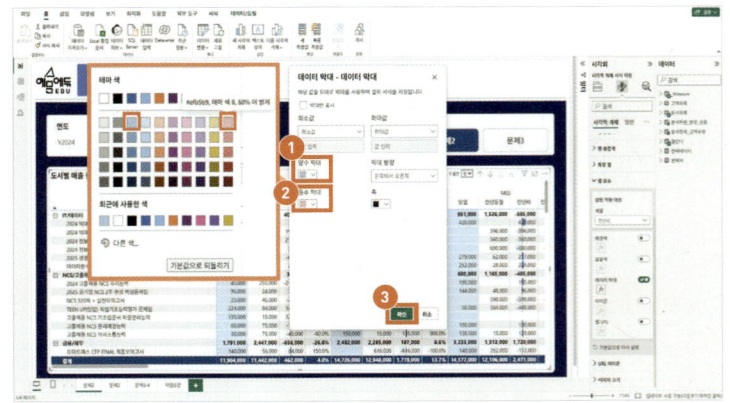

빠른 작업을 위한 TIP

조건부 서식은 [시각화 창]의 [시각적 개체 빌드]에서 [값]에 있는 [필드] 및 [측정값]을 우클릭하거나 또는 드롭다운 메뉴를 클릭하면 바로 [조건부 서식] 메뉴로 진입할 수 있다.

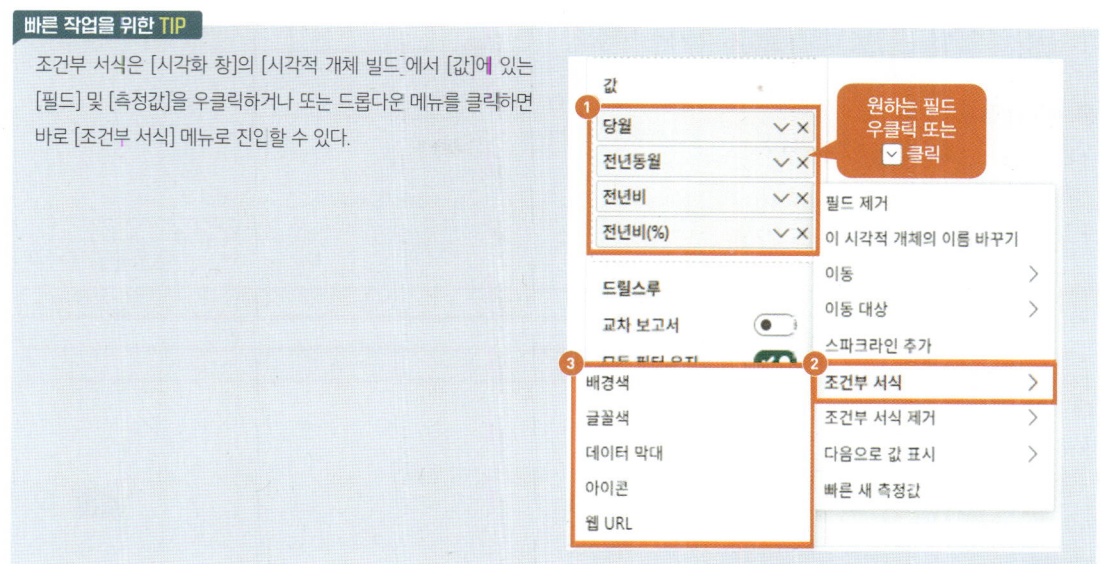

(4) [전년비(%)] 조건부 서식 설정
❶ [설정 적용 대상] '전년비(%)' 선택
❷ [아이콘] 사용 체크(활성화)
❸ [조건부 서식] 아이콘(fx) 클릭

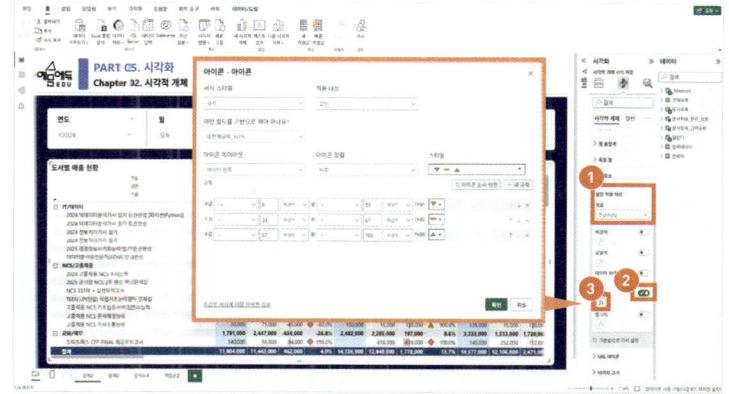

(5) [전년비(%)] 아이콘 표시 설정
❶ 서식 스타일 '규칙' 선택
❷ 스타일 ▼ ━ ▲ 선택

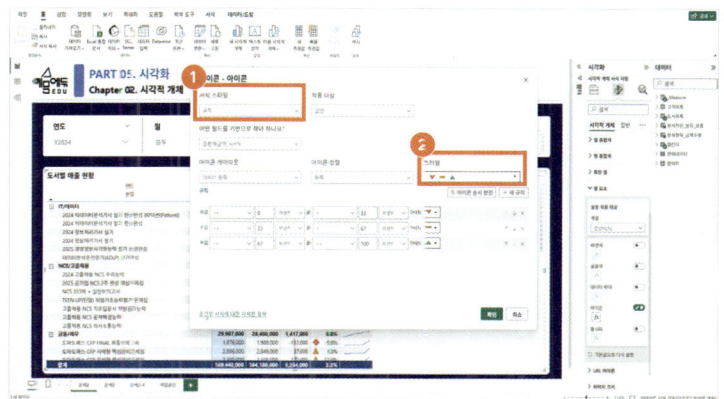

(6) [전년비(%)] 아이콘 표시 규칙 설정

❶ 규칙 설정 ⓐ
- If 값 : [>=], [최소값], [숫자] 선택
- 끝 : [<], [0], [숫자] 선택
- THEN : [▼▼] 선택

❷ 규칙 설정 ⓑ
- If 값 : [=], [0], [숫자] 선택
- THEN : [━━] 선택

❸ 규칙 설정 ⓒ
- If 값 : [>], [0], [숫자] 선택
- 끝 : [<=], [최대값], [숫자] 선택
- THEN : [▲▲] 선택

> **참고**
> [최소값], [최대값]은 입력할 위치의 기재된 숫자를 지우면 자동으로 지정된다.

❹ 적용 대상 '값 및 합계' 선택
❺ [확인] 클릭

(7) 스파크라인 추가

❶ [시각화 창] > [시각적 개체 빌드]의 [값] 영역을 우클릭 또는 드롭다운 메뉴 클릭
❷ [스파크라인 추가] 선택
❸ Y축을 [@판매금액_YTD] 측정값으로 선택
❹ X축을 <캘린더> 테이블의 [DATE] 필드로 선택
❺ [만들기] 클릭

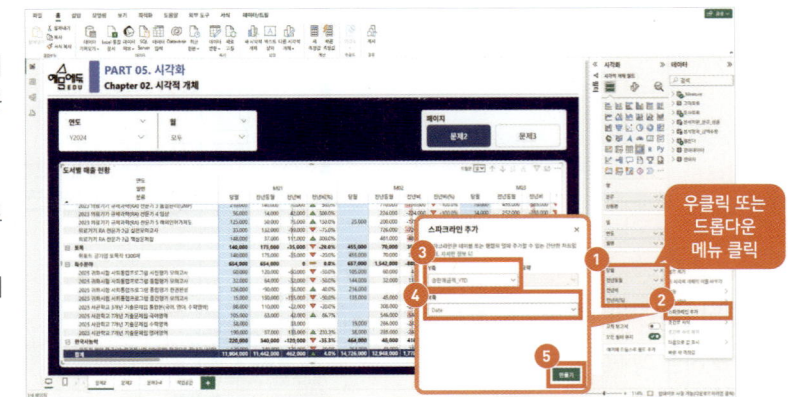

❻ 생성된 [@판매금액_YTD, Date] 열을 더블 클릭하여 "누적판매추이"를 입력

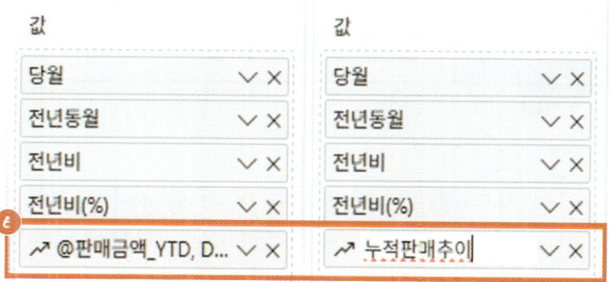

(8) 조건부 서식 설정 결과 확인

❶ 행렬 차트 우측 상단의 드릴온 열∨ 대상 설정을 [열]로 선택
❷ '드릴업' 아이콘(↑)을 클릭하여 차트의 열을 '연도' 단위로 변경
❸ [전년비], [전년비(%)] 열에 적용된 조건부 서식과 추가된 [누적판매추이] 스파크라인 열을 확인

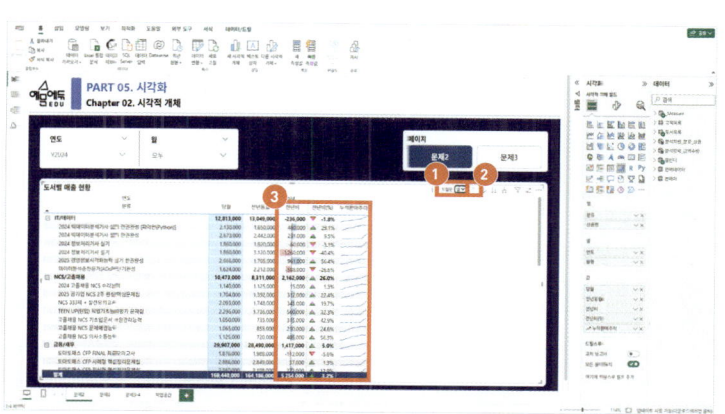

SECTION 08 도넛형 차트

도넛형 차트(◎)는 전체 중에서 각 항목이 차지하는 비율을 시각적으로 표현하는 차트로, 중앙이 비어 있는 원형 형태가 특징이다. 실무에서는 이 비어 있는 중앙 부분을 활용해 총합이나 추가 정보를 텍스트로 표시하거나, 다른 시각적 개체를 중첩해 사용할 수 있다.

원형 차트와의 차이점은 중앙 공간의 유무로, 도넛형 차트는 이 공간을 통해 정보를 보충하거나 다른 개체와 조합할 수 있는 장점이 있다. 도넛형 차트는 카테고리별 비율 비교에 특징 효과적인데 예를 들어 매출 구성비나 인구분포 등을 시각화하는 경우가 있다.

> **출제유형 실습** 실습파일 : [이론실습_PART05_도넛형차트.pbix]
>
> 다음 지시사항에 따라 도넛형 차트를 구현하시오.
> - 다음 조건으로 '문제 2' 페이지에 도넛형 차트를 구현하시오.
>   - 활용 필드
>
> | 구분 | 테이블 | 필드 |
> |---|---|---|
> | 범례 | <도서목록> | [분류] |
> | 값 | <분석항목_금액수량> | [분석항목_금액수량] |
>
>   - 차트 제목 : "도서 분류별 점유비"
>
> | 차트 제목 서식 | 설정 |
> |---|---|
> | 글꼴 | 'Segoe UI' |
> | 글꼴 크기 | '12' |
> | 글자 서식 | '굵게' |
> | 정렬 | '왼쪽' |
>
>   - 범례 : 위치 '오른쪽 상단에 누적됨', 제목 '사용 안 함'
>   - 도넛형 차트를 '2-③' 위치에 배치
> - 다음과 같이 도넛형 차트의 조각에 대한 서식을 지정하시오.
>   - 색상 : 기술/기사/기능사 '#1DBA76'
>   - 내부 반경 : '40%'
> - 다음과 같이 도넛형 차트의 세부 정보 레이블에 대한 서식을 지정하시오.
>   - 레이블 내용 : '범주, 총 퍼센트'로 표시
>   - 위치 : '바깥쪽 우선'

(1) 파일 열기

❶ [파일] 탭
❷ [열기] 선택
❸ [이 장치 찾아보기] 클릭 > '이론실습_PARTC5_도넛형차트' 파일 열기

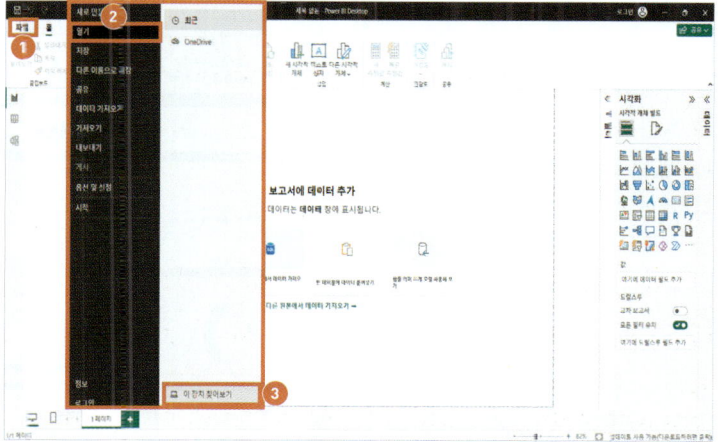

(2) 차트 생성 및 배치

❶ [보고서 보기] 작업영역 선택
❷ [시각화 창]의 [시각적 개체 빌드]에서 도넛형 차트 아이콘(◎) 클릭
❸ 개체 생성 확인 후 도넛형 차트를 '2-③' 위치에 배치 및 드래그하여 크기 조정

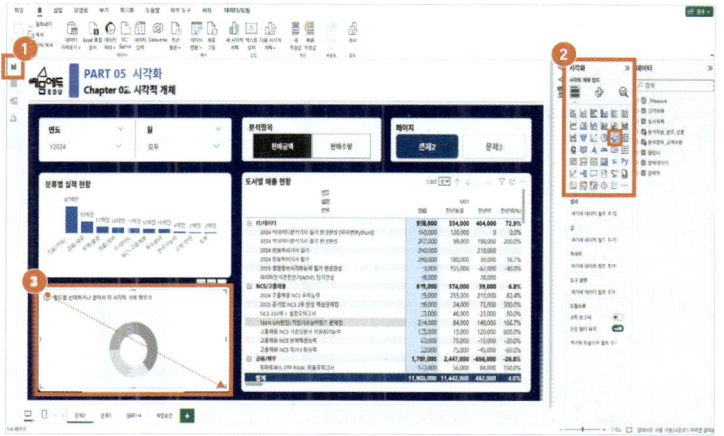

(3) 데이터 필드 추가

❶ 도넛형 차트의 [범례]에 <도서목록> 테이블의 [분류] 필드를 드래그 앤 드롭하여 추가
❷ 도넛형 차트의 [값]에 <분석항목_금액수량> 테이블의 [분석항목_금액수량] 필드를 추가

(4) 제목 설정

❶ [시각화 창]의 [시각적 개체 서식 지정] 아이콘( ) 클릭
❷ [일반] 탭 선택
❸ [제목] 표시 체크(활성화) 및 탭 확장
❹ [제목] 탭 선택 확장
❺ [텍스트]에 "도서 분류별 점유비"를 입력
❻ [글꼴]에서 'Segoe UI', 글꼴 크기 '12', '굵게' 설정
❼ [가로 맞춤] '왼쪽' 정렬

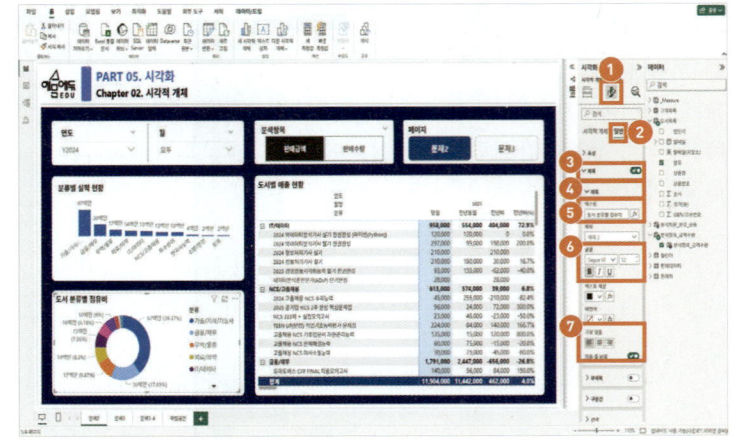

(5) 범례 설정

❶ [시각적 개체] 탭 선택
❷ [범례] 탭 선택 확장
❸ [위치]를 '오른쪽 상단에 누적됨'으로 선택
❹ [제목] 체크 해제(비활성화)

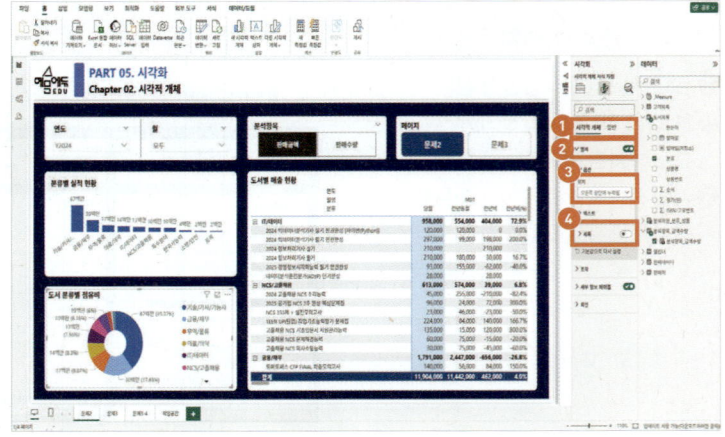

(6) 도넛 차트 조각 색상 설정

❶ [조각] 탭 선택 확장
❷ [색] 탭 선택 확장
❸ [기술/기사/기능사] 항목의 색상 변경 아이콘( ) 클릭

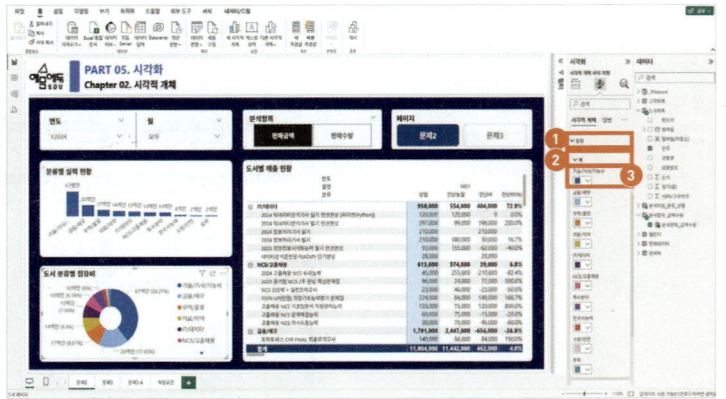

❹ [다른 색..] 클릭
❺ [헥스]에 "#1DBA76" 입력 후 [색상 선택 창] 영역이 아닌 부분 클릭하여 종료

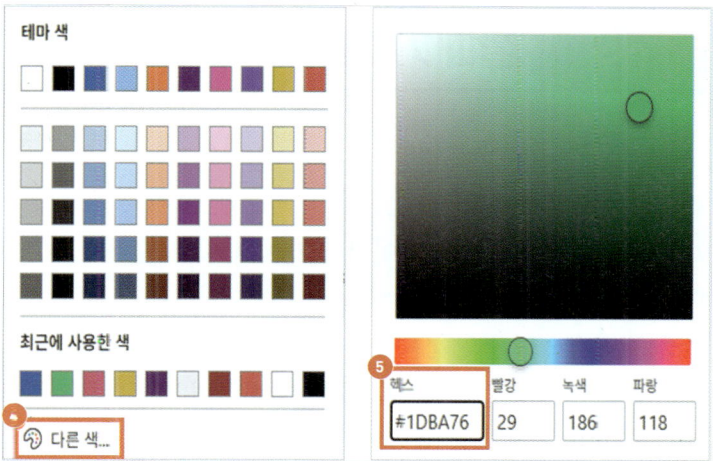

[7] 도넛 차트 내부 반경 설정
❶ [간격] 탭 선택 확장
❷ [내부 반경(%)]에 "40" 입력

[8] 세부 정보 레이블 설정
❶ [세부 정브 레이블] 탭 선택 확장
❷ [옵션] 탭 선택 확장
❸ [위치]를 '바깥쪽 우선'으로 선택
❹ [레이블 내용]을 '데이터 값, 총 퍼센트'로 선택
❺ 세부 레이블의 [값] 탭 선택 확장
❻ [소수 자릿수 비율]에 "1" 입력

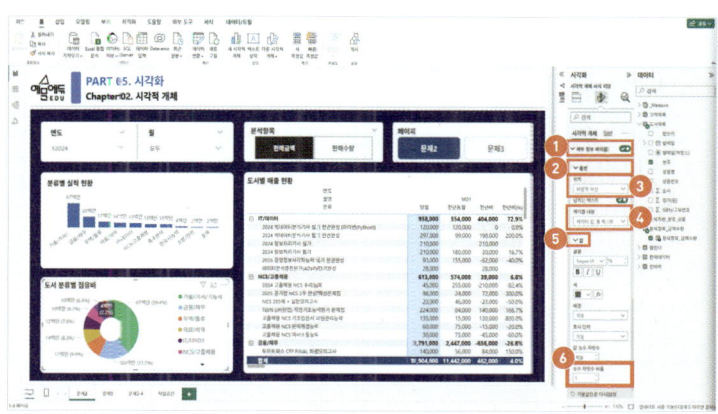

SECTION 09 깔때기 차트

깔때기 차트(Funnel Chart,)는 프로세스나 단계별로 데이터가 감소하는 과정을 시각적으로 표현하는 차트로, 주로 여러 단계에서 값이 줄어드는 경향을 분석할 때 사용된다. 예를 들어, 연령대별 가입 회원 수 데이터를 깔때기 차트로 표현하면 각 연령대에 따른 회원 수의 비율을 직관적으로 확인할 수 있다.

연령대별 가입자 수를 상위 연령대에서 하위 연령대로 나열하여 시각화하면 어떤 연령층에서 가입자가 많은지, 또는 연령이 낮아질수록 가입 비율이 줄어드는지 쉽게 파악할 수 있다. 이를 통해 특정 연령대에 집중한 마케팅 전략을 수립하거나 가입 유도 방안을 마련하는 데 유용하다.

출제유형 실습 실습파일 : [이론실습_PART05_깔때기.pbix]

다음 지시사항에 따라 깔때기 차트를 구현하시오

- 다음 조건으로 '문제 2' 페이지에 깔때기 차트를 구현하시오.
  - 활용 필드

테이블	필드
<고객목록>	[연령대]
<_Measure>	[@회원수_합계] 측정값

  - 레이블명 변경 : [@회원수_합계] → [회원수 합계]
  - 차트 제목 : "연령대별 회원수"

차트 제목 서식	설정
글꼴	'Segoe UI'
글꼴 크기	'12'
글자 서식	'굵게'
정렬	'왼쪽'

  - 범례 : 위치 '오른쪽 상단에 누적됨', 제목 '사용 안 함'
  - 깔때기 차트를 '1-③' 위치에 배치
- 다음과 같이 깔때기 차트의 서식을 지정하시오.
  - 색 : 조건부 서식

구분	설정
서식 스타일	'그라데이션'
기반 필드	<_Measure> 테이블의 [@판매금액] 측정값
색상	최소값 '테마 색7', 가운데 '테마 색3', 최대값 '테마 색8'

- 다음과 같이 깔때기 차트의 레이블에 대한 서식을 지정하시오.
  - 데이터 레이블 서식 : 글꼴 크기 '9', '굵게' 표시 단위 '없음'
  - 범주 레이블 서식 : 글꼴 크기 '9', '굵게'
  - 변환 속도 레이블 해제

(1) 파일 열기

❶ [파일] 탭
❷ [열기] 선택
❸ [이 장치 찾아보기] 클릭 > '이론실습_PART05_깔때기' 파일 열기

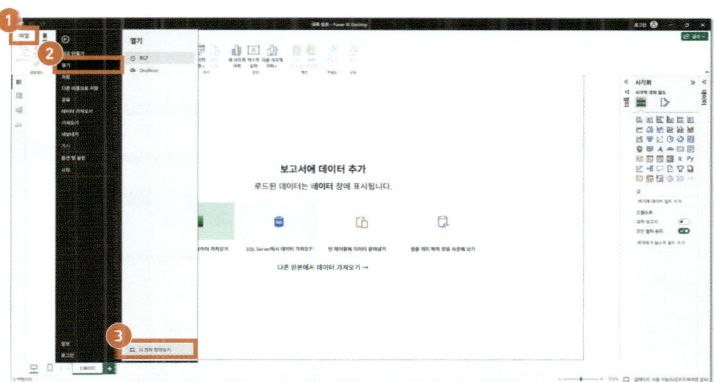

(2) 차트 생성 및 배치

❶ [보고서 보기] 작업영역 선택
❷ [시각화 창]의 [시각적 개체 빌드]에서 깔때기 차트 아이콘(📊) 클릭
❸ 개체 생성 확인 후 깔때기 차트를 '1~③' 위치에 배치 및 드래그하여 크기 조정

(3) 데이터 필드 추가

❶ 깔때기 차트의 [범주]에 <고객목록> 테이블의 [연령대] 필드를 드래그 앤 드롭하여 추가
❷ 깔때기 차트의 [값]에 <_Measure> 테이블의 [@회원수_합계] 측정값을 추가

(4) 레이블 변경

❶ [@회원수_합계] 레이블을 더블 클릭
❷ "회원수 합계" 입력 후 [Enter]

CHAPTER 02 시각화 개체   245

(5) 제목 설정

❶ [시각화 창]의 [시각적 개체 서식 지정] 아이콘(🖌) 클릭
❷ [일반] 탭 선택
❸ [제목] 체크(활성화) 및 탭 확장
❹ [제목] 탭 선택 확장
❺ [텍스트]에 "도서 분류별 점유비"를 입력
❻ [글꼴]에서 'Segoe UI', 글꼴 크기 '12', '굵게' 설정
❼ [가로 맞춤] '왼쪽' 정렬

(6) 막대 색 설정

❶ [시각적 개체] 탭 선택
❷ [색] 탭 선택 확장
❸ [조건부 서식] 아이콘(𝑓𝑥) 클릭

(7) 색 조건부 서식 설정

❶ [서식 스타일]을 '그라데이션'으로 선택
❷ 기반 필드를 <_Measure> 테이블의 [@판매금액] 측정값으로 선택
❸ [중간 색 추가] 체크
❹ [최소값] '테마 색7', [가운데] '테마 색3', [최대값] '테마 색8'으로 색 설정
❺ [확인] 클릭

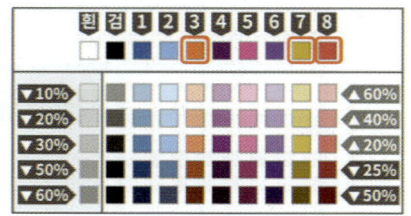

(8) 데이터 레이블 서식 설정

❶ [데이터 레이블] 탭 선택 확장
❷ [값] 탭 선택 확장
❸ [글꼴]에서 글꼴 크기 '9', '굵게' 설정
❹ [표시 단위] '없음' 설정

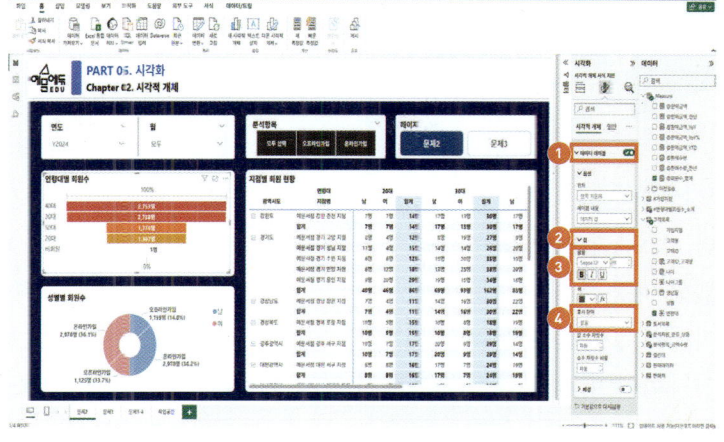

(9) 범주 및 변환속도 레이블 설정

❶ [범주 레이블] 탭 선택 확장
❷ [값] 탭 선택 확장
❸ [글꼴]에서 글꼴 크기 '9', '굵게' 설정
❹ [변환 속도 레이블] 체크 해제(비활성화)

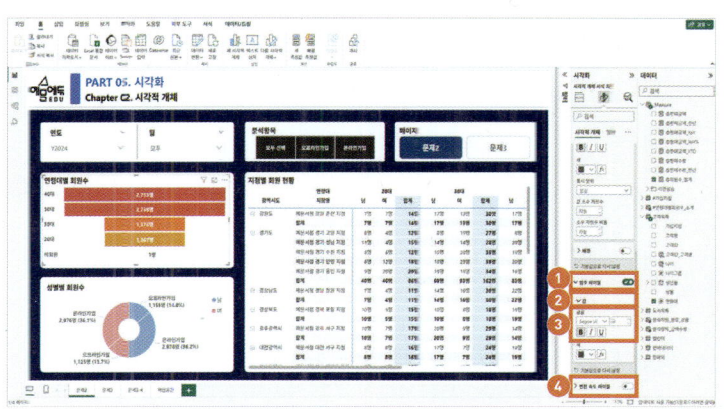

SECTION 10 트리맵

트리맵(▦)은 전체 데이터의 구성과 각 항목의 비율을 직사각형 구역으로 시각화하는 차트이다. 각 구역의 크기는 해당 항목의 값을 나타내며, 큰 값일수록 큰 사각형으로 표시된다. 트리맵은 계층적 데이터를 시각적으로 표현할 때 유용하며, 각 항목을 색상이나 크기로 구분해 데이터의 분포를 한눈에 파악할 수 있다. 예를 들어, 매출 구성비, 제품 카테고리별 점유율 등을 시각화하여 각 항목이 전체에서 차지하는 비중을 직관적으로 보여준다.

출제유형 실습 실습파일 : [이론실습_PART05_트리맵.pbix]

다음 지시사항에 따라 트리맵 차트를 구현하시오.
- 다음 조건으로 '문제 2' 페이지에 트리맵 차트를 구현하시오.
  - 활용 필드

테이블	필드
<도서목록>	[분류]
<_Measure>	[@판매금액_YTD] 측정값

  - 레이블명 변경 : [@판매금액_YTD] → "연누적판매금액"
  - 차트 제목 : "도서 분류별 연누적 매출 점유비"
- 제목 서식 : 글꼴 'Segoe UI', 글꼴 크기 '12', '굵게', '왼쪽'
  - 트리맵 차트를 '2-③' 위치에 배치
- 다음과 같이 트리맵 차트의 서식을 지정하시오.
  - 색 : 조건부 서식

구분	설정
서식 스타일	'그라데이션'
기반 필드	<_Measure> 테이블의 [@판매금액_YTD] 측정값
색상	최소값 '테마 색2', 가운데 '테마 색7', 최대값 '테마 색8'

  - 데이터 레이블 서식 : 글꼴 크기 '12', '굵게', 표시 단위 '없음'
  - 범주 레이블 서식 : 글꼴 크기 '8', '굵게'

(1) 파일 열기

❶ [파일] 탭
❷ [열기] 선택
❸ [이 장치 찾아보기] 클릭 > '이론실습_PART05_트리맵차트' 파일 열기

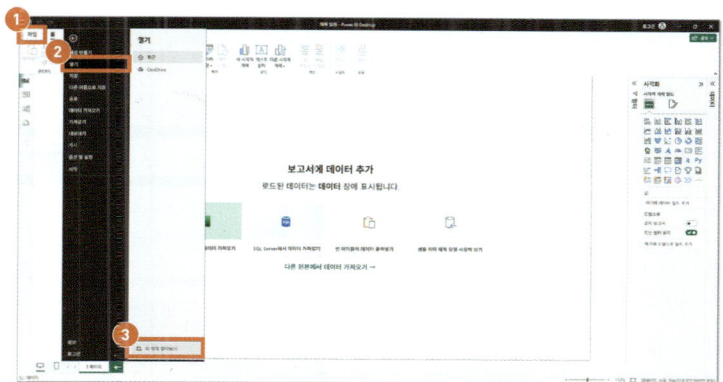

(2) 차트 생성 및 배치

❶ [보고서 보기] 작업영역 선택
❷ [시각화 창]의 [시각적 개체 빌드]에서 트리맵(Treemap) 차트 아이콘(▦) 클릭
❸ 개체 생성 확인 후 트리맵 차트를 '2-③' 위치에 배치 및 드래그하여 크기 조정

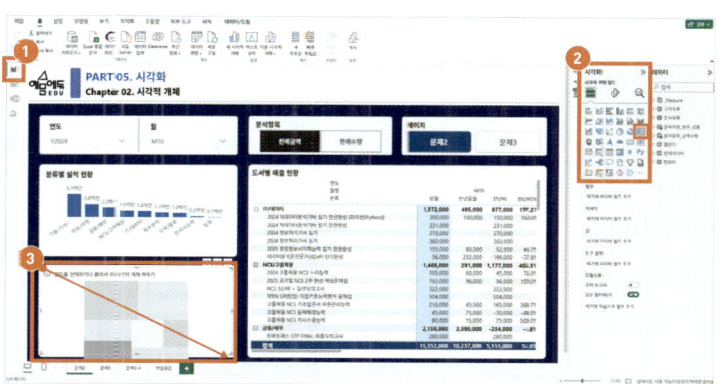

(3) 데이터 필드 추가

❶ 트리맵 차트의 [범주]에 <도서목록> 테이블의 [분류] 필드를 드래그 앤 드롭하여 추가
❷ 트리맵 차트의 [값]에 <_Measure> 테이블의 [@판매금액_YTD] 필드를 추가

(4) 레이블 변경

❶ [@판매금액_YTD] 레이블을 더블 클릭
❷ "연누적판매금액" 입력 후 [Enter]

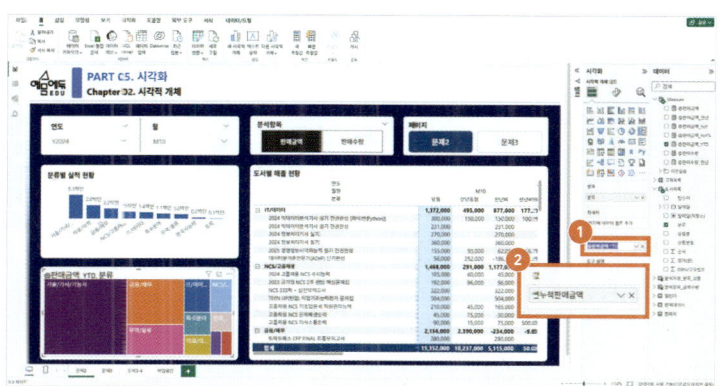

CHAPTER 02 시각화 개체   247

(5) 제목 설정

❶ [시각화 창]의 [시각적 개체 서식 지정] 아이콘( ) 클릭
❷ [일반] 탭 선택
❸ [제목] 표시 체크(활성화) 및 탭 확장
❹ [제목] 탭 선택 확장
❺ [텍스트]에 "도서 분류별 점유비"를 입력
❻ [글꼴]에서 'Segoe UI', 글꼴 크기 '12', '굵게' 설정
❼ [가로 맞춤] '왼쪽' 정렬

(6) 색 설정

❶ [시각적 개체] 탭 선택
❷ [색] 탭 선택 확장
❸ 고급 컨트롤 아래의 [조건부 서식] 아이콘(fx) 클릭

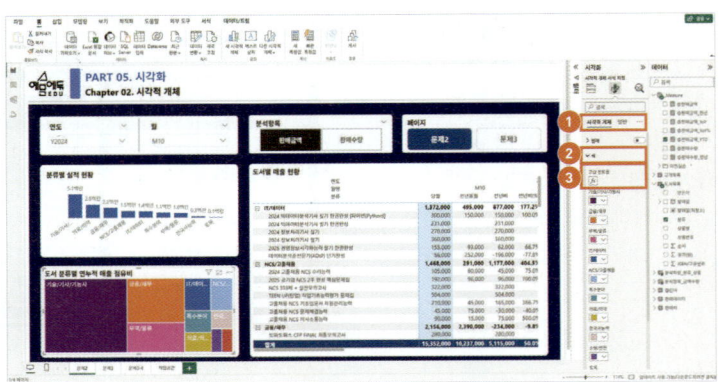

(7) 색 조건부 서식 설정

❶ [서식 스타일]을 '그라데이션'으로 선택
❷ 기반 필드를 <_Measure> 테이블의 [@판매금액_YTD] 측정값으로 선택
❸ [중간 색 추가] 체크
❹ [최소값] '테마 색2', [가운데] '테마 색7', [최대값] '테마 색8' 색 설정
❺ [확인] 클릭

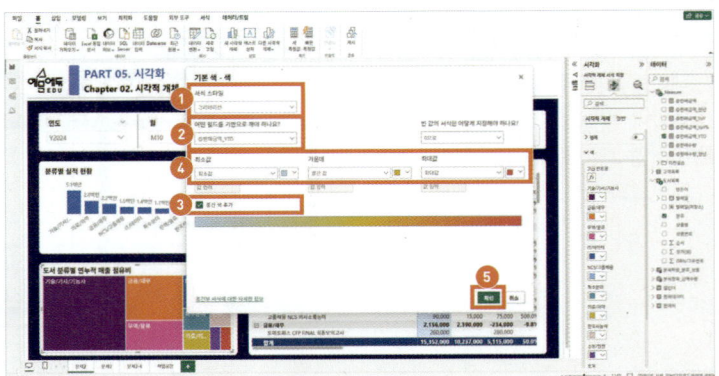

(8) 데이터 레이블 서식 설정

❶ [데이터 레이블] 탭 선택 확장
❷ [데이터 레이블] 사용 체크(활성화)
❸ [값] 탭 선택 확장
❹ [글꼴]에서 글꼴 크기 '12', '굵게' 설정
❺ [표시 단위] '없음' 선택

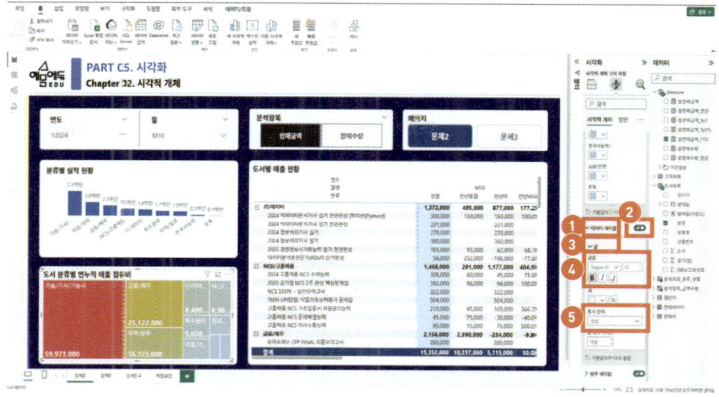

(9) 범주 레이블 서식 설정

❶ [범주 레이블] 탭 선택 확장
❷ [값] 탭 선택 확장
❸ [글꼴]에서 글꼴 크기 '8', '굵게' 설정

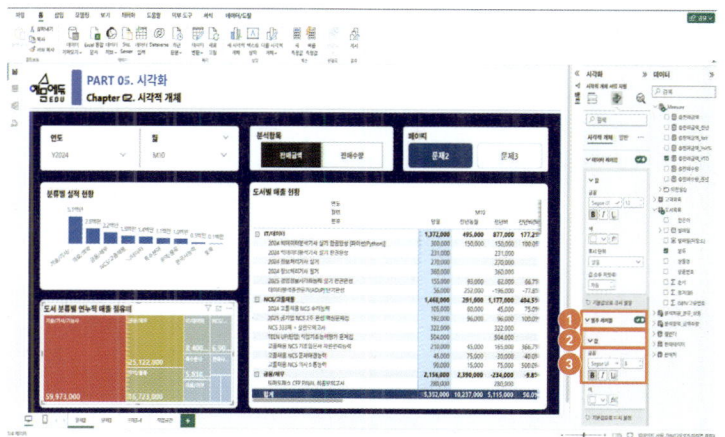

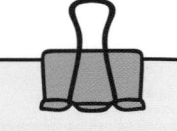

CHAPTER 03

기타 개체

학습 Point

- 배경과 이미지 추가 및 하이퍼링크 연결
- 텍스트 상자 추가
- 도형(세이프) 추가
- 버튼
- 페이지 탐색기 및 책갈피 탐색기

SECTION 01	개요
SECTION 02	배경설정 및 이미지 추가
SECTION 03	텍스트 상자와 도형 추가
SECTION 04	버튼
SECTION 05	페이지 탐색기
SECTION 06	책갈피 탐색기

SECTION 01 개요

Power BI에서는 슬라이서, 카드, 차트, 테이블 외에도 편리한 기능을 가진 개체를 생성할 수 있다.

먼저, 보고서에 로고, 그림, 사진 등 이미지를 추가할 수 있으며, 텍스트 상자를 구현할 수 있다. 또한, 텍스트 상자에 하이퍼링크를 구현할 수도 있으며, 사각형이나 원형, 화살표 등 도형(Shape)을 보고서에 추가할 수 있다.

Power BI의 대표적인 상호 작용 기능인 "버튼"은 보고서를 더 동적으로 만들어 주는 중요한 기능이다. 사용자가 버튼을 클릭하면 보고서 내에서 다양한 작업을 실행할 수 있다. 예를 들어, 뒤로 가기 버튼을 사용하면 이전 페이지로 돌아가거나, 책갈피 버튼을 눌러서 미리 설정된 필터 상태를 불러올 수 있다. 또한, 드릴스루를 활용하여 선택한 데이터를 기반으로 세부 정보를 확인하거나, 페이지 탐색을 통해 다른 페이지로 빠르게 이동할 수 있다. 이런 버튼은 보고서를 앱처럼 직관적으로 만들고, 사용자가 보고서와 상호 작용할 수 있는 환경을 제공한다.

"페이지 탐색기"는 보고서 내의 페이지를 효율적으로 탐색할 수 있는 기능이다. 페이지 탐색기는 자동으로 보고서 페이지와 동기화되어, 각 페이지의 제목이 단추에 반영되고 순서대로 표시된다. 사용자가 페이지를 추가하거나 변경하면 탐색기도 자동으로 업데이트되어 최신 상태를 유지한다. 또한, 페이지 탐색기는 보고서 페이지를 쉽게 숨기거나 표시할 수 있는 기능도 제공하여, 사용자가 필요한 정보만을 빠르게 찾을 수 있도록 돕는다.

"책갈피 탐색기"는 보고서 내 특정 상태를 저장하고, 빠르게 돌아갈 수 있게 해주는 유용한 도구이다. 책갈피를 사용하면 보고서의 필터링 상태나 시각화 설정을 저장하고, 버튼을 클릭해 그 상태로 즉시 복귀할 수 있다. 책갈피 탐색기는 보고서에서 책갈피를 추가하거나 삭제할 때마다 자동으로 업데이트되며, 책갈피의 이름을 바꾸면 해당 이름이 탐색기에서도 반영된다. 이 기능은 사용자가 보고서에서 반복적으로 동일한 설정을 빠르게 불러오도록 돕는다.

SECTION 02 배경설정 및 이미지 추가

출제유형 실습 실습파일 : [이론실습_PART05_배경과 이미지.pbix]

'문제 3' 페이지의 전체 서식을 설정하시오.
- '문제 3' 페이지의 캔버스 배경을 설정하시오.
  - 배경이미지 : '문제 3-배경.png'
  - 캔버스 배경 설정 : 이미지 맞춤 '맞춤', 투명도 0%
- 이미지를 추가하고 하이퍼링크를 연결하시오.
  - 이미지 : '예문에듀.png'
  - 스타일 : 기본
  - 이미지를 도형 '1-①' 위치에 배치
  - 이미지를 클릭하면 'https://yeamoonedu.com'로 이동

(1) 파일 열기
❶ [파일] 탭 선택
❷ [이 장치 찾아보기] 클릭 > 'PART05_배경과 이미지.pbix' 파일 열기

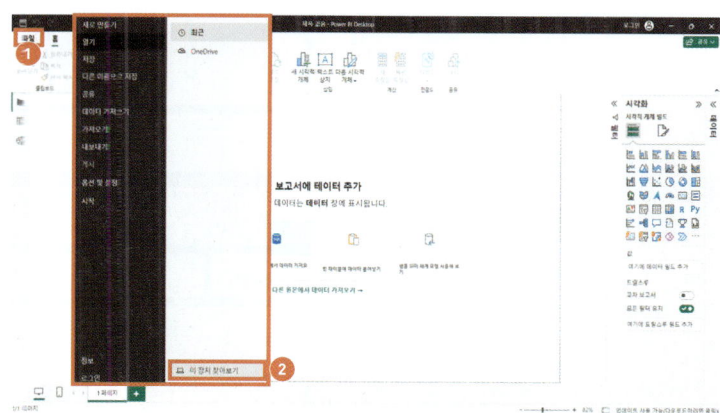

(2) 캔버스 배경
❶ [시각화 창] 선택
❷ [보고서 페이지 서식 지정] 아이콘(▷) 클릭
❸ [캔버스 배경] 선택
❹ [이미지 찾아보기] 아이콘 클릭
❺ [열기] 팝업 창에서 '문제 3-배경.png' 파일 선택
❻ [열기] 클릭
❼ [이미지 맞춤] 선택
❽ [맞춤] 선택

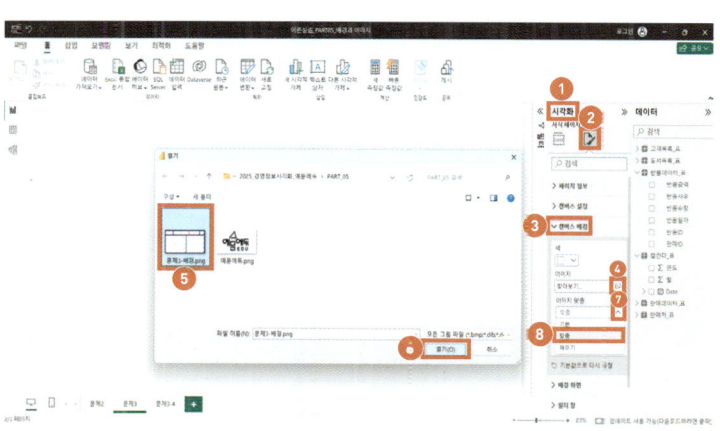

(3) 이미지 삽입

❶ [삽입] 탭 선택
❷ [요소] 그룹의 [이미지] 클릭
❸ [열기] 팝업 창에서 '예문에듀.png' 파일 선택
❹ [열기] 클릭

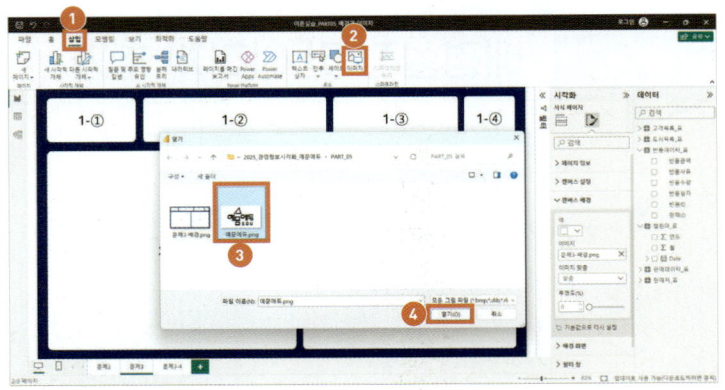

(4) 크기 및 위치 조정

❶ 이미지 크기 조정
• 슬라이서 경계선에 마우스를 가져다 대면 크기 조절 화살표가 생긴다.
❷ 슬라이서 위치 1-①로 이동
• 우측 상단의 ⋯ 아이콘을 누른 상태에서 드래그한다.

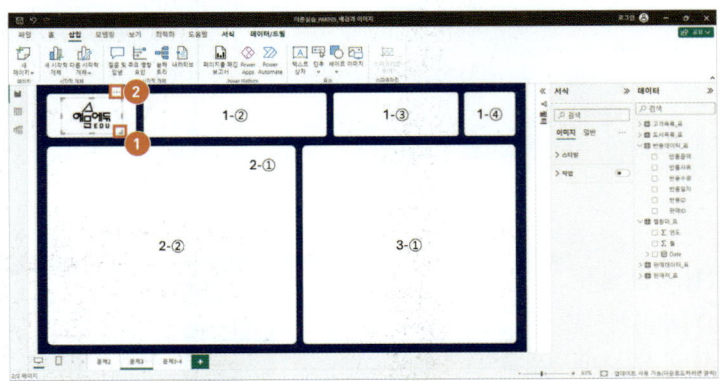

(5) 하이퍼링크 설정

❶ [서식 창]의 [이미지] 선택
❷ [작업] 체크(활성화)
❸ [작업] 선택
❹ [작업] 유형을 '웹 URL'로 선택
❺ 웹 URL 칸에 "https://yeamoonedu.com" 입력

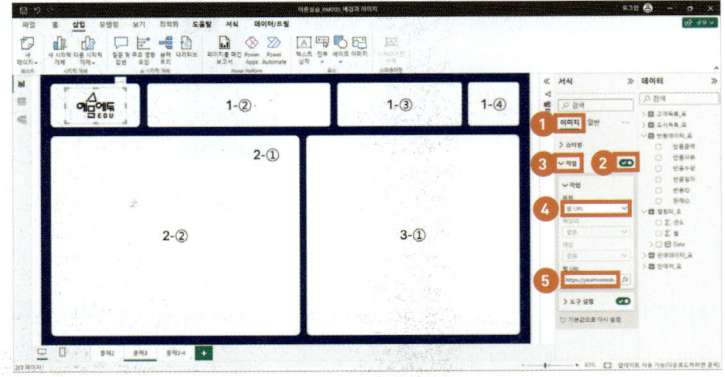

• [Ctrl]을 누른 상태에서 '예문에듀' 이미지를 클릭하면 홈페이지 인터넷 창이 열리는지 확인한다.

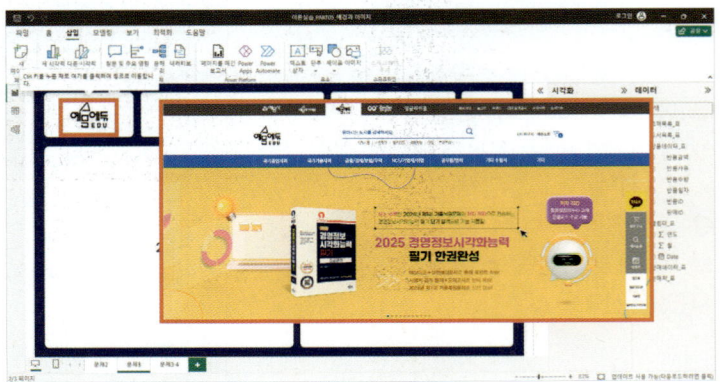

SECTION 03 텍스트 상자와 도형 추가

출제유형 실습 실습파일 : [이론실습_PART05_도형과 텍스트 상자.pbix]

'문제 3' 페이지의 전체 서식을 설정하시오.
- 제목을 추가하시오.
  - 텍스트 : 도서 반품 현황
  - 서식 : 글꼴 'Segoe UI', 크기 '20', '굵게', '가운데'
- 도형을 추가하시오.
  - 도형 : 사각형
  - 서식 : 채우기색 '#0000F7'
  - 크기 : 높이 12, 너비 470

(1) 파일 열기

❶ [파일] 탭 선택
❷ [이 장치 찾아보기] 클릭 > 'PART05_도형과 텍스트 상자.pbix' 파일 열기

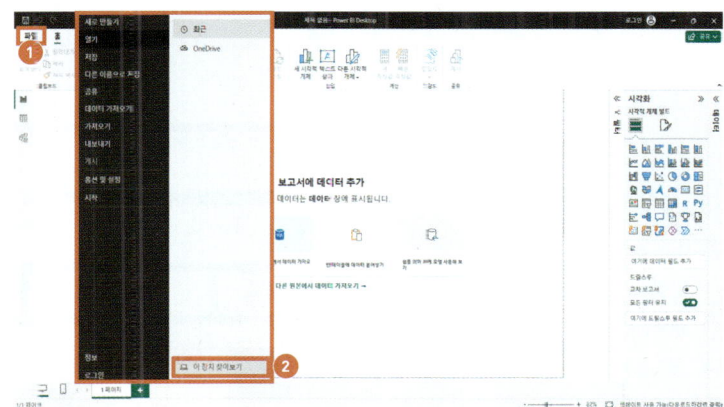

(2) 텍스트 상자 삽입

❶ [삽입] 탭 선택
❷ [요소] 그룹의 [텍스트 상자] 아이콘 클릭
❸ 글꼴 'Segoe UI' 선택
❹ 크기 '20' 선택
❺ '굵게' 클릭
❻ [가로 맞춤] '가운데 정렬'
❼ "도서 반품 현황" 텍스트 입력

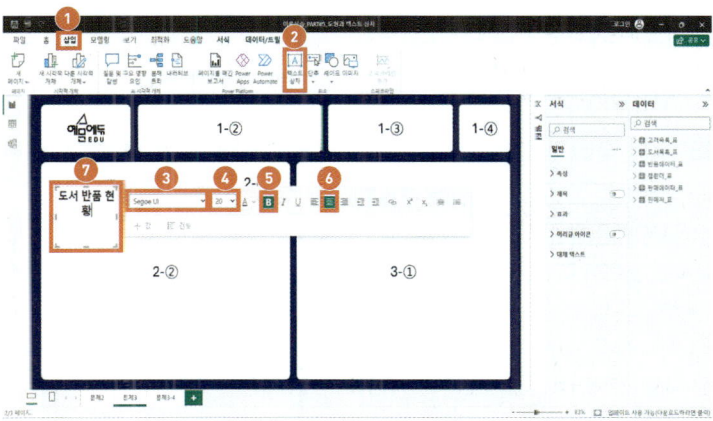

(3) 위치 및 크기 조정

❶ 텍스트 상자 위치 1-②로 이동
- 우측 상단의 ⋯ 아이콘을 누른 상태에서 드래그한다.

❷ 텍스트 상자 크기 조정
- 텍스트 상자 경계선에 마우스를 가져다 대면 크기 조절 화살표가 생긴다.

(4) 셰이프 삽입

❶ [삽입] 탭 선택
❷ [요소] 그룹의 [셰이프] 아이콘 클릭
❸ '사각형' 선택

(5) 셰이프 스타일 설정

❶ 사각형 도형을 클릭하여 선택
❷ [도형] 탭의 [스타일] 선택
❸ [채우기] 클릭
❹ [색] 클릭
❺ [다른 색] 클릭
❻ 헥스 칸에 "#0000F7" 입력

(6) 위치 및 크기 조정

❶ 도형 위치 1-②로 이동하여 텍스트 '도서 반품 현황' 아래 위치시킴
- 우측 상단의 ⋯ 아이콘을 누른 상태에서 드래그한다.

❷ [서식 창]의 [일반] 탭 선택
❸ [속성] 선택
❹ [크기] 선택
❺ 높이 "12" 입력
❻ 너비 "460" 입력

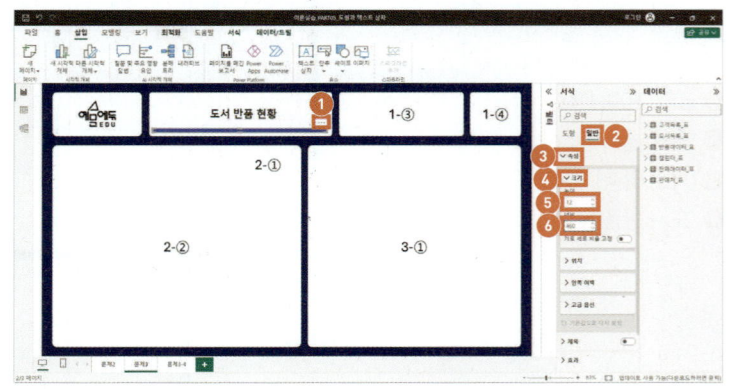

SECTION 04 버튼

> **출제유형 실습** 실습파일 : [이론실습_PART05_버튼과 탐색기.pbix]
>
> 페이지를 뒤로 이동하는 버튼을 표현하시오.
> - '뒤로' 버튼 추가
>   - 서식 : 흰색(#FFFFFF), 투명도 0%
>   - 뒤로가기 버튼을 '1-④' 위치에 배치

(1) 파일 열기

❶ [파일] 탭 선택
❷ [이 장치 찾아보기] 클릭 > 'PART05_버튼과 탐색기.pbix' 파일 열기

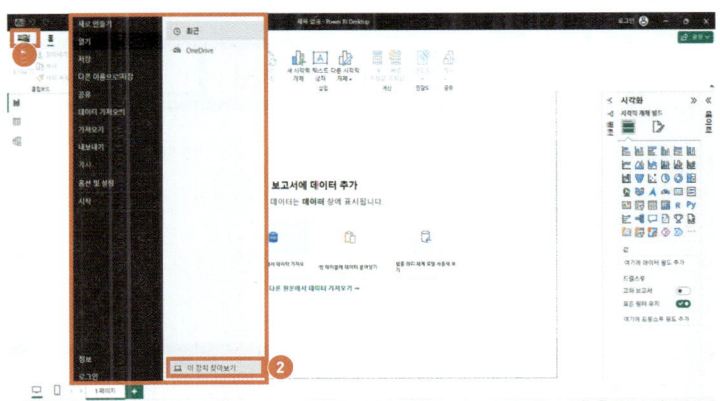

(2) 버튼 삽입

❶ [삽입] 탭 선택
❷ [요소] 그룹의 [단추] 아이콘 클릭
❸ [뒤로] 버튼 선택

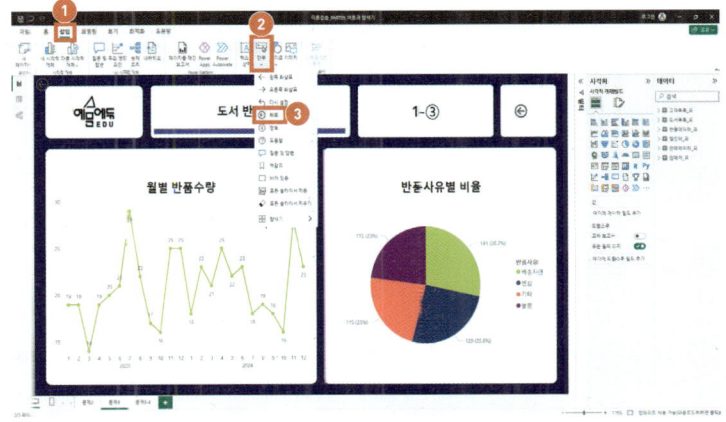

(3) 버튼 스타일 설정

❶ [서식 창] 선택
❷ [Button] 탭 선택
❸ [스타일] 선택
❹ [채우기] 선택
❺ [채우기] 체크(활성화)
❻ 색 '흰색(#FFFFFF)' 설정
❼ 투명도 '0%' 설정

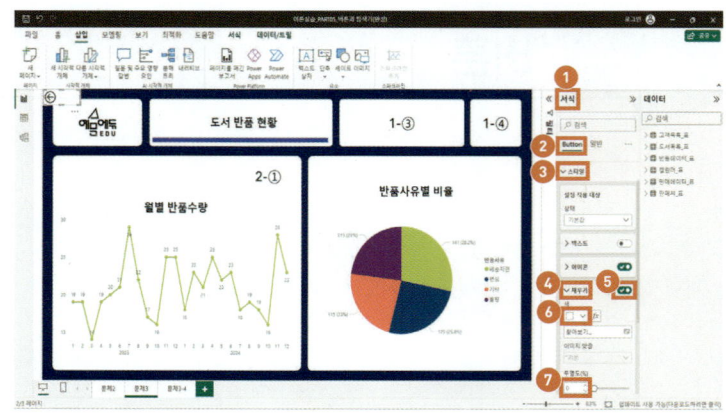

(4) 위치 및 크기 조정

❶ 버튼 위치 1-④로 이동
• 우측 상단의 ⋯ 아이콘을 누른 상태에서 드래그한다.
❷ 버튼 크기 조정
• 버튼 경계선에 마우스를 가져다 대면 크기 조절 화살표가 생긴다.

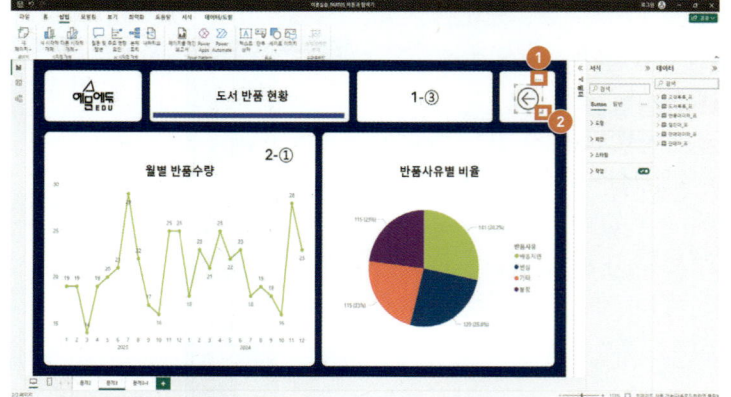

(5) 버튼 동작 확인

• 다른 페이지 클릭 후 다시 '문제 3' 페이지로 돌아와 [Ctrl]을 누른 상태에서 '뒤로가기' 버튼을 눌러 이전 페이지로 이동하는 동작을 확인한다.

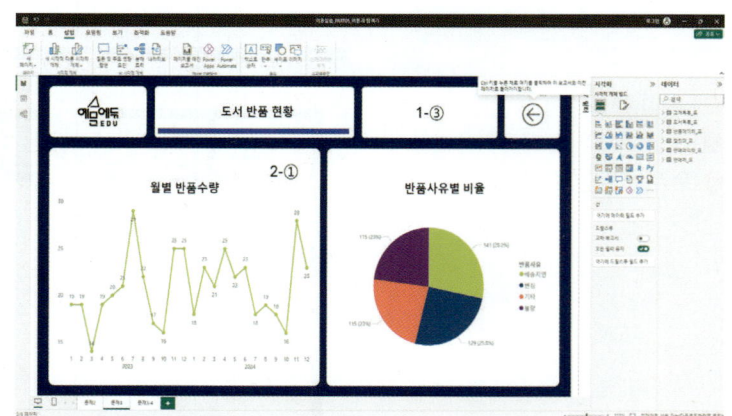

SECTION 05 페이지 탐색기

출제유형 실습 실습파일 : [이론실습_PART05_버튼과 탐색기.pbix]

다음 지시사항에 따라 '문제 3' 페이지에 "페이지 탐색기"를 표현하시오.
- 페이지 탐색기
  - 표시 : '문제 3-4' 페이지 적용 제외
  - 선택한 상태의 단추 색 : '테마 색1(#C4D35C)'
  - 텍스트 : 글꼴 'Segoe UI', 크기 '14', '굵게'
  - 페이지 탐색기를 '1-③' 위치에 배치

(1) 페이지 탐색기 삽입
❶ [삽입] 탭 선택
❷ [단추] 아이콘 클릭
❸ [탐색기] 선택
❹ [페이지 탐색기] 선택

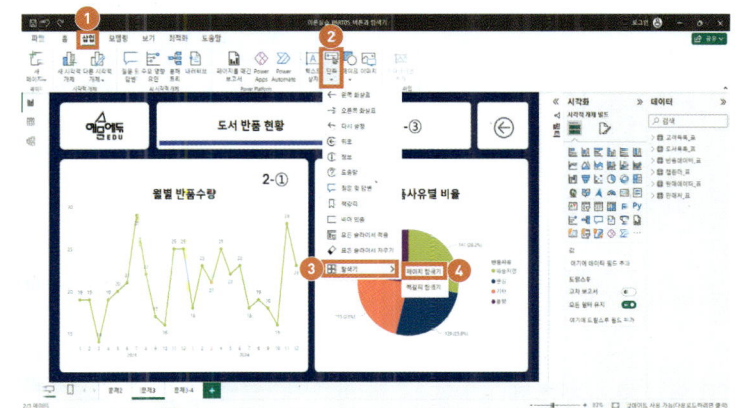

(2) 페이지 탐색기 페이지 설정
❶ [서식 창] 선택
❷ [시각적 개체] 탭의 [페이지] 선택
❸ [표시] 선택
❹ '문제 3-4' 체크 해제(비활성화)

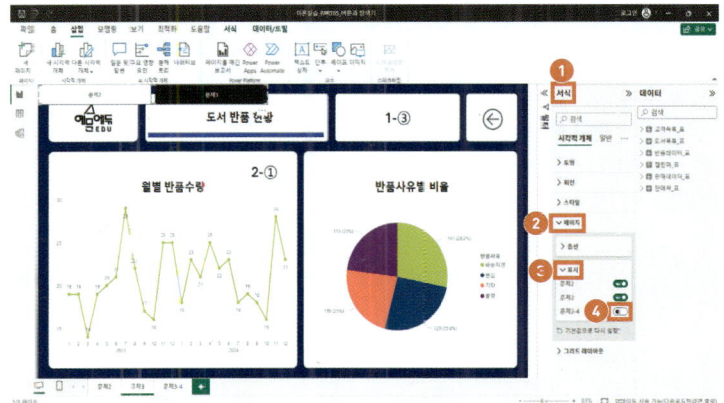

(3) 시각적 개체 스타일 설정

❶ [스타일] 선택
❷ [설정 적용 대상]에서 상태를 [선택한 상태]로 설정
❸ [채우기] 선택
❹ 색 '테마색1(#C4D35C)' 설정

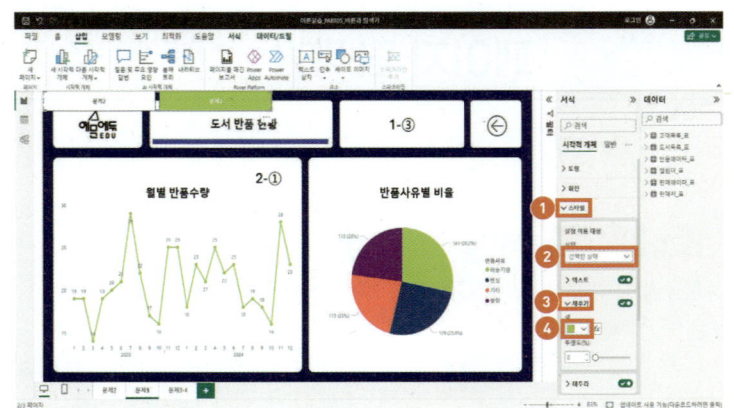

(4) 시각적 개체 텍스트 설정

❶ [스타일]의 [텍스트] 선택
❷ 글꼴 'Segoe UI' 선택
❸ 글꼴 크기 '14' 설정
❹ '굵게' 설정

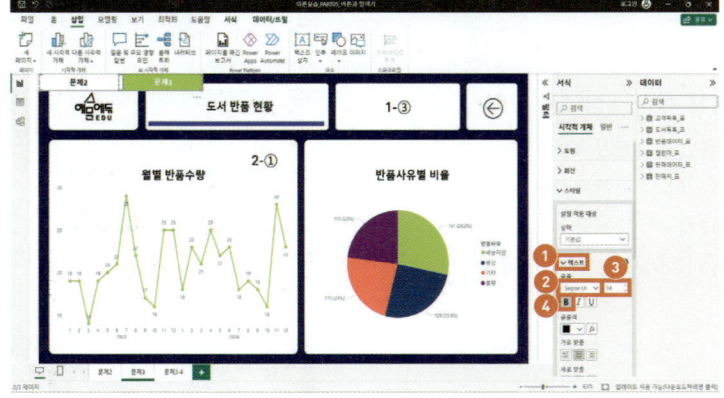

(5) 위치 및 크기 조정

❶ 위치 1-③으로 이동
• 우측 상단의 ⋯ 아이콘을 누른 상태에서 드래그한다.
❷ 크기 조정
• 경계선에 마우스를 가져다 대면 크기 조절 화살표가 생긴다.

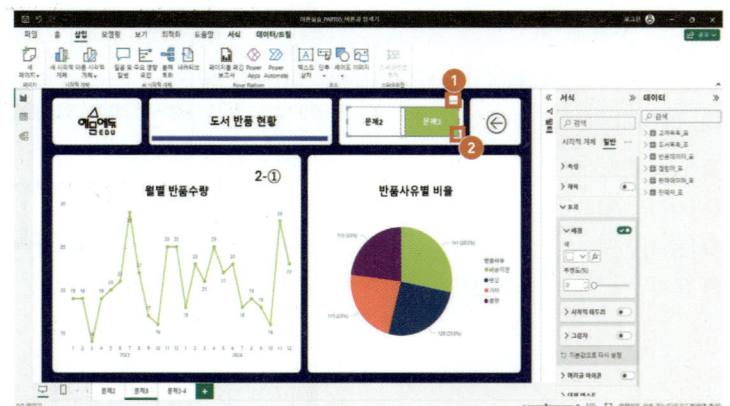

(6) 시각적 개체 텍스트 설정

❶ [서식] 탭의 [일반] 선택
❷ [효과] 선택
❸ [배경] 선택
❹ [배경] 체크(활성화)
❺ 색 '흰색(#FFFFFF)' 설정
❻ 투명도 '0%' 설정

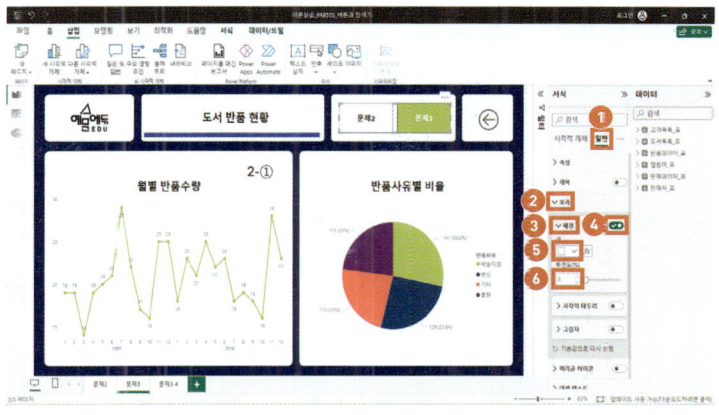

(7) 페이지 탐색기 동작 확인

- [Ctrl]을 누른 상태에서 '문제 2' 버튼을 눌러 해당 페이지로 이동하는 동작을 확인한다.

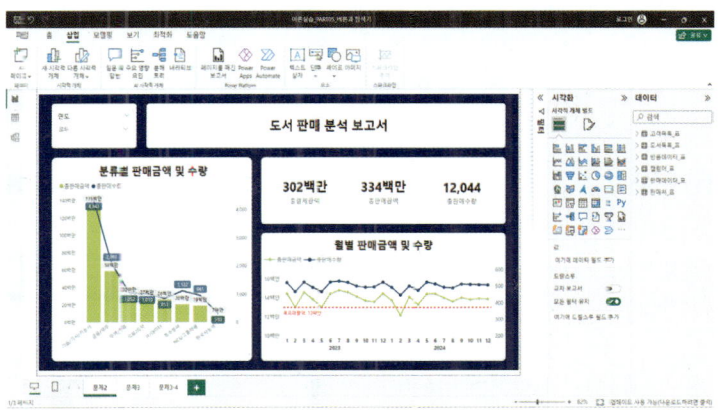

SECTION 06 책갈피 탐색기

출제유형 실습   실습파일 : [이론실습_PART05_책갈피 탐색기.pbix]

다음 지시사항에 따라 '문제 3' 페이지에 "책갈피 탐색기"를 표현하시오.
- "월별 반품수량" 책갈피 작성
  - 작업 : 월별 반품수량 표시, 월별 반품금액 숨기기
- "월별 반품금액" 책갈피 작성
  - 작업 : 월별 반품금액 표시, 월별 반품수량 숨기기
- 책갈피 탐색기 추가
  - 스타일 : 기본값, 방향 '가로'
  - 페이지 탐색기를 '2-①' 위치에 배치

(1) 선택 및 책갈피 창 표시

❶ [보기] 탭 선택
❷ [창 표시] 그룹의 [책갈피] 아이콘 클릭
❸ [선택] 아이콘 클릭

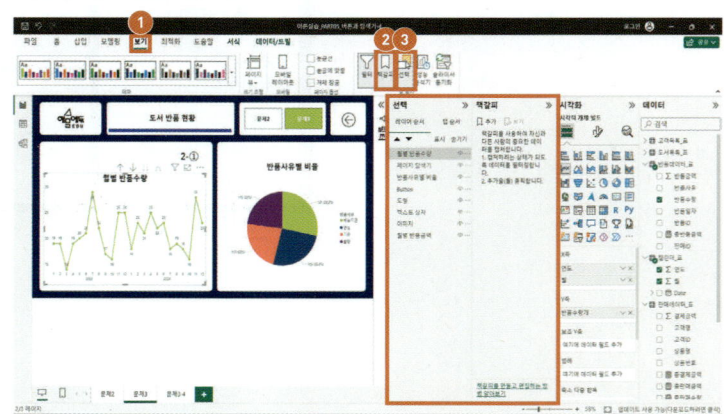

(2) 월별 반품수량 책갈피 추가

❶ [선택 창]에서 '월별 반품금액'을 숨기기 전환(👁→🚫)
❷ [책갈피 창]에서 추가 아이콘(📗 추가) 클릭
❸ 책갈피 이름('책갈피1')을 더블 클릭하여 "월별 반품수량"으로 변경

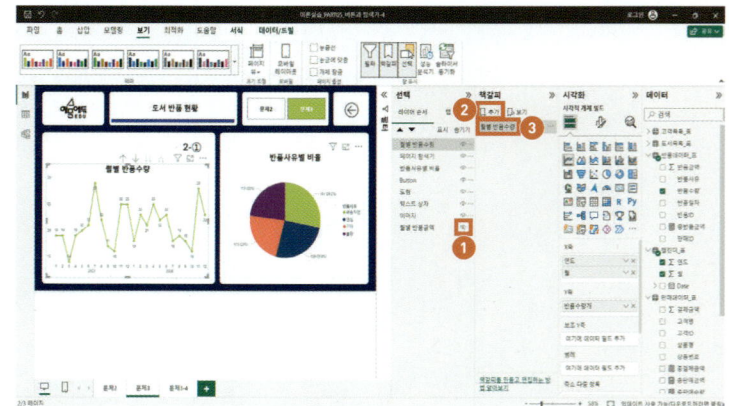

264   경영정보시각화능력 실기

(3) 월별 반품금액 책갈피 추가

❶ [선택 창]에서 '월별 반품수량'을 숨기기 전환(👁 → 🚫)
❷ [책갈피 창]에서 추가 아이콘(🗋 추가) 클릭
❸ 책갈피 이름('책갈피2')을 더블 클릭하여 "월별 반품금액"으로 변경

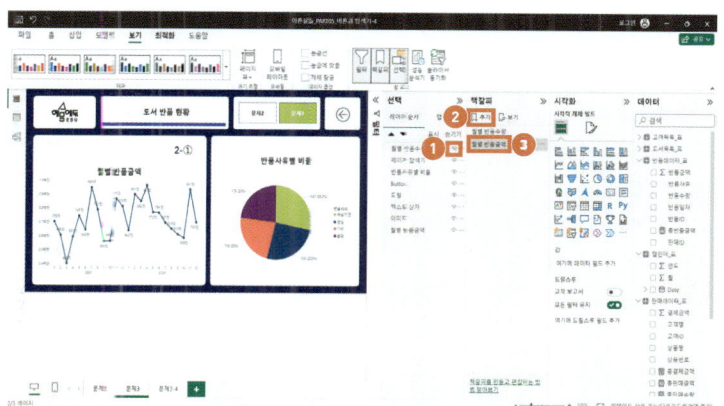

(4) 책갈피, 선택창 닫기

❶ [보기] 탭 선택
❷ [창 표시] 그룹의 [책갈피] 아이콘을 클릭하여 창 닫기
❸ [선택] 아이콘 클릭하여 창 닫기

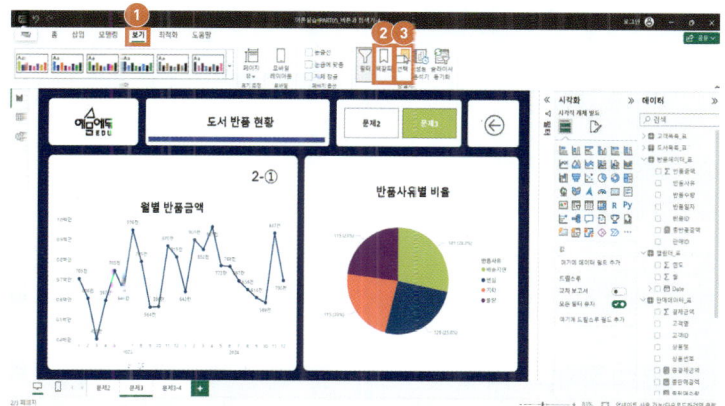

(5) 책갈피 탐색기 삽입

❶ [삽입] 탭 선택
❷ [단추] 아이콘 클릭
❸ [탐색기] 선택
❹ [책갈피 탐색기] 선택

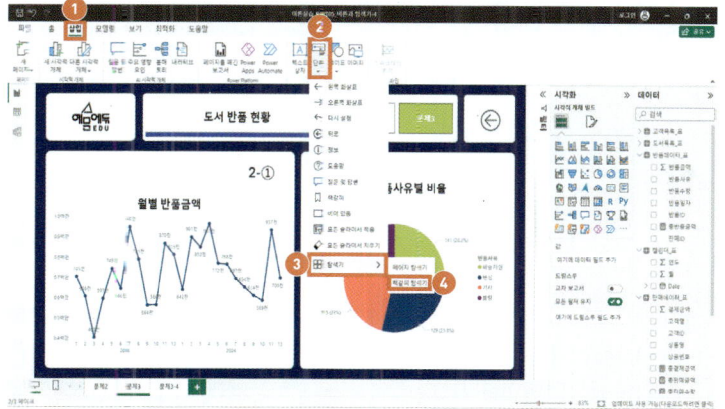

CHAPTER 03 기타 개체 **265**

(6) 위치 및 크기 조정

❶ 위치 2-①로 이동
- 우측 상단의 ⋯ 아이콘을 누른 상태에서 드래그한다.

❷ 크기 조정
- 경계선에 마우스를 가져다 대면 크기 조절 화살표가 생긴다.

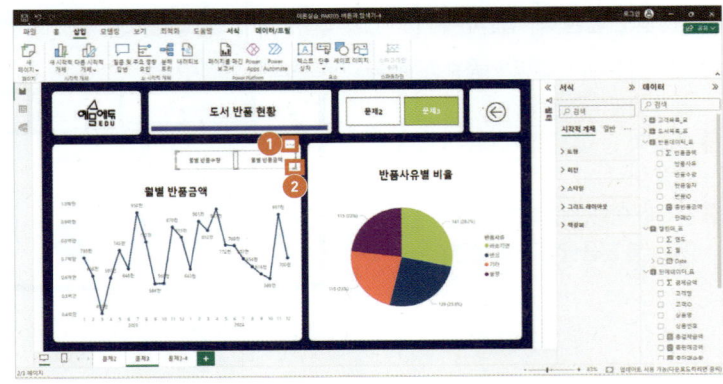

(7) 시각적 개체 텍스트 설정

❶ [서식] 탭의 [시각적 개체] 선택
❷ [스타일] 선택
❸ 설정 적용 대상의 상태에서 [기본값] 선택
❹ [그리드 레이아웃] 선택
❺ 방향 [가로] 선택

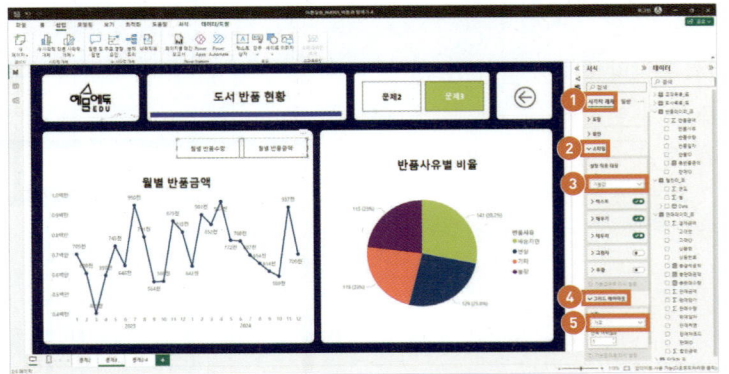

(8) 책갈피 탐색기 동작 확인

- [Ctrl]을 누른 상태에서 '월별 반품수량' 버튼을 눌러 '월별 반품수량' 차트가 나타나는 동작을 확인한다.

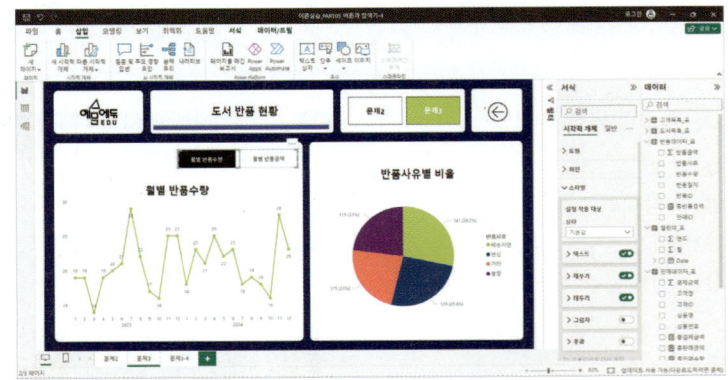

- [Ctrl]을 누른 상태에서 '월별 반품금액' 버튼을 눌러 '월별 반품금액' 차트가 나타나는 동작을 확인한다.

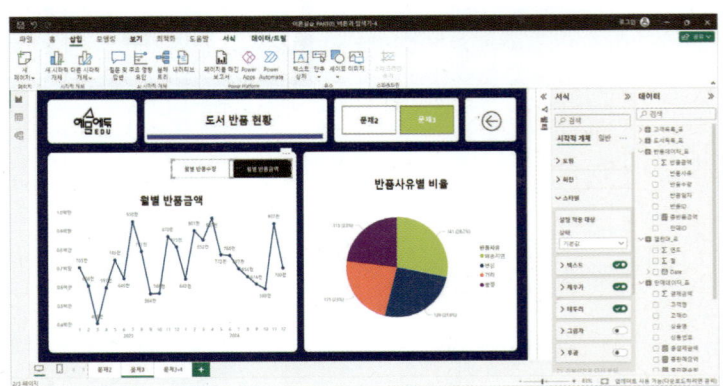

CHAPTER **04**

시각화 개체 기능

 학습 Point

- 드릴 기능의 종류와 드릴 기능을 활용한 계층적 데이터 탐색 방법 학습
- 사용자 지정 도구 설명 페이지 설정 및 필터링 정보 표시 학습
- 시각적 개체의 공통 및 개별 서식 옵션 활용 학습
- 시각적 개체 간 상호 작용 설정 방법과 설정별 표현 차이 학습

SECTION 01   드릴 기능

SECTION 02   도구 설명

SECTION 03   서식 지정

SECTION 04   상호 작용 편집

SECTION 01 드릴 기능

Power BI의 드릴 기능은 데이터를 여러 수준으로 탐색할 수 있도록 돕는 분석 도구이다. 드릴 기능에는 주요한 네 가지 모드가 있으며, 각 모드는 데이터의 상위 및 하위 수준을 자유롭게 탐색하도록 구성되어 있다. 또한, 상위 및 하위 수준의 데이터를 손쉽게 이동하며 분석할 수 있다.

1 드릴 기능의 종류

① 드릴업(↑) : 상위 수준의 데이터를 확인하는 기능으로, 하위 세부 수준에서 상위 범주로 이동할 때 사용된다. 현재 표시된 상태가 최상위 수준이 아닌 경우에만 활성화된다.

② 드릴다운(, ↓)
- 하위 수준의 데이터를 확인하는 기능으로, 클릭하여 활성화 또는 비활성화 상태로 전환된다.
- 활성화 상태에서 데이터의 값 요소(예 막대)를 클릭하면, 선택한 상위 항목을 기준으로 필터링 된 하위 수준의 데이터를 볼 수 있다.

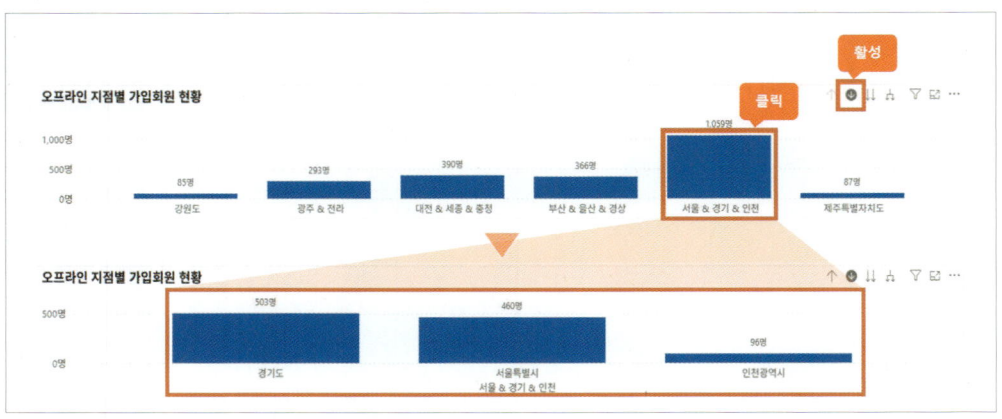

<광역시도(그룹)의 [서울&경기&인천] 하위의 광역시도 표시>

③ 계층구조에서 다음 수준으로 이동(⇊)
- 현재 표시된 수준에서 다음 하위 수준으로 기준을 변경하는 기능이다.
- 예를 들어, 광역시도별 데이터를 보다가 지점별 수준으로 변경하여 데이터를 확인할 수 있다.

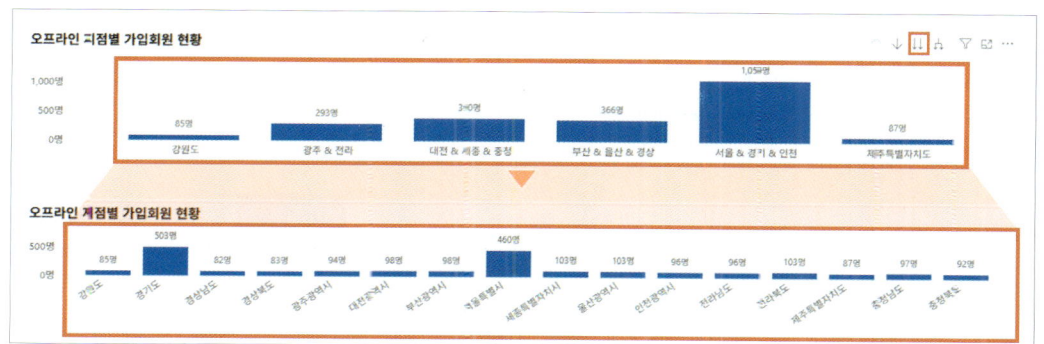

<광역시도(그룹)에서 다음 수준인 광역시도 수준 전체 표시>

④ 계층구조에서 한 수준 아래로 모두 확장(⇩)
- 현재 표시된 수준에서 다음 하위 수준으로 확장하여 표시하는 기능이다.
- 예를 들어, 광역시도별 데이터를 보다가 확장 기능을 사용하면 광역시도와 각 항목의 하위에 포함된 지점까지 한 번에 데이터를 볼 수 있다.

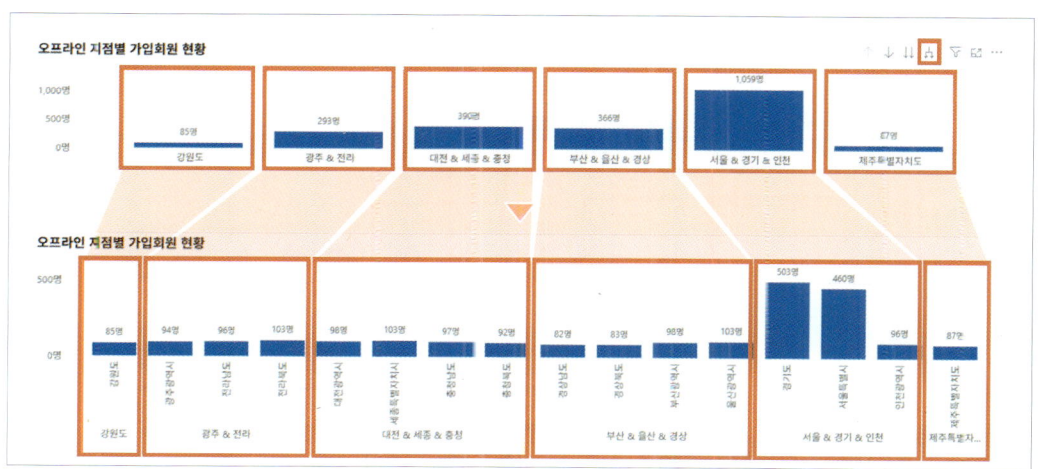

<광역시도(그룹)과 다음 수준인 광역시도를 확장하여 전체 표시>

2 드릴 기능 메뉴 위치

① 차원(XY축, 범례, 행&열 등)이 2개 이상으로 구성된 시각적 개체에 마우스를 가져가면 우측 상단에 드릴 기능을 설정할 수 있는 메뉴(↑↓↓↑)가 나타난다.

② 행렬 차트()의 경우 드릴 기능을 적용할 대상을 `드릴온 행✓`, `드릴온 열✓` 2가지 중 하나로 지정하여 설정할 수 있다.

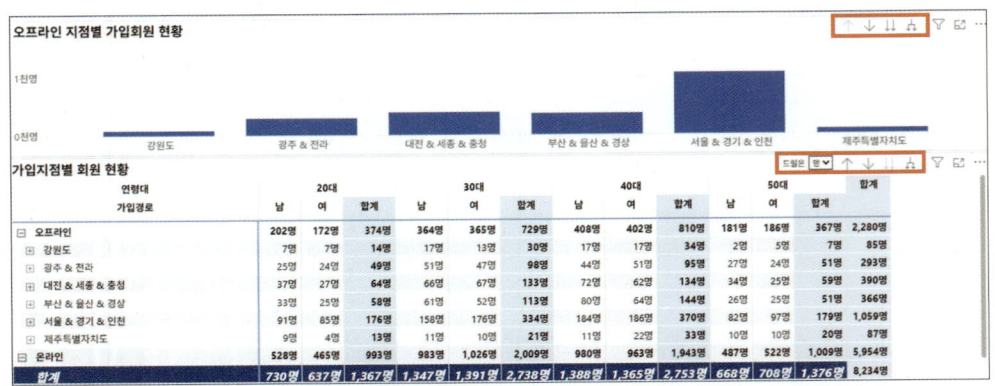

알고 가기

위의 방법 외에도 개체를 우클릭하여 드릴 기능을 사용하는 것도 가능하다. 행렬 개체는 '행머리글' 또는 '열머리글'을 우클릭하면 드릴 기능이 포함된 메뉴를 확인할 수 있고, 다른 시각적 개체들의 경우, 축이나 범례 부분이 아닌 값 요소(막대 등)를 우클릭해야 한다.

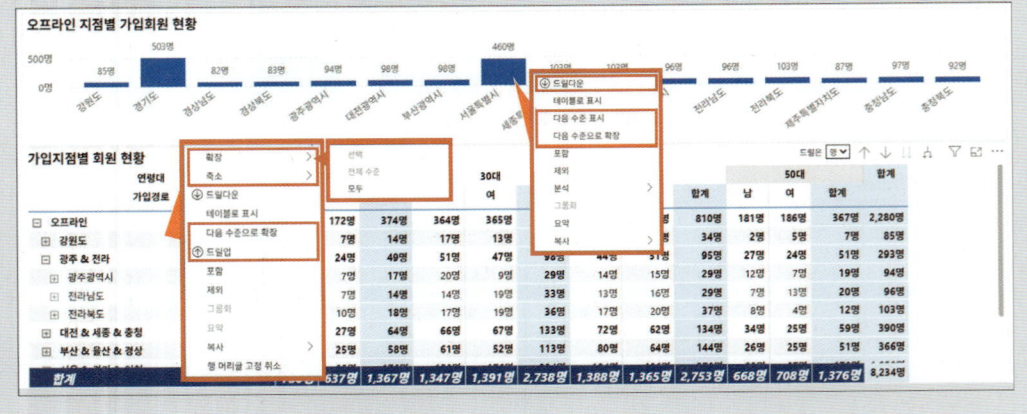

SECTION 02 도구 설명

Power BI의 "도구 설명 페이지"는 사용자 지정 도구 설명을 제공하기 위해 보고서 페이지를 설정하는 기능이다. 도구 설명 페이지에는 시각적 개체, 이미지, 그리고 기타 보고서 페이지에서 만든 다양한 항목들을 포함할 수 있다. 특정 필드가 포함된 시각적 개체 위로 마우스를 가져가면 해당 도구 설명 페이지의 시각적 요소들이 나타나며, 마우스가 가리키는 데이터 요소에 따라 필터링된 정보가 표시된다.

도구 설명 페이지를 설정하려면 우선 페이지 정보 카드에서 도구 설명 슬라이더를 체크하여 '활성화'로 전환하여 페이지를 도구 설명 용도로 지정한다. 다음으로 이 페이지를 도구 설명으로 등록한 후 서식을 지정하여 원하는 시각적 개체 위에 표시되도록 구성할 수 있다.

> **출제유형 실습** 실습파일 : [이론실습_PART05_도구 설명.pbix]
>
> 다음 지시사항에 따라 '문제 3-4' 페이지에 '분야별 판매'를 도구 설명 페이지로 설정하시오.
> - 도구 설명 페이지 설정 유형
>   - 캔버스 유형 : 도구 설명
>   - 캔버스 크기 : 높이 '250', 너비 '400', 세로 맞춤 '중간'
>   - [총판매수량] 측정값을 사용하는 시각적 개체어 표시
> - '문제 3-4' 페이지의 꺾은선형 및 묶은 세로 막대형 차트에 '분야별 판매' 도구 설명 페이지를 표시
> - '문제 3-4' 페이지의 리본 차트, 계기 차트에 '기본값' 도구 설명을 설정

(1) 파일 열기

❶ [파일] 탭 선택
❷ [이 장치 찾아보기] 클릭 > 'PART05_도구 설명.pbix' 파일 열기

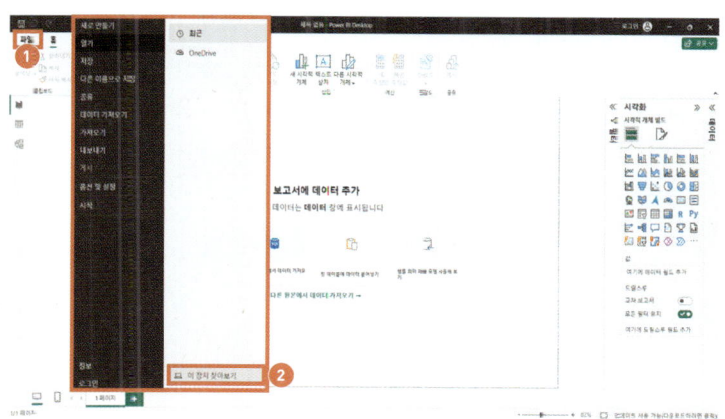

(2) 도구 설명 페이지 작성
❶ [분야별 판매] 페이지 선택
❷ [시각화 창]에서 묶은 가로 막대형 차트 아이콘( ) 클릭
❸ [데이터 창]에서 <도서목록_표> 테이블 선택
❹ [분류] 필드를 선택하여 Y축 데이터 추가
❺ <판매데이터_표> 테이블 선택
❻ [총판매수량] 측정값을 선택하여 X축 데이터 추가

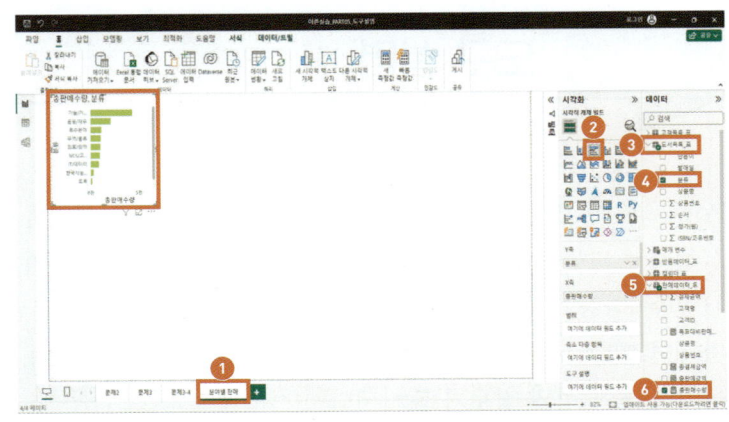

(3) 도구 설명 페이지 작성
❶ [시각화 창]의 [보고서 페이지 서식 지정] 아이콘( ) 클릭
❷ [페이지 정보] 클릭
❸ [도구 설명으로 사용] 체크(활성화)

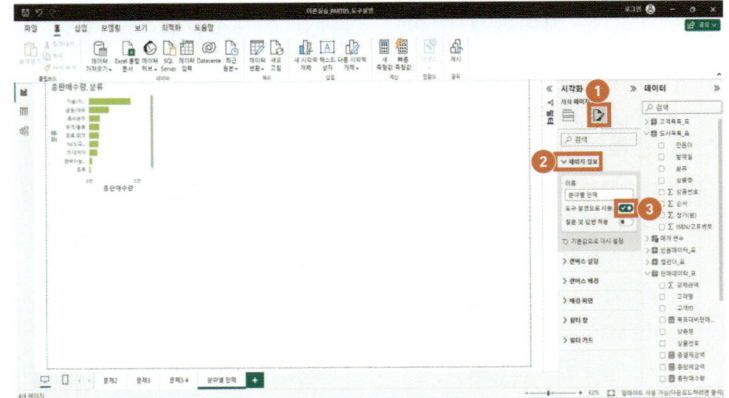

(4) 도구 설명 페이지 서식 설정
❶ '묶은 가로 막대형 차트' 클릭
❷ [시각화 창]의 [시각적 개체 서식 지정] 아이콘( ) 클릭
❸ [일반] 탭 선택
❹ [속성] 선택
❺ [크기] 높이 "300" 입력
❻ [크기] 너비 "500" 입력
❼ [제목] 체크 해제(비활성화)

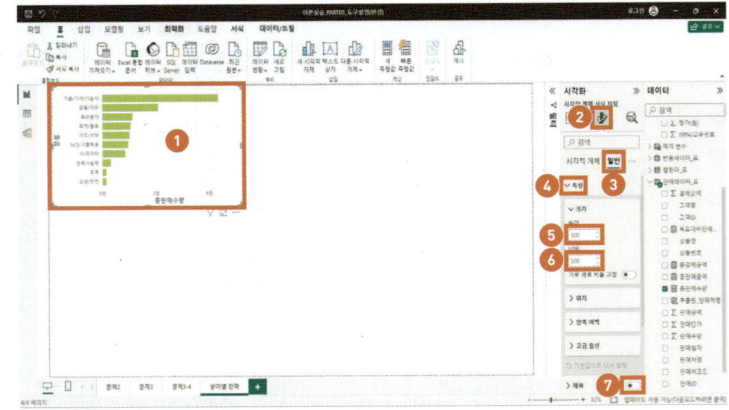

(5) 도구 설명 페이지 서식 설정

❶ [시각화 창]의 [시각적 개체] 탭
❷ [Y축] 선택
❸ [Y축]의 [제목] 체크 해제(비활성화)
❹ X축 선택
❺ [X축]의 [제목] 체크 해제(비활성화)
❻ [데이터 레이블] 체크(활성화)

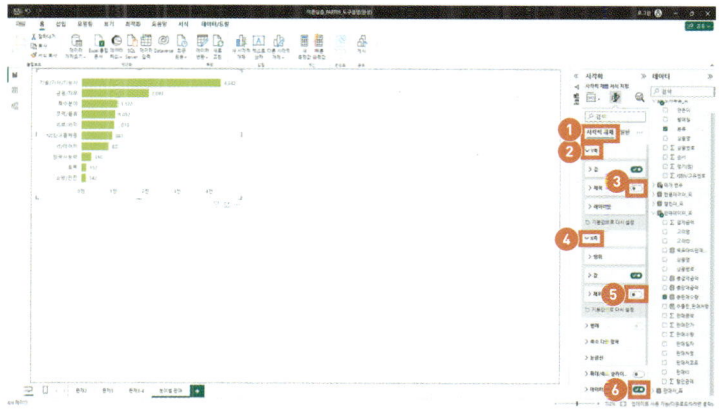

(6) 캔버스 설정

❶ 캔버스 빈 공간 클릭
❷ [시각화 창] [보고서 페이지 서식 지정] 아이콘(▶) 클릭
❸ [캔버스 설정] 클릭
❹ 유형을 '사용자 지정'으로 설정
❺ 높이 "300" 입력
❻ 너비 "500" 입력
❼ 세로 맞춤 '중간' 선택

(7) 페이지 뷰 설정

❶ [보기] 탭 선택
❷ [페이지 뷰] 클릭
❸ [실제 크기] 선택

• 페이지가 실제 크기(300×500)로 캔버스에 보이는 것을 확인한다.

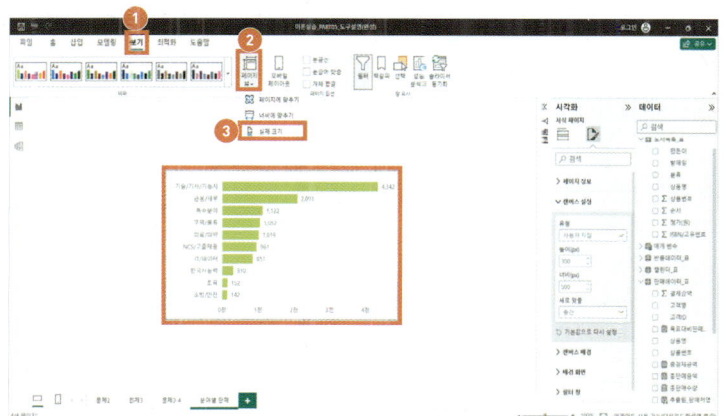

❹ [시각화 창]의 [시각적 개체에 데이터 추가] 아이콘( ) 클릭
❺ [데이터 창]에서 <판매데이터_표> 테이블 선택
❻ [총판매수량] 측정값을 드래그하여 도구 설명 데이터 필드에 추가

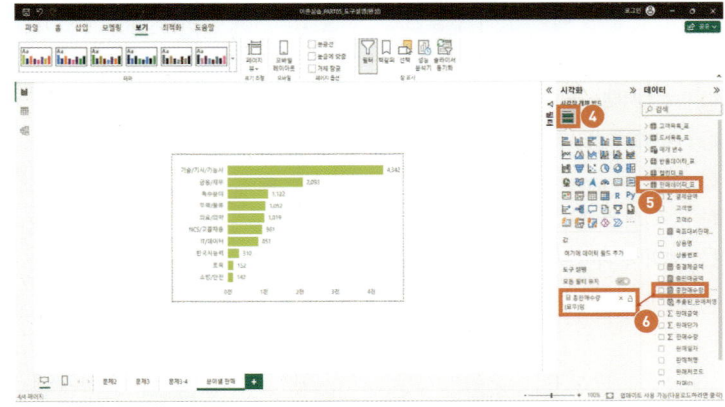

(8) 도구 설명 '페이지' 적용
❶ '문제 3-4' 페이지로 이동
❷ 상단 '꺾은선형 및 묶은 세로 막대형 차트' 클릭
❸ [시각화 창]의 [시각적 개체 서식 지정] 아이콘( ) 클릭
❹ [일반] 탭 선택
❺ [도구 설명] 클릭
❻ [옵션]의 [유형]을 '보고서 페이지'로 설정
❼ [페이지]를 '분야별 판매'로 설정

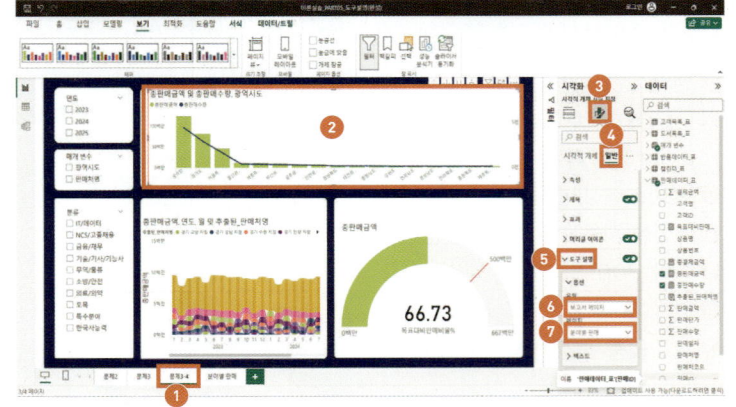

(9) 도구 설명 '기본값' 적용
❶ 하단 '리본차트' 클릭
❷ [시각화 창]의 [시각적 개체 서식 지정] 아이콘( ) 클릭
❸ [일반] 탭 선택
❹ [도구 설명] 클릭
❺ [옵션]의 [유형]을 '기본값'으로 설정
❻ 위와 같은 방식으로 '계기차트'에 대해 도구 설명 '기본값' 적용 옵션을 설정

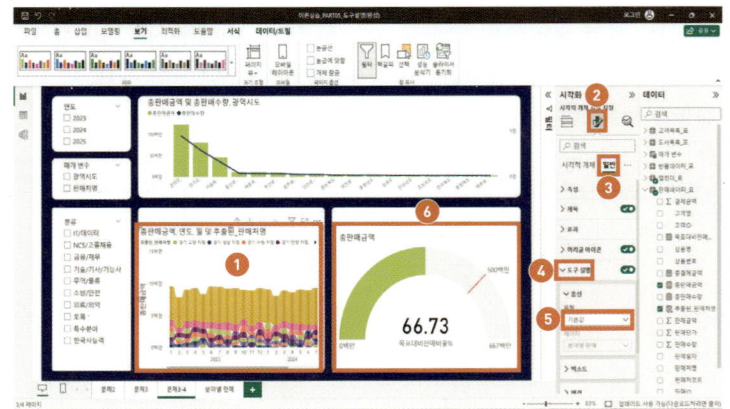

(10) 확인

- '꺾은선형 및 묶은 세로 막대형차트'의 막대 위에 마우스를 올리면 '도구 설명 페이지'가 나타나는 것을 확인한다.

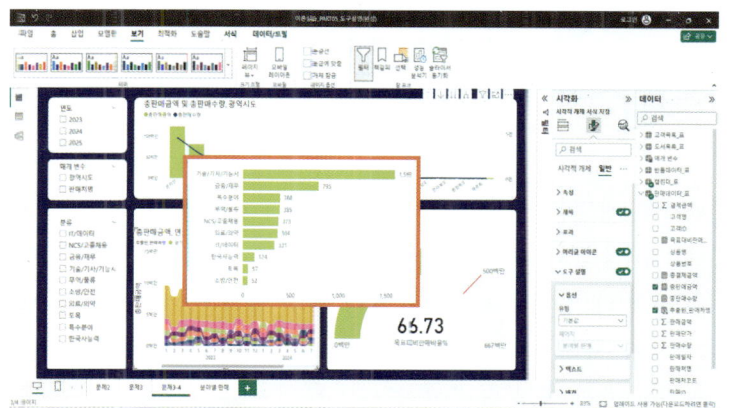

- '리본차트'와 '계기차트'의 위에 마우스를 올리면 도구 설명 '기본값'이 나타나는 것을 확인한다.

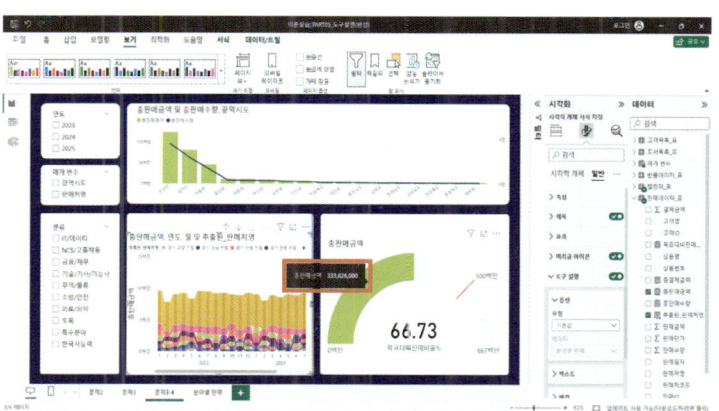

SECTION 03 서식 지정

시각화 개체는 사용자가 선택한 개체에 따라 다양한 서식 옵션을 지정할 수 있다. 기본 공통서식으로 보고서 전체 텍스트의 글꼴, 글꼴 크기, 글꼴색, 전체 시각적 개체의 배경 및 테두리 등을 한 번에 설정할 수 있다. 개별 개체 서식은 X축 및 Y축, 범례, 표식과 같은 시각적 개체 서식과 크기, 제목, 배경, 도구 설명 등 일반 서식이 있다. 이러한 서식 지정 옵션은 선택한 시각화 개체에 따라 일부 옵션이 추가로 보이거나 보이지 않을 수 있다. 예를 들어, 원형차트에는 X축이 없어 X축 관련 옵션이 나타나지 않는다. 서식 옵션을 빠르고 효과적으로 사용하는 방법은 시각화 창에 있는 검색 기능을 사용하는 것이다.

1 기본 공통서식

> **출제유형 실습** 실습파일 : [이론실습_PART05_서식 지정.pbix]
>
> 다음 지시사항에 따라 '문제 3-4' 페이지에 '분야별 판매'를 도구 설명 페이지로 설정하시오.
> - 보고서 전체의 테마 : '폭풍'(파란색 팔레트 계열)
> - 보고서 전체 텍스트 기본 서식 지정
>   - 일반 : 글꼴 'Segoe UI', 크기 '10', 글꼴색 '#808080'
>   - 제목 : 글꼴 'Segoe UI Bold', 크기 '13', 글꼴색 '#808080'
> - 보고서 전체 시각적 개체 서식 지정
>   - 배경 : 흰색 ' #FFFFFF', 투명도 '0%'
>   - 도구 설명 색상 : 레이블 텍스트 '#FFFFFF', 값 텍스트 '#EAEAEA', 배경색 '#FF0000'

(1) 파일 열기

❶ [파일] 탭 선택
❷ [이 장치 찾아보기] 클릭 > 'PART05_서식 지정.pbix' 파일 열기

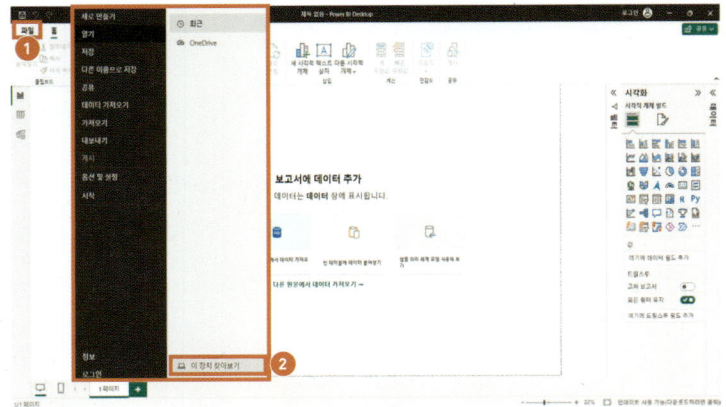

(2) 보고서 전체의 테마 설정

❶ [보기] 탭 선택
❷ [테마] 그룹의 오른쪽 확장 버튼(∨) 클릭
❸ Power BI 제공 서식 '폭풍' 선택

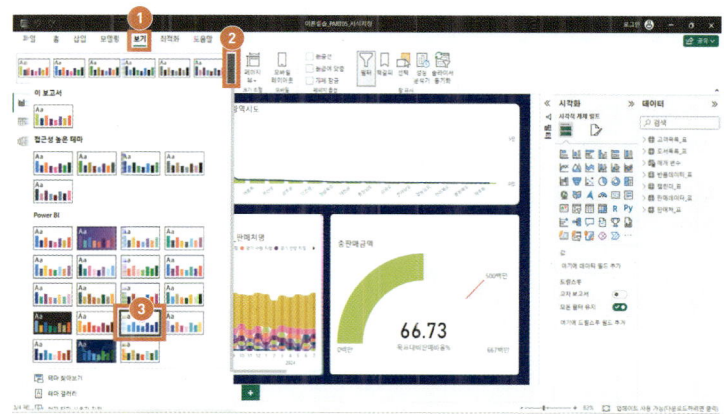

• 보고서가 파란색 계열 팔레트 색상이 적용된 것을 확인한다.

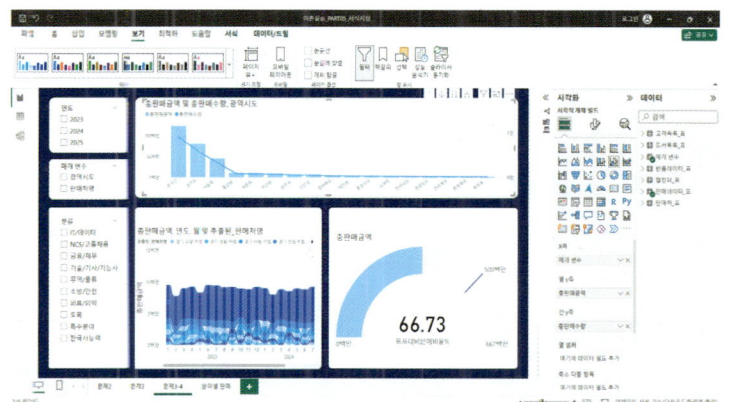

(3) 현재 테마 사용자 지정 선택

❶ [보기] 탭 선택
❷ [테마] 그룹의 오른쪽 확장 버튼(∨) 클릭
❸ [현재 테마 사용자 지정] 클릭

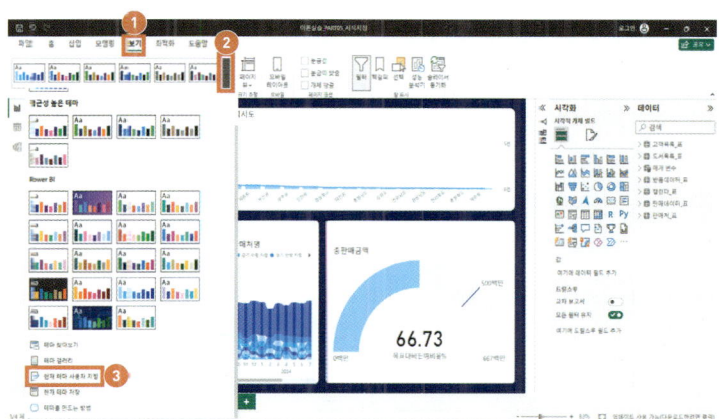

(4) 일반 텍스트 기본 서식 지정

❶ [테마 사용자 지정] 팝업 창에서 [텍스트] 선택
❷ [일반] 탭 선택
❸ [글꼴 패밀리] 'Segoe UI' 설정
❹ [글꼴 크기] '10' 설정
❺ [글꼴색] "#808080" 입력

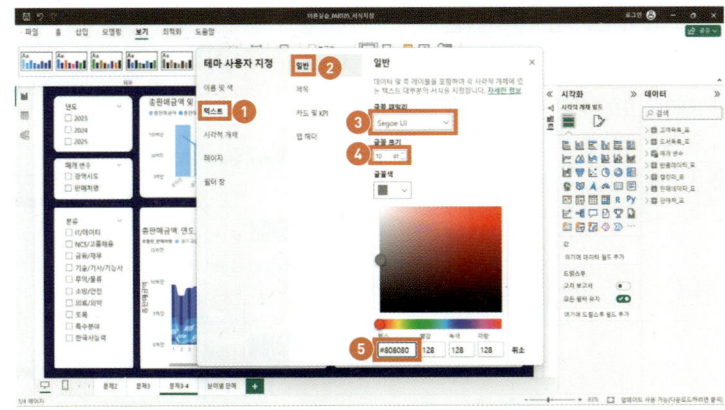

(5) 제목 텍스트 기본 서식 지정

❶ [제목] 탭 선택
❷ [글꼴 패밀리] 'Segoe UI Bold' 설정
❸ [글꼴 크기] '13' 설정
❹ [글꼴색] "#808080" 입력

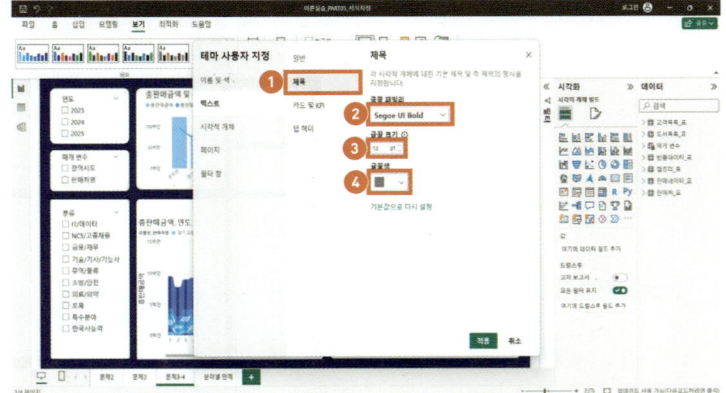

(6) 시각적 개체 기본 서식 지정

❶ [시각적 개체] 탭 선택
❷ [배경] 선택
❸ [색] "#FFFFFF" 입력
❹ [투명도] '0%' 설정

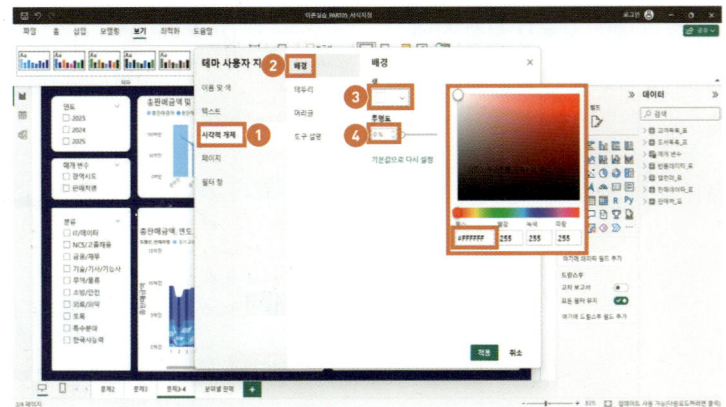

(7) 도구 설명 기본 서식 지정

❶ [도구 설명] 탭 선택
❷ [레이블 텍스트 색] "#C8C8C8" 입력
❸ [값 텍스트 색] "#EAEAEA" 입력
❹ [배경색] '#FF0000" 입력
❺ [적용] 버튼 클릭

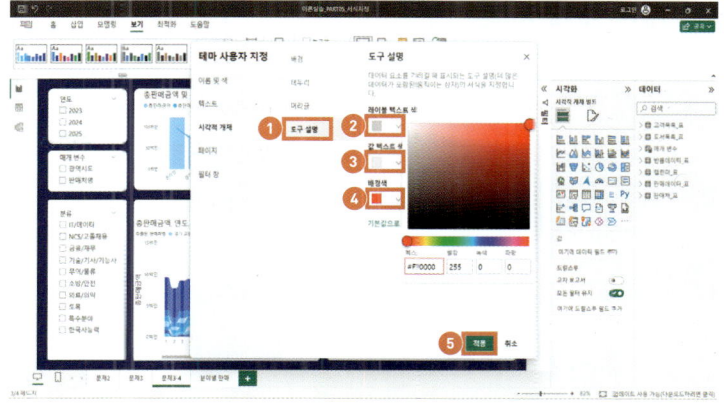

(8) 확인

• 기본 서식 지정 결과를 확인한다.

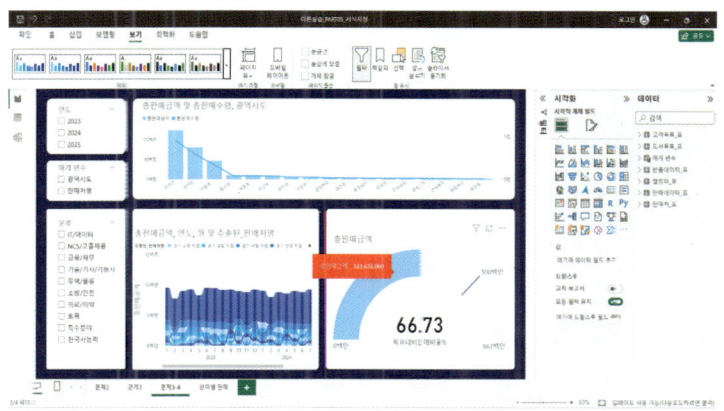

2 개별 개체 서식

출제유형 실습 실습파일 : [이론실습_PART05_서식 지정.pbix]

다음 지시사항에 따라 '문제 3-4' 페이지의 시각화 개체별 서식을 설정하시오.

- 슬라이서 서식 설정
  - 서식(공통) : 슬라이서 머리글 '해제'
  - 매개 변수 슬라이서 : '타일' 스타일, '가로' 배치
  - 분류 : 테두리 색상을 '테마색 1('#88C7F7')로 설정, 둥근 모서리 '10px'
- 시각화 개체 제목 및 서식 설정
  - 서식(공통) : 글꼴 'Segoe UI Bold', 크기 '15', 글꼴색 '#808080', '굵게', 가로 맞춤 '가운데'
  - 꺾은선형 및 묶은 세로 막대형 차트 : '시도별 판매금액 및 수량'
  - 리본 차트 : '지점별 판매금액 변화'
  - 계기 차트 : '목표대비 판매금액 달성비율'
- 축 설정
  - 꺾은선형 및 묶은 세로 막대형 차트 : Y축 및 보조 Y축 제목 활성화
  - 리본 차트 : Y축 제목 비활성화
- 데이터 레이블
  - 꺾은선형 및 묶은 세로 막대형 차트 : '총판매금액' 측정값 데이터 레이블 표시
- 범례
  - 꺾은선형 및 묶은 세로 막대형 차트 : '오른쪽 위'
- '목표대비 판매금액 비율' 카드 서식
  - 범주 레이블 비활성화
  - 설명값 서식 % 표기

(1) 슬라이서 머리글 해제

❶ 연도 슬라이서를 마우스 클릭하여 선택

❷ [Ctrl]을 누른 상태에서 매개 변수 슬라이서 클릭

❸ [Ctrl]을 누른 상태에서 분류 슬라이서 클릭

❹ [시각화 창]의 [시각적 개체 서식 지정] 아이콘(🖌) 클릭

❺ [시각적 개체] 선택

❻ [슬라이서 머리글] 체크 해제(비활성화)

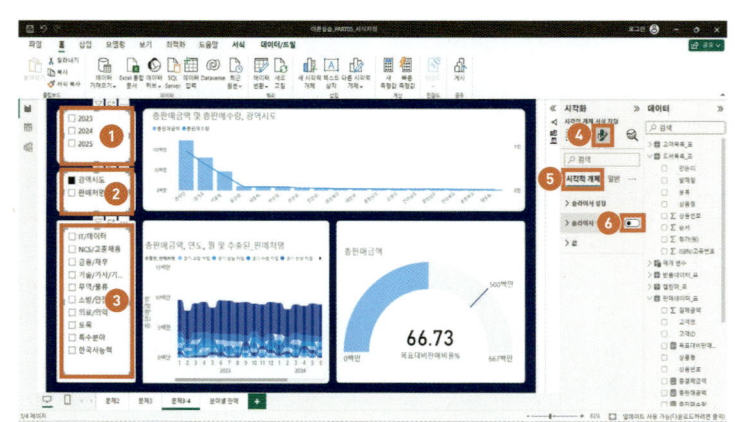

(2) 슬라이서 스타일 변경

❶ 매개 변수 슬라이서를 마우스 클릭하여 선택
❷ [시각화] > [시각적 개체 서식 지정] > [시각적 개체] > [슬라이서 설정] 선택
❸ 스타일 '타일' 선택
❹ 크기를 조절하여 가로 배치로 변경

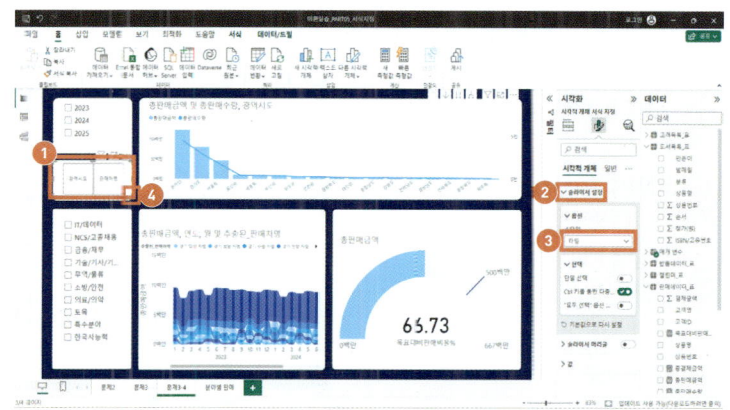

(3) 슬라이서 테두리 설정

❶ 분류 슬라이서를 마우스 클릭하여 선택
❷ [시각화 창]의 [시각적 개체 서식 지정] 아이콘( ) 클릭
❸ [일반] 선택
❹ [효과] 선택
❺ [시각적 테두리] 체크(활성화)
❻ [색]을 '테마색 1(#88C7F7)'로 설정
❼ [둥근 모서리] '10px' 설정

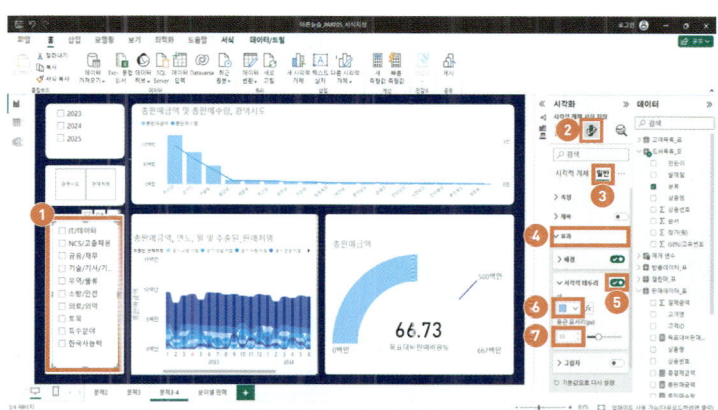

(4) 차트 제목 설정 ⓐ

❶ '꺾은선형 및 묶은 세로 막대형 차트'를 마우스 클릭하여 선택
❷ [시각화 창]의 [시각적 개체 서식 지정] 아이콘( ) 클릭
❸ [일반] 선택
❹ [제목] 선택
❺ [텍스트]에 "광역시도별 판매금액 및 수량" 입력
❻ [글꼴]에서 'Segoe UI Bold', 글꼴 크기 '15', '굵게' 설정
❼ [가로 맞춤] '가운데 정렬'

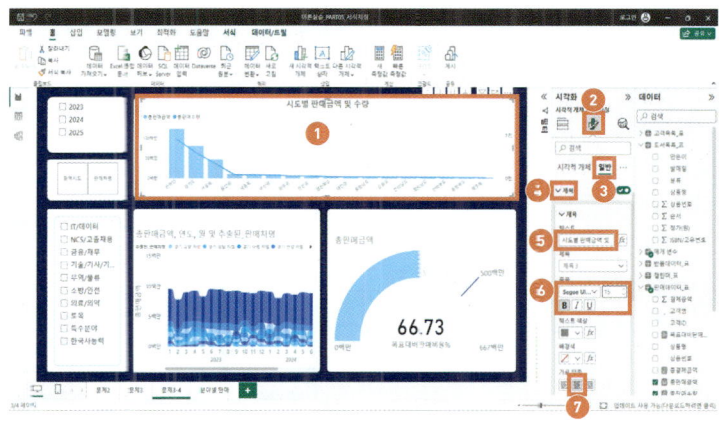

(5) 차트 제목 설정 ⓑ

❶ '리본차트'를 마우스 클릭하여 선택
❷ [텍스트]에 "지점별 판매금액 변화" 입력
❸ [글꼴]에서 'Segoe UI Bold', 글꼴 크기 '15', '굵게' 설정
❹ [가로 맞춤] '가운데 정렬'

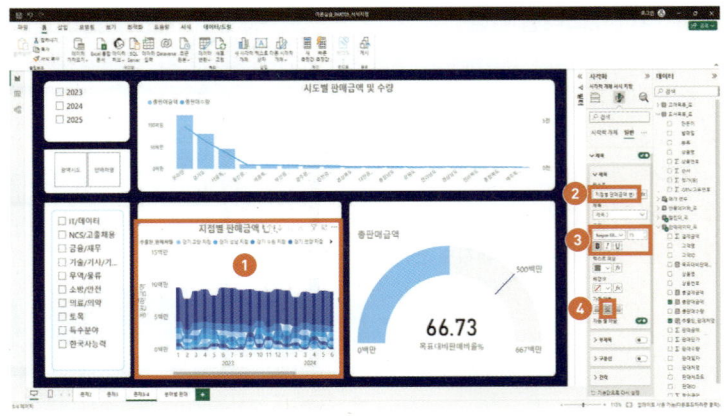

(6) 차트 제목 설정 ⓒ

❶ '계기차트'를 마우스 클릭하여 선택
❷ [텍스트]에 "목표대비 판매금액 달성비율" 입력
❸ [글꼴]에서 'Segoe UI Bold', 글꼴 크기 '15', '굵게' 설정
❹ [가로 맞춤] '가운데 정렬'

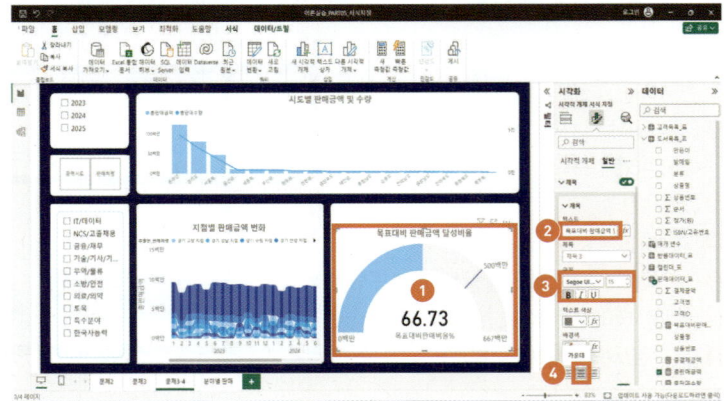

(7) 축 설정 ⓐ

❶ '꺾은선형 및 묶은 세로 막대형 차트'를 마우스 클릭하여 선택
❷ [시각화] > [시각적 개체 서식 지정] > [시각적 개체] > [Y축] 선택
❸ [제목] 체크(활성화)
❹ [보조 Y축] 선택
❺ [제목] 체크(활성화)

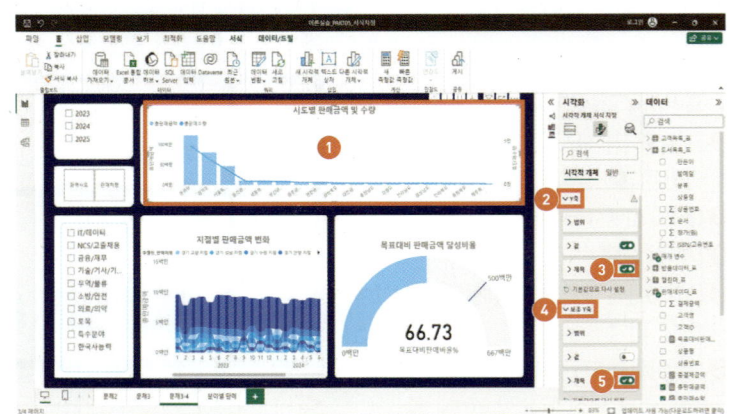

[8] 축 설정 ⓑ

❶ '리본차트'를 마우스 클릭하여 선택
❷ [시각화] > [시각적 개체 서식 지정] > [시각적 개체] > [Y축] 선택 확인
❸ [제목] 체크 해제(비활성화)

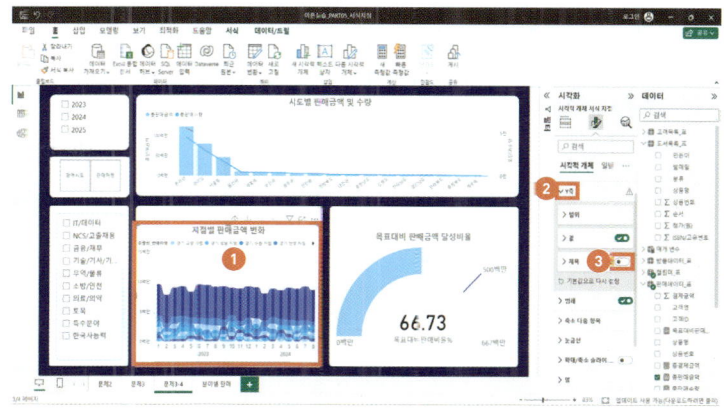

[9] 데이터 레이블 추가

❶ '꺾은선형 및 묶은 세로 막대형 차트'를 마우스 클릭하여 선택
❷ [시각화] > [시각적 개체 서식 지정] > [시각적 개체] > [데이터 레이블] 체크(활성화)
❸ [설정 적용 대상]의 [계열]에 '총판매금액' 선택
❹ [이 시리즈에 대해 표시] 체크(활성화)
· [총판매금액] 측정값 데이터 레이블 표시되는지 확인한다.

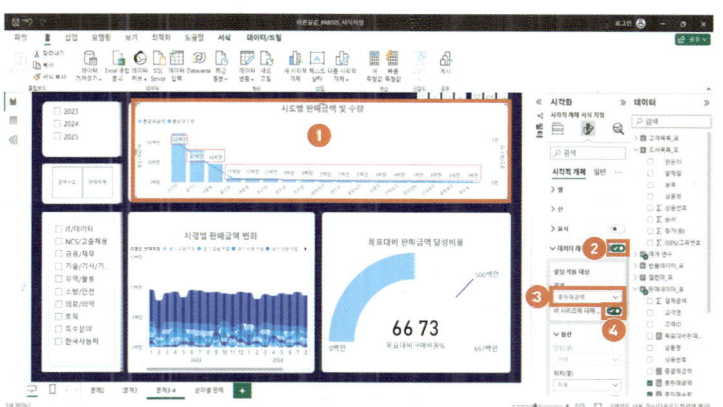

[10] 범례 설정

❶ [시각화] > [시각적 개체 서식 지정] > [시각적 개체] > [범례] 선택
❷ [옵션]의 [위치]를 '오른쪽 위' 선택

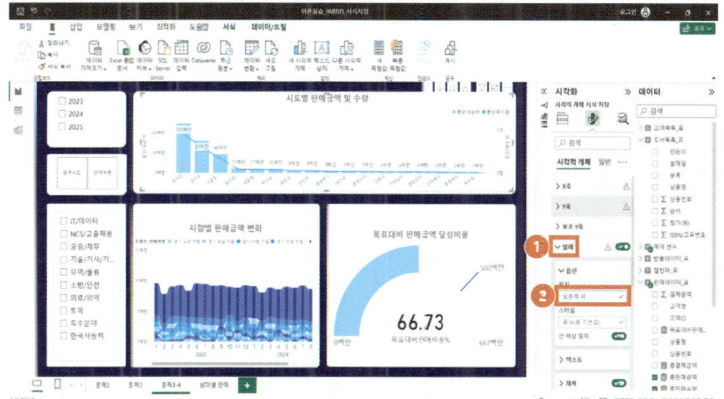

CHAPTER 04 시각화 개체 기능 283

(11) 카드 서식 해제

❶ '카드'를 마우스 클릭하여 선택
❷ [시각화] > [시각적 개체 서식 지정] > [시각적 개체] > [범주 레이블] 체크 해제(비활성화)

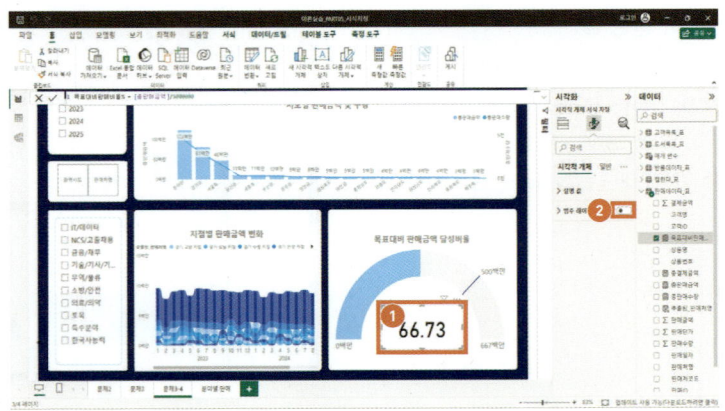

(12) 카드 서식 설정

❶ [데이터] > [판매데이터_표] 선택
❷ [목표대비판매비율%] 측정값 선택
❸ 측정값 수식 뒤에 "/100"을 입력하여 백분율 계산으로 수정
❹ 확인 아이콘(✓) 클릭
❺ [측정 도구] 탭 선택
❻ [서식] 그룹 > 백분율 아이콘(%) 클릭

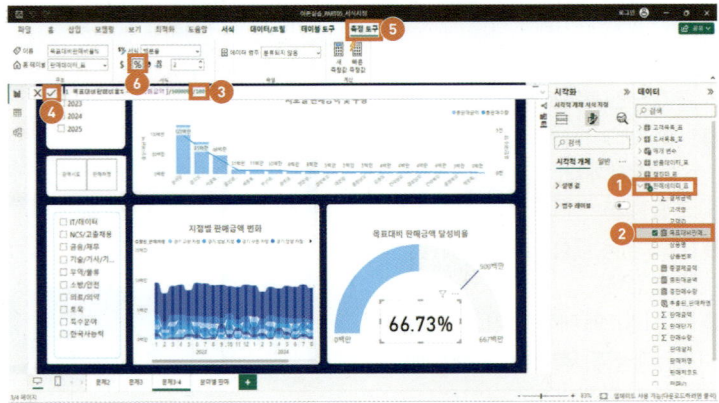

SECTION 04 상호 작용 편집

Power BI에서 시각적 개체 간의 상호 작용을 편집하면 여러 시각적 개체들이 서로 연결되어 특정 필터 조건에 따라 데이터가 동적으로 변하는 분석 환경을 구현할 수 있다. 상호 작용 편집 기능은 데이터를 다각적으로 분석하고, 특정 데이터 간 관계를 시각적으로 표현하는 데 유용하다.

1 시각적 개체 상호 작용 편집 모드 활성화

① 보고서 보기 영역에서 특정 시각화 개체를 선택하면 [상호 작용 편집] 기능을 사용할 수 있다.

② 상호 작용 편집 모드 활성

시각적 개체를 선택한 후, [리본 메뉴]의 [서식] 탭을 선택한 다음 [상호 작용 편집] 메뉴를 클릭하여 활성화한다. 이후 개체를 선택하면 선택된 개체를 기준으로 다른 개체의 상호 작용을 설정할 수 있는 메뉴 아이콘이 나타난다.

※ 시각적 개체 선택은 메뉴 활성을 위한 작업으로 아무 개체나 선택해도 무관하다.

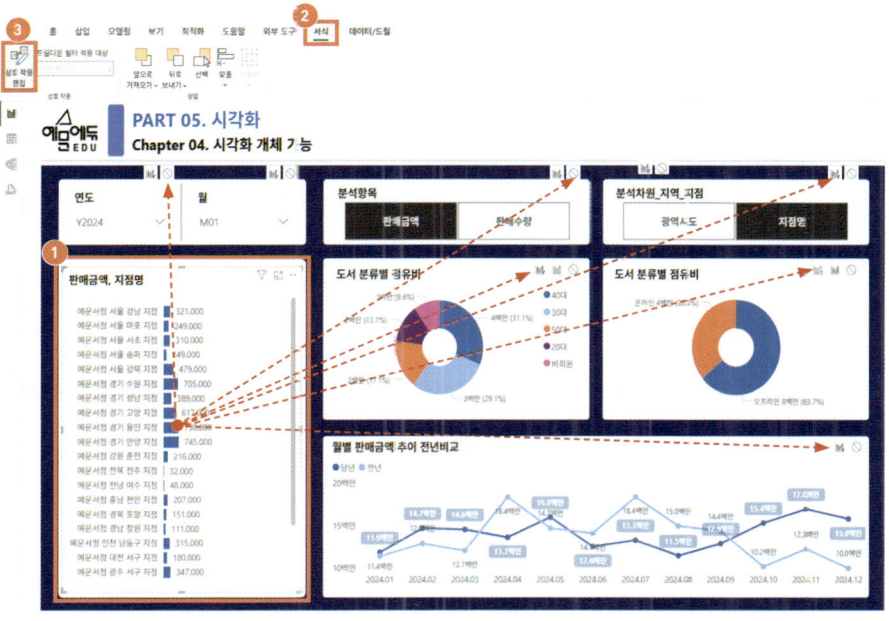

2 상호 작용의 종류

1) 상호 작용 방식

시각적 개체마다 다양한 상호 작용 옵션을 설정할 수 있다. 기본적으로 제공되는 주요 상호 작용 방식은 다음과 같다.

① 필터( ) : 선택된 시각적 개체의 데이터에 맞추어 다른 시각적 개체들이 필터링되어 관련된 정보만을 보여준다.

② 강조(하이라이트) 표시( ) : 선택된 시각적 개체와 관련된 데이터는 강조되고, 다른 데이터는 흐리게 표현하여 선택된 정보의 상대적 비율을 확인할 수 있도록 한다.

③ 없음( ) : 선택된 시각적 개체가 다른 시각적 개체에 영향을 주지 않도록 설정하여 개체 간 독립적으로 데이터를 보여준다.

2) 상호 작용 방식별 표현되는 형태

① '필터'와 '강조 표시' 방식
- 적용 예시 비교

- 설정조건 및 표현 결과
  - 기준 개체 : [지점별 판매 막대 차트]
  - 필터 방식 적용 : [연령대별 점유비 도넛 차트]
    → 막대 차트에서 선택된 "예문서점 경기 수원 지점"으로 필터링 된 연령대별 점유비 데이터가 표시된다. 각 점유비를 합산하면 100%가 된다.

- 강조 표시 방식 적용 : [판매채널별 점유비 도넛 차트]
  — 선택 전의 기존 점유비 형태가 유지 된 상태로, 막대 차트에서 선택된 "예문서점 경기 수원 지점" 조건에 해당하는 채널별 점유비 데이터가 강조 표시된다. **전체 대비 선택조건('예문서점 경기 수원 지점')에 해당하는 점유비가 표시된다.**

※ 점유비가 아닌 일반 숫자형으로 표시되는 데이터의 경우, 표현 방식만 다를 뿐 표시되는 값은 동일하다.

② '없음' 방식

- 적용 예시

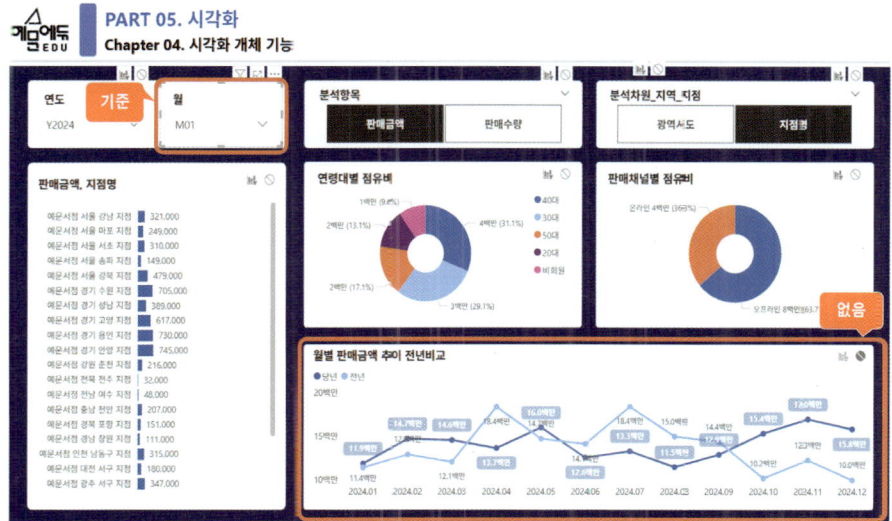

- 설정조건 및 표현 결과
  - 기준 개체 : [월 선택 슬라이서]
  - 없음 방식 적용 : [월별 판매금액 추이 전년비교 꺾은선 차트]
    → [월 슬라이서]에서 선택된 "M01"의 필터링 조건이 [월별 판매금액 추이 전년비교 꺾은선 차트]에는 적용되지 않고, 전체 역월이 표시되어 전체 트렌드를 확인할 수 있다.

CHAPTER 05

필터창

학습 Point

- 페이지 및 보고서 수준 필터 설정
- 필터 창 구성
- 기본 및 고급 필터링 사용법
- 상위 N 필터 적용
- 개별 시각화 개체 필터링

SECTION 01   페이지 및 보고서 수준 필터
SECTION 02   시각화 개체 필터

SECTION 01 페이지 및 보고서 수준 필터

Power BI에서 필터 창은 보고서 캔버스 우측 별도 창에 표시된다. 필터는 시각적 개체 수준, 페이지 수준, 보고서 수준 필터 3가지 종류로 나눌 수 있다. 먼저 '모든 페이지 필터'는 보고서 수준 필터로 설정할 수 있다. 다음으로 '이 페이지의 필터'는 해당 페이지에 한하여 시각적 개체들에 적용되는 필터를 설정할 수 있다.

출제유형 실습 실습파일 : [이론실습_PART05_필터창.pbix]

다음 지시사항에 따라 필터를 적용하시오.
- 모든 페이지에 대해 [고객명]이 '비회원'인 경우 제외
- '문제 3-4' 페이지에 대해 [추출된_판매처명]이 '온라인'을 포함한 경우 제외

(1) 파일 열기
❶ [파일] 탭 선택
❷ [이 장치 찾아보기] > 'PART05_필터창.pbix' 파일 열기

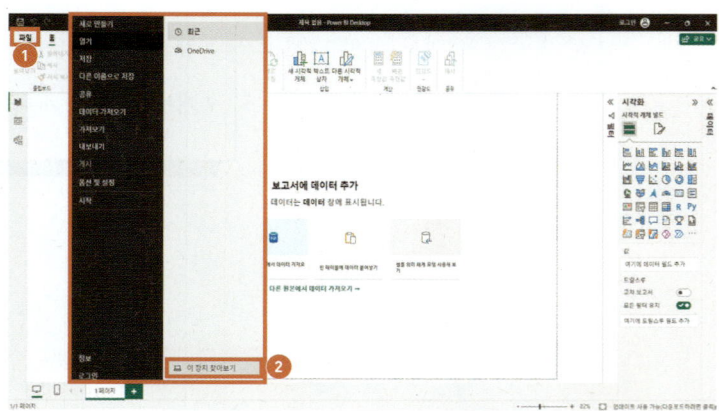

(2) 모든 페이지 필터
❶ [필터 창] 확장 아이콘(》) 클릭
❷ [데이터 창]의 <판매데이터_표> 선택
❸ [고객명] 필드를 [모든 페이지의 필터]의 [여기에 데이터 필드 추가] 칸으로 드래그하여 추가
❹ [필터 형식]을 '고급 필터링'으로 설정
❺ [다음 값일 경우 항목 표시]를 '다음이 아님'으로 설정
❻ 값에 "비회원"을 입력
❼ [필터 적용] 클릭

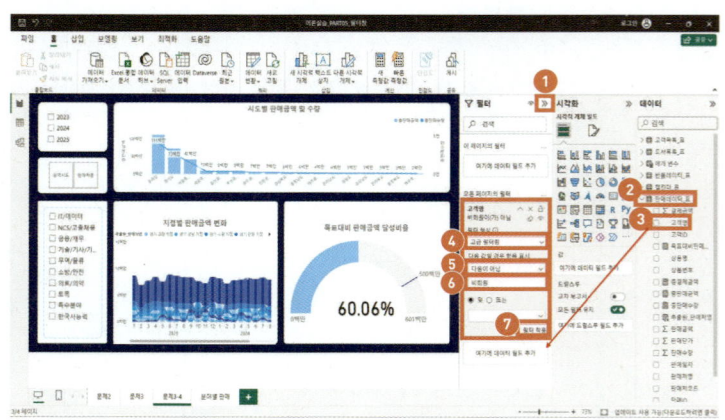

(3) 필터 확인

- '문제 2' 페이지의 시각화 개체에서 '비회원'이 제외된 수치를 확인한다.

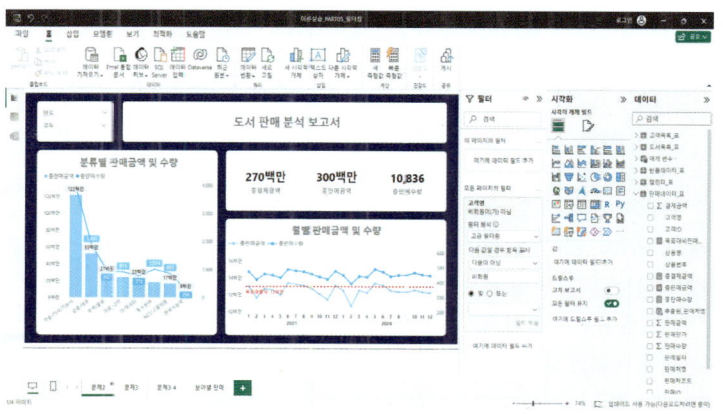

- '문제 3' 데이지의 시각화 개체에서 '비회원'이 제외된 수치를 확인한다.

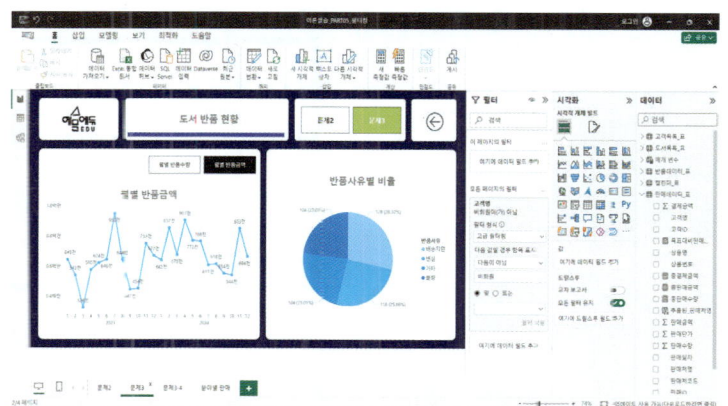

- '문제 3-4' 페이지의 시각화 개체에서 '비회원'이 제외된 수치를 확인한다.

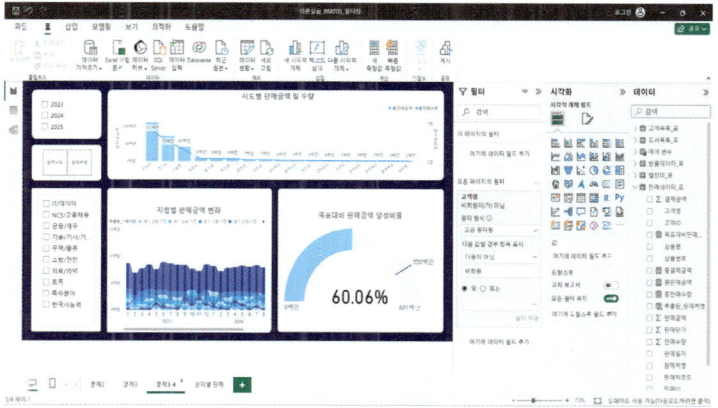

(4) 이 페이지의 필터

❶ [데이터] 창에서 <판매데이터_표> 테이블의 [추출된_판매처명] 측정값을 [필터] 창의 [이 페이지의 필터]>[여기에 데이터 필드 추가] 칸으로 드래그하여 추가
❷ [필터 형식]을 '고급 필터링'으로 설정
❸ [다음 값일 경우 항목 표시]를 '포함하지 않음'으로 설정
❹ 값에 "온라인"을 입력
❺ [필터 적용] 클릭

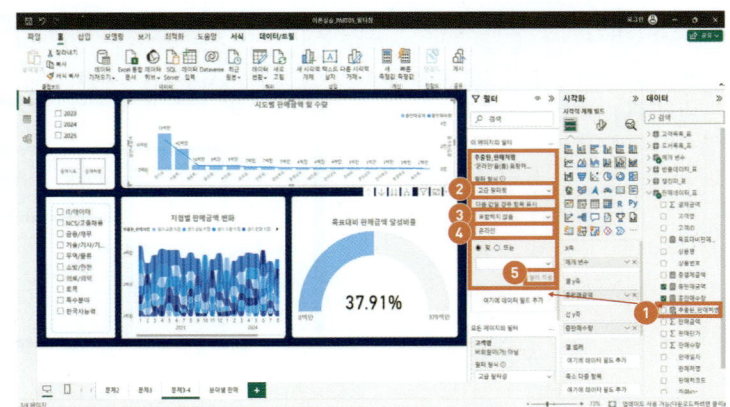

(5) 필터 확인

• '문제 3-4' 페이지의 시각화 개체에서 '온라인'이 포함되지 않은 수치를 확인한다.

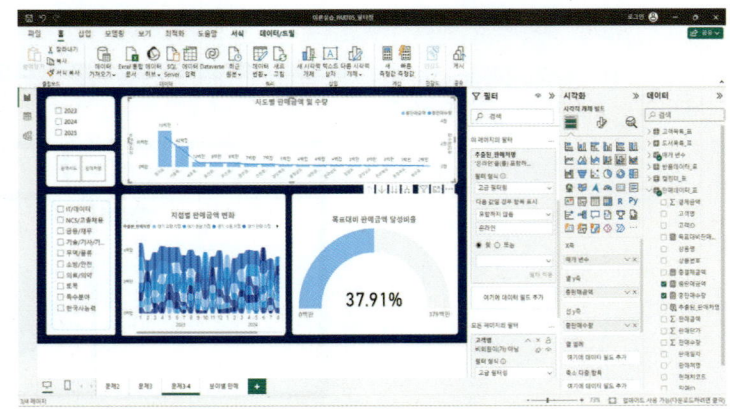

SECTION 02 시각화 개체 필터

Power BI에서는 개별 시각화 개체에 대한 필터를 적용할 수 있다. 개별 필터는 [필터 창]의 '이 시각적 개체의 필터'에서 설정할 수 있다. 필터 형식으로는 '고급 필터링', '기본 필터링', '상위 N'이 있다. '고급 필터링'은 데이터 형식에 따라 '보다 작음/큼' 등과 같은 수치형 크기 비교, '다음임/다음이 아님' 등의 범주형 비교 등이 있다. '기본 필터링'은 세르 목록에서 값을 직접 선택할 수 있다. 마지막으로 '상위 N'은 차트에 표시되는 항목의 개수가 많아서 상위 항목만 유지할 때 사용한다.

> **출제유형 실습** 실습파일 : [이론실습_PART05_필터창.pbix]
>
> 다음 지시사항에 따라 필터를 적용하시오.
> - 모든 페이지에 대해 [고객명]이 '비회원'인 경우 제외
> - '문제 3-4' 페이지에 대해 [추출된_판매처명]이 '온라인'을 포함한 경우 제외

(1) 이 시각적 개체의 필터 선택

❶ [필터 창]의 [이 시각적 개체의 필터]
> [연도] 필터를 클릭하여 확장

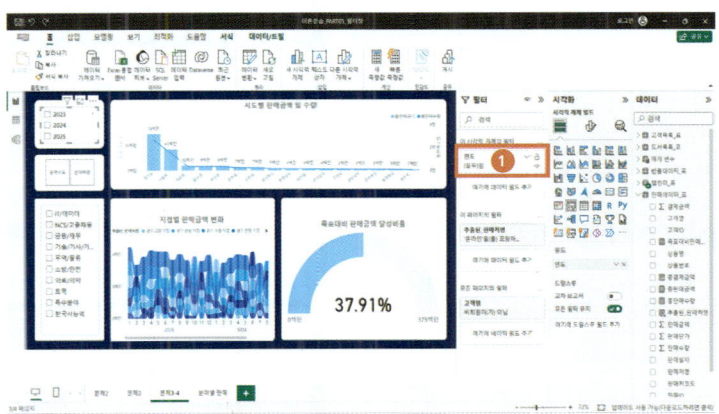

(2) 필터 적용 및 확인

❶ [필터 형식]을 '기본 필터링'으로 설정
❷ '2023' 항목을 선택하여 추가
❸ '2024' 항목을 선택하여 추가
• 연도 슬라이서에 '2023', '2024' 항목만 남은 것을 확인한다.

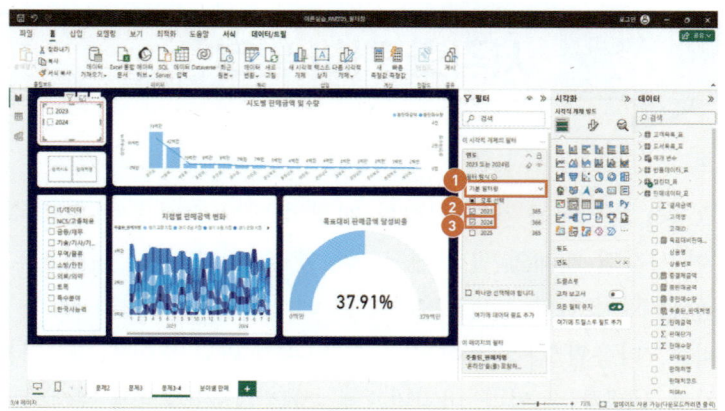

(3) 시각화 개체 및 필터 선택

❶ '지점별 판매금액 변화' 리본차트를 클릭하여 선택
❷ [필터 창]에서 [이 시각적 개체의 필터]의 [추출된_판매처명] 필터를 클릭하여 확장

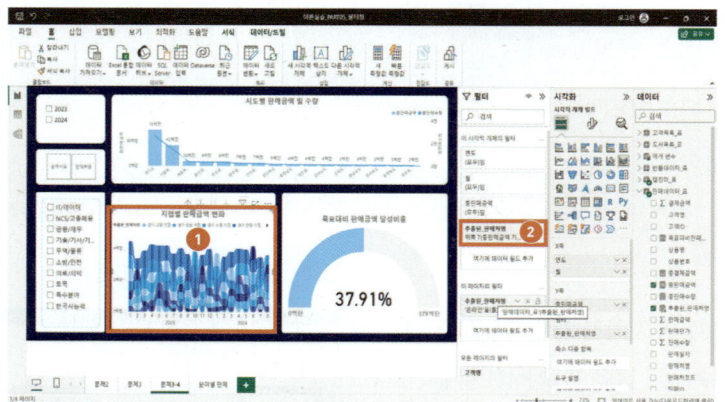

(4) 상위 N 필터 적용

❶ [필터 형식]을 '상위 N'으로 설정
❷ [항목 표시]에 '위쪽' 선택 및 "5" 입력
❸ [값]에 '총판매금액' 확인
❹ [필터 적용] 클릭

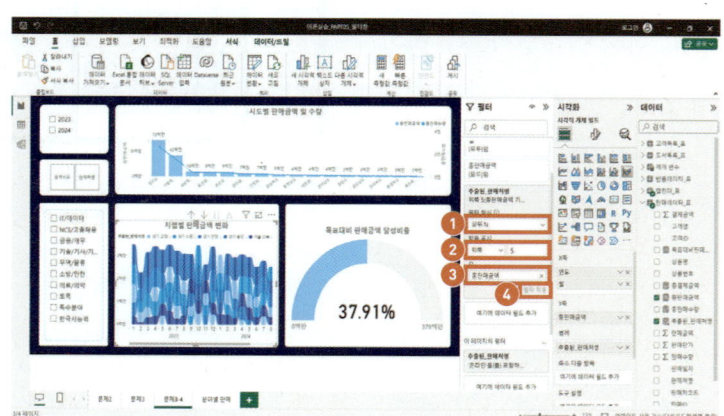

PART 06

시행처 공개문제

※ 대한상공회의소(https://license.korcham.net)에서 공개한 문제를 수정·보완하여 수록하였습니다.

CHAPTER 01

시행처 공개문제 A형

시행처 공개문제 [A형]

프로그램명	제한시간		수험번호	성명
파워BI 데스크톱	70분			

[유의사항]

■ '유의사항', '문제 및 데이터 안내'에 따라 시험에 응시하여야 하며, 이를 소홀히 하여 발생한 불이익과 책임은 수험자 본인에게 있습니다.
■ 시험이 시작되면 즉시 문제 데이터 파일 존재 여부와 답안 파일의 문제 3-4 페이지에 차트, 표, 데이터가 보이는지 확인하시기 바랍니다.
  • 문제 데이터 파일 위치: [문제 1] C:\PB\문제 1_데이터 폴더 / [문제 2, 3] C:\PB\문제 2, 3_데이터 폴더
  • 문제 데이터파일은 존재 여부만 확인하며 엑셀 등으로 열면 실격 처리
  • 답안파일 위치: C:\PB\수험자번호.pbix
  • 화면에 띄워진 답안파일의 문제 3-4 페이지 확인
■ 시험 진행 중 작성된 답안은 수시로 중간 저장하시기 바랍니다.
■ 별도의 지시사항이 없는 경우, 다음과 같이 처리할 때 [실격 처리]됩니다.
  • 제시된 파일, 페이지/대시보드, 데이터 원본의 이름, 차원/측정값 속성을 임의로 변경한 경우
  • 제시된 파일, 데이터 원본을 임의로 삭제, 추가, 변경한 경우
  • 시트/워크시트/대시보드를 임의로 삭제, 추가하거나 명칭을 변경한 경우
  • 제시된 답안 파일의 경로 또는 파일명을 변경한 경우
  • 문제 데이터를 시험 시작 전에 열어보는 경우
  • 실기시험 프로그램 이외의 프로그램(엑셀 등)으로 데이터를 열어보는 경우
■ 반드시 답안작성은 문제에서 지시한 위치에 작업하여야 하며 다음과 같이 처리 시 해당 작업 또는 그 작업에 영향을 미치는 문제, 개체, 시트 등은 [오답 처리]됩니다.
  • 제시된 함수가 있으면 제시된 함수만을 사용해야 하며 그 외 함수를 사용해 풀이한 경우
  • 지시하지 않은 차트, 컨테이너, 매개 변수 등을 임의로 이동, 수정(변경), 삭제 등으로 인해 위치 및 내용이 변경된 경우
  • 임의로 기본 설정값(Default)을 변경한 경우
  • 숫자데이터를 임의로 문자화하여 처리한 경우
  • 개체가 해당 영역을 벗어난 경우
  • 개체가 너무 작아 해당정보 확인이 눈으로 어려운 경우
■ 시험지에 제시된 [완성 화면 그림]은 문제풀이 순서 또는 시각적 개체 작성 순서, PC 환경 등의 이유로 수험자가 작성한 개체의 모니터 화면과 모양, 색상 등이 다를 수 있습니다.
■ 본 문제와 용어는 파워BI 데스크톱(Power BI Desktop) 2.124.1554.0 버전(2024.1.8.) 기준으로 작성되었습니다.

《 문제 및 데이터 안내 》

1. 수험자가 작성할 답안파일은 1개입니다. 문제 1, 문제 2, 문제 3의 답을 하나의 답안파일(.pbix)로 저장하십시오.
2. 문제 1, 문제 2, 문제 3은 각각 독립적으로 구성되어 앞 문제를 풀지 않아도 다음 문제 풀이가 가능합니다.
3. 문제 1은 데이터 불러오기를 통해 문제를 풀이하고, 문제 2와 문제 3은 답안에 이미 데이터가 포함되어 있어 다시 데이터를 불러오지 말고 바로 문제 풀이를 하십시오.
   - 데이터 파일은 문제 1을 위한 데이터 파일과 문제 2, 3을 위한 데이터 파일로 구성되어 있습니다.
4. 문제 2와 문제 3 풀이를 위해 필요한 일부 측정값 필터가 답안파일에 미리 적용되어 있을 수 있습니다.
   - 지시사항에 제시되지 않은 것은 변경하지 마십시오.
   - 사전에 적용된 필터 등이 삭제되지 않도록 '페이지 삭제' 기능을 절대 사용하지 마십시오.
5. 지시사항(①, ②, ③)별로 점수가 부여되며, 지시사항의 전체 세부지시사항(▶ 또는 - 표시된 지시사항)을 작업하지 않을 경우 점수가 부여되지 않습니다. ※ 부분 점수 없음
6. 본 시험에서 사용되는 데이터 파일 수와 데이터명은 아래와 같습니다.
   - [문제 1] 데이터 파일 수: 1개 / 데이터명: '자전거_대여현황.xlsx'

파일명	자전거_대여현황.xlsx				
테이블	구조				
자전거_ 대여이력	대여일	대여_대여소번호	대여_대여소명	대여건수	이용거리
	2022-01-01	4217	한강공원 망원나들목	95	550629.53
대여소 현황	대여소 번호	대여소명	자치구	상세주소	위도	경도	설치시기	거치대수 (LCD)	거치대수 (QR)	운영 방식
	207	여의나루역 1번 출구 앞	영등포구	서울특별시 영등포구 여의동로 지하343	37.527156 83	126.9319	2015-09-17	46		LCD

   - [문제 2, 3] 데이터 파일 수: 1개 / 데이터명: '판매실적.xlsx'

파일명	판매실적.xlsx							
테이블	구조							
날짜	ID	날짜	연도	월	연월	영문월	일	요일
	20210101	2021-01-01	2021	1	2021-01	Jan	1	금
거래처	거래처코드		거래처명		채널		시도	
	1		송파점		아울렛		서울	
제품	ID	분류 코드	분류명	제품 분류코드	제품 분류명	제품 코드	제품명	색상	사이즈	원가	단가	제조국
	1	SJ-01	상의	SJ-01205	티셔츠	SJCST S2061	폴리 카라 액티비 티셔츠	PI	90	48,000	120,000	VIETNAM

판매	판매ID	판매일	거래처코드	제품코드	단가	수량	매출금액	매출이익
	1	2021-01-04	1	SJCSCT20250	219,800	2	439,600	314,000

문제 1 작업준비 20점

1. 답안 파일을 열고, 다음의 지시사항에 따라 데이터 가져오기 및 데이터 편집을 수행하시오. [10점]

① 데이터 파일을 가져온 후 파워쿼리 편집기를 통해 테이블의 데이터를 편집하시오. **[3점]**
- ▶ 가져올 데이터 : '자전거_대여현황.xlsx' 파일의 '자전거 대여이력', '대여소현황' 시트
- ▶ <자전거_대여이력> 테이블의 [대여_대여소번호] 필드에서 데이터 값이 '210' 데이터 필터 해제
- ▶ 필드의 데이터 형식 변경
  - [대여건수], [이용시간] 필드 : 정수
  - [이용거리] 필드 : 10진수

② 파워쿼리 편집기를 통해 <자전거_대여이력> 테이블에 '쿼리 병합'를 사용하여 <대여소현황> 테이블의 [자치구] 필드를 추가하시오. **[4점]**
- ▶ <자전거_대여이력> 테이블의 [대여_대여소번호] 필드와 <대여소현황> 테이블의 [대여소번호] 필드를 기준으로 병합
  - 조인 종류 : 왼쪽 외부
  - [대여소현황] 필드에서 [자치구] 필드만 확장
  - '원래 열 이름을 접두사로 사용'을 해제하여 필드 이름 표시
- ▶ <대여소현황> 테이블의 로드 사용 해제

③ 테이블 뷰에서 <자전거_대여이력> 테이블의 필드 서식을 변경하시오. **[3점]**
- ▶ [대여일] 필드의 서식 : '*2022-01-01(Short Date)'
- ▶ [대여건수] 필드의 서식 : 정수, 천 단위 구분 기호(,)

2. 다음 지시사항에 따라 데이터를 편집하고 모델링하며, 측정값을 추가하시오. [10점]

① 다음 조건으로 수식을 작성하여 새 테이블을 추가하시오. **[4점]**
- ▶ 테이블 이름 : DimDate
  - 필드 이름 : Date, 연도, 월
  - 사용 함수 : ADDCOLUMNS, CALENDAR, DATE, YEAR, MONTH
  - [Date] 필드의 시작일 : 2022-01-01
  - [Date] 필드의 종료일 : 2022-03-31
  - [연도], [월] 필드 : [Date] 필드 기준으로 값 표시
  - [Date] 필드의 서식 : '*2001-03-04(Short Date)'

② <자전거_대여이력> 테이블과 <DimDate> 테이블 간의 관계를 설정하시오. [3점]
  ▶ <자전거_대여이력> 테이블의 [대여일] 필드와 <DimDate> 테이블의 [Date] 필드
    - 카디널리티(Cardinality) : '다대일(*:1)' 관계
    - 크로스 필터(교차 필터) 방향 : '단일'
③ 다음 조건으로 <자전거_대여이력> 테이블에 측정값을 작성하시오. [3점]
  ▶ 측정값 이름 : 총대여건수
    - 활용 필드 : <자전거_대여이력> 테이블의 [대여건수] 필드
    - [대여건수]의 합계 계산
    - 사용 함수 : SUM
    - 서식 : 정수, 천 단위 구분 기호(,)
  ▶ 측정값 이름 : 일평균 대여건수
    - 활용 테이블 및 필드 : <DimDate> 테이블, <자전거_대여이력> 테이블의 [총대여건수] 측정값
    - [총대여건수]를 <DimDate> 테이블의 전체 일수로 나누기 계산
    - 사용 함수 : COUNTROWS
    - 서식 : 정수, 천 단위 구분 기호(,)

문제 2 단순요소 구현 30점

〈시각화 완성화면〉 각 세부문제 풀이 후 아래와 같은 결과가 도출되어야 합니다.

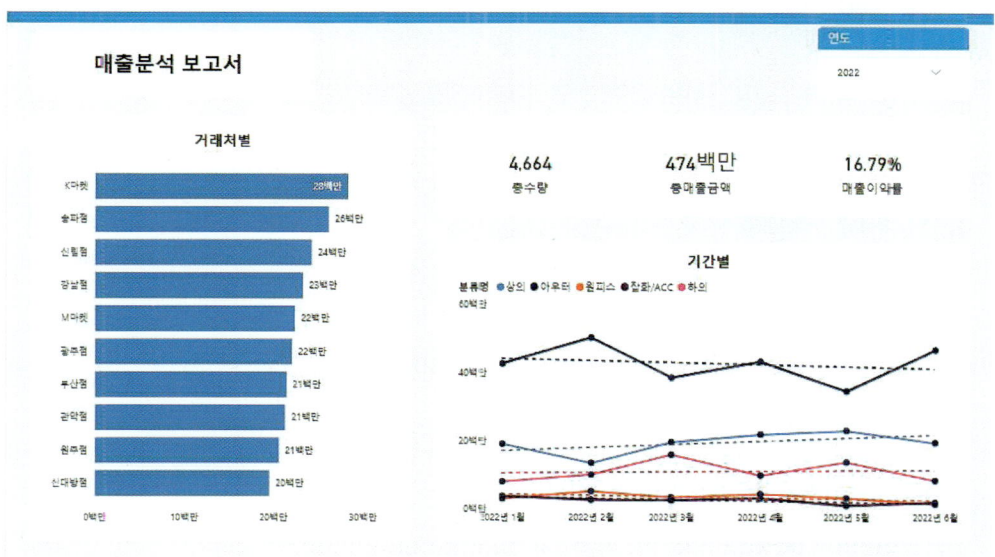

1. '문제 2', '문제 3', '문제 3-5' 보고서의 전체 서식을 아래 지시사항에 따라 설정하시오. [5점]

① 보고서 전체의 테마를 변경하시오. [3점]
- ▶ 보고서 테마 : 기본값
- ▶ 이름 및 색의 테마 색 변경
  - 테마 색1 : "#6699CC"
  - 테마 색2 : "#003377"

② 텍스트 상자를 사용하여 보고서 제목을 작성하시오. [2점]
- ▶ 제목 텍스트 : 매출분석 보고서
- ▶ 서식 : 글꼴 'Segoe UI', 글꼴 크기 '20', '굵게', '가운데'
- ▶ 텍스트 상자를 '1-②' 위치에 배치

2. 다음 지시사항에 따라 슬라이서와 카드를 구현하시오. [5점]

① 연도 조건을 설정하는 슬라이서를 구현하시오. [2점]
- ▶ 활용 필드 : <날짜> 테이블의 [연도] 필드
- ▶ 서식
  - 슬라이서 스타일 '드롭다운' 설정
  - 슬라이서에 '모두 선택' 항목이 표시되도록 설정
  - 슬라이서 머리글이 보이지 않도록 설정
- ▶ 슬라이서에 '2022' 값으로 필터 적용
- ▶ 슬라이서를 '2-①' 위치에 배치

② 매출 현황을 나타내는 카드를 구현하시오. [3점]
- ▶ 활용 필드 : <판매> 테이블의 [총수량], [총매출금액], [매출이익률] 측정값
- ▶ 서식
  - 표시 단위 : [총수량] '없음', [총매출금액] '백만', [매출이익률] '없음'
  - 설명 값 글꼴 크기 '20'
- ▶ 카드를 '2-②' 위치에 배치
  - 총수량, 총매출금액, 매출이익률 순서로 배치

3. 다음 지시사항에 따라 묶은 가로 막대형 차트를 구현하시오. [10점]

① 거래처별 총매출금액을 나타내는 묶은 가로 막대형 차트를 구현하시오. [4점]
- ▶ 활용 필드
  - <거래처> 테이블의 [거래처명] 필드
  - <제품> 테이블의 [분류명], [제품분류명] 필드
  - <판매> 테이블의 [총매출금액], [총수량] 측정값
- ▶ '계층 구조에서 다음 수준으로 확장' 옵션을 선택 시, [총매출금액]을 [거래처명], [분류명], [제품분류명]에 따라 순차적으로 확인할 수 있도록 설정

- ▶ '계층 구조에서 한 수준 아래로 확장' 옵션을 선택 시, Y축의 레이블이 연결되도록 설정
  - 예) 송파점 아우터 자켓
- ▶ 도구 설명에 [총수량]이 표시되도록 추가
- ▶ 묶은 가로 막대형 차트를 '3-①' 위치에 배치

② 다음과 같이 묶은 가로 막대형 차트의 각 요소에 대한 서식을 지정하시오. [3점]
- ▶ 차트 제목 : 거래처별
  - 제목 서식 : 글꼴 'Segoe UI', '굵게', '가운데'
- ▶ Y축 제목 제거
- ▶ X축 제목 제거, 표시 단위 '백만'
- ▶ 데이터 레이블 : 표시 단위 '백만', 넘치는 텍스트가 표시되도록 설정

③ 묶은 가로 막대형 차트에 '총매출금액' 기준으로 상위 10개의 '거래처'만 표시하시오. [3점]

4. 다음 지시사항에 따라 꺾은선형 차트를 구현하시오. [10점]

① 분류명별로 월에 따른 총매출금액을 나타내는 꺾은선형 차트를 구현하시오. [4점]
- ▶ 활용 필드
  - <날짜> 테이블의 [날짜] 필드
  - <제품> 테이블의 [분류명] 필드
  - <판매> 테이블의 [총매출금액] 측정값
- ▶ [날짜] 필드의 날짜 계층에서 '연도'와 '월' 사용
- ▶ 꺾은선형 차트를 '4-①' 위치에 배치

② 다음과 같이 꺾은선형 차트의 각 요소에 대한 서식을 적용하시오. [3점]
- ▶ 차트 제목 : 기간별
  - 제목 서식 : 글꼴 'Segoe UI', '굵기', '가운데'
- ▶ 차트 서식
  - X축, Y축 제목 제거
  - Y축 표시단위 '백만'
  - 표식 : 도형 유형 '원형(●)', 크기 '5', 색상 "#094780"

③ 꺾은선형 차트에 [분류명]별 [총매출금액]의 추세를 확인할 수 있도록 추세선을 표시하시오. [3점]
- ▶ 추세선 계열 결합 해제

문제 3 복합요소 구현 [50점]

〈시각화 완성화면〉 각 세부문제 풀이 후 아래와 같은 결과가 도출되어야 합니다.

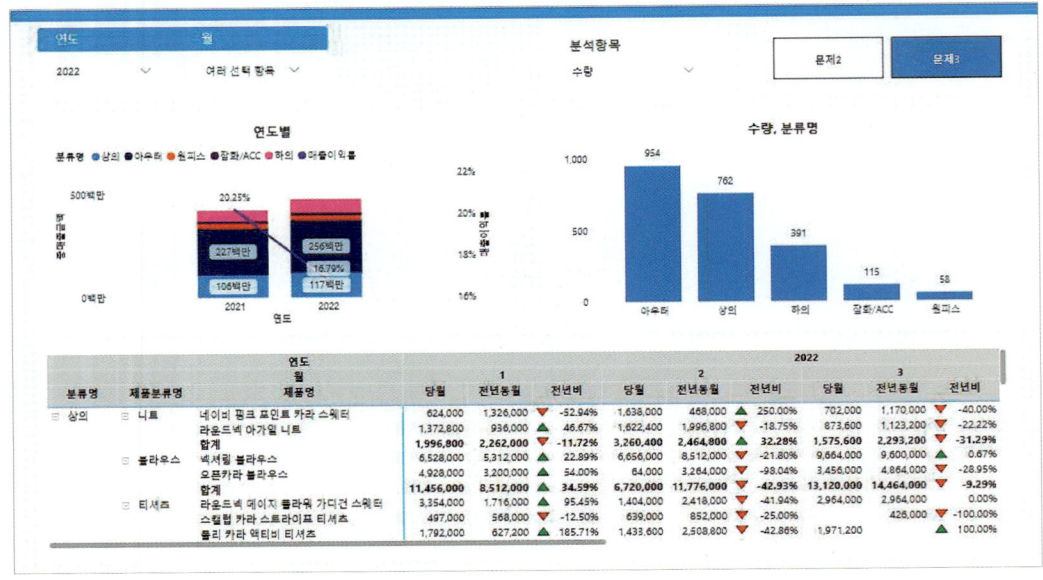

1. 다음 지시사항에 따라 슬라이서와 꺾은선형 및 누적 세로 막대형 차트를 구현하시오. [10점]

① 연도와 월 슬라이서를 구현하시오. **[4점]**
- ▶ 활용 필드 : <날짜> 테이블의 [연도], [월] 필드
- ▶ 서식
    - 슬라이서 스타일 '드롭다운', '모두 선택' 옵션 설정
    - 슬라이서 머리글이 보이지 않도록 설정
- ▶ 연도 슬라이서에 '2022' 값으로 필터 적용
- ▶ 월 슬라이서에 월 '1', '2', '3' 필터 적용
- ▶ 연도 슬라이서를 '1-①', 월 슬라이서를 '1-②' 위치에 배치

② 다음과 같이 꺾은선형 및 누적 세로 막대형 차트를 구현하시오. **[3점]**
- ▶ 활용 필드
    - <날짜> 테이블의 [연도] 필드
    - <제품> 테이블의 [분류명] 필드
    - <판매> 테이블의 [총매출금액], [매출이익률] 측정값
- ▶ 데이터 레이블 설정
    - 표시 단위 : 전체 범례의 [총매출금액] '백만', [매출이익률] '없음'

▶ 차트 제목 : 연도별
  - 제목 서식 : 글꼴 'Segoe UI', '굵게', '가운데'
▶ X축 유형 '범주별' 설정
▶ 차트를 연도별 오름차순으로 정렬
▶ 꺾은선형 및 누적 세로 막대형 차트를 '1-③' 위치에 배치

③ 연도, 월 슬라이서가 꺾은선형 및 누적 세로 막대형 차트에 적용되지 않도록 상호 작용을 설정하시오. **[3점]**

2. 다음 지시사항에 따라 매개 변수를 생성하고 슬라이서와 묶은 세로 막대형 차트를 구현하시오. [10점]

① 다음 조건으로 매개 변수를 추가하시오. **[4점]**
  ▶ 매개 변수 이름 : 분석항목
  ▶ 활용 필드 : <판매> 테이블의 [총수량], [총매출금액] 측정값
    - 이 페이지에 슬라이서 추가 옵션 설정
    - 매개 변수 측정값 이름 변경: "총수량" → "수량", "총매출금액" → "매출금액"

② 다음과 같이 분석항목 슬라이서 설정을 변경하시오. **[3점]**
  ▶ 분석항목 슬라이서 설정
    - 슬라이서 스타일 : '드롭다운'
    - 슬라이서의 선택 항목 중 한 가지의 항목만 선택할 수 있도록 설정
    - 슬라이서에 값 '수량'으로 필터 적용
  ▶ 슬라이서를 '2-②' 위치에 배치

③ 다음 조건으로 분류명에 따른 분석항목 값이 나타나도록 묶은 세로 막대형 차트를 구현하시오. **[3점]**
  ▶ 활용 필드
    - <제품> 테이블의 [분류명] 필드
    - <분석항목> 테이블의 [분석항목] 매개 변수
  ▶ 서식
    - X축, Y축 제목 제거
    - 데이터 레이블 : 배경 색 "#6699CC"
    - 제목 서식 : 글꼴 'Segoe UI', '굵게', '가운데'
  ▶ 묶은 세로 막대형 차트를 '2-③' 위치에 배치

3. 다음 지시사항에 따라 행렬 차트를 구현하시오. [10점]

① 다음 조건으로 행렬 차트를 구현하시오. **[3점]**
  ▶ 활용 필드
    - <제품> 테이블의 [분류명], [제품분류명], [제품명] 필드
    - <날짜> 테이블의 [연도], [월] 필드
    - <판매> 테이블의 [총매출금액], [전년동월 대출], [전년대비 증감률] 측정값

- ▶ 값 필드 이름 변경
    - [총매출금액] → "당월"
    - [전년동월 매출] → "전년동월"
    - [전년대비 증감률] → "전년비"
- ▶ 행렬 차트를 '3-①' 위치에 배치

② 다음과 같이 행렬 차트의 각 요소에 대한 서식을 지정하시오. **[4점]**
- ▶ 열 머리글 : 계층 구조의 마지막 수준(월)까지 모두 확장
    - 열 머리글 서식 : 글꼴 '굵게', 배경색 '흰색, 20% 더 어둡게', 머리글 맞춤 '가운데'
- ▶ 행 머리글 : 계층 구조의 마지막 수준(제품명)까지 확장, '계단형 레이아웃' 해제

③ 행렬 차트에 조건부 서식을 적용하시오. **[3점]**
- ▶ 적용 대상 계열 : 전년비
    - 스타일 : 아이콘
    - 적용 대상 : '값 및 합계'
- ▶ 서식 스타일 : 규칙
    - 0보다 크고 최대값보다 작거나 같은 경우, 녹색 위쪽 삼각형(▲)
    - 최소값보다 크거나 같고 0보다 작은 경우, 빨간색 아래쪽 삼각형(▼)

4. 다음 지시사항에 따라 페이지 탐색기를 구현하시오. [5점]

- ▶ '문제 3_5' 페이지는 표시되지 않도록 설정
- ▶ 선택한 상태의 단추 색 "#6699CC"로 설정
- ▶ 페이지 탐색기를 '4-①' 위치에 배치

5. 다음 지시사항에 따라 측정값을 추가하시오. [15점]

① <_측정값> 테이블에 채널별 총매출금액을 반환하는 측정값을 추가하시오. **[2점]**
- ▶ 측정값 이름 : 매출_매장
    - 활용 필드
        - <판매> 테이블의 [총매출금액] 측정값
        - <거래처> 테이블의 [채널] 필드
    - [채널] 필드 값이 "매장"인 경우의 [총매출금액]을 반환
    - 사용 함수 : CALCULATE, FILTER
    - 서식 : 천 단위 구분 기호(,), 소수 자릿수 '0'
    - '문제 3_5' 페이지의 [표1]에 [매출_매장] 열 삽입

② <_측정값> 테이블에 날짜에 따른 총마 출금액을 반환하는 측정값을 추가하시오. **[5점]**
  ▶ 측정값 이름 : 전월_매출
    - 활용 필드
      • <판매> 테이블의 [총매출금액] 측정값
      • <날짜> 테이블의 [날짜] 필드
    - 1개월 전의 [총매출금액]을 반환
    - 사용 함수 : CALCULATE, DATEADD
    - 서식 : 천 단위 구분 기호(,), 소수 자릿수 '0'
    - '문제 3_5' 페이지의 [표2]에 [전월_매출] 열 삽입

③ <_측정값> 테이블에 연간 총매출금액의 누계 값을 반환하는 측정값을 추가하시오. [3점]
  ▶ 측정값 이름 : 연간_누계
    - 활용 필드
      • <판매> 테이블의 [총매출금액] 측정값
      • <날짜> 테이블의 [날짜] 필드
    - 연간 [총매출금액]의 누계 값을 반환
    - 사용 함수 : TOTALYTD
    - 서식 : 천 단위 구분 기호(,), 소수 자릿수 '0'
    - '문제 3_5' 페이지의 [표2]에 [연간_누계] 열 삽입

④ <_측정값> 테이블에 제품명을 기준으로 수량의 순위를 반환하는 측정값을 추가하시오. [5점]
  ▶ 측정값 이름 : 순위
    - 활용 필드
      • <판매> 테이블의 [총수량] 측정값
      • <제품> 테이블의 [제품명] 필드
    - [제품명]을 기준으로 [총수량]의 순위를 반환하며, [총수량] 기준 내림차순으로 정렬
    - 사용 함수 : RANKX, ALL
    - [총수량]이 동률인 경우 다음 순위 값은 동률 순위 +1을 한 순위로 표시
      • 예) 2개의 값이 2위인 경우, 다음 값은 3위로 표시
    - '문제 3_5' 페이지의 [표3]에 [순위] 열 추가

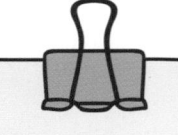

CHAPTER 02

시행처 공개문제 A형 풀이

SECTION 01   문제 1-작업준비
SECTION 02   문제 2-단순요소 구현
SECTION 03   문제 3-복합요소 구현

SECTION 01 문제 1-작업준비 [20점]

1 답안 파일을 열고, 다음의 지시사항에 따라 데이터 가져오기 및 데이터 편집을 수행하시오. [10점]

① 데이터 파일을 가져온 후 파워쿼리 편집기를 통해 테이블의 데이터를 편집하시오. [3점]
- ▶ 가져올 데이터 : '자전거_대여현황.xlsx' 파일의 '자전거 대여이력', '대여소현황' 시트
- ▶ <자전거_대여이력> 테이블의 [대여_대여소번호] 필드에서 데이터 값이 '210' 데이터 필터 해제
- ▶ 필드의 데이터 형식 변경
  - [대여건수], [이용시간] 필드 : 정수
  - [이용거리] 필드 : 10진수

문제 1-1-① 풀이

(1) 실습 파일 열기
❶ [파일] 탭
❷ [열기] 선택
❸ [이 장치 찾아보기] 클릭 > 'A형_답안파일.pbix' 파일 열기

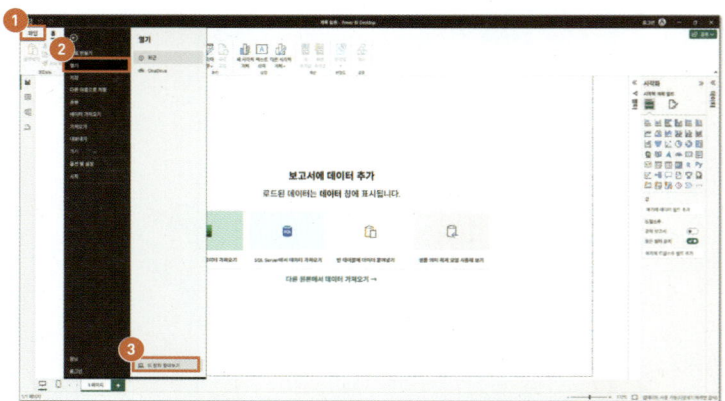

(2) 데이터 파일 열기
❶ [홈] 탭 선택 > [데이터 가져오기]
❷ [Excel 통합 문서] 클릭
❸ '자전거 대여현황.xlsx' 파일 선택
❹ [열기] 클릭

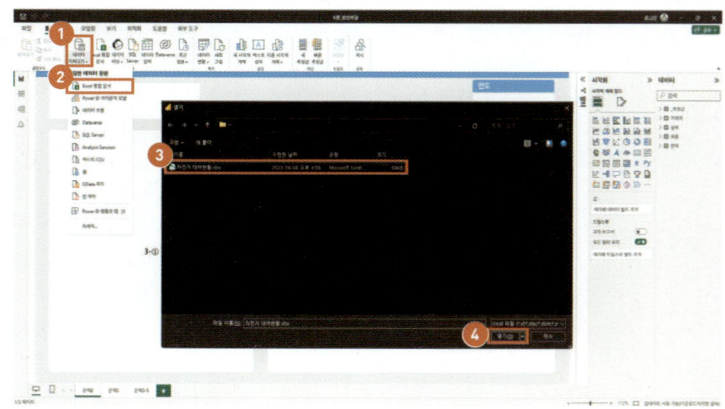

(3) 데이터 로드 및 파워쿼리 실행

❶ [대여소현황], [자전거 대여이력] 시트 체크
❷ [데이터 변환] 클릭

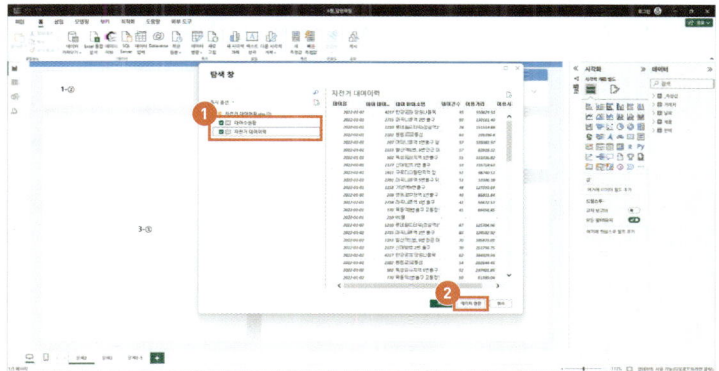

(4) 데이터 필터링

❶ <자전거 대여이력> 테이블 선택
❷ [대여_대여소번호] 필드의 아이콘 클릭
❸ '210' 항목 체크 해제
❹ [확인] 클릭

(5) 필드 데이터 형식 변경 ⓐ

❶ [대여건수], [이용시간] 필드 머리글을 [Ctrl]을 누른 상태로 클릭하여 선택한 후 필드 머리글을 우클릭하여 추가메뉴 활성
❷ [형식 변경] 선택
❸ [정수] 선택

(6) 필드 데이터 형식 변경 ⓑ

❶ [이용거리] 필드 머리글 우클릭
❷ [형식 변경] 선택
❸ [10진수] 선택

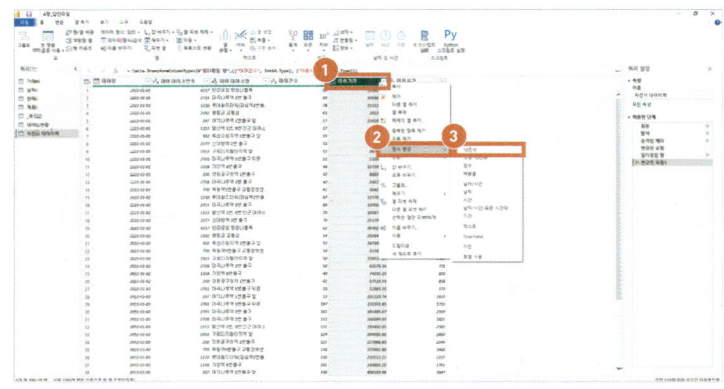

② 파워쿼리 편집기를 통해 <자전거_대여이력> 테이블에 '쿼리 병합'를 사용하여 <대여소현황> 테이블의 [자치구] 필드를 추가하시오. [4점]

▶ <자전거_대여이력> 테이블의 [대여_대여소번호] 필드와 <대여소현황> 테이블의 [대여소번호] 필드를 기준으로 병합
  - 조인 종류 : 왼쪽 외부
  - [대여소현황] 필드에서 [자치구] 필드만 확장
  - '원래 열 이름을 접두사로 사용'을 해제하여 필드 이름 표시
▶ <대여소현황> 테이블의 로드 사용 해제

문제 1-1-② 풀이

(1) 쿼리 병합 실행

❶ <자전거 대여이력> 테이블 선택
❷ [홈] 탭 선택
❸ 쿼리 병합 메뉴 확장 클릭
❹ 쿼리 병합 선택

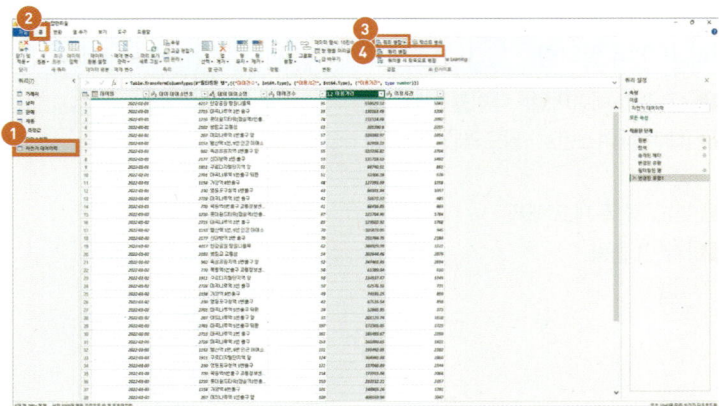

(2) 쿼리 병합 설정

❶ <대여소현황> 테이블 병합 대상 선택
❷ <자전거 대여이력> 테이블의 [대여_대여소번호] 필드 선택
❸ <대여소현황> 테이블의 [대여소번호] 필드 선택
❹ 조인 종류 [왼쪽 외부] 선택
❺ [확인] 클릭

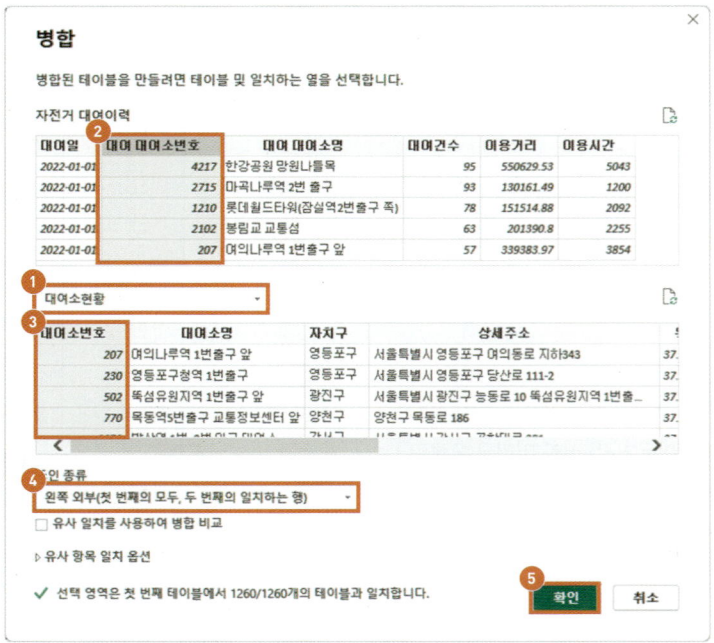

(3) 자치구 필드 확장 추가

❶ [대여소 현황] 필드 머리글의 아이콘 클릭
❷ [확장] 선택
❸ '(모든 열 선택)' 체크 해제
❹ '자치구' 항목 체크
❺ '원래 열 이름을 접두사로 사용' 체크 해제
❻ [확인] 클릭

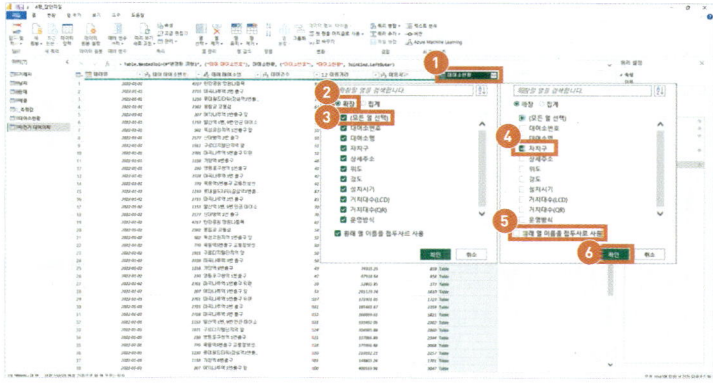

(4) <대여소 현황> 테이블 로드 사용 해제

❶ <대여소 현황> 테이블 우클릭
❷ [로드 사용] 클릭
❸ 경고 팝업 [계속] 클릭

(5) <대여소 현황> 테이블 로드 해제 확인 및 파워쿼리 편집 작업 적용

❶ <대여소 현황> 테이블 우클릭
❷ [로드 사용] 체크 해제 확인
❸ [홈] 탭의 을 클릭하여 편집 작업 적용 및 파워쿼리 편집기 닫기

③ 테이블 뷰에서 <자전거_대여이력> 테이블의 필드 서식을 변경하시오. [3점]
▶ [대여일] 필드의 서식 : '*2022-01-01(Short Date)'
▶ [대여건수] 필드의 서식 : 정수, 천 단위 구분 기호(,)

문제 1-1-③ 풀이

(1) [대여일] 필드 서식 변경

❶ [테이블 뷰] 작업영역 선택
❷ <자전거_대여이력> 테이블 선택
❸ [대여일] 필드 선택
❹ [리본 메뉴] > [열 도구] 탭의
   서식 클릭 확장
❺ '*2001-03-14(Short Date)' 선택

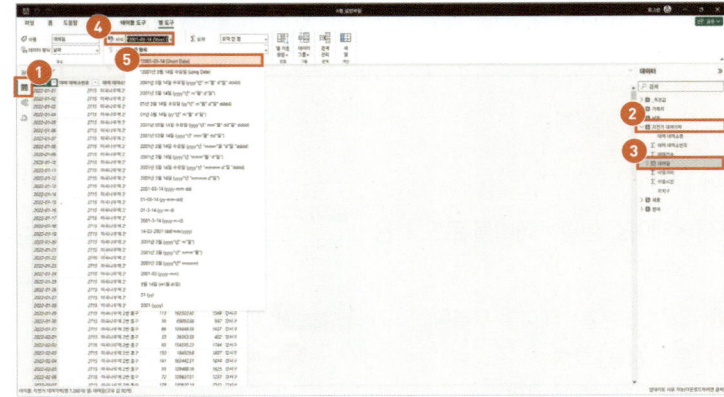

> **참고**
> 서식 중 '*2001-03-14(Short Date)'의 경우, 사용자의 운영체제 시스템 설정에 따라 동적으로 포맷이 달라지는 로컬 날짜 형식이다. 만약 사용자가 영문 버전을 사용할 경우, '3/14/2001' 형태로 표시될 수 있다.

(2) [대여건수] 필드 서식 변경

❶ [데이터 창]의 [검색 창]에 "대여건수" 입력
❷ <자전거_대여이력> 테이블의 [대여건수] 필드 선택
❸ [열 도구] 탭 > [서식] 그룹 > [서식] '정수' 선택, 천 단위 구분 기호(,) 클릭

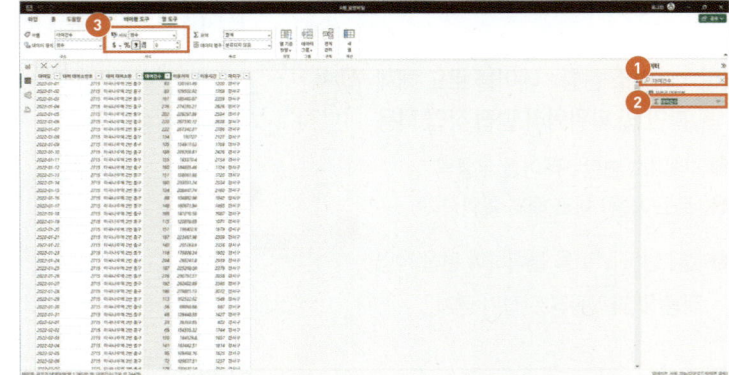

> **빠른 작업을 위한 TIP**
> [데이터 창]의 검색 기능을 활용하면 필드와 측정값을 빠르게 찾을 수 있다. 입력값에 따라 실시간으로 필터링 결과가 업데이트되며, 데이터 모델에 필드와 측정값이 많이 구성된 경우 검색을 통해 원하는 대상을 빠르게 확인하는 것이 작업 속도를 높이는 데 효과적이다. 테이블을 검색할 경우, 귀속된 필드와 측정값이 모두 확장되어 표시되며, 축소할 수 없다.

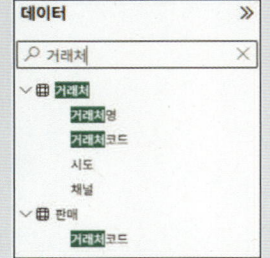

2 다음 지시사항에 따라 데이터를 편집하고 모델링하며, 측정값을 추가하시오. [10점]

① 다음 조건으로 수식을 작성하여 새 테이블을 추가하시오. [4점]
▶ 테이블 이름 : DimDate
- 필드 이름 : Date, 연도, 월
- 사용 함수 : ADDCOLUMNS, CALENDAR, DATE, YEAR, MONTH
- [Date] 필드의 시작일 : 2022-01-01
- [Date] 필드의 종료일 : 2022-03-31
- [연도], [월] 필드 : [Date] 필드 기준으로 값 표시
- [Date] 필드의 서식 : '*2001-03-04(Short Date)'

문제 1-2-① 풀이

(1) <DimDate> 계산 테이블 생성

❶ [테이블 뷰] 작업영역 선택

❷ [홈] 탭의 [📅] 클릭

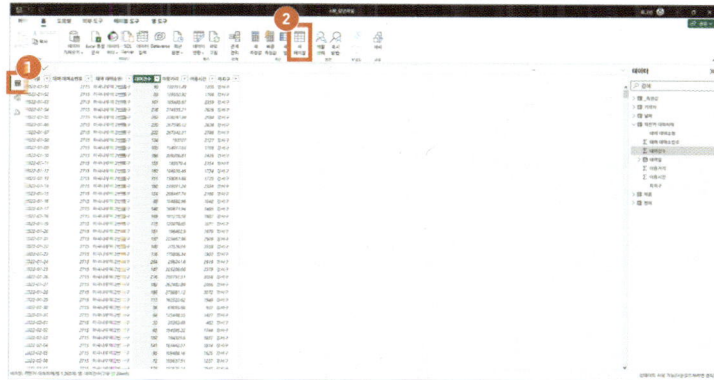

❸ [수식 편집기]의 박스에 수식 작성 후 [Enter]

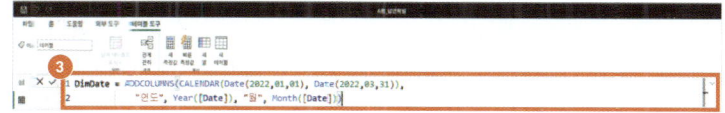

DimDate = ADDCOLUMNS(CALENDAR(Date(2022,01,01), Date(2022,03,31)),
    "연도", Year([Date]), "월", Month([Date]))

DAX 풀이

이 수식은 2022년 1월 1일부터 2022년 3월 31일까지의 날짜 범위를 기반으로 캘린더 테이블을 생성하고, 각 날짜에 연도와 월 정보를 포함하는 열을 추가한 테이블을 반환한다.

- [DATE] 함수가 지정된 연도, 월, 일을 기준으로 날짜 값을 생성
- [CALENDAR] 함수가 [DATE] 함수로 생성된 시작일(2022년 1월 1일)과 종료일(2022년 3월 31일)을 기반으로 해당 범위의 날짜 목록을 생성
- [ADDCOLUMNS] 함수가 생성된 날짜 테이블에 두 개의 열([연도], [월])을 추가
  - [연도] 열은 [YEAR] 함수를 사용해 각 날짜의 연도 값을 계산
  - [월] 열은 [MONTH] 함수를 사용해 각 날짜의 월 값을 계산

> **사용 함수**
> - [DATE] : 연도, 월, 일 값을 조합하여 날짜를 생성
>   - 구문 : DATE(<연도>, <월>, <일>)
> - [CALENDAR] : 시작일과 종료일을 지정해 날짜 목록을 생성
>   - 구문 : CALENDAR(<시작일>, <종료일>)
> - [ADDCOLUMNS] : 테이블에 하나 이상의 새로운 열을 추가
>   - 구문 : ADDCOLUMNS(<테이블>, <새 열 이름>, <식>, …)
> - [YEAR] : 지정된 날짜의 연도를 숫자로 반환
>   - 구문 : YEAR(<날짜>)
> - [MONTH] : 지정된 날짜의 월을 숫자로 반환
>   - 구문 : MONTH(<날짜>)

(2) [Date] 필드 서식 지정

❶ <DimDate> 테이블의 [Date] 필드를 선택
❷ [리본 메뉴] > [열 도구] 탭의 [＄ 서식] 클릭 확장
❸ '*2001-03-14(Short Date)' 선택

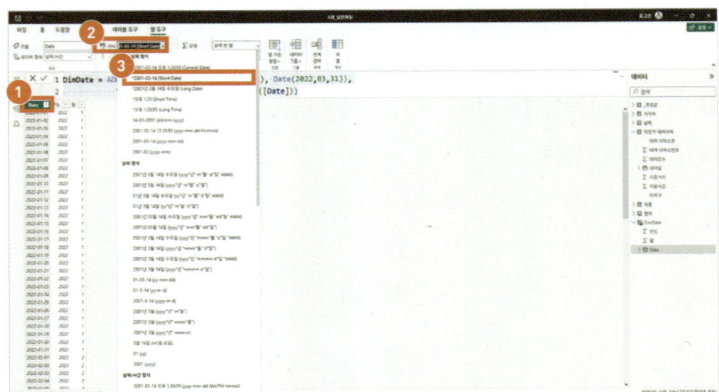

> ② <자전거_대여이력> 테이블과 <DimDate> 테이블 간의 관계를 설정하시오. [3점]
> ▶ <자전거_대여이력> 테이블의 [대여일] 필드와 <DimDate> 테이블의 [Date] 필드
>   - 카디널리티(Cardinality) : '다대일(*:1)' 관계
>   - 크로스 필터(교차 필터) 방향 : '단일'

문제 1-2-② 풀이

(1) 관계 설정

❶ [모델 보기] 작업영역 선택
❷ 관계 설정 대상인 <자전거 대여이력> 테이블과 <DimDate> 테이블의 위치를 적당한 곳으로 이동

> **참고**
> 테이블을 새로 로드하거나 생성할 경우, 사용자마다 표시 위치는 이미지와 다를 수 있다. [모델 보기]에서 정상적으로 배치되었을 경우, 이 단계는 생략해도 된다.

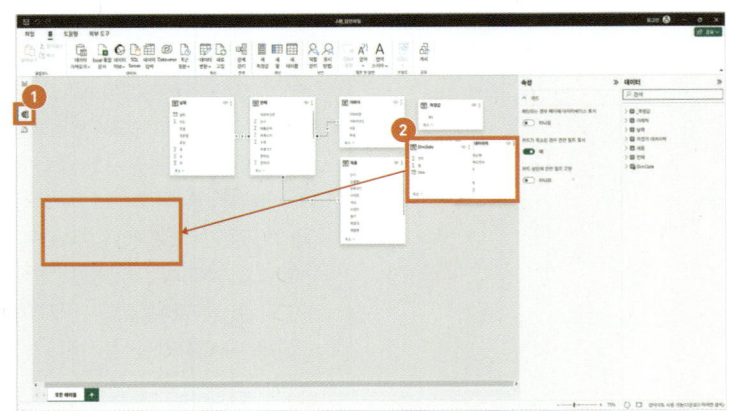

❸ <DimDate> 테이블의 [Date] 필드를 <자전거_대여이력> 테이블의 [대여일] 필드로 드래그 앤 드롭

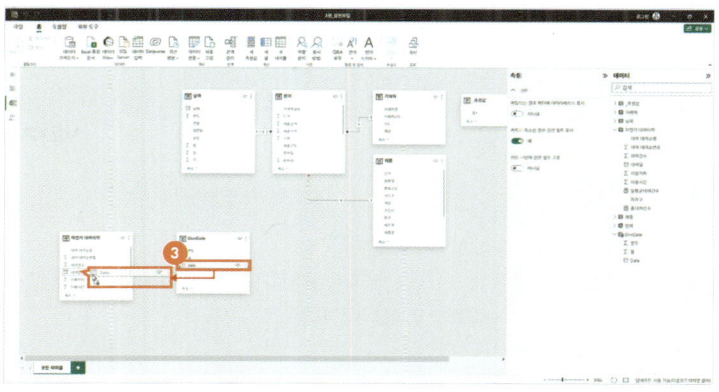

(2) 관계 설정 확인
❶ 연결선 확인
❷ [속성 창]에서 관계 설정된 <테이블> 및 필드 정보 확인
❸ [카디널리티]의 '다대일(* : 1)' 설정 확인
❹ [교차 필터 방향]의 '단일(Single)' 설정 확인
❺ [관계 편집기 열기] 클릭

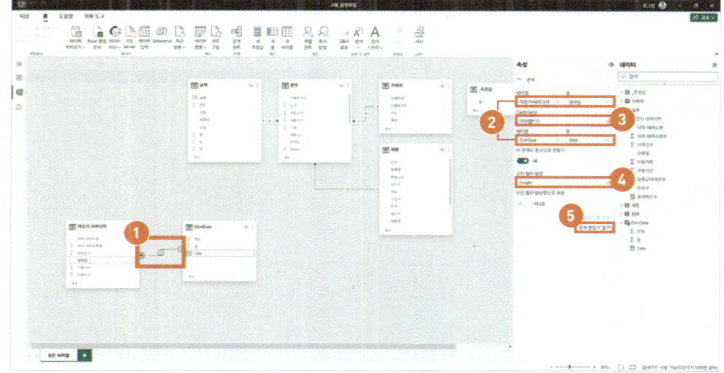

❻ 설정된 관계 정보 재확인
❼ [확인] 클릭

❸ 다음 조건으로 <자전거_대여이력> 테이블에 측정값을 작성하시오. [3점]

▶ 측정값 이름 : 총대여건수
  - 활용 필드 : <자전거_대여이력> 테이블의 [대여건수] 필드
  - [대여건수]의 합계 계산
  - 사용 함수 : SUM
  - 서식 : 정수, 천 단위 구분 기호(,)

▶ 측정값 이름 : 일평균 대여건수
  - 활용 테이블 및 필드 : <DimDate> 테이블, <자전거_대여이력> 테이블의 [총대여건수] 측정값
  - [총대여건수]를 <DimDate> 테이블의 전체 일수로 나누기 계산
  - 사용 함수 : COUNTROWS
  - 서식 : 정수, 천 단위 구분 기호(,)

문제 1-2-③ 풀이

(1) [총대여건수] 측정값 생성

❶ [모델 보기] 작업영역 선택
❷ [데이터 창]의 <자전거 대여이력> 테이블 우클릭
❸ [새 측정값] 선택

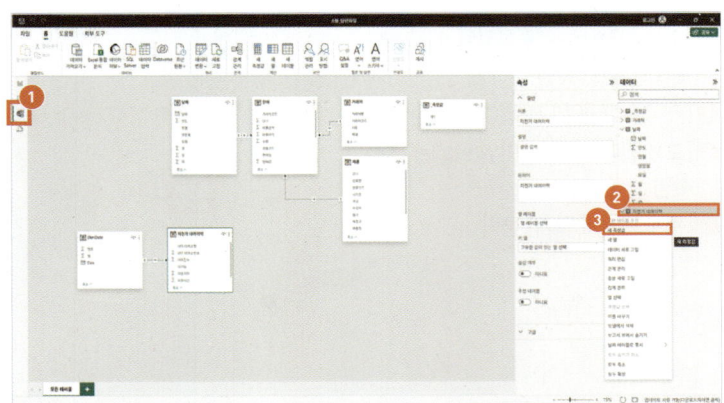

❹ [수식 편집기]의 박스에 수식 작성 후 [Enter]

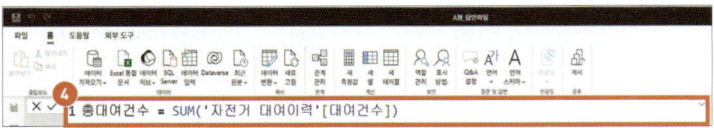

총대여건수 = SUM('자전거 대여이력'[대여건수])

DAX 풀이

이 수식은 <자전거 대여이력> 테이블의 [대여건수] 열에 있는 모든 값을 합산하여 결과를 반환한다. 데이터의 총합을 계산하는 데 사용된다.
• [SUM] 함수가 [대여건수] 열의 모든 값을 합산하여 총합을 계산

사용 함수

• [SUM] : 주어진 열의 값을 모두 더하여 합계를 반환
  - 구문 : SUM(<합계 대상 열>)

(2) [총대여건수] 서식 설정

❶ [데이터 창]의 [총대여건수] 측정값 선택
❷ [속성 창]의 [서식] 탭에서 서식을 '정수'로 지정
❸ 천단위 구분 기호 체크(활성화)

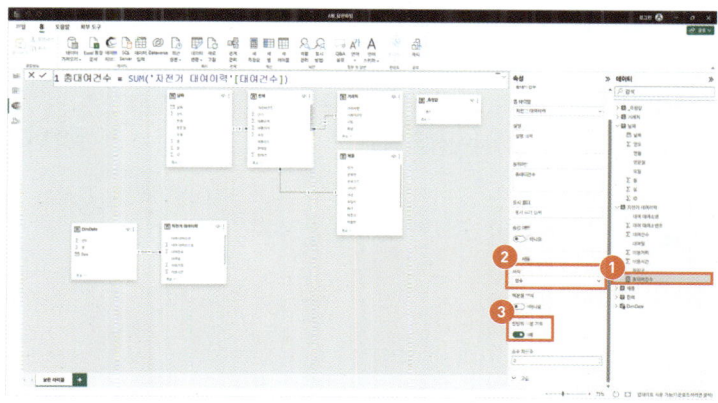

(3) [일평균 대여건수] 측정값 생성

❶ [데이터 창]의 <자전거 대여이력> 테이블 우클릭
❷ [새 측정값] 선택

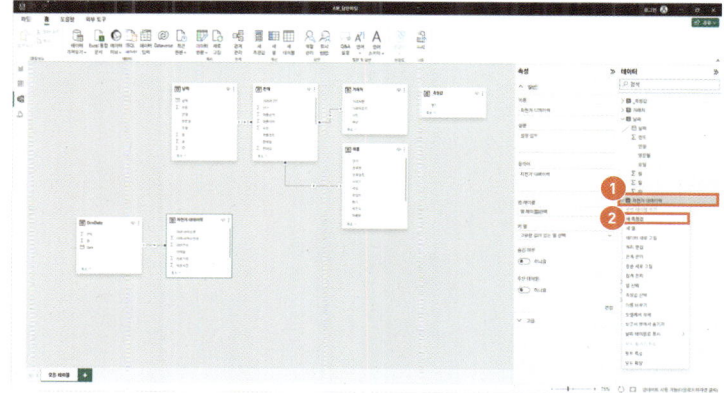

❸ [수식 편집기]의 박스에 수식 작성 후 [Enter]

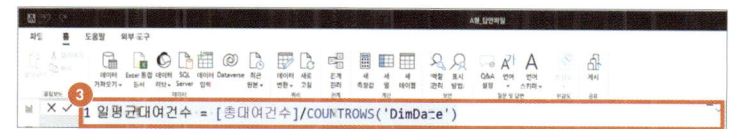

일평균 대여건수 = [총대여건수] / COUNTROWS('DimDate')

DAX 풀이

이 수식은 [총대여건수] 값을 <DimDate> 테이블의 행 수로 나누어, 기간 동안의 일평균 대여 건수를 계산한다.
- [COUNTROWS] 함수는 <DimDate> 테이블의 행 수를 계산
- 계산 결과로 [총대여건수]를 <DimDate> 테이블의 총 일수로 나눈 값이 반환됨

사용 함수

- [COUNTROWS] : 지정된 테이블의 행 수를 반환
  - 구문 : COUNTROWS(<테이블>)

(4) [일평균 대여건수] 서식 설정

❶ [데이터 창]의 [일평균 대여건수] 측정값 선택
❷ [속성 창]의 [서식] 탭에서 서식을 '정수'로 지정
❸ 천단위 구분 기호 체크(활성화)

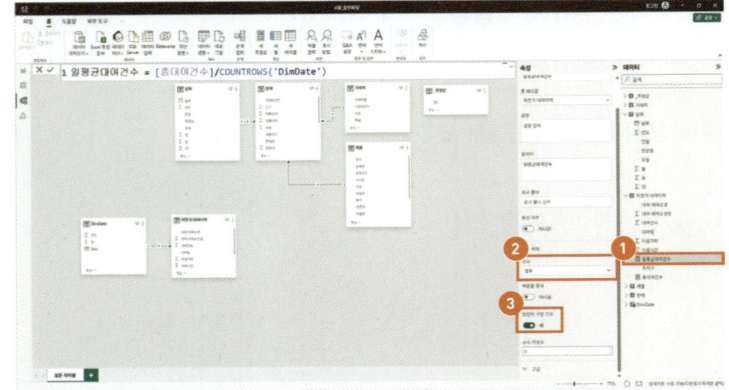

SECTION 02 문제 2-단순요소 구현 [30점]

1 '문제 2', '문제 3', '문제 3-5' 보그서의 전체 서식을 아래 지시사항에 따라 설정하시오. [5점]

① 보고서 전체의 테마를 변경하시오. [3점]
▶ 보고서 테마 : 기본값
▶ 이름 및 색의 테마 색 변경
  - 테마 색1 : "#6699CC"
  - 테마 색2 : "#003377"

문제 2-1-① 풀이

(1) 보고서 테마 '기본값' 설정

❶ [보고서 보기] 작업영역 선택
❷ '문제 2' 페이지 선택
❸ [보기] 탭 선택
❹ [테마] 그룹 확장 버튼(✓) 클릭
❺ 현재 테마가 '기본값'인지 확인
❻ '기본값'이 아닐 경우, 기본값 테마 선택
❼ [현재 테마 사용자 지정] 클릭

(2) 테마 색 변경

❶ [테마 사용자 지정 창]에서 테마 색의 [색1] 선택
❷ [헥스] 입력란에 "#6699CC" 입력
❸ [색 설정 창] 외부를 클릭
❹ [색2] 선택
❺ [헥스] 입력란에 "#003377" 입력
❻ [색 설정 창] 외부를 클릭
❼ [적용] 클릭

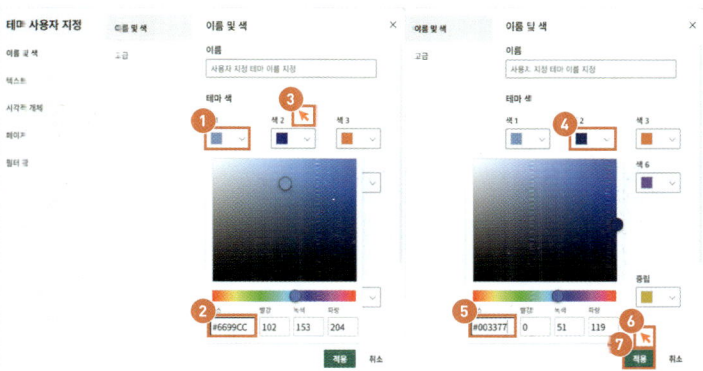

② 텍스트 상자를 사용하여 보고서 제목을 작성하시오. [2점]
▶ 제목 텍스트 : 매출분석 보고서
▶ 서식 : 글꼴 'Segoe UI', 글꼴 크기 '20', '굵게', '가운데'
▶ 텍스트 상자를 '1-②' 위치에 배치

문제 2-1-② 풀이

(1) 제목 텍스트 상자 작성

❶ [삽입] 탭 선택

❷ [요소] 그룹의 [텍스트 상자] 클릭

❸ 생성된 텍스트 상자에 "매출분석 보고서" 입력 후 텍스트를 드래그하여 선택

> **빠른 작업을 위한 TIP**
> 텍스트 입력 후 [Shift]+[↑]를 누르면 전체 선택이 된다.

❹ 글꼴 'Segoe UI' 선택
❺ 글꼴 크기 '20' 설정
❻ '굵게' 설정
❼ '가운데 정렬' 설정

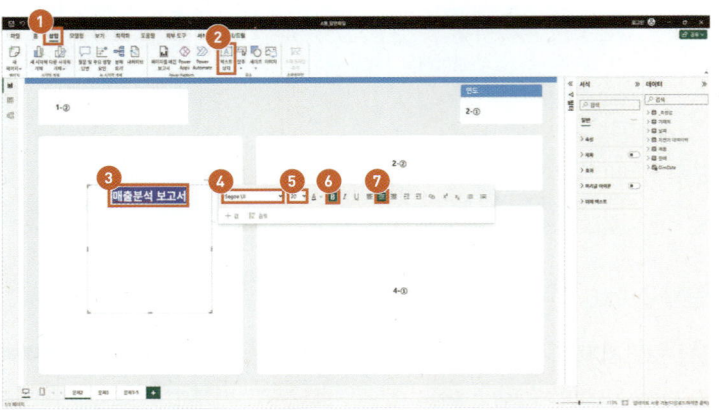

(2) 보고서 제목 배치

❶ 제목 텍스트 상자를 '1-②' 위치에 배치

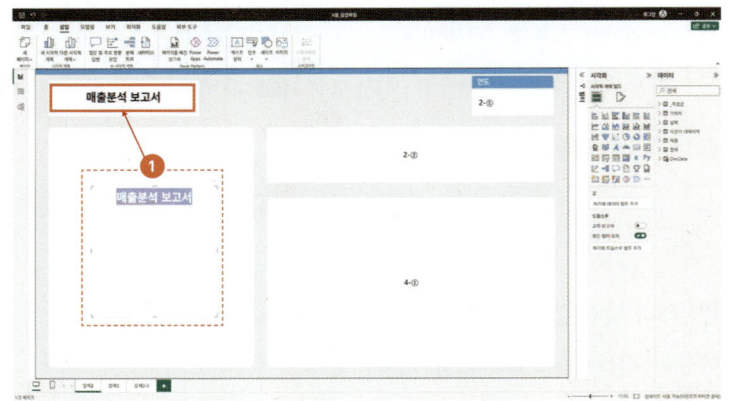

2 다음 지시사항에 따라 슬라이서와 카드를 구현하시오. [5점]

① 연도 조건을 설정하는 슬라이서를 구현하시오. [2점]
▶ 활용 필드 : <날짜> 테이블의 [연도] 필드
▶ 서식
  - 슬라이서 스타일 '드롭다운' 설정
  - 슬라이서에 '모두 선택' 항목이 표시되도록 설정
  - 슬라이서 머리글이 보이지 않도록 설정
▶ 슬라이서에 '2022' 값으로 필터 적용
▶ 슬라이서를 '2-①' 위치에 배치

문제 2-2-① 풀이

[1] 슬라이서 개체 생성 및 배치

❶ [보고서 보기] 작업영역 선택
❷ [시각화 창]의 [시각적 개체 빌드]에서 슬라이서(📊) 개체 클릭
❸ 슬라이서의 [필드]에 <날짜> 테이블의 [연도] 필드를 드래그하여 추가
❹ 슬라이서를 '2-①' 위치로 드래그하여 크기 조정 및 배치

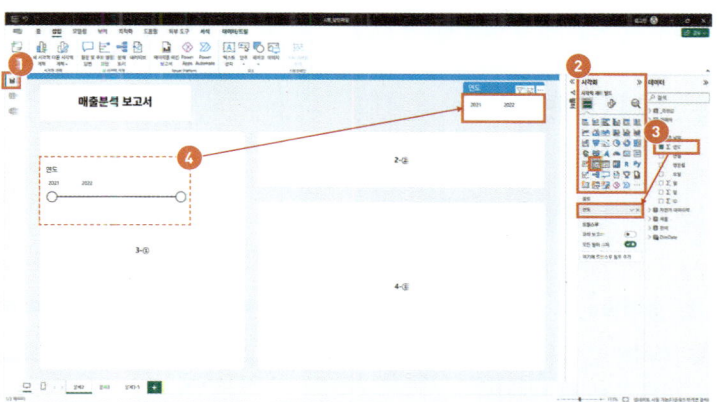

[2] 슬라이서 서식 설정

❶ [시각화 창]의 [시각적 개체 서식 지정] 아이콘(🎨) 클릭
❷ [시각적 개체] 탭 선택
❸ [슬라이서 설정] 탭 선택 확장
❹ [스타일] '드롭다운' 설정
❺ ['모두 선택' 옵션 표시] 체크(활성화)
❻ [슬라이서 머리글] 체크 해제(비활성화)
❼ 슬라이서 개체 '2022' 값 필터 적용 체크

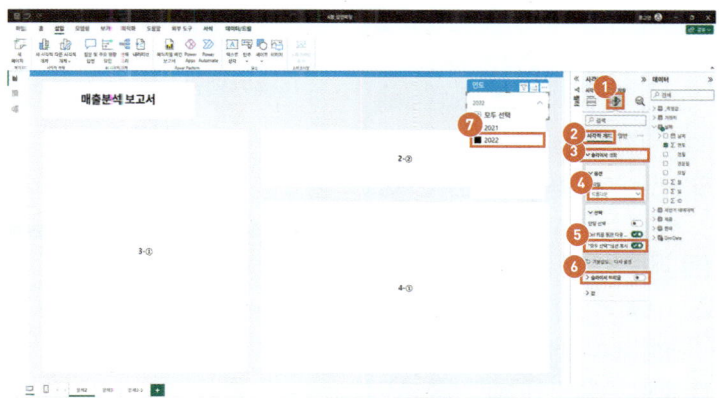

② 매출 현황을 나타내는 카드를 구현하시오. [2점]
▶ 활용 필드 : <판매> 테이블의 [총수량], [총매출금액], [매출이익률] 측정값
▶ 서식
- 표시 단위 : [총수량] '없음', [총매출금액] '백만', [매출이익률] '없음'
- 설명 값 글꼴 크기 '20'
▶ 카드를 '2-②' 위치에 배치
- 총수량, 총매출금액, 매출이익률 순서로 배치

문제 2-2-② 풀이

(1) 총수량 카드 생성

❶ [시각화 창]의 [시각적 개체 빌드]에서 카드 개체(123) 클릭
❷ <판매> 테이블의 [총수량] 측정값 체크

> **빠른 작업을 위한 TIP**
> [시각화 개체 빌드] 요소가 단일항목인 개체의 경우, [데이터 창]에서 필드, 측정값을 체크하면 바로 개체에 적용된다.

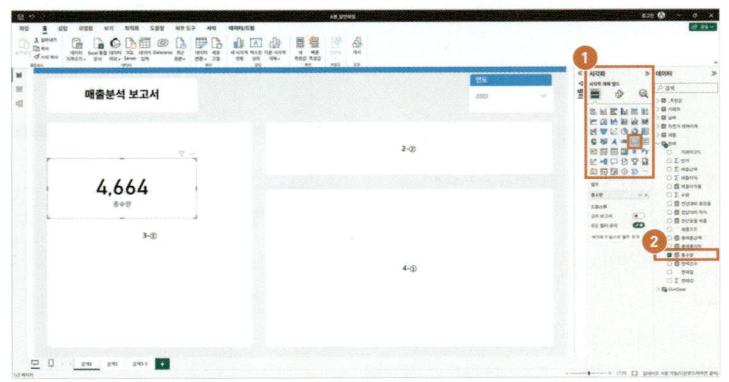

(2) 총매출금액 카드 생성

❶ [시각화 창]의 [시각적 개체 빌드]에서 카드 개체(123) 클릭

> **알고 가기**
> 기존 시각적 개체가 선택된 상태에서 [시각적 개체 빌드]의 항목을 클릭하면 기존 개체가 변경될 수 있다. 신규 개체를 생성하기 전, 화면의 빈 공간을 클릭해 선택된 개체를 먼저 해제하자.

❷ <판매> 테이블의 [총매출금액] 측정값 체크

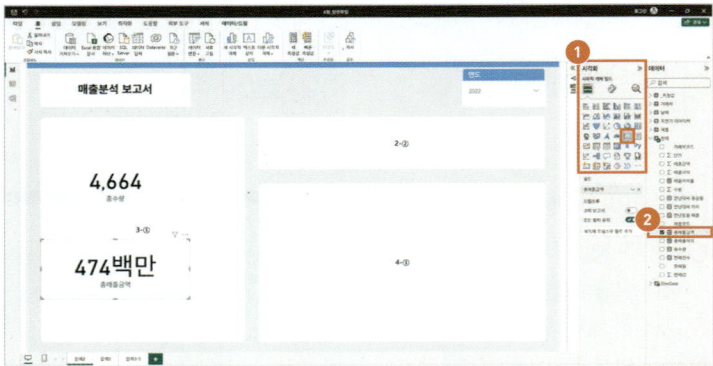

(3) 매출이익률 카드 생성

❶ [시각화 창]의 [시각적 개체 빌드]에서 카드 개체(123) 클릭
❷ <판매> 테이블의 [매출이익률] 측정값 체크

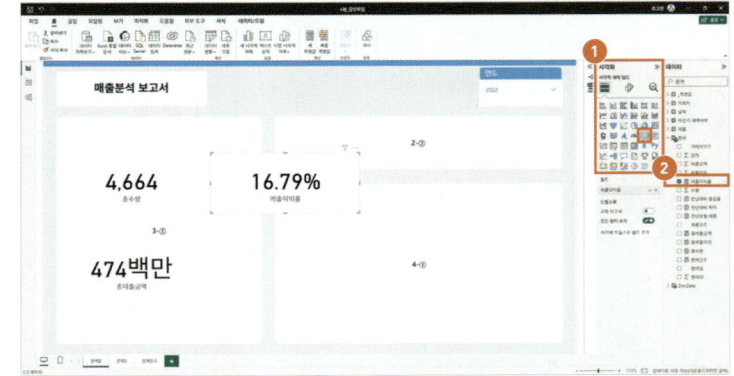

(4) 카드 개체 단위 서식 설정

❶ 총수량 카드 개체 선택
❷ [시각화 창]의 [시각적 개체 서식 지정 아이콘(🔧)] 클릭
❸ 서식 [검색 창]에 "단위" 입력

> **알고 가기**
> [검색 창]에 검색 키워드를 입력할 때, 마지막 문자가 한글인 경우 완료로 인식되지 않아 바로 검색 결과에 반영되지 않는다. 입력 완료 후 [→] 키를 눌러 마지막 문자를 완료로 인식시킬 수 있다.

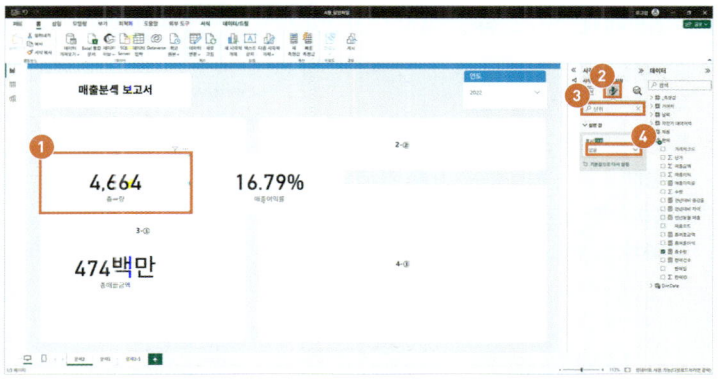

❹ 설명 값 [표시 단위] '없음' 설정
❺ 총매출금액 카드 개체 선택
❻ 설명 값 [표시 단위] '백만' 설정

> **빠른 작업을 위한 TIP**
> 서식 [검색 창]에 키워드를 입력한 후 서식 메뉴를 사용할 개체를 선택하면, 입력한 키워드가 유지되어 서식 옵션이 필터링된 상태로 표시된다. 동일한 작업을 반복해야 하는 경우 이 기능을 활용하면 작업 속도를 크게 높일 수 있다.

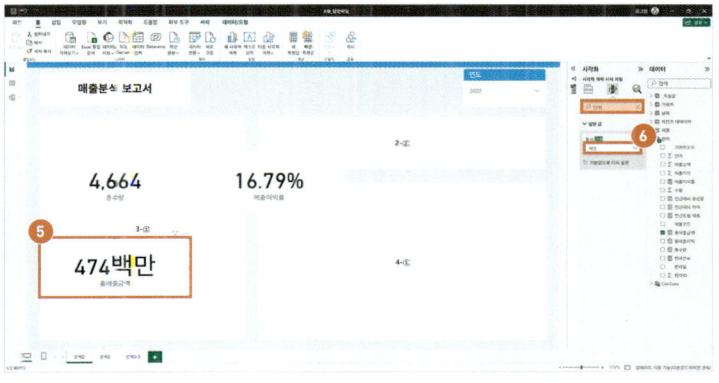

❼ 매출이익률 카드 개체 선택
❽ 설명 값 [크시 단위] '없음' 설정

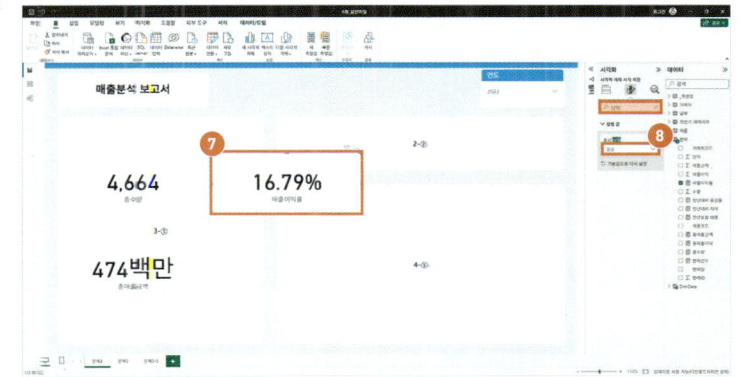

(5) 설명 값 서식 설정

❶ 생성한 3개의 카드 개체를 드래그하여 모두 선택
❷ [시각화 창]의 [시각적 개체 서식 지정] 아이콘(🔧) 클릭
❸ 서식 [검색 창]에 "글꼴" 입력
❹ 설명 값의 글꼴 크기 '20' 설정

> **빠른 작업을 위한 TIP**
> 같은 시각적 개체에 동일한 서식 작업이 필요한 경우, [Ctrl]을 누른 상태로 선택 또는 드래그하여 여러 항목을 선택 후 일괄로 서식 적용이 가능하다.

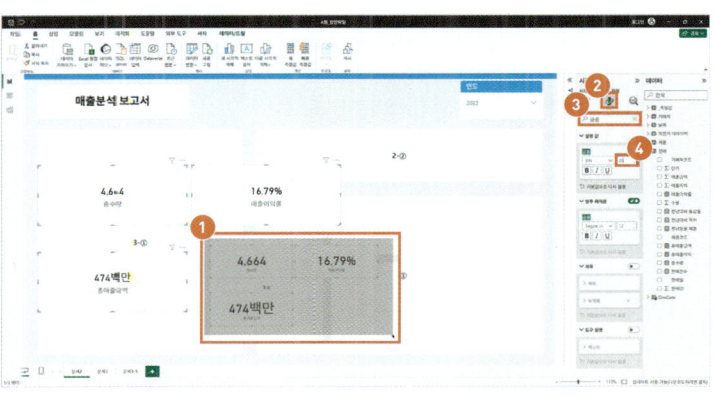

(6) 카드 개체 크기 조정 및 배치

❶ 총수량 카드 크기 조정 후 '2-②' 위치의 왼쪽 첫 번째에 배치
❷ 총매출금액 카드 크기 조정 후 두 번째 배치
❸ 매출이익률 카드 크기 조정 후 세 번째 배치

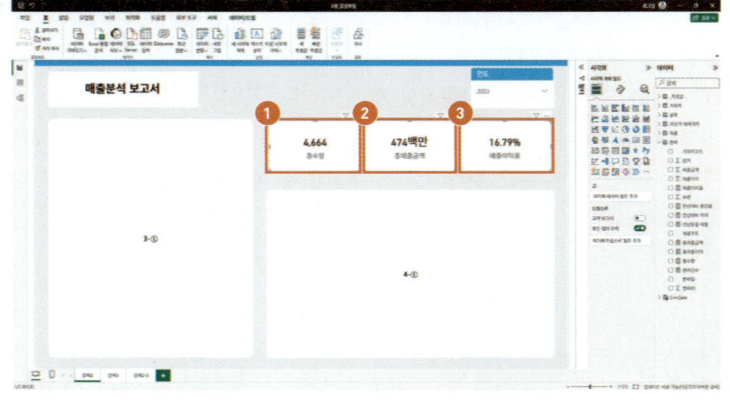

알고 가기

- 개체 크기 조정 : 공통된 서식으로 종류와 관계없이 여러 시각적 개체를 일괄로 제어할 수 있다. 대상 개체를 선택한 후 서식 [검색 창]에 "높이", "너비"를 검색하면 빠르게 메뉴에 접근하여 크기를 조정할 수 있다.
- 개체 위치 조정 : 개체를 정렬하거나 위치를 맞출 수 있는 [맞춤] 기능을 제공한다. 개체를 선택하면 리본 메뉴의 [서식] 탭이 활성화되며, [맞춤] 메뉴에서 정렬, 간격 조정, 그룹화 등 배치 옵션을 사용할 수 있다.

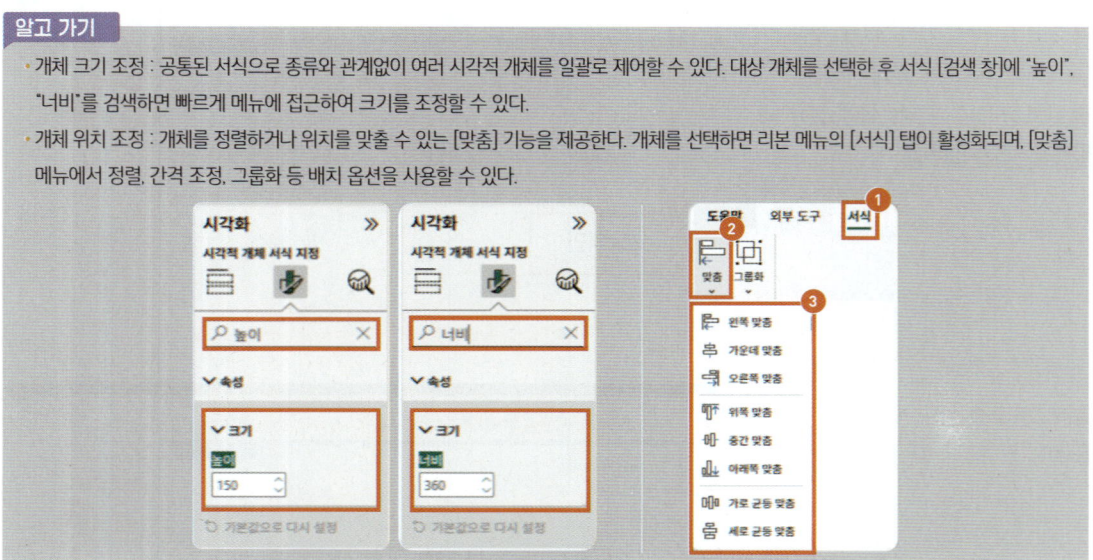

3 다음 지시사항에 따라 묶은 가로 막대형 차트를 구현하시오. [10점]

① 거래처별 총매출금액을 나타내는 묶은 가로 막대형 차트를 구현하시오. [4점]
▶ 활용 필드
  - <거래처> 테이블의 [거래처명] 필드
  - <제품> 테이블의 [분류명], [제품분류명] 필드
  - <판매> 테이블의 [총매출금액], [총수량] 측정값
▶ '계층 구조에서 다음 수준으로 확장' 옵션을 선택 시, [총매출금액]을 [거래처명], [분류명], [제품분류명]에 따라 순차적으로 확인할 수 있도록 설정
▶ '계층 구조에서 한 수준 아래로 확장' 옵션을 선택 시, Y축의 레이블이 연결되도록 설정
  - 예) 송파점 아우터 자켓
▶ 도구 설명에 [총수량]이 표시되도록 추가
▶ 묶은 가로 막대형 차트를 '3-①' 위치에 배치

문제 2-3-㉠ 풀이

(1) 차트 생성 및 배치

❶ [보고서 보기] 작업영역 선택
❷ '문제 2' 페이지 선택
❸ [시각화 창]의 [시각적 개체 빌드]에서 묶은 가로 막대형 차트( ) 클릭
❹ 차트를 '3-①' 위치에 크기 조정 및 배치

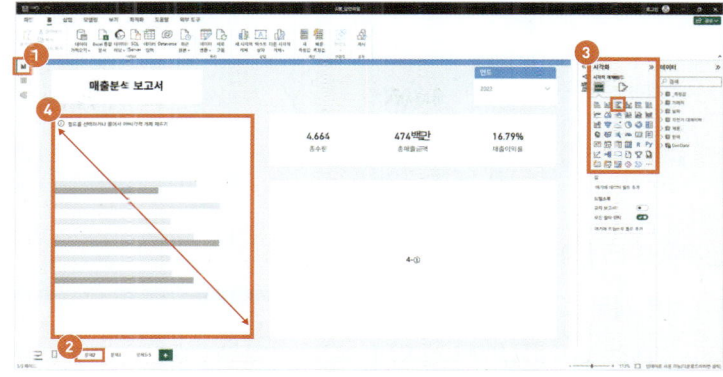

(2) 시각화 빌드 요소 추가

❶ [Y축]에 순서대로 추가
  • <거래처> 테이블의 [거래처명] 필드
  • <제품> 테이블의 [분류명] 필드
  • <제품> 테이블의 [제품분류명] 필드
❷ [X축]에 <단매> 테이블의 [총매출금액] 측정값 추가
❸ [도구 설명]에 <판매> 테이블의 [총수량] 측정값 추가

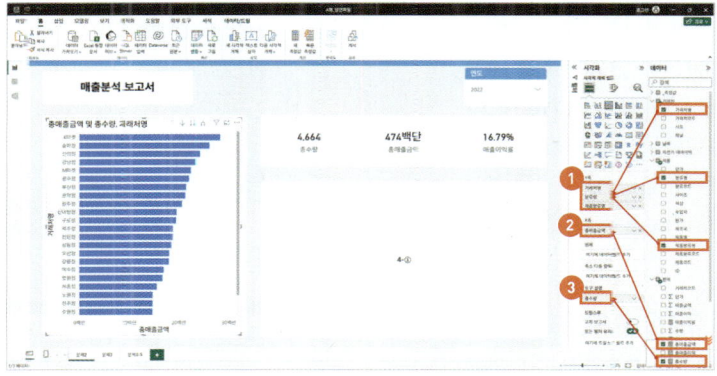

(3) 차트 Y축 서식 설정

❶ 묶은 가로 막대형 차트 선택
❷ [시각화 창]의 [시각적 개체 서식 지정] 아이콘( ) 클릭
❸ [시각적 개체] 탭 선택
❹ [Y축] 탭 선택 확장
❺ [값] 탭 선택 확장
❻ [레이블 연결] 체크(활성화)

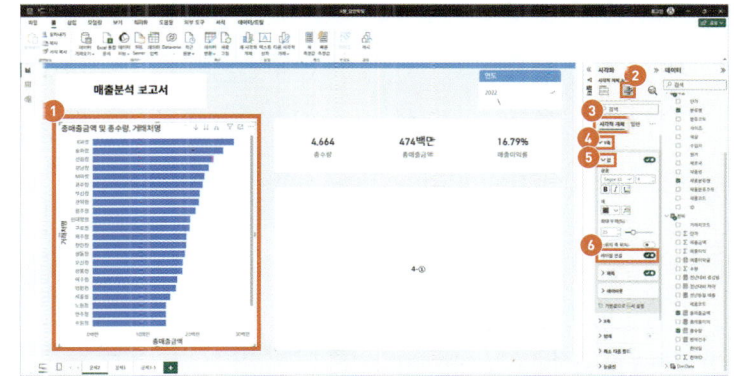

알고 가기

[레이블 연결] 옵션의 설정에 따른 표시 형태는 다음과 같다. 드릴 기능의 [한 수준 아래로 모두 확장( )]과 [드릴업(↑)]을 사용하여 정상적으로 표시되는지 확인이 가능하다.

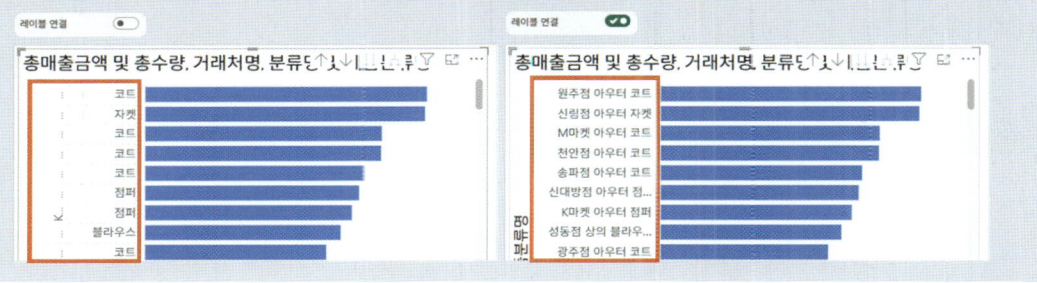

② 다음과 같이 묶은 가로 막대형 차트의 각 요소에 대한 서식을 지정하시오. [3점]
- ▶ 차트 제목 : 거래처별
  - 제목 서식 : 글꼴 'Segoe UI', '굵게', '가운데'
- ▶ Y축 제목 제거
- ▶ X축 제목 제거, 표시 단위 '백만'
- ▶ 데이터 레이블 : 표시 단위 '백만', 넘치는 텍스트가 표시되도록 설정

문제 2-3-② 풀이

(1) 차트 제목 설정

❶ [시각화 창]의 [시각적 개체 서식 지정] 아이콘( ) 클릭
❷ [일반] 탭 선택
❸ [제목] 탭 선택 확장
❹ [제목]에 "거래처별" 입력
❺ [글꼴]을 'Segoe UI' 설정
❻ '굵게' 설정
❼ [가로 맞춤 설정] '가운데 정렬'

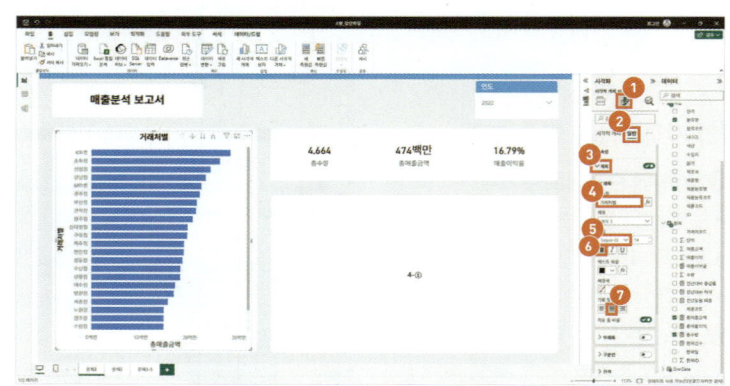

(2) Y축 설정

❶ 서식 지정의 [시각적 개체] 탭 선택
❷ [Y축] 탭 선택 확장
❸ [제목] 표시 체크 해제(비활성화)

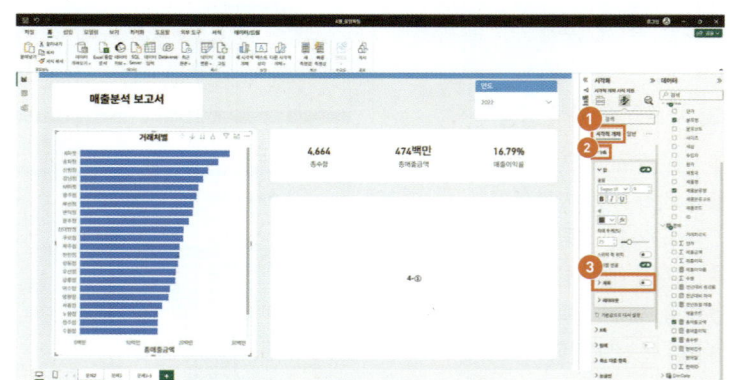

(3) X축 서식 설정

❶ [X축] 탭 선택 확장
❷ [값] 탭 확장
❸ [표시 단위]를 '백만' 설정
❹ [제목] 표시 체크 해제(비활성화)

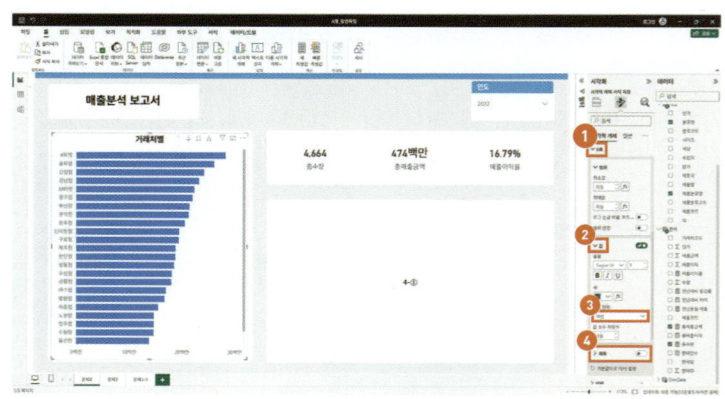

(4) 레이블 서식 설정

❶ [데이터 레이블] 사용 체크(활성화)
❷ [데이터 레이블] 탭 확장
❸ [옵션]의 [넘치는 텍스트] 체크(활성화)
❹ [값] 사용 체크(활성화)
❺ [값] 탭의 [표시 단위] '백만' 설정

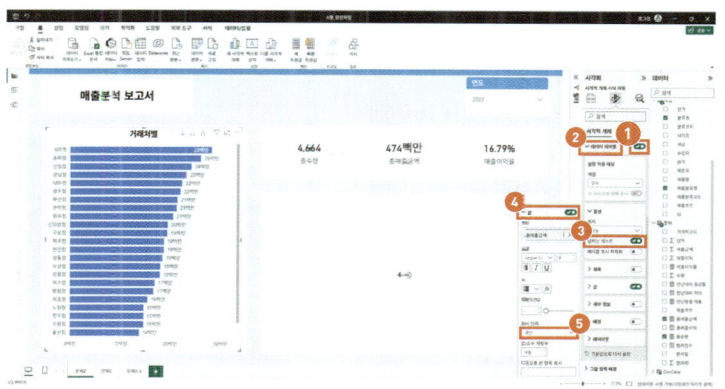

③ 묶은 가로 막대형 차트에 '총매출금액' 기준으로 상위 10개의 '거래처'만 표시하시오. [3점]

문제 2-3-③ 풀이

(1) 매출 상위 10개 거래처 필터 설정

❶ [필터 창]의 《 아이콘 클릭 확장
❷ [거래처명] 필터카드의 ∨ 아이콘 클릭 확장
❸ [필터 형식]을 [상위 N] 설정
❹ [항목 표시]를 [위쪽], "10" 입력
❺ [값]에 <판매> 테이블의 [총매출금액] 측정값을 드래그하여 추가
❻ [필터 적용] 클릭

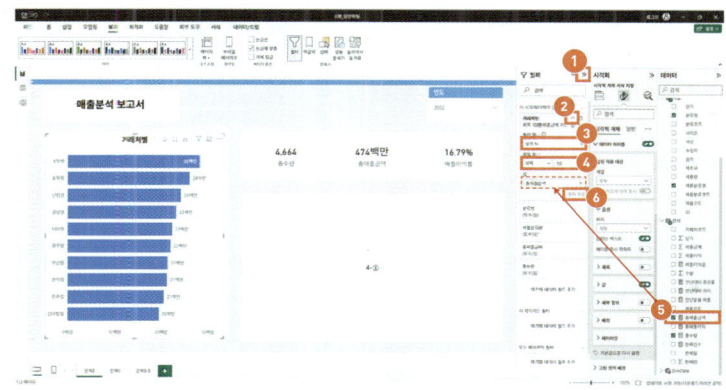

4 다음 지시사항에 따라 꺾은선형 차트를 구현하시오. [10점]

① 분류명별로 월에 따른 총매출금액을 나타내는 꺾은선형 차트를 구현하시오. [4점]
  ▶ 활용 필드
   - <날짜> 테이블의 [날짜] 필드
   - <제품> 테이블의 [분류명] 필드
   - <판매> 테이블의 [총매출금액] 측정값
  ▶ [날짜] 필드의 날짜 계층에서 '연도'와 '월' 사용
  ▶ 꺾은선형 차트를 '4-①' 위치에 배치

문제 2-4-① 풀이

(1) 차트 생성 및 배치

❶ [시각화 창]의 [시각적 개체 빌드]에서 꺾은선형 차트(📈) 클릭
❷ 차트를 '4-①' 위치로 드래그하여 크기 조정 및 배치

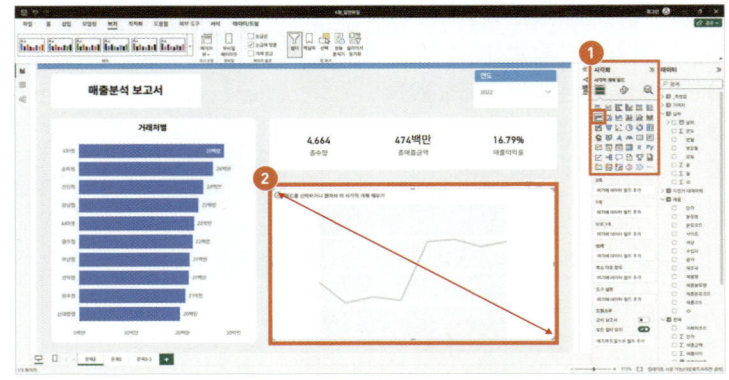

(2) 시각화 빌드 요소 추가

❶ [X축]에 <날짜> 테이블의 [날짜] 필드 추가
❷ [날짜] 계층의 [분기], [일] 계층을 [X] 클릭하여 삭제
❸ [Y축]에 <판매> 테이블의 [총매출금액] 측정값 추가
❹ [범례]에 <제품> 테이블의 [분류명] 필드 추가

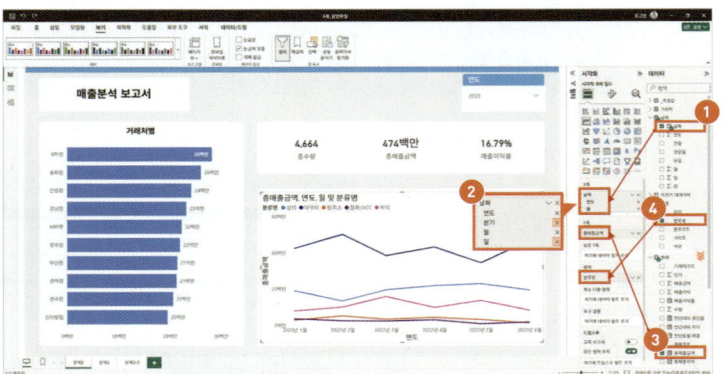

---

② 다음과 같이 꺾은선형 차트의 각 요소에 대한 서식을 적용하시오. [3점]
  ▶ 차트 제목 : 기간별
    - 제목 서식 : 글꼴 'Segoe UI', '굵게', '가운데'
  ▶ 차트 서식
    - X축, Y축 제목 제거
    - Y축 표시단위 '백만'
    - 표식 : 도형 유형 '원형(●)', 크기 '5', 색상 "#094780"

문제 2-4-② 풀이

(1) 차트 제목 설정

❶ [시각화 창]의 [시각적 개체 서식 지정] 아이콘(🖌) 클릭
❷ [일반] 탭 선택
❸ [제목] 탭 선택 확장
❹ [제목]에 "기간별" 입력
❺ [글꼴]을 'Segoe UI' 설정
❻ '굵게' 설정
❼ [가로 맞춤] '가운데 정렬'

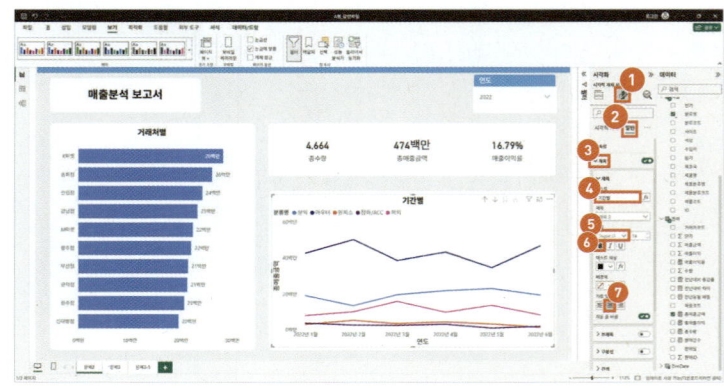

(2) 축 제목 설정 해제
① [검색 창]에 "제목" 입력 후 [→]
② [X축]의 [제목] 체크 해제(비활성화)
③ [Y축]의 [제목] 체크 해제(비활성화)

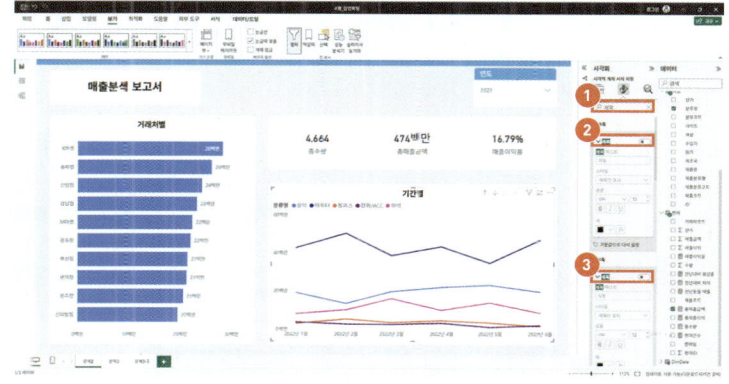

(3) Y축 표시단위 설정
① [검색 창]에 "표시 단위" 입력 후 [→]
② [Y축]의 [표시 단위] '백만' 설정
③ [검색 창]의 [X] 클릭

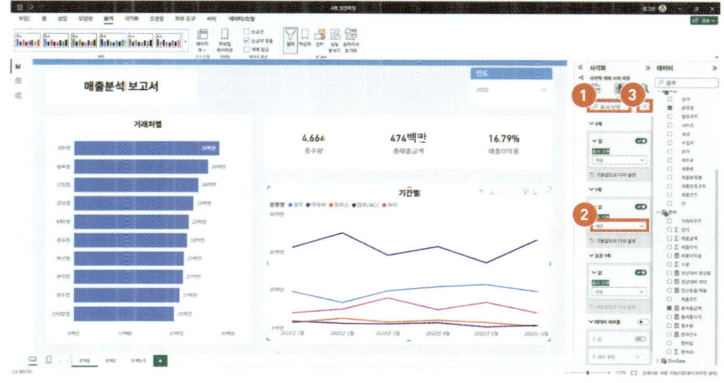

(4) 표식 서식 설정
① [표식] 탭 선택 확장
② [표식] 사용 체크(활성화)
③ [도형] 탭의 [유형]을 '●' 설정
④ [크기]를 '5'로 설정
⑤ [색] 탭의 기본값 색 박스( ) 클릭

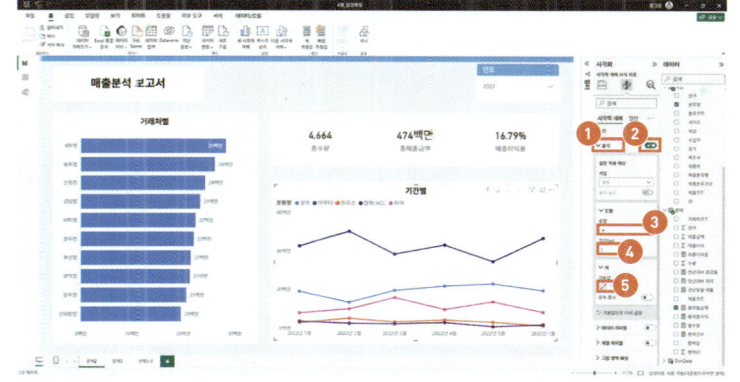

(5) 표식 색 설정
① [색 선택 창]에서 [다른 색...] 클릭
② [헥스]에 "#094780" 입력
③ [색 설정 창] 외부를 클릭

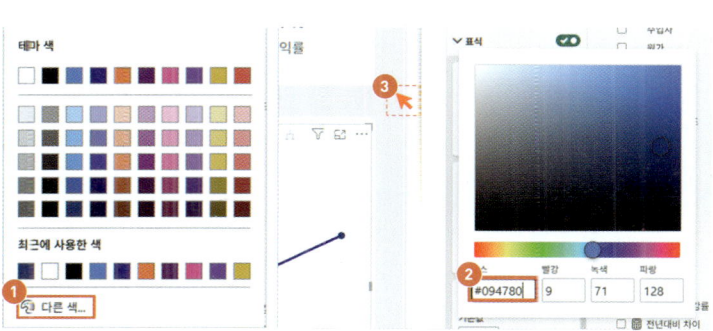

③ 꺾은선형 차트에 [분류명]별 [총매출금액]의 추세를 확인할 수 있도록 추세선을 표시하시오. [3점]
▶ 추세선 계열 결합 해제

문제 2-4-③ 풀이

(1) 분석 추세선 표시

❶ [시각화 창]의 [분석] 아이콘 () 클릭
❷ [추세선] 탭 선택 확장
❸ [추세선] 사용 체크(활성화)
❹ [계열 결합] 체크 해제(비활성화)

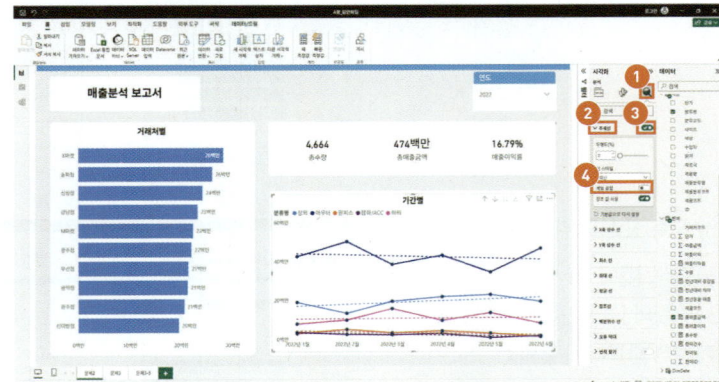

> **알고 가기**
> [계열 결합] 설정되어 있을 경우, 단일 추세선이 표시된다.

SECTION 03 문제 3-복합요소 구현 [50점]

1 다음 지시사항에 따라 슬라이서와 꺾은선형 및 누적 세로 막대형 차트를 구현하시오. [10점]

① 연도와 월 슬라이서를 구현하시오. [4점]
- ▶ 활용 필드 : <날짜> 테이블의 [연도], [월] 필드
- ▶ 서식
  - 슬라이서 스타일 '드롭다운' , '모두 선택' 옵션 설정
  - 슬라이서 머리글이 보이지 않도록 설정
- ▶ 연도 슬라이서에 '2022' 값으로 필터 적용
- ▶ 월 슬라이서에 월 '1', '2', '3' 필터 적용
- ▶ 연도 슬라이서를 '1-①', 월 슬라이서를 '1-②' 위치에 배치

문제 3-1-① 풀이

(1) 연도 슬라이서 생성

❶ [보고서 보기] 작업영역 선택
❷ '문제 3' 페이지 선택
❸ [시각화 창]의 [시각적 개체 빌드]에서 슬라이서(📊) 클릭
❹ 슬라이서를 '1-①' 위치로 크기 조정 및 배치
❺ <날짜> 테이블의 [연도] 필드 클릭

(2) 연도 슬라이서 설정

❶ [시각화 창]의 [시각적 개체 서식 지정] 아이콘(🎨) 클릭
❷ [슬라이서 설정] 탭 선택 확장
❸ [스타일] '드롭다운' 설정
❹ ['모두 선택' 옵션 표시] 체크(활성화)
❺ [슬라이서 머리글] 표시 체크 해제 (비활성화)
❻ 슬라이서 개체 '2022' 값 필터 적용 선택

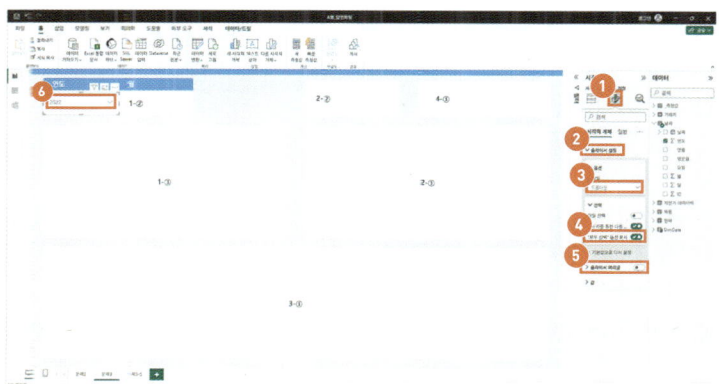

(3) 월 슬라이서 복사 생성

❶ 연도 슬라이서 선택 후 [Ctrl]+[C], [Ctrl]+[V]하여 슬라이서 복제
❷ 월 슬라이서를 '1-②' 위치로 크기 조정 및 배치
❸ <날짜> 테이블의 [연도] 필드 체크 해제
❹ <날짜> 테이블의 [월] 필드 체크
❺ 월 슬라이서의 값을 [Ctrl]을 누른 상태로 '1', '2', '3' 클릭하여 복수 선택

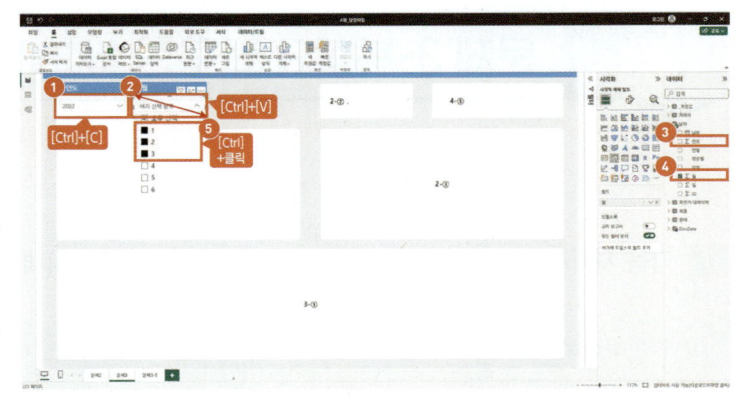

② 다음과 같이 꺾은선형 및 누적 세로 막대형 차트를 구현하시오. [3점]
▶ 활용 필드
  - <날짜> 테이블의 [연도] 필드
  - <제품> 테이블의 [분류명] 필드
  - <판매> 테이블의 [총매출금액], [매출이익률] 측정값
▶ 데이터 레이블 설정
  - 표시 단위 : 전체 범례의 [총매출금액] '백만', [매출이익률] '없음'
▶ 차트 제목 : 연도별
  - 제목 서식 : 글꼴 'Segoe UI', '굵게', '가운데'
▶ X축 유형 '범주별' 설정
▶ 차트를 연도별 오름차순으로 정렬
▶ 꺾은선형 및 누적 세로 막대형 차트를 '1-③' 위치에 배치

문제 3-1-② 풀이

(1) 차트 생성 및 빌드 요소 추가

❶ [시각화 창]의 [시각적 개체 빌드]에서 꺾은선형 및 누적 세로 막대형 차트(📊) 클릭
❷ 차트를 '1-③' 위치로 크기 조정 및 배치
❸ [X축]에 <날짜> 테이블의 [연도] 필드를 드래그하여 추가
❹ [열 범례]에 <제품> 테이블의 [분류명] 필드 추가
❺ [선y축]에 <판매> 테이블의 [매출이익률] 측정값 추가
❻ [열y축]에 <판매> 테이블의 [총매출금액] 측정값 추가

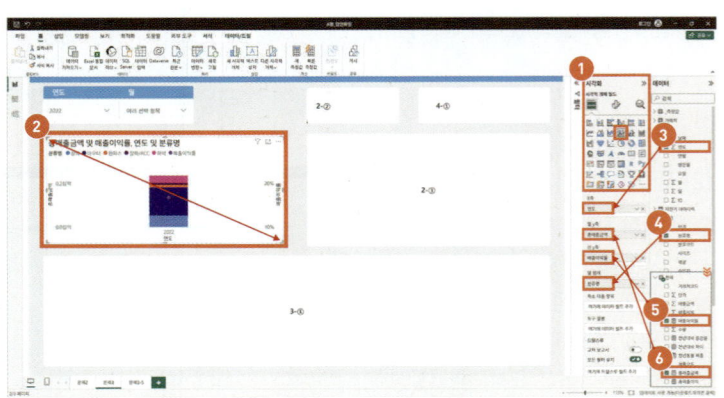

(2) [총매출금액] 레이블 설정

❶ [시각화 창]의 [시각적 개체 서식 지정] 아이콘( ) 클릭
❷ [시각적 개체] 탭 선택
❸ [데이터 레이블] 사용 체크
❹ [표시 단위]를 '백만'으로 설정

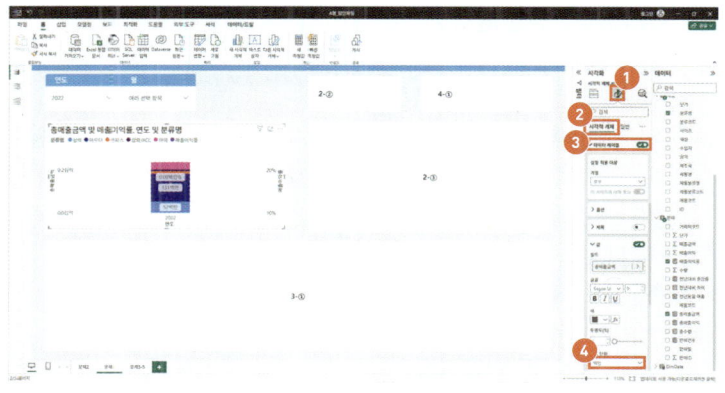

(3) [매출이익률] 레이블 설정

❶ [설정 적용 대상]의 [계열]을 '매출이익율'로 설정
❷ [값] 탭 선택 확장
❸ [표시 단위]를 '없음'으로 설정

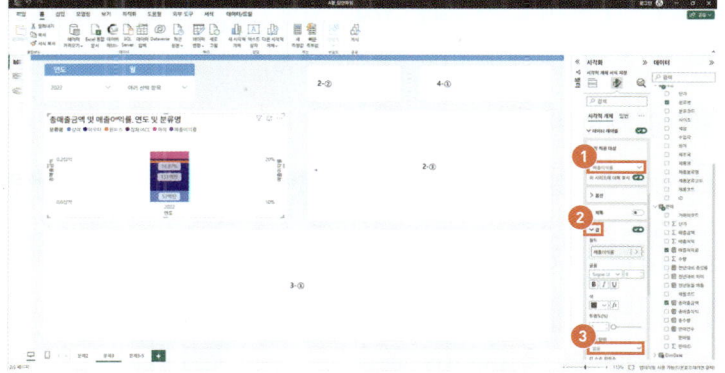

(4) 차트 제목 설정

❶ [시각화 창]의 [시각적 개체 서식 지정] 아이콘( ) 클릭
❷ [일반] 탭 선택
❸ [제목] 탭 선택 확장
❹ [제목]에 "연도별" 입력
❺ [글꼴]을 'Segoe UI' 설정
❻ '굵게' 설정
❼ [가로 맞춤] '가운데 정렬'

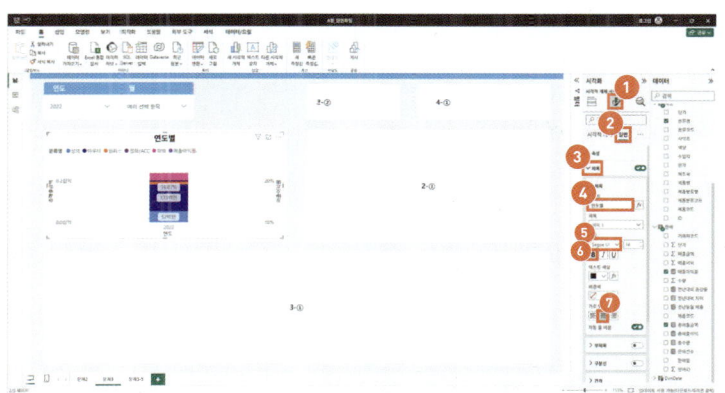

(5) X축 서식 및 정렬 설정

❶ [시각적 개체 서식]의 [시각적 개체] 탭 선택
❷ [X축] 탭의 [유형]을 '범주별'로 설정
❸ 차트의 오른쪽 상단의 추가 옵션 아이콘(⋯) 클릭
❹ [축 정렬] 선택
❺ 기준을 [연도]로 클릭하여 설정
❻ '❸~❹'를 반복하여 정렬기준을 [오름차순 정렬]로 클릭하여 설정

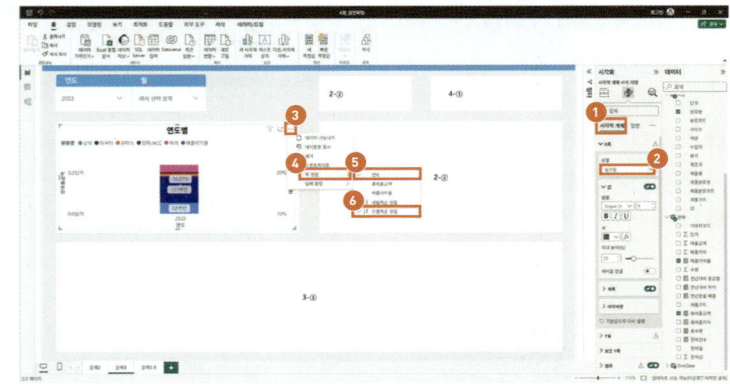

③ 연도, 월 슬라이서가 꺾은선형 및 누적 세로 막대형 차트에 적용되지 않도록 상호 작용을 설정하시오. [3점]

문제 3-1-③ 풀이

(1) 상호 작용 설정

❶ 연도 슬라이서 선택
❷ [리본 메뉴]의 [서식] 탭 선택
❸ [상호 작용 편집]( ) 클릭
❹ 연도별 누적 막대 차트의 상호 작용을 [없음] 아이콘(⃠)을 클릭하여 설정

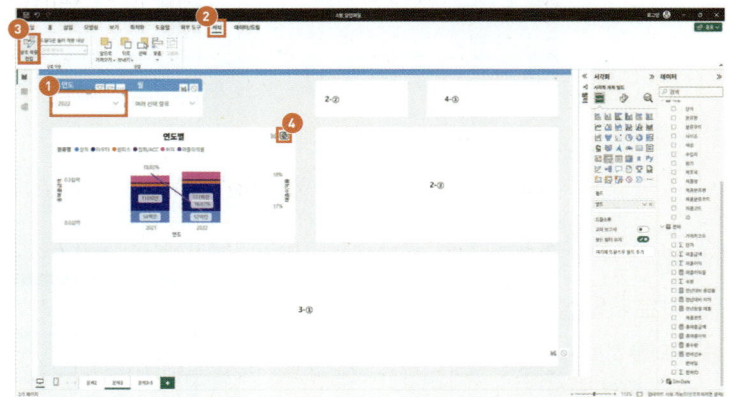

2 다음 지시사항에 따라 매개 변수를 생성하고 슬라이서와 묶은 세로 막대형 차트를 구현하시오.
[10점]

① 다음 조건으로 매개 변수를 추가하시오. [4점]
▶ 매개 변수 이름 : 분석항목
▶ 활용 필드 : <판매> 테이블의 [총수량], [총매출금액] 측정값
 - 이 페이지에 슬라이서 추가 옵션 설정
 - 매개 변수 측정값 이름 변경: "총수량" → "수량", "총매출금액" → "매출금액"

문제 3-2-① 풀이

(1) 매개 변수 생성

❶ [리본 메뉴]의 [모델링] 탭 선택
❷ [새 매개 변수](📊) 클릭
❸ [필드] 선택
❹ [매개 변수 설정 창]의 [이름]에 "분석항목" 입력
❺ <판매> 테이블의 [총수량], [총매출금액] 측정값을 순서대로 클릭하여 추가
❻ [이 페이지 에 슬라이서 추가] 체크
❼ [만들기] 클릭

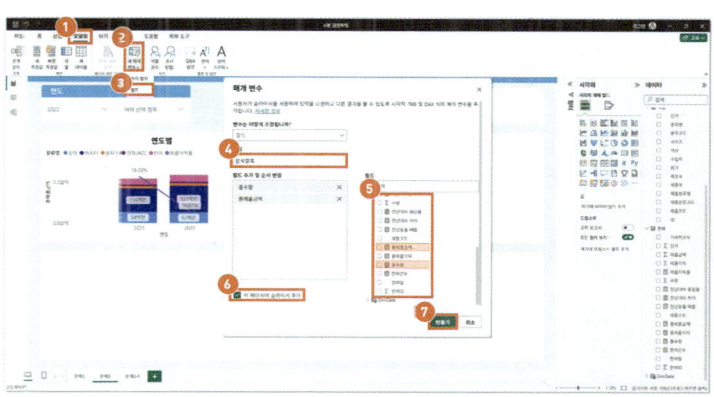

(2) 매개 변수 측정값 이름 변경

❶ [데이터 창]에서 <분석항목> 테이블 선택
❷ [수식 편집기]에서 "총수량"을 "수량"으로, "총대출금액"을 "매출금액"으로 변경 후 [Enter]

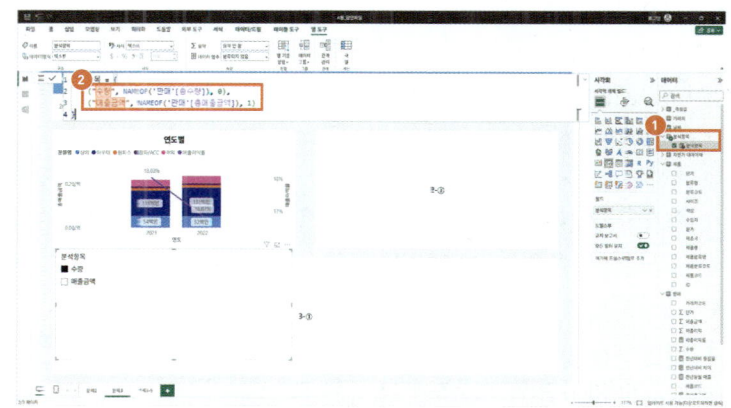

② 다음과 같이 분석항목 슬라이서 설정을 변경하시오. [3점]
- ▶ 분석항목 슬라이서 설정
  - 슬라이서 스타일 : '드롭다운'
  - 슬라이서의 선택 항목 중 한 가지의 항목만 선택할 수 있도록 설정
  - 슬라이서에 값 '수량'으로 필터 적용
- ▶ 슬라이서를 '2-②' 위치에 배치

문제 3-2-② 풀이

(1) 분석항목 슬라이서 설정

❶ 분석항목 슬라이서를 '2-②' 위치에 배치
❷ [시각적 개체 서식 지정] 아이콘(🔽) 선택
❸ [시각적 개체] 탭 선택
❹ [스타일]을 '드롭다운'으로 설정
❺ [선택] 탭 확장 후 '단일 선택' 설정
❻ 슬라이서의 값을 [수량]으로 체크

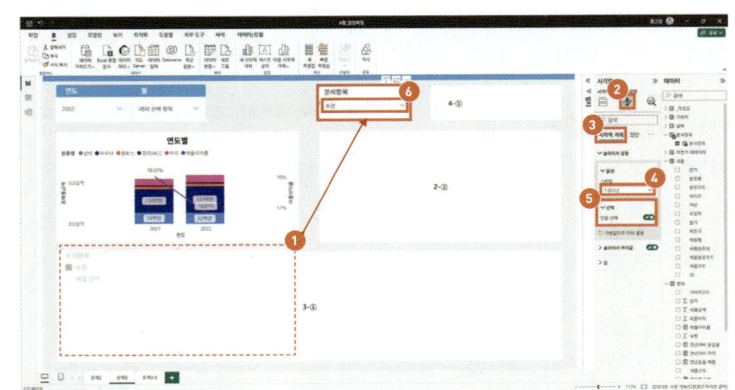

③ 다음 조건으로 분류명에 따른 분석항목 값이 나타나도록 묶은 세로 막대형 차트를 구현하시오. [3점]
- ▶ 활용 필드
  - <제품> 테이블의 [분류명] 필드
  - <분석항목> 테이블의 [분석항목] 매개 변수
- ▶ 서식
  - X축, Y축 제목 제거
  - 데이터 레이블 : 배경 색 "#6699CC"
  - 제목 서식 : 글꼴 'Segoe UI', '굵게', '가운데'
- ▶ 묶은 세로 막대형 차트를 '2-③' 위치에 배치

문제 3-2-③ 풀이

(1) 차트 생성 및 빌드 요소 추가

❶ [시각화 창]의 [시각적 개체 빌드]에서 묶은 세로 막대형 차트(📊) 클릭
❷ 차트를 '2-③' 위치로 크기 조정 및 배치
❸ [X축]에 <제품> 테이블의 [분류명] 필드를 드래그하여 추가
❹ [Y축]에 <분석항목> 테이블의 [분석항목] 필드 추가

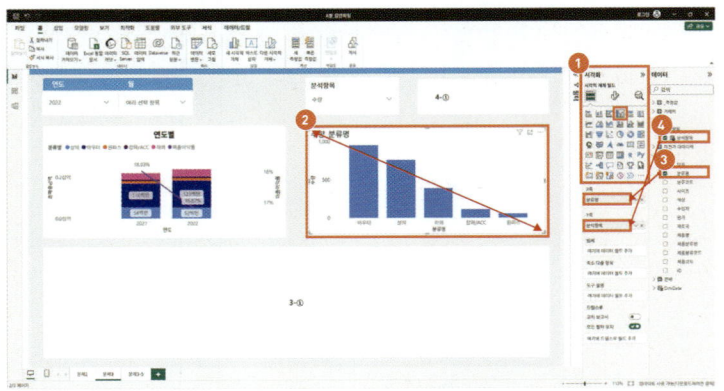

(2) 제목 설정

❶ [시각화 창]의 [시각적 개체 서식 지정]
 아이콘(🗘) 클릭
❷ [일반] 탭 선택
❸ [제목] 탭 선택 확장
❹ [글꼴]을 'Segoe UI' 설정
❺ '굵게' 설정
❻ [가로 맞춤 설정] '가운데 정렬'

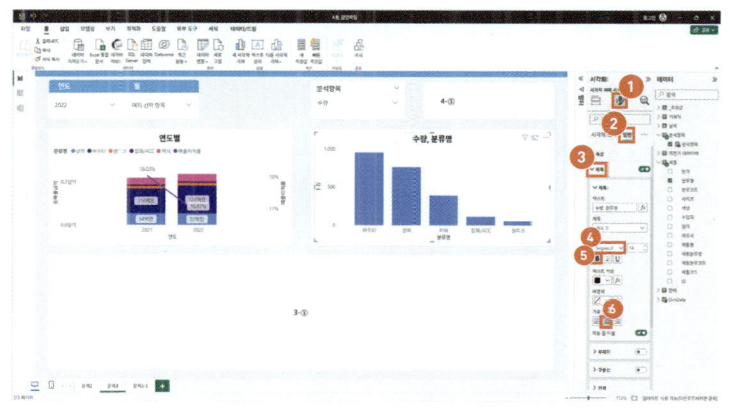

(3) X, Y축 제목 제거

❶ 검색 창에 "제목" 입력 후 [→] 키 입력
❷ [X축] 제목 설정 체크 해제(비활성화)
❸ [Y축] 제목 설정 체크 해제(비활성화)
❹ 검색 창의 [X] 아이콘 클릭

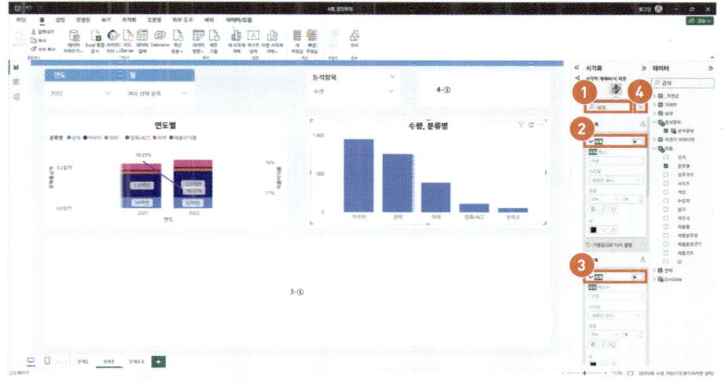

(4) 데이터 레이블 배경색 설정

❶ [시각화 창]의 [시각적 개체 서식 지정]
 아이콘(🗘) 클릭
❷ [시각적 개체] 탭 선택
❸ [데이터 레이블] 사용 체크(활성화)
❹ [배경] 탭의 색 박스 클릭
❺ [색 선택] 창에서 [다른 색] 클릭
❻ [헥스]에 "#6699CC" 입력
❼ [색 설정 창] 영역 외 클릭

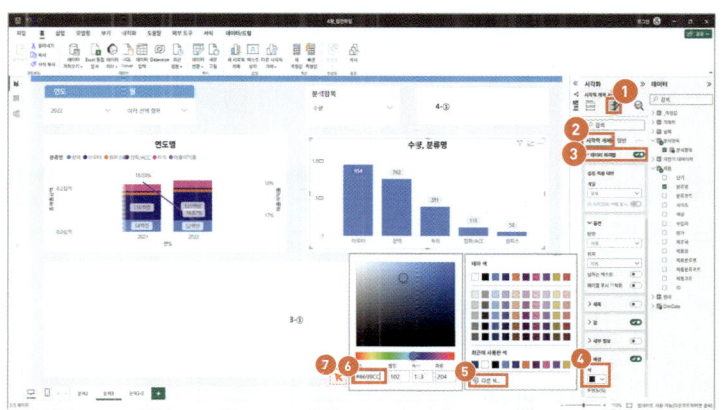

3 다음 지시사항에 따라 행렬 차트를 구현하시오. [10점]

① 다음 조건으로 행렬 차트를 구현하시오. [3점]
- ▶ 활용 필드
  - <제품> 테이블의 [분류명], [제품분류명], [제품명] 필드
  - <날짜> 테이블의 [연도], [월] 필드
  - <판매> 테이블의 [총매출금액], [전년동월 매출], [전년대비 증감률] 측정값
- ▶ 값 필드 이름 변경
  - [총매출금액] → "당월"
  - [전년동월 매출] → "전년동월"
  - [전년대비 증감률] → "전년비"
- ▶ 행렬 차트를 '3-①' 위치에 배치

문제 3-3-① 풀이

(1) 차트 생성 및 빌드 요소 추가

❶ [시각화 창]의 [시각적 개체 빌드]에서 행렬 차트(▦) 클릭
❷ 차트를 '3-①' 위치로 크기 조정 및 배치
❸ [행]에 <제품> 테이블의 [분류명], [제품분류명], [제품명] 필드를 순서대로 드래그하여 추가
❹ [열]에 <날짜> 테이블의 [연도], [월] 필드를 순서대로 추가
❺ [값]에 <판매> 테이블의 [총매출금액], [전년동월 매출], [전년대비 증감률] 측정값을 순서대로 추가

(2) 값 필드 이름 변경

❶ [값] 필드의 [총매출금액]을 더블 클릭하여 "당월" 입력 후 [Enter]
❷ [전년동월 매출]을 더블 클릭하여 "전년동월" 입력 후 [Enter]
❸ [값] 필드의 [전년대비 증감률]을 더블 클릭하여 "전년비" 입력 후 [Enter]

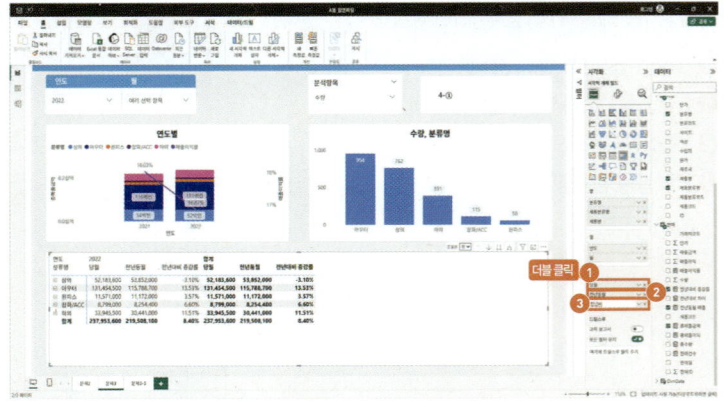

② 다음과 같이 행렬 차트의 각 요소에 대한 서식을 지정하시오. [3점]
▶ 열 머리글 : 계층 구조의 마지막 수준(월)까지 모두 확장
  - 열 머리글 서식 : 글꼴 '굵게', 배경색 '흰색, 20% 더 어둡게', 머리글 맞춤 '가운데'
▶ 행 머리글 : 계층 구조의 마지막 수준(제품명)까지 확장, '계단형 레이아웃' 해제

문제 3-3-② 풀이

(1) 행렬 표시 설정

❶ 드릴온 [행] 설정
❷ [한 수준 아래 확장](⤓) 클릭하여 최저 수준까지 확장
❸ 드릴온 [열] 설정
❹ [한 수준 아래 확장](⤓) 클릭하여 최저 수준까지 확장

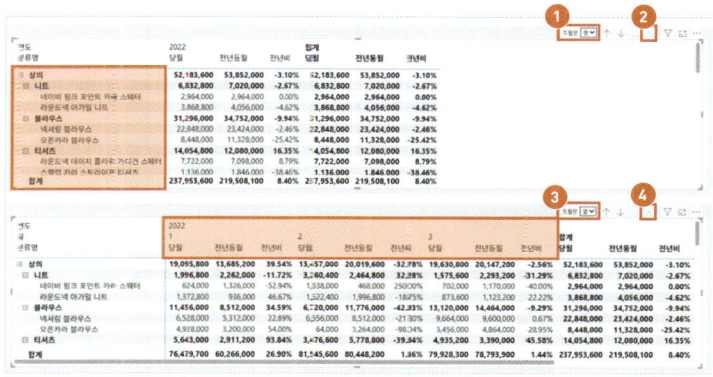

(2) 열 머리글 서식

❶ [시각화 창]의 [시각적 개체 서식 지정] 아이콘(🎨) 클릭
❷ [시각적 개체] 탭 선택
❸ [열 머리글] 탭 선택 확장
❹ 텍스트 '굵게' 설정
❺ [머리글 맞춤] '가운데 정렬'
❻ [배경색] 색 박스 클릭
❼ [흰색, 20% 더 어둡게] 선택

(3) 행 머리글 레이아웃 변경

❶ [행 머리글] 탭 선택 확장
❷ [옵션] 탭 선택 확장
❸ [계단형 레이아웃] 사용 체크 해제 (비활성화)

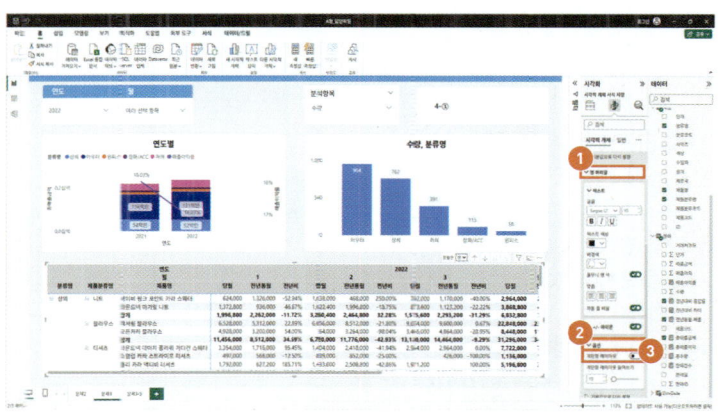

③ 행렬 차트에 조건부 서식을 적용하시오. [3점]
▶ 적용 대상 계열 : 전년비
  - 스타일 : 아이콘
  - 적용 대상 : '값 및 합계'
▶ 서식 스타일: 규칙
  - 0보다 크고 최대값보다 작거나 같은 경우, 녹색 위쪽 삼각형(▲)
  - 최소값보다 크거나 같고 0보다 작은 경우, 빨간색 아래쪽 삼각형(▼)

문제 3-3-③ 풀이

(1) [전년비] 열 조건부 서식 설정

❶ [셀 요소] 탭 선택 확장
❷ [계열]을 '전년비'로 설정
❸ [아이콘] 사용 체크(활성화)
❹ [조건부 서식](fx) 클릭

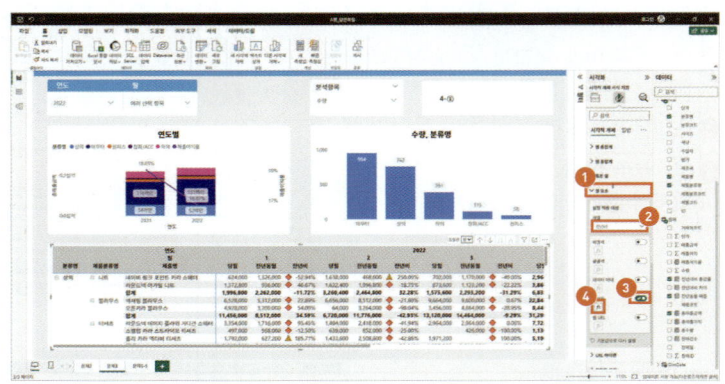

(2) 아이콘 표시 설정

❶ [서식 스타일]을 '규칙'으로 설정
❷ [적용 대상]을 '값 및 합계'로 설정
❸ [전년대비 증감률]을 기반 필드로 설정
❹ 스타일을 ▼ ━ ▲ 로 설정

> **참고**
> [최소값], [최대값]은 입력할 위치의 기재된 숫자를 지우면 자동으로 지정된다.

(3) 규칙 설정

❶ 규칙 ⓐ
• If값 : [>=], [최소값], [숫자] 선택
• 끝 : [<], [0], [숫자] 선택
• THEN : ▼ 선택
❷ 규칙 ⓑ
• [X] 클릭하여 삭제
❸ 규칙 ⓒ
• If값 : [>], [0], [숫자] 선택
• 끝 : [<=], [최대값], [숫자] 선택
• THEN : ▲ 선택
❹ [확인] 클릭

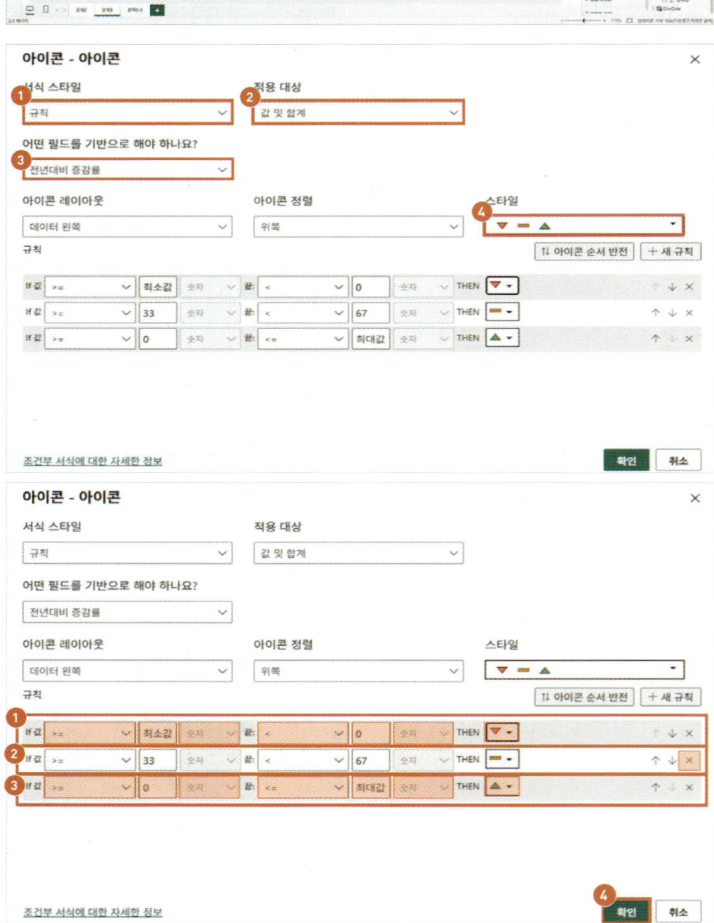

4 다음 지시사항에 따라 페이지 탐색기를 구현하시오. [5점]

▶ '문제 3_5' 페이지는 표시되지 않도록 설정
▶ 선택한 상태의 단추 색 "#6699CC"로 설정
▶ 페이지 탐색기를 '4-①' 위치에 배치

문제 3-4 풀이

(1) 페이지 탐색기 생성 및 배치

❶ [리본 메뉴]의 [삽입] 탭 선택
❷ 단추( ) 클릭
❸ [탐색기] 클릭
❹ [페이지 탐색기] 선택
❺ 페이지 탐색기를 '4-①' 위치에 배치

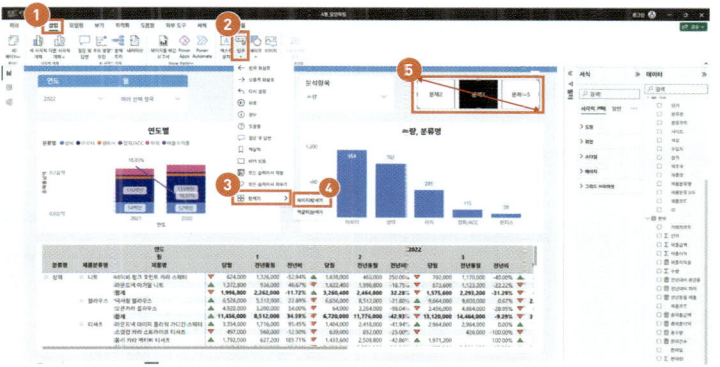

(2) 페이지 탐색기 버튼 색 설정

❶ [서식 창]의 [시각적 개체] 탭 선택
❷ [스타일] 탭 선택 확장
❸ [설정 적용 대상]의 [상태]를 '선택한 상태'로 설정
❹ [채우기] 탭 선택 확장
❺ [색 선택] 박스 클릭
❻ [색 설정 창]에서 [다른 색...] 클릭
❼ [헥스]에 "#6699CC" 입력
❽ [색 설정 창]의 외부영역 클릭하여 적용

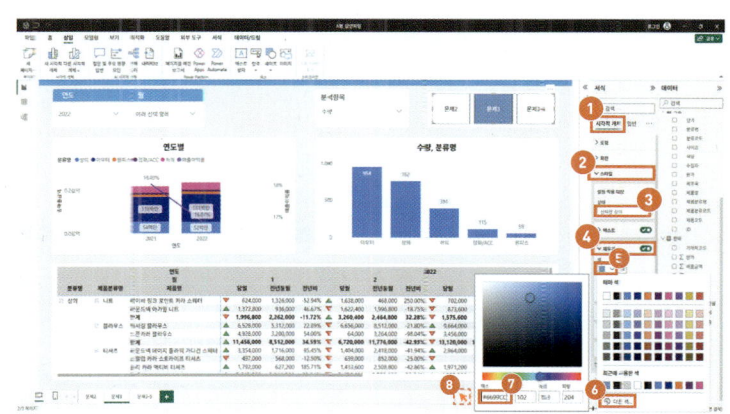

(3) 탐색기 표시 페이지 설정

❶ [서식 창]의 [시각적 개체] 탭 선택
❷ [페이지] 탭 선택 확장
❸ [표시] 탭 선택 확장
❹ [문제 3-5_ 표시 체크 해제

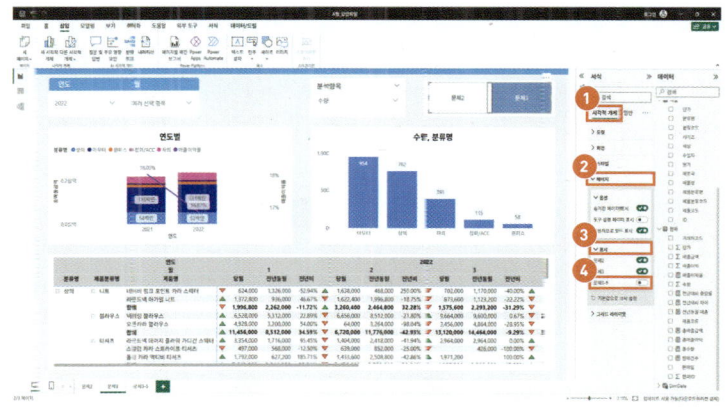

5 다음 지시사항에 따라 측정값을 추가하시오. [15점]

① <_측정값> 테이블에 채널별 총매출금액을 반환하는 측정값을 추가하시오. [2점]
  ▶ 측정값 이름 : 매출_매장
    - 활용 필드
      • <판매> 테이블의 [총매출금액] 측정값
      • <거래처> 테이블의 [채널] 필드
    - [채널] 필드 값이 "매장"인 경우의 [총매출금액]을 반환
    - 사용 함수 : CALCULATE, FILTER
    - 서식 : 천 단위 구분 기호(,), 소수 자릿수 '0'
    - '문제 3_5' 페이지의 [표1]에 [매출_매장] 열 삽입

문제 3-5-① 풀이

(1) 새 측정값 생성 및 서식 지정

❶ '문제 3-5' 페이지 선택
❷ [데이터 창]의 <_측정값> 테이블 우 클릭
❸ [새 측정값] 선택

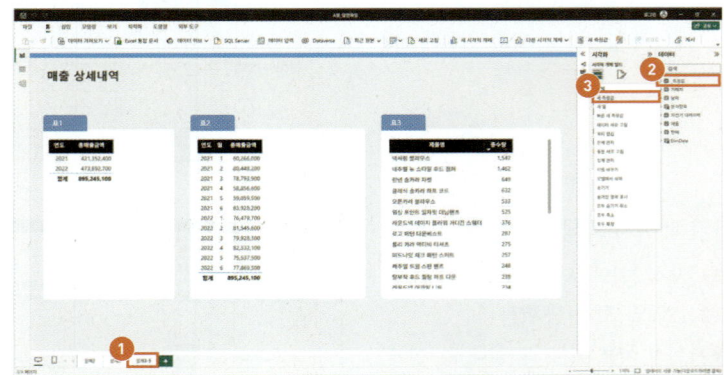

❹ [수식 편집기]의 박스에 수식 작성 후 [Enter]
❺ [측정 도구] 탭에서 천 단위 구분 기호(,) 클릭
❻ 소수점 이하 자릿수 입력란에 "0"을 입력

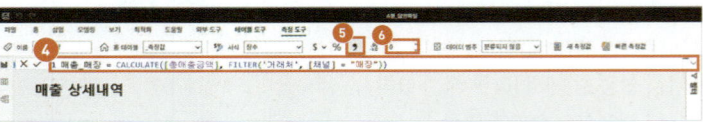

매출_매장 = CALCULATE([총매출금액], FILTER('거래처', [채널] = "매장"))

DAX 풀이
이 수식은 [총매출금액] 값을 <거래처> 테이블의 [채널] 열이 "매장"인 경우로 필터링하여 계산한다.
• [CALCULATE] 함수는 컨텍스트를 수정하여 매장 채널 매출을 계산
• [FILTER] 함수는 <거래처> 테이블에서 [채널] 값이 "매장"인 행만 반환
• 계산 결과로 매장 채널의 총매출금액을 반환

사용 함수
• [CALCULATE] : 컨텍스트를 수정하여 식을 계산
  - 구문 : CALCULATE(<식>, <필터>)
• [FILTER] : 조건에 맞는 행을 반환
  - 구문 : FILTER(<테이블>, <조건>)

(2) [표1]에 [매출_매장] 열 삽입

❶ [표1]의 [테이블] 개체 선택
❷ [데이터 창]에서 <_측정값> 테이블의 [매출_매장] 측정값을 클릭

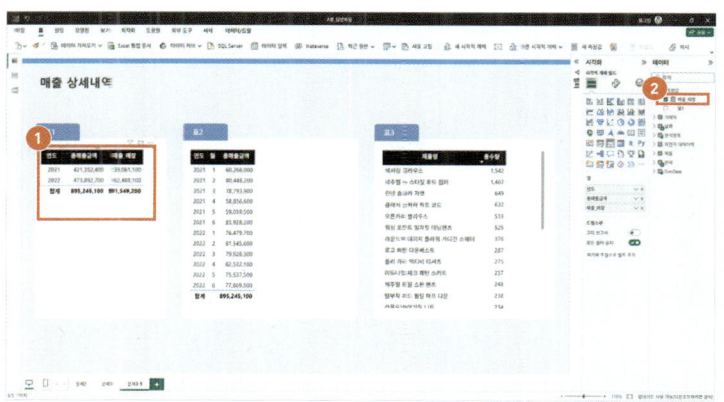

② <_측정값> 테이블에 날짜에 따른 총매출금액을 반환하는 측정값을 추가하시오. [5점]

▶ 측정값 이름 : 전월_매출
 - 활용 필드
  • <판매> 테이블의 [총매출금액] 측정값
  • <날짜> 테이블의 [날짜] 필드
 - 1개월 전의 [총매출금액]을 반환
 - 사용 함수 : CALCULATE, DATEADD
 - 서식 : 천 단위 구분 기호(9), 소수 자릿수 '0'
 - '문제 3_5' 페이지의 [표2]에 [전월_매출] 열 삽입

문제 3-5-② 풀이

(1) 새 측정값 생성 및 서식 지정

❶ [데이터 창]의 <_측정값> 테이블 우클릭
❷ [새 측정값] 선택

❸ [수식 편집기]의 박스에 수식 작성 후 [Enter]
❹ [측정 도구] 탭에서 천 단위 구분 기호(9) 클릭
❺ 소수점 이하 자릿수 입력란에 "0"을 입력

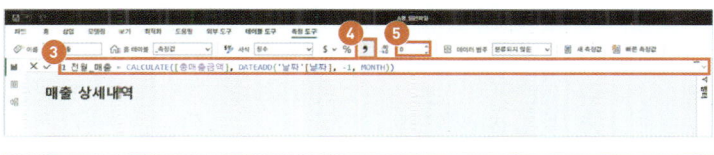

전월_매출 = CALCULATE([총매출금액], DATEADD('날짜'[날짜], -1, MONTH))

> **DAX 풀이**
> 이 수식은 [총매출금액] 값을 <날짜> 테이블의 [날짜] 열에서 한 달 전의 날짜를 기준으로 필터링하여 계산한다.
> - [CALCULATE] 함수는 컨텍스트를 수정하여 한 달 전의 매출을 계산
> - [DATEADD] 함수는 [날짜] 열의 값을 한 달 전으로 이동한 테이블을 반환
> - 계산 결과로 한 달 전의 총매출금액을 반환

> **사용 함수**
> - [CALCULATE] : 컨텍스트를 수정하여 식을 계산
>   - 구문 : CALCULATE(<식>, <필터>)
> - [DATEADD] : 날짜를 특정 간격만큼 이동
>   - 구문 : DATEADD(<날짜 열>, <간격>, <단위>)

(2) [표2]에 [전월_매출] 열삽입

❶ [표2]의 [테이블] 개체 선택
❷ [데이터 창]에서 <_측정값> 테이블의 [전월_매출] 측정값을 클릭

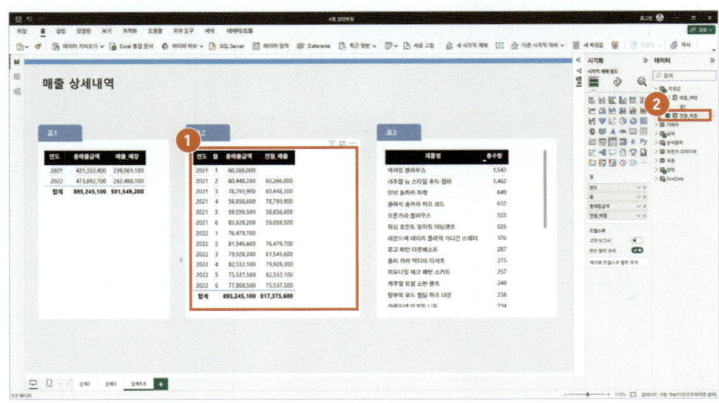

③ <_측정값> 테이블에 연간 총매출금액의 누계 값을 반환하는 측정값을 추가하시오. [3점]
▶ 측정값 이름 : 연간_누계
  - 활용 필드
    • <판매> 테이블의 [총매출금액] 측정값
    • <날짜> 테이블의 [날짜] 필드
  - 연간 [총매출금액]의 누계 값을 반환
  - 사용 함수 : TOTALYTD
  - 서식 : 천 단위 구분 기호(9), 소수 자릿수 '0'
  - '문제 3_5' 페이지의 [표2]에 [연간_누계] 열 삽입

문제 3-5-③ 풀이

(1) 새 측정값 생성 및 서식 지정

❶ [데이터 창]의 <_측정값> 테이블 우클릭
❷ [새 측정값] 선택

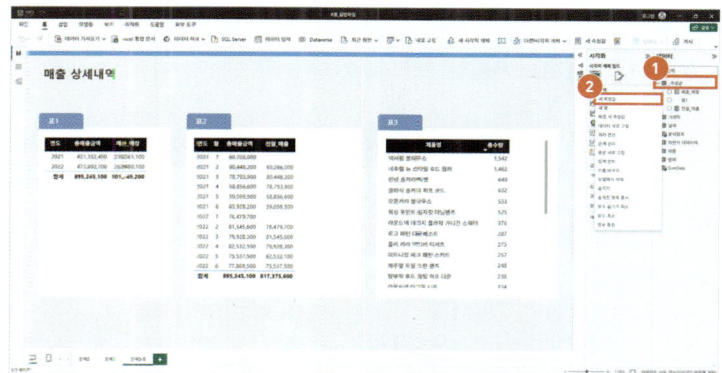

❸ [수식 편집기]의 박스에 수식 작성 후 [Enter]
❹ [측정 도구] 탭에서 천 단위 구분 기호(9) 클릭
❺ 소수점 이하 자릿수 입력란에 "0"을 입력

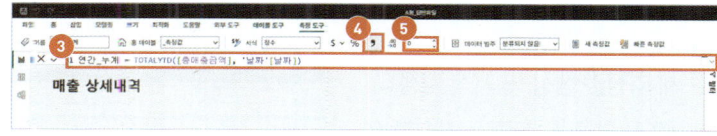

연간_누계 = TOTALYTD([총매출금액], '날짜'[날짜])

DAX 풀이

이 수식은 [총매출금액] 값을 <날짜> 테이블의 [날짜] 열을 기준으로 연간 누적 합계를 계산한다.
• [TOTALYTD] 함수는 각 연도의 시작일부터 현재 날짜까지의 매출 합계를 계산
• 계산 결과로 연간 누적 매출금액을 반환

사용 함수

• [TOTALYTD] : 연도별 누적 합계를 계산
  - 구문 : TOTALYTD(<식>, <날짜 열>, [필터])

(2) [표2]에 [연간_누계] 열 삽입

❶ [표2]의 [테이블] 개체 선택
❷ [데이터 창]에서 <_측정값> 테이블의 [연간_누계] 측정값을 클릭

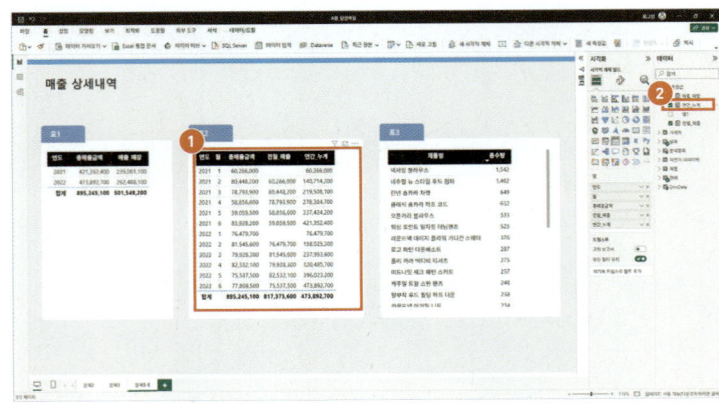

④ <_측정값> 테이블에 제품명을 기준으로 수량의 순위를 반환하는 측정값을 추가하시오. [5점]

▶ 측정값 이름 : 순위
  - 활용 필드
    • <판매> 테이블의 [총수량] 측정값
    • <제품> 테이블의 [제품명] 필드
  - [제품명]을 기준으로 [총수량]의 순위를 반환하며, [총수량] 기준 내림차순으로 정렬
  - 사용 함수 : RANKX, ALL
  - [총수량]이 동률인 경우 다음 순위 값은 동률 순위 +1을 한 순위로 표시
    • 예) 2개의 값이 2위인 경우, 다음 값은 3위로 표시
  - '문제 3_5' 페이지의 [표3]에 [순위] 열 추가

문제 3-5-④ 풀이

(1) 새 측정값 생성 및 서식 지정

❶ [데이터 창]의 <_측정값> 테이블 우클릭
❷ [새 측정값] 선택

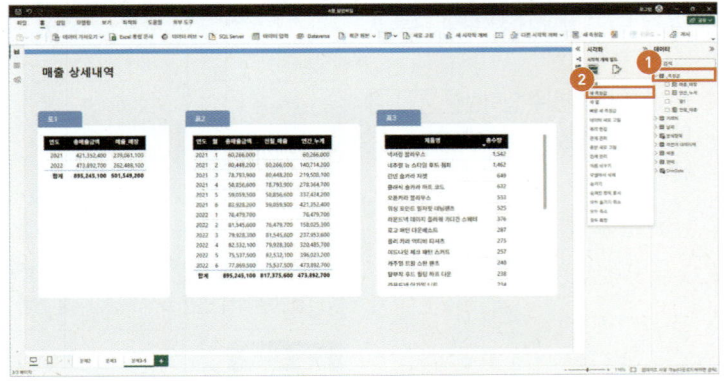

❸ [수식 편집기]의 박스에 수식 작성 후 [Enter]

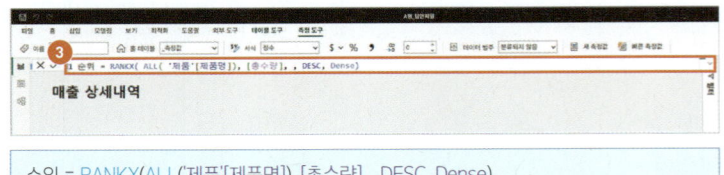

순위 = RANKX(ALL('제품'[제품명]), [총수량], , DESC, Dense)

DAX 풀이

이 수식은 [총수량] 값을 기준으로 <제품> 테이블의 [제품명] 열에서 내림차순으로 순위를 매긴다.

- [RANKX] 함수는 [총수량] 값을 기준으로 순위를 매김
- [ALL] 함수는 <제품> 테이블의 [제품명] 열에 적용된 필터를 제거함
- 계산 결과로 제품별 총수량 기준의 나림차순 순위가 반환됨

사용 함수

- [RANKX] : 테이블의 값을 기준으로 순위를 매김
  - 구문 : RANKX(<테이블>, <식>, [값], [정렬 순서], [정렬 방법])
  - 정렬 순서 : ASC(오름차순) 또는 DESC(내림차순) 설정 가능
  - 동점 처리
    SKIP : 동점 시 공동순위, 이후 건너뜀(2위가 2개일 경우 2, 2, 4, 5위로 표시)
    DENSE : 동점 시 공동순위, 이후 순위를 연속으로 부여(2위가 2개일 경우 2, 2, 3, 4위로 표시)
- [ALL] : 열 또는 테이블에 적용된 모든 필터를 제거
  - 구문 : ALL(<테이블> | <열>)

(2) [표3]에 [순위] 열 추가

❶ [표3]의 [테이블] 개체 선택
❷ [데이터 창]에서 <_측정값> 테이블의 [순위] 측정값을 클릭

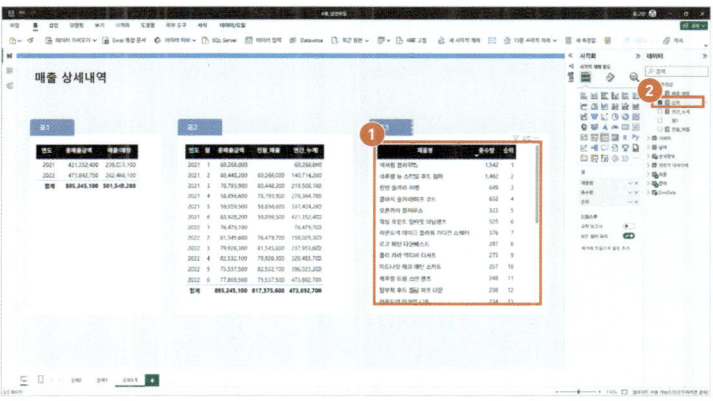

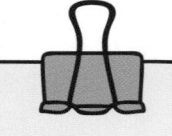

CHAPTER 03

시행처 공개문제 B형

시행처 공개문제 B형

프로그램명	제한시간		수험번호	성명
파워BI 데스크톱	70분			

[유의사항]

- ‘유의사항’, ‘문제 및 데이터 안내’에 따라 시험에 응시하여야 하며, 이를 소홀히 하여 발생한 불이익과 책임은 수험자 본인에게 있습니다.
- 시험이 시작되면 즉시 문제 데이터 파일 존재 여부와 답안 파일의 문제 3-4 페이지에 차트, 표, 데이터가 보이는지 확인하시기 바랍니다.
  - 문제 데이터 파일 위치: [문제 1] C:\PB\문제 1_데이터 폴더 / [문제 2, 3] C:\PB\문제 2, 3_데이터 폴더
  - 문제 데이터파일은 존재 여부만 확인하며 엑셀 등으로 열면 실격 처리
  - 답안파일 위치: C:\PB\수험자번호.pbix
  - 화면에 띄워진 답안파일의 문제 3-4 페이지 확인
- 시험 진행 중 작성된 답안은 수시로 중간 저장하시기 바랍니다.
- 별도의 지시사항이 없는 경우, 다음과 같이 처리할 때 [실격 처리]됩니다.
  - 제시된 파일, 페이지/대시보드, 데이터 원본의 이름, 차원/측정값 속성을 임의로 변경한 경우
  - 제시된 파일, 데이터 원본을 임의로 삭제, 추가, 변경한 경우
  - 시트/워크시트/대시보드를 임의로 삭제, 추가하거나 명칭을 변경한 경우
  - 제시된 답안 파일의 경로 또는 파일명을 변경한 경우
  - 문제 데이터를 시험 시작 전에 열어보는 경우
  - 실기시험 프로그램 이외의 프로그램(엑셀 등)으로 데이터를 열어보는 경우
- 반드시 답안작성은 문제에서 지시한 위치에 작업하여야 하며 다음과 같이 처리 시 해당 작업 또는 그 작업에 영향을 미치는 문제, 개체, 시트 등은 [오답 처리]됩니다.
  - 제시된 함수가 있으면 제시된 함수만을 사용해야 하며 그 외 함수를 사용해 풀이한 경우
  - 지시하지 않은 차트, 컨테이너, 매개 변수 등을 임의로 이동, 수정(변경), 삭제 등으로 인해 위치 및 내용이 변경된 경우
  - 임의로 기본 설정값(Default)을 변경한 경우
  - 숫자데이터를 임의로 문자화하여 처리한 경우
  - 개체가 해당 영역을 벗어난 경우
  - 개체가 너무 작아 해당정보 확인이 눈으로 어려운 경우
- 시험지에 제시된 [완성 화면 그림]은 문제풀이 순서 또는 시각적 개체 작성 순서, PC 환경 등의 이유로 수험자가 작성한 개체의 모니터 화면과 모양, 색상 등이 다를 수 있습니다.
- 본 문제와 용어는 파워BI 데스크톱(Power BI Desktop) 2.124.1554.0 버전(2024.1.8.) 기준으로 작성되었습니다.

◀ 문제 및 데이터 안내 ▶

1. 수험자가 작성할 답안파일은 1개입니다. 문제 1, 문제 2, 문제 3의 답을 하나의 답안파일(.pbix)로 저장하십시오.
2. 문제 1, 문제 2, 문제 3은 각각 독립적으로 구성되어 앞 문제를 풀지 않아도 다음 문제 풀이가 가능합니다.
3. 문제 1은 데이터 불러오기를 통해 문제를 풀이하고, 문제 2와 문제 3은 답안에 이미 데이터가 포함되어 있어 다시 데이터를 불러오지 말고 바로 문제 풀이를 하십시오.
   - 데이터 파일은 문제 1을 위한 데이터 파일과 문제 2, 3을 위한 데이터 파일로 구성되어 있습니다.
4. 문제 2와 문제 3 풀이를 위해 필요한 일부 측정값, 필터가 답안파일에 미리 적용되어 있을 수 있습니다.
   - 지시사항에 제시되지 않은 것은 변경하지 마십시오.
   - 사전에 적용된 필터 등이 삭제되지 않도록 '페이지 삭제' 기능을 절대 사용하지 마십시오.
5. 지시사항(①, ②, ③)별로 점수가 부여되며, 지시사항의 전체 세부지시사항(▶ 또는 - 표시된 지시사항)을 작업하지 않을 경우 점수가 부여되지 않습니다. ※ 부분 점수 없음
6. 본 시험에서 사용되는 데이터 파일 수와 데이터명은 아래와 같습니다.
   - [문제 1] 데이터 파일 수: 1개 / 데이터명: '광역별_방문자수.xlsx'

파일명	광역별_방문자수.xlsx				
테이블	구조				
A_광역별 방문자수	시군구코드	광역지자체_방문자수	광역지자체_방문자비율	기초지자체_방문자수	기초지자체_방문자비율
	32400	197,861,774	4.5	11,783,977	6
B_광역별 방문자수	시군구코드	광역지자체_방문자수	광역지자체_방문자비율	기초지자체_방문자수	기초지자체_방문자비율
	32010	679,426,007	3.6	1.13E+08	16.6
행정구역 코드	행정동코드		광역지자체명		기초지자체명
	11010		서울특별시		종로구

- [문제 2, 3] 데이터 파일 수: 1개 / 데이터명: '방송판매.xlsx'

파일명	방송판매.xlsx							
테이블	구조							
방송주문	주문번호	담당MD	방송일	거래처코드	제품번호	담당호스트	준비수량	판매수량
	B0611-0035	6	2023-01-01	866179	866179	김연아	2320	2100
담당자	MD_ID	사원명	직위	입사일자	매출계획(2023)	매출계획(2024)	총매출계획	
	1	민지혜	부장	2007-03-24	480,975,000	522,500,000	1,003,475,000	
제품정보	ID	거래처코드	제품번호	거래처명	분류	상품명	담당호스트	판매가격	매입원가
	8655351	865535	1	포커스	프린터/사무기기	복합기K910	최나연	560,000	410,000
날짜	날짜ID			날짜				
	202301			2023-01-01				

고객불만	구분	처리번호	처리일자	주문번호	고객ID	물류사고내용
	교환	불만족0504-0141	2023-01-06	T0610-0016	7	서비스및상품불만족

고객	고객ID	고객명	시도
	1	강경아	경북

거래처	거래처코드	거래처명
	865535	포커스

◀ 문제 1 ▶ 작업준비 [20점]

1. 다음 지시사항에 따라 데이터 가져오기 및 편집을 수행하시오. [10점]

① 데이터 파일을 가져온 후 파워쿼리 편집기를 통해 테이블의 데이터를 편집하시오. **[3점]**
- ▶ 가져올 데이터 : '광역별_방문자수.xlsx' 파일의 <A_광역별방문자수>, <B_광역별방문자수>, <행정구역코드> 테이블
- ▶ 파워쿼리 편집기를 통해 <A_광역별방문자수>, <B_광역별방문자수> 테이블에서 [시군구코드], [기초지자체_방문자수]를 제외한 다른 필드 삭제
- ▶ 필드 이름 변경
    - <A_광역별방문자수> 테이블의 [기초지자체_방문자수] 필드 → [A사] 필드로 변경
    - <B_광역별방문자수> 테이블의 [기초지자체_방문자수] 필드 → [B사] 필드로 변경

② 파워쿼리 편집기를 통해 <A_광역별방문자수>, <B_광역별방문자수> 테이블을 활용하여 새로운 테이블을 추가하고 편집하시오. **[4점]**
- ▶ 쿼리 병합 기능 사용
    - 테이블 이름 : <지자체별_방문자수>
    - <A_광역별방문자수>, <B_광역별방문자수> 테이블의 [시군구코드] 필드를 기준으로 병합
    - 조인 종류 : '왼쪽 외부'
- ▶ [B_광역별방문자수] 필드에서 'B사' 필드 확장, '원래 열 이름을 접두사로 사용' 해제
- ▶ <지자체별_방문자수> 테이블의 [A사], [B사] 필드에 열 피벗 해제 기능 적용
- ▶ 필드 이름 변경
    - <지자체별_방문자수> 테이블의 [특성] 필드 → [이동통신] 필드로 변경
    - <지자체별_방문자수> 테이블의 [값] 필드 → [방문자수] 필드로 변경

③ 파워쿼리 편집기를 통해 <지자체별_방문자수> 테이블에 <행정구역코드> 테이블의 [광역지자체명] 필드를 추가하시오. **[3점]**
- ▶ 쿼리 병합 기능 사용
    - <지자체별_방문자수> 테이블의 [시군구코드] 필드와 <행정구역코드> 테이블의 [행정동코드] 필드를 기준으로 병합
    - 조인 종류: '왼쪽 외부'

▶ 행정구역코드 [광역지자체명] 필드만 확장, '원래 열 이름을 접두사로 사용' 해제

2. 파워쿼리 편집기를 통해 필드를 추가하고 데이터 모델링 작업을 수행하시오. [10점]

① <행정구역코드> 테이블에 필드를 추가하시오. **[4점]**
- ▶ 조건 열 기능 사용
  - 필드 이름 : [지역구분]
  - 활용 필드 : <행정구역코드> 테이블의 [광역지자체명]
  - <행정구역코드> 테이블의 [광역지자체명] 필드값이 "서울특별시", "경기도" "인천광역시"일 경우 "수도권", 그 외의 값일 경우 "지방권"을 반환
  - 추가된 필드의 데이터 형식 : '텍스트'

② <A_광역별방문자수>, <B_광역별방문자수> 테이블의 로드 사용을 해제하시오. **[3점]**

③ <지자체별_방문자수> 테이블과 <행정구역코드> 테이블의 관계를 설정하시오. **[3점]**
- ▶ 활용 필드 : <지자체별_방문자수>의 [시군구코드] 필드, <행정구역코드>의 [행정동코드] 필드
- ▶ 기준(시작) 테이블 : <지자체별_방문자수> 테이블
- ▶ 카디널리티 : '다대일(*:1)' 관계
- ▶ 크로스 필터 방향 : '단일'

3. 다음 지시사항에 따라 테이블 및 측정값을 추가하시오. [10점]

① 다음 조건으로 테이블과 측정값을 추가하시오. **[4점]**
- ▶ 테이블 이름 : <요약>
  - 활용 필드 : <지자체별_방문자수> 테이블의 [광역지자체명], [방문자수] 필드
  - <행정구역코드> 테이블의 [광역지자체명] 필드를 기준으로 방문자 수의 합계 반환
  - 사용함수 : SUM, SUMMARIZE
  - <요약> 테이블과 <지자체별_방문자수> 테이블 관계 설정
    • 활용 필드 : <요약>, <지자체별_방문자수> 테이블의 [광역지자체명] 필드
    • 기준(시작) 테이블 : <지자체별_방문자수> 테이블
    • 카디널리티 : '다대일(*:1)' 관계
    • 크로스 필터 방향 : '단일'
- ▶ 측정값 이름 : [광역지자체수]
  - 활용 필드 : <행정구역코드> 테이블의 [광역지자체명] 필드
  - [광역지자체명]의 개수 반환
  - 사용함수 : DISTINCTCOUNT

② 다음 조건으로 측정값을 추가하시오. [3점]
▶ 측정값 이름 : [서울지역_방문자수]
- 활용 필드 : <지자체별_방문자수> 테이블의 [방문자수], [광역지자체명] 필드
- 서울지역 [방문자수]의 합계 반환
- <지자체별_방문자수> 테이블에 적용된 필터 제외
- 사용함수 : ALL, CALCULATE, FILTER, SUM
- 서식 : 천 단위에서 쉼표로 구분되도록 적용
▶ 측정값 이름 : [서울방문자비율%]
- 활용 필드 : [서울지역_방문자수] 측정값, <요약> 테이블의 [합계] 필드
- 전체 방문자 수의 [합계]에 대한 [서울지역_방문자수]의 비율 반환
- 사용함수 : DIVIDE, SUM
- 서식 : '백분율', '소수점 아래 2자리까지' 표시

③ 다음 조건으로 데이터 창에 테이블을 추가하시오. [3점]
▶ 테이블 이름 : <측정값T>
- [광역지자체수], [서울지역_ 방문자수], [서울방문자비율%] 측정값을 테이블에 추가

문제 2 단순요소 구현 30점

<시각화 완성화면> 각 세부문제 풀이 후 아래와 같은 결과가 도출되어야 합니다.

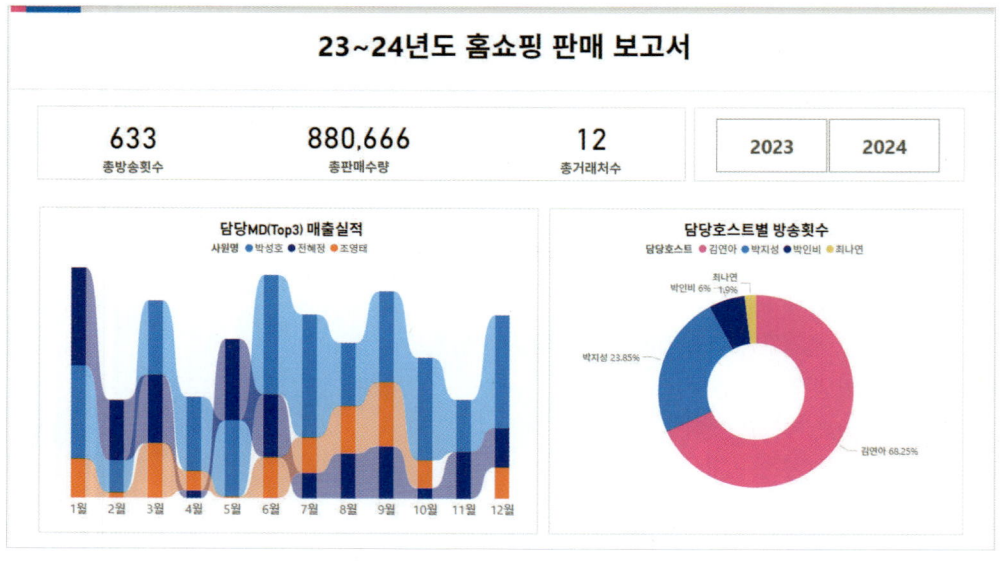

1. '문제 2', '문제 3' 페이지의 전체 서식을 설정하시오. [5점]

① '문제 2'와 '문제 3' 페이지의 캔버스 배경을 설정하시오. [3점]
- ▶ 배경 이미지
  - '문제 2' 페이지 : '문제 2_배경.png'
  - '문제 3' 페이지 : '문제 3_배경.png'
- ▶ 캔버스 배경 설정
  - 이미지 맞춤 : '기본'
  - 투명도 : '0%'
- ▶ 보고서 테마 : '기본값'

② 텍스트 상자를 사용하여 '문제 2' 페이지에 보고서 제목을 작성하시오. [2점]
- ▶ 제목 : "23~24년도 홈쇼핑 판매 보고서"
  - 제목 서식 : 글꼴 'Segoe UI', 글꼴 크기 '28', '굵게', '가운데'
- ▶ 텍스트 상자를 '1-②' 위치에 배치

2. 다음 지시사항에 따라 카드와 슬라이서를 구현하시오. [5점]

① 다음 조건으로 '문제 2' 페이지에 카드를 구현하시오. [3점]
- ▶ 활용 필드 : <방송주문> 테이블의 [총방송횟수], [총판매수량], [총거래처수] 측정값
- ▶ 설명 값 서식 : 글꼴 'DIN', 글꼴 크기 '33', 표시 단위 '없음'
- ▶ 범주 레이블 서식 : 글꼴 'Segoe UI', 글꼴 크기 '13', '굵게'
- ▶ 카드를 '2-①' 위치에 배치

② 다음 조건으로 '문제 2' 페이지에 슬라이서를 구현하시오. [2점]
- ▶ 활용 필드 : <날짜> 테이블의 [년] 필드
- ▶ 슬라이서 스타일 : '타일'
- ▶ 값 서식 : 글꼴 'Segoe UI', 글꼴 크기 '19', '굵게'
- ▶ 슬라이서 머리글이 보이지 않도록 설정
- ▶ '반응형' 옵션 해제
- ▶ 슬라이서를 '2-②' 위치에 배치

3. 다음 지시사항에 따라 리본 차트를 구현하시오. [10점]

① 다음 조건으로 '문제 2' 페이지에 리본 차트를 구현하시오. [3점]
- ▶ 활용 필드
  - <날짜> 테이블의 [월이름] 필드
  - <담당자> 테이블의 [사원명] 필드
  - <방송주문> 테이블의 [판매가격] 필드
- ▶ 도구 설명에 [총판매수량]이 표시되도록 추가

▶ 리본 차트를 '3-①' 위치에 배치

② 다음과 같이 리본 차트의 각 요소에 대한 서식을 지정하시오. **[4점]**

- ▶ 차트 제목 : "담당MD(Top3) 매출실적"
  - 제목 서식 : 글꼴 'DIN', 글꼴 크기 '15', '굵게', '가운데 맞춤'
- ▶ X축 : 글꼴 크기 '12', 축 제목 제거
- ▶ Y축 : 축 제목 제거, 값 제거
- ▶ 범례 : 위치 '위쪽 가운데'
- ▶ 리본 : 색의 '투명도 50%'
- ▶ 리본 차트 X축 '월이름'이 1월부터 12월까지 순서대로 표시되도록 정렬

③ 리본 차트에 [판매가격]이 상위 3위인 [사원명]만 표시되도록 설정하시오. **[3점]**

4. 다음 지시사항에 따라 도넛형 차트를 구현하시오. [10점]

① 다음 조건으로 '문제 2' 페이지에 도넛형 차트를 구현하시오. **[4점]**

- ▶ 활용 필드 : <방송주문> 테이블의 [담당호스트] 필드, [총방송횟수] 측정값
- ▶ 차트 제목 : "담당호스트별 방송횟수"
  - 제목 서식 : 글꼴 'Segoe UI', '굵게', '가운데'
- ▶ 범례 : 위치 '위쪽 가운데'
- ▶ 도넛형 차트를 '4-①' 위치에 배치

② 다음과 같이 도넛형 차트의 조각에 대한 서식을 지정하시오. **[3점]**

- ▶ 색상 : 김연아 '#E645AB'
- ▶ 내부 반경 : '50%'

③ 다음과 같이 도넛형 차트의 세부 정보 레이블에 대한 서식을 지정하시오. **[3점]**

- ▶ 레이블 내용 : '범주, 총퍼센트'로 표시
- ▶ 위치 : '바깥쪽 우선'

◀ 문제 3 ▶ 복합요소 구현 〔50점〕

〈시각화 완성화면〉 각 세부문제 풀이 후 아래와 같은 결과가 도출되어야 합니다.

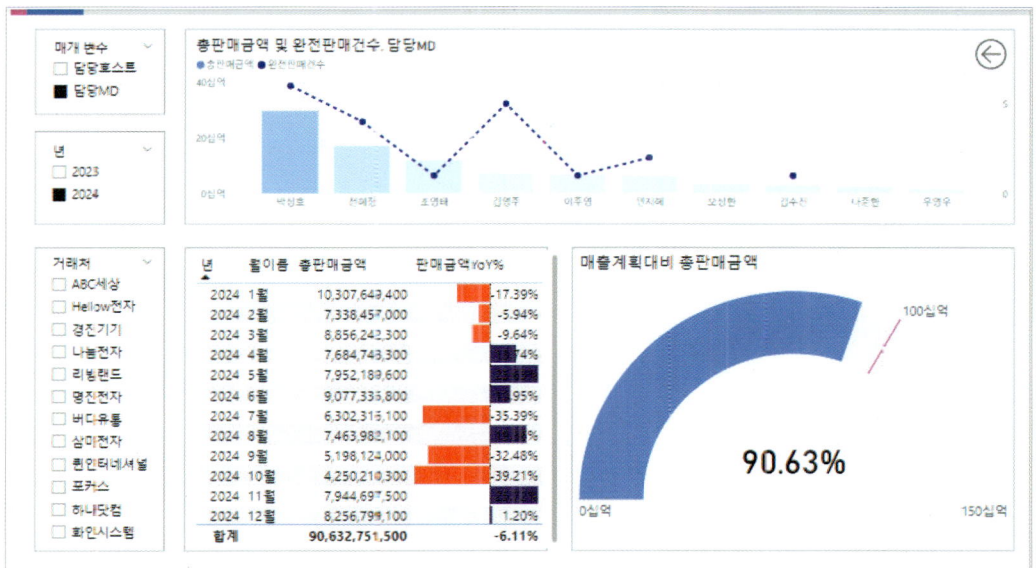

1. 다음 지시사항에 따라 꺾은선형 및 묶은 세로 막대형 차트를 구현하시오. [10점]

① 다음 조건으로 〈방송주문〉 테이블에 측정값을 추가하시오. **[3점]**
  ▶ 측정값 이름 : [완전판매건수]
    - 활용 필드 : 〈방송주문〉 테이블의 [주문번호], [준비수량], [판매수량] 필드
    - [준비수량]이 모두 판매된 [주문번호]의 건 수 계산
    - 사용함수 : CALCULATE, COUNT, FILTER
  ▶ 측정값 이름 : [총판매금액]
    - 활용 필드 : 〈방송주문〉 테이블의 [판매수량], [판매가격] 필드
    - 판매금액의 합계 계산
    - 사용함수 : SUMX
    - 서식 : 천 단위에서 쉼표로 구분되도록 적용

② 다음 조건으로 매개 변수를 추가하고 '문제 3' 페이지에 슬라이서를 구현하시오. **[3점]**
  ▶ 매개 변수 추가
    - 대상 필드
      • 〈방송주문〉 테이블의 [담당호스트] 필드
      • 〈담당자〉 테이블의 [사원명] 필드
    - 0 페이지에 슬라이서 추가 옵션 설정
    - 매개 변수 필드 이름 변경: [사원명] → [담당MD]

▶ 슬라이서 값 : '담당MD' 필터 적용
▶ 슬라이서를 '1-②' 위치에 배치

③ 다음 조건으로 '문제 3' 페이지에 꺾은선형 및 묶은 세로 막대형 차트를 구현하시오. [4점]
 ▶ 활용 필드
  - <방송주문> 테이블의 [총판매금액], [완전판매건수] 측정값
  - [매개 변수] 매개 변수
 ▶ [매개 변수]에 따라 X축이 변경되도록 구현
 ▶ X축, Y축, 보조Y축 : 축 제목 제거
 ▶ 꺾은선형 차트 서식
  - 선 스타일 : '파선'
  - '표식' 옵션 설정
 ▶ 묶은 세로 막대형 차트에 조건부 서식 적용
  - 서식 스타일 : 그라데이션
  - [총판매금액]의 최소값 '백억(10,000,000,000)', 최대값 '5백억(50,000,000,000)'으로 설정
 ▶ 꺾은선형 및 묶은 세로 막대형 차트를 '1-③' 위치에 배치

2. 다음 지시사항에 따라 슬라이서와 테이블 차트를 구현하시오. [10점]

① 다음 조건으로 '문제 3' 페이지에 슬라이서를 구현하시오. [3점]
 ▶ <방송주문> 테이블에 새 열 추가
  - 열 이름 : [거래처]
  - 활용 필드 : <거래처> 테이블의 [거래처명] 필드
  - <방송주문> 테이블에서 <거래처> 테이블의 [거래처명] 필드의 값을 반환
  - 사용함수 : RELATED
 ▶ 활용 필드
  - <날짜> 테이블의 [년] 필드
  - <방송주문> 테이블 [거래처] 열
 ▶ 슬라이서 스타일 : '세로 목록'
 ▶ 슬라이서 값 : '2024' 필터 적용
 ▶ 슬라이서를 '2-①'에 배치

② 다음 조건으로 <방송주문> 테이블에 측정값을 추가하시오. [3점]
 ▶ 측정값 이름 : [판매금액PY]
  - 활용 필드
   • <방송주문> 테이블의 [총판매금액] 측정값
   • <날짜> 테이블의 [날짜] 필드
  - 전년도의 [총판매금액]을 반환
  - 사용함수 : CALCULATE, DATEADD
  - 서식 : '정수', 천 단위에서 쉼표로 구분되도록 적용

- ▶ 측정값 이름 : [판매금액YoY%]
    - 활용 필드 : <방송주문> 테이블의 [총판매금액], [판매금액PY] 측정값
    - 전년대비 금년도 매출의 비율 반환
    - 사용함수 : DIVIDE
    - 서식 : '백분율', '소수점 아래 2자리까지' 표시

③ 다음 조건으로 '문제 3' 페이지에 테이블 차트를 구현하시오. [4점]
- ▶ 활용 필드
    - <날짜> 테이블의 [년], [월 이름] 필드
    - <방송주문> 테이블의 [총판매금액], [판매금액YoY%] 측정값
- ▶ 값, 열 머리글 서식 : 글꼴 크기 '13'
- ▶ 정렬 : [년] 기준 '내림차순'
- ▶ 조건부 서식 적용
    - 설정 적용 대상 : '판매금액YoY%'
    - '데이터 막대' 사용
    - 양수 막대 색 : '자주(#4A2D75)', 음수 막대 색 : '빨강(#FF0000)'
- ▶ 테이블 차트를 '2-③' 위치에 배치

3. 다음 지시사항에 따라 계기 차트와 카드를 구현하시오. [10점]

① 다음 조건으로 '문제 3' 페이지에 계기 차트를 구현하시오. [4점]
- ▶ 활용 필드 : <방송주문> 테이블의 [총판매금액] 측정값
- ▶ 게이지 축 설정
    - 최대값 : '천오백억(150,000,000,000)'
    - 대상 : '천억(100,000,000,000)', 색상 '테마 색 5'
- ▶ 설명 값 제거
- ▶ 차트 제목 : "매출계획대비 총판매금액"
    - 제목 서식 : 글꼴 크기 '15'
- ▶ 계기 차트를 '3-①' 위치에 배치

② 다음 조건으로 <방송주문> 테이블에 측정값을 추가하시오. [3점]
- ▶ 측정값 이름 : [목표대비총판매비율%]
    - 활용 필드 : <방송주문> 테이블의 [총판매금액] 측정값
    - 목표(대상) 대비 [총판매금액]의 비율 반환
    - 사용함수 : DIVIDE
    - 서식 : '백분율', '소수점 아래 2자리까지' 표시

③ 다음 조건으로 '문제 3' 페이지에 카드를 구현하시오. **[3점]**
- ▶ 활용 필드 : <방송주문> 테이블의 [목표대비총판매비율%] 측정값
- ▶ 설명 값 서식 : 글꼴 크기 '28', 표시 단위 '없음'
- ▶ 범주 레이블 제거
- ▶ 카드를 그림과 같이 지정된 위치에 배치

4. 다음 지시사항에 따라 페이지와 시각적 개체 간 상호 작용 기능을 설정하시오. [10점]

① 다음 조건으로 '문제 3' 페이지에 단추를 구현하시오. **[4점]**
- ▶ 종류 : '뒤로'
- ▶ 두께 : '2px'
- ▶ 가로 맞춤 : '오른쪽'
- ▶ 작업 유형 : '페이지 탐색', 대상 '문제 2'
- ▶ 단추를 그림과 같이 지정된 위치(4-①)에 배치

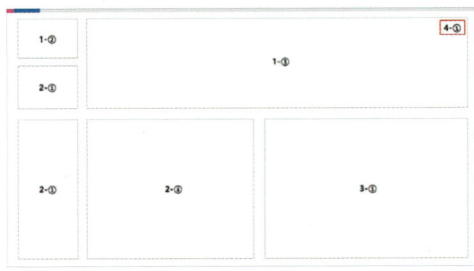

② 다음과 같이 시각적 개체의 상호 작용을 설정하시오. **[3점]**
- ▶ 년 슬라이서 : 거래처 슬라이서와 상호 작용 '없음'
- ▶ 테이블 차트 : 계기 차트, 카드와 상호 작용 '없음'

③ 다음과 같이 시각적 개체의 상호 작용을 설정하시오. **[3점]**
- ▶ 거래처 슬라이서 : 꺾은선형 및 묶은 세로 막대형 차트, 계기 차트, 카드와 상호 작용 '없음'

CHAPTER 04

시행처 공개문제 B형 풀이

SECTION 01   문제 1-작업준비
SECTION 02   문제 2-단순요소 구현
SECTION 03   문제 3-복합요소 구현

SECTION 01 문제 1-작업준비 [20점]

1 다음 지시사항에 따라 데이터 가져오기 및 편집을 수행하시오. [10점]

① 데이터 파일을 가져온 후 파워쿼리 편집기를 통해 테이블의 데이터를 편집하시오. [3점]
- ▶ 가져올 데이터 : '광역별_방문자수.xlsx' 파일의 <A_광역별방문자수>, <B_광역별방문자수>, <행정구역코드> 테이블
- ▶ 파워쿼리 편집기를 통해 <A_광역별방문자수>, <B_광역별방문자수> 테이블에서 [시군구코드], [기초지자체_방문자수]를 제외한 다른 필드 삭제
- ▶ 필드 이름 변경
  - <A_광역별방문자수> 테이블의 [기초지자체_방문자수] 필드 → [A사] 필드로 변경
  - <B_광역별방문자수> 테이블의 [기초지자체_방문자수] 필드 → [B사] 필드로 변경

문제 1-1-① 풀이

(1) 파일 열기
❶ [파일] 탭
❷ [이 장치 찾아보기] 클릭 > 'B형_답안.pbix' 파일 열기

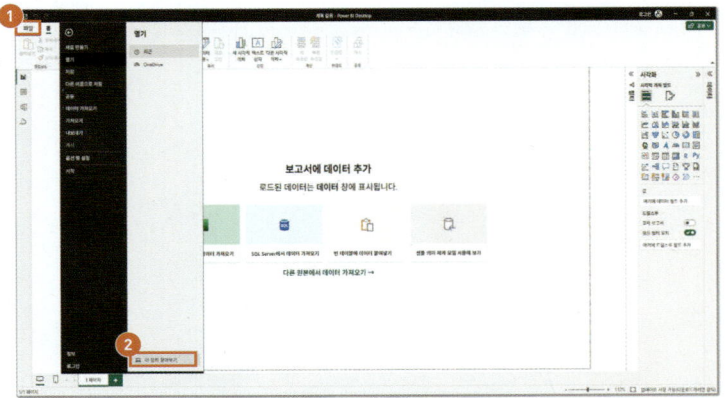

(2) 데이터 가져오기
❶ [홈] 탭 선택
❷ [데이터] 그룹의 [Excel 통합 문서] 클릭
❸ '광역별 방문자수.xlsx' 파일 선택
❹ [열기] 버튼 클릭

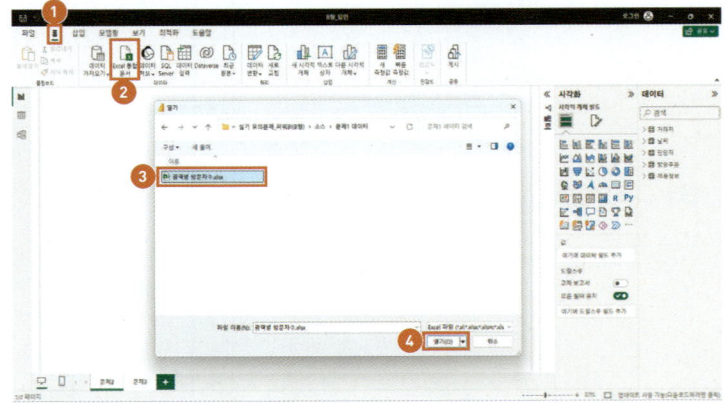

(3) 테이블 선택

① [탐색 창]에서 <A_광역별방문자수> 테이블을 체크하여 선택
② <B_광역별방문자수> 테이블을 체크하여 선택
③ <행정구역코드> 테이블을 체크하여 선택
④ [데이터 변환] 버튼 클릭

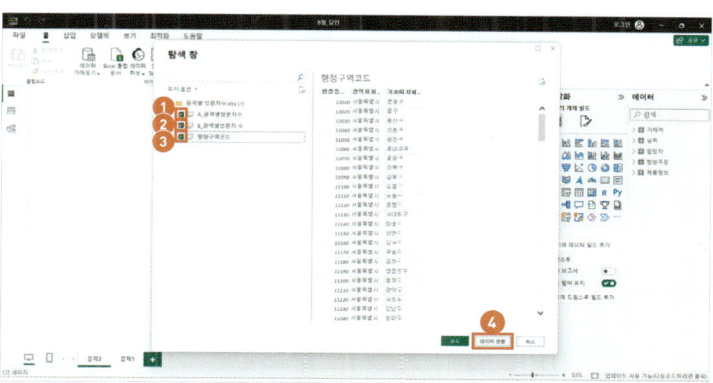

(4) 다른 열 제거 ⓐ

① [쿼리 창]에서 <A_광역별방문자수> 테이블 선택
② [시군구코드] 필드명을 마우스로 클릭하여 선택
③ [Ctrl]을 누른 상태에서 [기초지자체 방문자 수] 필드명을 마우스로 클릭하여 복수 선택
④ 필드명 위에서 마우스 오른쪽 버튼을 클릭하고, 팝업 메뉴에서 [다른 열 제거] 기능 선택

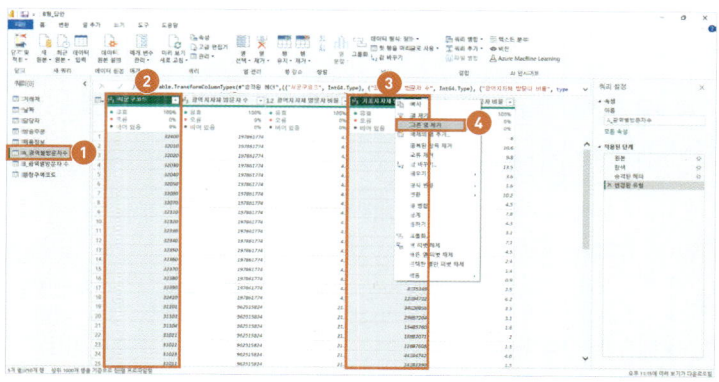

(5) 다른 열 제거 ⓑ

① [쿼리 창]에서 <B_광역별방문자수> 테이블 선택
② [시군구코드] 필드명을 마우스로 클릭하여 선택
③ [Ctrl]을 누른 상태에서 [기초지자체 방문자 수] 필드명을 마우스로 클릭하여 복수 선택
④ 필드명 위에서 마우스 오른쪽 버튼을 클릭하고, 팝업 메뉴에서 [다른 열 제거] 기능 선택

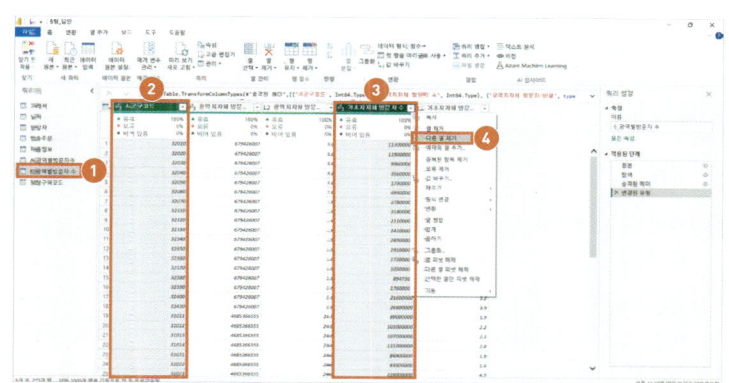

(6) 필드 이름 변경 ⓐ

① [쿼리 창]에서 <A_광역별방문자수> 테이블 선택
② [기초지자체 방문자 수] 필드명을 마우스로 더블 클릭하고 "A사"를 입력

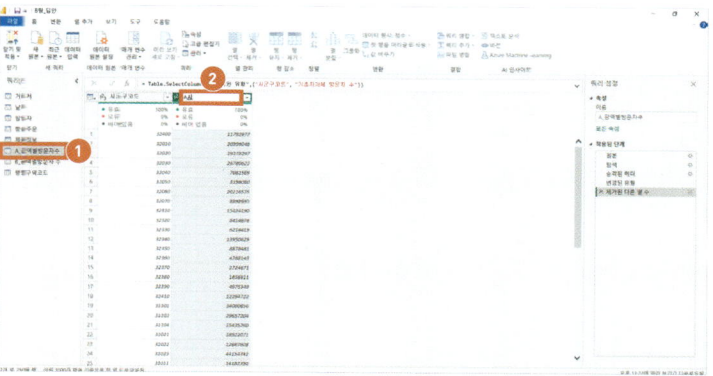

(7) 필드 이름 변경 ⓑ

❶ [쿼리 창]에서 <B_광역별방문자수> 테이블 선택
❷ [기초지자체 방문자 수] 필드명을 마우스로 더블 클릭하고 "B사"를 입력

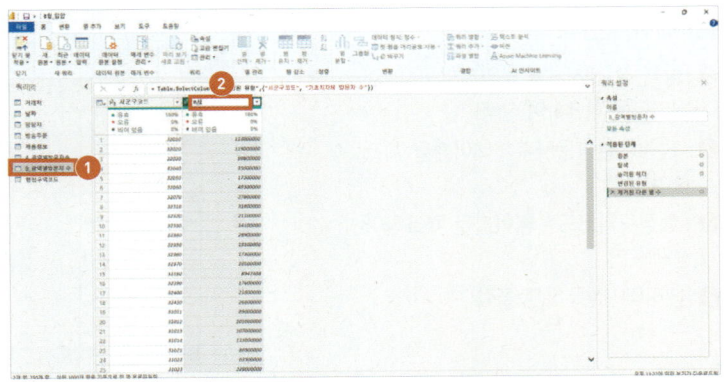

② 파워쿼리 편집기를 통해 <A_광역별방문자수>, <B_광역별방문자수> 테이블을 활용하여 새로운 테이블을 추가하고 편집하시오. [4점]
- ▶ 쿼리 병합 기능 사용
  - 테이블 이름 : <지자체별_방문자수>
  - <A_광역별방문자수>, <B_광역별방문자수> 테이블의 [시군구코드] 필드를 기준으로 병합
  - 조인 종류 : '왼쪽 외부'
- ▶ [B_광역별방문자수] 필드에서 'B사' 필드 확장, '원래 열 이름을 접두사로 사용' 해제
- ▶ <지자체별_방문자수> 테이블의 [A사], [B사] 필드에 열 피벗 해제 기능 적용
- ▶ 필드 이름 변경
  - <지자체별_방문자수> 테이블의 [특성] 필드 → [이동통신] 필드로 변경
  - <지자체별_방문자수> 테이블의 [값] 필드 → [방문자수] 필드로 변경

문제 1-1-② 풀이

(1) 쿼리 병합 기능 선택

❶ [쿼리 창]에서 <A_광역별방문자수> 테이블 선택
❷ [홈] 탭 클릭
❸ [쿼리 병합] 확장 버튼(▼) 클릭
❹ [쿼리를 새 항목으로 병합] 클릭

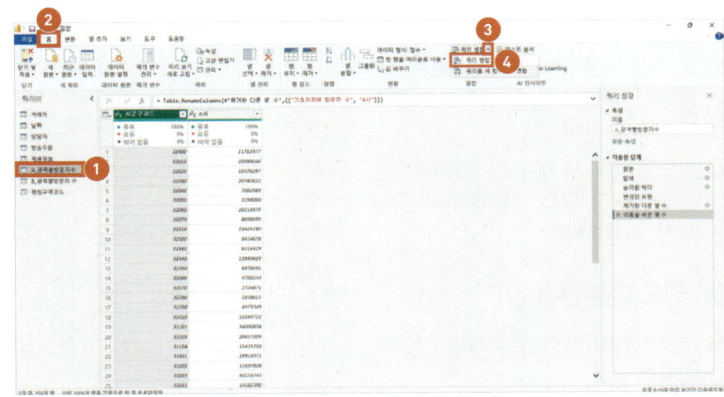

[2] 병합 대화상자 설정

❶ [병합] 대화상자에서 병합 대상 <A_광역별방문자수> 테이블(왼쪽) 선택
❷ 키로 사용할 열 [시군구코드] 필드 클릭
❸ <B_광역별방문자수> 테이블(오른쪽) 선택
❹ 키로 사용할 열 [시군구코드] 필드 클릭
❺ 조인 종류를 [왼쪽 외부]로 선택
❻ [확인] 버튼 클릭

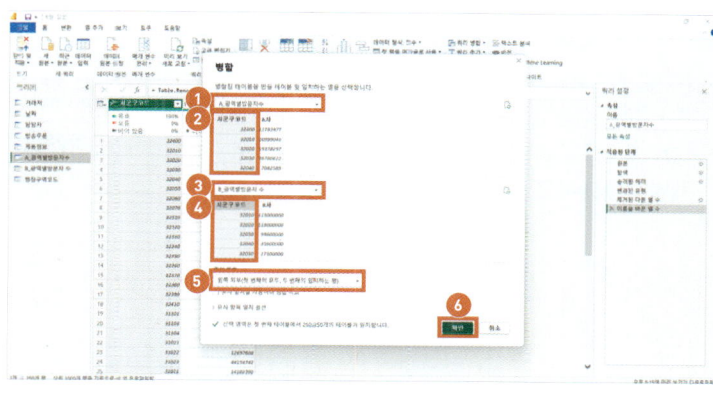

[3] 확장 대상 필드 선택

❶ [쿼리 창]에서 <병합1> 테이블 선택 확인
❷ [B_광역별방문자 수] 필드의 확장 버튼(⇥) 클릭
❸ 확장 대상 열로 [B사] 필드만 선택
❹ '원래 열 이름을 접두사로 사용' 체크 해제
❺ [확인] 버튼 클릭

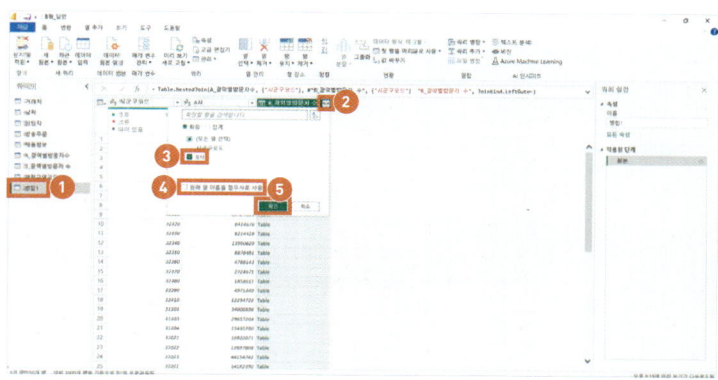

[4] 테이블 이름 변경

❶ [쿼리 창]에서 <병합1> 테이블명을 더블 클릭하여 "지자체별 방문자수"로 수정

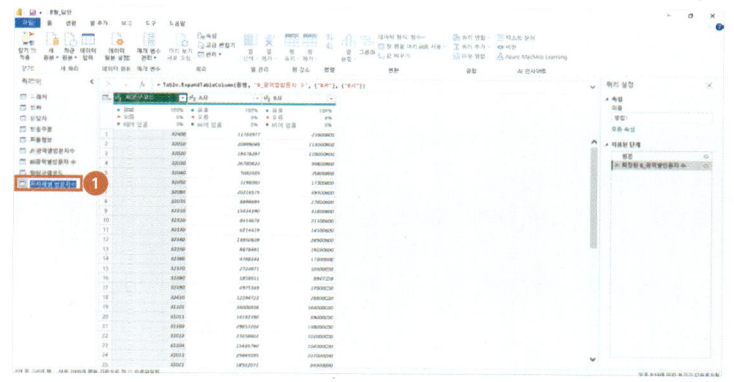

[5] 열 피벗 해제

❶ [A사] 필드명을 클릭하여 선택
❷ [Ctrl]을 누른 상태에서 [B사] 필드명을 클릭하여 여러 필드 선택
❸ [변환] 탭 클릭
❹ [열] 그룹의 [열 피벗 해제] 클릭

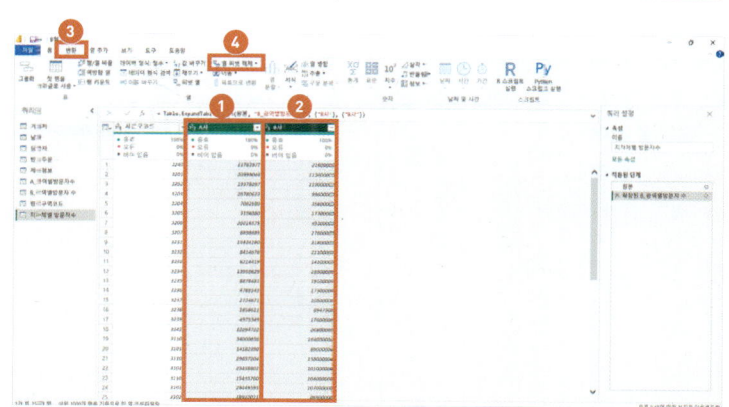

(6) 필드명 변경

❶ [특성] 필드명을 더블 클릭하여 "이동통신"으로 수정
❷ [값] 필드명을 더블 클릭하여 "지자체별 방문자수"로 수정

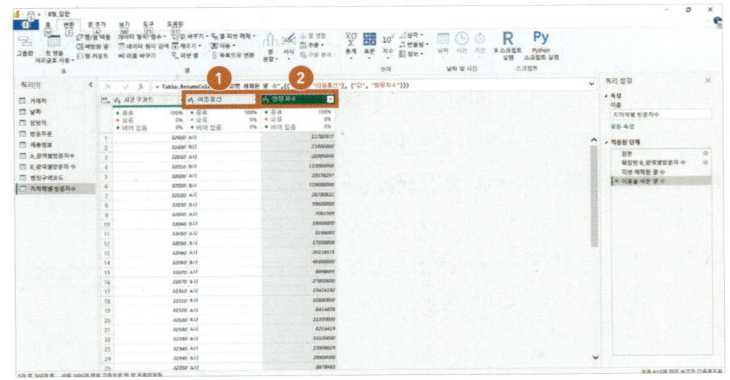

> **참고**
>
> **열 품질 보기 및 해제**
>
> [보기] 탭의 [데이터 미리 보기] 그룹에서 [열 품질]을 체크 해제/체크 하면, 필드명 아래 '유효/오류/비어 있음'의 비율 보기를 설정할 수 있다.
>
>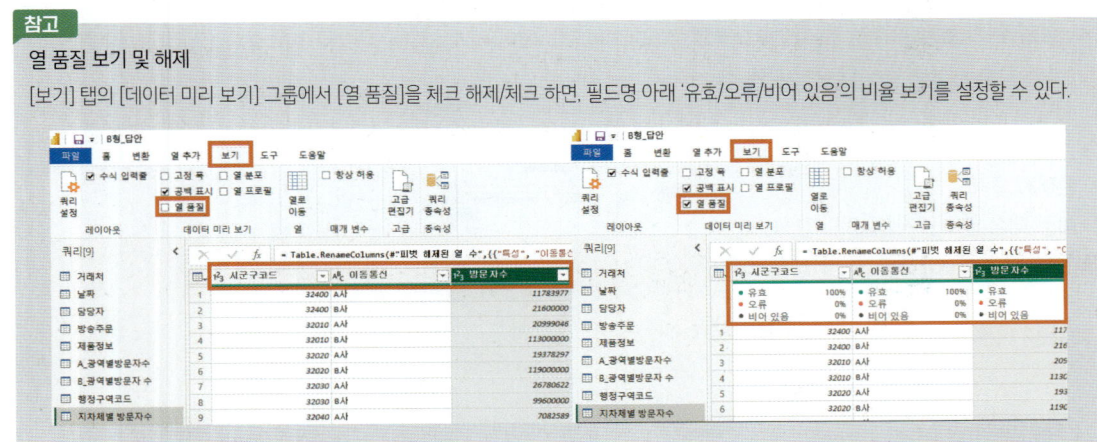

> ③ 파워쿼리 편집기를 통해 <지자체별_방문자수> 테이블에 <행정구역코드> 테이블의 [광역지자체명] 필드를 추가하시오. [3점]
> ▶ 쿼리 병합 기능 사용
> - <지자체별_방문자수> 테이블의 [시군구코드] 필드와 <행정구역코드> 테이블의 [행정동코드] 필드를 기준으로 병합
> - 조인 종류 : '왼쪽 외부'
> ▶ 행정구역코드 [광역지자체명] 필드만 확장, '원래 열 이름을 접두사로 사용' 해제

문제 1-1-③ 풀이

(1) 쿼리 병합 기능 선택

❶ [쿼리 창]에서 <지자체별 방문자수> 테이블 선택
❷ [홈] 탭 클릭
❸ [쿼리 병합] 클릭

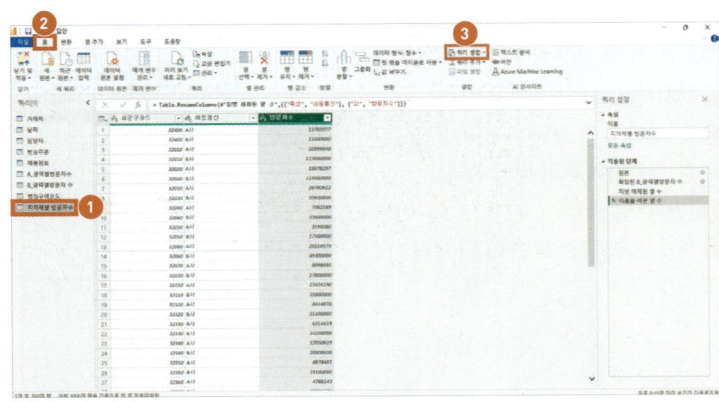

(2) 병합 대화상자 설정

❶ [병합] 대화상자에서 병합 대상 <지자체별 방문자수> 테이블(왼쪽)에서 키로 사용할 열 [시군구코드] 필드 클릭
❷ <행정구역코드> 테이블(오른쪽) 선택
❸ [행정동코드] 필드 클릭
❹ 조인 종류를 [왼쪽 외부]로 선택
❺ [확인] 버튼 클릭

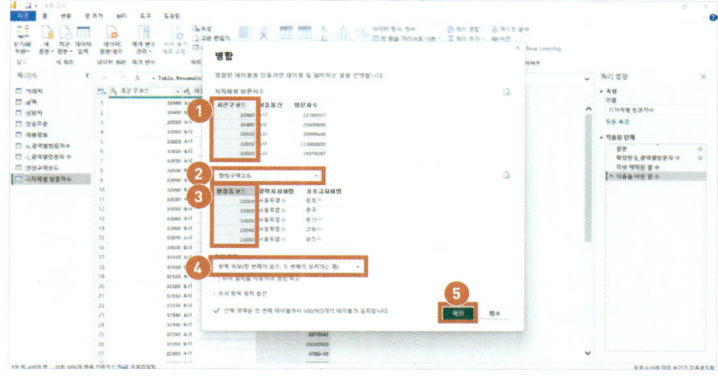

(3) 확장 대상 필드 선택

❶ [행정구역코드] 필드의 확장 버튼(⇹) 클릭
❷ 확장 대상 열로 [광역지자체명] 필드만 선택
❸ '원래 열 이름을 접두사로 사용' 체크 해제
❹ [확인] 버튼 클릭

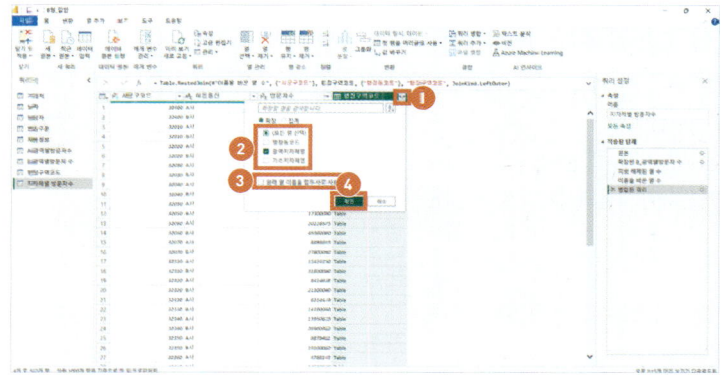

(4) 작업 결과 확인

• [광역지자체명] 필드가 올바르게 병합되었는지 결과를 확인한다.

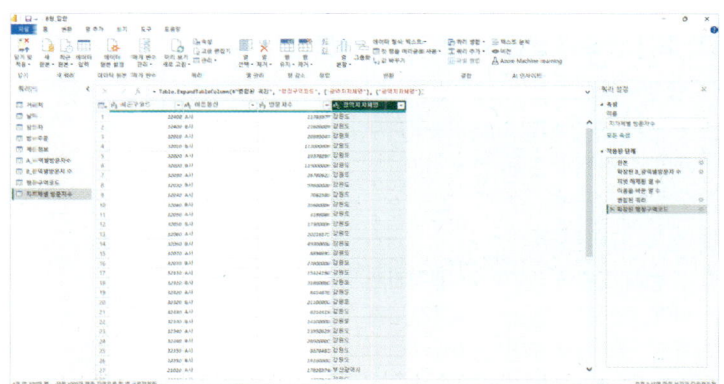

2 파워쿼리 편집기를 통해 필드를 추가하고 데이터 모델링 작업을 수행하시오. [10점]

① <행정구역코드> 테이블에 필드를 추가하시오. [4점]
▶ 조건 열 기능 사용
- 필드 이름 : [지역구분]
- 활용 필드 : <행정구역코드> 테이블의 [광역지자체명]
- <행정구역코드> 테이블의 [광역지자체명] 필드값이 "서울특별시", "경기도", "인천광역시"일 경우 "수도권", 그 외의 값일 경우 "지방권"을 반환
- 추가된 필드의 데이터 형식 : '텍스트'

문제 1-2-① 풀이

(1) 조건 열 추가 기능 선택

❶ [쿼리 창]에서 <행정구역코드> 테이블 선택
❷ [열 추가] 탭 클릭
❸ [일반] 그룹의 [조건 열] 버튼(🗒) 클릭

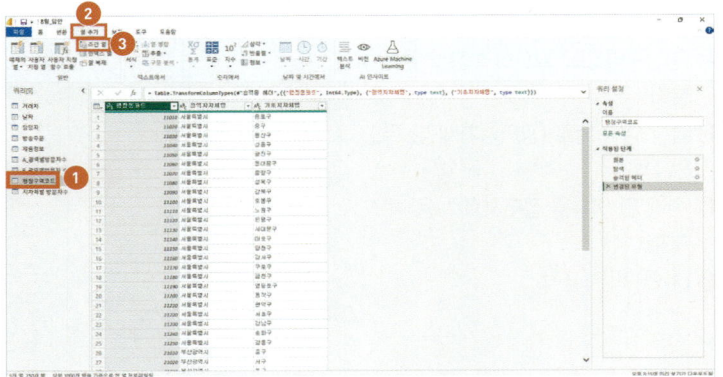

(2) 조건 열 추가 설정

❶ [새 열 이름]에 "지역 구분" 입력
❷ 첫 번째 조건에 [열 이름] '광역지자체명', [연산자] '같음' 선택, [값] "서울특별시", [출력] "수도권" 입력
❸ [절 추가] 버튼 클릭
❹ 두 번째 조건에 [열 이름] '광역지자체명', [연산자] '같음' 선택, [값] "경기도", [출력] "수도권" 입력
❺ [절 추가] 버튼 클릭
❻ 세 번째 조건에 [열 이름] '광역지자체명', [연산자] '같음' 선택, [값] "인천광역시", [출력] "수도권" 입력
❼ 조건에 해당되지 않는 값을 표시하는 [기타] 칸에 "지방권" 입력
❽ [확인] 버튼 클릭

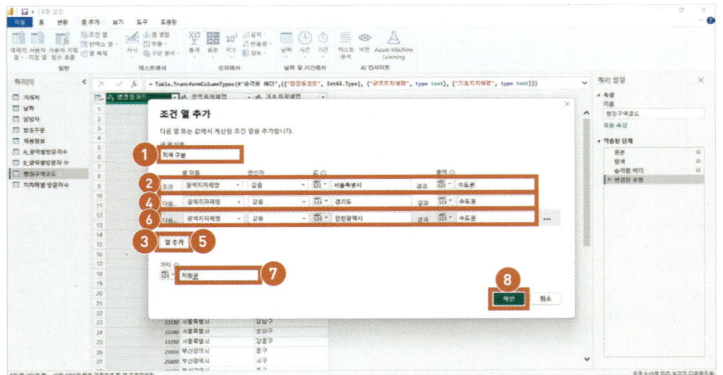

(3) 데이터 형식 변경
❶ [홈] 탭 클릭
❷ [지역구분] 필드명 왼쪽에 있는 데이터 형식 아이콘(ABC 123) 클릭
❸ [텍스트] 선택

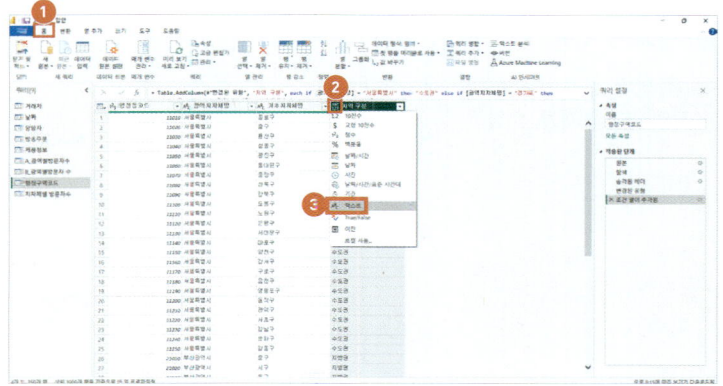

② <A_광역별방문자수>, <B_광역별방문자수> 테이블의 로드 사용을 해제하시오. [3점]

문제 1-2-② 풀이

(1) 로드 사용 체크 해제 ⓐ
❶ [쿼리 창]의 <A_광역별방문자수> 테이블명 위에서 마우스 오른쪽 버튼 클릭
❷ [로드 사용] 체크 해제
❸ 가능한 데이터 손실 경고 팝업 창에서 [계속] 버튼 클릭

(2) 로드 사용 체크 해제 ⓑ
❶ [쿼리 창]의 <B_광역별방문자수> 테이블명 위에서 마우스 오른쪽 버튼 클릭
❷ [로드 사용] 체크 해제
❸ 가능한 데이터 손실 경고 팝업 창에서 [계속] 버튼 클릭

> **참고**
> 로드 사용이 해제되면 테이블명이 이탤릭체로 기울여 보인다.
> 예) *A_광역별방문자수*, *B_광역별방문자수*

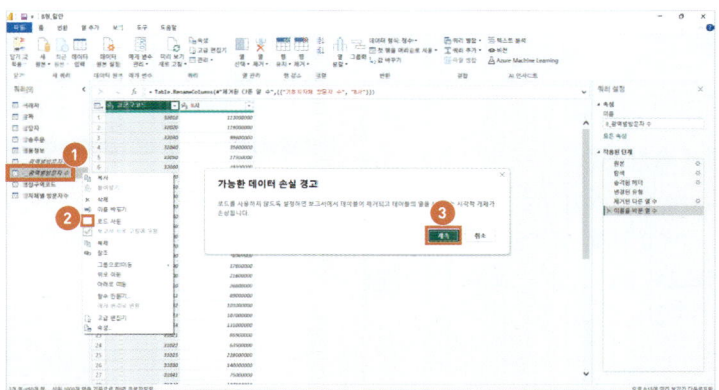

(3) 닫기 및 적용

❶ [홈] 탭의 [닫기 및 적용] 버튼 클릭하여 작업 결과를 저장

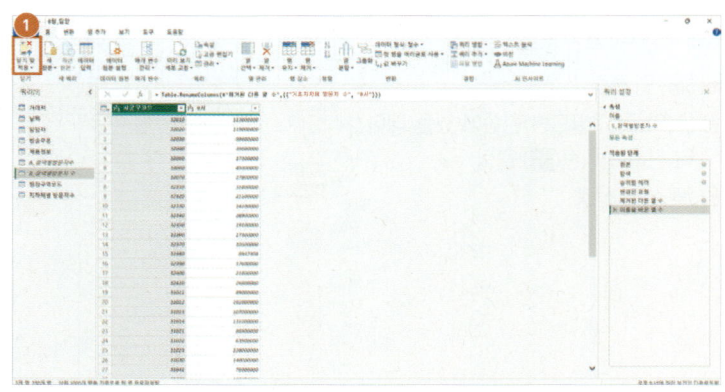

③ <지자체별 방문자수> 테이블과 <행정구역코드> 테이블의 관계를 설정하시오. [3점]
▶ 활용 필드 : <지자체별 방문자수>의 [시군구코드] 필드, <행정구역코드>의 [행정동코드] 필드
▶ 기준(시작) 테이블 : <지자체별 방문자수> 테이블
▶ 카디널리티 : '다대일(* : 1)' 관계
▶ 크로스 필터 방향 : '단일'

문제 1-2-③ 풀이

(1) 모델 보기 관계설정

❶ Power BI의 [모델 보기]를 클릭
❷ <지자체별 방문자수> 테이블의 [시군구코드]에서 마우스 왼쪽 버튼을 누른 상태에서 드래그
❸ <행정구역코드> 테이블의 [행정코드] 위에 드롭

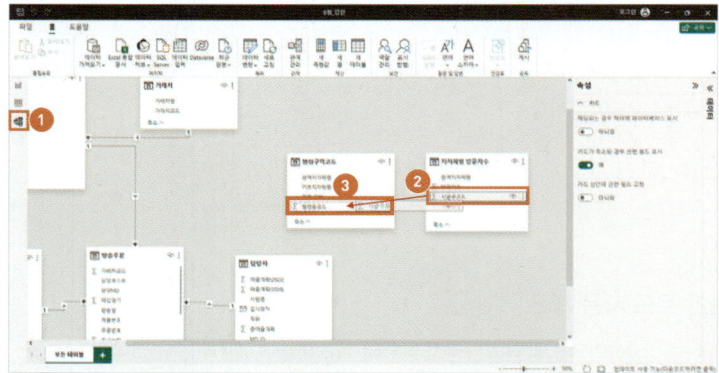

(2) 속성 설정

❶ [속성 창]에서 카디널리티가 '다대일 (* : 1)' 관계임을 확인
❷ 교차 필터 방향이 'Single(단일)'임을 확인

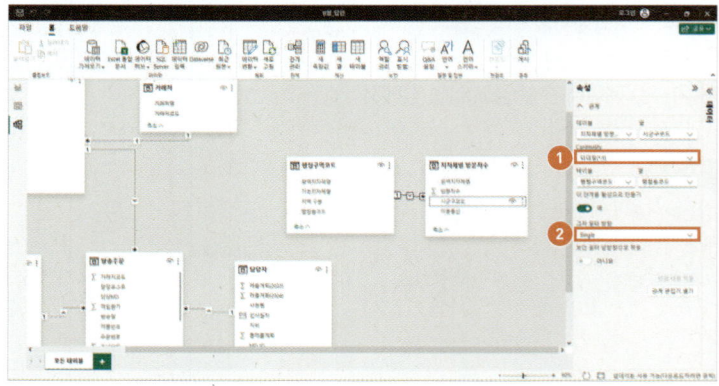

3 다음 지시사항에 따라 테이블 및 측정값을 추가하시오. [10점]

① 다음 조건으로 테이블과 측정값을 추가하시오. [4점]
- ▶ 테이블 이름 : <요약>
  - 활용 필드 : <지자체별_방문자수> 테이블에 [광역지자체명], [방문자수] 필드
  - <행정구역코드> 테이블의 [광역지자체명] 필드를 기준으로 방문자 수의 합계 반환
  - 사용함수 : SUM, SUMMARIZE
  - <요약> 테이블과 <지자체별_방문자수> 테이블 관계 설정
    • 활용 필드 : <요약>, <지자체별_방문자수> 테이블의 [광역지자체명] 필드
    • 기존(시작) 테이블 : <지자체별_방문자수> 테이블
    • 카디널리티 : '다대일(* : 1)' 관계
    • 크로스 필터 방향 : '단일'
- ▶ 측정값 이름 : [광역지자체수]
  - 활용 필드 : <행정구역코드> 테이블의 [광역지자체명] 필드
  - [광역지자체명]의 개수 반환
  - 사용함수 : DISTINCTCOUNT

문제 1-3-① 풀이

(1) 새 테이블 생성

❶ [테이블 뷰] 클릭
❷ [테이블 드구] 탭 선택 확인
❸ [계산] 그룹 [새 테이블] 클릭
❹ [수식 편집기]의 박스에 수식 작성 후 [Enter]

요약 = SUMMARIZE('지자체별_방문자수', '지자체별_방문자수'[광역지자체명], "합계", SUM('지자체별_방문자수'[방문자수]))

DAX 풀이

기 수식은 <지자체별_방문자수> 테이블의 데이터를 요약하여, [광역지자체명]별로 [방문자수]의 합계를 계산한 새로운 테이블을 반환한다.
- [SUMMARIZE] 함수는 지정된 테이블에서 그룹화할 열과 계산할 새로운 열을 정의하여 요약된 테이블을 생성
- [SUM] 함수는 그룹화된 각각의 [광역지자체명]에 대해 [방문자수] 열의 값을 합산하여 "합계"라는 이름의 새로운 열을 생성

> **사용 함수**
> - [SUMMARIZE] : 테이블의 데이터를 그룹화하고 계산된 열을 추가하여 요약된 테이블을 생성
>   - 구문 : SUMMARIZE(<테이블>, [그룹화할 열], "새로운 열 이름", <계산식>)
> - [SUM] : 지정된 열의 모든 값을 합산
>   - 구문 : SUM(<열>)

(2) 테이블 관계 설정

❶ [모델 보기]를 클릭
❷ <지자체별 방문자수> 테이블의 [광역지자체명]에서 마우스 왼쪽 버튼을 누른 상태에서 드래그
❸ <요약> 테이블의 [광역지자체명] 위에 드롭

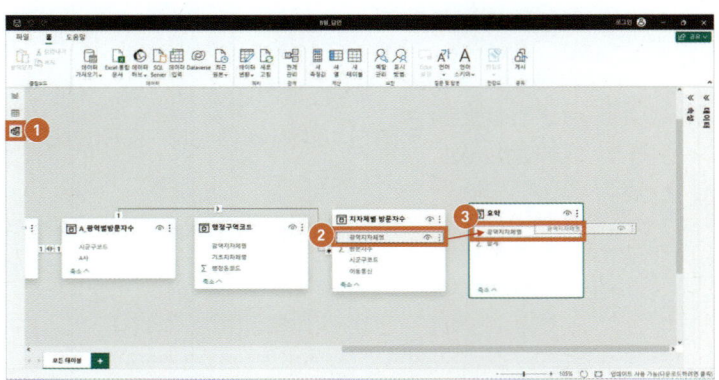

(3) 새 측정값 생성

❶ [테이블 뷰] 클릭
❷ [데이터 창]에서 <행정구역코드> 테이블 선택
❸ 메뉴에서 [테이블 도구] 탭 선택
❹ [계산] 그룹의 [새 측정값] 클릭

(4) 측정값 수식입력

❶ [수식 편집기]의 박스에 수식 작성 후 [Enter]

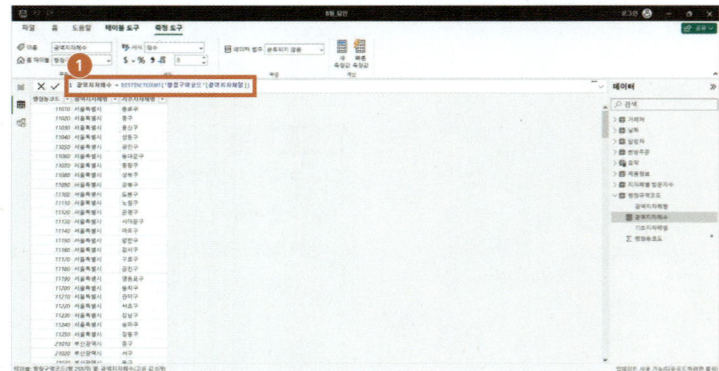

광역지자체수 = DISTINCTCOUNT('행정구역코드'[광역지자체명])

> **DAX 풀이**
> 이 수식은 <행정구역코드> 테이블의 [광역지자체명] 열에서 고유한 값의 개수를 계산하여 반환한다.
> - [DISTINCTCOUNT] 함수는 지정된 열에서 중복되지 않은 고윳값을 세어 반환

> **사용 함수**
> - [DISTINCTCOUNT] : 지정된 열에서 고유한 값의 개수를 계산
>   - 구문 : DISTINCTCOUNT(<열>)

② 다음 조건으로 측정값을 추가하시오. [3점]
- ▶ 측정값 이름 : [서울지역_방문자수]
  - 활용 필드 : <지자체별_방문자수> 테이블의 [방문자수], [광역지자체명] 필드
  - 서울지역 [방문자수]의 합계 반환
  - <지자체별_방문자수> 테이블에 적용된 필터 제외
  - 사용함수 : ALL, CALCULATE, FILTER, SUM
  - 서식 : 천 단위에서 쉼표로 구분되도록 적용
- ▶ 측정값 이름 : [서울방문자비율%]
  - 활용 필드 : [서울지역_방문자수] 측정값, <코약> 테이블의 [합계] 필드
  - 전체 방문자 수의 [합계]에 대한 [서울지역_방문자수]의 비율 반환
  - 사용함수 : DIVIDE, SUM
  - 서식 : '백분율', '소수점 아래 2자리까지' 표시

문제 1-3-② 풀이

(1) 새 측정값 생성-서울지역 방문자수

❶ [테이블 뷰] 클릭
❷ [데이터 창]에서 <지자체별_방문자수> 테이블 선택
❸ 메뉴에서 [테이블 도구] 탭 선택
❹ [계산] 그룹의 [새 측정값] 클릭

(2) 측정값 수식입력

❶ [수식 편집기]의 박스에 수식 작성 [Enter]
❷ [측정 도구] 탭의 [서식] 그룹에서 천 단위 구분 기호(**,**) 클릭

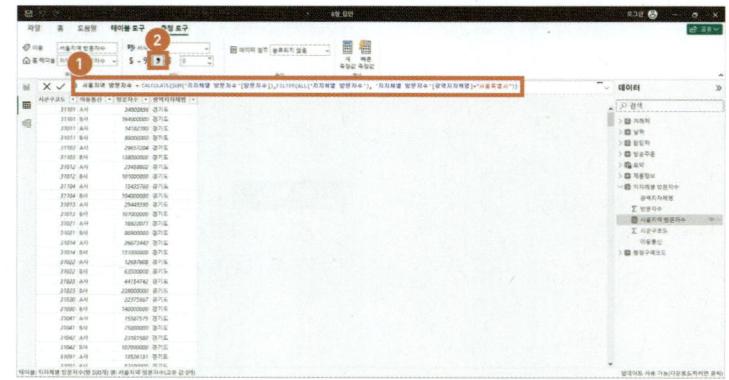

서울지역 방문자수 = CALCULATE(SUM('지자체별 방문자수'[방문자수]), FILTER(ALL('지자체별 방문자수'), '지자체별 방문자수'[광역지자체명] = "서울특별시"))

DAX 풀이
이 수식은 <지자체별 방문자수> 테이블에서 [광역지자체명]이 "서울특별시"인 조건으로 필터링된 [방문자수] 열의 합계를 계산한다.
- [CALCULATE] 함수는 컨텍스트를 수정하여 "서울특별시"에 해당하는 방문자수를 계산
- [FILTER] 함수는 <지자체별 방문자수> 테이블에서 [광역지자체명] 값이 "서울특별시"인 행만 반환
- [ALL] 함수는 기존 필터를 제거하여 모든 데이터를 포함한 상태에서 새로운 필터를 적용

사용 함수
- [CALCULATE] : 컨텍스트를 수정하여 식을 계산
  - 구문 : CALCULATE(<식>, <필터>)
- [FILTER] : 조건에 맞는 행을 반환
  - 구문 : FILTER(<테이블>, <조건>)
- [ALL] : 열 또는 테이블에 적용된 모든 필터를 제거
  - 구문 : ALL(<테이블> | <열>)
- [SUM] : 지정된 열의 모든 값을 합산
  - 구문 : SUM(<열>)

(3) 새 측정값 생성-서울방문자비율

❶ [계산] 그룹의 [새 측정값] 클릭
❷ [수식 편집기]의 박스에 수식 작성 후 [Enter]
❸ [서식] 그룹에서 백분율 기호(**%**) 클릭
❹ 소수점 아래 자릿수를 '2' 설정

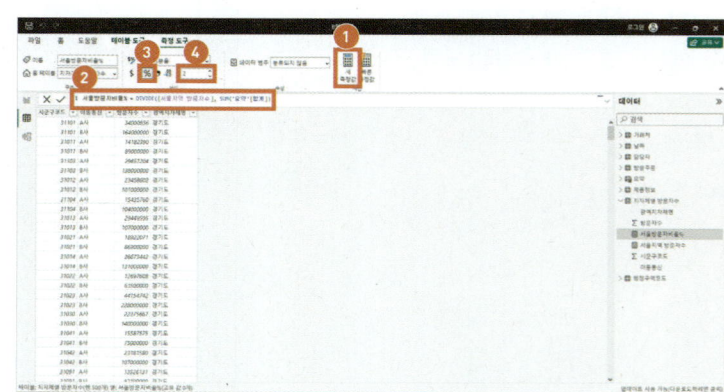

> 서울방문자비율% = DIVIDE([서울지역 방문자수], SUM('요약'[합계]))

DAX 풀이

이 수식은 [서울지역 방문자수] 값을 <요약> 테이블의 [합계] 열의 합으로 나누어 서울지역 방문자의 비율을 계산한다.
- [DIVIDE] 함수는 [서울지역 방문자수]와 [합계]의 비율을 계산
- [SUM] 함수는 [합계] 열의 값을 모두 더하여 총합을 계산

사용 함수

- [DIVIDE] : 두 값을 나누고 결과를 반환
  - 구문 : DIVIDE(<분자>, <분모>, [대체값])
- [SUM] : 지정된 열의 모든 값을 합산
  - 구문 : SUM(<열>)

---

③ 다음 조건으로 데이터 창에 테이블을 추가하시오. [3점]
▶ 테이블 이름 : <측정값T>
  - [광역지자체수], [서울지역_ 방문자수], [서을방문자비율%] 측정값을 테이블에 추가-

문제 1-3-③ 풀이

(1) 데이터 입력 선택

❶ [홈] 탭 선택
❷ [데이터] 그룹의 [데이터 입력] 클릭

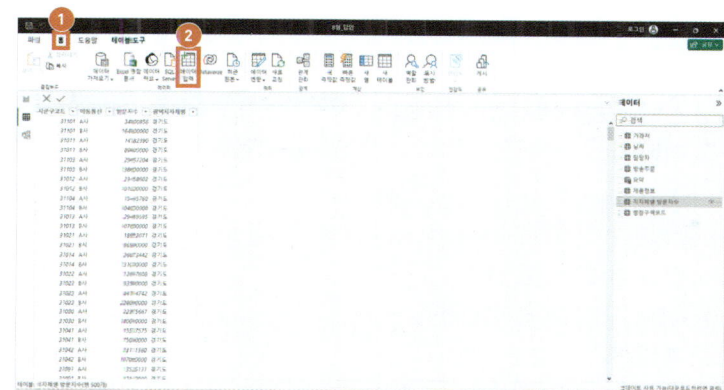

(2) 테이블 만들기

❶ [테이블 만들기 창]에서 이름 칸에 "측정값T"를 입력
❷ [로드] 버튼 클릭

(3) 선택 필드를 <측정값T> 테이블로 이동 ⓐ

❶ [데이터 창]에서 <지자체별 방문자수> 테이블 선택
❷ [서울지역 방문자수] 필드 선택
❸ [측정 도구]의 [홈 테이블] 선택
❹ <측정값T> 테이블을 선택
• 우측 [데이터 창]에서 <지자체별 방문자수> 테이블에 있던 [서울지역 방문자수] 필드가 <측정값T> 테이블로 이동한 것을 확인한다.

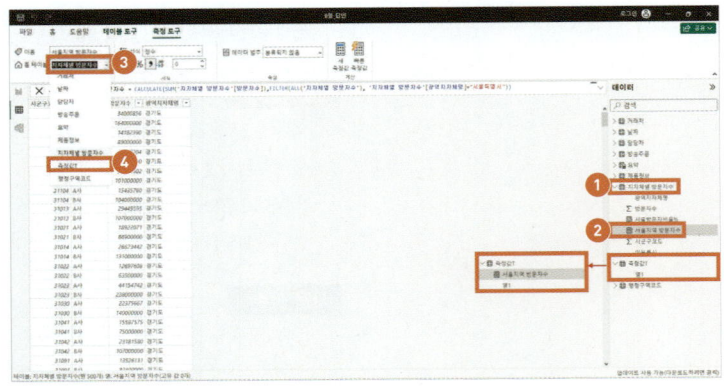

(4) 선택 필드를 <측정값T> 테이블로 이동 ⓑ

❶ [데이터 창]에서 <지자체별 방문자수> 테이블 선택
❷ [서울방문자비율%] 필드 선택
❸ [측정 도구]의 [홈 테이블] 선택
❹ <측정값T> 테이블을 선택
• 우측 [데이터 창]에서 <지자체별 방문자수> 테이블에 있던 [서울방문자비율%] 필드가 <측정값T> 테이블로 이동한 것을 확인한다.

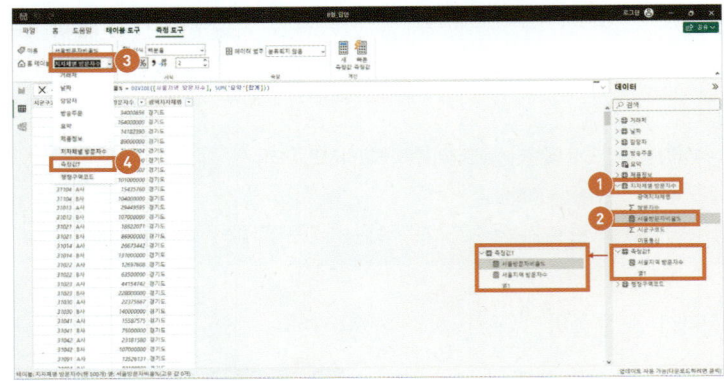

(5) 선택 필드를 <측정값T> 테이블로 이동 ⓒ

❶ [데이터 창]에서 <행정구역코드> 테이블 선택
❷ [광역지자체수] 필드 선택
❸ [측정 도구]의 [홈 테이블] 선택
❹ <측정값T> 테이블을 선택
• 우측 [데이터 창]에서 <행정구역코드> 테이블에 있던 [광역지자체수] 필드가 <측정값T> 테이블로 이동한 것을 확인한다.

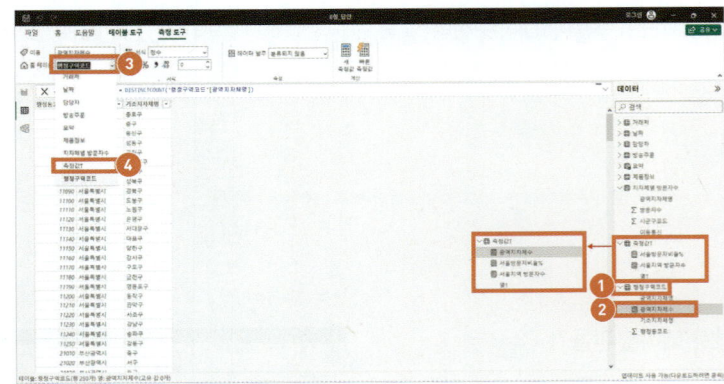

SECTION 02 문제 2-단순요소 구현 [30점]

1 '문제 2', '문제 3' 페이지의 전체 서식을 설정하시오. [5점]

① '문제 2'와 '문제 3' 페이지의 캔버스 배경을 설정하시오. [3점]
- ▶ 배경 이미지
  - '문제 2' 페이지 : '문제 2_배경.png'
  - '문제 3' 페이지 : '문제 3_배경.png'
- ▶ 캔버스 배경 설정
  - 이미지 맞춤 : '기본'
  - 투명도 : '0%'
- ▶ 보고서 테마 : '기본값'

문제 2-1-① 풀이

(1) '문제 2' 페이지 선택

❶ [보고서 보기] 작업영역( ) 선택
❷ '문제 2' 페이지 선택

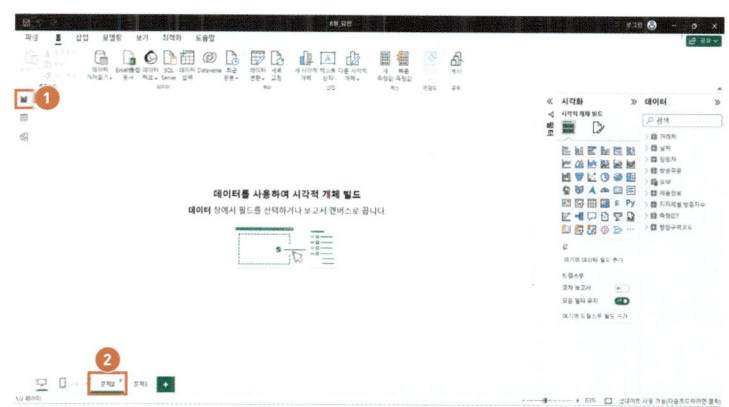

(2) '문제 2-배경' 설정

❶ [시각화 창] > [보고서 페이지 서식 지정] 아이콘( ) 클릭
❷ [캔버스 배경] 선택
❸ 이미지 [찾아보기] 클릭
❹ '문제 2-배경.png' 파일 선택
❺ [열기] 버튼 클릭
❻ [이미지 맞춤] '기본'과 [투명도(%)] '0' 설정을 확인

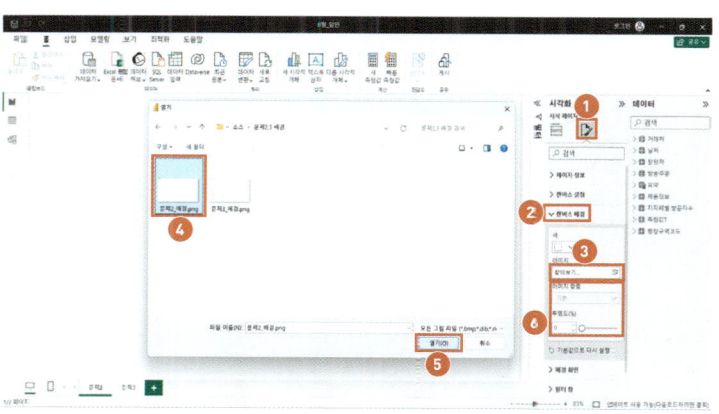

(3) '문제 3-배경' 설정

① '문제 3' 페이지 선택 > [시각화 창] > [보고서 페이지 서식 지정] > [캔버스 배경] 선택 확인
② 이미지 [찾아보기] 클릭
③ '문제 3-배경.png' 파일 선택
④ [열기] 버튼 클릭
⑤ [이미지 맞춤] '기본'과 [투명도(%)] '0' 설정을 확인

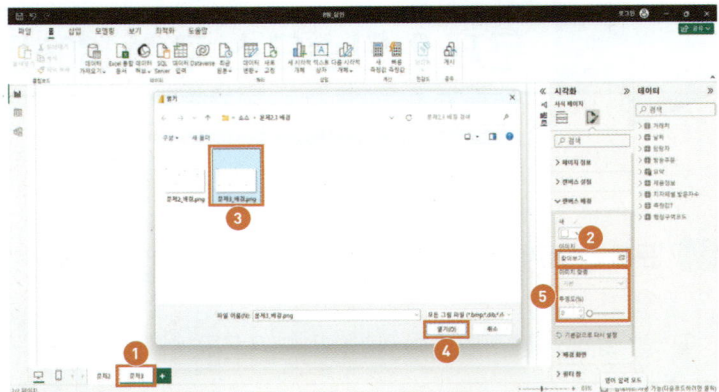

(4) 보고서 테마 설정

① [보기] 탭 선택
② [확장] 버튼(▽) 클릭
③ Power BI '기본값' 테마 선택

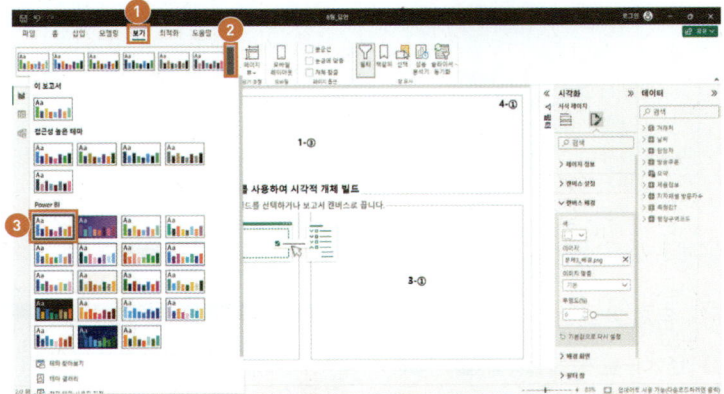

---

② 텍스트 상자를 사용하여 '문제 2' 페이지에 보고서 제목을 작성하시오. [2점]

▶ 제목 : "23~24년도 홈쇼핑 판매 보고서"
  - 제목 서식 : 글꼴 'Segoe UI', 글꼴 크기 '28', '굵게', '가운데'
▶ 텍스트 상자를 '1-②' 위치에 배치

문제 2-1-② 풀이

(1) 텍스트 상자 생성

① '문제 2' 페이지 선택
② [삽입] 탭 선택
③ [삽입] 그룹의 [텍스트 상자](A) 클릭

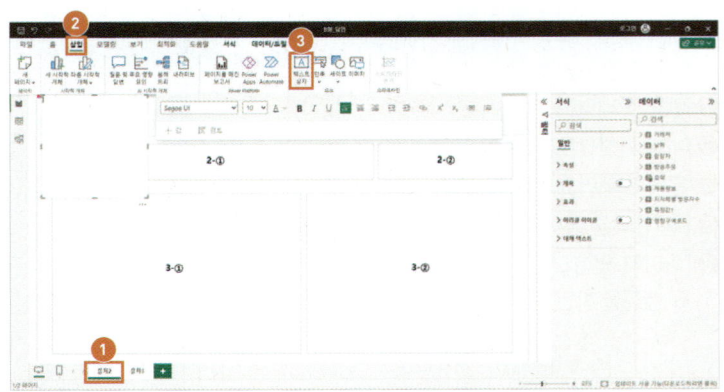

(2) 텍스트 상자 입력 및 설정

❶ 글꼴 'Segoe UI' 설정
❷ 글꼴 크기 "28" 입력
❸ '굵게' 설정
❹ '가운데 정렬' 설정
❺ 텍스트 상자에 "'23~24년도 홈쇼핑 판매 보고서"를 입력

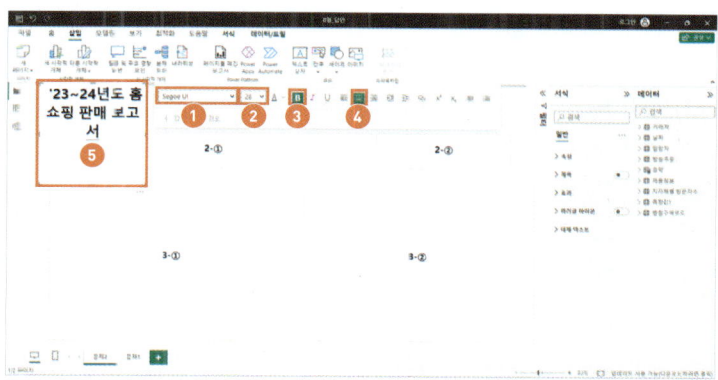

(3) 크기 및 위치 조정

❶ 텍스트 상자 크기 조정
• 텍스트 상자 경계선에 마우스를 가져다 대면 크기 조절 화살표가 생긴다.
❷ 텍스트 상자 위치 1-②로 이동
• 우측 상단의 ⋯ 아이콘을 누른 상태에서 드래그한다.

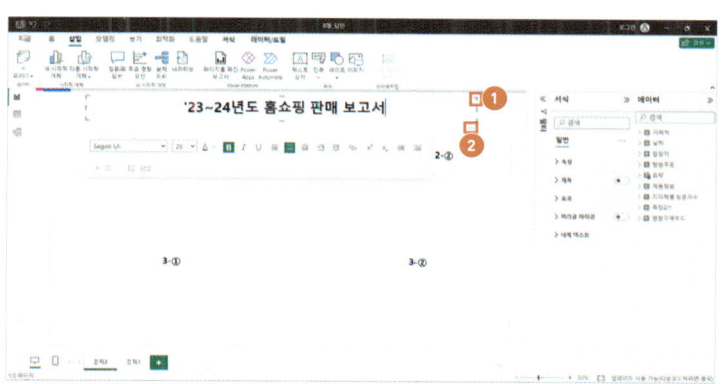

2 다음 지시사항에 따라 카드와 슬라이서를 구현하시오. [5점]

① 다음 조건으로 '문제 2' 페이지에 카드를 구현하시오. [3점]
  ▶ 활용 필드 : <방송주문> 테이블의 [총방송횟수], [총판매수량], [총거래처수] 측정값
  ▶ 설명 값 서식 : 글꼴 'DIN', 글꼴 크기 '33', 표시 단위 '없음'
  ▶ 범주 레이블 서식 : 글꼴 'Segoe UI', 글꼴 크기 '13', '굵게'
  ▶ 카드를 '2-①' 위치에 배치

문제 2-2-① 풀이

(1) 카드 생성

❶ [보고서 보기] 작업영역 선택
❷ '문제 2' 페이지 선택
❸ [시각화 창] > [시각화 개체에 데이터 추가]에서 카드 개체(123) 클릭
❹ [데이터 창]에서 <방송주문> 테이블 선택
❺ [총방송횟수] 측정값을 체크
❻ [필드 창]이 드래그&드롭하여 필드 추가

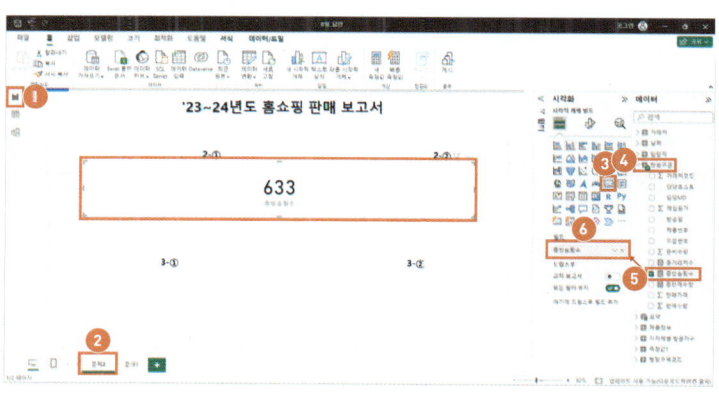

CHAPTER 04 시행처 공개문제 B형 풀이 381

(2) 설명값 서식 지정

❶ [시각적 개체 서식 지정] 클릭
❷ [시각적 개체] 선택
❸ [설명값] 선택
❹ 글꼴 'DIN' 설정
❺ 글꼴 크기 "33" 입력
❻ [표시 단위] '없음' 설정

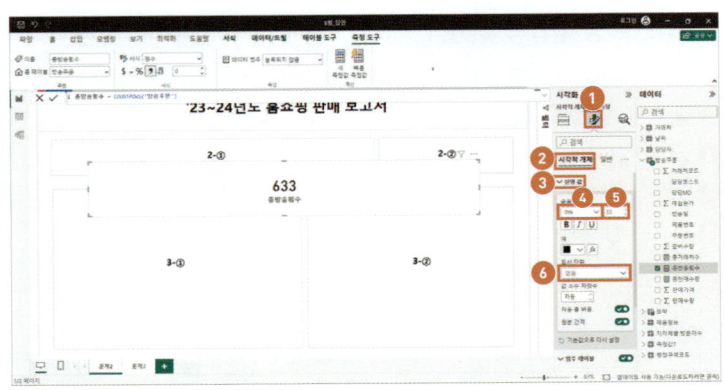

(3) 범주 레이블 서식 지정

❶ [범주 레이블] 선택
❷ 글꼴 'Segoe UI' 설정
❸ 글꼴 크기 "13" 입력
❹ '굵게' 설정

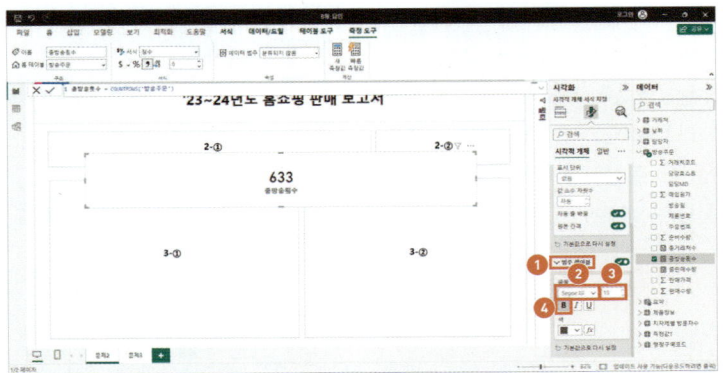

(4) 크기 및 위치 조정

❶ 카드 크기 조정
• 카드 경계선에 마우스를 가져다 대면 크기 조절 화살표가 생긴다.
❷ 카드 위치 2-①로 이동
• 우측 상단의 ⋯ 아이콘을 누른 상태에서 드래그 한다.

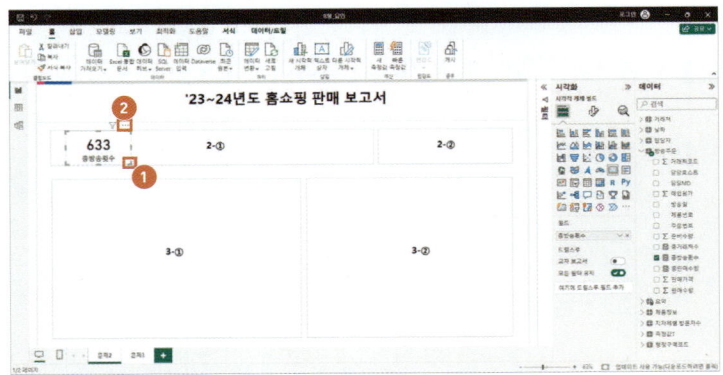

(5) 카드 복사, 붙여넣기 ⓐ

❶ 총방송횟수 카드를 선택하고 [Ctrl]+[C]로 복사, [Ctrl]+[V]로 붙여넣기
❷ 복사된 카드를 2-①의 가운데 적절한 위치로 이동
❸ [시각화 창]의 [필드] 칸에서 총판매횟수를 [X] 클릭하여 삭제
❹ [데이터 창]에서 <방송주문> 테이블의 [총판매수량] 측정값 추가

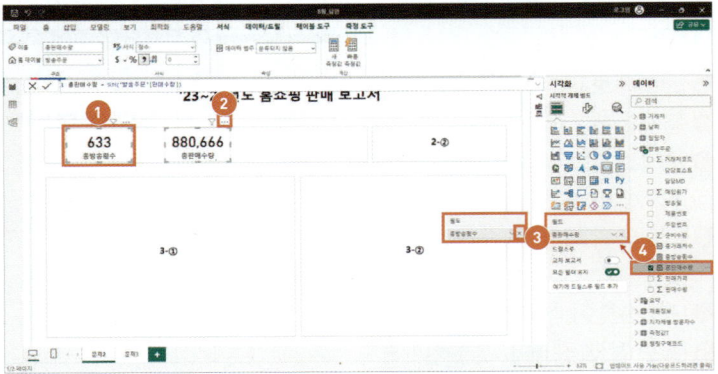

(6) 카드 복사, 붙여넣기 ⓑ

❶ [총판매수량] 카드를 선택하고 [Ctrl]+[C]로 복사, [Ctrl]+[V]로 붙여넣기
❷ 복사된 카드를 2-①의 오른쪽 끝 위치로 이동
❸ [시각화 창]의 [필드] 칸에서 총판매수량을 [X] 클릭하여 삭제
❹ [데이터 창]에서 <방송주문> 테이블의 [총거래처수] 측정값 추가

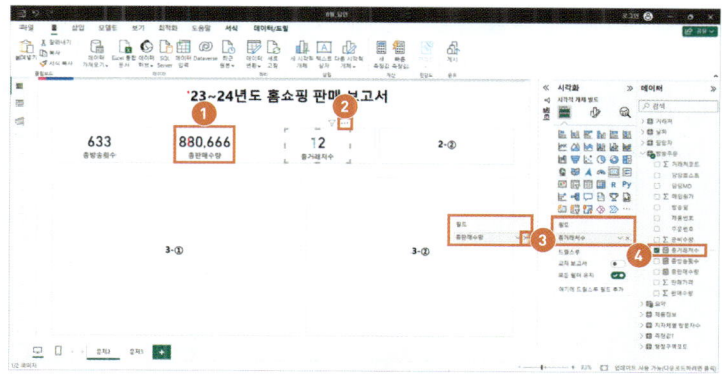

② 다음 조건으로 '문제 2' 페이지에 슬라이서를 구현하시오. [2점]
▶ 활용 필드 : <날짜> 테이블의 [년] 필드
▶ 슬라이서 스타일 : '타일'
▶ 값 서식 : 글꼴 'Segoe UI', 글꼴 크기 '19', '굵게'
▶ 슬라이서 머리글이 보이지 않도록 설정
▶ '반응형' 옵션 해제
▶ 슬라이서를 '2-②' 위치에 배치

문제 2-2-② 풀이

(1) 슬라이서 생성

❶ [시각화 창] > [시각적 개체 빌드] > 슬라이서 개체(📊) 클릭
❷ [데이터 창]에서 <날짜> 테이블 선택
❸ [년] 필드 선택하여 필드 추가

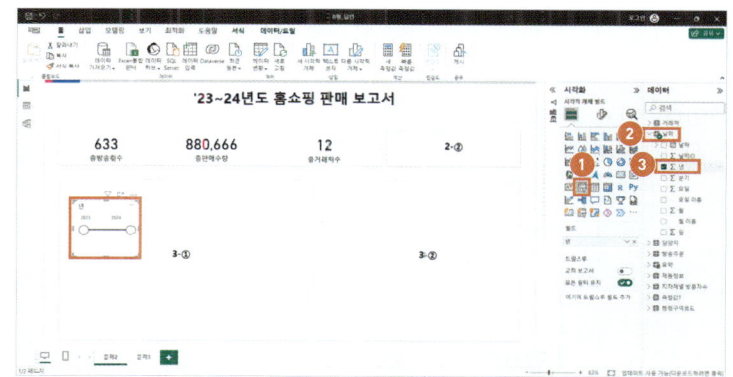

(2) 슬라이서 설정

❶ [시각적 개체 서식 지정] > [시각적 개체] 선택
❷ [슬라이서 설정] 선택
❸ [옵션] 선택
❹ [스타일] '타일' 선택
❺ [슬라이서 머리글] 체크 해제
❻ [값] 선택
❼ 글꼴 'Segce UI' 설정
❽ 글꼴 크기 '19" 입력
❾ '굵게' 설정

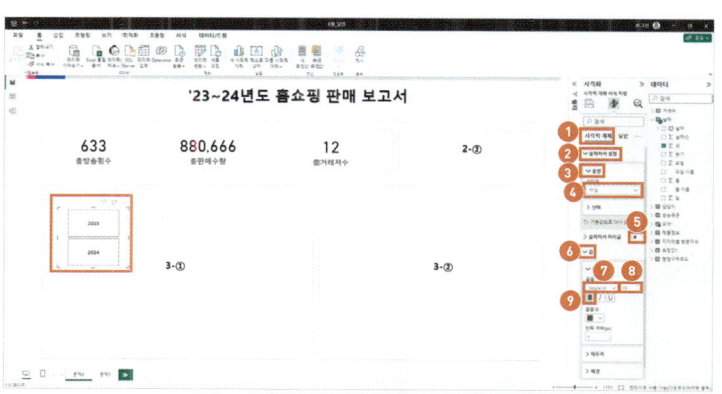

(3) 슬라이서 일반 속성 설정

❶ [일반] 선택
❷ [속성] 선택
❸ [고급 옵션] 선택
❹ [반응형] 체크 해제

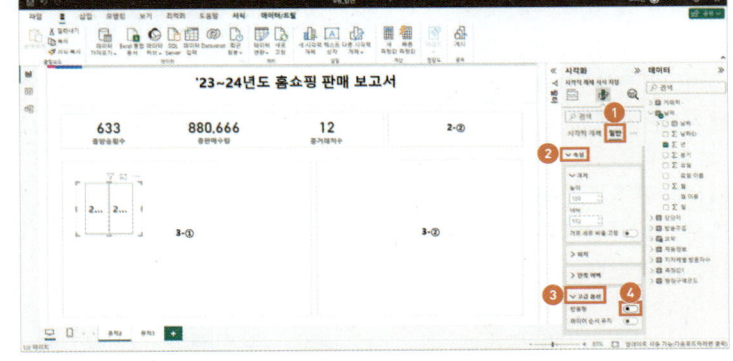

(4) 크기 및 위치 조정

❶ 슬라이서 크기 조정
- 슬라이서 경계선에 마우스를 가져다 대면 크기 조절 화살표가 생긴다.

❷ 슬라이서 위치 2-❷로 이동
- 우측 상단의 ⋯ 아이콘을 누른 상태에서 드래그 한다.

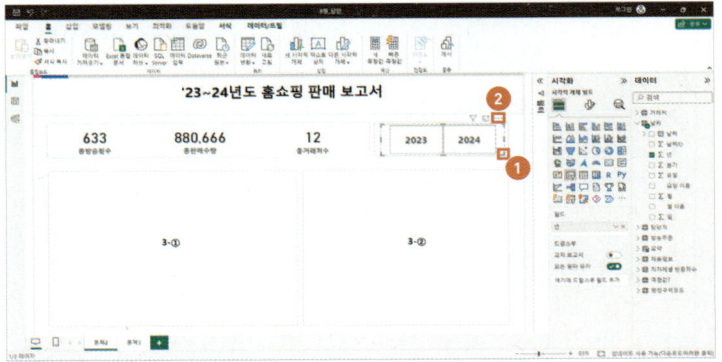

3 다음 지시사항에 따라 리본 차트를 구현하시오. [10점]

① 다음 조건으로 '문제 2' 페이지에 리본 차트를 구현하시오. [3점]
- ▶ 활용 필드
  - <날짜> 테이블의 [월이름] 필드
  - <담당자> 테이블의 [사원명] 필드
  - <방송주문> 테이블의 [판매가격] 필드
- ▶ 도구 설명에 [총판매수량]이 표시되도록 추가
- ▶ 리본 차트를 '3-①' 위치에 배치

문제 2-3-① 풀이

(1) 리본차트 생성

❶ [보고서 보기] 작업영역 선택
❷ '문제 2' 페이지 선택
❸ [시각화 창] > [시각적 개체에 데이터 추가] > 리본차트 개체(📊) 클릭

> **참고**
> 앞서 진행한 작업에서 특정 슬라이서나 차트가 선택된 상태에서 '리본차트' 아이콘을 클릭하지 않도록 주의한다.

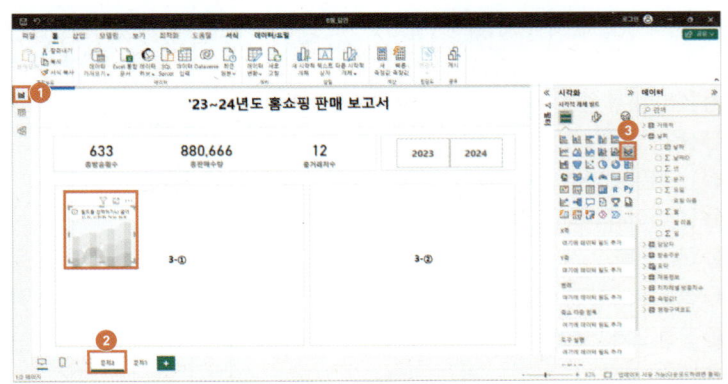

(2) 리본차트 설정

❶ [X축]에 <날짜> 테이블의 [월이름] 필드를 선택
❷ [Y축]에 <방송주문> 테이블의 [판매가격] 필드를 선택
❸ [범례]에 <담당자> 테이블의 [총판매수량] 측정값 선택
❹ [도구설명]에 <담당자> 테이블의 [총판매수량] 측정값 선택

(3) 크기 및 위치 조정

❶ 차트 크기 조정
- 차트 경계선에 마우스를 가져다 대면 크기 조절 화살표가 생긴다.

❷ 차트 위치 3-①로 이동
- 우측 상단의 ⋯ 아이콘을 누른 상태에서 드래그 한다.

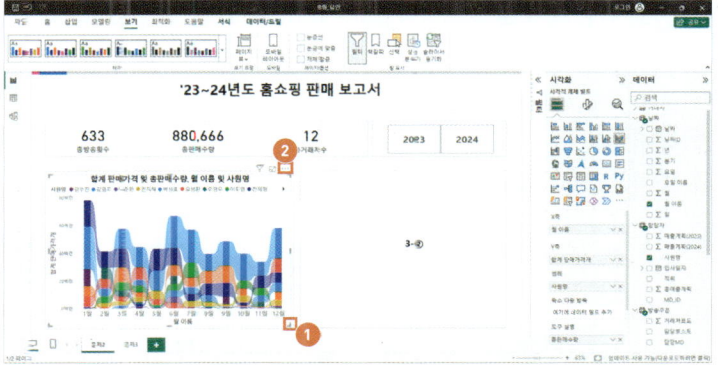

② 다음과 같이 리본 차트의 각 요소에 대한 서식을 지정하시오. [4점]

▶ 차트 제목 : "담당MD(Top3) 매출실적"
  - 제목 서식 : 글꼴 'DIN', 글꼴 크기 '15', '굵게', '가운데 맞춤'
▶ X축 : 글꼴 크기 '12', 축 제목 제거
▶ Y축 : 축 제목 제거, 값 제거
▶ 범례 : 위치 '위쪽 가운데'
▶ 리본 : 색의 '투명도 50%'
▶ 리본 차트 X축 '월이름'이 1월부터 12월까지 순서대로 표시되도록 정렬

문제 2-3-② 풀이

(1) 리본차트 제목 및 글꼴 설정

❶ [시각화 창] > [시각적 개체 서식 지정] 아이콘( ) 클릭
❷ [일반] 선택
❸ [제목] 선택
❹ 텍스트에 "담당MD(Top3) 매출실적" 입력
❺ 글꼴 'DIN' 설정
❻ 글꼴 크기 "15" 입력
❼ '굵게' 설정
❽ [가로 맞춤] '가운데 정렬'

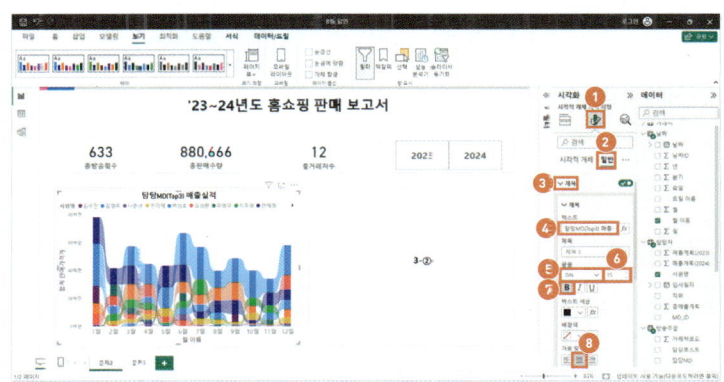

(2) 축 설정

❶ [시각적 개체] 선택
❷ [X축] 선택
❸ [값]의 글꼴 크기 "12" 입력
❹ [제목] 체크 해제
❺ [Y축] 선택
❻ [값] 체크 해제
❼ [제목] 체크 해제

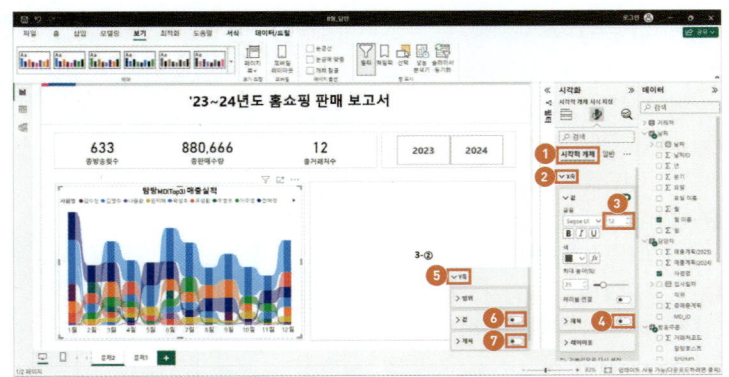

(3) 범례 및 리본 설정

❶ [범례] 선택
❷ [옵션] 위치 '위쪽 가운데' 설정
❸ [리본] 선택
❹ [색] 투명도(%) "50" 입력

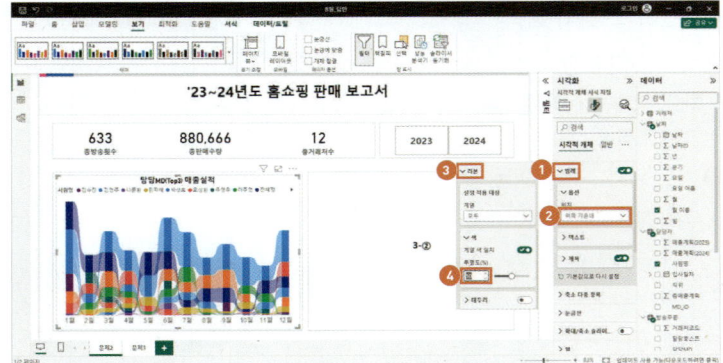

③ 리본 차트에 [판매가격]이 상위 3위인 [사원명]만 표시되도록 설정하시오. [3점]

문제 2-3-③ 풀이

(1) Top N 필터 설정

❶ [필터 창] 확장 버튼(≫) 클릭
❷ [사원명] 필터를 클릭하여 확장
❸ 필터 형식을 '상위 N' 으로 설정
❹ 항목 표시를 '위쪽' 설정, "3" 입력
❺ 값에 [데이터 창] > <방송주문> 테이블 > [판매가격]을 추가
❻ [필터 적용] 버튼 클릭

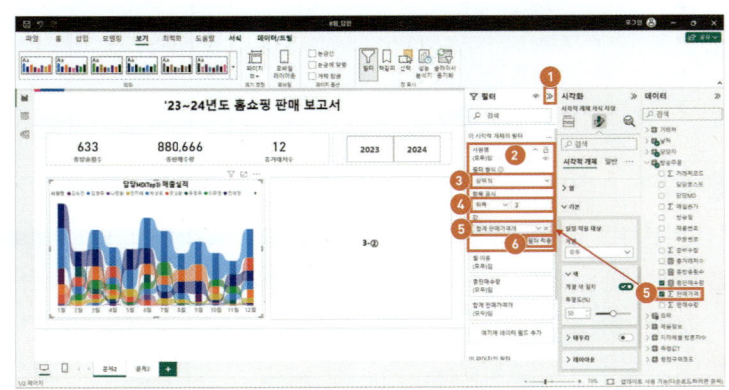

(2) 작업 결과 확인

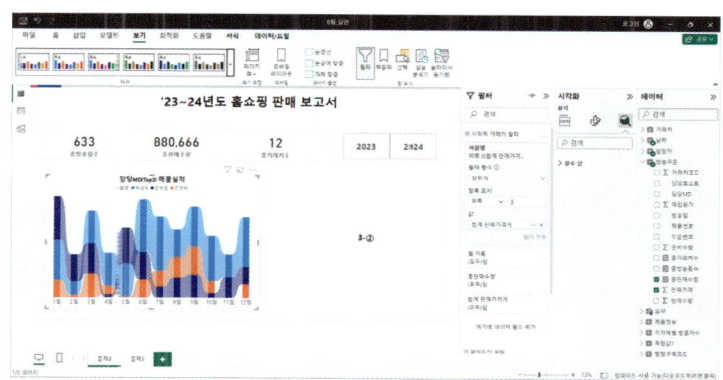

4 다음 지시사항에 따라 도넛형 차트를 구현하시오. [10점]

① 다음 조건으로 '문제 2' 페이지에 도넛형 차트를 구현하시오. [4점]
- ▶ 활용 필드 : <방송주문> 테이블의 [담당호스트] 필드, [총방송횟수] 측정값
- ▶ 차트 제목 : "담당호스트별 방송횟수"
  - 제목 서식 : 글꼴 'Segoe UI', '굵게', '가운데'
- ▶ 범례 : 위치 '위쪽 가운데'
- ▶ 도넛형 차트를 '4-①' 위치에 배치

문제 2-4-① 풀이

(1) 도넛형 차트 생성

❶ [보고서 보기] 작업영역 선택
❷ '문제 2' 페이지 선택
❸ [시각화 창] > [시각적 개체 빌드] > 도넛형 차트 아이콘(◉) 클릭

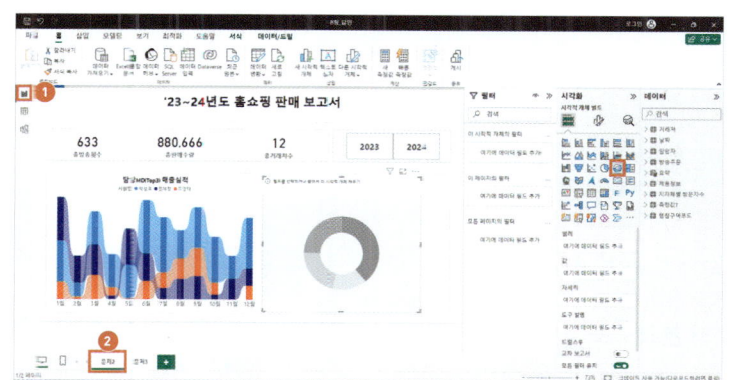

(2) 범례 및 값 설정

❶ [데이터 창] > <방송주문> 테이블 > [담당호스트] 필드를 선택하여 [범례]에 추가
❷ <방송주문> 테이블 > [총방송횟수] 측정값을 선택하여 [값]에 추가

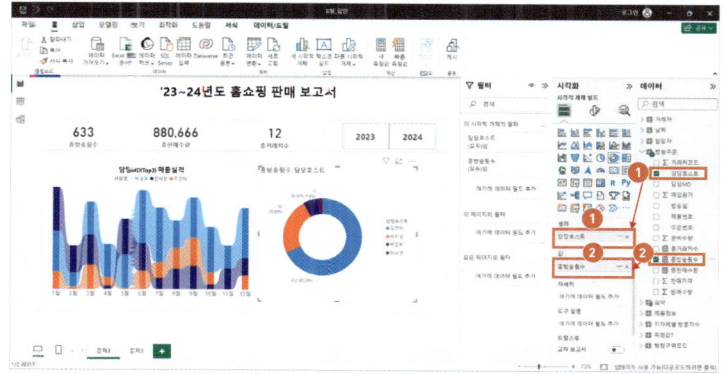

(3) 차트 제목 입력 및 설정

❶ [시각화 창] > [시각적 개체 서식 지정] 아이콘( ) 클릭
❷ [일반] 선택
❸ [제목] 선택
❹ 텍스트에 "담당호스트별 방송횟수" 입력
❺ 글꼴 'Segoe UI' 설정
❻ '굵게' 설정
❼ [가로 맞춤] '가운데 정렬'

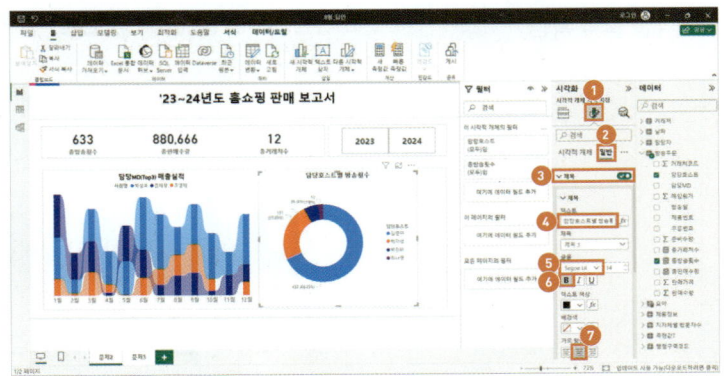

(4) 범례 위치, 크기 및 위치 조정

❶ [시각적 개체] 선택
❷ [범례] 선택
❸ [옵션]에서 위치를 '위쪽 가운데'로 설정
❹ 차트 크기 조정
❺ 차트 위치 '3-❷'로 이동

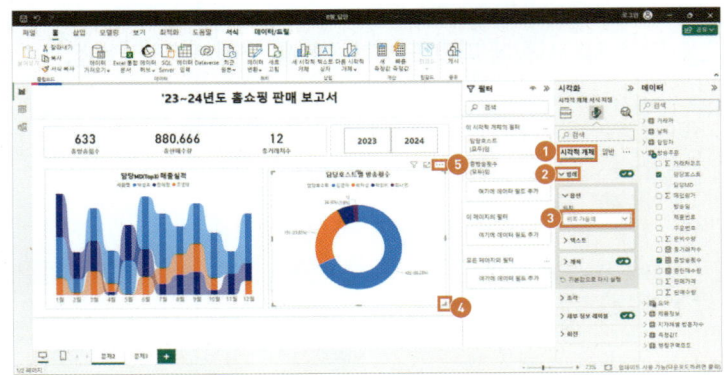

② 다음과 같이 도넛형 차트의 조각에 대한 서식을 지정하시오. [3점]
▶ 색상 : 김연아 '#E645AB'
▶ 내부 반경 : '50%'

문제 2-4-② 풀이

(1) 조각 서식 설정

❶ [시각적 개체] > [조각] 선택
❷ [색]에서 '김연아' 색의 확장 버튼( ) 클릭
❸ [테마 색] 팔레트에서 [다른 색...] 클릭
❹ 헥스 칸에 "#E645AB" 입력

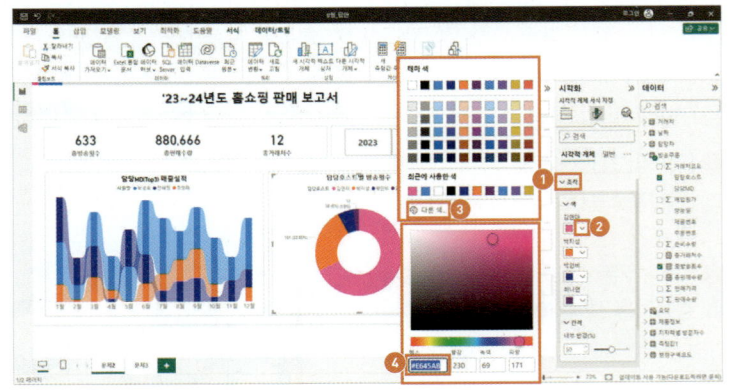

③ 다음과 같이 도넛형 차트의 세부 정보 레이블에 대한 서식을 지정하시오. [3점]
▶ 레이블 내용 : '범주, 총퍼센트'로 표시
▶ 위치 : '바깥쪽 우선'

문제 2-4-③ 풀이

(1) 세부 정보 레이블 설정

❶ [시각적 개체] > [세부 정보 레이블] 선택
❷ [옵션]에서 위치를 '바깥쪽 우선'으로 설정
❸ [레이블 내용]을 '범주, 총 퍼센트'로 설정

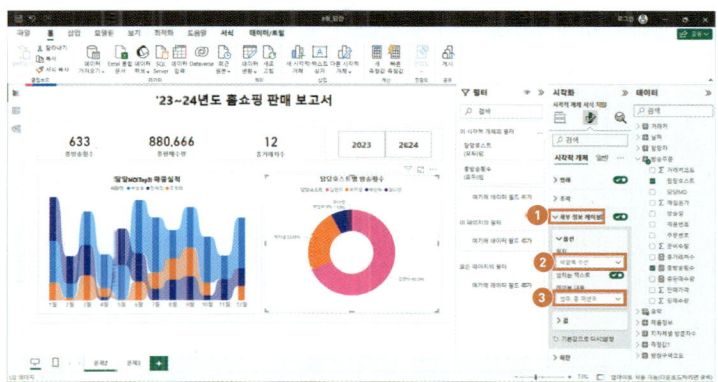

SECTION 03 문제 3-복합요소 구현 [50점]

1 다음 지시사항에 따라 꺾은선형 및 묶은 세로 막대형 차트를 구현하시오. [10점]

① 다음 조건으로 <방송주문> 테이블에 측정값을 추가하시오. [3점]
▶ 측정값 이름 : [완전판매건수]
  - 활용 필드 : <방송주문> 테이블의 [주문번호], [준비수량], [판매수량] 필드
  - [준비수량]이 모두 판매된 [주문번호]의 건 수 계산
  - 사용함수 : CALCULATE, COUNT, FILTER
▶ 측정값 이름 : [총판매금액]
  - 활용 필드 : <방송주문> 테이블의 [판매수량], [판매가격] 필드
  - 판매금액의 합계 계산
  - 사용함수 : SUMX
  - 서식 : 천 단위에서 쉼표로 구분되도록 적용

문제 3-1-① 풀이

(1) '문제 3' 페이지 선택

❶ [보고서 보기](📊) 선택
❷ '문제 3' 페이지 선택

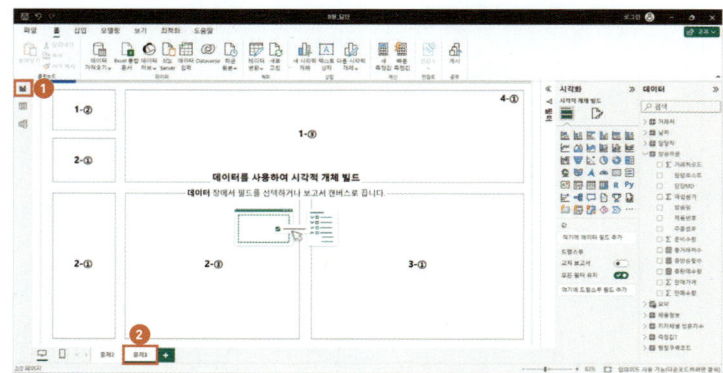

(2) 새 측정값 생성

❶ [데이터 창]의 <방송주문> 테이블 클릭
❷ [테이블 도구] > [계산] 그룹 > [새 측정값] 클릭

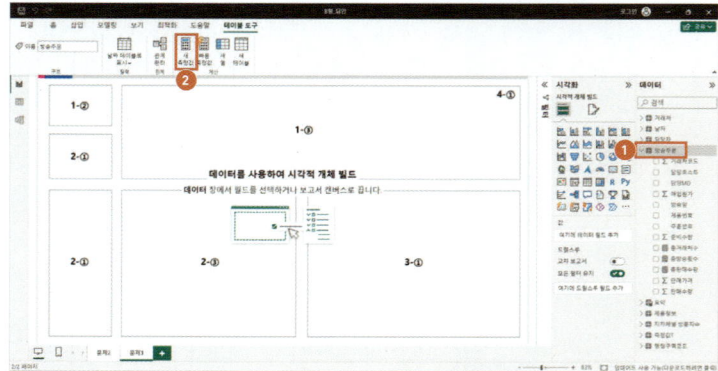

(3) 수식 입력

❶ [수식 편집기]의 박스에 수식 작성 후 [Enter]

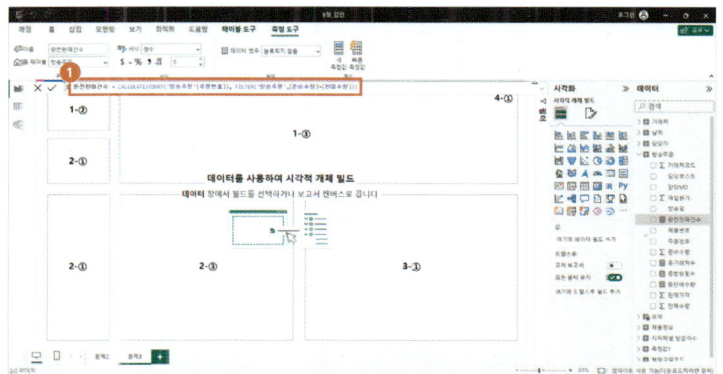

완전판매건수 = CALCULATE(COUNT('방송주문'[주문번호]), FILTER('방송주문',[준비수량]=[판매수량]))

DAX 풀이

기 수식은 <방송주문> 테이블에서 [준비수량]과 [판매수량]이 동일한 행의 [주문번호] 개수를 계산한다.
- [CALCULATE] 함수는 컨텍스트를 수정하여 완전판매건수를 계산
- [COUNT] 함수는 <방송주문> 테이블에서 [주문번호] 값의 개수를 셈
- [FILTER] 함수는 [준비수량]과 [판매수량]이 같은 행만 반환

사용 함수

- [CALCULATE] : 컨텍스트를 수정하여 식을 계산
  - 구문 : CALCULATE(<식>, <필터>)
- [COUNT] : 지정된 열의 값 개수를 셈
  - 구문 : COUNT(<열>)
- [FILTER] : 조건에 맞는 행을 반환
  - 구문 : FILTER(<테이블>, <조건>)

(4) 새 측정값 수식 입력

❶ [측정 도구] > [계산] 그룹 > [새 측정값] 클릭
❷ [수식 편집기]의 박스에 수식 작성 후 [Enter]
❸ [서식] 그룹의 천 단위 구분 기호(,) 클릭

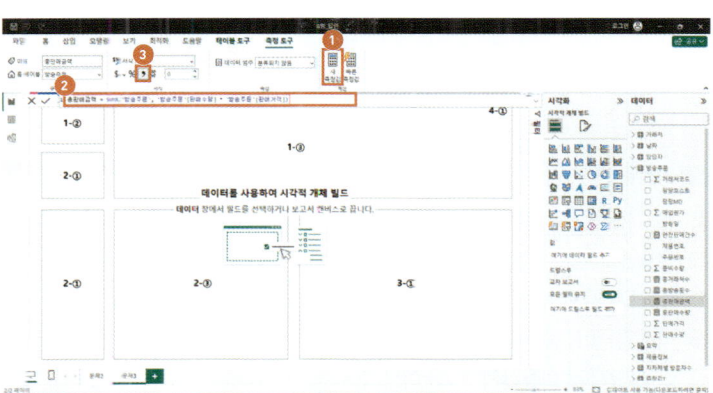

총판매금액 = SUMX('방송주문', '방송주문'[판매수량] * '방송주문'[판매가격])

> **DAX 풀이**
> 이 수식은 <방송주문> 테이블에서 [판매수량]과 [판매가격]의 곱을 계산한 뒤, 이를 합산하여 총판매금액을 반환한다.
> - [SUMX] 함수는 <방송주문> 테이블의 각 행에서 계산한 결과를 합산
> - [판매수량]과 [판매가격]은 곱셈 연산을 통해 각 행의 판매 금액을 계산

> **사용 함수**
> - [SUMX] : 테이블의 각 행에서 계산한 결과를 합산
>   - 구문 : SUMX(<테이블>, <수식>)

② 다음 조건으로 매개 변수를 추가하고 '문제 3' 페이지에 슬라이서를 구현하시오. [3점]
▶ 매개 변수 추가
  - 대상 필드
    • <방송주문> 테이블의 [담당호스트] 필드
    • <담당자> 테이블의 [사원명] 필드
  - 이 페이지에 슬라이서 추가 옵션 설정
  - 매개 변수 필드 이름 변경 : [사원명] → [담당MD]
▶ 슬라이서 값 : '담당MD' 필터 적용
▶ 슬라이서를 '1-②' 위치에 배치

문제 3-1-② 풀이

[1] 새 매개 변수 기능 선택

❶ [모델링] 선택
❷ [매개 변수] 그룹의 [새 매개 변수] 클릭
❸ [필드] 선택

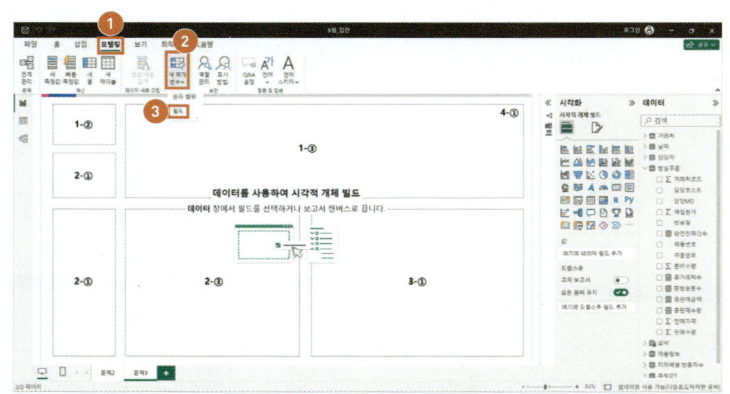

[2] 매개 변수 만들기

❶ [필드]에서 <방송주문> 테이블 선택
❷ [담당호스트] 필드를 선택하여 추가
❸ <담당자> 테이블 선택
❹ [사원명] 필드를 선택하여 추가
❺ '이 페이지에 슬라이서 추가' 체크(활성화)
❻ [만들기] 버튼 클릭

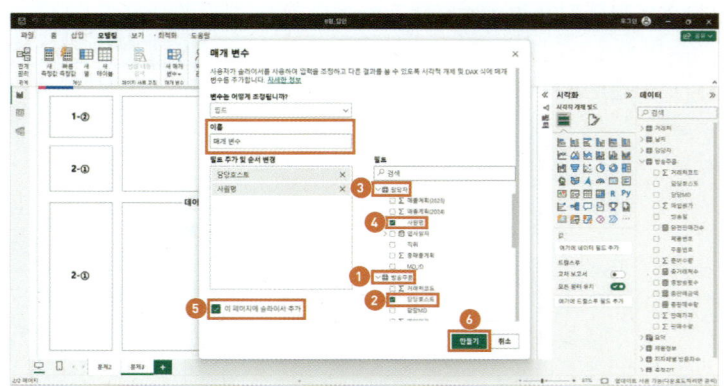

(3) 매개 변수 필드 이름 변경

❶ [데이터 창]에서 <매개 변수> 테이블 선택
❷ 수식 편집기에서 "사원명" 대신 "담당MD"를 입력하고 [Enter]

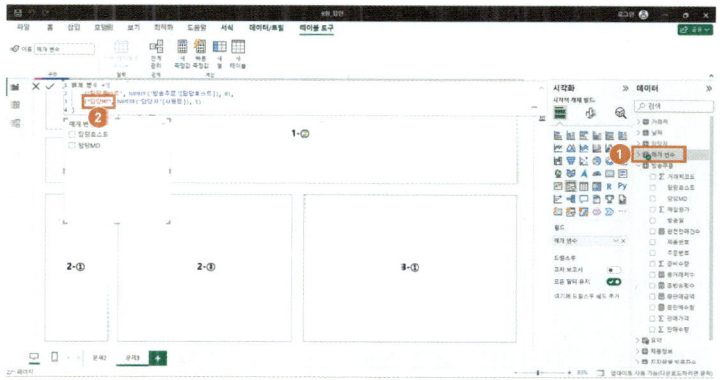

(4) 크기 및 위치 조정, 필터 적용

❶ 슬라이서 크기 조정
❷ 슬라이서 위치 '1-②'로 이동
❸ '담당MD' 필터 적용

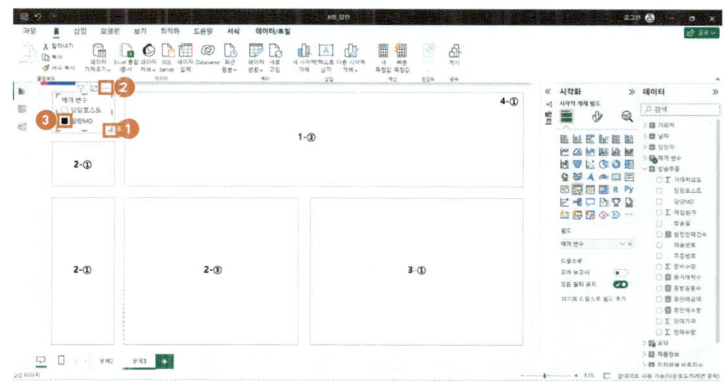

③ 다음 조건으로 '문제 3' 페이지에 꺾은선형 및 묶은 세로 막대형 차트를 구현하시오. **[4점]**

▶ 활용 필드
  - <방송주문> 테이블의 [총판매금액], [완전판매건수] 측정값
  - [매개 변수] 매개 변수
▶ [매개 변수]에 따라 X축이 변경되도록 구현
▶ X축, Y축, 보조Y축 : 축 제목 제거
▶ 꺾은선형 차트 서식
  - 선 스타일 : '파선'
  - '표식' 옵션 설정
▶ 묶은 세로 막대형 차트에 조건부 서식 적용
  - 서식 스타일 : 그라데이션
  - [총판매금액]의 최소값 '백억(10,000,000,000)', 최대값 '5백억(50,000,000,000)'으로 설정
▶ 꺾은선형 및 묶은 세로 막대형 차트를 '1-③' 위치에 배치

문제 3-1-③ 풀이

(1) 차트 생성

❶ 보고서 빈 공간 클릭

> **참고**
> 앞서 진행한 작업에서 특정 슬라이서나 차트가 선택된 상태에서 '꺾은선형 및 묶은 세로 막대형 차트' 아이콘을 클릭하지 않도록 주의한다.

❷ [시각화 창] > [시각적 개체에 데이터 추가] > 꺾은선형 및 묶은 세로 막대형 차트 개체(📊) 클릭

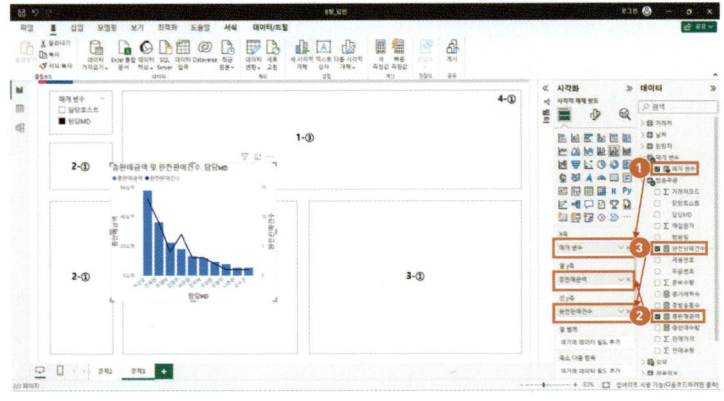

(2) 차트 축 설정

❶ X축에 <매개 변수> 테이블의 [매개 변수] 필드 추가
❷ 열y축에 <방송주문> 테이블의 [총판매금액] 측정값 추가
❸ 선y축에 <방송주문> 테이블의 [완전판매건수] 측정값 추가

> **참고**
> [데이터 창]에서 필드명 좌측의 체크박스에 선택을 하면, 열y축에 2개의 값이 추가되므로, [완전판매건수]는 드래그하여 데이터 필드를 추가한다.

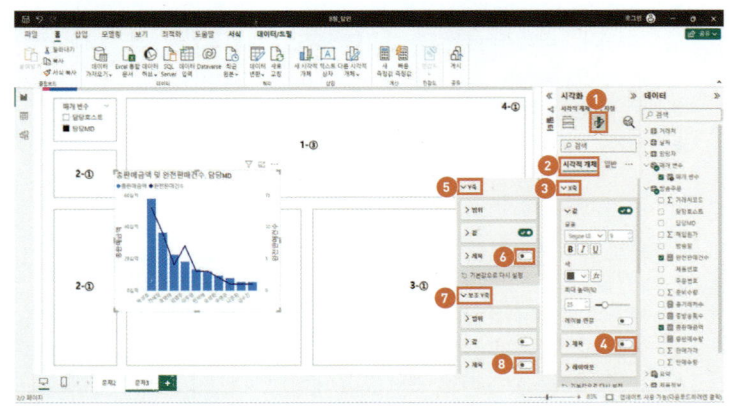

(3) 서식 지정

❶ [시각적 개체 서식 지정] 아이콘(🖌) 클릭
❷ [시각적 개체] 선택
❸ [X축] 선택
❹ [제목] 체크 해제(비활성화)
❺ [Y축] 선택
❻ [제목] 체크 해제(비활성화)
❼ [보조Y축] 선택
❽ [제목] 체크 해제(비활성화)

(4) 선 서식 설정

❶ [선] 선택
❷ [도형] 선택
❸ 선 스타일 '파선' 설정
❹ [표식] 체크(활성화)

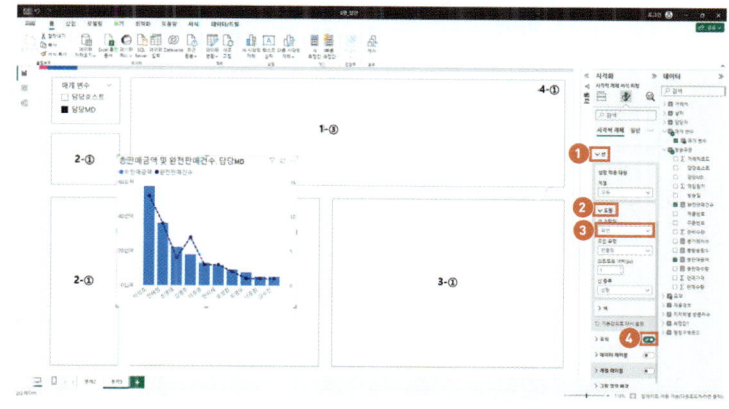

(5) 조건부 서식 설정

❶ [열] 선택
❷ [색]에서 '조건부 서식' 아이콘(fx) 클릭
❸ 서식 스타일을 '그라데이션'으로 설정
❹ 기반 필드에 <방송주문> 테이블의 [총판매금액] 필드 선택
❺ 최소값에 '사용자 지정' 설정
❻ 값에 "10000000000"(1×10^{10})
❼ 최대값에 '사용자 지정' 설정
❽ 값에 "50000000000"(5×10^{10})
❾ [확인] 버튼 클릭

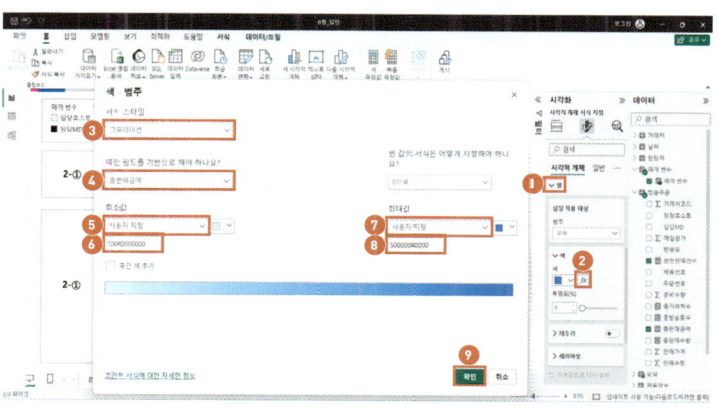

(6) 크기 및 위치 조정

❶ 차트 크기 조정
❷ 차트 위치 '1-②'로 이동

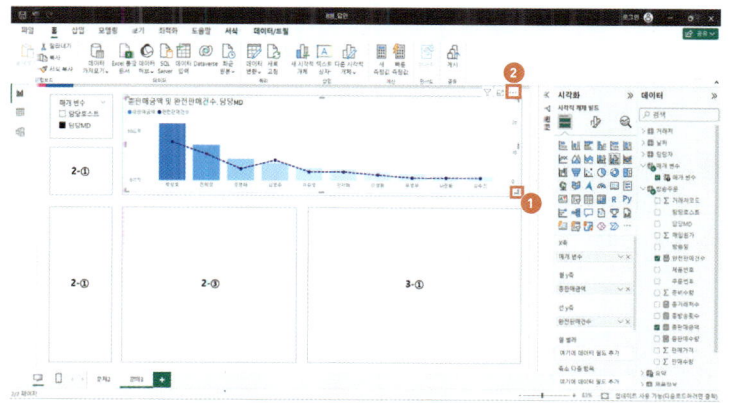

2 다음 지시사항에 따라 슬라이서와 테이블 차트를 구현하시오. [10점]

① 다음 조건으로 '문제 3' 페이지에 슬라이서를 구현하시오. [3점]
▶ <방송주문> 테이블에 새 열 추가
 - 열 이름 : [거래처]
 - 활용 필드 : <거래처> 테이블의 [거래처명] 필드
 - <방송주문> 테이블에서 <거래처> 테이블의 [거래처명] 필드의 값을 반환
 - 사용함수 : RELATED
▶ 활용 필드
 - <날짜> 테이블의 [년] 필드
 - <방송주문> 테이블 [거래처] 열
▶ 슬라이서 스타일 : '세로 목록'
▶ 슬라이서 값 : '2024' 필터 적용
▶ 슬라이서를 '2-①'에 배치

문제 3-2-① 풀이

(1) 새 열 추가

❶ [테이블 뷰] 선택
❷ [데이터 창]에서 <방송주문> 테이블 선택
❸ [테이블 도구] 선택
❹ [계산] 그룹의 [새 열](▦) 클릭

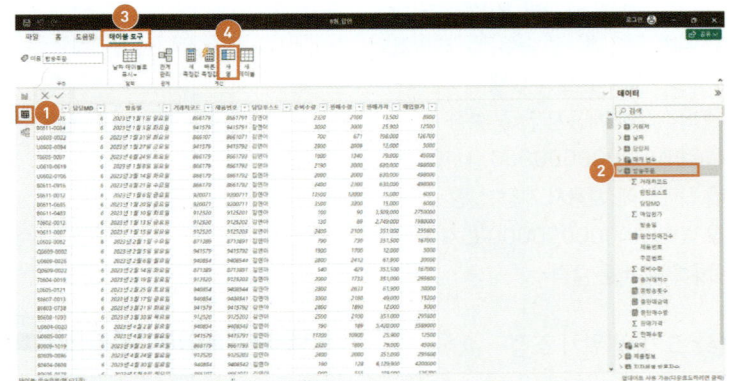

(2) 수식 입력

❶ [수식 편집기]의 박스에 수식 작성 후 [Enter]
❷ 새로 추가된 [거래처] 열을 확인

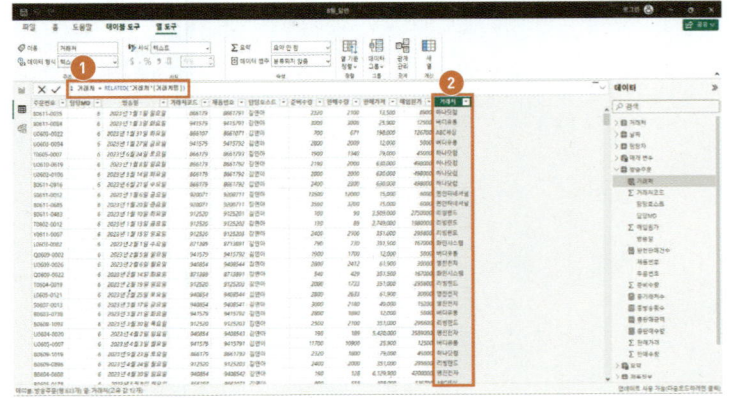

거래처 = RELATED('거래처'[거래처명])

DAX 풀이

이 수식은 <거래처> 테이블에서 현재 행과 연결된 [거래처명] 값을 반환한다.
- [RELATED] 함수는 관계를 통해 연결된 테이블의 값을 반환
- 구성된 모델에서 <방송주문> 테이블의 [제품번호] 필드는 <제품정보> 테이블의 [ID] 필드와 연결되어 있고, <제품정보> 테이블의 [거래처코드] 필드는 <거래처> 테이블의 [거래처코드] 필드와 연결되어 있음

※ 테이블 간 직접적인 관계가 없어도, 중간에 연결된 테이블을 경유하여 관계를 설정한 경우에도 [RELATED] 함수는 정상적으로 작동한다.

사용 함수
- [RELATED] : 관계를 통해 연결된 테이블의 값을 반환
  - 구문 : RELATED(<열>)

(3) 보고서 보기로 전환
❶ [보고서 보기] 선택
❷ '문제 3' 페이지 선택

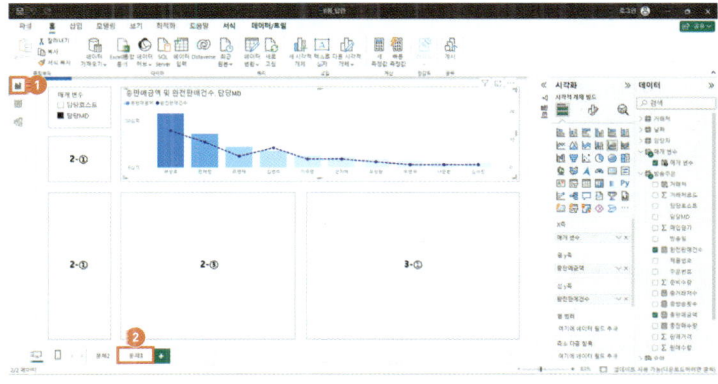

(4) 연도 슬라이서 추가
❶ [시각화 창]에서 슬라이서 개체(📄) 클릭
❷ [데이터 창]에서 <날짜> 테이블 선택
❸ [년] 필드 선택하여 추가

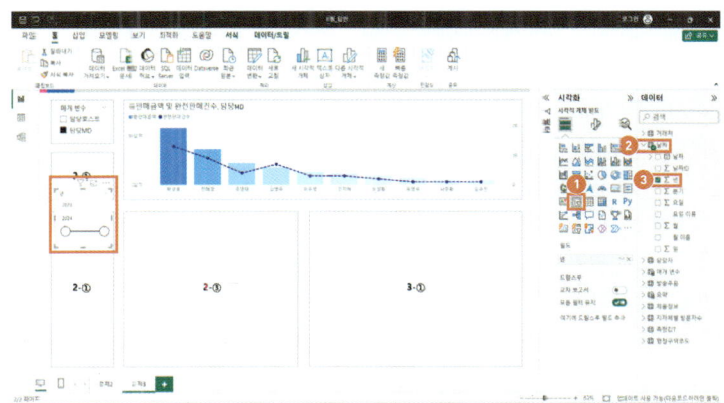

(5) 슬라이서 설정

❶ [시각화 창] > [시각적 개체 서식 지정] 아이콘(　) 클릭
❷ [시각적 개체] 선택
❸ [슬라이서 설정] 선택
❹ [옵션]의 스타일을 '세로 목록'으로 설정
❺ 슬라이서 크기 조정
❻ 위치를 위쪽 '2-①'로 이동
❼ 슬라이서 값에 '2024' 필터 적용

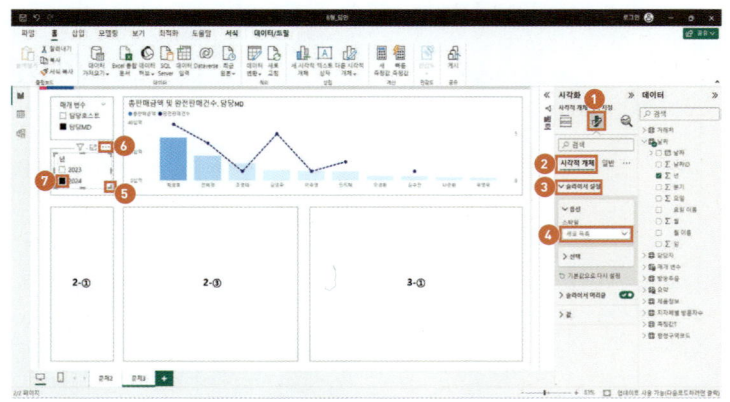

(6) 슬라이서 추가

❶ 빈 공간 클릭
❷ [시각화 창] > [시각적 개체에 데이터 추가] 아이콘(　) 클릭
❸ [시각화 창]에서 슬라이서 개체(　) 클릭
❹ [데이터 창]에서 <거래처> 테이블 선택
❺ [거래처명] 필드 선택하여 추가

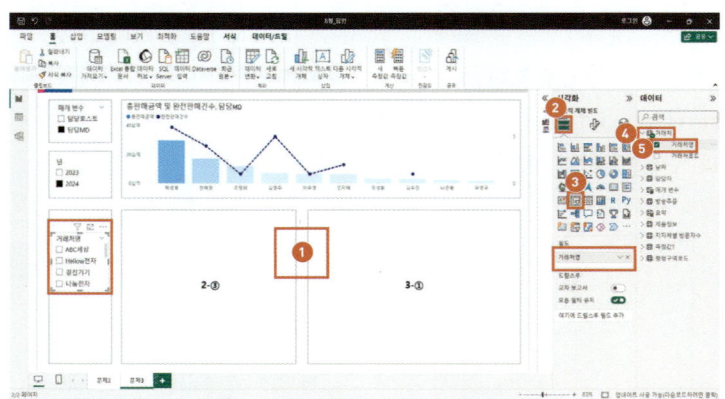

(7) 슬라이서 설정

❶ [시각화 창] > [시각적 개체 서식 지정] 아이콘(　) 클릭
❷ [시각적 개체] 선택
❸ [슬라이서 설정]
❹ [옵션]의 스타일을 '세로 목록'으로 설정
❺ 슬라이서 크기 조정
❻ 위치를 아래쪽 '2-①'로 이동

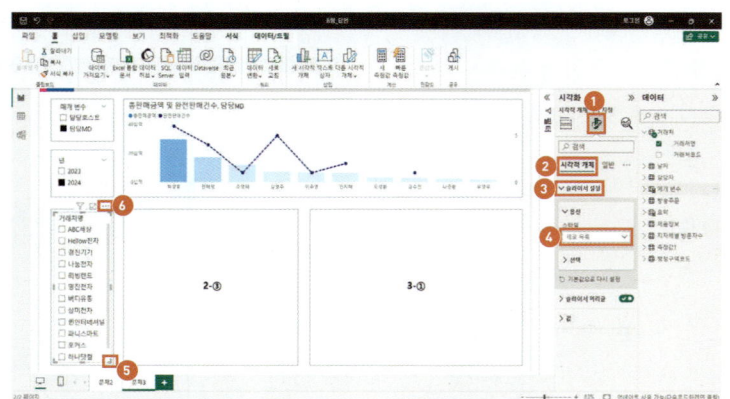

② 다음 조건으로 <방송주문> 테이블에 측정값을 추가하시오. [3점]
- ▶ 측정값 이름 : [판매금액PY]
  - 활용 필드
    - <방송주문> 테이블의 [총판매금액] 측정값
    - <날짜> 테이블의 [날짜] 필드
  - 전년도의 [총판매금액]을 반환
  - 사용함수 : CALCULATE, DATEADD
  - 서식 : '정수', 천 단위에서 쉼표로 구분되도록 적용
- ▶ 측정값 이름 : [판매금액YoY%]
  - 활용 필드 : <방송주문> 테이블의 [총판매금액], [판매금액PY] 측정값
  - 전년대비 금년도 매출의 비율 반환
  - 사용함수 : DIVIDE
  - 서식 : '백분율', '소수점 아래 2자리까지' 표시

문제 3-2-② 풀이

(1) 새 측정값 추가

❶ [데이터 창]에서 <방송주문> 테이블 선택
❷ [테이블 도구] 선택
❸ [계산] 그룹의 [새 측정값](🧮)클릭

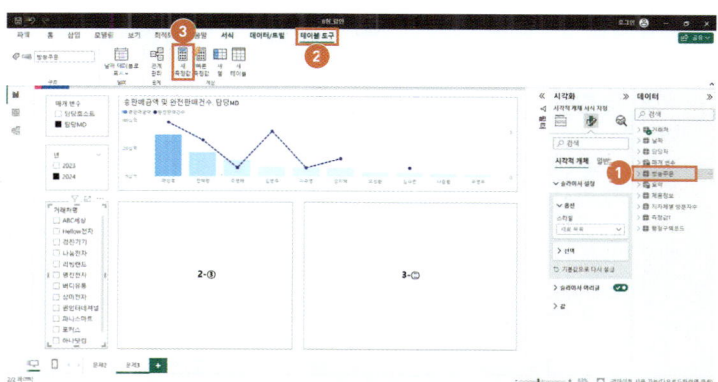

(2) 수식 입력

❶ [수식 편집기]의 박스에 수식 작성 후 [Enter]
❷ [측정 도구] 탭의 [서식] 그룹에서 서식을 '정수'로 설정
❸ 천 단위 구분 기호(,) 클릭

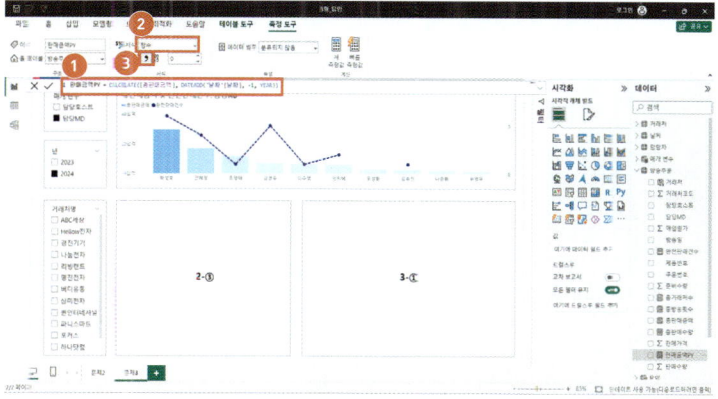

판매금액PY = CALCULATE([총판매금액], DATEADD('날짜'[날짜], -1, YEAR))

> **DAX 풀이**
>
> 이 수식은 [총판매금액] 값을 <날짜> 테이블에서 1년 전의 날짜를 기준으로 필터링하여 계산한다.
> - [CALCULATE] 함수는 컨텍스트를 수정하여 1년 전의 판매금액을 계산
> - [DATEADD] 함수는 [날짜] 열의 값을 1년 전으로 이동한 테이블을 반환

> **사용 함수**
>
> - [CALCULATE] : 컨텍스트를 수정하여 식을 계산
>   - 구문 : CALCULATE(<식>, <필터>)
> - [DATEADD] : 날짜를 특정 간격만큼 이동
>   - 구문 : DATEADD(<날짜 열>, <간격>, <단위>)

(3) 새 측정값 생성

❶ [측정 도구] 클릭
❷ [계산] 그룹 [새 측정값] 클릭
❸ [수식 편집기]의 박스에 수식 작성 후 [Enter]
❹ [서식] 그룹에서 백분율 기호(%) 클릭
❺ 소수점 아래 자릿수를 '2' 설정

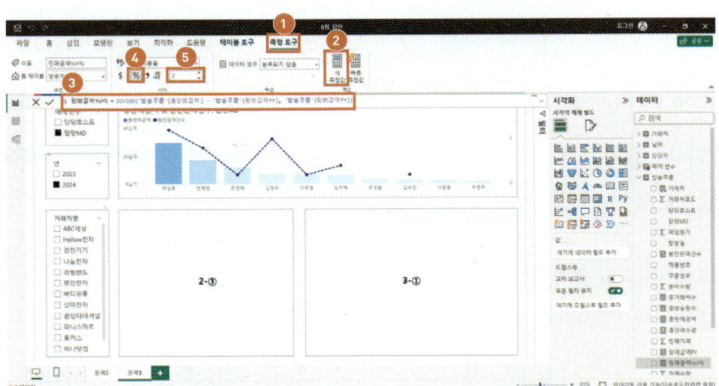

판매금액YoY% = DIVIDE('방송주문'[총판매금액] - '방송주문'[판매금액PY], '방송주문'[판매금액PY])

> **DAX 풀이**
>
> 이 수식은 [총판매금액]과 [판매금액PY]의 차이를 [판매금액PY]으로 나누어 연도별 판매금액 증가율(%)을 계산한다.
> - [DIVIDE] 함수는 [총판매금액]과 [판매금액PY]의 차이를 [판매금액PY]으로 나누어 결과를 반환
> - 뺄셈 연산자는 두 값의 차이를 계산

> **사용 함수**
>
> - [DIVIDE] : 두 값을 나누고 결과를 반환
>   - 구문 : DIVIDE(<분자>, <분모>, [대체값])

③ 다음 조건으로 '문제 3' 페이지에 테이블 차트를 구현하시오. [4점]
  ▶ 활용 필드
    - <날짜> 테이블의 [년], [월 이름] 필드
    - <방송주문> 테이블의 [총판매금액], [판매금액YoY%] 측정값
  ▶ 값, 열 머리글 서식 : 글꼴 크기 '13'
  ▶ 정렬 : [년] 기준 '내림차순'
  ▶ 조건부 서식 적용
    - 설정 적용 대상 : '판매금액YoY%'
    - '데이터 막대' 사용
    - 양수 막대 색 : '자주(#4A2D75)', 음수 막대 색 : '빨강(#FF0000)'
  ▶ 테이블 차트를 '2-③' 위치에 배치

문제 3-2-③ 풀이

(1) '문제 3' 페이지 선택

❶ [보고서 보기](📊) 선택
❷ '문제 3' 페이지 선택

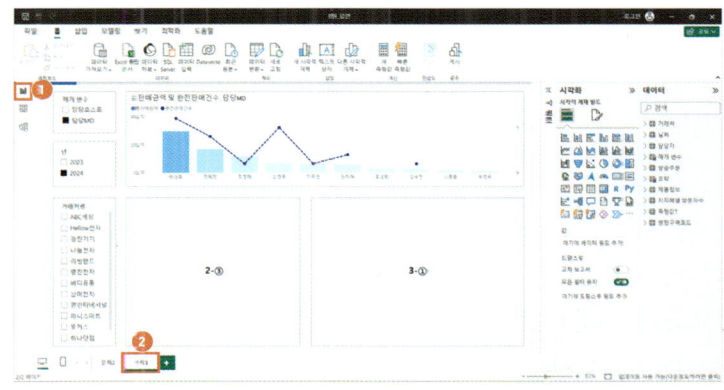

(2) 테이블 추가

❶ [시각화 창] > [시각화 개체 데이터 추가] > 테이블 개체(▦) 클릭
❷ [데이터 창] > <날짜> 테이블 선택
❸ [년] 필드를 선택하여 열에 추가
❹ [월 이름] 필드를 선택하여 열에 추가
❺ <방송주문> 테이블 선택
❻ [총판매금액] 측정값 선택
❼ [시각화 창] 열 데이터 필드의 [년]에서 마우스 오른쪽 버튼 클릭
❽ '요약 안 함' 체크

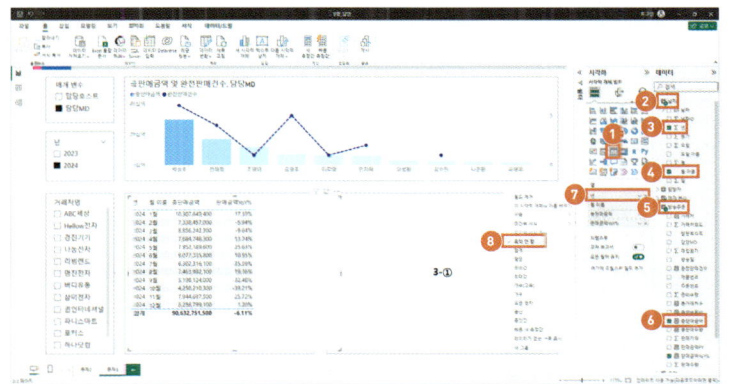

(3) 테이블 서식 설정

❶ [시각화 창] > [시각적 개체 서식 지정] 아이콘() 클릭
❷ [시각적 개체] 선택
❸ [값] 선택
❹ [값]의 글꼴 크기 "13" 입력
❺ [열 머리글] 선택
❻ [텍스트]의 글꼴 크기 "13" 입력

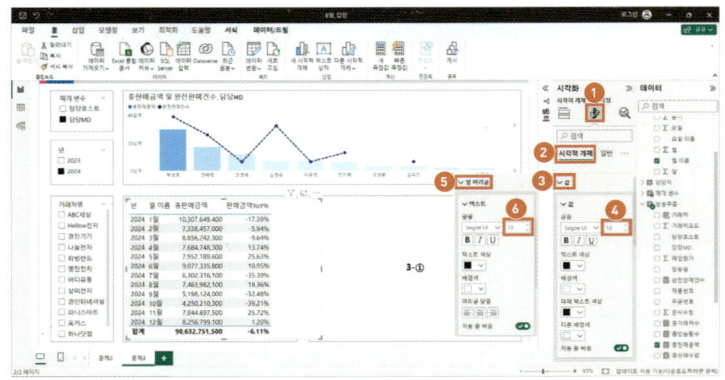

(4) 조건부 서식 지정

❶ [셀 요소] 선택
❷ 설정 적용 대상에 [판매금액YoY%] 계열 선택
❸ '데이터 막대' 체크 활성화
❹ '조건부 서식' 아이콘(fx) 클릭
❺ [데이터 막대-데이터 막대] 팝업 창에서 '양수 막대' 색 확장 버튼(▼) 클릭
❻ 헥스 칸에 "#4A2D75" 입력
❼ '음수 막대' 색 확장 버튼(▼) 클릭
❽ 헥스 칸에 "#FF0000" 입력

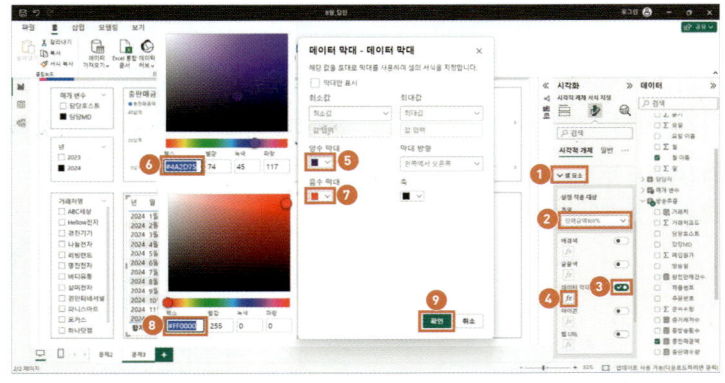

(5) 크기 및 위치 조정

❶ 테이블 크기 조정
❷ 테이블 위치를 '2-③'으로 이동

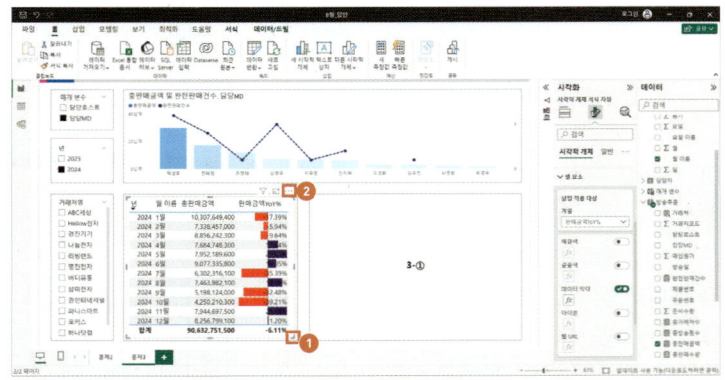

(6) [년] 기준 '내림차순' 정렬

❶ 추가 옵션 아이콘(···) 클릭
❷ [정렬 기준] 선택
❸ [년] 선택
❹ [내림차순 정렬] 선택

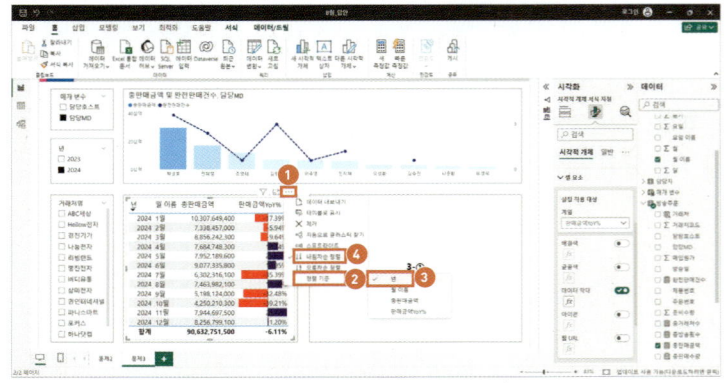

3 다음 지시사항에 따라 계기 차트와 카드를 구현하시오. [10점]

① 다음 조건으로 '문제 3' 페이지에 계기 차트를 구현하시오. [4점]
- 활용 필드 : <방송주문> 테이블의 [총판매금액] 측정값
- 게이지 축 설정
  - 최대값 : '천오백억(150,000,000,000)'
  - 대상 : '천억(100,000,000,000)', 색상 '테마 색 5'
- 설명 값 제거
- 차트 제목 : "매출계획대비 총판매금액"
  - 제목 서식 : 글꼴 크기 '15'
- 계기 차트를 '3-①' 위치에 배치

문제 3-3-① 풀이

(1) 계기 차트 클릭

❶ 보고서 빈 공간 클릭
❷ [시각화 창] > [시각화 개체에 데이터 추가] > 계기 차트 개체( ) 클릭
❸ [데이터 창]에서 <방송주문> 테이블 선택
❹ [총판매금액] 측정값을 선택하여 값 필드에 추가

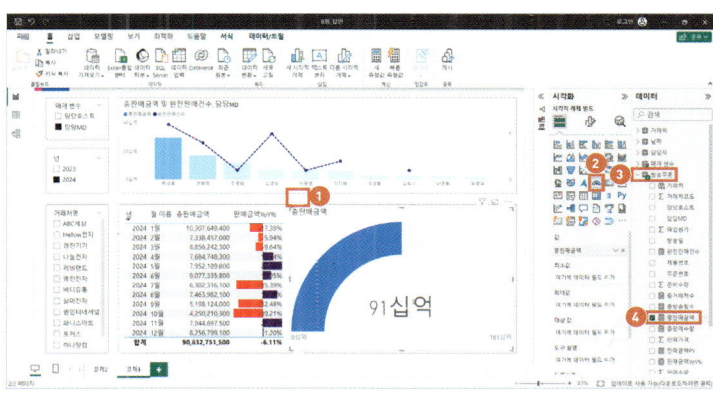

(2) 차트 서식 지정

❶ [시각화 창] > [시각적 개체 서식 지정] 아이콘( ) 클릭
❷ [시각적 거체] 선택
❸ [게이지 축] 선택
❹ [최대값]에 "천오백억 (150,000,000,000)" 입력(15×10^{10})
❺ [대상]에 "천억(100,000,000,000)" 입력 (1×10^{11})
❻ '대상 색상-'을 '테마 색 5'로 설정
❼ [설명값] 체크 해제(비활성화)

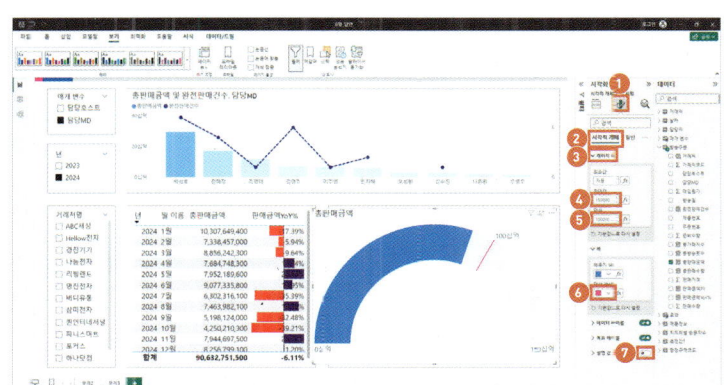

(3) 차트 제목, 크기, 위치 설정

❶ [일반] 선택
❷ [제목] 선택
❸ 제목 텍스트에 "매출계획대비 총판매금액" 입력
❹ 글꼴 크기 "15" 입력
❺ 차트 크기 조정
❻ 차트 위치를 3-①로 이동

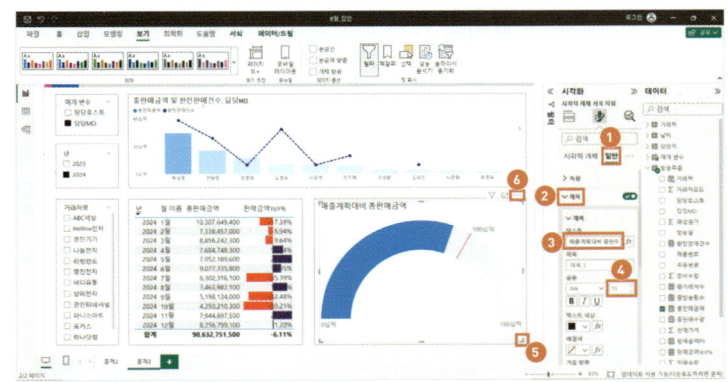

❷ 다음 조건으로 <방송주문> 테이블에 측정값을 추가하시오. [3점]

▶ 측정값 이름 : [목표대비총판매비율%]
- 활용 필드 : <방송주문> 테이블의 [총판매금액] 측정값
- 목표(대상) 대비 [총판매금액]의 비율 반환
- 사용함수 : DIVIDE
- 서식 : '백분율', '소수점 아래 2자리까지' 표시

문제 3-3-② 풀이

(1) 새 측정값 추가

❶ [데이터 창]에서 <방송주문> 테이블 선택
❷ [테이블 도구] 선택
❸ [계산] 그룹의 [새 측정값] 선택

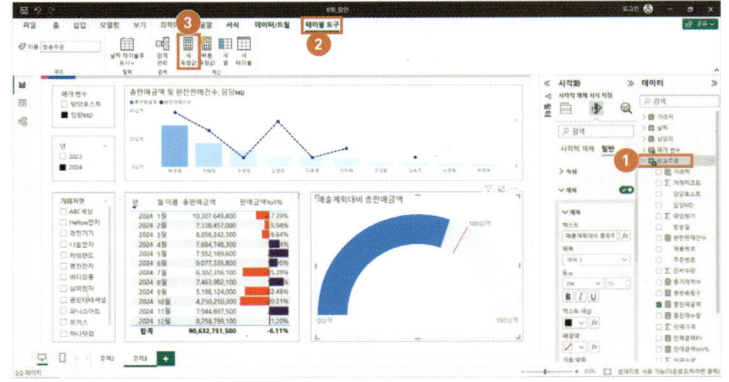

(2) 수식 입력

❶ [수식 편집기]의 박스에 수식 작성 후 [Enter]
❷ [서식] 그룹에서 백분율 기호(%) 클릭
❸ 소수점 아래 자릿수를 '2' 설정

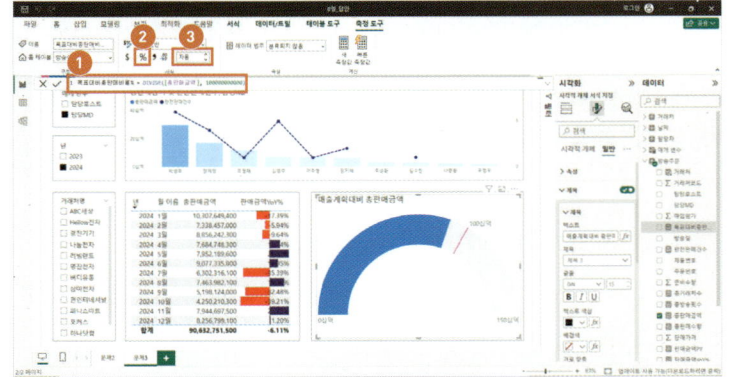

목표대비총판매비율% = DIVIDE([총판매금액], 100000000000)

DAX 풀이

기 수식은 [총판매금액] 값을 목표 금액(100,000,000,000)으로 나누어 목표 대비 총판매 비율을 계산한다.
- [DIVIDE] 함수는 두 값을 나누어 비율을 계산
- 계산 결과로 [총판매금액]을 목표 금액으로 나눈 값을 반환

사용 함수

- [DIVIDE] : 두 값을 나누고 결과를 반환
  - 구문 : DIVIDE(<분자>, <분모>, [대체값])

③ 다음 조건으로 '문제 3' 페이지에 카드를 구현하시오. [3점]
- ▶ 활용 필드 : <방송주문> 테이블의 [목표대비총판매비율%] 측정값
- ▶ 설명 값, 서식 : 글꼴 크기 '28', 표시 단위 '없음'
- ▶ 범주 레이블 제거
- ▶ 카드를 그림과 같이 지정된 위치에 배치

문제 3-3-③ 풀이

(1) 카드 추가

❶ [시각화 창] > [시각적 개체에 데이터 추가] > 카드 개체(123) 클릭
❷ [데이터 창]에서 <방송주문> 테이블 선택
❸ [목표대비총판매비율%] 측정값을 필드에 추가

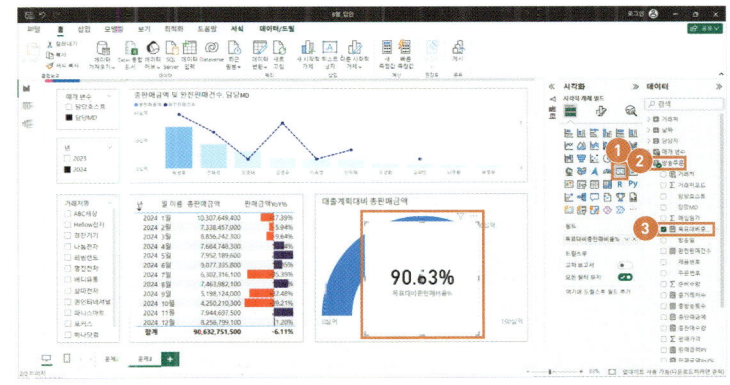

(2) 카드 서식 지정

❶ [시각화 창] > [시각적 개체 서식 지정] 아이콘( ) 클릭
❷ [시각적 개체] 선택
❸ [설명 값]의 글꼴 크기에 "28" 입력
❹ [표시 단위] '없음' 설정
❺ [범주 레이블] 체크 해제(비활성화)
❻ 크기 조정
❼ 위치 조정

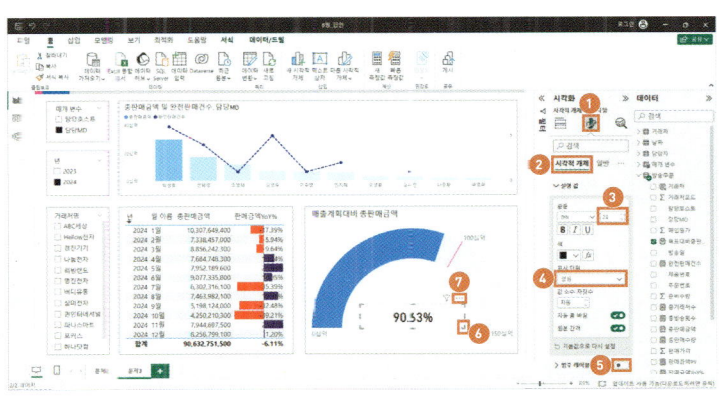

4 다음 지시사항에 따라 페이지와 시각적 개체 간 상호 작용 기능을 설정하시오. [10점]

① 다음 조건으로 '문제 3' 페이지에 단추를 구현하시오. [4점]
- ▶ 종류 : '뒤로'
- ▶ 두께 : '2px'
- ▶ 가로 맞춤 : '오른쪽'
- ▶ 작업 유형 : '페이지 탐색', 대상 '문제 2'
- ▶ 단추를 그림과 같이 지정된 위치(4-①)에 배치

문제 3-4-① 풀이

(1) 단추 추가

❶ [삽입] 선택
❷ [요소]그룹의 [단추] 아이콘( ) 클릭
❸ [뒤로] 버튼( ) 선택

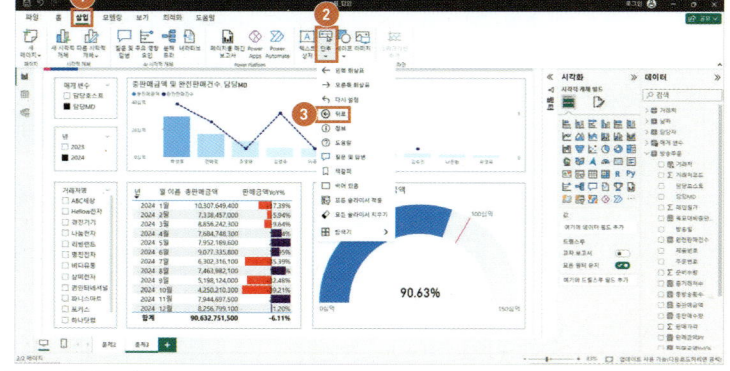

(2) 서식 지정

❶ [서식 창] > [Button] 선택
❷ [스타일] 선택
❸ [아이콘] 선택
❹ 아이콘 유형 '뒤로' 선택
❺ 두께 "2" 입력
❻ [가로 맞춤] '오른쪽 정렬'

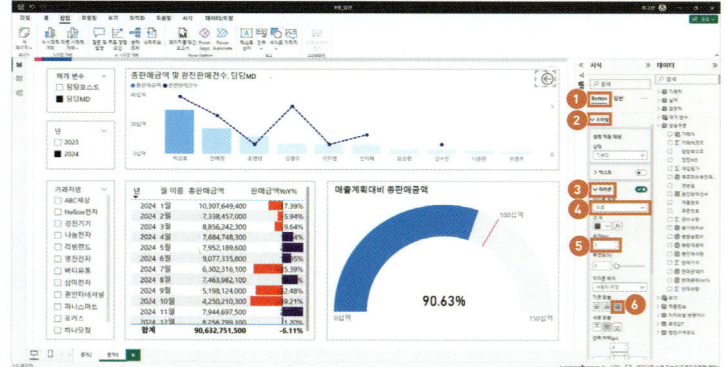

(3) 페이지 탐색 설정

❶ [작업] 선택
❷ 작업 유형을 '페이지 탐색'으로 설정
❸ 대상에 '문제 2' 설정
❹ 위치를 '4-①'로 이동

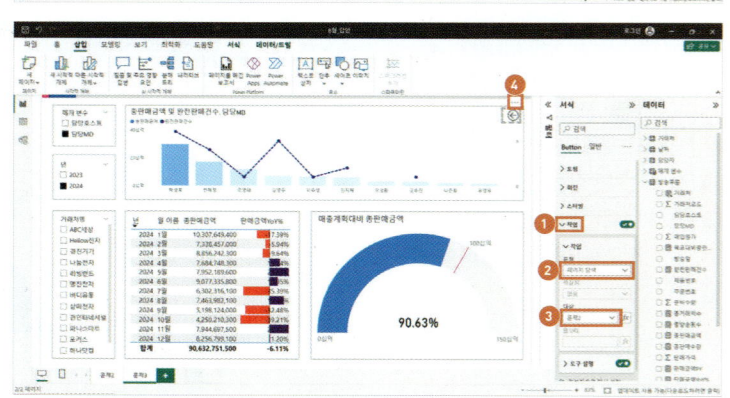

② 다음과 같이 시각적 개체의 상호 작용을 설정하시오. [3점]
▶ 년 슬라이서 : 거래처 슬라이서와 상호 작용 '없음'
▶ 테이블 차트 : 계기 차트, 카드와 상호 작용 '없음'

문제 3-4-② 풀이

(1) 년 슬라이서 상호 작용 편집
❶ 년 슬라이서 선택
❷ [서식] 선택
❸ [상호 작용] 그룹 > [상호 작용 편집] 아이콘 클릭
❹ [거래처] 슬라이서의 상호 작용 '없음' 아이콘 클릭(◯→⊘)

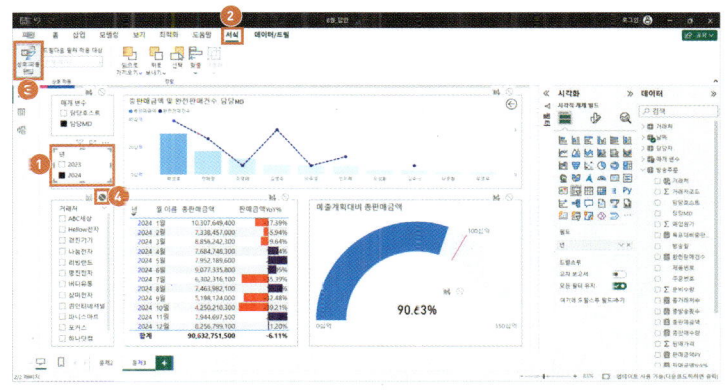

(2) 테이블 상호 작용 편집
❶ 테이블 선택
❷ 계기 차트의 상호 작용 없음 아이콘 클릭(◯→⊘)
❸ 카드의 상호 작용 없음 아이콘 클릭(◯→⊘)

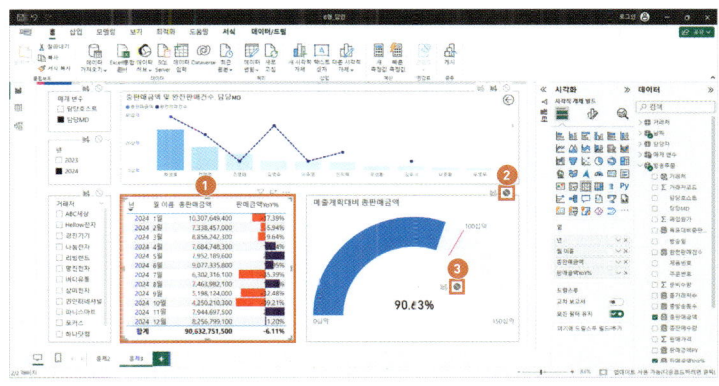

③ 다음과 같이 시각적 개체의 상호 작용을 설정하시오. [3점]
▶ 거래처 슬라이서 : 꺾은선형 및 묶은 세로 막대형 차트, 계기 차트, 카드와 상호 작용 '없음'

문제 3-4-③ 풀이

(1) 거래처 슬라이서 상호 작용 편집
❶ 거래처 슬라이서 선택
❷ 꺾은선형 및 묶은 세로 막대형 차트의 상호 작용 없음 아이콘 클릭(◯→⊘)
❸ 계기 차트의 상호 작용 없음 아이콘 클릭(◯→⊘)
❹ 카드의 상호 작용 없음 아이콘 클릭(◯→⊘)
❺ [서식] > [상호 작용 편집] 모드 종료

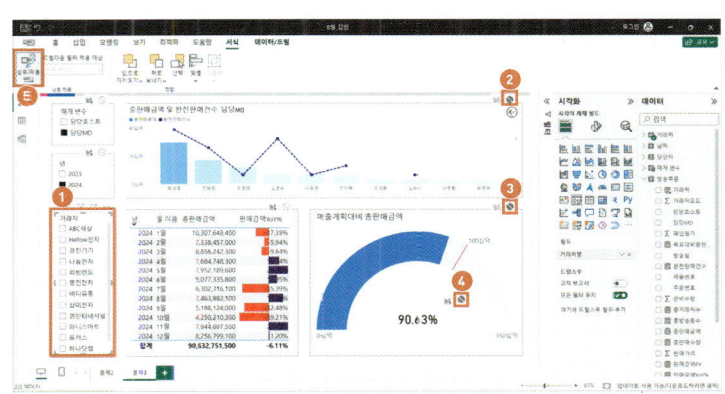

PART 07

모의고사

CHAPTER **01**

모의고사 1회

문제 및 데이터 안내

1. 최종 제출해야 할 답안 파일은 1개입니다. 문제 1, 문제 2, 문제 3의 답을 하나의 답안 파일(.pbix)로 제출하십시오.
2. 문제 1, 문제 2, 문제 3은 각각 독립적으로 구성되어 있어 앞 문제를 풀지 않아도 다음 문제풀이가 가능합니다.
3. 문제 2와 문제 3 풀이를 위해 필요한 일부 측정값, 필터가 답안 파일에 미리 적용되어 있을 수 있습니다. 지시사항에 제시되지 않은 것은 변경하지 마십시오.
4. 하위문제(①, ②, ③)별로 점수가 부여되며, 하위문제의 지시사항(▶ 또는 - 표시)을 이행하지 않을 경우 점수가 부여되지 않습니다.
5. 이 시험을 위한 데이터 파일은 2개이며, 문제 1을 위한 데이터와 문제 2, 3의 데이터가 구분됩니다.

    가. 문제 1 풀이에는 '전자상거래_데이터.xlsx'를 사용하십시오.

파일명	전자상거래_데이터.xlsx					
테이블	구조					
주문정보	주문ID	고객ID	상품ID	수량	총액	주문일자
	ORD_20230307_1877	CUS176	PRD_T5145	1	295000	2023-03-07
고객정보	고객ID	고객명	성별		지역	고객등급
	CUS001	안현우	여		대전광역시	일반
상품목록	상품ID	상품명		카테고리		단가
	PRD_H7774	블루투스 이어폰		전자기기		299,000

    나. 문제 2와 문제 3의 풀이에는 '프랜차이즈_통계.xlsx'를 사용하십시오.

파일명	프랜차이즈_통계.xlsx								
테이블	구조								
날짜	시도코드	업종코드	연도	월	기준일자	사업체수 (개)	종사자수 (명)	매출액 (백만원)	임차료 (백만원)
	99999	10101	2019	12	2019-12-31	41,394	192,616	23,198,015	850,233
거래처	분류코드		업종분류명		주요업종코드		주요업종명		
	10		소매업		10101		체인화 편의점		
제품	광역시도코드		광역시도명			권역구분			
	11000		서울특별시			서울 경인			
판매	날짜		연도		월		일		
	2022-01-01		2022		1		1		

문제 1 작업준비 25점

1. 답안 파일을 열고, 다음의 지시사항에 따라 데이터 가져오기 및 데이터 편집을 수행하시오. [10점]

① 데이터 파일을 가져온 후 파워쿼리 편집기를 통해 데이터를 편집하시오. **[3점]**
- ▶ 가져올 데이터 : '전자상거래_데이터.xlsx' 파일의 <주문정보>, <고객정보> 테이블
  - <고객정보> 테이블의 첫 행을 머리글로 사용 설정
- ▶ 파워쿼리 편집기를 통해 <주문정보> 테이블의 [총주문금액] 필드 값이 'Null'인 값 삭제
- ▶ 필드의 데이터 형식 변경
  - <주문정보> 테이블의 [주문일자] 필드 : '날짜'

② 파워쿼리 편집기를 통해 <주문정보> 테이블에 <고객정보> 테이블의 [지역] 필드를 추가하시오. **[4점]**
- ▶ 쿼리 병합 기능 사용
  - <주문정보> 테이블의 [고객ID]와 <고객정보> 테이블의 [고객ID] 필드를 기준으로 병합
  - 조인 종류 : 왼쪽 외부
  - 병합 결과에서 [지역] 필드를 추가
- ▶ 추가된 필드 이름 : [주문지역]
- ▶ <고객정보> 테이블의 로드 해제

③ <주문정보> 테이블의 필드 서식을 변경하시오. **[3점]**
- ▶ [주문일자] 필드의 서식 : '*2022-01-01(Short Date)'
- ▶ [총주문금액] 필드의 서식 : '정수', 천 단위 구분 기호(**,**)

2. 다음 지시사항에 따라 테이블을 추가하고 데이터 모델링 작업을 수행하시오. [10점]

① 다음 조건으로 수식을 작성하여 새 테이블을 추가하시오. **[4점]**
- ▶ 테이블 이름 : <DimDate>
  - 필드 : [Date], 연도, [월], [분기] 필드 구성
  - 사용 함수 : ADDCOLUMNS, CALENDAR, YEAR, MONTH, QUARTER
  - [Date] 필드의 시작일 : 2022-01-01
  - [Date] 필드의 종료일 : 2023-12-31
  - 연도, [월], [분기] 필드 : [Date] 필드 기준으로 값 표시
  - [Date] 필드 서식 : 'YYYY-MM-DD' 형식으로 표시되도록 적용

② <주문정보> 테이블과 <DimDate> 테이블 간의 관계를 설정하시오. **[3점]**
- ▶ 활용 필드 : <주문정보> 테이블의 [주문일자] 필드, <DimDate> 테이블의 [Date] 필드
- ▶ 기준(시작) 테이블 : <주문정보> 테이블
- ▶ 카디널리티 : '다대일(* : 1)' 관계
- ▶ 크로스 필터 방향 : '단일'

③ <주문정보> 테이블에 계산 열과 측정값을 추가하시오. **[4점]**
- ▶ 계산 열 이름 : [단가]
  - 활용 필드 : <주문정보> 테이블의 [총주문금액], [수량] 필드
  - [총주문금액]을 [수량]으로 나눈 값
  - 사용 함수 : DIVIDE
  - 서식 : 천 단위에서 쉼표로 구분되도록 적용, 소수점 두 자리까지 표시
- ▶ 측정값 이름 : [평균주문금액]
  - [총주문금액]의 평균 계산
  - 활용 필드 : <주문정보> 테이블의 [총주문금액] 필드
  - 사용 함수 : AVERAGE
  - 서식 : '정수', 천 단위로 쉼표 구분

3. 다음 지시사항에 따라 계산 테이블 및 계산 열을 추가하시오. [5점]

① 다음 지시사항에 따라 계산 테이블을 생성하시오. **[3점]**
- ▶ 테이블 이름 : <지역별_주문요약>
  - 활용 필드 : <주문정보> 테이블의 [주문지역], [총주문금액] 필드
  - <주문정보> 테이블의 [주문지역] 필드를 기준으로 총주문금액의 합계와 평균 주문금액 반환
  - 사용 함수 : SUMMARIZE, SUM, AVERAGE
- ▶ 구성 필드
  - [주문지역] : 주문고객이 거주하는 지역
  - [총매출금액] : 각 지역의 총 주문금액 합계
  - [평균주문금액] : 각 지역의 평균 주문금액

② <지역별_주문요약> 테이블의 필드 서식을 설정하시오. **[2점]**
- ▶ [총주문금액] 필드 서식
  - '정수', 천 단위로 쉼표 구분
- ▶ [평균매출금액] 필드 서식
  - 천 단위로 쉼표 구분, 소수점 아래 두 자리까지 표시

문제 2 단순요소 구현 [30점]

〈시각화 완성화면〉 각 세부문제 풀이 후 '문제 2' 페이지에 아래와 같이 개체를 배치하시오.

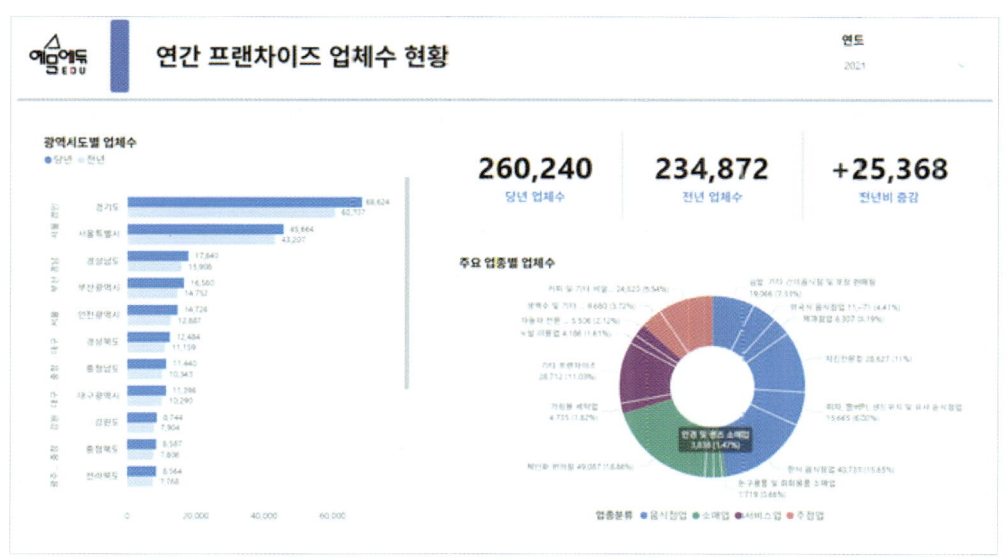

※ 계산식 작성에 사용되는 문자열은 큰따옴표("")를 사용하여 작성하시오.

1. '문제 2', '문제 3' 페이지의 전체 서식을 설정하시오. [5점]

① 보고서 전체의 테마를 설정하고 테마 사용자 지정 기능을 사용하여 테마 색을 변경하시오. [3점]
  ▶ 보고서 테마 : '예정'
  ▶ 이름 및 색의 테마 색 변경
    - 테마 색1 : '#2A8BDA'

② 텍스트 상자를 사용하여 '문제 2' 페이지에 보고서 제목을 작성하시오. [2점]
  ▶ 제목 : "연간 프랜차이즈 업체수 현황"
    - 서식 : 글꼴 'Segoe UI', 글꼴 크기 '24', '굵기', '왼쪽'
  ▶ 텍스트 상자를 '1-②' 위치에 배치

2. 다음 지시사항에 따라 슬라이서와 카드를 구현하시오. [5점]

① 다음 조건으로 '문제 2' 페이지에 슬라이서를 구현하시오. [2점]
  ▶ 활용 필드 : <달력> 테이블의 연도 필드
  ▶ 슬라이서 설정
    - 슬라이서 스타일 : '드롭다운'
    - 슬라이서의 선택 항목 중 한 가지의 항목만 선택할 수 있도록 설정

- ▶ 슬라이서 머리글 서식
  - '굵게'
- ▶ 슬라이서 값 : '2021' 필터 적용
- ▶ 슬라이서를 '2-①' 위치에 배치

② 다음 조건으로 '문제 2' 페이지에 카드를 구현하시오. **[3점]**
- ▶ 활용 필드 및 표시 단위
  - <_측정값> 테이블의 [업체수], [업체수_전년], [업체수_전년증감] 측정값
  - 표시 단위 : [업체수] '없음', [업체수_전년] '없음', [업체수_전년증감] '없음'
- ▶ 활용 필드 이름 변경
  - [업체수] → '당년 업체수'
  - [업체수_전년] → '전년 업체수'
  - [업체수_전년증감] → '전년비 증감'
- ▶ 설명 값 서식 : 글꼴 'Segoe UI', 크기 '30', '굵게'
- ▶ 범주 레이블 서식 : '굵게', 색 '테마 색1'
- ▶ 카드를 '2-②' 위치에 배치
  - 당년 업체수, 전년 업체수, 전년비 증감률 순서로 배치

3. 다음 지시사항에 따라 묶은 가로 막대형 차트를 구현하시오. [10점]

① 다음 조건으로 '문제 2' 페이지에 묶은 가로 막대형 차트를 구현하시오. **[4점]**
- ▶ 활용 필드
  - <광역시도> 테이블의 권역구분, [광역시도명] 필드
  - <_측정값> 테이블의 [업체수], [업체수_전년], [업체수_전년증감] 측정값
- ▶ '시각화 드릴 모드' 옵션 선택 시 [업체수], [업체수_전년]을 권역구분, [광역시도명]에 따라 순차적으로 확인할 수 있도록 설정
- ▶ 도구 설명에 [업체수_전년증감]이 표시되도록 추가
- ▶ 묶은 가로 막대형 차트를 '3-①' 위치에 배치

② 다음과 같이 묶은 가로 막대형 차트의 각 요소에 대한 서식을 지정하시오. **[3점]**
- ▶ 차트 제목 : "광역시도별 업체수"
  - 제목 서식 : 글꼴 'Din', 크기 '12', '굵게', 가로 맞춤 '왼쪽'
- ▶ Y축 : 축 제목 제거
- ▶ X축 : 축 제목 제거, 표시 단위 '없음'
- ▶ 데이터 레이블 : 표시 단위 '없음', 위치 '바깥쪽 끝에', 글꼴 크기 '8'
- ▶ 막대 색 : [업체수_전년]의 색을 '흰색, 10% 더 어둡게'로 설정

③ 다음 조건으로 묶은 가로 막대형 차트의 레이블을 변경하고 설정하시오. **[3점]**
- ▶ 레이블 이름 변경 : [업체수] → [당년], [업체수_전년] → [전년], [업체수_전년증감] → [전년증감]
- ▶ 가장 낮은 데이터 수준까지 확장하여 표시

4. 다음 지시사항에 따라 도넛형 차트를 구현하시오. [10점]

① 다음 조건으로 '문제 2' 페이지에 도넛형 차트를 구현하시오. [3점]
- ▶ 활용 필드
  - <주요업종> 테이블의 [업종분류], [주요업종명] 필드
  - <_측정값> 테이블의 [업체수] 측정값
- ▶ 도넛형 차트를 '4-①' 위치에 배치

② 다음과 같이 도넛형 차트의 각 요소에 대한 서식을 적용하시오. [4점]
- ▶ 차트 제목 : "주요 업종별 업체수"
  - 제목 서식 : 글꼴 'Din', 크기 '12', '굵게', 가로 맞춤 '왼쪽'
- ▶ 범례 : 위치 '아래쪽 가운데'
- ▶ 내부 반경 : '45%'

③ 다음과 같이 도넛형 차트의 세부 정보 레이블에 대한 서식을 지정하시오. [3점]
- ▶ 레이블 내용 : '모든 세부 정보 레이블'로 표시
- ▶ 위치 : '바깥쪽 우선'
- ▶ 값 : 글꼴 크기 '8', 표시 단위 '없음'

《 문제 3 》 복합요소 구현 [45점]

〈시각화 완성화면〉 각 세부문제 풀이 후 '문제 3' 페이지에 아래와 같이 개체를 배치하시오.

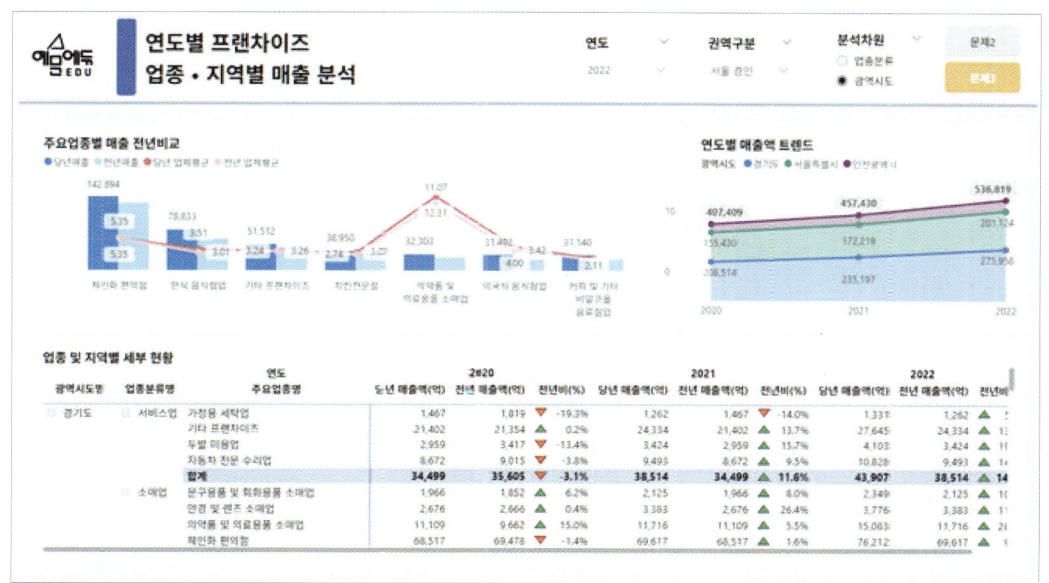

※ 계산식 작성에 사용되는 문자열은 큰따옴표("")를 사용하여 작성하시오.

1. 다음 지시사항에 따라 슬라이서와 매개 변수를 구현하시오. [10점]

① 다음 조건으로 '문제 3' 페이지에 연도 슬라이서와 권역구분 슬라이서를 구현하시오. **[3점]**
- ▶ 활용 필드
    - <달력> 테이블의 연도 필드
    - <광역시도> 테이블의 권역구분 필드
- ▶ 슬라이서 설정
    - 연도 슬라이서 : 스타일 '사이'
    - 권역구분 슬라이서 : 스타일 '드롭다운'
- ▶ 슬라이서 머리글
    - 글꼴 'Din', 크기 '12', '굵게'
- ▶ 연도 슬라이서를 '1-①', 권역구분 슬라이서를 '1-②' 위치에 배치
- ▶ 슬라이서 값 설정
    - 연도 : '2022' 필터 적용, 권역구분 : '서울 경인' 필터 적용

② 다음 조건으로 매개 변수를 추가하고 '문제 3' 페이지에 슬라이서를 구현하시오. **[4점]**
- ▶ 매개 변수 이름 : '분석차원'
    - 대상 필드 : <주요업종>의 [업종분류명] 필드, <광역시도>의 [광역시도명] 필드
    - 매개 변수 필드 이름 변경 : [업종분류명] → [업종분류], [광역시도명] → [광역시도]
    - 이 페이지에 슬라이서 추가 옵션 설정
- ▶ 분석차원 슬라이서를 '1-③' 위치에 배치

③ 분석차원 슬라이서를 다음 조건으로 설정하시오. **[3점]**
- ▶ 스타일 : '세로 목록'
- ▶ 슬라이서의 선택 항목 중 한 가지의 항목만 선택할 수 있도록 설정
- ▶ 슬라이서 머리글 : 글꼴 'Din', 크기 '12', '굵게'
- ▶ 슬라이서 값 설정 : '광역시도' 필터 적용

2. 다음 지시사항에 따라 꺾은선형 및 묶은 세로 막대형 차트와 누적 영역형 차트를 추가하시오. [15점]

① 다음 조건으로 '문제 3' 페이지에 꺾은선형 및 묶은 세로 막대형 차트를 구현하시오. **[4점]**
- ▶ 활용 필드
    - <주요업종> 테이블의 [주요업종명] 필드
    - <_측정값> 테이블의 [매출액_억], [매출액_전년_억], [업체평균매출_억], [업체평균매출_전년_억] 측정값
- ▶ 사용필드 이름 변경
    - [매출액_억] → [당년매출], [매출액_전년_억] → [전년매출]
    - [업체평균매출_억] → [당년 업체평균], [업체평균매출_전년_억] → [전년 업체평균]
- ▶ 차트 설정
    - [주요업종명] 기준 매출액 상위 7개만 표시
    - [당년매출] 기준 '내림차순' 정렬
- ▶ 꺾은선형 및 묶은 세로 막대형 차트를 '2-①' 위치에 배치

② 다음 조건으로 묶은 세로 막대형 차트의 서식을 지정하시오. [6점]
- ▶ 제목 설정
    - 텍스트 '주요업종별 매출 전년비고', 글꼴 크기 '12', '굵게'
- ▶ 서식 설정
    - X축 : 제목 사용하지 않음, 최대 높이 '50%'
    - Y축 : 제목과 값 사용하지 않음
    - 보조 Y축 : 제목 사용하지 않음
    - 열 : [당년매출] '테마 색1', [전년매출] '테마 색1, 60% 더 밝게' 색 설정
    - 선 : [당년 업체평균] '테마 색4', [전년 업체평균] '테마 색4, 60% 더 밝게' 색 설정
    - 표식 사용 설정
    - 데이터 레이블 사용, 표시 단위 '없음' 설정

③ 다음 조건으로 '문제 3' 페이지에 누적 영역형 차트를 구현하시오. [5점]
- ▶ 활용 필드
    - <분석차원> 테이블의 [분석차원] 필드, <달력> 테이블의 연도 필드
    - <_측정값> 테이블의 [매출액_억] 측정값
- ▶ 제목 설정
    - 텍스트 '연도별 매출액 트렌드', 글꼴 크기 '12', '굵게'
- ▶ 서식 설정
    - X축 : 제목 사용하지 않음
    - Y축 : 제목과 값 사용하지 않음
    - 표식 : 사용 설정
    - 데이터 레이블 사용, 단위 '없음'
    - 총케이블사용 설정, '굵게', 배경 사용 설정
- ▶ 누적 영역형 차트를 '2-②' 위치에 배치

3. 다음 지시사항에 따라 행렬 차트를 구현하시오. [10점]

① 다음 조건으로 <_측정값> 테이블에 측정값을 추가한 후 '문제 3' 페이지에 행렬 차트를 구현하시오. [4점]
- ▶ 측정값 이름 : [매출액_전년증감률]
    - 활용 필드 : <_측정값> 테이블의 [매출액_억], [매출액_전년_억] 측정값
    - 전년대비 금년도 매출의 증감 비율 반환
    - 사용 함수 : DIVIDE
    - 서식 : '백분율', '소수점 아래 1자리까지' 표시
- ▶ 행렬 차트 활용 필드
    - <_광역시도> 테이블의 [광역시도명] 필드
    - <달력> 테이블의 연도 필드
    - <주요업종> 테이블의 [업종분류명], [주요업종명] 필드
    - <_측정값> 테이블의 [매출액_억], [매출액_전년_억], [매출액_전년증감률] 측정값

▶ 값 레이블명 변경
- [매출액_억] → '당년 매출액(억)'
- [매출액_전년_억] → '전년 매출액(억)'
- [매출액_전년증감률] → '전년비(%)'

▶ 행렬 차트를 '3-①' 위치에 배치

② 다음과 같이 행렬 차트의 설정 및 각 요소에 대한 서식을 지정하시오. [3점]

▶ 행 머리글 : 계층 구조의 마지막 수준(주요업종명)까지 확장
▶ 서식 설정
- 제목 : 텍스트 '업종 및 지역별 세부 현황', 글꼴 크기 '12', '굵게'
- 눈금 : 가로 및 세로 눈금선 사용 설정, 가로 눈금선 색 '흰색'으로 지정
- 값 : 다른 배경색을 '흰색'으로 지정
- 열 머리글 : 텍스트 '굵게', 머리글 맞춤 '가운데' 설정
- 열 소계 : 사용하지 않음
- 행 소계 : 배경색 '테마 색5, 60% 더 밝게' 지정, 레이블에 적용

③ 행렬 차트에 조건부 서식을 적용하시오. [3점]

▶ 설정 적용 대상 : '전년비(%)'
- 스타일 : 아이콘
- 적용 대상 : '값 및 합계'
▶ 서식 스타일 : 규칙
- 0보다 크고 최대값보다 작거나 같은 경우, 녹색 위쪽 삼각형(▲)
- 최소값보다 크거나 같고 0보다 작은 경우, 빨간색 아래쪽 삼각형(▼)

4. 다음 지시사항에 따라 '문제 3' 페이지에 페이지 탐색기를 구현하고 개체 간 상호 기능을 설정하시오. [10점]

① 다음 조건으로 페이지 탐색기를 구현하시오. **[5점]**

▶ 도형 설정 : '모서리가 둥근 직사각형', 둥근 모서리(%) '15'
▶ 배경 사용 설정
▶ 스타일 설정
- 테두리 설정 해제
- 기본값 상태 : 단추색 '흰색, 10% 더 어둡게'
- 선택한 상태 : 글꼴 '굵게', 글꼴색 '흰색', 단추색 '테마 색6, 20% 더 밝게'
▶ 그리드 레이아웃 설정 : 방향 '세로', 여백 '3'
▶ 페이지 탐색기를 '4-①' 위치에 배치

② 다음과 같이 시각적 개체의 상호 작용을 설정하시오. **[5점]**

▶ 연도 슬라이서 : 연도별 매출액 트렌드 차트, 행렬 차트와 상호 작용 '없음'
▶ 업종 및 지역별 세부 현황 행렬 차트 : 주요업종별 매출 전년비교 차트 상호 작용 '필터'

CHAPTER **02**

모의고사 1회 풀이

SECTION 01　　문제 1-작업준비
SECTION 02　　문제 2-단순요소 구현
SECTION 03　　문제 3-복합요소 구현

SECTION 01 문제 1-작업준비 [25점]

1 답안 파일을 열고, 다음의 지시사항에 따라 데이터 가져오기 및 데이터 편집을 수행하시오. [10점]

① 데이터 파일을 가져온 후 파워쿼리 편집기를 통해 데이터를 편집하시오. [3점]
- ▶ 가져올 데이터 : '전자상거래_데이터.xlsx' 파일의 <주문정보>, <고객정보> 테이블
  - <고객정보> 테이블의 첫 행을 머리글로 사용 설정
- ▶ 파워쿼리 편집기를 통해 <주문정보> 테이블의 [총주문금액]필드 값이 'Null'인 값 삭제
- ▶ 필드의 데이터 형식 변경
  - <주문정보> 테이블의 [주문일자] 필드 : '날짜'

문제 1-1-① 풀이

(1) 실습 파일 열기

❶ [파일] 탭
❷ [열기] 선택
❸ [이 장치 찾아보기] 클릭 > 'PART07_모의고사_1회.pbix' 파일 열기

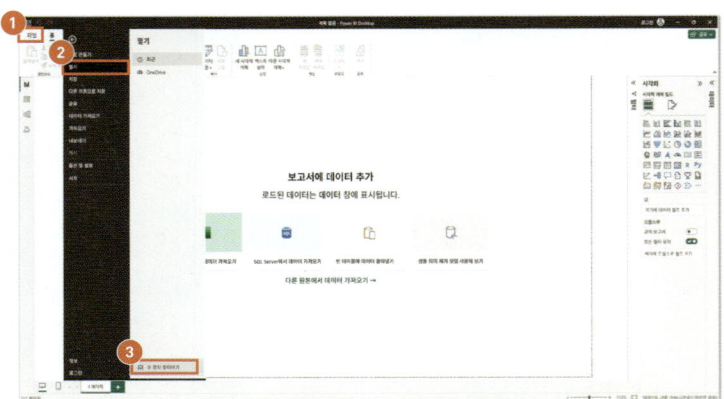

(2) 데이터 파일 열기

❶ [홈] 탭 선택
❷ [Excel 통합 문서] 아이콘( ) 클릭
❸ '전자상거래_데이터.xlsx' 파일 선택
❹ [열기] 클릭

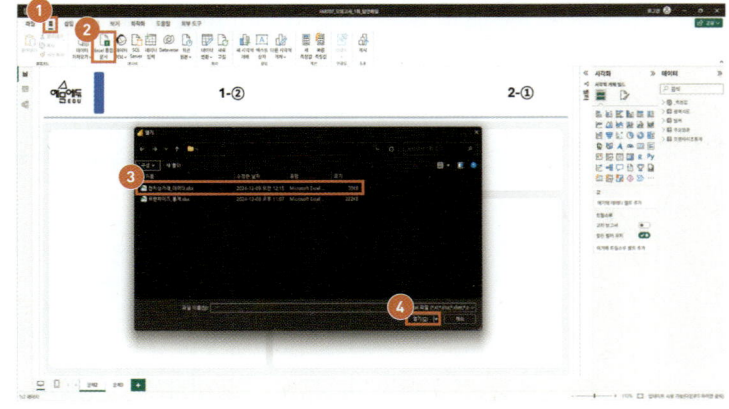

(3) 데이터 로드 및 파워쿼리 실행

❶ [고객정보], [주문정보] 시트 체크
❷ [데이터 변환] 클릭

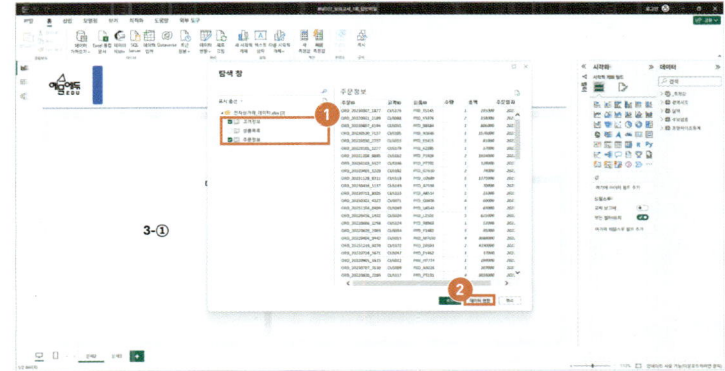

(4) 고객정보 테이블 첫 행 머리글 설정

❶ [고객정보] 테이블 선택
❷ [홈] 탭의 [첫 행을 머리글로 사용] 클릭

(5) 데이터 필터링

❶ <주문정보> 테이블 선택
❷ [총주문금액] 필드의 ▼ 클릭
❸ [빈 항목 제거] 클릭
❹ [확인] 클릭

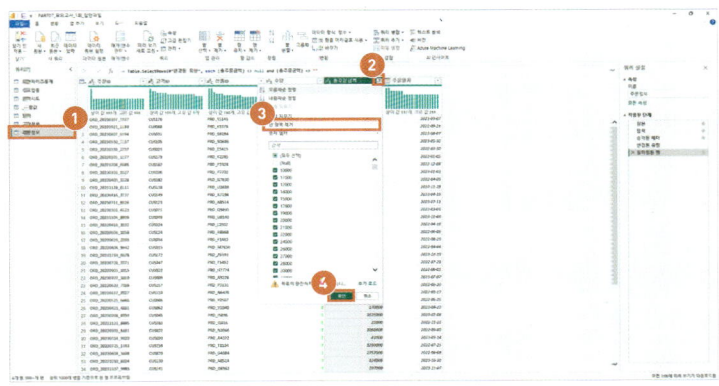

(6) 필드 데이터 형식 변경

❶ [주문일자] 필드 머리글 왼쪽의 🔢 클릭
❷ 데이터 형식 [날짜] 선택

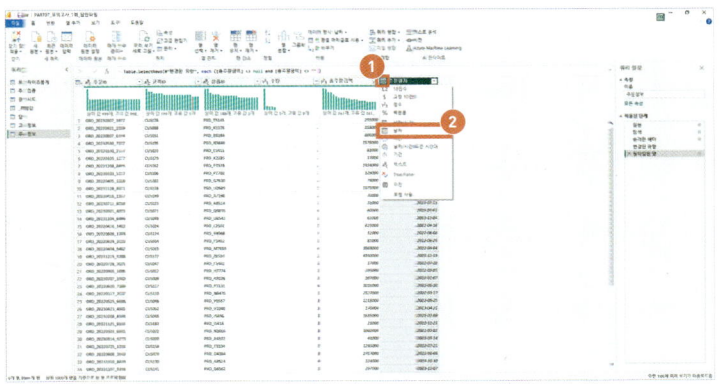

CHAPTER 02 모의고사 1회 풀이 421

② 파워쿼리 편집기를 통해 <주문정보> 테이블에 <고객정보> 테이블의 [지역] 필드를 추가하시오. [4점]
▶ 쿼리 병합 기능 사용
- <주문정보> 테이블의 [고객ID]와 <고객정보> 테이블의 [고객ID] 필드를 기준으로 병합
- 조인 종류 : 왼쪽 외부
- 병합 결과에서 [지역] 필드를 추가
▶ 추가된 필드 이름 : [주문지역]
▶ <고객정보> 테이블의 로드 해제

문제 1-1-② 풀이

[1] 쿼리 병합 실행

❶ <주문정보> 테이블 선택
❷ [홈] 탭 선택
❸ 쿼리 병합 메뉴 확장 클릭
❹ 쿼리 병합 선택

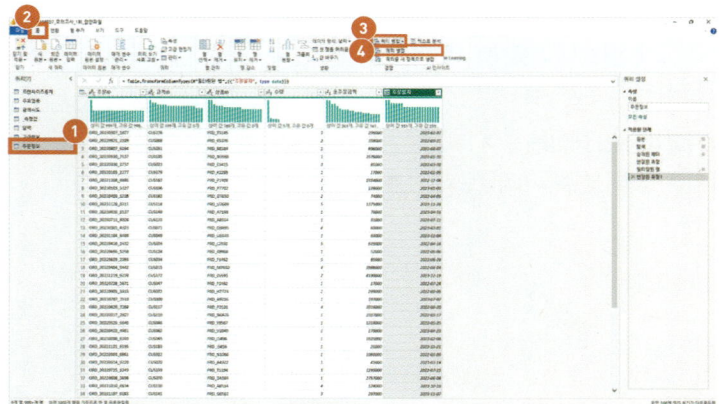

[2] 쿼리 병합 설정

❶ <고객정보> 테이블 병합 대상 선택
❷ <주문정보> 테이블의 [고객 ID] 필드 선택
❸ <고객정보> 테이블의 [고객 ID] 필드 선택
❹ 조인 종류 [왼쪽 외부] 선택
❺ [확인] 클릭

(3) 지역 필드 확장 추가

❶ [고객정보] 필드 머리글의 아이콘 클릭
❷ 확장 선택
❸ '(모든 열 선택)' 체크 해제
❹ [지역] 항목 선택
❺ [원래 열 이름을 접두사로 사용] 체크 해제
❻ [확인] 클릭

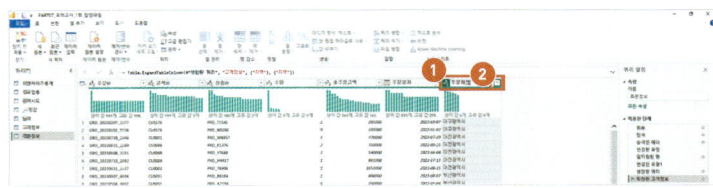

(4) 확장 필드명 변경

❶ 생성된 [지역] 필드 더블 클릭
❷ "주문지역" 입력 후 [Enter]

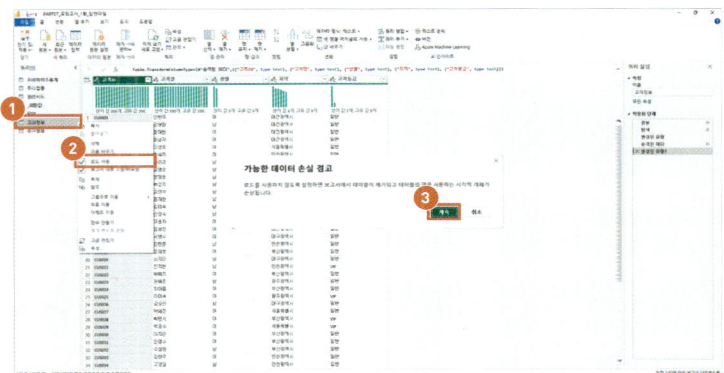

(5) <고객정보> 테이블 로드 사용 해제

❶ <고객정보> 테이블 우클릭
❷ [로드 사용] 체크 해제
❸ 경고 팝업 [계속] 클릭

> 참고
> 이전의 실습 과정 중 [로드 사용] 해제를 진행했을 경우, '❸'의 경고 팝업이 나타나지 않고 [로드 사용] 해제 처리가 될 수 있다.

(6) <고객정보> 테이블 로드 해제 확인 및 파워쿼리 편집 작업 적용

❶ <고객정보> 테이블 우클릭
❷ [로드 사용] 체크 해제 확인
❸ [홈] 탭의 [닫기 및 적용]( )을 클릭하여 편집 작업 적용 및 파워쿼리 편집기 닫기

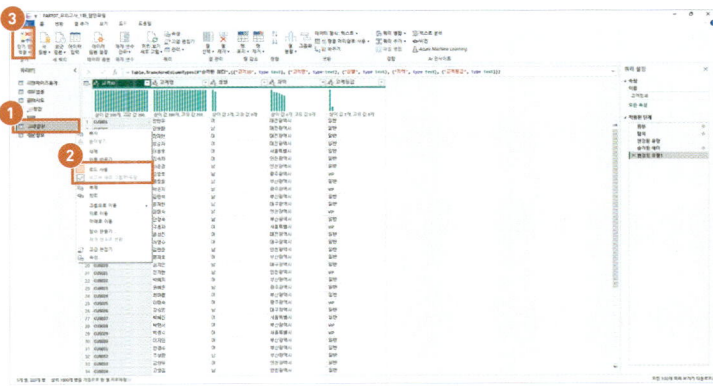

CHAPTER 02 모의고사 1회 풀이 423

③ <주문정보> 테이블의 필드 서식을 변경하시오. [3점]
▶ [주문일자] 필드의 서식 : '*2022-01-01(Short Date)'
▶ [총주문금액] 필드의 서식 : '정수', 천 단위 구분 기호(,)

문제 1-1-③ 풀이

(1) [주문일자] 필드 서식 변경

❶ [테이블 뷰] 작업영역 선택
❷ <주문정보> 테이블 선택
❸ [주문일자] 필드 선택
❹ [리본 메뉴] > [열 도구] 탭의
   [$% 서식] 클릭 확장
❺ '*2001-03-14(Short Date)' 선택

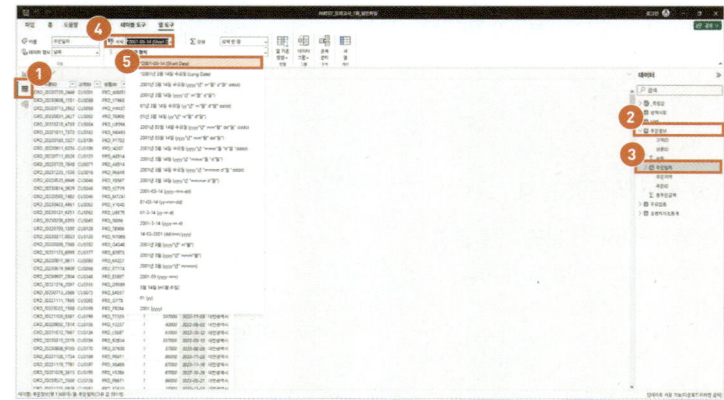

> **참고**
> 서식 중 '*2001-03-14(Short Date)'의 경우, 사용자의 운영체제 시스템 설정에 따라 동적으로 포맷이 달라지는 로컬 날짜 형식이다. 만약 사용자가 영문 버전을 사용할 경우, '3/14/2001' 형태로 표시될 수 있다.

(2) [총주문금액] 필드 서식 변경

❶ [데이터 창]에서 <주문정보> 테이블 선택
❷ [총주문금액] 필드 선택
❸ [열 도구] 탭의 [서식] 그룹에서 서식 '정수' 선택, 천 단위 구분 기호(,) 클릭

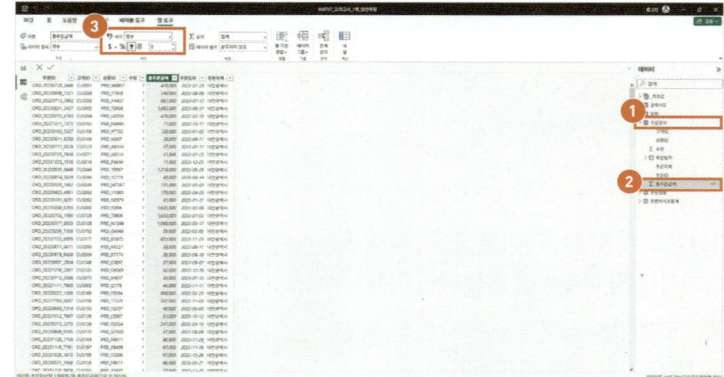

2 다음 지시사항에 따라 테이블을 추가하고 데이터 모델링 작업을 수행하시오. [10점]

① 다음 조건으로 수식을 작성하여 새 테이블을 추가하시오. [4점]

▶ 테이블 이름 : <DimDate>
- 필드 : [Date], 연도, [월], [분기] 필드 구성
- 사용 함수 : ADDCOLUMNS, CALENDAR, YEAR, MONTH, QUARTER
- [Date] 필드의 시작일 : 2022-01-01
- [Date] 필드의 종료일 : 2023-12-31
- 연도, [월], [분기] 필드 : [Date] 필드 기준으로 값 표시
- [Date] 필드 서식 : 'YYYY-MM-DD' 형식으로 표시되도록 적용

문제 1-2-① 풀이

(1) <DimDate> 계산 테이블 생성

❶ [테이블 뷰] 작업영역 선택

❷ [홈] 탭 선택

❸ [계산] 그룹의 [새 테이블](▦) 클릭

❹ [수식 편집기]의 박스에 수식 작성 후 [Enter]

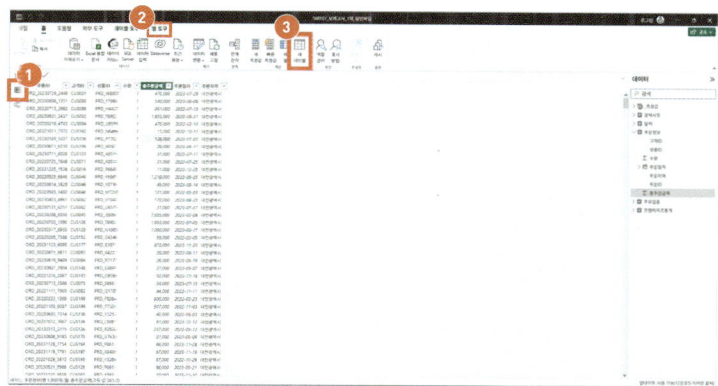

```
DimDate =
ADDCOLUMNS(
    CALENDAR(DATE(2019,1,1),DATE(2022,12,31))
    ,"연도",YEAR([Date])
    ,"분기",QUARTER([Date])
    ,"월",MONTH([Date])
    )
```

> **DAX 풀이**
>
> 이 수식은 2019년 1월 1일부터 2022년 3월 31일까지의 날짜 범위를 기반으로 캘린더 테이블을 생성하고, 각 날짜에 연도와 월 정보를 포함하는 열을 추가한 테이블을 반환한다.
> - [DATE] 함수가 지정된 연도, 월, 일을 기준으로 날짜 값을 생성
> - [CALENDAR] 함수가 [DATE] 함수로 생성된 시작일(2019년 1월 1일)과 종료일(2022년 12월 31일)을 기반으로 해당 범위의 날짜 목록을 생성
> - [ADDCOLUMNS] 함수가 생성된 날짜 테이블에 두 개의 열([연도], [월])을 추가
>   - 연도 열은 [YEAR] 함수를 사용해 각 날짜의 연도 값을 계산
>   - [분기] 열은 [QUARTER] 함수를 사용해 각 날짜의 분기 값을 계산
>   - [월] 열은 [MONTH] 함수를 사용해 각 날짜의 월 값을 계산

> **사용 함수**
>
> - [DATE] : 연도, 월, 일 값을 조합하여 날짜를 생성
>   - 구문 : DATE(<연도>, <월>, <일>)
> - [CALENDAR] : 시작일과 종료일을 지정해 날짜 목록을 생성
>   - 구문 : CALENDAR(<시작일>, <종료일>)
> - [ADDCOLUMNS] : 테이블에 하나 이상의 새로운 열을 추가
>   - 구문 : ADDCOLUMNS(<테이블>, <새 열 이름>, <식>, …)
> - [YEAR] : 지정된 날짜의 연도를 숫자로 반환
>   - 구문 : YEAR(<날짜>)
> - [QUARTER] : 지정된 날짜의 분기를 숫자로 반환
>   - 구문 : QUARTER(<날짜>)
> - [MONTH] : 지정된 날짜의 월을 숫자로 반환
>   - 구문 : MONTH(<날짜>)

(2) [Date] 필드 서식 지정

❶ <DimDate> 테이블의 [Date] 필드를 선택
❷ [리본 메뉴] > [열 도구] 탭의 `서식` 클릭 확장
❸ '2001-03-14(yyyy-mm-dd)' 선택

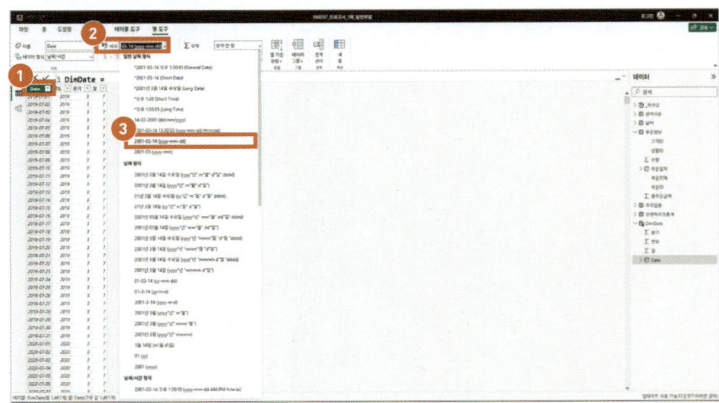

② <주문정보> 테이블과 <DimDate> 테이블 간의 관계를 설정하시오. [3점]
- ▶ 활용 필드 : <주문정보> 테이블의 [주문일자] 필드, <DimDate> 테이블의 [Date] 필드
- ▶ 기준(시작) 테이블 : <주문정보> 테이블
- ▶ 카디널리티 : '다대일(* : 1)' 관계
- ▶ 크로스 필터 방향 : '단일'

문제 1-2-② 풀이

(1) 관계 설정

❶ [모델 보기] 작업영역 선택
❷ 관계 설정 대상인 <주문정보> 테이블과 <DimDate> 테이블의 위치를 적당한 곳으로 이동

> **참고**
> 테이블을 새로 로드하거나 생성할 경우, 사용자마다 표시 위치는 이미지와 다를 수 있다. [모델 보기]에서 정상적으로 배치되었을 경우, 이 단계는 생략해도 된다.

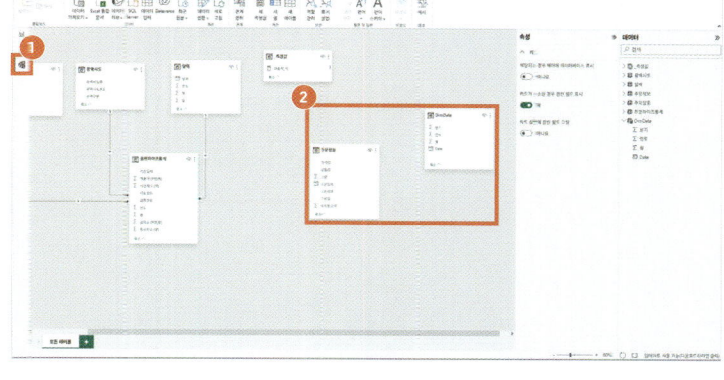

❸ <DimDate> 테이블의 [Date] 필드를 <주문정보> 테이블의 [주문일자] 필드로 드래그 앤 드롭

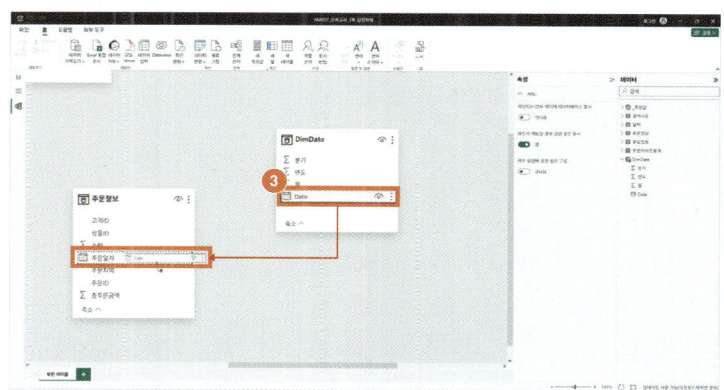

(2) 관계 설정 확인

❶ 연결선 확인
❷ [속성 창]에서 관계 설정된 <테이블> 및 필드 정보 확인
❸ [카디널리티]의 '다대일(* : 1)' 설정 확인
❹ [교차 필터 방향]의 '단일(Single)' 설정 확인
❺ [관계 편집기 열기] 클릭

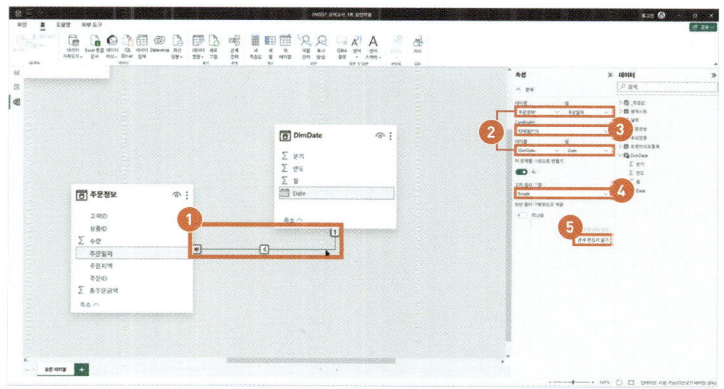

❻ 설정된 관계 정보 재확인
❼ [확인] 클릭

③ <주문정보> 테이블에 계산 열과 측정값을 추가하시오. [4점]

▶ 계산 열 이름 : [단가]
 - 활용 필드 : <주문정보> 테이블의 [총주문금액], [수량] 필드
 - [총주문금액]을 [수량]으로 나눈 값
 - 사용 함수 : DIVIDE
 - 서식 : 천 단위에서 쉼표로 구분되도록 적용, 소수점 두 자리까지 표시
▶ 측정값 이름 : [평균주문금액]
 - [총주문금액]의 평균 계산
 - 활용 필드 : <주문정보> 테이블의 [총주문금액] 필드
 - 사용 함수 : AVERAGE
 - 서식 : 정수, 천 단위로 쉼표 구분

문제 1-2-③ 풀이

(1) [단가] 계산 열 생성

❶ [테이블 뷰] 작업영역 선택
❷ [데이터 창]의 <주문정보> 테이블 클릭
❸ [테이블 도구] 탭 활성
❹ [새 열] (🔲) 클릭

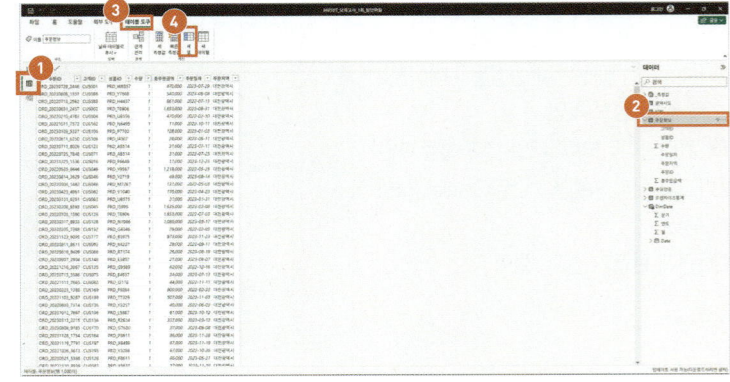

428 경영정보시각화능력 실기

❺ [수식 편집기]의 박스에 수식 작성 후 [Enter]

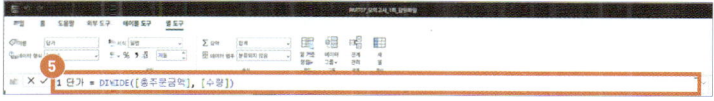

단가 = DIVIDE([총주문금액], [수량])

DAX 풀이

이 수식은 [총주문금액]을 [수량]으로 나누어 각 단가를 계산한다.
- [DIVIDE] 함수가 [총주문금액]과 [수량]을 나눈 값을 반환하며, [수량]이 0이거나 공백일 경우 대체값을 반환함

사용 함수

- [DIVIDE] : 두 값을 나누고 결과를 반환
  - 구문 : DIVIDE(<분자>, <분모>, [대체값])
  - [대체값](선택): 분모가 0이거나 공백일 경우 반환하는 값. 기본값은 BLANK()

(2) [단가] 필드 서식 설정

❶ [데이터 창]에서 [단가] 필드 선택
❷ [열 도구] 탭의 [서식] 그룹에서 천 단위 구분 기호(,) 클릭
❸ 소수점 이하 자릿수 "2" 입력

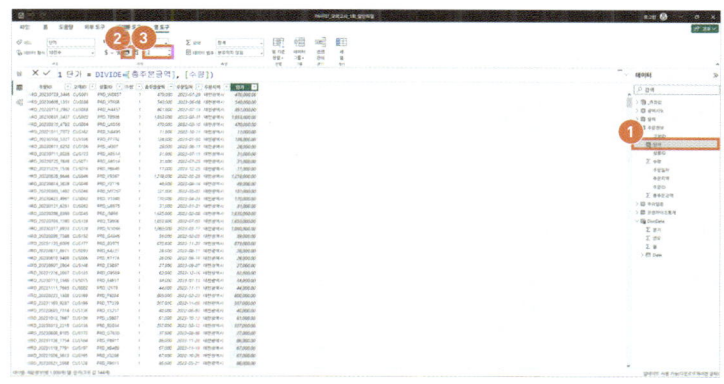

(3) [평균주문금액] 측정값 생성

❶ [데이터 창]의 <주문정보> 테이블 우클릭
❷ [새 측정값] 선택

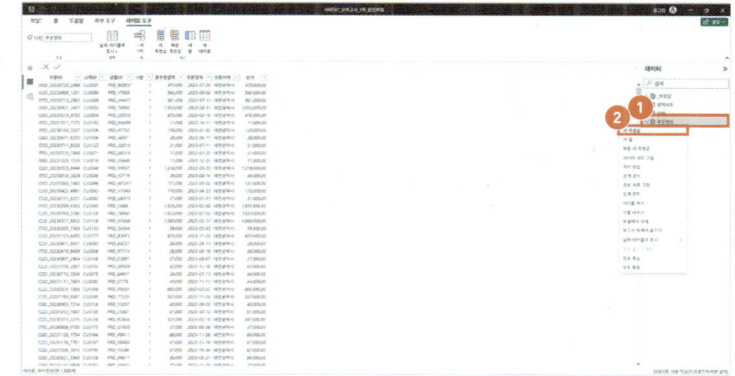

❸ [수식 편집기]의 박스에 수식 작성 후 [Enter]

평균주문금액 = AVERAGE('주문정보'[총주문금액])

> **DAX 풀이**
> 이 수식은 <주문정보> 테이블에서 [총주문금액] 필드의 평균값을 계산한다. 계산 결과는 각 행의 [총주문금액] 값을 모두 더한 후, 값의 개수로 나눈 평균값이다.
> • [AVERAGE] 함수는 테이블의 특정 열([총주문금액])에서 모든 값의 평균을 계산하여 반환

> **사용 함수**
> • [AVERAGE] : 지정된 열의 평균값을 반환
>   - 구문 : AVERAGE(<열>)

(4) [평균주문금액] 서식 설정

❶ [데이터 창]에서 [평균주문금액] 측정값 선택
❷ [측정 도구] 탭의 [서식] 그룹에서 천 단위 구분 기호(,) 클릭
❸ 소수점 이하 자릿수 "2" 입력

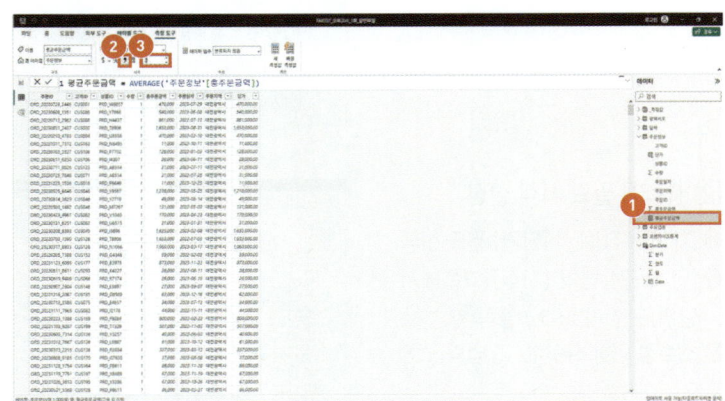

3 다음 지시사항에 따라 계산 테이블 및 계산 열을 추가하시오. [5점]

① 다음 지시사항에 따라 계산 테이블을 생성하시오. [3점]
▶ 테이블 이름 : <지역별_주문요약>
  - 활용 필드 : <주문정보> 테이블의 [주문지역], [총주문금액] 필드
  - <주문정보> 테이블의 [주문지역] 필드를 기준으로 총주문금액의 합계와 평균 주문금액 반환
  - 사용 함수 : SUMMARIZE, SUM, AVERAGE
▶ 구성 필드
  - [주문지역] : 주문고객이 거주하는 지역
  - [총매출금액] : 각 지역의 총 주문금액 합계
  - [평균주문금액] : 각 지역의 평균 주문금액

문제 1-3-① 풀이

(1) <지역별_주문요약> 계산 테이블 생성

❶ [테이블 뷰] 작업영역 선택
❷ [홈] 탭 선택
❸ [계산] 그룹의 [새 테이블](🗔) 클릭

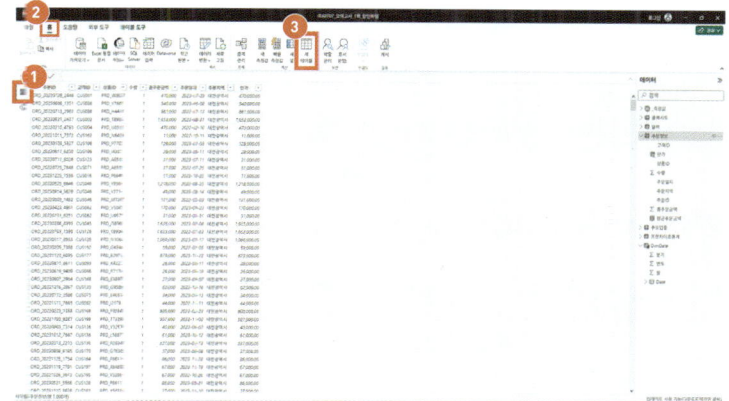

❹ [수식 편집기]의 박스에 수식 작성 후 [Enter]

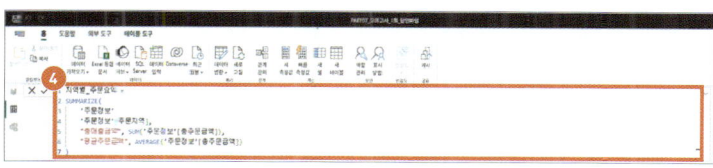

```
지역별_주문요약 =
SUMMARIZE(
    '주문정보',
    '주문정보'[주문지역],
    "총매출금액", SUM('주문정보'[총주문금액]),
    "평균주문금액", AVERAGE('주문정보'[총주문금액])
)
```

DAX 풀이

이 수식은 <주문정보> 테이블에서 [주문지역] 필드를 기준으로 [총주문금액]의 합계와 평균을 계산하여 <지역별_주문요약> 테이블을 생성한다.
- [SUMMARIZE] 함수는 <주문정보> 테이블을 [주문지역] 필드로 그룹화
- [SUM] 함수는 각 지역의 [총주문금액] 값을 모두 더해 "총매출금액" 필드를 산성
- [AVERAGE] 함수는 각 지역의 [총주문금액] 값의 평균을 계산하여 "평균주문금액" 필드를 생성

사용 함수

- [SUMMARIZE] : 테이블을 그룹화하고 요약 데이터를 생성
  - 구문 : SUMMARIZE(<테이블>, <그룹화 필드>, …, <열 이름>, <식>)
- [SUM] : 지정된 열의 모든 값을 합산
  - 구문 : SUM(<열>)
- [AVERAGE] : 지정된 열의 평균값을 반환
  - 구문 : AVERAGE(<열>)

② <지역별_주문요약> 테이블의 필드 서식을 설정하시오. [2점]
▶ [총주문금액] 필드 서식
  - '정수', 천 단위로 쉼표 구분
▶ [평균매출금액] 필드 서식
  - 천 단위로 쉼표 구분, 소수점 아래 두 자리까지 표시

문제 1-3-② 풀이

(1) [총주문금액] 필드 서식 설정

❶ [데이터 창]에서 <지역별_주문요약> 테이블 선택
❷ [총주문금액] 필드 선택
❸ [열 도구] 탭의 [서식] 그룹에서 [서식]을 '정수'로 설정
❹ 천 단위 구분 기호(9) 클릭

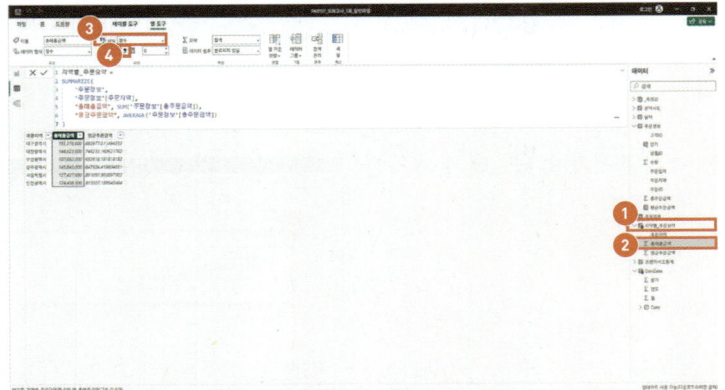

(2) [평균매출금액] 필드 서식 설정

❶ [데이터 창]에서 [평균매출금액] 필드 선택
❷ [열 도구] 탭의 [서식] 그룹에서 천 단위 구분 기호(9) 클릭
❸ 소수점 이하 자릿수 "2" 입력

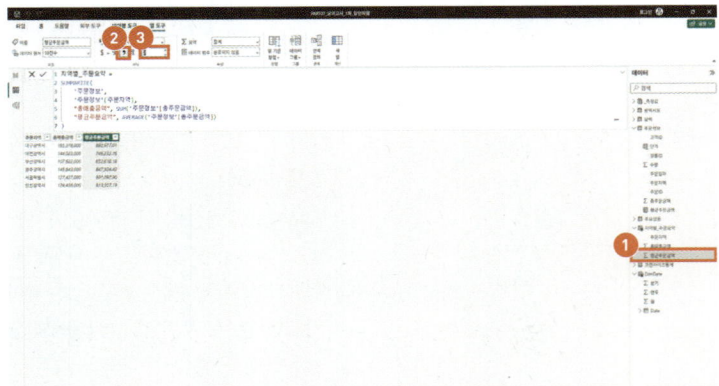

SECTION 02 문제 2-단순요소 구현 [30점]

1 '문제 2', '문제 3' 페이지의 전체 서식을 설정하시오. [5점]

① 보고서 전체의 테마를 설정하고 테마 사용자 지정 기능을 사용하여 테마 색을 변경하시오. [3점]
- ▶ 보고서 테마 : '예정'
- ▶ 이름 및 색의 테마 색 변경
  - 테마 색1 : '#2A8BDA'

문제 2-1-① 풀이

(1) 보고서 테마 '예정' 설정

❶ [보고서 보기] 작업영역 선택
❷ '문제 2' 페이지 선택
❸ [보기] 탭 선택
❹ [테마] 확장 화살표 클릭
❺ '예정' 테마 선택
❻ [현재 테마 사용자 지정] 클릭

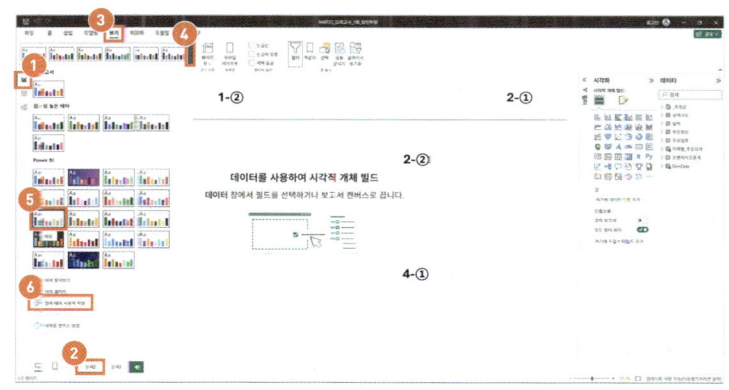

(2) 테마 색 변경

❶ [테마 사용자 지정 창]에서 테마 색의 [색1] 선택
❷ [헥스] 입력란에 "#2A8BDA" 입력
❸ [색 설정 창] 외부를 클릭
❹ [적용] 클릭

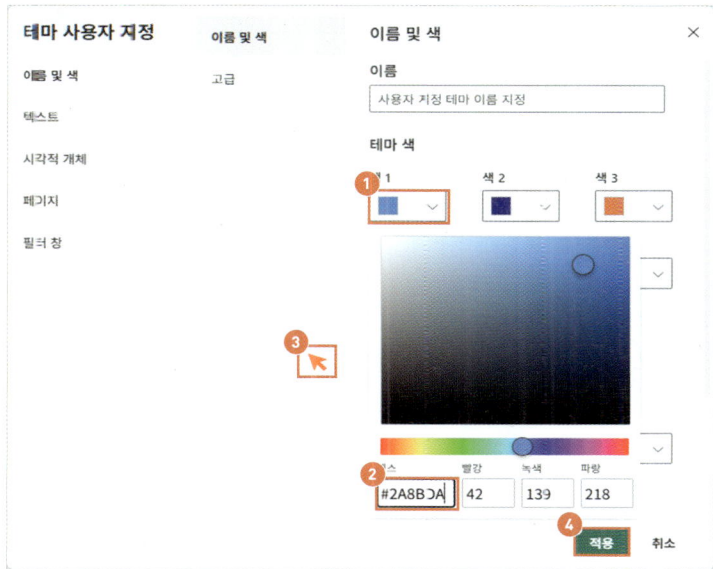

② 텍스트 상자를 사용하여 '문제 2' 페이지에 보고서 제목을 작성하시오. [2점]
- ▶ 제목 : "연간 프랜차이즈 업체수 현황"
  - 서식 : 글꼴 'Segoe UI', 글꼴 크기 '24', '굵게', '왼쪽'
- ▶ 텍스트 상자를 '1-②' 위치에 배치

문제 2-1-② 풀이

(1) 제목 텍스트 상자 생성

❶ [삽입] 탭 선택

❷ [요소] 그룹의 [텍스트 상자] 클릭

❸ 생성된 텍스트 상자를 '1-②'에 배치하고 "연간 프랜차이즈 업체수 현황" 입력한 후 전체 텍스트를 드래그하여 선택

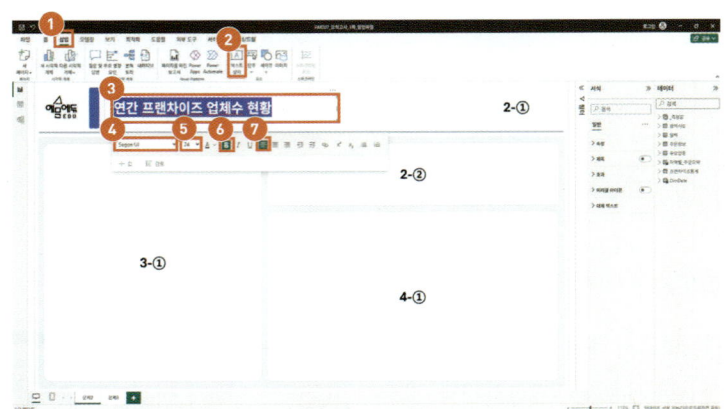

> **빠른 작업을 위한 TIP**
> 텍스트 입력 후 [Shift]+[↑]를 누르면 전체 선택이 된다.

❹ 글꼴 'Segoe UI' 선택

❺ 글꼴 크기 '20' 설정

❻ '굵게' 설정

❼ '가운데 정렬' 설정

2 다음 지시사항에 따라 슬라이서와 카드를 구현하시오. [5점]

① 다음 조건으로 '문제2' 페이지에 슬라이서를 구현하시오. [2점]
- ▶ 활용 필드 : <달력> 테이블의 [연도] 필드
- ▶ 슬라이서 설정
  - 슬라이서 스타일 : '드롭다운'
  - 슬라이서의 선택 항목 중 한 가지의 항목만 선택할 수 있도록 설정
- ▶ 슬라이서 머리글 서식
  - '굵게'
- ▶ 슬라이서 값 : '2021' 필터 적용
- ▶ 슬라이서를 '2-①' 위치에 배치

문제 2-2-① 풀이

(1) 슬라이서 개체 생성 및 배치

❶ [보고서 보기] 작업영역 선택
❷ [시각화 창]의 [시각적 개체 빌드]에서 슬라이서(📇) 개체 클릭
❸ 슬라이서의 [필드]에 <날짜> 테이블의 연도 필드를 드래그하여 추가
❹ 슬라이서를 '2-①' 위치로 드래그하여 크기 조정 및 배치

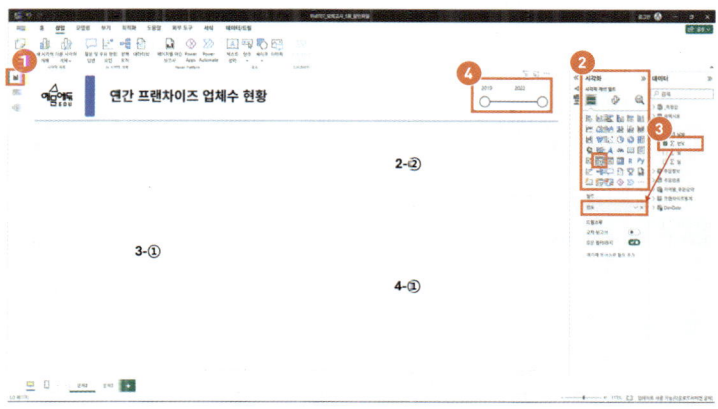

(2) 슬라이서 설정 및 서식 지정

❶ [시각화 창]의 [시각적 개체 서식 지정] (🖌) 클릭
❷ [시각적 개체] 탭 선택
❸ [슬라이서 설정] 탭 선택 확장
❹ [스타일] '드롭다운' 설정
❺ [단일 선택] 설정
❻ [슬라이서 머리글] 서식 '굵게'
❼ 슬라이서 개체 '2021' 값 필터 적용 선택

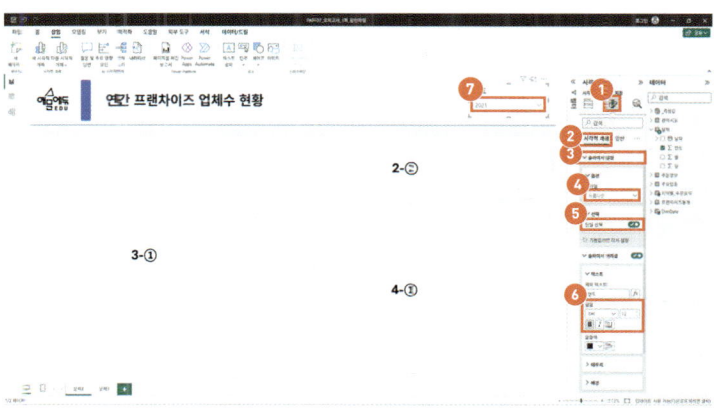

② 다음 조건으로 '문제 2' 페이지에 카드를 구현하시오. [3점]

▶ 활용 필드 및 표시 단위
  - <_측정값> 테이블의 [업체수], [업체수_전년], [업체수_전년증감] 측정값
  - 표시 단위 : [업체수] '없음', [업체수_전년] '없음', [업체수_전년증감] '없음'
▶ 활용 필드 이름 변경
  - [업체수] → '당년 업체수'
  - [업체수_전년] → '전년 업체수'
  - [업체수_전년증감] → '전년비 증감'
▶ 설명 값 서식 : 글꼴 'Segoe UI', 크기 '30', '굵게'
▶ 범주 레이블 서식 : '굵게', 색 '테마 색1'
▶ 카드를 '2-②' 위치에 배치
  - 당년 업체수, 전년 업체수, 전년비 증감률 순서로 배치

문제 2-2-② 풀이

(1) 당년 업체수 카드 생성

❶ [시각화 창]의 [시각적 개체 빌드]에서 카드 개체(📇) 클릭
❷ <_측정값> 테이블의 [업체수] 측정값 체크

> **빠른 작업을 위한 TIP**
> [시각화 개체 빌드] 요소가 단일항목인 개체의 경우, [데이터 창]에서 [필드], [측정값]을 체크하면 바로 개체에 적용된다.

❸ 필드 레이블을 더블 클릭 후 "당년 업체수" 입력 후 [Enter]
❹ 카드 개체의 크기를 조정한 후 '2-②' 위치에 배치

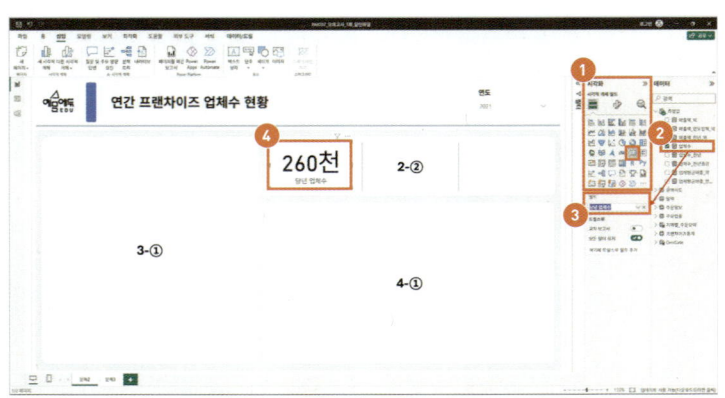

(2) 당년 업체수 카드 서식

❶ 카드 개체 선택
❷ [시각화 창]의 [시각적 개체 서식 지정] (🖌) 클릭
❸ [시각적 개체] 탭 선택
❹ 글꼴 서식 설정
• 글꼴 'Segoe UI'
• 크기 '30', '굵게'
❺ 표시 단위 [없음] 설정
❻ 범주 레이블 글꼴 '굵게' 설정
❼ 범주 레이블 색 '테마 색1'로 설정

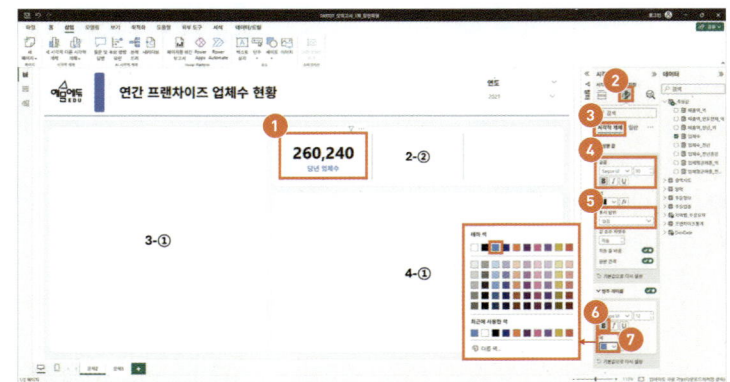

(3) 전년 업체수 카드 복제 생성

❶ 당년 업체수 카드 개체를 [Ctrl]+[C], [Ctrl]+[V]로 복제 후 가운데 배치
❷ [데이터 창]의 [업체수_전년] 측정값을 카드 필드로 드래그하여 변경
❸ 필드 레이블을 더블 클릭하여 "전년 업체수" 입력 후 [Enter]

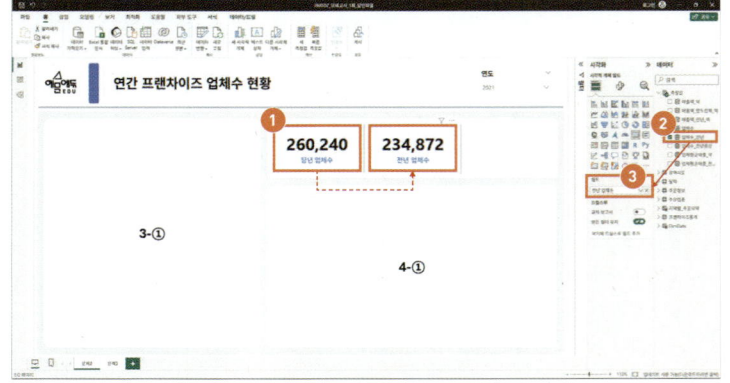

(4) 전년비 증감 카드 복제 생성

❶ 당년 업체수 카드 개체를 [Ctrl]+[C], [Ctrl]+[V]로 복제 후 오른쪽에 배치
❷ [데이터 창]의 [업체수_전년증감] 측정값을 카드 필드로 드래그하여 변경
❸ 필드 레이블을 더블 클릭하여 "전년비 증감" 입력 후 [Enter]

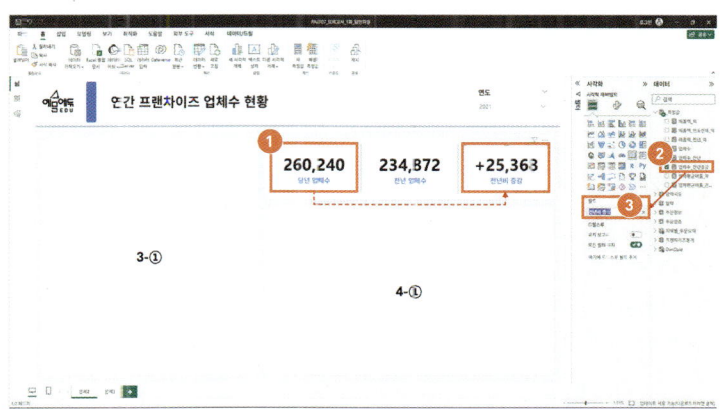

3 다음 지시사항에 따라 묶은 가로 막대형 차트를 구현하시오. [10점]

① 다음 조건으로 '문제 2' 페이지에 묶은 가로 막대형 차트를 구현하시오. [4점]
▶ 활용 필드
  - <광역시도> 테이블의 권역구분, [광역시도경] 필드
  - <_측정값> 테이블의 [업체수], [업체수_전년], [업체수_전년증감] 측정값
▶ '시각화 드릴 모드' 옵션 선택 시 [업체수], [업체수_전년]을 권역구분, [광역시도명]에 따라 순차적으로 확인할 수 있도록 설정
▶ 도구 설명에 [업체수_전년증감]이 표시되도록 추가
▶ 묶은 가로 막대형 차트를 '3-①' 위치에 배치

문제 2-3-① 풀이

(1) 차트 생성 및 배치

❶ [보고서 브기] 작업영역 선택
❷ '문제 2' 페이지 선택
❸ [시각화 창]의 [시각적 개체 빌드]에서 묶은 가로 막대형 차트( ) 클릭
❹ 차트를 '3-①' 위치에 크기 조정 및 배치

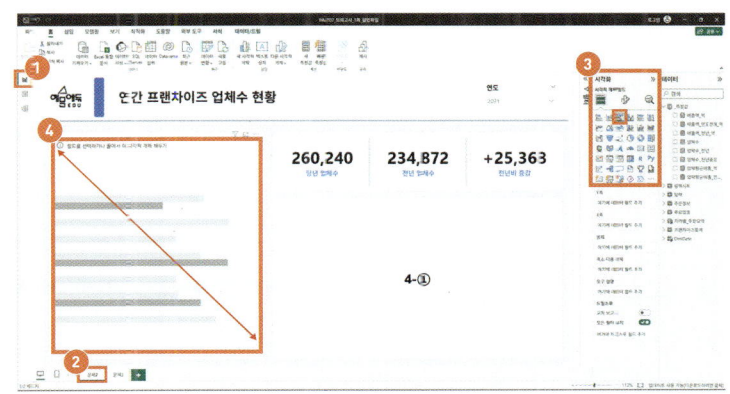

(2) 시각화 빌드 요소 추가

❶ [Y축]에 순서대로 드래그하여 추가
- <광역시도>의 [광역시도명] 필드
- <광역시도>의 권역구분 필드

❷ [X축]에 순서대로 추가
- <_측정값>의 [업체수] 측정값
- <_측정값>의 [업체수_전년] 측정값

❸ [도구 설명]에 <_측정값>의 [업체수_전년증감] 측정값 추가

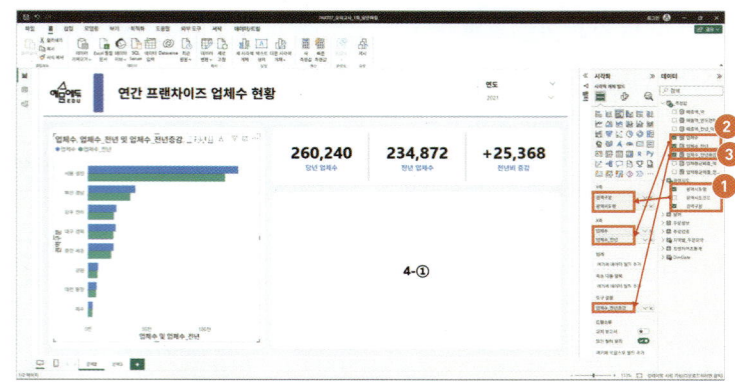

② 다음과 같이 묶은 가로 막대형 차트의 각 요소에 대한 서식을 지정하시오. [3점]

▶ 차트 제목 : "광역시도별 업체수"
　- 제목 서식 : 글꼴 'Din', 크기 '12', '굵게', 가로 맞춤 '왼쪽'
▶ Y축 : 축 제목 제거
▶ X축 : 축 제목 제거, 표시 단위 '없음'
▶ 데이터 레이블 : 표시 단위 '없음', 위치 '바깥쪽 끝에', 글꼴 크기 '8'
▶ 막대 색 : [업체수_전년]의 색을 '흰색, 10% 더 어둡게'로 설정

문제 2-3-② 풀이

(1) 차트 제목 설정

❶ [시각화 창]의 [시각적 개체 서식 지정] (🖌) 클릭
❷ [일반] 탭 선택
❸ [제목] 탭 선택 확장
❹ [제목]에 "광역시도별 업체수" 입력
❺ [글꼴]의 크기를 '12'로 설정
❻ '굵게' 설정
❼ [가로 맞춤] '왼쪽 정렬'

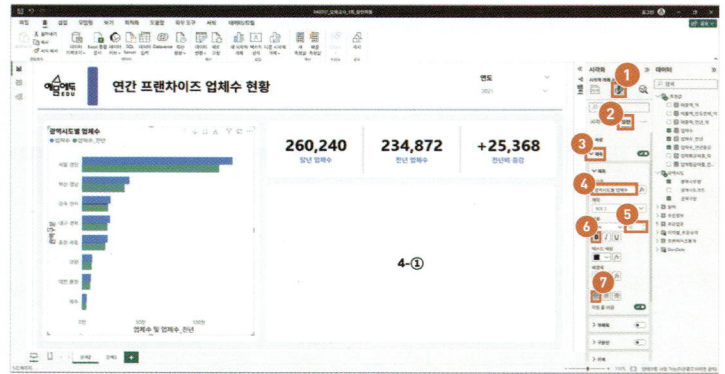

(2) Y축 설정

❶ [시각적 개체 서식 지정] 탭 > [시각적 개체] 탭 선택
❷ [Y축] 탭 선택 확장
❸ [제목] 표시 체크 해제

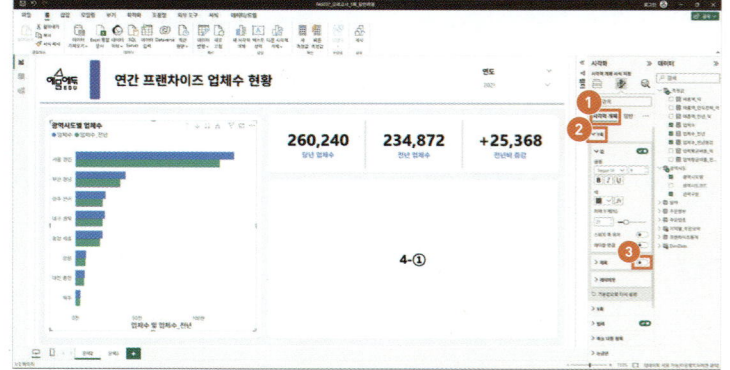

(3) X축 서식 설정

❶ [시각적 개체 서식 지정] 탭 > [시각적 개체] 탭 선택
❷ [X축] 탭 선택 확장
❸ [표시 단위]를 '없음' 설정
❹ [제목] 표시 체크 해제

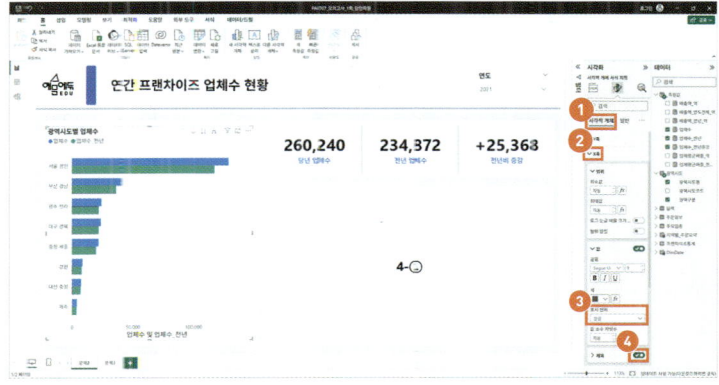

(4) 레이블 서식 설정

❶ [데이터 레이블] 사용 체크
❷ [옵션]의 [위치]를 '바깥쪽 끝에'로 설정
❸ [값] 사용 체크 및 탭 확장
❹ [글꼴 크기]를 '8'로 설정
❺ [표시 단위]를 '없음' 설정

(5) 전년 막대 색 변경

❶ [막대] 탭 선택 확장
❷ [계열] '업체수_전년' 선택
❸ [색] 선택
❹ '흰색, 10% 더 어둡게' 선택

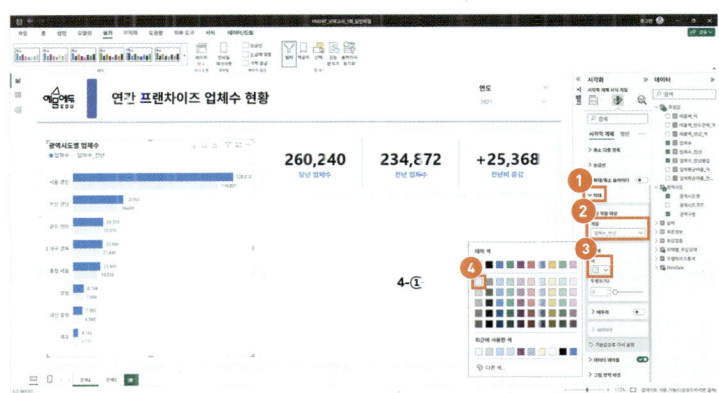

③ 다음 조건으로 묶은 가로 막대형 차트의 레이블을 변경하고 설정하시오. [3점]
▶ 레이블 이름 변경 : [업체수] → [당년], [업체수_전년] → [전년], [업체수_전년증감] → [전년증감]
▶ 가장 낮은 데이터 수준까지 확장하여 표시

문제 2-3-③ 풀이

(1) 레이블 변경 및 드릴 설정

❶ [시각적 개체 빌드] 아이콘(▦) 선택
❷ [X축] 레이블 더블 클릭 후 변경할 이름 입력
  • [업체수] → [당년]
  • [업체수_전년] → [전년]
❸ [도구 설명]의 [업체수_전년증감] 레이블 더블 클릭 후 "당년" 입력
❹ '계층 구조에서 한 수준 아래로 확장' 아이콘(♁) 클릭

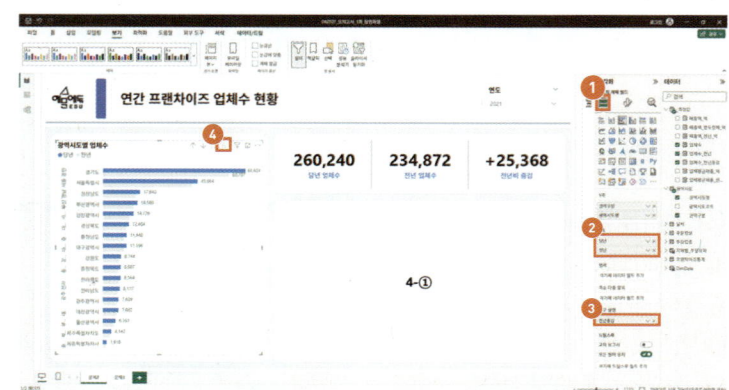

4 다음 지시사항에 따라 도넛형 차트를 구현하시오. [10점]

① 다음 조건으로 '문제 2' 페이지에 도넛형 차트를 구현하시오. [3점]
▶ 활용 필드
  - <주요업종> 테이블의 [업종분류], [주요업종명] 필드
  - <_측정값> 테이블의 [업체수] 측정값
▶ 도넛형 차트를 '4-①' 위치에 배치

문제 2-4-① 풀이

(1) 차트 생성 및 배치

❶ [시각화 창]의 [시각적 개체 빌드]에서 도넛형 차트(◉) 클릭
❷ [차트]를 '4-①' 위치로 드래그하여 크기 조정 및 배치

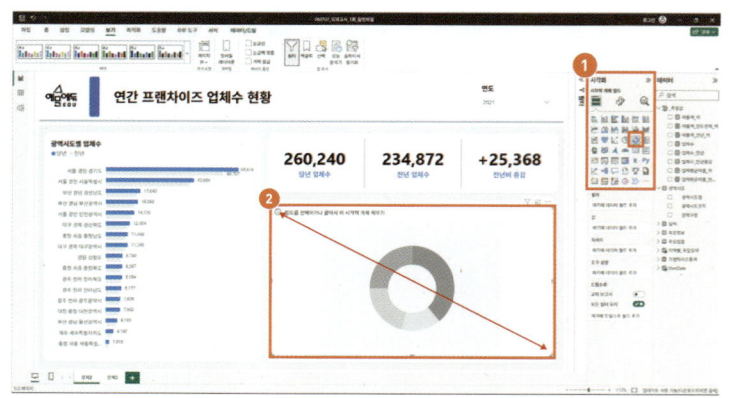

(2) 시각화 빌드 요소 추가

❶ [값]에 <_측정값> 테이블의 [업체수] 필드 추가
❷ [범례]에 <주요업종> 테이블의 [업종분류명] 필드 추가
❸ [자세히]에 <주요업종> 테이블의 [주요업종명] 필드 추가

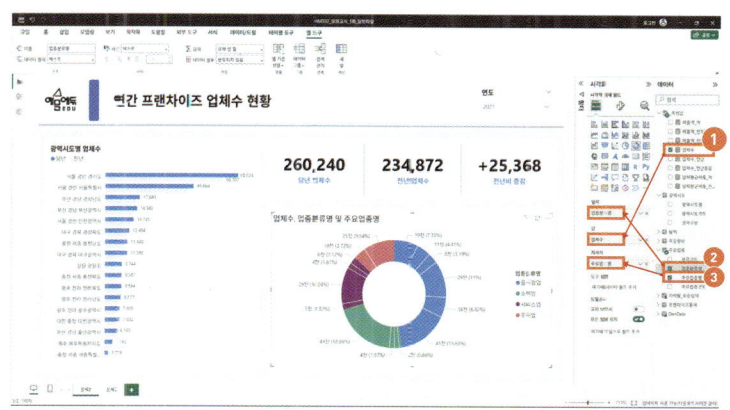

② 다음과 같이 도넛형 차트의 각 요소에 대한 서식을 적용하시오. [4점]
▶ 차트 제목 : "주요 업종별 업체수"
　- 제목 서식 : 글꼴 'Din', 크기 '12', '굵게', 가로 맞춤 '왼쪽'
▶ 범례 : 위치 '아래쪽 가운데'
▶ 내부 반경 : '45%'

문제 2-4-② 풀이

(1) 차트 제목 설정

❶ [시각화 창]의 [시각적 개체 서식 지정] (🔽) 클릭
❷ [일반] 탭 선택
❸ [제목] 탭 선택 확장
❹ [제목]에 "주요 업종별 업체수" 입력
❺ [글꼴]을 'Din', 크기 '12' 설정
❻ '굵게' 설정
❼ [가로 맞춤] '왼쪽 정렬'

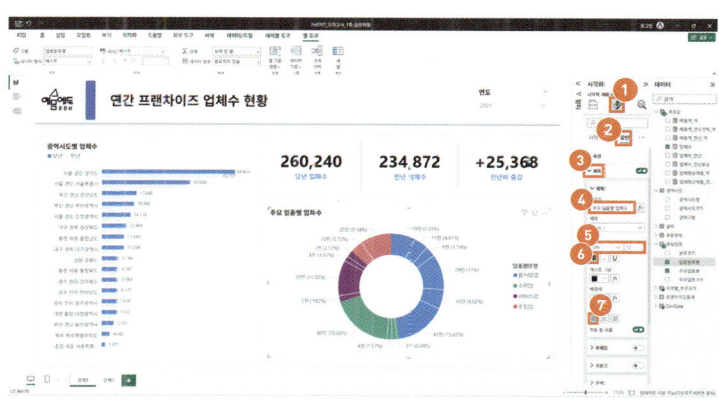

(2) 차트 서식 설정

❶ [시각적 개체] 탭 선택
❷ [범례] 탭 선택 확장
❸ [옵션]의 [위치]를 '아래쪽 가운데' 설정
❹ [조각] 탭 선택 확장
❺ [내부 반경(%)]을 '45'로 설정

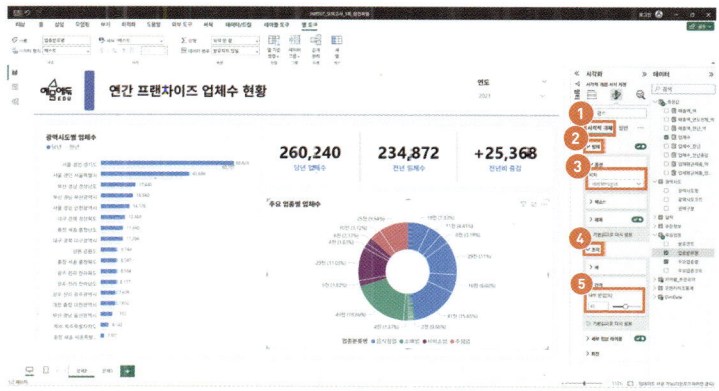

❸ 다음과 같이 도넛형 차트의 세부 정보 레이블에 대한 서식을 지정하시오. [3점]
▶ 레이블 내용 : '모든 세부 정보 레이블'로 표시
▶ 위치 : '바깥쪽 우선'
▶ 값 : 글꼴 크기 '8', 표시 단위 '없음'

문제 2-4-❸ 풀이

(1) 세부 정보 레이블 서식 지정

❶ [세부 정보 레이블] 선택 확장
❷ [옵션]의 [위치]를 '바깥쪽 우선' 설정
❸ [레이블 내용]을 '모든 세부 정보 레이블' 설정
❹ [값] 탭 선택 확장
❺ [값]의 [글꼴 크기]를 '8' 설정
❻ [표시 단위]를 '없음' 설정

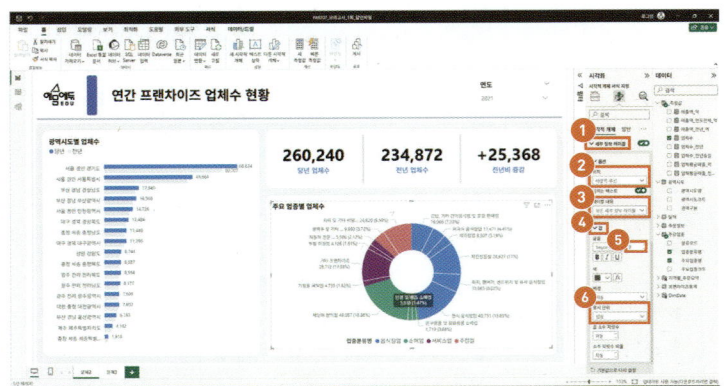

SECTION 03 문제 3-복합요소 구현 [45점]

1 다음 지시사항에 따라 슬라이서와 매개 변수를 구현하시오. [10점]

① 다음 조건으로 '문제 3' 페이지에 연도 슬라이서와 권역구분 슬라이서를 구현하시오. [3점]
▶ 활용 필드
  - <달력> 테이블의 연도 필드
  - <광역시도> 테이블의 권역구분 필드
▶ 슬라이서 설정
  - 연도 슬라이서 : 스타일 '사이'
  - 권역구분 슬라이서 : 스타일 '드롭다운'
▶ 슬라이서 머리글
  - 글꼴 'Din', 크기 '12', '굵게'
▶ 연도 슬라이서를 '1-①', 권역구분 슬라이서를 '1-②' 위치어 배치
▶ 슬라이서 값 설정
  - 연도 '2022' 필터 적용, 권역구분 : '서울 경인' 필터 적용

문제 3-1-① 풀이

(1) 연도 슬라이서 생성

❶ [보고서 보기] 작업영역 선택
❷ '문제 3' 페이지 선택
❸ [시각화 창]의 [시각적 개체 빌드]에서 슬라이서(🔲) 클릭
❹ 슬라이서를 '1-①' 위치로 크기 조정 및 배치
❺ <날짜> 테이블의 연도 필드 클릭

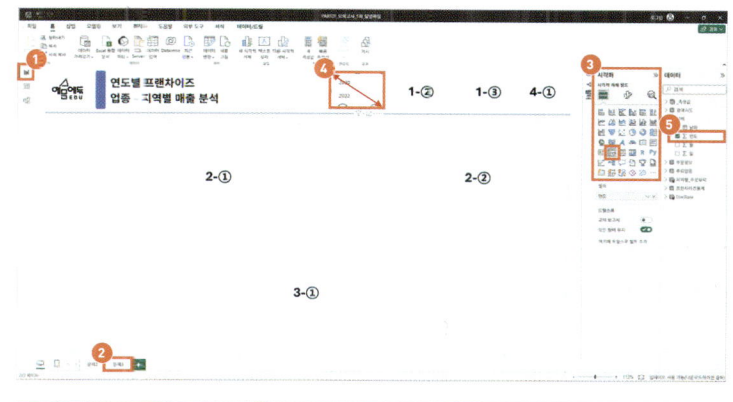

(2) 연도 슬라이서 설정

❶ [시각화 창]의 [시각적 개체 서식 지정](🖌) 클릭
❷ [슬라이서 설정] 탭 선택 확장
❸ [스타일] '드롭다운' 설정
❹ ['모두 선택' 옵션 표시] 설정
❺ [슬라이서 머리글] 설정
• 글꼴 'Din', 크기 '12', '굵게'
❻ 슬라이서 개체 '2022' 값 필터 적용 선택

(3) 권역구분 슬라이서 복사 생성

❶ 연도 슬라이서 선택 후 [Ctrl]+[C], [Ctrl]+[V]하여 슬라이서 복제
❷ 권역구분 슬라이서를 '1-②' 위치로 크기 조정 및 배치
❸ <날짜> 테이블의 연도 필드 체크 해제
❹ <광역시도> 테이블의 권역구분 필드 체크
❺ 슬라이서 개체 '서울 경인' 값 필터 적용 선택

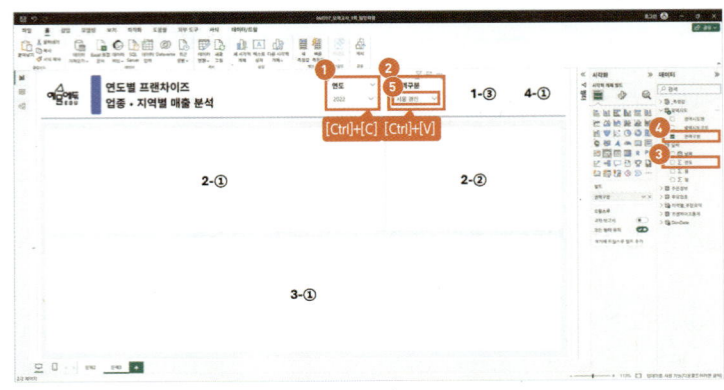

② 다음 조건으로 매개 변수를 추가하고 '문제 3' 페이지에 슬라이서를 구현하시오. [4점]
▶ 매개 변수 이름 : '분석차원'
- 대상 필드 : <주요업종>의 [업종분류명] 필드, <광역시도>의 [광역시도명] 필드
- 매개 변수 필드 이름 변경 : [업종분류명] → [업종분류], [광역시도명] → [광역시도]
- 이 페이지에 슬라이서 추가 옵션 설정
▶ 분석차원 슬라이서를 '1-③' 위치에 배치

문제 3-1-② 풀이

(1) 매개 변수 생성

❶ [리본 메뉴]의 [모델링] 탭 선택
❷ [새 매개 변수]( ) 클릭
❸ [필드] 선택
❹ 매개 변수 설정창의 [이름]에 "분석차원" 입력
❺ <주요업종> 테이블의 [업종분류명] 필드, <광역시도> 테이블의 [광역시도명] 필드를 순서대로 클릭하여 추가
❻ [이 페이지에 슬라이서 추가] 체크
❼ [만들기] 클릭

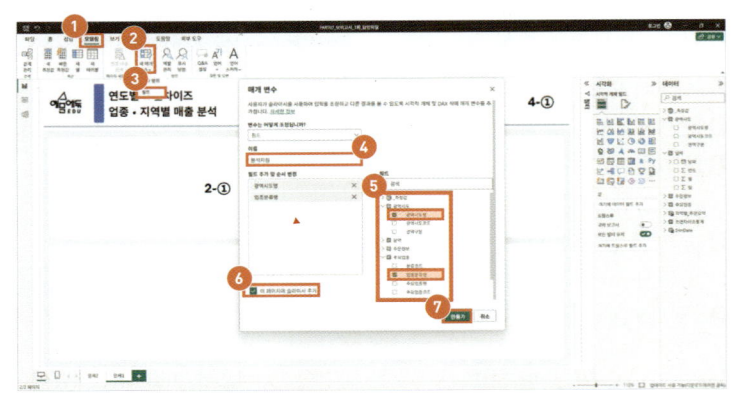

(2) 매개 변수 필드명 변경 및 배치

❶ [데이터 창]에서 <분석차원> 테이블 선택
❷ [수식 편집기]에서 수식 편집
• [광역시도명]을 "광역시도"로 변경
• [업종분류명]을 "업종분류"로 변경 후 [Enter]
❸ 슬라이서를 '1-③' 위치에 배치

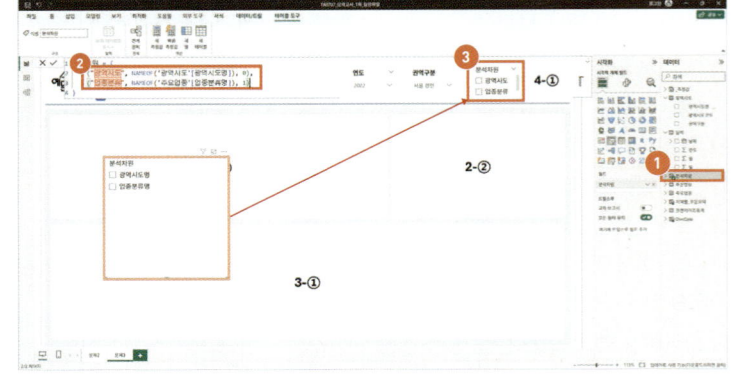

③ 분석차원 슬라이서를 다음 조건으로 설정하시오. [3점]
- ▶ 스타일 : '세로 목록'
- ▶ 슬라이서의 선택 항목 중 한 가지의 항목만 선택할 수 있도록 설정
- ▶ 슬라이서 머리글 : 글꼴 'Din', 크기 '12', '굵게'
- ▶ 슬라이서 값 설정 : '광역시도' 필터 적용

문제 3-1-③ 풀이

(1) 분석차원 슬라이서 설정

❶ [시각화 창]의 [시각적 개체 서식 지정]( ) 클릭
❷ [시각적 개체] 탭 선택
❸ [스타일]을 '세로목록'으로 설정
❹ [선택] 탭 확장 후 '단일 선택' 설정
❺ [슬라이서 머리글] 서식 설정
  • 글꼴 'Din', 크기 '12', '굵게'
❻ 슬라이서의 값을 [광역시도] 선택

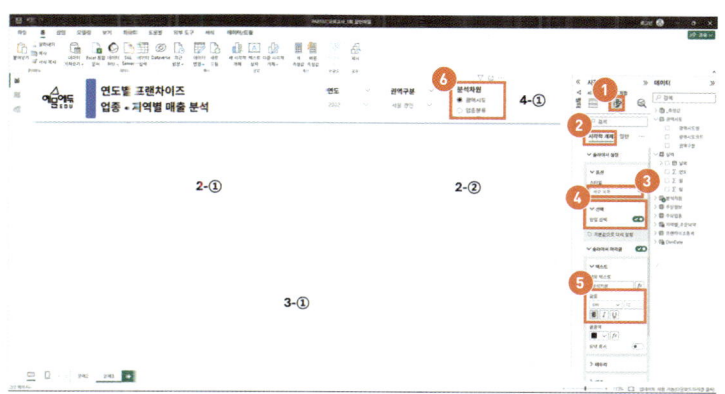

2 다음 지시사항에 따라 꺾은선형 및 묶은 세로 막대형 차트와 누적 영역형 차트를 추가하시오. [15점]

① 다음 조건으로 '문제 3' 페이지에 꺾은선형 및 묶은 세로 막대형 차트를 구현하시오. [4점]
- ▶ 활용 필드
  - <주요업종> 테이블의 [주요업종명] 필드
  - <측정값> 테이블의 [매출액_억], [매출액_전년_억], [업치평균매출_억], [업체평균매출_전년_억] 측정값
- ▶ 사용필드 이름 변경
  - [매출액_억] → [당년매출], [매출액_전년_억] → [전년매출]
  - [업체평균매출_억] → [당년 업체평균], [업체평균매출_전년_억] → [전년 업체평균]
- ▶ 차트 설정
  - [주요업종명] 기준 매출액 상위 7개 만 표시
  - [당년매출] 기준 '내림차순' 정렬
- ▶ 꺾은선형 및 묶은 세로 막대형 차트를 '2-①' 위치에 배치

문제 3-2-① 풀이

(1) 차트 생성 및 빌드 요소 추가

❶ [시각화 창]의 [시각적 개체 빌드]에서 꺾은선형 및 묶은 세로 막대형 차트(📊) 클릭
❷ 차트를 '2-①' 위치로 크기 조정 및 배치
❸ [열y축]에 <_측정값>테이블의 [매출액_억], [매출액_전년_억] 측정값을 드래그하여 추가
❹ [선y축]에 <_측정값>테이블의 [업체평균매출], [업체평균매출_전년_억] 측정값을 추가
❺ [X축]에 <주요업종> 테이블의 [주요업종명] 필드를 추가

(2) 필드 레이블 변경 및 설정

❶ [열y축]의 레이블명을 더블 클릭한 후 변경이름 입력
- [매출액_억] → [당년매출]
- [매출액_전년_억] → [전년매출]

❷ [선y축]의 레이블명 변경
- [업체평균매출_억] → [당년 업체평균]
- [업체평균매출_전년_억] → [전년 업체평균]

❸ 차트의 오른쪽 상단 추가 메뉴(…) 클릭
❹ [축 정렬] 선택
❺ [당년매출] 클릭하여 기준 설정
❻ '❸~❹' 단계를 반복하여 [내림차순 정렬] 클릭 설정

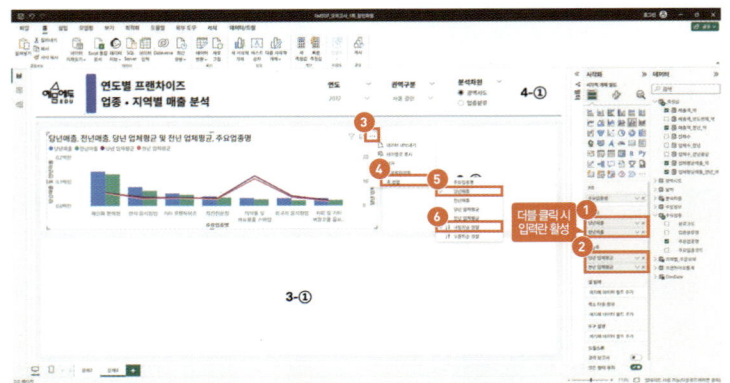

> ② 다음 조건으로 묶은 세로 막대형 차트의 서식을 지정하시오. [6점]
> ▶ 제목 설정
>   - 텍스트 '주요업종별 매출 전년비교', 글꼴 크기 '12', '굵게'
> ▶ 서식 설정
>   - X축 : 제목 사용하지 않음, 최대 높이 '50%'
>   - Y축 : 제목과 값 사용하지 않음
>   - 보조 Y축 : 제목 사용하지 않음
>   - 열 : [당년매출] '테마 색1', [전년매출] '테마 색1, 60% 더 밝게' 색 설정
>   - 선 : [당년 업체평균] '테마 색4', [전년 업체평균] '테마 색4, 60% 더 밝게' 색 설정
>   - 표식 사용 설정
>   - 데이터 레이블 사용, 표시 단위 '없음' 설정

문제 3-2-② 풀이

(1) 차트 제목 설정

❶ [시각화 창]의 [시각적 개체 서식 지정] (　) 클릭
❷ [일반] 탭 선택
❸ [제목] 탭 선택 확장
❹ [제목]에 "주요 업종별 매출 전년비교" 입력
❺ [글꼴]을 'Din', 크기 '12' 설정
❻ '굵게' 설정
❼ [가로 맞춤] '왼쪽 정렬'

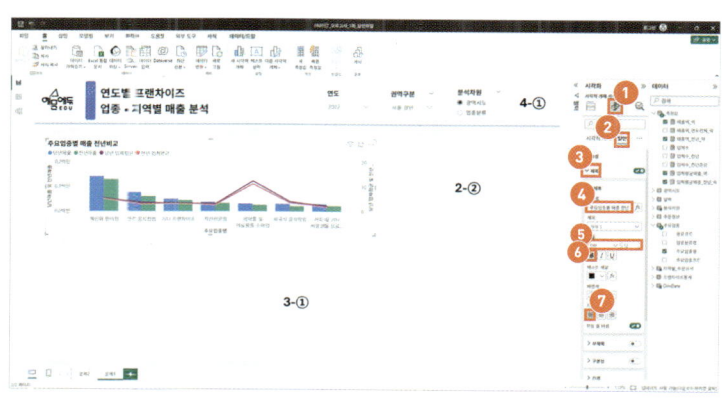

(2) X축 서식 설정

❶ [시각적 개체] 탭 선택
❷ [X축] 선택 확장
❸ [값] 탭의 [최대 높이(%)]를 '50'으로 설정
❹ [제목] 체크 해제

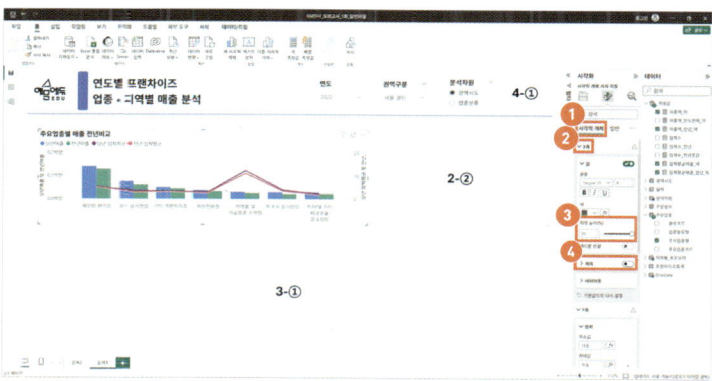

(3) Y축 및 보조 Y축 서식 설정

❶ [Y축] 선택 확장
❷ [값] 체크 해제
❸ [제목] 체크 해제
❹ [보조 Y축] 선택 확장
❺ [제목] 체크 해제

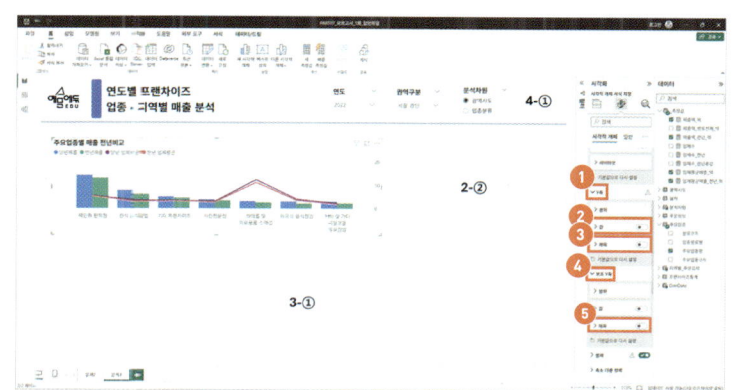

(4) 당년매출 막대 색 설정

❶ [열] 탭 선택 확장
❷ [설정 적용 대상]의 [계열]을 '당년매출' 선택
❸ [색] 탭 선택 확장
❹ [색] 탭의 [색 선택] 박스 클릭
❺ '테마 색1' 선택

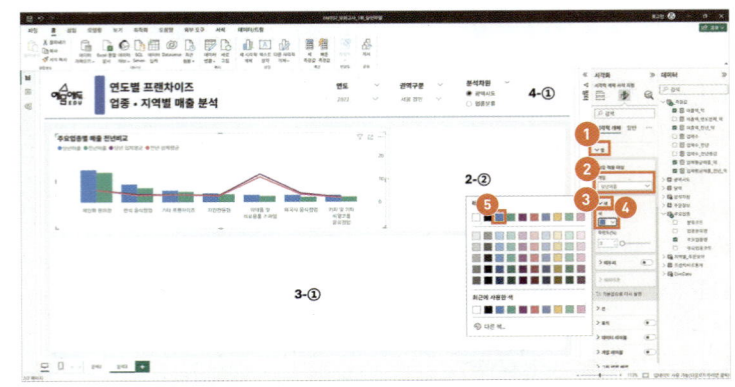

(5) 전년매출 막대 색 설정

❶ [열] 탭 선택 확장
❷ [설정 적용 대상]의 [계열]을 '전년매출' 선택
❸ [색] 탭 선택 확장
❹ [색] 탭의 [색 선택] 박스 클릭
❺ [테마 색1, 60% 더 밝게] 선택

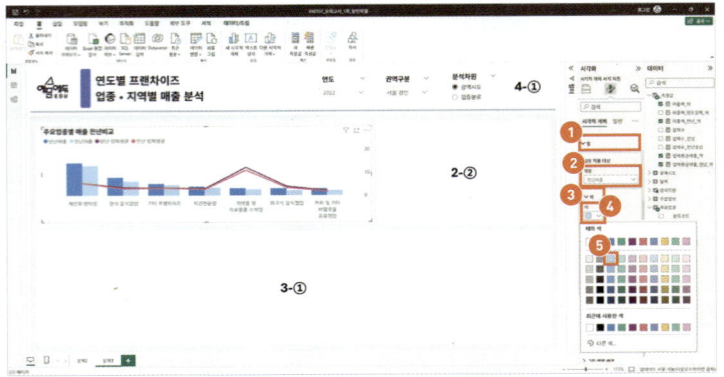

(6) 선 및 표식 서식 설정

❶ [선] 탭 선택 확장
❷ [색] 탭 선택 확장
❸ [전년 업체평균] 색을 [테마 색4] 설정
❹ [당년 업체평균] 색을 [테마 색4, 60% 더 밝게] 설정
❺ [표식] 사용 체크

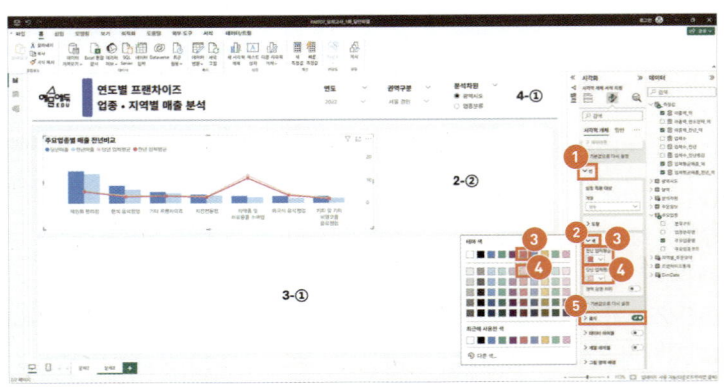

(7) 데이터 레이블 서식 설정

❶ 검색 창에 "표시 단위" 입력
❷ [데이터 레이블] 사용 체크
❸ [표시 단위]를 '없음'으로 설정

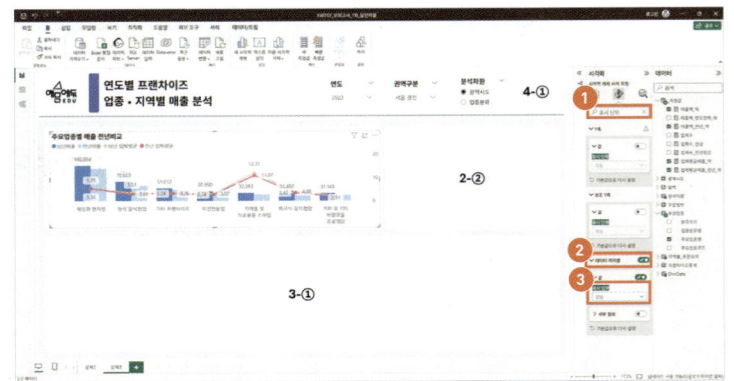

③ 다음 조건으로 '문제 3' 페이지에 누적 영역형 차트를 구현하시오. [5점]
  ▶ 활용 필드
    - <분석차원> 테이블의 [분석차원] 필드, <달력> 테이블의 연도 필드
    - <_측정값> 테이블의 [매출액_억] 측정값
  ▶ 제목 설정
    - 텍스트 '연도별 매출액 트렌드', 글꼴 크기 '12', '굵게'
  ▶ 서식 설정
    - X축 : 제목 사용하지 않음
    - Y축 : 제목과 값 사용하지 않음
    - 표식 : 사용 설정
    - 데이터 레이블 사용, 단위 '없음'
    - 총레이블사용 설정, '굵게', 배경 사용 설정
  ▶ 누적 영역형 차트를 '2-②' 위치에 배치

문제 3-2-③ 풀이

(1) 차트 생성 및 빌드 요소 추가

❶ [시각화 창]의 [시각적 개체 빌드]에서 누적 영역형 차트(📈) 클릭
❷ 차트를 '2-②' 위치로 크기 조정 및 배치
❸ [X축]에 <달력> 테이블의 연도 필터를 추가
❹ [Y축]에 <_측정값> 테이블의 [매출액_억] 측정값을 추가
❺ [범례]에 <분석차원> 테이블의 [분석차원] 필드를 추가

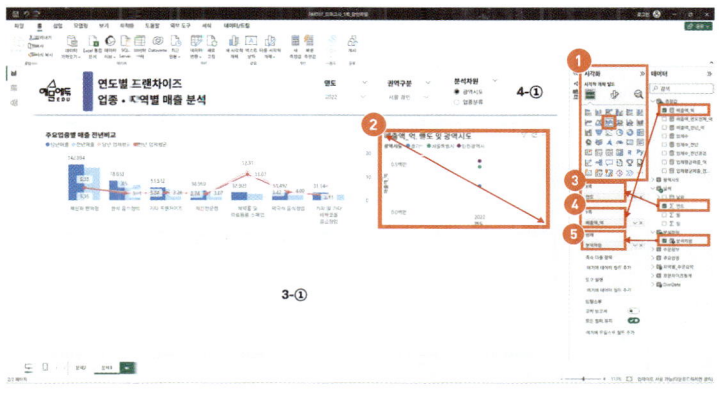

(2) 차트 제목 설정

❶ [시각화 창]의 [시각적 개체 서식 지정] (🎨) 클릭
❷ [일반] 탭 선택
❸ [제목] 탭 선택 확장
❹ [제목]에 "연도별 매출액 트렌드" 입력
❺ [글꼴 크기]를 '12'로 설정
❻ '굵게' 설정

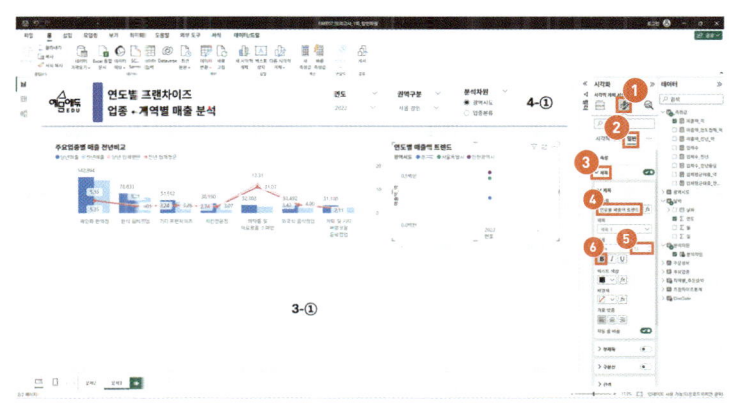

(3) X축 서식 설정
❶ [시각적 개체] 탭 선택
❷ [X축] 선택 확장
❸ [제목] 체크 해제

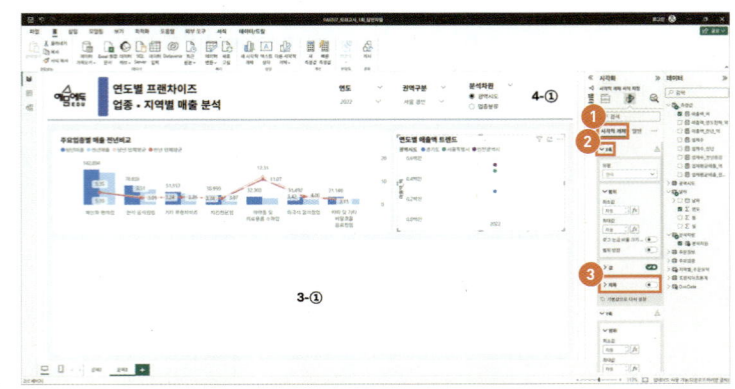

(4) Y축 서식 설정
❶ [Y축] 선택 확장
❷ [값] 체크 해제
❸ [제목] 체크 해제

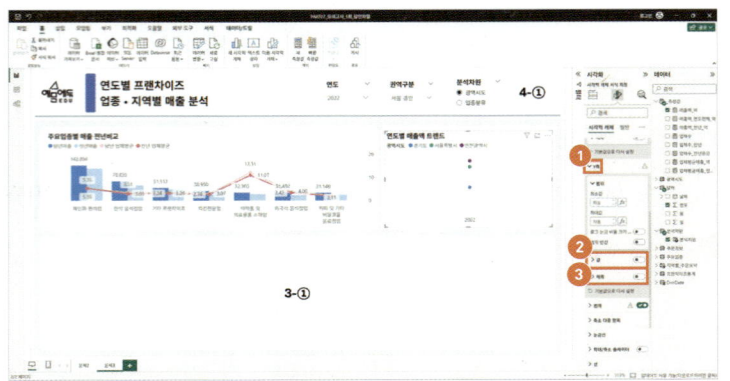

(5) 표식 및 데이터 레이블 설정
❶ [표식] 사용 체크
❷ [데이터 레이블] 사용 체크
❸ [값] 탭 선택 확장
❹ [표시 단위] '없음' 설정

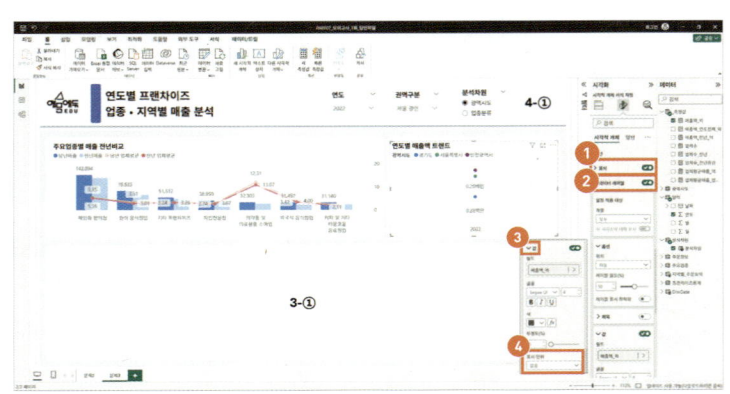

(6) 총 레이블 서식 설정
❶ [총 레이블] 확장 및 사용 체크
❷ 글꼴 '굵게' 설정
❸ [배경] 사용 체크

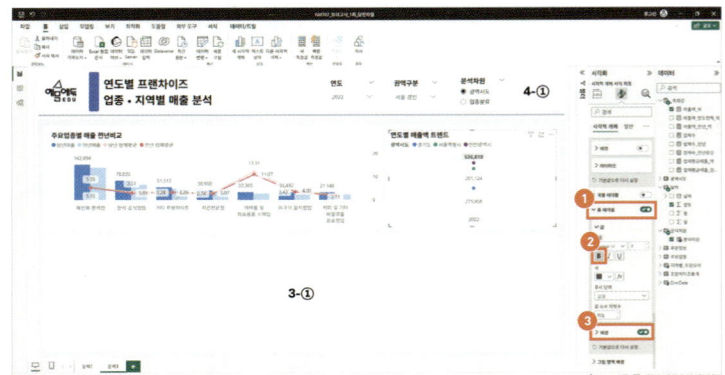

3 다음 지시사항에 따라 행렬 차트를 구현하시오. [10점]

① 다음 조건으로 <_측정값> 테이블에 측정값을 추가한 후 '문제 3' 페이지에 행렬 차트를 구현하시오. [4점]
▶ 측정값 이름 : [매출액_전년증감률]
  - 활용 필드 : <_측정값> 테이블의 [매출액_억], [매출액_전년_억] 측정값
  - 전년대비 금년도 매출의 증감 비율 반환
  - 사용 함수 : DIVIDE
  - 서식 : '백분율', '소수점 아래 1자리까지' 표시
▶ 행렬 차트 활용 필드
  - <_광역시도> 테이블의 [광역시도명] 필드
  - <달력> 테이블의 연도 필드
  - <주요업종> 테이블의 [업종분류명], [주요업종명] 필드
  - <_측정값> 테이블의 [매출액_억], [매출액_전년_억], [매출액_전년증감률] 측정값
▶ 값 레이블명 변경
  - [매출액_억] → '당년 매출액(억)'
  - [매출액_전년_억] → '전년 매출액(억)'
  - [매출액_전년증감률] → '전년비(%)'
▶ 행렬 차트를 '3-①' 위치에 배치

문제 3-3-① 풀이

[1] 새 측정값 생성 및 서식 지정

❶ [데이터 창]의 <_측정값> 테이블 우 클릭
❷ [새 측정값] 선택

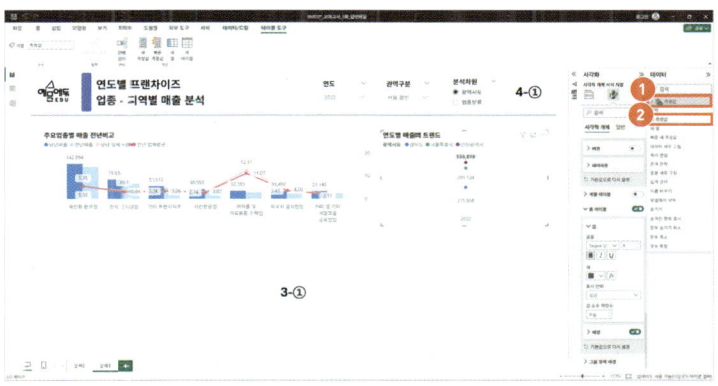

❸ [수식 편집기]의 박스에 수식 작성 후 [Enter]
❹ [측정 도구] 탭에서 백분율(%) 설정 아이콘 클릭
❺ [측정 도구] 탭에서 천 단위 구분 기호(,) 클릭
❻ 소수점 이하 자릿수 입력란에 "1"을 입력

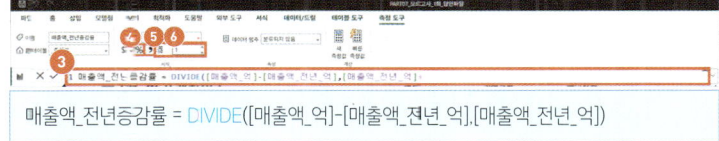

매출액_전년증감률 = DIVIDE([매출액_억]-[매출액_전년_억],[매출액_전년_억])

DAX 풀이

이 수식은 [매출액_억]과 [매출액_전년_억]의 차이를 [매출액_전년_억]으로 나누어 성장률을 계산한다.
• 분자: [매출액_억]-[매출액_전년_억]은 매출액의 전년 대비 증감을 계산
• 분모: [매출액_전년_억]은 전년 매출액으로, 성장률의 기준값이 됨
• [DIVIDE] 함수는 나눗셈 연산 중 분모가 0이거나 공백인 경우 오류를 방지하며 기본값 [BLANK() 또는 사용자 정의 값]을 반환

> **사용 함수**
> - [DIVIDE] : 두 값을 나누고 결과를 반환
>   - 구문 : DIVIDE(<분자>, <분모>, [대체값])
> ※ [대체값](선택) : 분모가 0이거나 공백일 경우 반환할 값. 기본값은 BLANK()

(2) 차트 생성 및 빌드 요소 추가

❶ [시각화 창]의 [시각적 개체 빌드]에서 행렬 차트(▦) 클릭
❷ 차트를 '3-①' 위치로 크기 조정 및 배치
❸ [행]에 <광역시도> 테이블의 [광역시도명] 필드, <주요업종> 테이블의 [업종분류명], [주요업종명] 필드를 순서대로 드래그하여 추가
❹ [열]에 <날짜> 테이블의 연도 필드를 추가
❺ [값]에 <_측정값> 테이블의 [매출액_억], [매출액_전년_억], [매출액_전년증감률] 측정값을 순서대로 추가

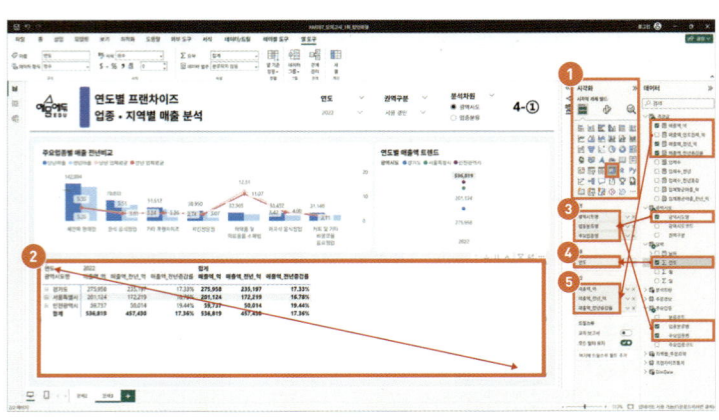

(3) 값 필드 이름 변경

❶ [값]의 [매출액_억] 필드를 더블 클릭하여 "당년 매출액(억)" 입력 후 [Enter]
❷ [매출액_전년_억] 필드를 더블 클릭하여 "전년 매출액(억)" 입력 후 [Enter]
❸ [매출액_전년증감률] 필드를 더블 클릭하여 "전년비(%)" 입력 후 [Enter]

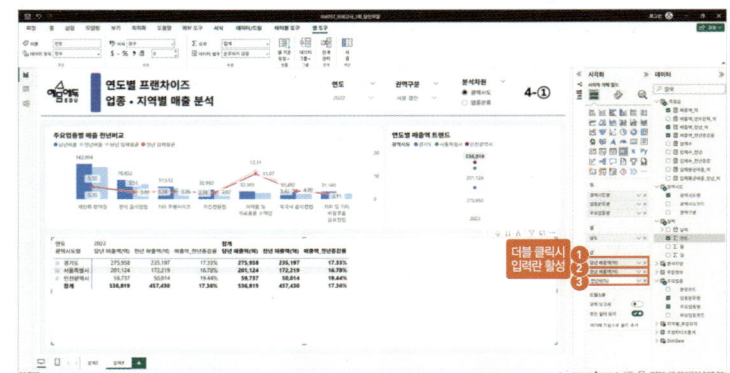

> ❷ 다음과 같이 행렬 차트의 설정 및 각 요소에 대한 서식을 지정하시오. [3점]
> ▶ 행 머리글 : 계층 구조의 마지막 수준(주요업종명)까지 확장
> ▶ 서식 설정
>   - 제목 : 텍스트 '업종 및 지역별 세부 현황', 글꼴 크기 '12', '굵게'
>   - 눈금 : 가로 및 세로 눈금선 사용 설정, 가로 눈금선 색 '흰색'으로 지정
>   - 값 : 다른 배경색을 '흰색'으로 지정
>   - 열 머리글 : 텍스트 '굵게', 머리글 맞춤 '가운데' 설정
>   - 열 소계 : 사용하지 않음
>   - 행 소계 : 배경색 '테마 색5, 60% 더 밝게' 지정, 레이블에 적용

문제 3-3-❷ 풀이

(1) 차트 제목 설정 및 행렬 표시 설정

❶ [시각화 창]의 [시각적 개체 서식 지정] ( ) 클릭
❷ [일반] 탭 선택
❸ [제목] 탭 선택 확장
❹ [제목]의 텍스트에 "업종 및 지역별 세부 현황" 입력
❺ [글꼴 크기] '12' 설정
❻ '굵게' 설정
❼ [한 수준 아래 확장]( )을 2번 클릭하여 최저 수준까지 확장

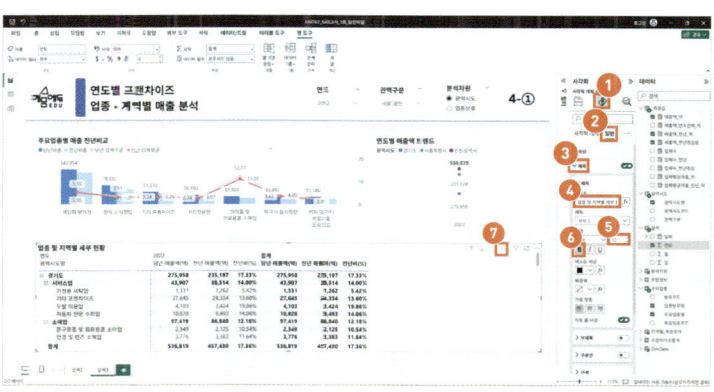

(2) 눈금 서식 설정

❶ [시각적 개체] 탭 선택
❷ [눈금] 탭 선택 확장
❸ [가로 눈금선] 사용 설정
❹ 가로 눈금선 [색] '흰색' 설정
❺ [세로 눈금선] 사용 체크

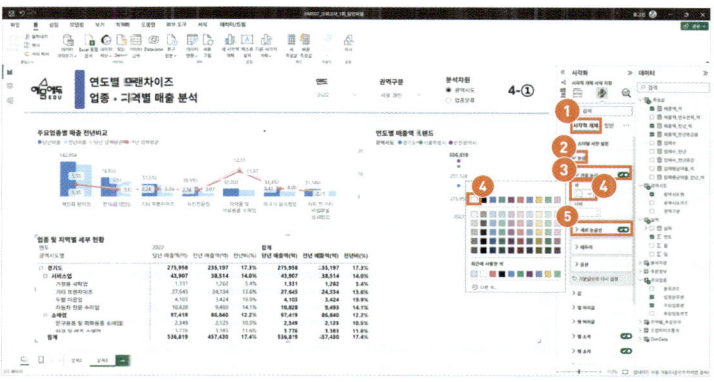

(3) 열 머리글 및 값 서식 설정

❶ [열 머리글] 탭 선택 확장
❷ [텍스트] '굵게' 설정
❸ [머리글 맞춤] '가운데 정렬'
❹ [값] 탭 선택 확장
❺ [값]의 [다른 배경색]을 '흰색' 설정

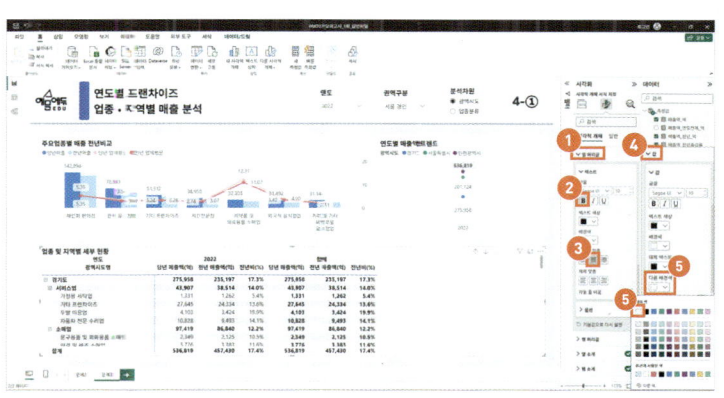

(4) 열 및 행 소계 서식 설정

❶ [열 소계] 체크 해제
❷ [행 소계] 탭 선택 확장
❸ [행 소계]의 [값] 선택 확장
❹ 행 소계 [값]의 [배경색] 클릭
❺ [테마 색5, 60% 더 밝게] 선택
❻ [레이블에 적용] 체크

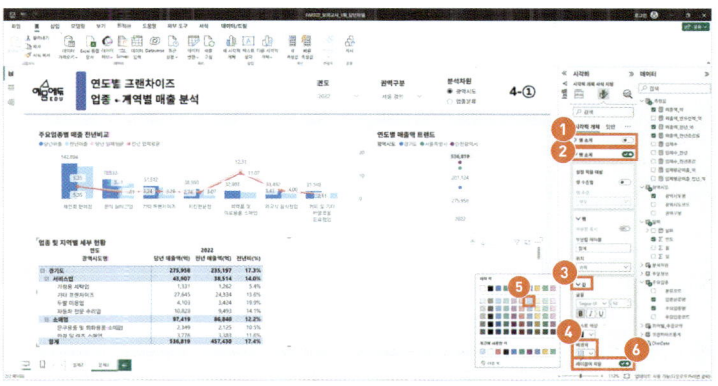

③ 행렬 차트에 조건부 서식을 적용하시오. [3점]
  ▶ 설정 적용 대상 : '전년비(%)'
    - 스타일 : 아이콘
    - 적용 대상 : '값 및 합계'
  ▶ 서식 스타일 : 규칙
    - 0보다 크고 최대값보다 작거나 같은 경우, 녹색 위쪽 삼각형(▲)
    - 최소값보다 크거나 같고 0보다 작은 경우, 빨간색 아래쪽 삼각형(▼)'

문제 3-3-③ 풀이

[1] [전년비] 열 조건부 서식 설정
❶ [셀 요소] 탭 선택 확장
❷ [계열]을 '전년비(%)'로 설정
❸ [아이콘] 사용 체크
❹ [조건부 서식](𝑓x) 클릭

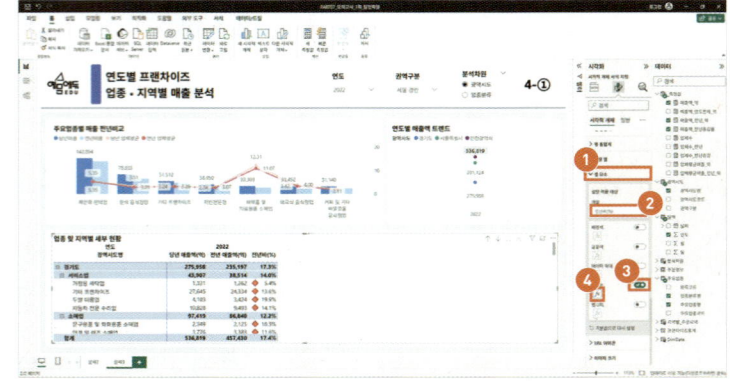

[2] 아이콘 표시 설정
❶ [서식 스타일]을 '규칙'으로 설정
❷ [매출액_전년증감률]을 기반 필드로 설정
❸ 스타일을 ▼ ━ ▲로 설정

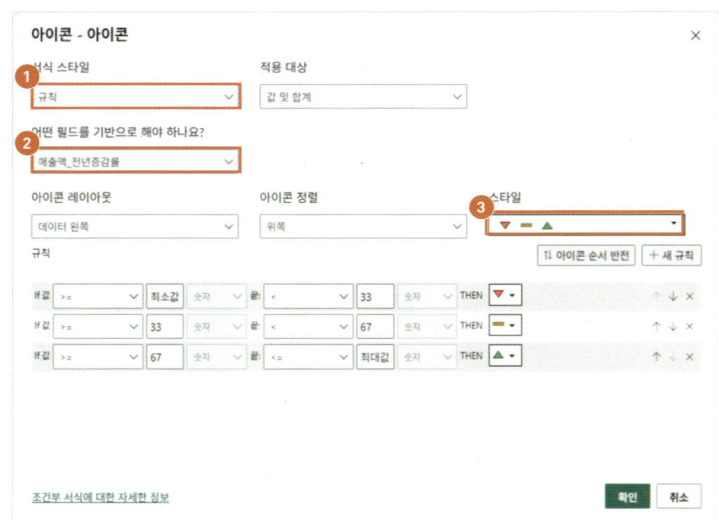

(3) 규칙 설정

❶ 규칙 설정 ⓐ
- If값 : [>=], [최소값], [숫자] 선택
- 끝 : [<], [0], [숫자] 선택
- THEN : ▼ 선택

❷ 규칙 설정 ⓑ
- [X] 클릭하여 삭제

❸ 규칙 설정 ⓒ
- If값 : [>], [0], [숫자] 선택
- 끝 : [<=], [최대값], [숫자] 선택
- THEN : ▲ 선택

❹ [적용 대상]을 '값 및 합계'로 설정
❺ [확인] 클릭

4 다음 지시사항에 따라 '문제 3' 페이지어 페이지 탐색기를 구현하고 개체간 상호 기능을 설정하시오. [10점]

① 다음 조건으로 페이지 탐색기를 구현하시오. [3점]
▶ 도형 설정 : '모서리가 둥근 직사각형', 둥근 모서리(%) '15'
▶ 배경 사용 설정
▶ 스타일 설정
  - 테두리 설정 해제
  - 기본값 상태 : 단추색 '흰색, 10% 더 어둡게'
  - 선택한 상태 : 글꼴 '굵게', 글꼴색 '흰색', 단추색 '테마 색 5, 20% 더 밝게'
▶ 그리드 레이아웃 설정 : 방향 '세로', 여백 '3'
▶ 페이지 탐색기를 '4-①' 위치에 배치

문제 3-4-① 풀이

(1) 페이지 탐색기 생성 및 배치

❶ [리본 메뉴]의 [삽입] 탭 선택
❷ [단추](단추) 클릭
❸ [탐색기](⊞ 탐색기 >) 클릭
❹ [페이지 탐색기] 선택
❺ 페이지 탐색기를 '4-①' 위치에 배치

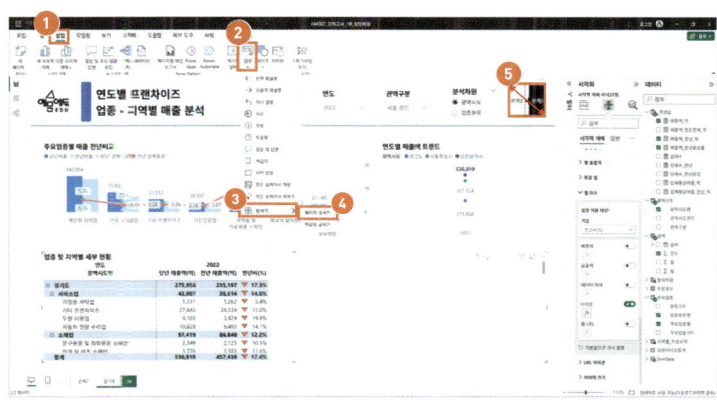

(2) 페이지 탐색기 서식 설정

❶ [서식 창]의 [시각적 개체] 탭 선택
❷ [도형] 탭 선택 확장
❸ [도형]을 '모서리가 둥근 직사각형' 선택
❹ [둥근 모서리(%)]를 '15' 설정
❺ [스타일] 탭 선택 확장
❻ [테두리] 체크 해제

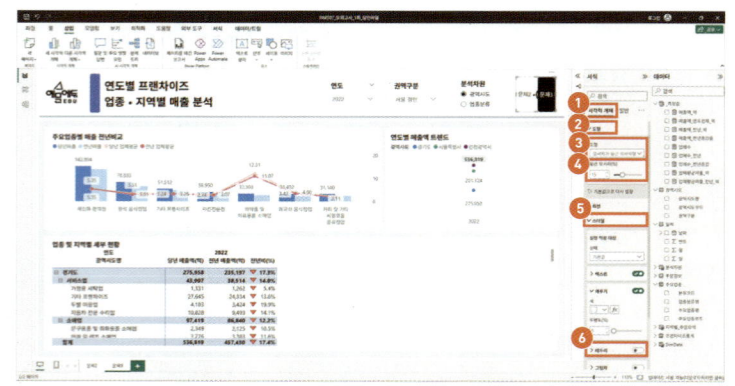

(3) 기본 상태 단추 색 설정

❶ [설정 적용 대상]의 [상태] '기본값' 선택
❷ [채우기] 탭 선택 확장
❸ [색]을 '흰색, 10% 더 어둡게'로 설정

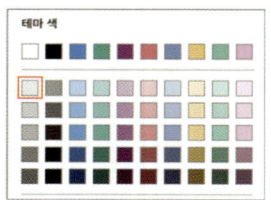

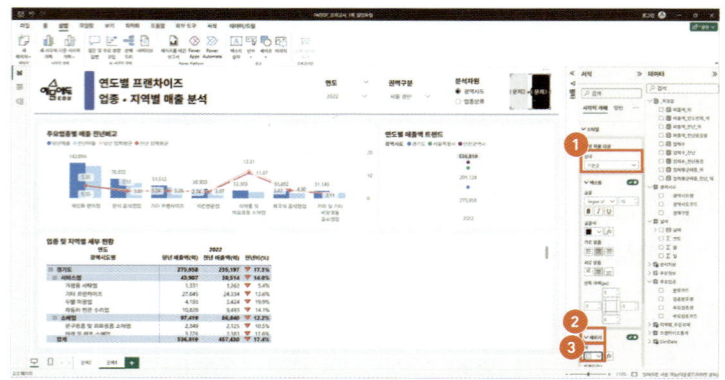

(4) 선택 상태 단추 색 설정

❶ [설정 적용 대상]의 [상태] '선택한 상태' 선택
❷ 글꼴 '굵게' 선택
❸ [색]을 '테마 색6, 20% 더 밝게'로 설정

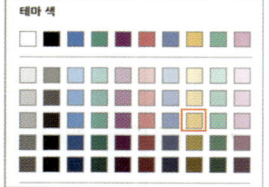

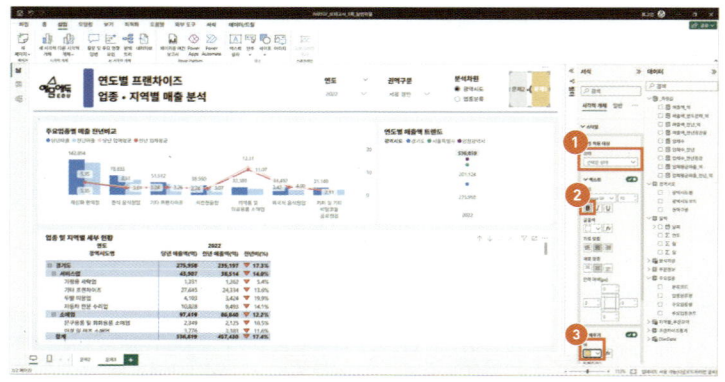

(5) 그리드 레이아웃 설정

❶ [그리드 레이아웃] 탭 선택 확장
❷ [방향] '세로' 선택
❸ [안쪽 여백] '3' 설정

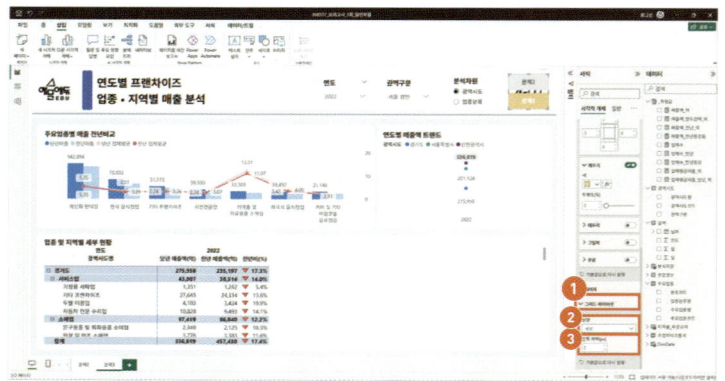

(6) 페이지 탐색기 배경설정

❶ [일반] 탭 선택
❷ [효과] 탭 선택 확장
❸ [배경] 사용 체크

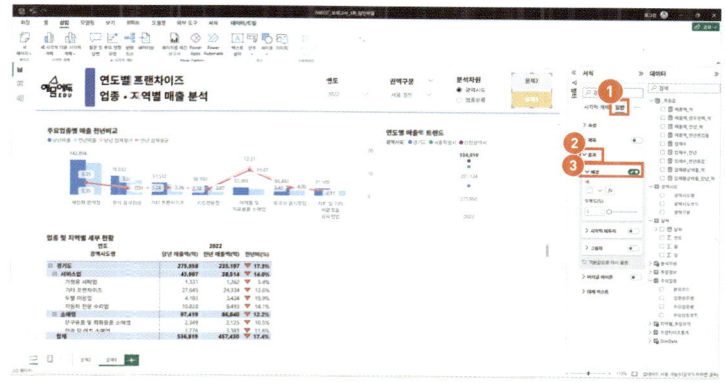

② 다음과 같이 시각적 개체의 상호 작용을 설정하시오. [5점]
▶ 연도 슬라이서 : 연도별 매출액 트렌드 차트, 행렬 차트와 상호 작용 '없음'
▶ 업종 및 지역별 세부 현황 행렬 차트 : 주요업종별 매출 전년비교 차트 상호 작용 '필터'

문제 3-4-② 풀이

(1) 개체 상호 작용 설정

❶ 연도 슬라이서 선택
❷ [리본 메뉴]의 [서식] 탭 선택
❸ [상호 작용 편집](상호 작용 편집) 클릭
❹ 연도별 매출액 트렌드 차트의 상호 작용을 [없음] 아이콘(⊘)을 클릭하여 해제 설정
❺ 행렬 차트의 상호 작용을 [없음] 아이콘(⊘)을 클릭하여 해제 설정

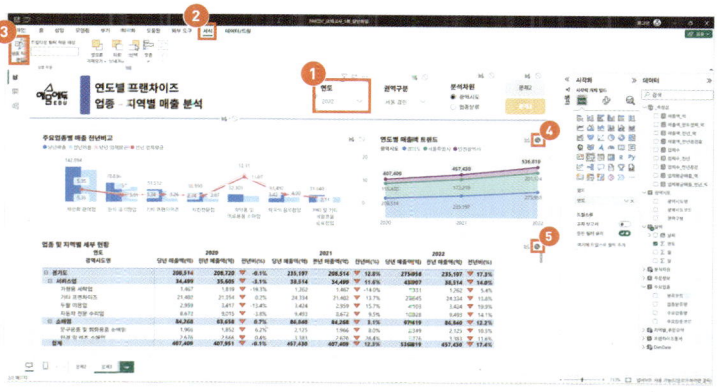

❻ 행렬 차트 선택
❼ 주요업종별 매출 전년비교 차트의 상호 작용을 🔲 아이콘을 클릭하여 필터 설정

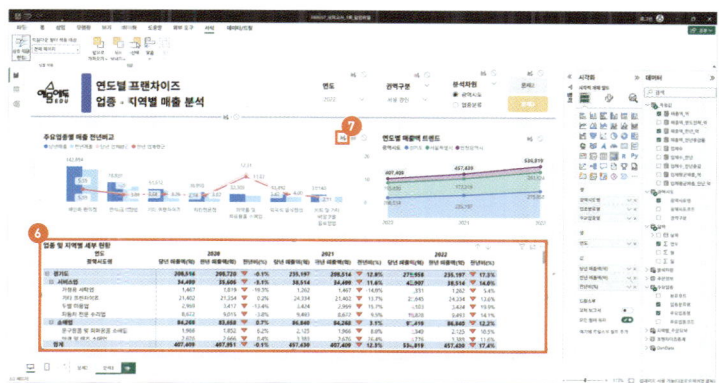

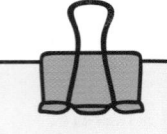

모의고사 2회

CHAPTER 03

◀ 문제 및 데이터 안내 ▶

1. 최종 제출해야 할 답안 파일은 1개입니다. 문제 1, 문제 2, 문제 3의 답을 하나의 답안 파일(.pbix)로 제출하십시오.
2. 문제 1, 문제 2, 문제 3은 각각 독립적으로 구성되어 있어 앞 문제를 풀지 않아도 다음 문제풀이가 가능합니다.
3. 문제 2와 문제 3 풀이를 위해 필요한 일부 측정값, 필터가 답안 파일에 미리 적용되어 있을 수 있습니다. 지시사항에 제시되지 않은 것은 변경하지 마십시오.
4. 하위문제(①, ②, ③)별로 점수가 부여되며, 하위문제의 지시사항(▶ 또는 - 표시)을 이행하지 않을 경우 점수가 부여되지 않습니다.
5. 이 시험을 위한 데이터 파일은 2개이며, 문제 1을 위한 데이터와 문제 2, 3의 데이터가 구분됩니다.

　가. 문제 1 풀이에는 '기상데이터.xlsx'를 사용하십시오.

파일명	기상데이터.xlsx								
테이블	구조								
지역 마스터	고객ID		고객명		성별		지역		고객등급
	CUS001		안현우		여		대전광역시		일반
서울	지역명	지역번호	날짜	평균 기온	최저 기온	최고 기온	최대 풍속	일사량	일강수량	적설량
	서울	108	2019-02-01	-2.1	-7.4	2.8	4.9	9.71	0.3	0.2
인천	지역명	지역번호	날짜	평균 기온	최저 기온	최고 기온	최대 풍속	일사량	일강수량	적설량
	인천	112	2019-01-16	-4.9	-9	-2	6.6	10.85	0.6	0.63
대전	지역명	지역번호	날짜	평균 기온	최저 기온	최고 기온	최대 풍속	일사량	일강수량	적설량
	대전	133	2019-01-02	-3.3	-8.4	2.9	3.8	11.86	0	0
광주	지역명	지역번호	날짜	평균 기온	최저 기온	최고 기온	최대 풍속	일사량	일강수량	적설량
	광주	156	2019-01-02	-0.1	-2.8	4.2	3.4	10.1	0	0
부산	지역명	지역번호	날짜	평균 기온	최저 기온	최고 기온	최대 풍속	일사량	일강수량	적설량
	부산	159	2019-01-02	1.2	-2.5	6.4	6.3	12.64	0	0

나. 문제 2와 문제 3의 풀이에는 '인사정보.xlsx'를 사용하십시오.

파일명	인사정보.xlsx														
테이블	구조														
인사 정보	직원 코드	연령	연령 대	입사 일	재직 상태	직급 코드	성별	부서 코드	정규 구분	직종 구분	입사 구분	직급 연차	직책	퇴사 사유	근속 년수	퇴사 일
	E0001	59	55세 이상	1996-08-01	퇴직	T1	남	D1031	정규 직	일반 직	경력	17		정년 퇴직	26.4	2022-12-19
분기 평가	직원 코드	부서 코드	직급	성별	평가_ 연도	평가_ 월	평가_ 분기	평가 기준일	근무태도_ 점수	업무 성과_ 점수	협업 능력_ 점수	종합_ 점수				
	E0002	D4031	O1	남	2022	3	Q1	2022-03-31	81	95	80	85.3				
부서 정보	부서코드		본부		부서		팀									
	D1011		경영전략본부		경영지원사업부		구매팀									
직급 정보	직급코드		직종구분		직급명		정렬									
	O1		일반직		Leader		1									
달력	날짜		연도		월		일									
	2022-01-01		2022		1		1									

〔문제 1〕 작업준비 [20점]

1. 답안 파일을 열고, 다음 지시사항에 따라 데이터 가져오기 및 편집 작업을 수행하시오. [10점]

① 데이터 파일을 가져온 후 파워쿼리 편집기를 통해 데이터를 편집하시오. **[4점]**
  ▶ 가져올 데이터 : '기상데이터.xlsx 파일'의 <서울>, <인천>, <대전>, <광주>, <부산>, <지역마스터> 테이블
   - 첫 행을 머리글로 사용
  ▶ 지역마스터의 모든 필드를 피벗 해제
   - 특성 : '지역'으로 필드명 변경
   - 값 : '지역번호'로 필드명 변경
   - [지역번호] 필드의 데이터 형식 : 텍스트
② 파워쿼리 편집기를 통해 <기상정보_전체> 테이블을 생성하고 편집하시오. **[4점]**
  ▶ 쿼리 추가 기능 사용
   - 연결할 테이블 : <서울>, <인천>, <대전>, <광주>, <부산>
   - 새 쿼리로 추가 옵션 선택
   - 결과 테이블 이름 : <기상정보_전체>

- ▶ <서울>, <인천>, <대전>, <광주>, <부산> 테이블의 로드 사용 해제
- ▶ <기상정보_전체> 테이블의 필드 형식을 변경하시오
    - 텍스트 : [지역명], [지역번호] 필드
    - 10진수 : [평균 기온], [최저 기온], [최고 기온], [최대 풍속], [일사량], [일강수량], [적설량] 필드
③ <기상정보_전체> 테이블의 필드 서식을 변경하시오. **[2점]**
- ▶ [날짜] 필드의 서식 : "YYYY-MM-DD"
- ▶ 값 관련 필드 : 소수 첫째 자리까지 표시되도록 설정
    - [평균 기온], [최저 기온], [최고 기온], [최대 풍속], [일사량], [일강수량], [적설량]

2. 다음 지시사항에 따라 테이블 및 계산 열을 추가하고 데이터 모델링 작업을 수행하시오. [10점]

① 다음 조건으로 <기상정보_전체> 테이블에 계산 열을 추가하시오. **[3점]**
- ▶ 계산 열 이름 : [일교차]
    - 활용 필드 : <기상정보_전체> 테이블의 [최고 기온], [최저 기온] 필드
    - 최고기온과 최저기온의 차이를 반환
    - 서식 : 소수 첫째 자리까지 표시되도록 설정
- ▶ 계산 열 이름 : [날씨구분]
    - 활용 필드 : <기상정보_전체> 테이블의 [일강수량], [적설량] 필드
    - 강수량과 적설량 값에 따라 날씨를 구분하여 반환
        • [일강수량]이 0보다 크면 "비"
        • [적설량]이 0보다 크면 "눈"
        • 두 값 모두 0보다 크면 "눈비"
        • 두 값 모두 없으면 "맑음"
    - 사용 함수 : SWITCH, TRUE()
② 다음 조건으로 새 테이블을 추가하시오. **[3점]**
- ▶ 테이블 이름 : <기상정보_TOP10>
    - 활용 필드 : <기상정보_전체> 테이블의 [지역번호], [지역명], [날짜], [최고 기온], [최저 기온] 필드
    - [최고 기온]이 가장 높은 데이터 10개와 [최저 기온]이 가장 낮은 데이터 10개를 통합하여 테이블 생성
    - 필드 구성 : [지역번호], [지역명], [날짜], [온도]
        • [최고 기온], [최저 기온] 필드는 "온도"로 표시
    - 사용 함수 : TOPN, SUMMARIZE, UNION, MAX, MIN
    - 온도 필드 데이터 서식 : 소수 자리수 1자리까지 표시
③ <지역마스터>와 <최고기온_TOP10> 테이블 간의 관계를 설정하시오. **[3점]**
- ▶ 기준 필드 : [지역번호]
- ▶ 기준(시작) 테이블 : <기상정보_TOP10>
- ▶ 카디널리티 : '다대일(*:1)'
- ▶ 크로스 필터 방향 : 단일

문제 2 ▶ 단순요소 구현 [30점]

〈시각화 완성화면〉 각 세부문제 풀이 후 '문제 2' 페이지에 아래와 같이 개체를 배치하시오.

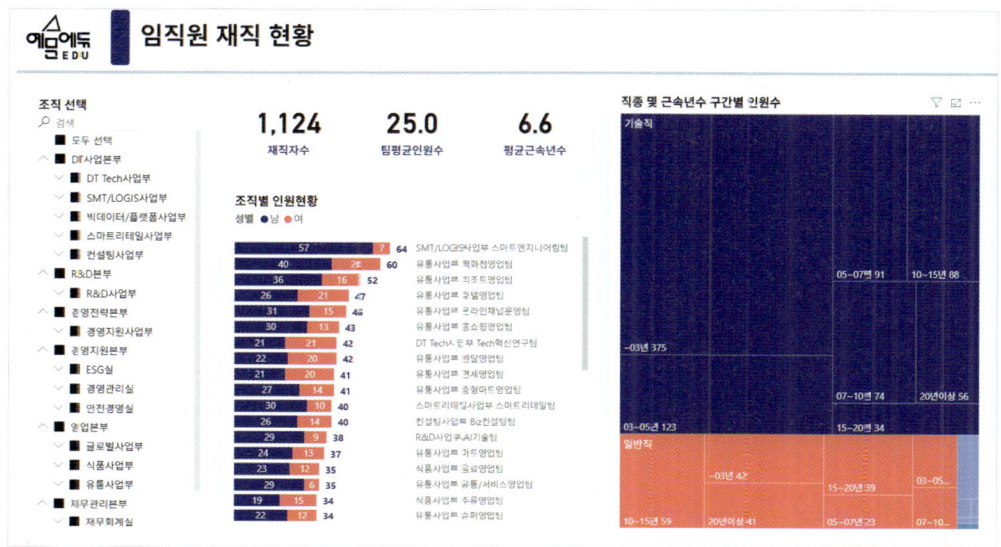

※ 계산식 작성에 사용되는 문자열은 큰따옴표("")를 사용하여 작성하시오.

1. '문제 2', '문제 3' 보고서의 전체 서식을 아래 지시사항에 따라 설정하시오. [5점]

① '문제 2'와 '문제 3' 페이지의 캔버스 배경을 설정하시오. [3점]
   ▶ 배경 이미지
   - '문제 2' 페이지 : '모의2_문제 2_배경.png'
   - '문제 3' 페이지 : '모의2_문제 3_배경.png'
   ▶ 캔버스 배경 설정
   - 이미지 맞춤 : '채우기', 투명도 : '0%'

② 텍스트 상자를 사용하여 보고서 제목을 작성하시오. [2점]
   ▶ 제목 : "임직원 재직 현황"
   - 제목 서식 : 글꼴 'Segoe UI', 글꼴 크기 '24', '굵게', '왼쪽'
   ▶ 텍스트 상자를 '1-②' 위치에 배치

2. 다음 지시사항에 따라 슬라이서와 카드를 구현하시오. [5점]

① 다음 조건으로 '문제 2' 페이지에 슬라이서를 구현하시오. [2점]
   ▶ 활용 필드 : <부서정보> 테이블의 [본부], [부서], [팀] 필드

▶ 슬라이서 설정
- 슬라이서 스타일 : '세로목록'
- '모두 선택' 항목이 표시되도록 설정
▶ 슬라이서 서식 지정
- 머리글 : "제목 텍스트" '조직 선택' 설정, '굵게'
▶ 슬라이서 값 : '모두 선택' 필터 적용, '검색' 활성
▶ 슬라이서를 '2-①' 위치에 배치

② 다음 조건으로 '문제 2' 페이지에 카드를 구현하시오. [3점]
▶ 활용 필드 및 표시 단위
- <_측정값> 테이블의 [재직자수], [팀평균인원수], [평균근속년수] 측정값
- 표시 단위 : [재직자수] '없음', [팀평균인원수] '없음', [평균근속년수] '없음'
▶ 설명 값 서식 : 글꼴 'Din', 글꼴 크기 '30', '굵게'
▶ 범주 레이블 서식 : 글꼴 크기 '11', '굵게', 색 '테마 색1'
▶ 카드를 '2-②' 위치에 배치
- [재직자수], [팀평균인원수], [평균근속년수] 순서로 배치

3. 다음 지시사항에 따라 누적 가로 막대형 차트를 구현하시오. [10점]

① 다음 조건으로 '문제 2' 페이지에 누적 가로 막대형 차트를 구현하시오. [4점]
▶ 활용 필드
- <부서정보> 테이블의 [부서], [팀] 필드
- <인사정보> 테이블의 [성별] 필드
- <_측정값> 테이블의 [재직자수] 측정값
▶ '시각화 드릴 모드' 옵션 선택 시 [재직자수]를 [부서], [팀]에 따라 순차적으로 확인할 수 있도록 설정
▶ 표시 설정 : 가장 낮은 데이터 수준까지 확장
▶ 누적 가로 막대형 차트를 '3-①' 위치에 배치

② 다음과 같이 누적 가로 막대형 차트의 각 요소에 대한 서식을 지정하시오. [4점]
▶ 차트 제목 : "조직별 인원현황"
- 제목 서식 : 글꼴 'Din', 글꼴 크기 '12', '굵게', 가로 맞춤 '왼쪽'
▶ Y축 : 축 제목 제거, 스위치 축 위치 설정, 레이블 연결 설정, 최대 두께(%) '50'
▶ X축 : 축 제목, 값 제거
▶ 데이터 레이블 : 사용, 표시 단위 '없음'
▶ 총 레이블 : 글꼴 '굵게', 글꼴 색 '테마 색1'
▶ 막대 : 계열 '여'의 색을 '테마 색6'으로 지정

③ 누적 가로 막대형 차트를 <인사정보>의 [직종구분]이 '인턴', '파견직'인 항목을 제외하고 표시하시오. [2점]

4. 다음 지시사항에 따라 트리맵 차트를 구현하시오. [10점]

① 다음 조건으로 '문제 2' 페이지에 트리맵 차트를 구현하시오. [4점]
  ▶ 활용 필드
    - <인사정보> 테이블의 [근속년수구간] 필드
    - <직급정보> 테이블의 [직종구분] 필드
    - <_측정값> 테이블의 [재직자수] 측정값
  ▶ 도구 설명에 [재직자수]의 '총합계의 백분율'로 표시되도록 추가
    - 레기블을 '인원수 점유비'로 변경
  ▶ 트리갭 차트를 '4-①' 위치에 배치

② 다음과 같이 트리맵 차트의 각 요소에 대한 서식을 적용하시오. [4점]
  ▶ 차트 제목 : "직종 및 근속년수 구간별 인원수"
    - 제목 서식 : 글꼴 'Din', 글꼴 크기 '12', '굵게', 가로 맞춤 '왼쪽'
    - 구분선 서식 : 색 '흰색', 너비 '2'
  ▶ 색 : 일반직'의 색을 '테마 색6'으로 지정
  ▶ 데이터 레이블 : 소수 자릿수 '1' 설정

③ 트리맵 차트를 <인사정보>의 [근속년수]가 '0.5'보다 크거나 같은 항목들만 표시하시오. [3점]

문제 3 복합요소 구현 50점

〈시각화 완성화면〉 각 세부문제 풀이 후 '문제 3' 페이지에 아래와 같이 개체를 배치하시오.

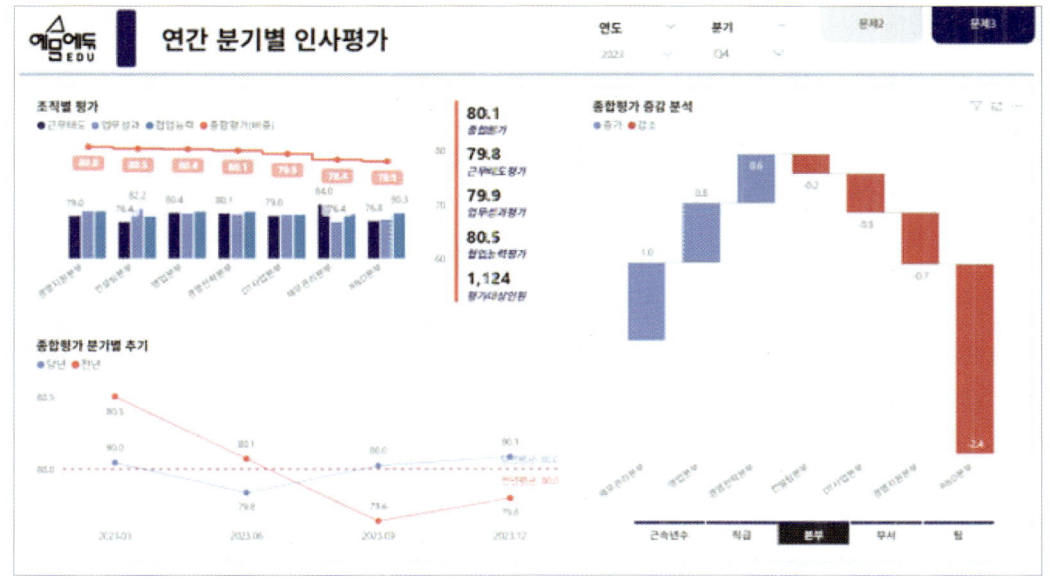

※ 계산식 작성에 사용되는 문자열은 큰따옴표("")를 사용하여 작성하시오.

1. 다음 지시사항에 따라 계산 열 및 측정값을 생성하고 슬라이서와 여러 행 카드를 구현하시오. [10점]

① 다음 조건으로 측정값과 계산열을 추가하시오. [3점]
- ▶ <달력> 테이블에 새 열 추가 : [분기]
  - 활용 필드 : <달력> 테이블의 [날짜] 필드
  - [날짜] 필드의 분기 값을 추출하고, 문자열 "Q"와 결합하여 'Q1', 'Q2' 등의 형식으로 반환
  - 사용 함수 : QUARTER, CONCATENATE
- ▶ <_측정값> 테이블에 측정값 추가 : [평가대상인원]
  - 활용 필드 : <분기평가> 테이블의 [직원코드] 필드
  - 정의 : <분기평가> 테이블에서 고유한 [직원코드]의 개수를 반환
  - 사용 함수 : DISTINCTCOUNT

② 다음 조건으로 '문제 3' 페이지에 연도, 분기 슬라이서를 구현하시오. [4점]
- ▶ 활용 필드
  - <달력> 테이블의 연도, [분기] 필드
- ▶ 슬라이서 설정 및 서식
  - 스타일 : '드롭다운'
  - 슬라이서 머리글 : 글꼴 'Din', 글꼴 크기 '12', '굵게'
- ▶ 슬라이서 값 설정
  - 연도 '2023' 필터 적용, [분기] 'Q4' 필터 적용
- ▶ 연도 슬라이서를 '1-①', 분기 슬라이서를 '1-②' 위치에 배치

③ 다음 조건으로 '문제 3' 페이지에 여러 행 카드를 구현하시오. [4점]
- ▶ 활용 필드
  - <_측정값> 테이블의 [종합평가], [근무태도평가], [업무성과평가], [협업능력평가], [평가대상인원] 측정값
- ▶ 설명값 배치 순서 : [종합평가], [근무태도평가], [업무성과평가], [협업능력평가], [평가대상인원] 순서로 배치
- ▶ 카드 서식
  - 설명 값 : 글꼴 크기 '16', '굵게'
  - 범주 레이블 : 글꼴 크기 '10', '굵게', '기울임꼴'
  - 악센트 바 : 색 '테마 색6', 너비 '5'
- ▶ 여러 행 카드를 '1-③' 위치에 배치

2. 다음 지시사항에 따라 측정값을 추가하고 꺾은선형 및 묶은 세로 막대형 차트를 구현하시오. [10점]

① 다음 조건으로 <_측정값> 테이블에 측정값을 추가하시오. [3점]
- ▶ 측정값 : 종합평가(비중)
  - 활용 필드 : <분기평가> 테이블의 [근무태도_점수], [업무_성과_점수], [협업_능력_점수] 필드
  - 각 필드에 대해 비중을 반영하여 종합평가 점수의 가중 평균을 계산하여 반환
    • [근무태도_점수] : 15%, [업무_성과_점수] : 60%, [협업_능력_점수] : 25%
  - 사용 함수 : AVERAGEX
  - 서식 : '소수점 아래 1자리까지' 표시

② 다음 조건으로 '문제 3' 페이지에 꺾은선형 및 묶은 세로 막대형 차트를 구현하시오. **[3점]**
- ▶ 활용 필드
  - <부서정보> 테이블의 [본부], [부서], [팀] 필드
  - <_측정값> 테이블의 [종합평가(B 중)], [근무태도평가], [업무성과평가], [협업능력평가] 측정값
- ▶ 레이블명 변경
  - [근무태도평가] → "근무태도"
  - [업무성과평가] → "업무성과"
  - [협업능력평가] → "협업능력"
- ▶ X축 설정
  - [본부], [부서], [팀] 필드 순서로 구성 후 [본부] 기준 표시
  - [종합평가(비중)] 기준 '내림차순 정렬'
- ▶ 꺾은선형 및 묶은 세로 막대형 차트를 '3-①' 위치에 배치

③ 다음 조건으로 꺾은선형 및 묶은 세로 막대형 차트의 각 요소에 대한 서식을 지정하시오. **[4점]**
- ▶ 차트 제목 : "조직별 평가"
  - 글꼴 크기 '12', '굵게'
- ▶ 서식 지정
  - X축 : 제목 제거
  - Y축 : 제목과 값 제거, 범위 '최소 50~최대 100'
  - 보조 Y축 : 제목 사용하지 않음, 범위 '최소 60'
  - 열 테두리 사용 : 색을 '흰색'으로 지정
  - 선 및 표식 : 선 종류 '단계', [종합평가(비중)]의 선 색 '테마 색6' 지정, 표식 사용
  - 데이터 레이블 사용 : 표시 단위 '없음'
    • [종합평가(비중)] 계열의 값 색 '흰색', '굵기', 배경색 '테마 색6, 20% 더 밝게' 지정

3. 다음 지시사항에 따라 계산열과 측정값을 추가하고 꺾은선형 차트를 구현하시오. [10점]

① 다음 조건으로 계산열과 측정값을 추가하시오. **[2점]**
- ▶ <달력> 테이블에 새 열 추가 : [연월]
  - 활용 필드 : <달력> 테이블의 [날짜] 필드
  - [날짜] 필드를 기준으로 값을 'YYYY.MM' 형식으로 변환하여 반환
  - 사용 함수 : FORMAT
- ▶ <_측정값> 테이블에 측정값 추가 : [종합평가_전년]
  - 활용 필드 : <달력> 테이블의 [날짜] 필드, <_측정값> 테이블의 [종합평가] 측정값
  - 전년도의 [종합평가]를 반환
  - 사용 함수 : CALCULATE, DATEADD
  - 서식 : '소수점 아래 1자리까지' 표시

② 다음 조건으로 '문제 3' 페이지에 꺾은선형 차트를 구현하시오. [4점]
- ▶ 활용 필드
    - <달력> 테이블의 [연월] 필드
    - <_측정값> 테이블의 [종합평가], [종합평가_전년] 측정값
- ▶ 레이블명 변경
    - [종합평가] → "당년", [종합평가_전년] → "전년"
- ▶ 분기 슬라이서와 상호 작용 해제
- ▶ X축 정렬 : [연월] 필드 기준 '오름차순 정렬'
- ▶ 꺾은선형 차트를 '3-①' 위치에 배치

③ 다음 조건으로 꺾은선형 차트의 각 요소에 대한 서식을 지정하시오. [4점]
- ▶ 차트 제목 : "종합평가 분기별 추이"
    - 글꼴 크기 '12', '굵게'
- ▶ 서식 지정
    - X축, Y축 : 제목 제거
    - 선 및 표식 : 스트로크 너비 '1', 선 색 [당년] '테마 색2', [전년] '테마 색6' 지정, 표식 사용
    - 데이터 레이블 사용
- ▶ [당년], [전년] 평균선 추가
    - 평균선 이름 : 계열 [당년] '당년평균', [전년] '전년평균'
        - 계열 [당년] : 선 색 '테마 색2' 지정
        - 계열 [전년] : 선 색 '테마 색6' 지정
    - 데이터 레이블 사용
        - 계열 [당년] : 위치 '오른쪽', '위', 스타일 '모두', 색 '테마 색2' 지정
        - 계열 [전년] : 위치 '오른쪽', '아래', 스타일 '모두', 색 '테마 색6' 지정

4. 다음 지시사항에 따라 매개 변수 및 측정값을 추가하고 슬라이서와 폭포 차트를 구현하시오. [15점]

① 다음 조건으로 매개 변수를 추가하고 '문제 3' 페이지에 슬라이서를 구현하시오. [4점]
- ▶ 매개 변수 이름 : [분석차원]
    - 대상 필드
        - <인사정보> 테이블의 [근속년수구간] 필드
        - <직급정보> 테이블의 [직급명] 필드
        - <부서정보> 테이블의 [본부], [부서], [팀] 필드
    - 이 페이지에 슬라이서 추가 옵션 설정
- ▶ 매개 변수 필드 이름 변경 : [근속년수구간] → [근속년수], [직급명] → [직급]
- ▶ 슬라이서를 '4-①' 위치에 배치

② 다음 조건으로 분석차원 슬라이서의 설정과 각 요소에 대한 서식을 지정하시오. **[3점]**
  ▶ 분석차원 슬라이서 설정
    - 슬라이서 스타일 : '타일'
    - 슬라이서의 선택 항목 중 한 가지의 항목만 선택할 수 있도록 설정
    - 슬라이서 머리글 제거
  ▶ 분석차원 슬라이서 서식
    - 값 : 글꼴 '굵게'
    - 테두리 : 테두리 위치 '위쪽', 색 '테마 색1', 선 두께 '4'
  ▶ 슬라이서 값 : '부서'로 필터

③ 다음 조건으로 <_측정값> 테이블에 측정값을 추가하시오. **[5점]**
  ▶ 측정값 : 종합평가_전년2
    - 활용 필드 : <달력> 테이블의 [날짜] 필드, <_측정값> 테이블의 [종합평가] 측정값
    - 전년도의 [종합평가]를 반환
    - 사용 함수 : CALCULATE, SAMEPERIODLASTYEAR
    - 서식 : '소수점 아래 1자리까지' 표시
  ▶ 측정값 : 종합평가_전년증감
    - 활용 필드 : <_측정값> 테이블의 [종합평가], [종합평가_전년2] 측정값
    - [종합평가]에서 [종합평가_전년2]를 뺀 값을 반환
    - 서식 : '소수점 아래 1자리까지' 표시
  ▶ 측정값 : 종합평가_전년증감률
    - 활용 필드 : <_측정값> 테이블의 [종합평가_전년증감], [종합평가_전년2] 측정값
    - 전년대비 금년도 [종합평가]의 증감 비율 반환
    - 사용 함수 : DIVIDE
    - 서식 : '백분율', '소수점 아래 1자리까지' 표시

④ 다음 조건으로 '문제 3' 페이지에 폭포 차트를 구현하시오. **[4점]**
  ▶ 활용 필드
    - <_측정값> 테이블의 [종합평가_전년증감] 측정값, <분석차원> 매개 변수 테이블의 [분석차원] 필드
  ▶ [매개 변수]에 따라 범주가 변경되도록 구현
  ▶ 차트 제목 : "종합평가 증감 분석"
    - 글꼴 크기 '12', '굵게'
  ▶ X축 제목, Y축 제목 및 값 제거
  ▶ 폭포 차트 서식
    - 열 : [증가] 색 '테마 색2' 지정, [총 열 표시] 해제
    - 데이터 레이블 사용
  ▶ 폭포 차트를 '4-②' 위치에 배치

5. 다음 지시사항에 따라 '문제 3' 페이지에 페이지 탐색기를 구현하고 개체간 상호 기능을 설정하시오. [5점]

① 다음 조건으로 페이지 탐색기를 구현하시오. [3점]
- ▶ 도형 및 회전 : 도형 '둥근 탭, 양쪽 위', 도형 회전 '180'
- ▶ 스타일 설정
  - 테두리 설정 해제
  - 기본값 상태 : 채우기 색 '흰색, 10% 더 어둡게'
  - 선택한 상태 : 채우기 색 '테마 색1'
- ▶ 페이지 탐색기를 '5-①' 위치에 배치

② 다음과 같이 시각적 개체의 상호 작용을 설정하시오. [2점]
- ▶ 꺾은선형 차트 : 꺾은선형 및 묶은 세로형 차트, 여러 행 카드, 폭포 차트와 상호 작용 '없음'

CHAPTER 04

모의고사 2회 풀이

SECTION 01	문제 1-작업준비
SECTION 02	문제 2-단순요소 구현
SECTION 03	문제 3-복합요소 구현

SECTION 01 문제 1-작업준비 [20점]

1 답안 파일을 열고, 다음 지시사항에 따라 데이터 가져오기 및 편집 작업을 수행하시오. [10점]

① 데이터 파일을 가져온 후 파워쿼리 편집기를 통해 테이블의 데이터를 편집하시오. [4점]
- ▶ 가져올 데이터 : '기상데이터.xlsx 파일'의 <서울>, <인천>, <대전>, <광주>, <부산>, <지역마스터> 테이블
- ▶ 지역마스터의 모든 필드를 피벗 해제
   - 특성 : '지역'으로 필드명 변경
   - 값 : '지역번호'로 필드명 변경
   - [지역번호] 필드의 데이터 형식 : 텍스트

문제 1-1-① 풀이

(1) 실습 파일 열기

❶ [파일] 탭
❷ [열기] 선택
❸ [이 장치 찾아보기] 클릭 > 'PART07_모의고사_2회_답안파일.pbix' 파일 열기

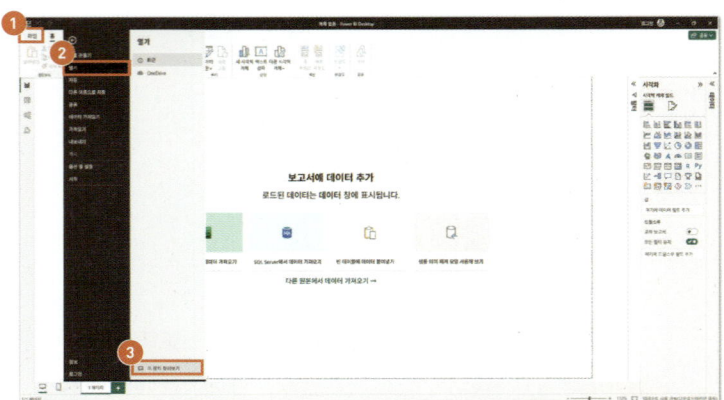

(2) 데이터 파일 열기

❶ [홈] 탭 선택
❷ [Excel 통합 문서]( ) 클릭
❸ '기상데이터.xlsx' 파일 선택
❹ [열기] 클릭

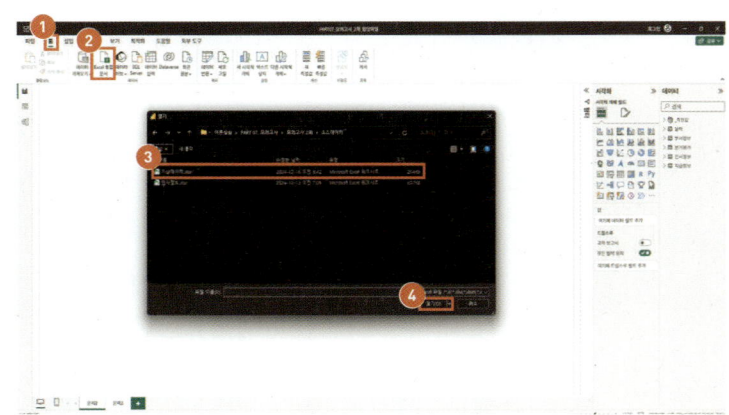

(3) 데이터 로드 및 파워쿼리 실행

❶ <서울>, <인천>, <대전>, <광주>, <부산>, <지역마스터> 테이블 체크
❷ [데이터 변환] 클릭

빠른 작업을 위한 TIP
연속된 데이터를 선택할 경우 첫 번째 항목을 선택한 후 [Shift]를 누른 상태로 마지막 항목을 클릭하여 한 번에 선택할 수 있다.

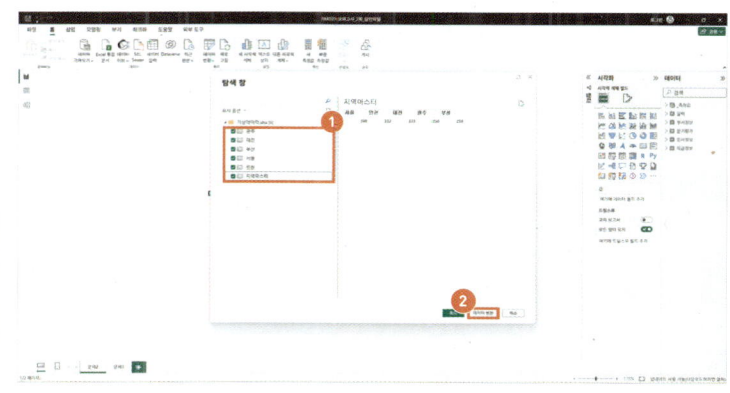

(4) <지역마스터> 테이블 피벗 해제

❶ <지역마스터> 테이블 선택
❷ 첫 번째 옅의 셀을 선택한 후 [Ctrl]+[A]를 입력하여 전체 선택
❸ 필드 머리글에서 우클릭
❹ [열 피벗 해제] 선택

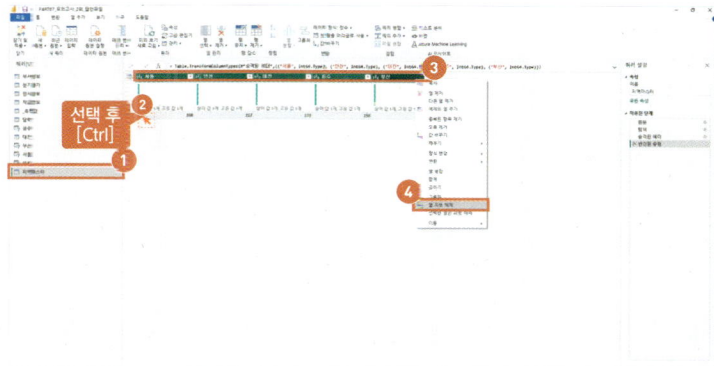

참고
정보: 미리 보기 새로 고침이 취소되었습니다. 백그라운드에서 데이터 미리 보기를 다운로드하지 않도록 설정한 경우 지정된 시간에 미리 보기를 하나만 새로 고칠 수 있기 때문에 이 작업이 필요합니다. 이는 로드된 데이터에 영향을 미치지 않습니다. 이 쿼리 결과를 보려면 Power Query 편집기에서 미리 보기를 수동으로 새로 고치세요.

데이터 로드 시, 위 메시지가 뜰 경우 [다시 시도]를 누르거나 [리본 메뉴]의 [홈] 탭의 [미리 보기 새로 고침]( )을 클릭하면 된다.

(5) 필드명 및 데이터 형식 변경

❶ [특성] 필드 머리글 더블 클릭하여 "지역" 입력 후 [Enter]
❷ [값] 필드 머리글 더블 클릭하여 "지역번호" 입력 후 [Enter]
❸ [지역번호] 필드 머리글 왼쪽의 1²₃ 클릭
❹ 데이터 형식 [텍스트] 선택

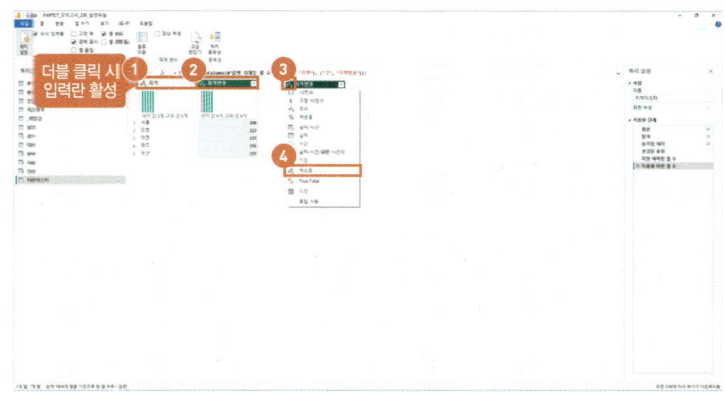

(6) 첫 행을 머리글로 사용 설정

❶ [광주] 테이블 선택
❷ [홈] 탭의 [첫 행을 머리글로 사용] 클릭

> **참고**
> Power BI에서 데이터를 로드 할 때 데이터의 유형에 따라 자동으로 첫 행을 머리글로 승격하고 필드의 데이터 유형을 지정하지만, 구조를 판단할 수 없을 경우 처리되지 않는다.

❸ [대전] 테이블의 필드명을 확인 후 필요시 첫 행을 머리글로 사용
❹ [부산] 테이블의 필드명을 확인 후 필요시 첫 행을 머리글로 사용
❺ [서울] 테이블의 필드명을 확인 후 필요시 첫 행을 머리글로 사용
❻ [인천] 테이블의 필드명을 확인 후 필요시 첫 행을 머리글로 사용

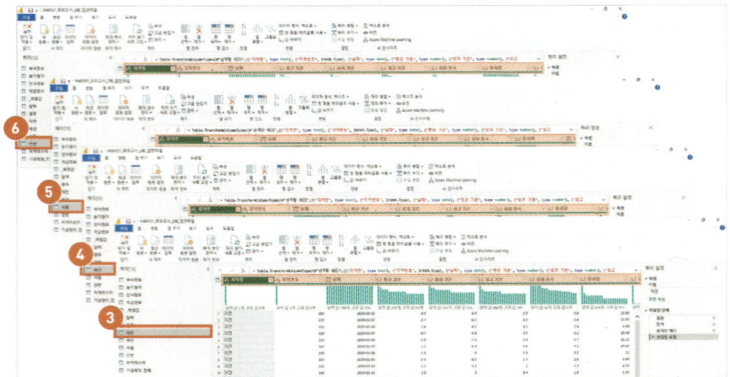

---

② 파워쿼리 편집기를 통해 <기상정보_전체> 테이블을 생성하고 편집하시오. **[4점]**

▶ 쿼리 추가 기능 사용
- 연결할 테이블 : <서울>, <인천>, <대전>, <광주>, <부산>
- 새 쿼리로 추가 옵션 선택
- 결과 테이블 이름 : <기상정보_전체>
▶ <서울>, <인천>, <대전>, <광주>, <부산> 테이블의 로드 사용 해제
▶ <기상정보_전체> 테이블의 필드 형식을 변경하시오
- 텍스트 : [지역명], [지역번호] 필드
- 10진수 : [평균 기온], [최저 기온], [최고 기온], [최대 풍속], [일사량], [일강수량], [적설량] 필드

문제 1-1-② 풀이

(1) 쿼리 추가 실행

❶ <대전> 테이블 선택
❷ [홈] 탭 선택
❸ 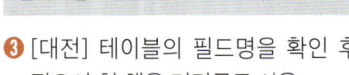 클릭
❹ [쿼리를 새 항목으로 추가] 선택

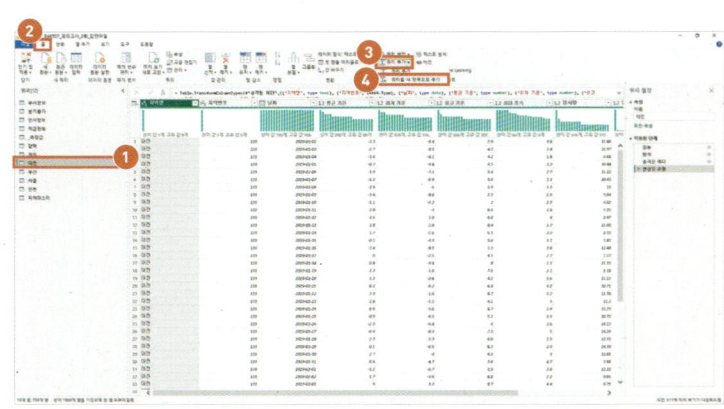

(2) 쿼리 추가 설정

❶ [3개 이상의 테이블] 선택
❷ [사용 가능한 테이블]에서 [Ctrl]을 누른 상태로 <광주>, <부산>, <서울>, <인천> 선택
❸ [추가] 클릭
❹ [확인] 클릭

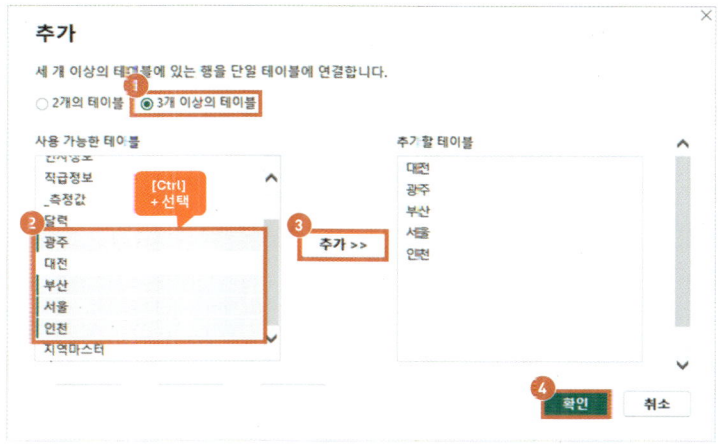

(3) 테이블명 변경 및 데이터 형식 변경

❶ [쿼리 설정 창]의 [이름]에 "기상정보_전체" 입력 후 [Enter]
❷ [Ctrl]을 누른 상태로 [지역명], [지역번호] 필드 선택
❸ 필드 머리글에서 우클릭하여 메뉴 활성
❹ [형식 변경] 선택
❺ [텍스트] 선택

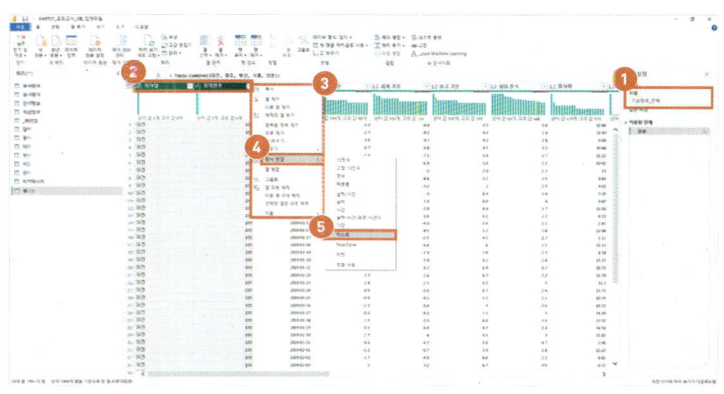

(4) 값 관련 필드 데이터 형식 변경

❶ [평균 기온] 필드 머리글 클릭하여 선택
❷ [Shift]를 누른 상태로 [적설량] 필드 머리글 클릭
❸ 필드 머리글을 우클릭하여 추가 메뉴 활성
❹ [형식 변경] 선택
❺ [10진수] 선택

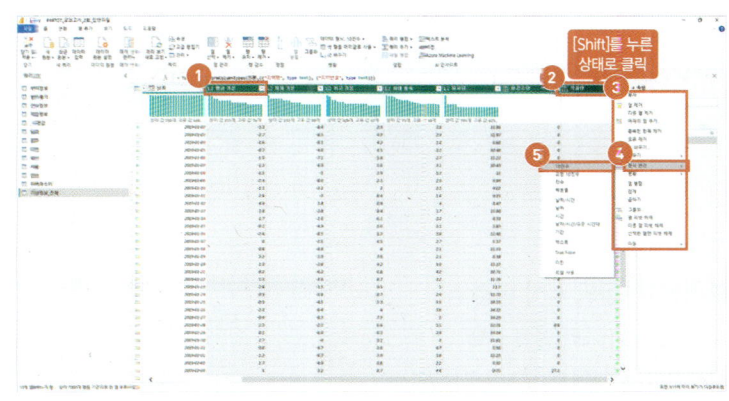

(5) 테이블 로드 사용 해제 및 파워 쿼리 편집 작업 적용

❶ <광주> 테이블 우클릭
❷ [로드 사용] 클릭
❸ 경고 팝업 [계속] 클릭

> **참고**
> 이전의 실습 과정 중 [로드 사용] 해제를 진행했을 경우, '❸'의 경고 팝업이 나타나지 않고 [로드 사용] 해제 처리가 될 수 있다.

❹ <광주> 테이블명이 '기울임꼴'로 변경된 것을 확인
❺ '❶~❷' 단계를 반복하여 <대전>, <부산>, <서울>, <인천> 테이블의 로드를 해제
❻ [홈] 탭의 [닫기 및 적용]을 클릭하여 편집 작업 적용 및 파워쿼리 편집기 닫기

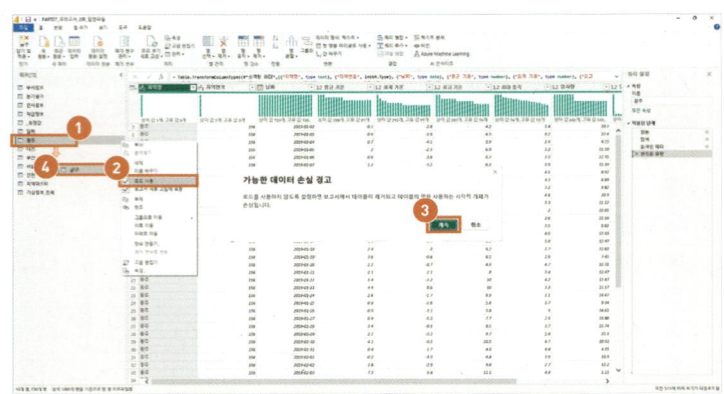

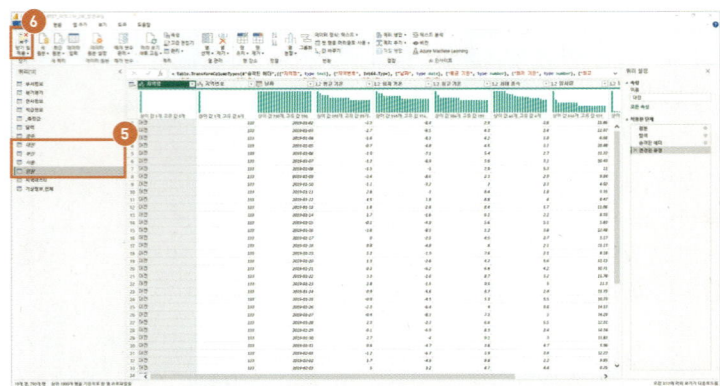

---

③ <기상정보_전체> 테이블의 필드 서식을 변경하시오. [2점]

▶ [날짜] 필드의 서식 : 'YYYY-MM-DD'
▶ 값 관련 필드 : 소수 첫째 자리까지 표시되도록 설정
  - [평균 기온], [최저 기온], [최고 기온], [최대 풍속], [일사량], [일강수량], [적설량]

문제 1-1-③ 풀이

(1) [날짜] 필드 서식 변경

❶ [모델 보기] 작업영역 선택
❷ [데이터 창]에서 <기상정보_전체> 테이블 확장
❸ [날짜 필드] 선택
❹ [속성 창]에서 [날짜/시간 형식]을 '2001-03-14 (yyyy-mm-dd)'으로 지정

> **참고**
> [모델 보기]의 테이블 레이아웃은 사용자가 데이터를 로드할 때 자동으로 구성되므로 실제 실습 시의 화면과 배치가 다를 수 있다.

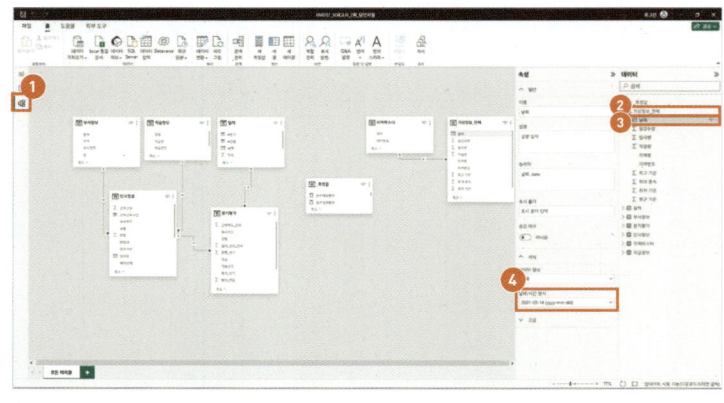

(2) 값 관련 필드 서식 변경

❶ [Ctrl]을 누른 상태로 [평균 기온], [최저 기온], [최고 기온], [최대 풍속], [일사량], [일강수량], [적설량] 필드를 순서대로 선택
❷ [속성 창]에서 소수 자릿수에 "1"을 입력 후 [Enter]

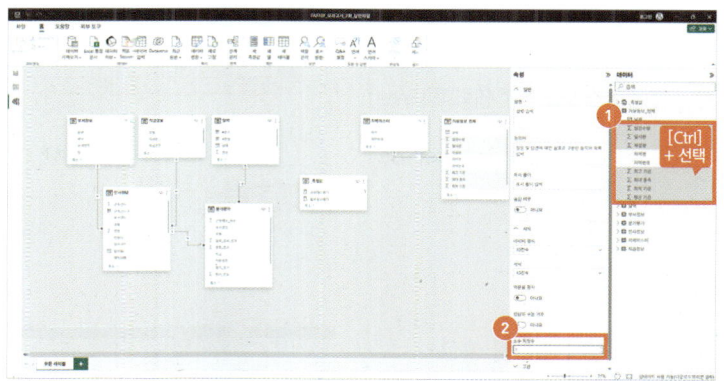

> **빠른 작업을 위한 TIP**
> 여러 필드 및 측정값에 동일한 작업을 진행할 경우 [모델 보기] 작업영역에서는 복수 선택 및 일괄적인 변경 작업이 가능하다.

2 다음 지시사항에 따라 테이블 및 계산 열을 추가하고 데이터 모델링 작업을 수행하시오. [10점]

① 다음 조건으로 <기상정보_전체> 테이블에 계산 열을 추가하시오. [3점]
▶ 계산 열 이름 : [일교차]
  - 활용 필드 : <기상정보_전체> 테이블의 [최고 기온], [최저 기온] 필드
  - 최고기온과 최저기온의 차이를 반환
  - 서식 : 소수 첫째 자리까지 표시되도록 설정
▶ 계산 열 이름 : [날씨구분]
  - 활용 필드 : <기상정보_전체> 테이블의 [일강수량], [적설량] 필드
  - 강수량과 적설량 값에 따라 날씨를 구분하여 반환
    • [일강수량]이 0보다 크면 "비"
    • [적설량]이 0보다 크면 "눈"
    • 두 값 모두 0보다 크면 "눈비"
    • 두 값 모두 없으면 "맑음"
  - 사용 함수 : SWITCH, TRUE()

문제 1-2-① 풀이

(1) [일교차] 계산 열 생성

❶ [테이블 뷰] 작업영역 선택
❷ [데이터 창]의 <기상정보_전체> 테이블 클릭
❸ [테이블 도구] 탭 활성
❹ [새 열]( ) 클릭

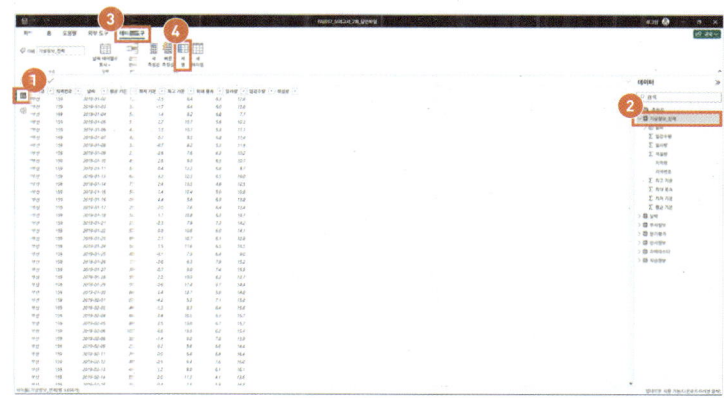

❺ [수식 편집기]의 박스에 수식 작성 후 [Enter]
❻ 소수점 이하 자리수 "1" 입력 후 [Enter]

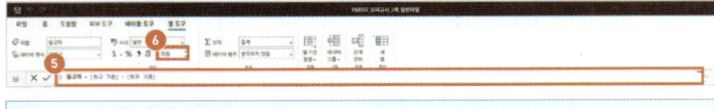

일교차 = [최고 기온] - [최저 기온]

DAX 풀이
이 수식은 [최고 기온]에서 [최저 기온]을 차감하여 일교차를 계산한다.

(2) [날씨구분] 계산열 생성
❶ [데이터 창]의 <기상정보_전체> 테이블 클릭
❷ [테이블 도구] 탭 활성
❸ [새 열]( ) 클릭

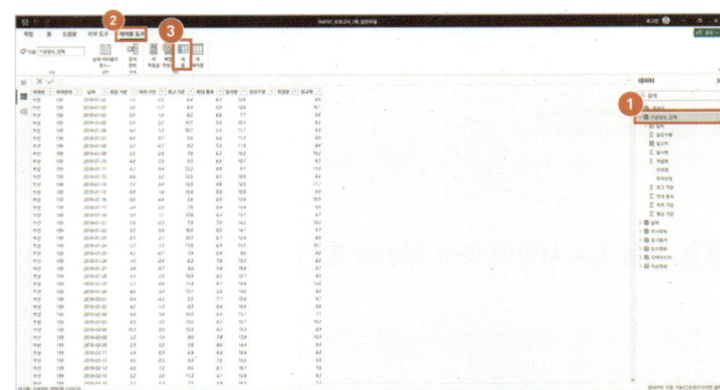

❹ [수식 편집기]의 박스에 수식 작성 후 [Enter]

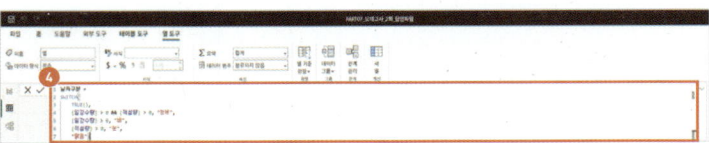

날씨구분 =
SWITCH(
    TRUE(),
    [일강수량] > 0 && [적설량] > 0, "눈비",
    [일강수량] > 0, "비",
    [적설량] > 0, "눈",
    "맑음")

DAX 풀이
이 수식은 [일강수량]과 [적설량] 필드의 값을 조건으로 하여 날씨 상태를 구분하고, 각각 "눈비", "비", "눈", "맑음" 중 하나를 반환한다.
- [SWITCH] 함수는 여러 조건을 평가하여 첫 번째로 참인 조건의 결과를 반환
- [TRUE()] 함수는 SWITCH 함수 내에서 조건을 순차적으로 평가할 수 있도록 함
- [&&(논리 연산자)]는 두 조건이 모두 참일 경우 "눈비"를 반환
  ※ 논리 연산자 '&&'는 [AND(<조건1>, <조건2>)] 함수와 동일한 기능을 한다.
  ※ 논리 연산자 '||'는 [OR(<조건1>, <조건2>)] 함수와 동일한 기능을 한다.
- 조건이 모두 거짓이면 "맑음"을 반환

> **사용 함수**
> - [SWITCH] 조건을 평가하여 해당 조건의 값을 반환
>   - 구문 ⓐ : SWITCH(<식>, <값1>, <결과1>, ⋯, <기본값>)
>   - 구문 ⓑ : SWITCH(TRUE(), <조건1>, <결과1>, <조건2>, <결과2>, ⋯, <기본값>)
>   ※ <기본값> : 조건이 모두 거짓일 때 반환할 값
> - [TRUE] : 항상 TRUE를 반환
>   - 구문 : TRUE()

② 다음 조건으로 새 테이블을 추가하시오. [3점]

▶ 테이블 이름 : <기상정보_TOP10>
  - 활용 필드 : <기상정보_전체> 테이블의 [지역번호], [지역명], [날짜], [최고 기온], [최저 기온] 필드
  - [최고 기온]이 가장 높은 데이터 10개와 [최저 기온]이 가장 낮은 데이터 10개를 통합하여 테이블 생성
  - 필드 구성 : [지역번호], [지역명], [날짜], [온도]
    • [최고 기온], [최저 기온] 필드는 "온도"로 표시
  - 사용 함수 : TOPN, SUMMARIZE, UNION, MAX, MIN
  - 온도 필드 데이터 서식 : 소수 자리수 1자리까지 표시

문제 1-2-② 풀이

(1) <기상정보_TOP10> 테이블 생성

❶ [테이블 뷰] 작업영역 선택
❷ [홈] 탭 선택
❸ [계산] 그룹의 [새 테이블](📊) 클릭

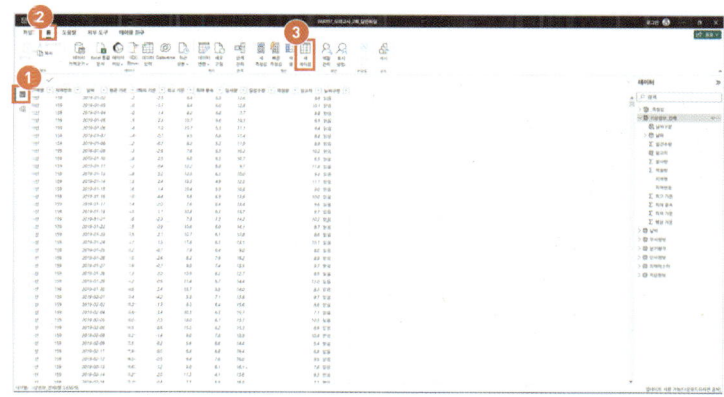

❹ [수식 편집기]의 박스에 수식 작성 후 [Enter]

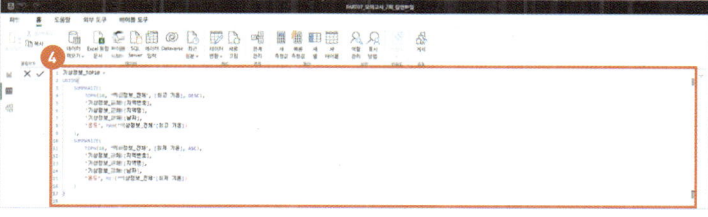

기상정보_TOP10 =
UNION(
    SUMMARIZE(
        TOPN(10, '기상정보_전체', [최고 기온], DESC),

```
            '기상정보_전체'[지역번호],
            '기상정보_전체'[지역명],
            '기상정보_전체'[날짜],
            "온도", MAX('기상정보_전체'[최고 기온])
    ),
    SUMMARIZE(
            TOPN(10, '기상정보_전체', [최저 기온], ASC),
            '기상정보_전체'[지역번호],
            '기상정보_전체'[지역명],
            '기상정보_전체'[날짜],
            "온도", MIN('기상정보_전체'[최저 기온])
    )
)
```

DAX 풀이

이 수식은 <기상정보_전체> 테이블에서 최고 기온 상위 10개와 최저 기온 하위 10개의 데이터를 각각 추출한 뒤, 두 결과를 결합하여 <기상정보_TOP10> 테이블을 생성한다.

- [TOPN] 함수는 각각 [최고 기온]과 [최저 기온]을 기준으로 상위 10개와 하위 10개의 데이터를 반환
- [SUMMARIZE] 함수는 추출된 데이터를 [지역번호], [지역명], [날짜]로 그룹화하고 "온도" 필드를 추가
- [UNION] 함수는 두 결과를 합쳐 단일 테이블로 반환
- [MAX], [MIN] 함수는 각각 [최고 기온]의 최대값과 [최저 기온]의 최소값을 계산하여 "온도" 필드로 추가

사용 함수

- [TOPN] : 지정된 순위까지의 상위 데이터를 반환
  - 구문 : TOPN(<순위>, <테이블>, <정렬 열>, <정렬 순서>)
  ※ <정렬 순서> : ASC(오름차순) 또는 DESC(내림차순)
- [SUMMARIZE] : 테이블을 그룹화하고 요약 데이터를 생성한다.
  - 구문 : SUMMARIZE(<테이블>, <그룹화 필드>, …, <열 이름>, <식>)
- [UNION] : 두 개 이상의 테이블을 수평적으로 결합하여 단일 테이블을 반환
  - 구문 : UNION(<테이블1>, <테이블2>, …)
- [MAX] : 지정된 열에서 최대값을 반환
  - 구문 : MAX(<열>)
- [MIN] : 지정된 열에서 최소값을 반환
  - 구문 : MIN(<열>)

(2) [온도] 필드 서식 지정

❶ <기상정보_TOP10> 테이블의 [온도] 필드를 선택
❷ [리본 메뉴] > [열 도구] 탭 [서식] 그룹에서 소수점 이하 자리수를 '1'로 지정

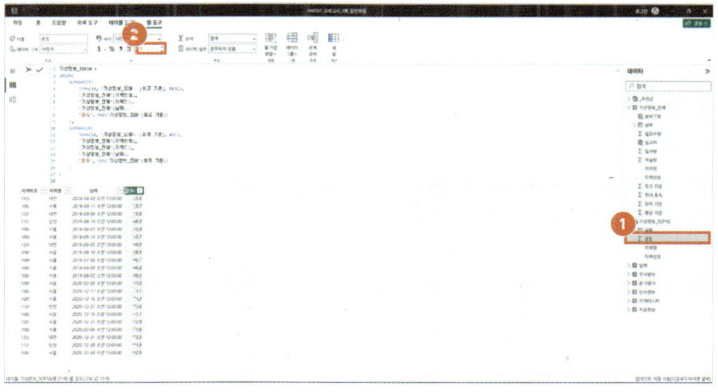

③ <지역마스터>와 <지역별_최고기온_TOP10> 테이블 간의 관계를 설정하시오. [3점]

▶ 기준 필드 : [지역번호]
▶ 기준(시작) 테이블 : <기상정보_TOP10>
▶ 카디널리티 : '다대일(*:1)'
▶ 크로스 필터 방향 : 단일

문제 1-2-③ 풀이

(1) 관계 설정

❶ [모델 보기] 작업영역 선택
❷ 관계 설정 대상인 <지역마스터> 테이블과 <기상정보_TOP10> 테이블의 위치를 적당한 곳으로 이동

> **참고**
> 테이블을 새로 로드하거나 생성할 경우, 사용자마다 표시 위치는 이미지와 다를 수 있다. [모델 보기]에서 정상적으로 배치되었을 경우, 이 단계는 생략해도 된다.

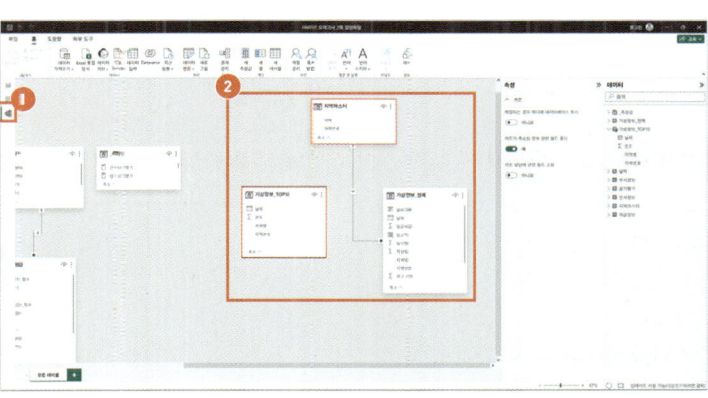

❸ <지역마스터> 테이블의 [지역번호] 필드를 <기상정보_TOP10> 테이블의 [지역변호] 필드로 드래그 앤 드롭

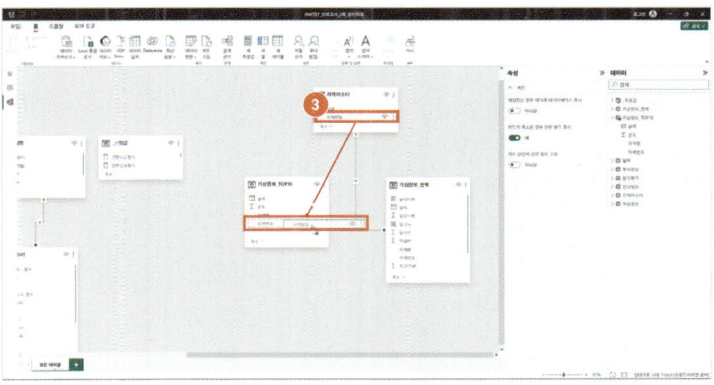

(2) 관계 설정 확인

❶ 연결선 생성 확인
❷ [속성 창]에서 관계 설정된 <테이블> 및 필드 정보 확인
❸ [카디널리티]의 '다대일(* : 1)' 설정 확인
❹ [교차 필터 방향]의 '단일(Single)' 설정 확인
❺ [관계 편집기 열기] 클릭

❻ 설정된 관계 정보 재확인
❼ [확인] 클릭

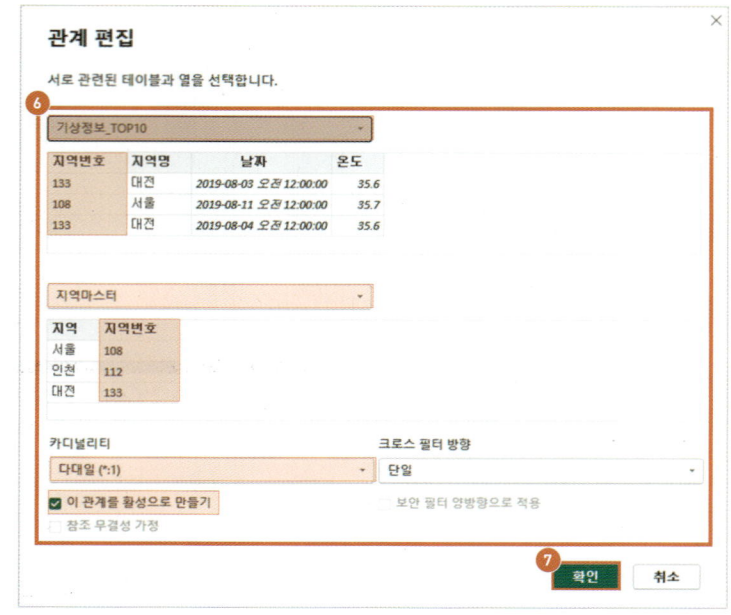

SECTION 02 문제 2-단순요소 구현 [30점]

1 '문제 2', '문제 3' 보고서의 전체 서식을 아래 지시사항에 따라 설정하시오. [5점]

① '문제 2'오 '문제 3' 페이지의 캔버스 배경을 설정하시오. [3점]
  ▶ 배경 이미지
    - '문제 2' 페이지 : '모의2_문제 2_배경.png'
    - '문제 3' 페이지 : '모의2_문제 3_배경.png'
  ▶ 캔버스 배경 설정
    - 이미지 맞춤 : '채우기', 투명도 : '0%'

문제 2-1-① 풀이

(1) 문제 2 캔버스 배경 설정

❶ [보고서 도기] 작업영역 선택
❷ '문제 2' 페이지 선택
❸ [시각화 창] > [보고서 페이지 서식 지정] 아이콘(▶) 클릭
❹ [캔버스 배경] 선택 확장
❺ [이미지]의 찾아보기... 클릭
❻ '모의2_문제 2_배경.png' 파일 선택
❼ [열기] 클릭
❽ [이미지 맞춤]을 '채우기'
❾ [투명도]를 '0%' 설정

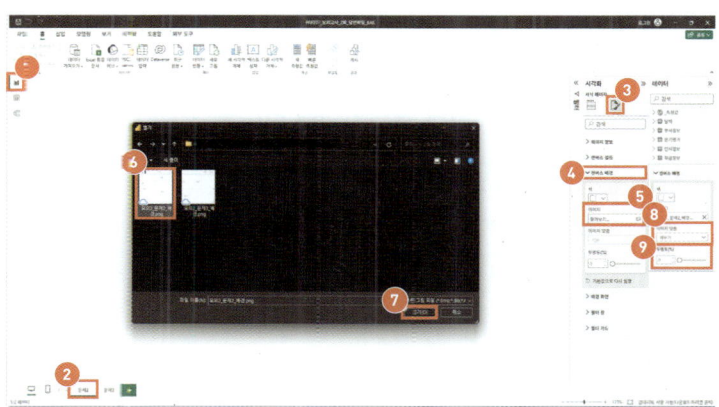

(2) 문제 3 캔버스 배경 설정

❶ '문제 3' 페이지 선택
❷ [보고서 페이지 서식 지정](▶) 클릭
❸ [캔버스 버경] 선택 확장
❹ [이미지] 찾아보기 클릭하여 '모의2_문제 3_배경.png' 파일 선택
❺ [이미지 맞춤]을 '채우기' 선택
❻ [투명도]를 '0%' 설정

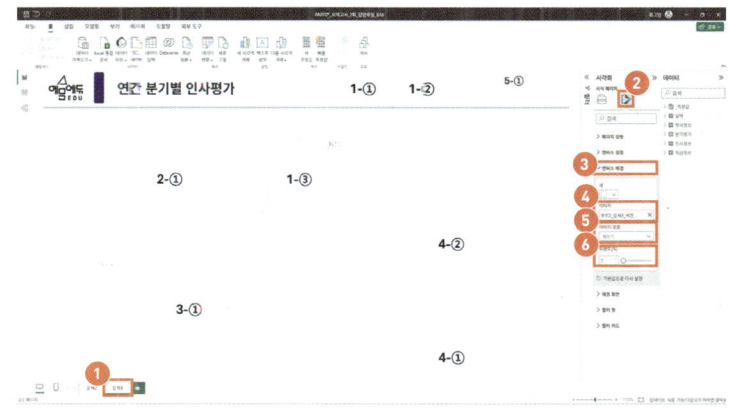

② 텍스트 상자를 사용하여 보고서 제목을 작성하시오. [2점]
▶ 제목 : "임직원 재직 현황"
  - 제목 서식 : 글꼴 'Segoe UI', 글꼴 크기 '24', '굵게', '왼쪽'
▶ 텍스트 상자를 '1-②' 위치에 배치

문제 2-1-② 풀이

(1) 제목 텍스트 상자 생성

❶ '문제 2' 페이지 선택
❷ [삽입] 탭 선택
❸ [요소] 그룹의 [텍스트 상자]( ) 클릭
❹ 생성된 텍스트 상자를 '1-②'에 배치하고 "임직원 재직 현황"을 입력한 후 전체 텍스트를 드래그하여 선택
❺ 글꼴 'Segoe UI' 선택
❻ 글꼴 크기 '24' 설정
❼ '굵게' 설정
❽ [가로 맞춤] '왼쪽 정렬'

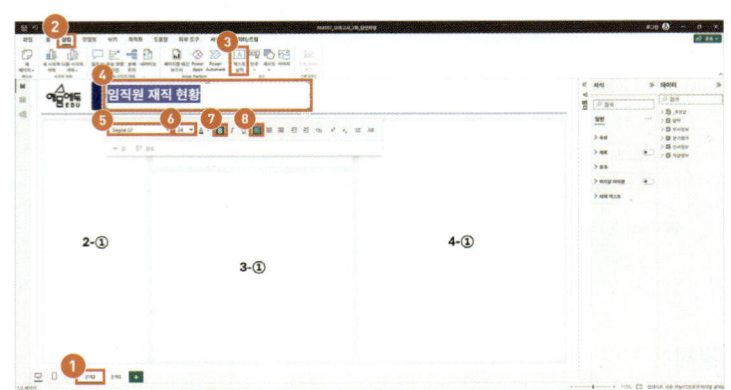

2 다음 지시사항에 따라 슬라이서와 카드를 구현하시오. [5점]

① 다음 조건으로 '문제 2' 페이지에 슬라이서를 구현하시오. [3점]
▶ 활용 필드 : <부서정보> 테이블의 [본부], [부서], [팀] 필드
▶ 슬라이서 설정
  - 슬라이서 스타일 : '세로목록'
  - '모두 선택' 항목이 표시되도록 설정
▶ 슬라이서 서식 지정
  - 머리글 : 제목텍스트 '조직 선택' 설정, '굵게'
▶ 슬라이서 값 : '모두 선택' 필터 적용, '검색' 활성
▶ 슬라이서를 '2-①' 위치에 배치

문제 2-2-① 풀이

(1) 슬라이서 개체 생성 및 배치

❶ [보고서 보기] 작업영역 선택
❷ [시각화 창]의 [시각적 개체 빌드]에서 슬라이서( ) 개체 클릭
❸ 슬라이서의 [필드]에 <부서정보> 테이블의 [본부], [부서], [팀] 필드를 순서대로 클릭하여 추가
❹ 슬라이서를 '2-①' 위치로 드래그하여 크기 조정 및 배치

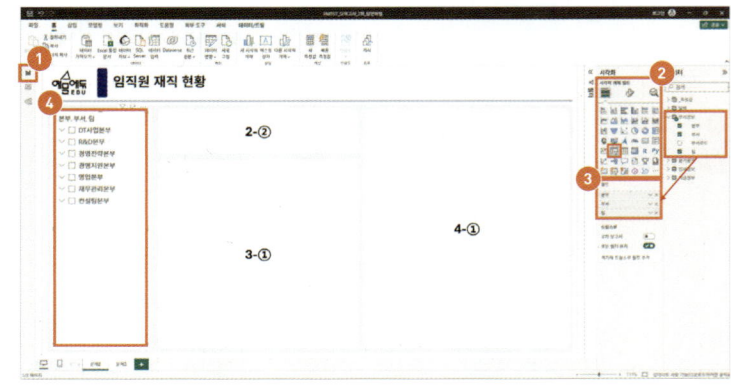

484 경영정보시각화능력 실기

(2) 슬라이서 서식 지정 및 설정

❶ [시각화 창]의 [시각적 개체 서식 지정] ( ) 클릭
❷ [시각적 개체] 탭 선택
❸ [슬라이서 설정] 탭 선택 확장
❹ [스타일] '세로목록' 설정
❺ [선택] ['모두 선택' 옵션 표시] 체크
❻ [슬라이서 머리글] 제목 텍스트 "조직 선택" 입력
❼ 서식 '굵게'
❽ 슬라이서 개체 '모두 선택' 값 필터 적용 선택
❾ 우측 추가 메뉴 클릭하여 [검색] 기능 활성

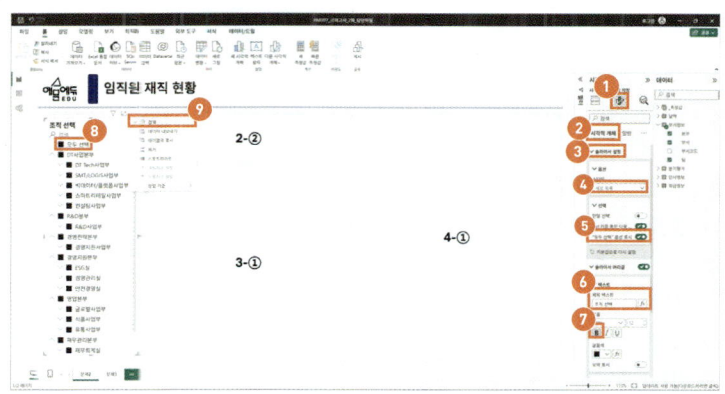

② 다음 조건으로 '문제 2' 페이지에 카드를 구현하시오. [3점]
  ▶ 활용 필드 및 표시 단위
    - <_측정값> 테이블의 [재직자수], [팀평균인원수], [평균근속년수] 측정값
    - 표시 단위 : [재직자수] '없음', [팀평균인원수] '없음', [평균근속년수] '없음'
  ▶ 설명 값 서식 : 글꼴 'Din', 크기 '30', '굵게'
  ▶ 범주 레이블 서식 : 글꼴 크기 '11', '굵게', 색 '테마 색1'
  ▶ 카드를 '2-②' 위치에 배치
    - [재직자수], [팀평균인원수], [평균근속년수] 순서로 배치

문제 2-2-② 풀이

(1) 재직자수 카드 생성

❶ [시각화 창]의 [시각적 개체 빌드]에서 카드 개체(123) 클릭
❷ <_측정값> 테이블의 [재직자수] 측정값 체크
❸ 카드 개체의 크기를 조정한 후 '2-②' 위치의 왼쪽에 배치

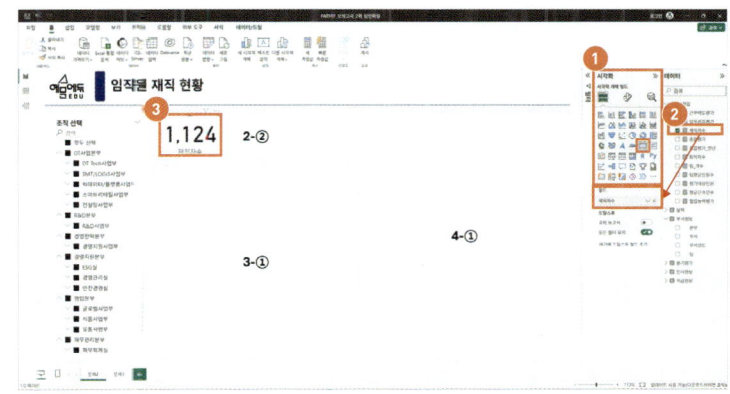

(2) 재직자수 카드 서식

❶ 카드 개체 선택
❷ [시각화 창]의 [시각적 개체 서식 지정]
  (🖌️) 클릭
❸ [시각적 개체] 탭 선택
❹ [설명 값] 선택 확장
❺ 글꼴 서식 지정
• 글꼴 'Din', 크기 '30', '굵게'
❻ [표시 단위] '없음' 설정
❼ [범주] 레이블 서식 지정
• 글꼴 크기 '11', '굵게'
❽ 범주 레이블 색 '테마 색1'로 설정

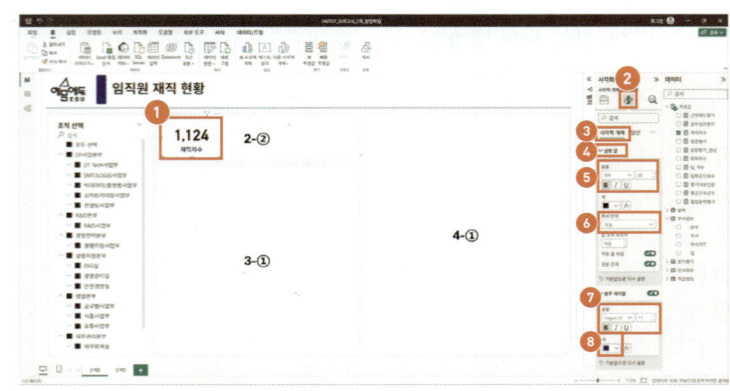

(3) 팀평균인원수 카드 복제 생성

❶ 재직자수 카드 개체를 [Ctrl]+[C], [Ctrl]+[V]로 복제한 후 '2-②' 위치의 가운데 배치
❷ [데이터 창]의 [팀평균인원수] 측정값을 카드 필드로 드래그하여 변경

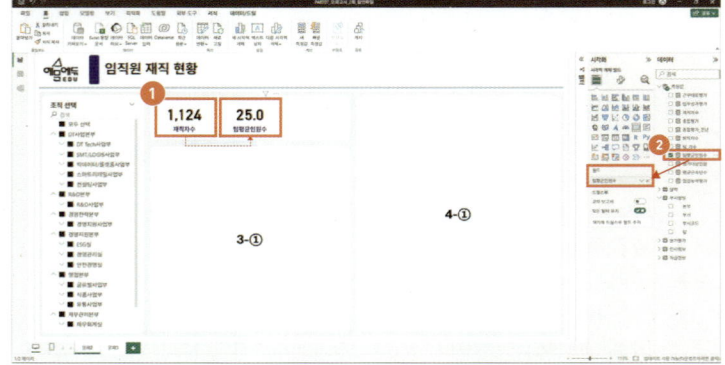

(4) 평균근속년수 카드 복제 생성

❶ 재직자수 카드 개체를 [Ctrl]+[C], [Ctrl]+[V]로 복제한 후 '2-②' 위치의 오른쪽에 배치
❷ [데이터 창]의 [평균근속년수] 측정값을 카드 필드로 드래그하여 변경

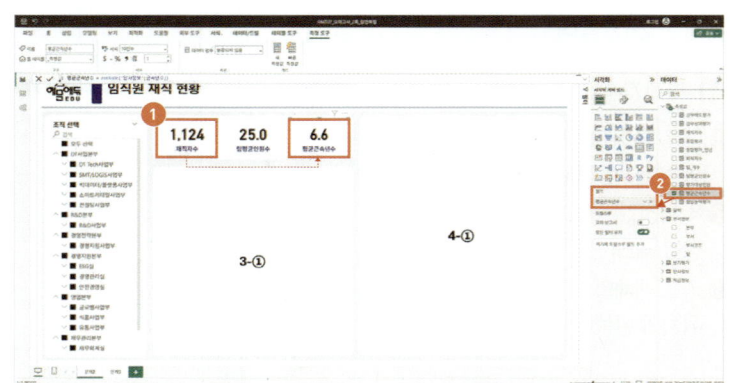

3 다음 지시사항에 따라 누적 가로 막대형 차트를 구현하시오. [10점]

① 다음 조건으로 '문제 2' 페이지에 누적 가로 막대형 차트를 구현하시오. [4점]
▶ 활용 필드
  - <부서정보> 테이블의 [부서], [팀] 필드
  - <인사정보> 테이블의 [성별] 필드
  - <_측정값> 테이블의 [재직자수] 측정값
▶ '시각화 드릴 모드' 옵션 선택 시 [재직자수]를 [부서], [팀]어 따라 순차적으로 확인할 수 있도록 설정
▶ 표시 설정 : 가장 낮은 데이터 수준까지 확장
▶ 누적 가로 막대형 차트를 '3-①' 위치에 배치

문제 2-3-① 풀이

[1] 차트 생성 및 배치

❶ [시각화 창]의 [시각적 개체 빌드]에서 누적 가로 막대형 차트(▦) 클릭
❷ 차트를 '3-①' 위치에 크기 조정 및 배치

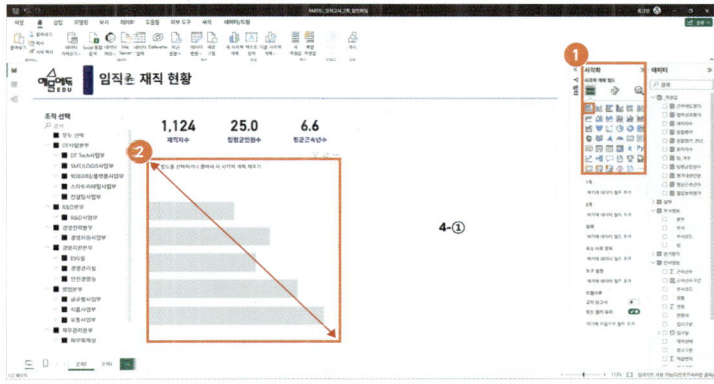

[2] 시각화 빌드 요소 추가

❶ [Y축]에 <부서정보> 테이블의 [부서], [팀] 필드를 순서대로 드래그하여 추가
❷ [X축]에 <_측정값> 테이블의 [재직자수] 측정값 추가
❸ [범례]에 <인사정보>의 [성별] 필드 추가
❹ '계층 구조에서 한 수준 아래로 확장' (⤓) 클릭하여 가장 낮은 데이터 수준까지 확장

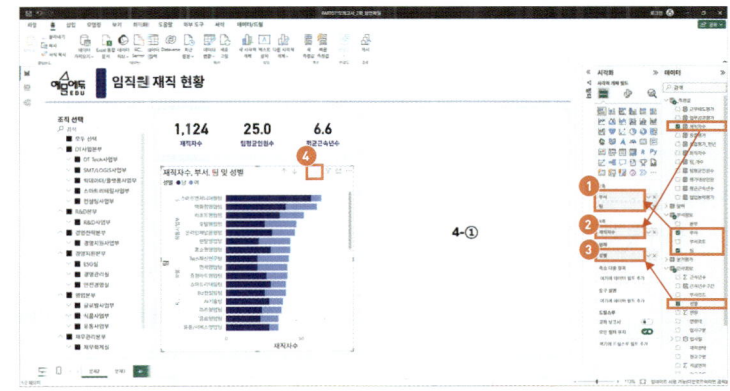

❷ 다음과 같이 누적 가로 막대형 차트의 각 요소에 대한 서식을 지정하시오. [4점]
- ▶ 차트 제목 : "조직별 인원현황"
  - 제목 서식 : 글꼴 'Din', 크기 '12', '굵게', 가로 맞춤 '왼쪽'
- ▶ Y축 : 축 제목 제거, 레이블 연결 설정, 최대 두께(%) '50'
- ▶ X축 : 축 제목, 값 제거
- ▶ 데이터 레이블 : 사용, 표시 단위 '없음'
- ▶ 총 레이블 : 글꼴 '굵게', 글꼴 색 '테마 색1'
- ▶ 막대 : 계열 '여'의 색을 '테마 색6'으로 지정

문제 2-3-② 풀이

(1) 차트 제목 설정

❶ [시각화 창] > [시각적 개체 서식 지정] (🖌) 클릭
❷ [일반] 탭 선택
❸ [제목] 탭 선택 확장
❹ [제목]에 "조직별 인원현황" 입력
❺ [글꼴] 서식 지정
 • 글꼴 'Din', 크기 '12', '굵게'
❻ [가로 맞춤] '왼쪽 정렬'

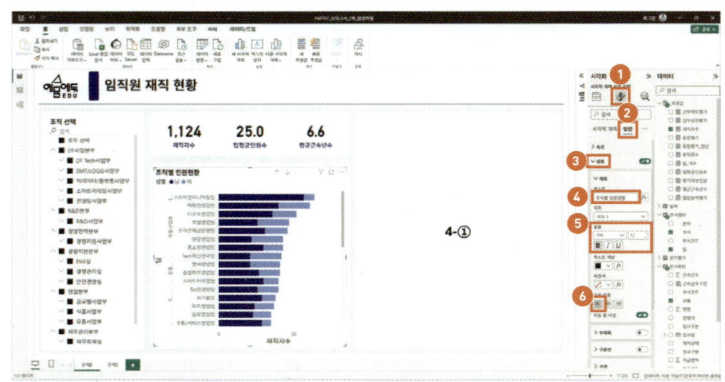

(2) Y축 설정

❶ 서식 지정의 [시각적 개체] 탭 선택
❷ [Y축] 탭 선택 확장
❸ [값] 선택 확장
❹ [값] 서식 지정
 • 최대 두께(%) '50'
 • '스위치 축 위치' 설정
 • '레이블 연결' 설정
❺ [제목] 표시 체크 해제

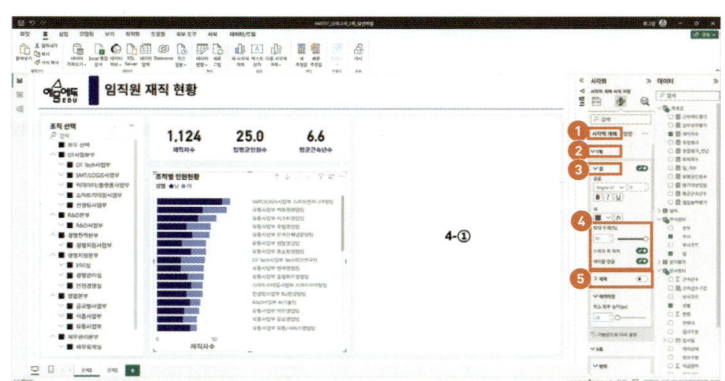

(3) X축 서식 지정

❶ [X축] 탭 선택 확장
❷ [값] 체크 해제
❸ [제목] 체크 해제

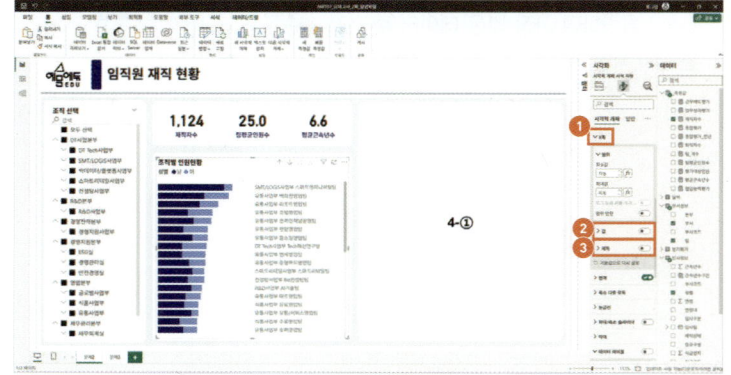

(4) '여' 막대 색 변경

❶ [막대] 탭 선택 확장
❷ [계열] '여' 선택
❸ [색] 선택 클릭하여 '테마 색6' 선택

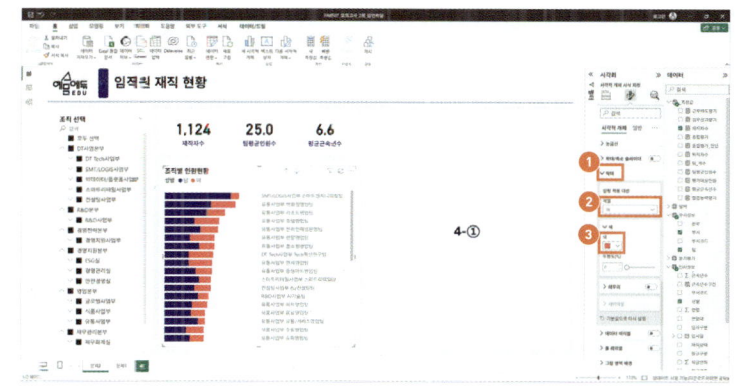

(5) 레이블 및 총 레이블 서식 지정

❶ [데이터 레이블] 체크(활성화)
❷ [데이터 레이블] 탭 확장
❸ [값] 선택 확장
❹ [표시 단위] '없음' 설정
❺ [총 레이블] 확장 및 체크(활성화)
❻ [총 레이블] 글꼴 '굵게', 색 '테마 색1' 지정

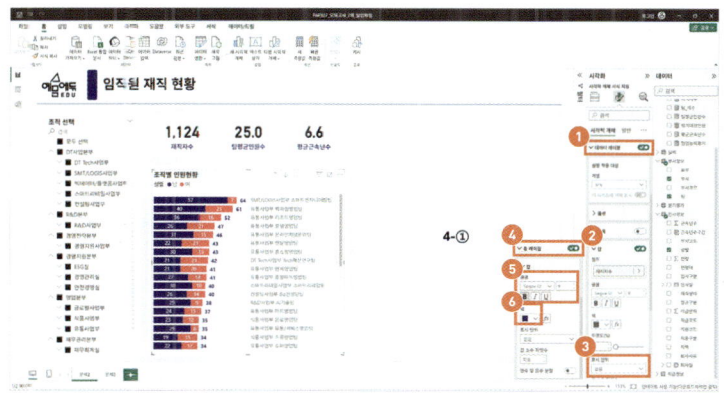

③ 누적 가로 막대형 차트를 <인사정보>의 [직종구분]이 '인턴', '파견직'인 항목을 제외하고 표시하시오. [2점]

문제 2-3-③ 풀이

(1) 차트 표시 필터 설정

❶ [필터 창]의 « 아이콘 클릭 확장
❷ <인사정보> 테이블의 [직종구분] 필드를 시각적 개체의 필터로 드래그하여 추가
❸ [직종구분] 필터카드의 ∨ 아이콘 클릭 확장
❹ [필터 형식]을 [기본 필터링] 설정
❺ '모두 선택' 클릭 후 '인턴', '파견직' 체크 해제

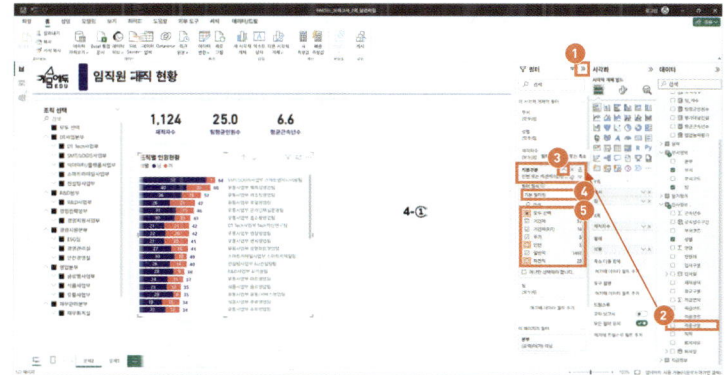

4 다음 지시사항에 따라 트리맵 차트를 구현하시오. [10점]

① 다음 조건으로 '문제 2' 페이지에 트리맵 차트를 구현하시오. [4점]

▶ 활용 필드
- <인사정보> 테이블의 [근속년수구간] 필드
- <직급정보> 테이블의 [직종구분] 필드
- <_측정값> 테이블의 [재직자수] 측정값

▶ 도구 설명에 [재직자수]의 '총합계의 백분율'로 표시되도록 추가
- 레이블을 '인원수 점유비'로 변경

▶ 트리맵 차트를 '4-①' 위치에 배치

문제 2-4-① 풀이

(1) 차트 생성 및 배치

❶ [시각화 창]의 [시각적 개체 빌드]에서 트리맵(▦) 클릭
❷ 차트를 '4-①' 위치로 드래그하여 크기 조정 및 배치

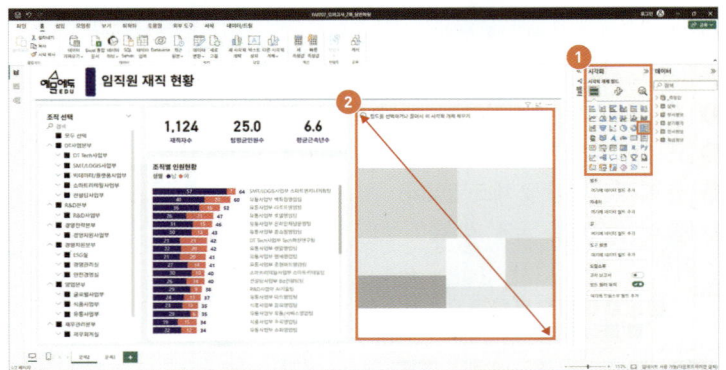

(2) 시각화 빌드 요소 추가

❶ [범주]에 <직급정보> 테이블의 [직종구분] 필드 추가
❷ [자세히]에 <인사정보> 테이블의 [근속년수구간] 필드 추가
❸ [값]에 <_측정값> 테이블의 [재직자수] 필드 추가
❹ [도구 설명]에 <_측정값> 테이블의 [재직자수] 필드 추가

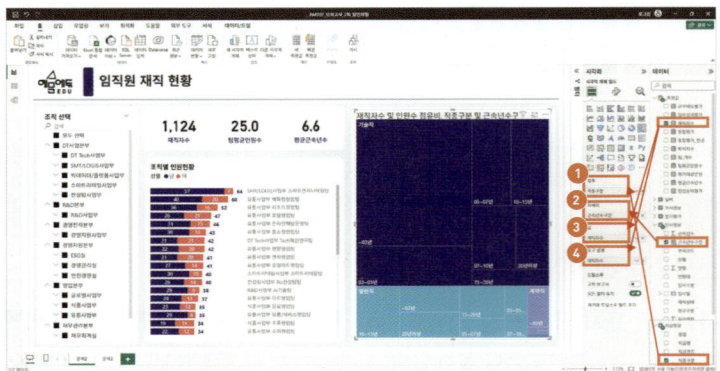

(3) [재직자수] 도구 설명 필드 설정

❶ [도구 설명]의 [재직자수] 필드 오른쪽 ∨ 클릭
❷ [다음으로 값 표시] 클릭
❸ [총합계의 백분율] 선택
❹ [도구 설명] 필드를 더블 클릭하여 레이블을 '인원수 점유비'로 변경

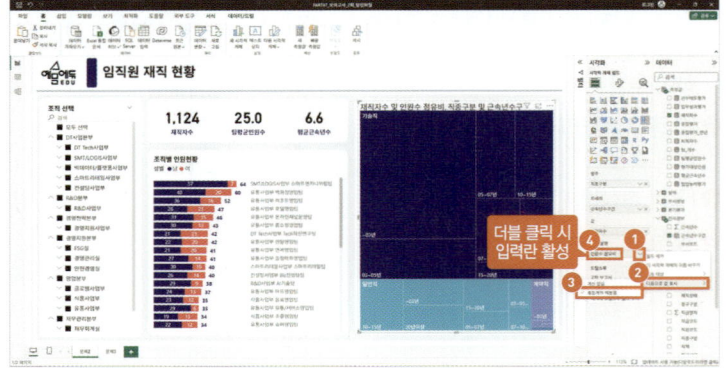

❷ 다음과 같이 트리맵 차트의 각 요소에 대한 서식을 적용하시오. [4점]
- ▶ 차트 제목 : "직종 및 근속년수 구간별 인원수"
  - 제목 서식 : 글꼴 'Din', 크기 '12', '굵게', 가로 맞춤 '왼쪽'
  - 구분선 서식 : 색 '흰색', 너비 '2'
- ▶ 색 : '일반직'의 색을 '테마 색6'으로 지정
- ▶ 데이터 레이블 : 소수 자릿수 '1' 설정

문제 2-4-❷ 풀이

(1) 차트 제목 설정

❶ [시각화 창]의 [시각적 개체 서식 지정] ( ) 클릭
❷ [일반] 탭 선택
❸ [제목] 탭 선택 확장
❹ [제목]에 "직종 및 근속년수 구간별 인원수" 입력
❺ [글꼴]을 'Din', 글꼴 크기 '12', '굵게' 설정
❻ [가로 맞춤]을 '왼쪽' 설정
❼ [구분선] 사용 체크 및 선택 확장
❽ [색]을 '흰색'으로 설정

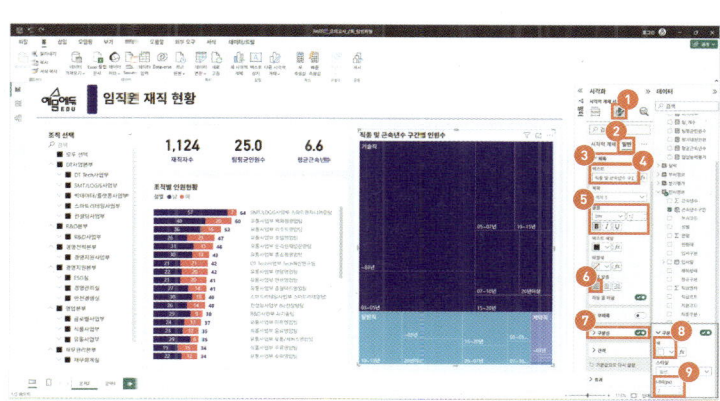

❾ [너비(px)]를 '2'로 설정

(2) 차트 서식 지정

❶ [시각적 개체] 탭 선택
❷ [색] 탭 선택 확장
❸ [일반직]의 색을 '테마 색6' 설정

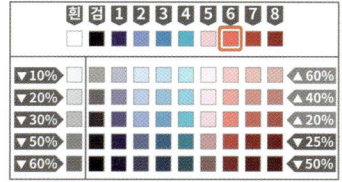

❹ [데이터 레이블] 사용 체크 및 선택 확장
❺ [표시 단위] '없음' 설정

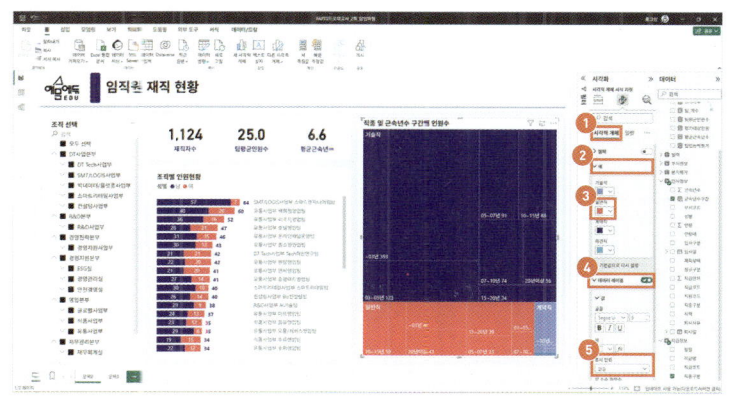

③ 트리맵 차트를 <인사정보>의 [근속년수]가 '0.5' 보다 크거나 같은 항목들만 표시하시오. [3점]

문제 2-4-③ 풀이

[1] 차트 표시 필터 설정

❶ [필터 창]의 « 아이콘 클릭 확장
❷ <인사정보> 테이블의 [근속년수] 필드를 시각적 개체의 필터로 드래그하여 추가
❸ [근속년수] 필터카드의 ∨ 아이콘 클릭 확장
❹ [필터 형식]을 [고급 필터링] 선택
❺ 항목 표시 조건을 지정
 • [보다 크거나 같음]으로 설정
 • 입력란에 "0.5" 입력 후 [Enter]

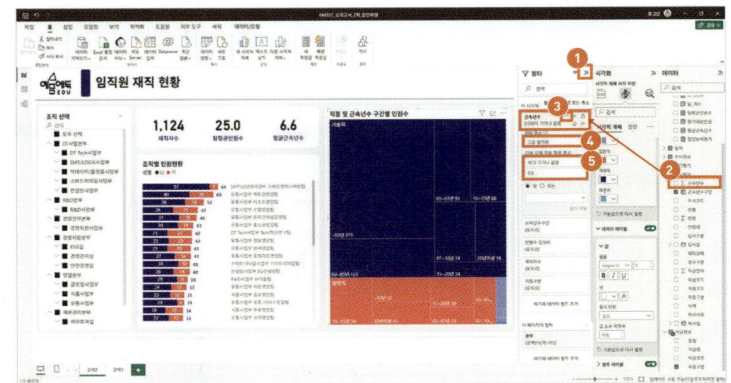

SECTION 03 문제 3-복합요소 구현 [50점]

1 다음 지시사항에 따라 계산 열 및 측정값을 생성하고 슬라이서와 여러 행 카드를 구현하시오. [10점]

① 다음 조건으로 측정 값과 계산열을 추가하시오. [3점]
▶ <달력> 테이블에 새 열 추가 : [분기]
  - 활용 필드 : <달력> 테이블의 [날짜] 필드
  - [날짜] 필드의 분기 값을 추출하고, 문자열 "Q"와 결합하여 'Q1', 'Q2' 등의 형식으로 반환
  - 사용 함수 : QUARTER, CONCATENATE
▶ <_측정값> 테이블에 측정값 추가 : [평가대상인원]
  - 활용 필드 : '분기평가' 테이블의 [직원코드] 필드
  - 정의 : '분기평가' 테이블에서 고유한 [직원코드]의 개수를 반환
  - 사용 함수 : DISTINCTCOUNT

문제 3-1-① 풀이

(1) [분기] 계산 열 생성

❶ [테이블 뷰] 작업영역 선택
❷ [데이터 창]의 <달력> 테이블 클릭
❸ [테이블 도구] 탭 활성
❹ [새 열]( ) 클릭

❺ [수식 편집기]의 박스에 수식 작성 후 [Enter]

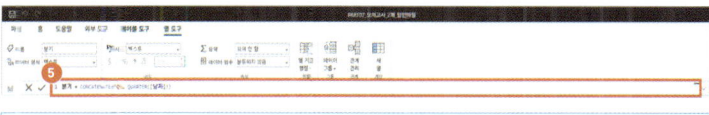

분기 = CONCATENATE("Q", QUARTER([날짜]))

DAX 풀이

기 수식은 [날짜] 필드를 기준으로 해당 날짜가 속한 분기를 "Q1", "Q2", "Q3", "Q4"와 같은 형식으로 반환한다.
- [QUARTER] 함수가 [날짜] 필드에서 해당 날짜가 속한 분기 번호를 반환
- [CONCATENATE] 문자열 "Q"와 [QUARTER] 함수의 결과를 연결하여 새로운 문자열을 생성

> **사용 함수**
> - [QUARTER] : 지정된 날짜의 분기를 반환
>   - 구문 : QUARTER(<날짜>)
> - [CONCATENATE] : 두 값을 연결하여 하나의 문자열로 반환
>   - 구문 : CONCATENATE(<값1>, <값2>)

(2) [평가대상인원] 측정값 생성

❶ [보고서 보기] 작업영역 선택
❷ [데이터 창]의 <_측정값> 테이블 우클릭
❸ [새 측정값] 선택

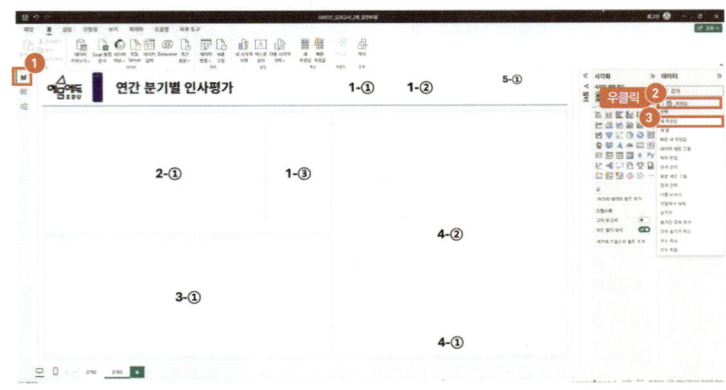

❹ [수식 편집기]의 박스에 수식 작성 후 [Enter]

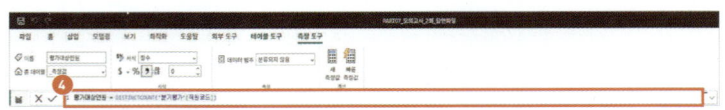

평가대상인원 = DISTINCTCOUNT('분기평가'[직원코드])

> **DAX 풀이**
> 이 수식은 <분기평가> 테이블의 [직원코드] 필드에서 중복되지 않은 고윳값의 개수를 계산하여 [평가대상인원]을 반환한다.
> - [DISTINCTCOUNT] 함수가 <분기평가> 테이블의 [직원코드] 열에서 중복되지 않은 고윳값을 추출

> **사용 함수**
> - [DISTINCTCOUNT] : 지정된 열에서 중복되지 않은 고윳값을 세어 반환
>   - 구문 : DISTINCTCOUNT(<열>)

② 다음 조건으로 '문제 3' 페이지에 연도, 분기 슬라이서를 구현하시오. [4점]
  ▶ 활용 필드
    - <달력> 테이블의 연도, [분기] 필드
  ▶ 슬라이서 설정 및 서식
    - 스타일 : '드롭다운'
    - 슬라이서 머리글 : 글꼴 'Din', 크기 '12', '굵게'
  ▶ 슬라이서 값 설정
    - 연도 '2023' 필터 적용, [분기] 'Q4' 필터 적용
  ▶ 연도 슬라이서를 '1-①', 분기 슬라이서를 '1-②' 위치에 배치

문제 3-1-② 풀이

(1) 연도 슬라이서 생성

❶ [보고서 보기] 작업영역 선택
❷ '문제 3' 페이지 선택
❸ [시각화 창]의 [시각적 개체 빌드]에서 슬라이서(📄) 클릭
❹ 슬라이서를 '1-①' 위치로 크기 조정 및 배치
❺ <날짜> 테이블의 연도 필드 클릭

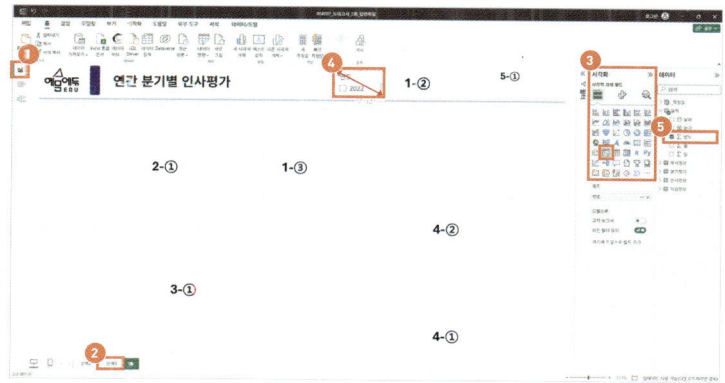

(2) 연도 슬라이서 설정

❶ [시각화 창]의 [시각적 개체 서식 지정] (🖌) 클릭
❷ [슬라이서 설정] 탭 선택 확장
❸ [스타일] '드롭다운' 설정
❹ [슬라이서 머리글] 설정
• 글꼴 'Din', 크기 '12', '굵게'
❺ 슬라이서 개체 '2023' 값 필터 적용 선택

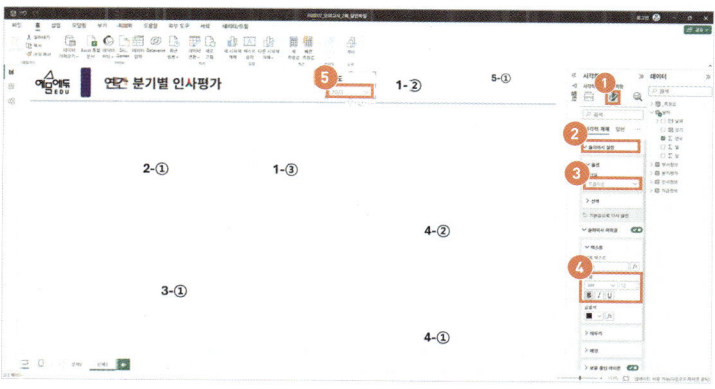

(3) 분기 슬라이서 복사 생성

❶ 연도 슬라이서 선택 후 [Ctrl]+[C], [Ctrl]+[V] 하여 슬라이서를 복제
❷ 분기 슬라이서를 '1-②' 위치로 크기 조정 및 배치
❸ <날짜> 테이블의 연도 필드 클릭 해제
❹ <날짜> 테이블의 [분기] 필드 클릭 선택
❺ 슬라이서 값 'Q4' 필터 적용

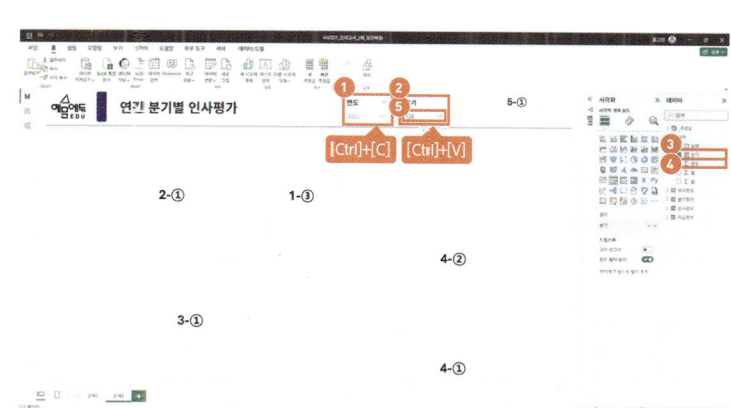

③ 다음 조건으로 '문제 3' 페이지에 꺾은선형 및 묶은 세로 막대형 차트를 구현하시오. [4점]
- ▶ 활용 필드
  - <_측정값> 테이블의 [종합평가], [근무태도평가], [업무성과평가], [협업능력평가], [평가대상인원] 측정값
- ▶ 설명값 배치 순서 : [종합평가], [근무태도평가], [업무성과평가], [협업능력평가], [평가대상인원] 순서로 배치
- ▶ 카드 서식
  - 설명 값 : 글꼴 크기 '16', '굵게'
  - 범주 레이블 : 글꼴 크기 '10', '굵게', '기울임꼴'
  - 악센트 바 : 색 '테마 색6', 너비 '5'
- ▶ 여러 행 카드를 '1-③' 위치에 배치

문제 3-1-③ 풀이

(1) 차트 생성 및 배치

❶ [시각화 창]의 [시각적 개체 빌드]에서 여러 행 카드(🗔) 클릭
❷ 카드를 '1-③' 위치로 드래그하여 크기 조정 및 배치

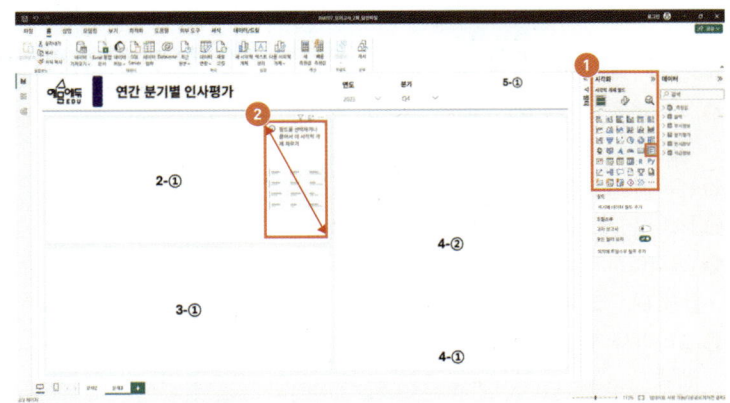

(2) 시각화 빌드 요소 추가

❶ [데이터 창]에서 <_측정값> 테이블의 [종합평가] 측정값 선택
❷ <_측정값> 테이블의 [근무태도평가] 측정값 선택
❸ <_측정값> 테이블의 [업무성과평가] 측정값 선택
❹ <_측정값> 테이블의 [협업능력평가] 측정값 선택
❺ <_측정값> 테이블의 [평가대상인원] 측정값 선택

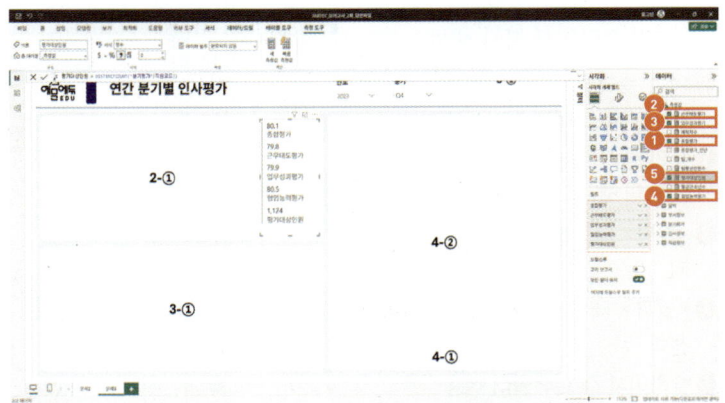

> **빠른 작업을 위한 TIP**
> [시각화 개체 빌드] 요소가 단일항목인 개체의 경우, [데이터 창]에서 필드, 측정값을 체크하면 바로 개체에 적용된다.

(3) 차트 설정 및 서식 지정

❶ [시각화 창]의 [시각적 개체 서식 지정]
  (🖌) 클릭
❷ [시각적 개체] 탭 선택
❸ [설명 값] 탭 선택 확장
❹ 글꼴 크기 '16', '굵게' 설정
❺ [범주 레이블] 탭 선택 확장
❻ [범주 레이블] 서식 지정
 • 글꼴 크기 '10'
 • '굵게', '기울임꼴' 설정
❼ [색] '테마 색1' 설정

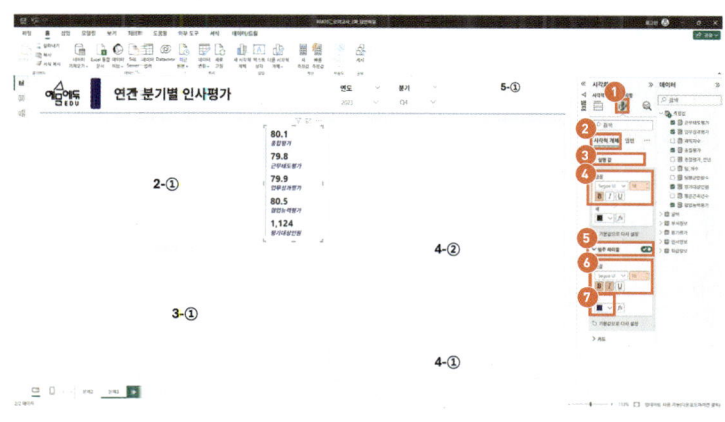

❽ [카드] 탭 선택 확장
❾ [악센트 바] 사용 체크 및 확장
❿ [악센트 바] 서식 지정
 • 색 '테마 색5' 설정
 • 너비 '5' 설정

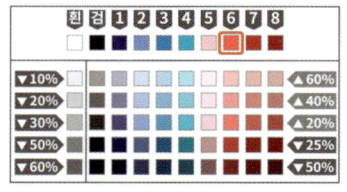

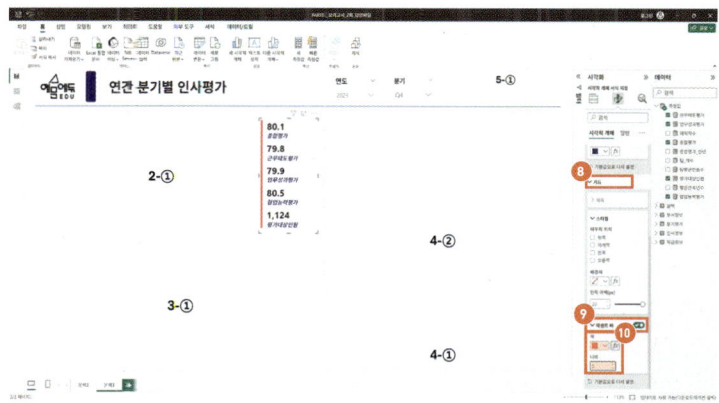

---

2 다음 지시사항에 따라 측정값을 추가하고 꺾은선형 및 묶은 세로 막대형 차트를 구현하시오. [10점]

① 다음 조건으로 <_측정값> 테이블에 측정값을 추가하시오. [3점]

  ▶ 측정값 : 종합평가(비중)
   - 활용 필드 : <분기평가> 테이블의 [근무태도_점수], [업무_성과_점수], [협업_능력_점수] 필드
   - 각 필드에 대해 비중을 반영하여 종합평가 점수의 가중 평균을 계산하여 반환
     • [근무태도_점수] : 15%, [업무_성과_점수] : 60%, [협업_능력_점수] : 25%
   - 사용 함수 : AVERAGEX
   - 서식 : '소수점 아래 1자리까지' 표시

문제 3-2-① 풀이

(1) [종합평가(비중)] 측정값 생성

❶ [데이터 창]의 <_측정값> 테이블 우클릭
❷ [새 측정값] 선택

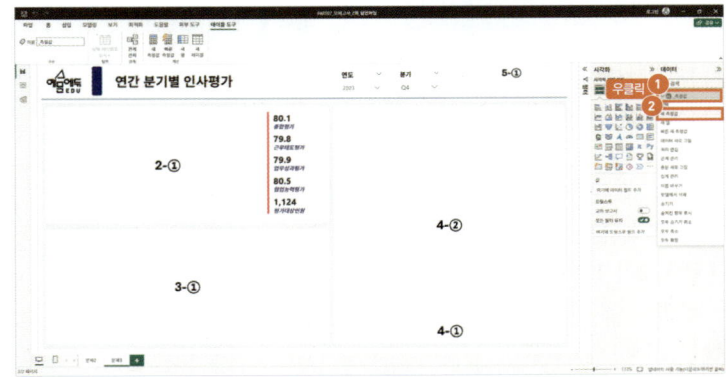

❸ [수식 편집기]의 박스에 수식 작성 후 [Enter]
❹ [서식] 그룹의 [소수점 이하 자리수]에 "1" 입력

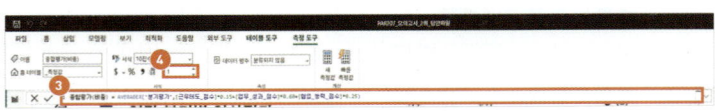

종합평가(비중) = AVERAGEX('분기평가',[근무태도_점수]*0.15+[업무_성과_점수]*0.60+[협업_능력_점수]*0.25)

DAX 풀이

이 수식은 <분기평가> 테이블에서 각 직원의 [근무태도_점수], [업무_성과_점수], [협업_능력_점수]를 가중치(0.15, 0.60, 0.25)를 적용하여 가중 평균 점수를 계산한다.
- [AVERAGEX] 함수는 <분기평가> 테이블의 각 행에서 [근무태도_점수], [업무_성과_점수], [협업_능력_점수]에 각각의 가중치를 적용한 점수를 계산한 후, 모든 행의 평균 값을 반환

사용 함수

- [AVERAGEX] : 테이블의 각 행에서 계산한 값을 기반으로 평균을 반환
  - 구문 : AVERAGEX(<테이블>, <식>)

---

② 다음 조건으로 '문제 3' 페이지에 꺾은선형 및 묶은 세로 막대형 차트를 구현하시오. **[3점]**
- ▶ 활용 필드
  - <부서정보> 테이블의 [본부], [부서], [팀] 필드
  - <_측정값> 테이블의 [종합평가(비중)], [근무태도평가], [업무성과평가], [협업능력평가] 측정값
- ▶ 레이블명 변경
  - [근무태도평가] → "근무태도"
  - [업무성과평가] → "업무성과"
  - [협업능력평가] → "협업능력"
- ▶ X축 설정
  - [본부], [부서], [팀] 필드 순서로 구성 후 [본부] 기준 표시
  - [종합평가(비중)] 기준 '내림차순 정렬'
- ▶ 꺾은선형 및 묶은 세로 막대형 차트를 '3-①' 위치에 배치

문제 3-2-② 풀이

(1) 차트 생성 및 빌드 요소 추가

❶ [시각화 창]의 [시각적 개체 빌드]에서 꺾은선형 및 묶은 세로 막대형 차트 (📊) 클릭
❷ 차트를 '3-①' 위치로 크기 조정 및 배치

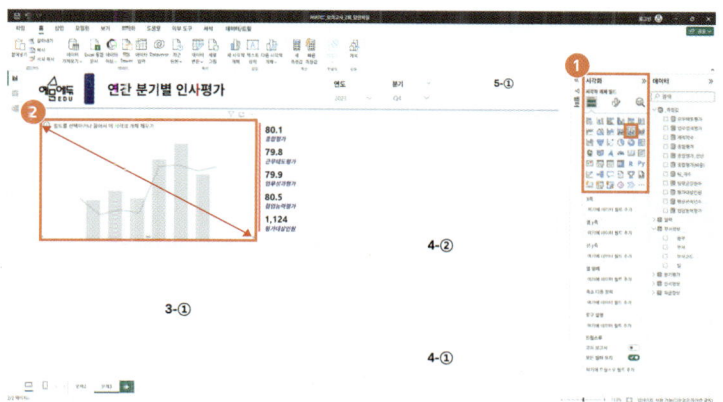

❸ [X축]에 <부서정보> 테이블의 [본부], [부서], [팀] 필드를 순서대로 추가 후 [본부] 기준 표시 확인
❹ [열y축]에 <_측정값> 테이블의 [근무태도평가], [업무성과평가], [협업능력평가] 측정값을 드래그하여 추가
❺ [선y축]에 <_측정값> 테이블의 [종합평가(비중)] 측정값을 추가

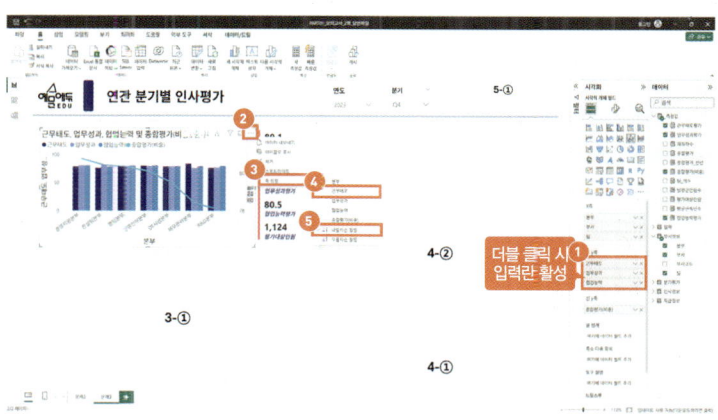

(2) 필드 레이블 변경 및 설정

❶ [열y축]의 레이블명을 더블 클릭한 후 변경 이름 입력
 • [근무태도평가] → [근무태도]
 • [업무성과평가] → [업무성과]
 • [협업능력평가] → [협업능력]
❷ 차트의 오른쪽 상단 추가메뉴(⋯) 클릭
❸ [축 정렬] 선택
❹ [종합평가(비중)] 클릭, 기준 설정
❺ '❷~❸'단계를 반복하여 [내림차순 정렬] 클릭 설정

③ 다음 조건으로 꺾은선형 및 묶은 세로 막대형 차트의 각 요소에 대한 서식을 지정하시오. [4점]
  ▶ 차트 제목 : "조직별 평가"
    - 글꼴 크기 '12', '굵게'
  ▶ 서식 지정
    - X축 : 제목 제거
    - Y축 : 제목과 값 제거, 범위 '최소 60~최대 110'
    - 보조 Y축 : 제목 사용하지 않음, 범위 '최소 60'
    - 열 테두리 사용 : 색을 '흰색'으로 지정
    - 선 및 표식 : 선 종류 '단계', [종합평가(비중)]의 선 색 '테마 색6' 지정, 표식 사용
    - 데이터 레이블 사용 : 표시 단위 '없음'
      • [종합평가(비중)] 계열의 값 색 '흰색', '굵게', 배경색 '테마 색6, 20% 더 밝게' 지정

문제 3-2-③ 풀이

(1) 차트 제목 설정

❶ [시각화 창]의 [시각적 개체 서식 지정] (🖌) 클릭
❷ [일반] 탭 선택
❸ [제목] 탭 선택 확장
❹ [텍스트]에 "조직별 평가" 입력
❺ 글꼴 서식 지정
• 글꼴 크기 '12', '굵게'

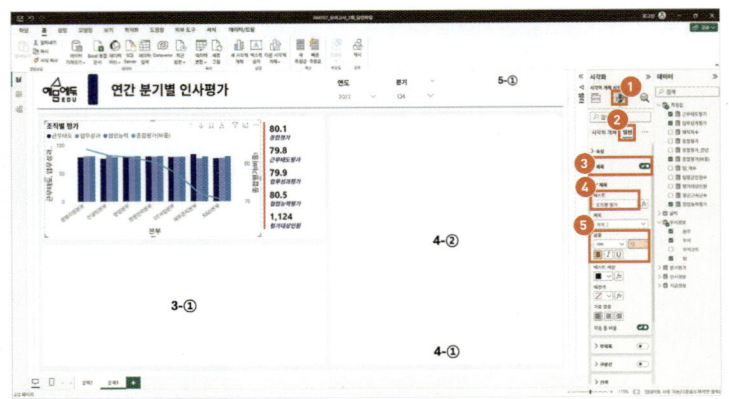

(2) X축 지정

❶ [시각적 개체] 탭 선택
❷ [X축] 선택 확장
❸ [제목] 체크 해제

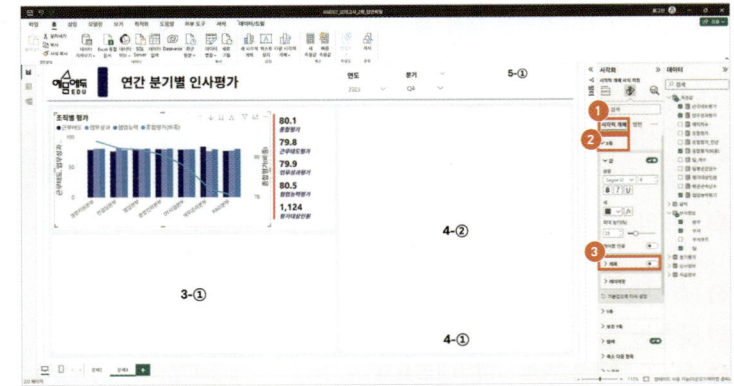

(3) Y축 설정

① [Y축] 탭 선택 확장
② [범위]를 최소값 '60', 최대값 '110'으로 설정
③ [값] 사용 해제
④ [제목] 체크 해제

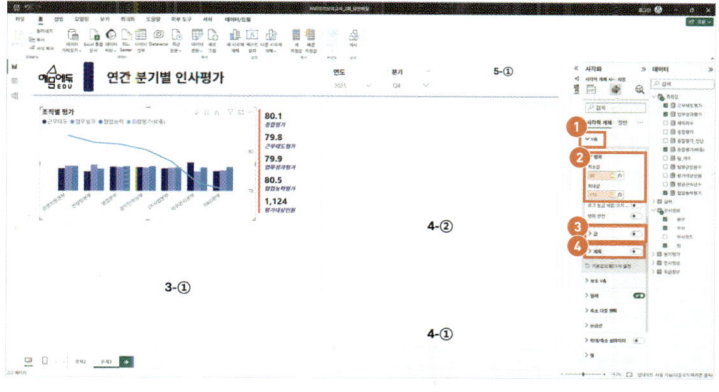

(4) 보조 Y축 설정

① [보조 Y축] 탭 선택 확장
② [범위] 최소값 '60' 설정
③ [제목] 체크 해제

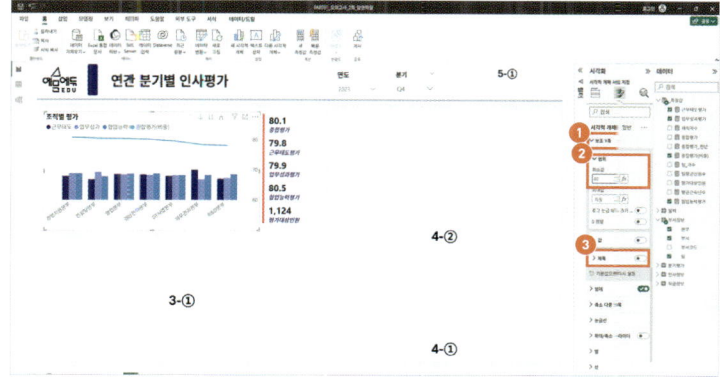

(5) 열 설정

① [열] 탭 선택 확장
② [테두리] 사용 설정 및 확장
③ [색] 선택 박스 클릭하여 '흰색' 설정

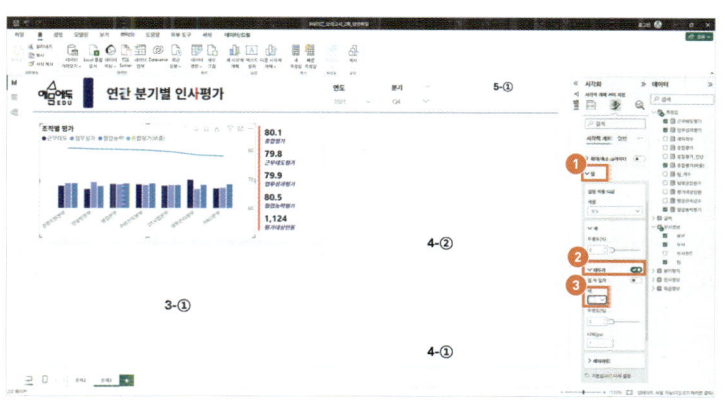

CHAPTER 04 모의고사 2회 풀이 501

(6) 선 및 표식 서식 지정

❶ [선] 탭 선택 확장
❷ [선 종류]를 [단계]로 설정
❸ [색] 탭 선택 확장
❹ [종합평가(비중)]의 선 색을 '테마 색 6' 설정

❺ [표식] 사용 체크

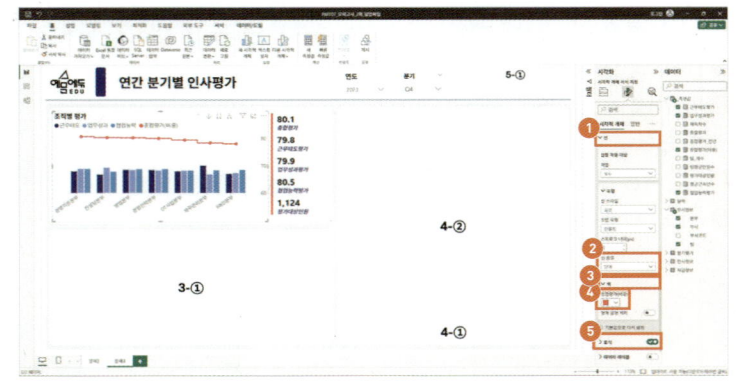

(7) 데이터 레이블 공통 서식 지정

❶ [데이터 레이블] 사용 체크 및 확장
❷ [값] 선택 확장
❸ [표시 단위]를 '없음'으로 설정

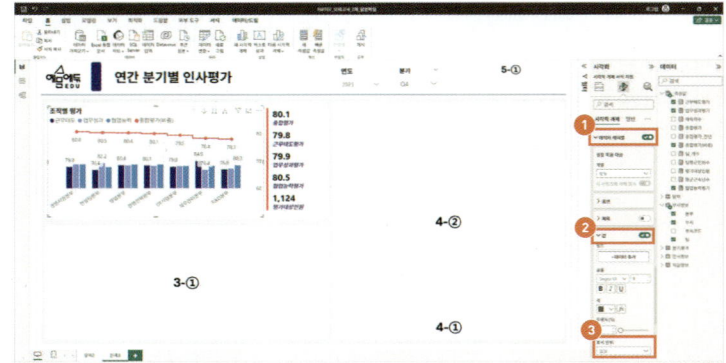

(8) [종합평가(비중)] 계열 서식 지정

❶ [설정 적용 대상] 계열 [종합평가(비중)] 선택
❷ [값]의 글꼴 '굵게' 설정
❸ [색] 선택 상자 클릭하여 '흰색' 설정
❹ [배경] 사용 설정 및 선택 확장' 설정
❺ [색] 선택 상자 클릭하여 '테마 색6, 20% 더 밝게' 설정

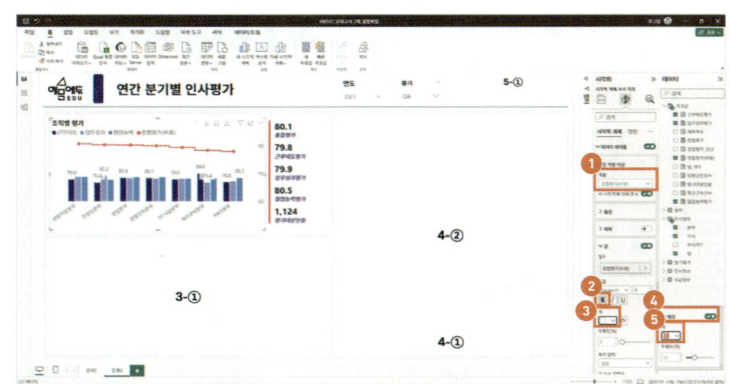

3 다음 지시사항에 따라 계산열과 측정값을 추가하고 꺾은선형 차트를 구현하시오. [10점]

① 다음 조건으로 계산열과 측정값을 구현하시오. [2점]
▶ <달력> 테이블에 새 열 추가 : [연월]
  - 활용 필드 : <달력> 테이블의 [날짜] 필드
  - [날짜] 필드를 기준으로 값을 'YYYY.MM' 형식으로 변환하여 반환
  - 사용 함수 : FORMAT
▶ <_측정값> 테이블에 측정값 추가 : [종합평가_전년]
  - 활용 필드 : '달력' 테이블의 [날짜] 필드, <_측정값> 테이블의 [종합평가] 측정값
  - 전년도의 [종합평가]를 반환
  - 사용 함수 : CALCULATE, DATEADD
  - 서식 : '소수점 아래 1자리까지' 표시

문제 3-3-① 풀이

(1) [연월] 계산 열 생성

❶ [테이블 뷰] 작업영역 선택
❷ [데이터 창]의 <달력> 테이블 클릭
❸ [테이블 도구] 탭 활성

❹ [새 열]() 클릭

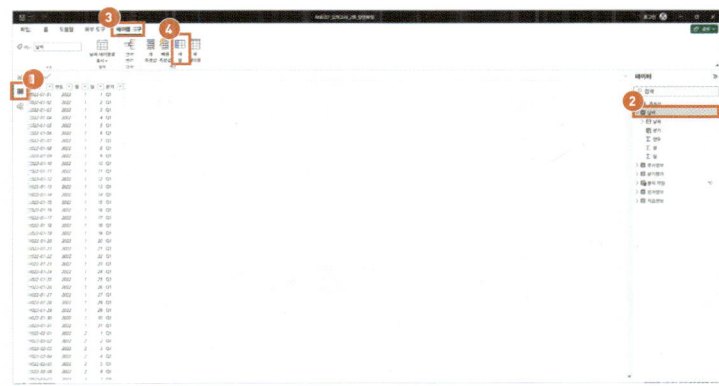

❺ [수식 편집기]의 박스에 수식 작성 후 [Enter]

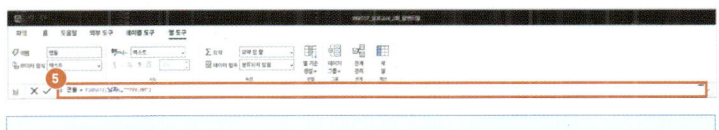

연월 = FORMAT([날짜],"YYYY.MM")

> **DAX 풀이**
> 이 수식은 [날짜] 필드를 "YYYY.MM" 형식으로 변환하여 [연월] 필드를 생성한다. 결과값은 연도와 월을 점(.)으로 구분한 문자열로 반환된다.
> • [FORMAT] 함수는 값 또는 날짜를 지정된 형식으로 변환
> • [날짜] 필드는 입력 값으로 사용되며, "YYYY.MM" 형식에 따라 연도와 월 정보가 출력됨

> **사용 함수**
> • [FORMAT] : 값 또는 날짜를 지정된 형식으로 변환
>   - 구문 : FORMAT(<값>, <형식>)
>   ※ <형식> : 반환할

(2) [종합평가_전년] 측정값 생성 및 서식 지정

❶ [보고서 보기] 작업영역 선택
❷ [데이터 창]의 <_측정값> 테이블 우클릭
❸ [새 측정값] 선택

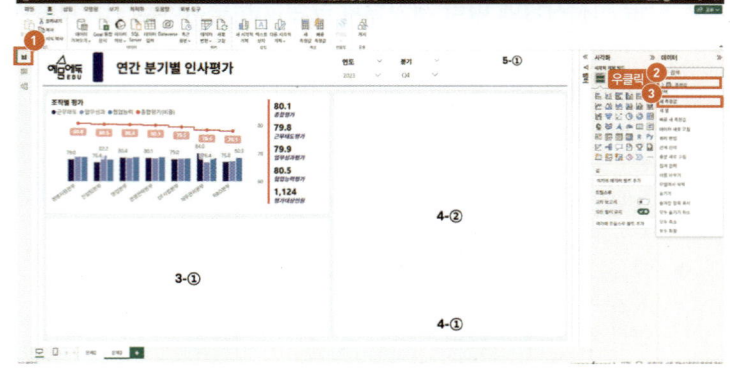

❹ [수식 편집기]의 박스에 수식 작성 후 [Enter]
❺ [측정 도구] 탭의 소수점 이하 자릿수 입력란(□ 0 □)에 "1"을 입력

종합평가_전년 = CALCULATE([종합평가], DATEADD('달력'[날짜],-1,YEAR))

DAX 풀이

이 수식은 현재 컨텍스트의 날짜를 기준으로 1년 전의 데이터를 가져와 [종합평가] 측정값을 계산한다.
- [CALCULATE] 함수는 컨텍스트를 수정하여 특정 조건에서 식을 계산
- [DATEADD] 함수는 날짜를 특정 간격(여기서는 -1년)만큼 이동하여 컨텍스트를 변경

사용 함수

- [CALCULATE] : 컨텍스트를 수정하여 식을 계산
  - 구문 : CALCULATE(<식>, <필터>, ⋯)
- [DATEADD] : 날짜를 지정된 간격만큼 이동
  - 구문 : DATEADD(<날짜 열>, <간격>, <단위>)
  ※ <간격> : 이동할 기간, 양수는 미래로 음수는 과거로 이동
  ※ <단위> : 이동 간격의 단위(예 : YEAR, MONTH, DAY)

---

② 다음 조건으로 '문제 3' 페이지에 꺾은선형 차트를 구현하시오. [4점]
▶ 활용 필드
  - <달력> 테이블의 [연월] 필드
  - <_측정값> 테이블의 [종합평가], [종합평가_전년] 측정값
▶ 레이블명 변경
  - [종합평가] → "당년", [종합평가_전년] → "전년 :
▶ 분기 슬라이서와 상호 작용 해제
▶ X축 정렬 : [연월] 필드 기준 '오름차순 정렬'
▶ 꺾은선형 차트를 '3-①' 위치에 배치

문제 3-3-② 풀이

(1) 차트 생성 및 빌드 요소 추가

❶ [시각화 창]의 [시각적 개체 빌드]에서 꺾은선형 차트(📊) 클릭
❷ 차트를 '3-①' 위치로 크기 조정 및 배치
❸ [X축]에 <달력> 테이블의 [연월] 필드를 드래그하여 추가
❹ [Y축]에 <_측정값> 테이블의 [종합평가], [종합평가_전년] 측정값을 순서대로 추가

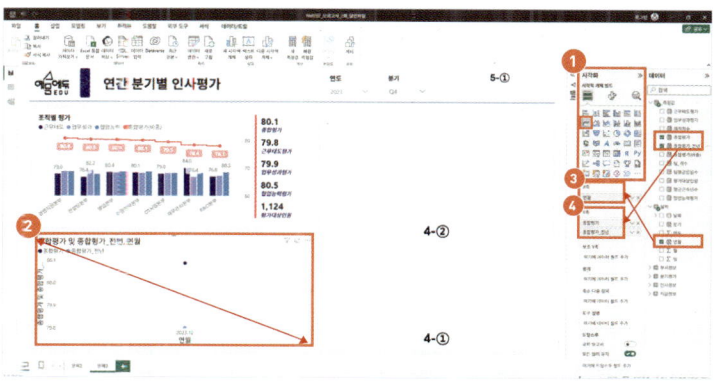

(2) [Y축] 필드 레이블 변경

❶ [Y축]의 [종합평가] 필드를 더블 클릭하여 "당년" 입력 후 [Enter]
❷ [종합평가_전년] 필드를 더블 클릭하여 "전년" 입력 후 [Enter]

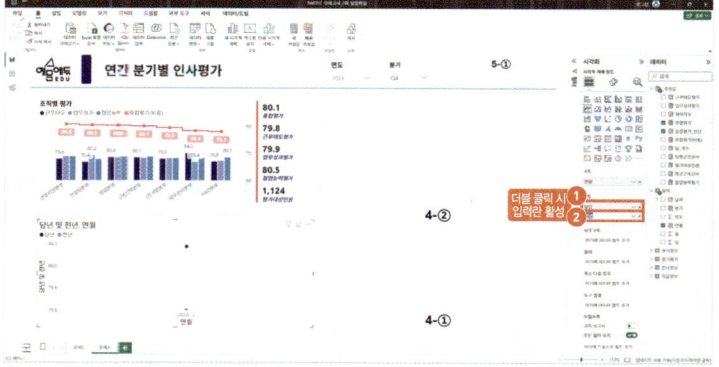

(3) 분기 슬라이서와 연결 해제

❶ 분기 슬라이서 선택
❷ [리본 메뉴]의 [서식] 탭 선택
❸ [상호 작용 편집](📊) 클릭
❹ 꺾은선형 차트의 상호 작용을 [없음] 아이콘(🚫)을 클릭하여 해제 설정(🚫)
❺ [상호 작용 편집](📊) 클릭하여 설정 활성 해제

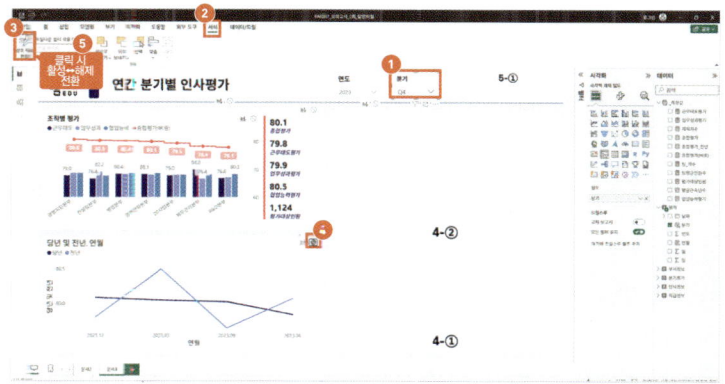

(4) 꺾은선형 [X축] 정렬 설정

❶ 차트의 오른쪽 상단 추가메뉴(…) 클릭
❷ [축 정렬] 선택
❸ [연월] 클릭하여 기준 설정
❹ '❶~❷'단계를 반복하여 [오름차순 정렬] 클릭 설정

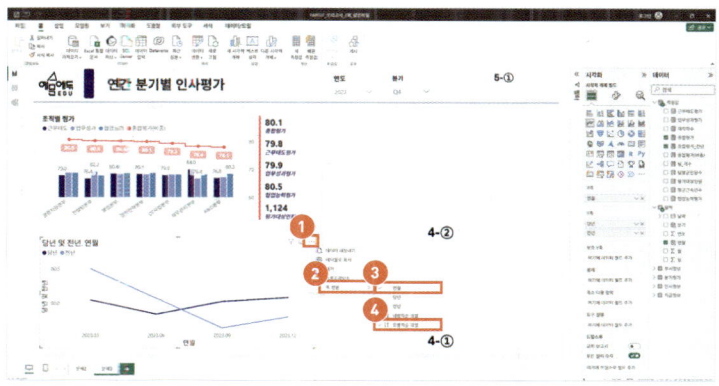

③ 다음 조건으로 꺾은선형 차트의 각 요소에 대한 서식을 지정하시오. [4점]
- ▶ 차트 제목 : "종합평가 분기별 추이"
  - 글꼴 크기 '12', '굵게'
- ▶ 서식 지정
  - X축, Y축 : 제목 제거
  - 선 및 표식 : 스트로크 너비 '1', 선 색 [당년] '테마 색2', [전년] '테마 색6' 지정, 표식 사용
  - 데이터 레이블 사용
- ▶ [당년], [전년] 평균선 추가
  - 평균선 이름 : 계열 [당년] '당년평균', [전년] '전년평균'
    • 계열 [당년] : 선 색 '테마 색2' 지정
    • 계열 [전년] : 선 색 '테마 색6' 지정
  - 데이터 레이블 사용
    • 계열 [당년] : 위치 '오른쪽', '위', 스타일 '모두', 색 '테마 색2' 지정
    • 계열 [전년] : 위치 '오른쪽', '아래', 스타일 '모두', 색 '테마 색6' 지정

문제 3-3-③ 풀이

(1) 차트 제목 설정

❶ [시각화 창]의 [시각적 개체 서식 지정] (🖌) 클릭
❷ [일반] 탭 선택
❸ [제목] 탭 선택 확장
❹ [제목]의 텍스트에 "종합평가 분기별 추이" 입력
❺ [제목] 서식 지정
• 글꼴 크기 '12', '굵게' 설정

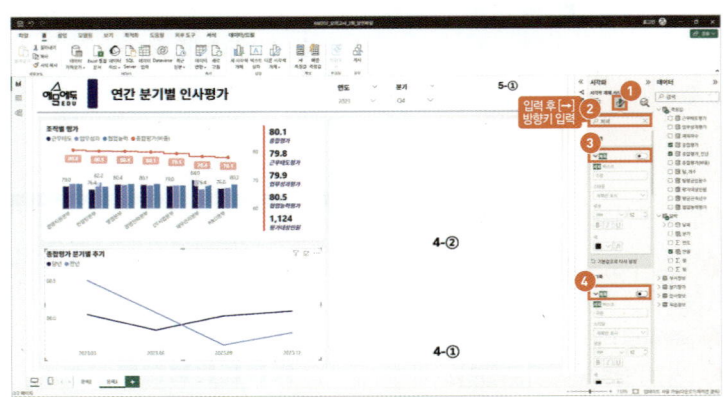

(2) [X, Y축] 제목 제거

❶ [시각적 개체] 탭 선택
❷ [검색창]에 "제목" 입력 후 [→(방향키)]
❸ [X축] 제목 체크 해제
❹ [Y축] 제목 체크 해제

(3) 선, 표식 및 레이블 서식 설정

❶ [시각적 개체] 탭 선택
❷ [선] 탭 선택 확장
❸ [도형] 선택 확장
❹ [스트로크 너비]를 '1' 설정
❺ [색] 선택 확장
❻ [전년] 색을 [테마 색6] 설정
❼ [당년] 색을 [테마 색2] 설정
❽ [표식] 사용 체크
❾ [데이터 레이블] 사용 체크

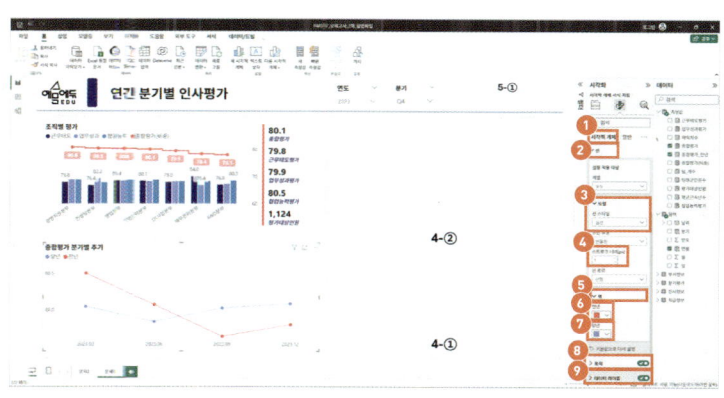

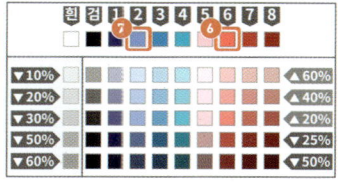

(4) [당년] 및 [전년] 평균선 추가

❶ [시각화 창]의 [시각적 개체에 추가 분석 추가](🔍) 클릭
❷ [평균 선] 선택 확장
❸ [+ 선 추가] 2번 클릭 평균선 2개 생성
❹ [평균 선1] 필드를 더블 클릭하여, "당년 평균"으로 레이블 변경
❺ [평균 선2] 필드를 더블 클릭하여, "전년 평균"으로 레이블 변경

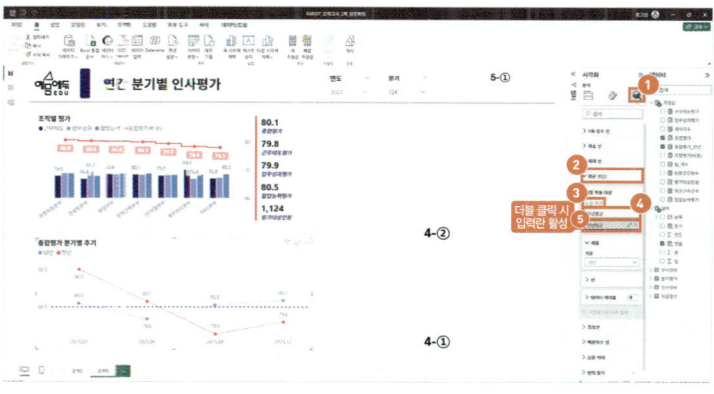

(5) [당년] 평균선 설정 및 서식

❶ [당년평균] 평균 선 선택
❷ [계열]을 '당년' 선택
❸ [선] 선택 확장
❹ [색]을 '테마 색2' 설정
❺ [데이터 레이블] 사용 체크
❻ [데이터 레이블] 서식 지정
• 가로 위치 : 오른쪽
• 세로 위치 : 위
• 스타일 '모두'
• 색 '테마 색2'

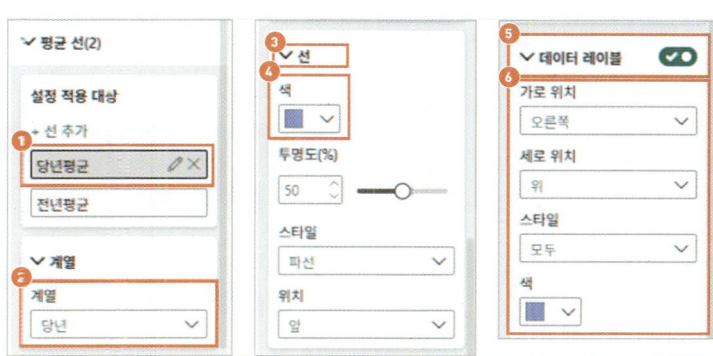

(6) [전년] 평균 선 설정 및 서식

❶ [전년평균] 평균 선 선택
❷ [계열]을 '전년' 선택
❸ [선] 선택 확장
❹ [색]을 '테마 색6' 설정
❺ [데이터 레이블] 사용 체크
❻ [데이터 레이블] 서식 지정
 • 가로 위치 : 오른쪽
 • 세로 위치 : 아래
 • 스타일 '모두'
 • 색 '테마 색6'

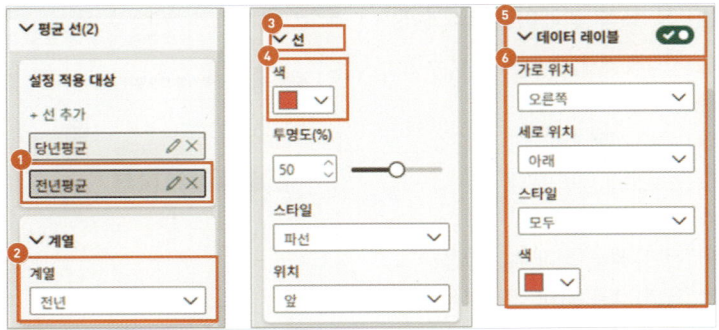

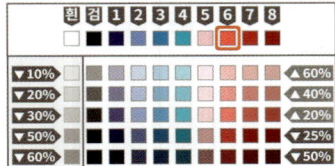

4 다음 지시사항에 따라 매개 변수 및 측정값을 추가하고 슬라이서와 폭포 차트를 구현하시오. [15점]

① 다음 조건으로 매개 변수를 추가하고 '문제 3' 페이지에 슬라이서를 구현하시오. [4점]
 ▶ 매개 변수 이름 : [분석차원]
  - 대상 필드
   • <인사정보> 테이블의 [근속년수구간] 필드
   • <직급정보> 테이블의 [직급명] 필드
   • <부서정보> 테이블의 [본부], [부서], [팀] 필드
  - 이 페이지에 슬라이서 추가 옵션 설정
 ▶ 매개 변수 필드 이름 변경 : [근속년수구간] → [근속년수], [직급명] → [직급]
 ▶ 슬라이서를 '4-①' 위치에 배치

문제 3-4-① 풀이

(1) 매개 변수 생성

❶ [리본 메뉴]의 [모델링] 탭 선택
❷ [새 매개 변수]( ) 클릭
❸ [필드] 선택
❹ [매개 변수 설정 창]의 [이름]에 "분석 차원" 입력
❺ <인사정보> 테이블의 [근속년수구간] 필드 선택
❻ <직급정보> 테이블의 [직급명] 필드 선택
❼ <부서정보> 테이블의 [본부], [부서], [팀] 필드를 순서대로 선택
❽ [이 페이지에 슬라이서 추가] 체크
❾ [만들기] 클릭

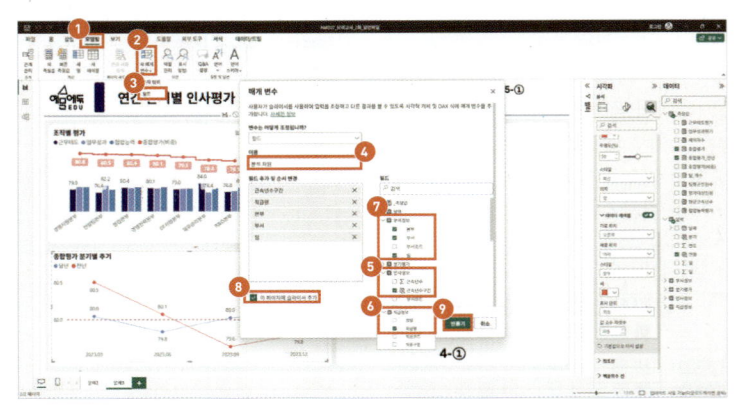

(2) 매개 변수 필드명 변경 및 배치

❶ [데이터 창]에서 <분석차원> 테이블 선택
❷ [수식 편집기]에서 수식 편집
  • '근속년수구간'을 "근속년수"로 변경
  • '직급명'을 '직급'으로 변경 후 [Enter]
❸ 슬라이서를 '4-①' 위치에 배치

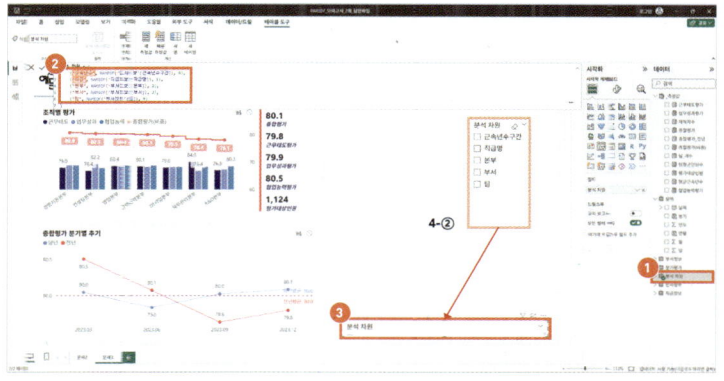

② 다음 조건으로 분석차원 슬라이서의 설정과 각 요소에 대한 서식을 지정하시오. [3점]
  ▶ 분석차원 슬라이서 설정
    - 슬라이서 스타일 : '타일'
    - 슬라이서의 선택 항목 중 한 가지의 항목만 선택할 수 있도록 설정
    - 슬라이서 머리글 제거
  ▶ 분석차원 슬라이서 서식
    - 값 : 글꼴 '굵게'
    - 테두리 : 테두리 위치 '위쪽', 색 '테마 색1', 선 두께 '4'
  ▶ 슬라이서 값 : '부서'로 필터

문제 3-4-② 풀이

(1) 분석차원 슬라이서 설정

❶ [시각화 창]의 [시각적 개체 서식 지정] (🖌️) 클릭
❷ [시각적 개체] 탭 선택
❸ [스타일]을 '타일'로 설정
❹ [선택] 탭 확장 후 '단일 선택' 체크
❺ [슬라이서 머리글] 체크 해제
❻ [값] 탭 선택 확장
❼ [값] 서식 '굵게' 설정

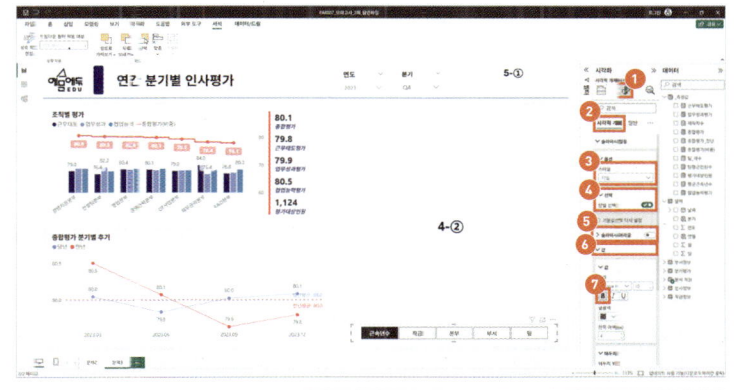

❽ [테두리] 선택 확장
❾ [테두리] 서식 지정
  • 테두리 위치 '위쪽' 체크
  • 색 '테마 색1' 설정
  • 선 두께 '4' 설정

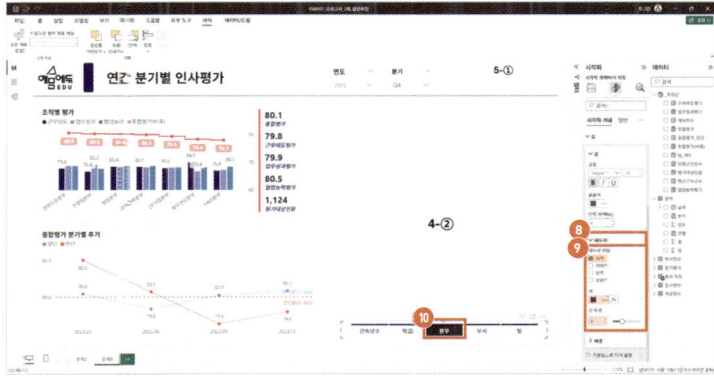

❿ 슬라이서의 값을 [부서]로 선택

③ 다음 조건으로 <_측정값> 테이블에 측정값을 추가하시오. [5점]

▶ 측정값 : 종합평가_전년2
 - 활용 필드 : <달력> 테이블의 [날짜] 필드, <_측정값> 테이블의 [종합평가] 측정값
 - 전년도의 [종합평가]를 반환
 - 사용 함수 : CALCULATE, SAMPERIODLASTYEAR
 - 서식 : '소수점 아래 1자리까지' 표시
▶ 측정값 : 종합평가_전년증감
 - 활용 필드 : <_측정값> 테이블의 [종합평가], [종합평가_전년2] 측정값
 - [종합평가]에서 [종합평가_전년2]를 뺀 값을 반환
 - 서식 : '소수점 아래 1자리까지' 표시
▶ 측정값 : 종합평가_전년증감률
 - 활용 필드 : <_측정값> 테이블의 [종합평가_전년증감], [종합평가_전년2] 측정값
 - 전년대비 금년도 [종합평가]의 증감 비율 반환
 - 사용 함수 : DIVIDE
 - 서식 : '백분율', '소수점 아래 1자리까지' 표시

문제 3-4-③ 풀이

(1) [종합평가_전년2] 측정값 생성 및 서식 지정

❶ [데이터 창]의 <_측정값> 테이블 우클릭
❷ [새 측정값] 선택

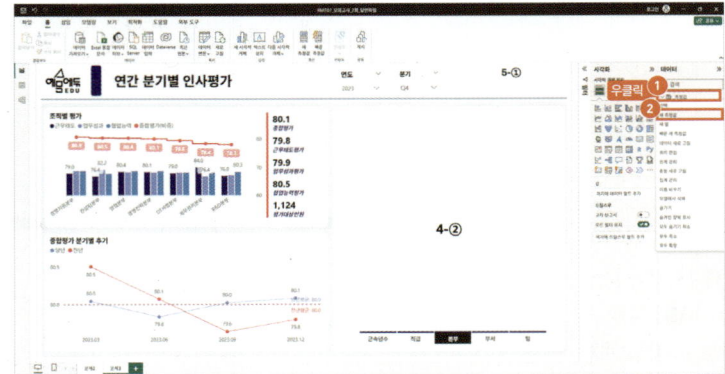

❸ [수식 편집기]의 박스에 수식 작성 후 [Enter]
❹ [측정 도구] 탭의 소수점 이하 자릿수 입력란(0)에 "1"을 입력

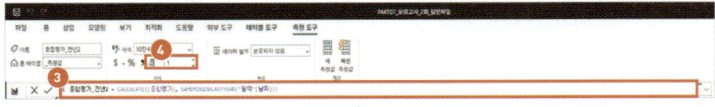

종합평가_전년2 = CALCULATE([종합평가], SAMEPERIODLASTYEAR('달력'[날짜]))

> **DAX 풀이**
> 이 수식은 <달력> 테이블의 [날짜] 필드를 기준으로 동일한 기간(날짜 범위)의 전년도 데이터를 가져와 [종합평가] 값을 계산한다.
> • [CALCULATE] 함수는 컨텍스트를 수정하여 동일한 기간의 전년도 데이터를 기반으로 [종합평가] 값을 계산
> • [SAMEPERIODLASTYEAR] 함수는 현재 컨텍스트의 날짜 범위에서 동일한 전년도 날짜 범위를 반환

사용 함수

- [CALCULATE] : 컨텍스트를 수정하여 식을 계산
  - 구문 : CALCULATE(<식>, <필터>, …)
- [SAMEPERIODLASTYEAR] : 현재 날짜 범위의 전년도 동일 기간을 반환
  - 구문 : SAMEPERIODLASTYEAR(<날짜 열>)

(2) [종합평가_전년증감] 측정값 생성 및 서식 지정

❶ [데이터 창]의 <_측정값> 테이블 우클릭
❷ [새 측정값] 선택

❸ [수식 편집기]의 박스에 수식 작성 후 [Enter]
❹ [측정 도구] 탭의 소수점 이하 자릿수 입력란()에 "1"을 입력

종합평가_전년증감 = [종합평가] - [종합평가_전년2]

DAX 풀이

이 수식은 [종합평가]에서 [종합평가_전년2] 값을 뺀 결과를 반환하며, 전년 대비 종합평가 점수의 증감을 계산한다.
- [종합평가]는 현재 연도의 평가 점수를 나타냄
- [종합평가_전년2]는 동일한 기간의 전년도 평가 점수를 나타냄
- 두 값의 차이를 계산하여 전년도 대비 증감 값을 반환

(3) [종합평가_전년증감] 측정값 생성 및 서식 지정

❶ [데이터 창]의 <_측정값> 테이블 우클릭
❷ [새 측정값] 선택

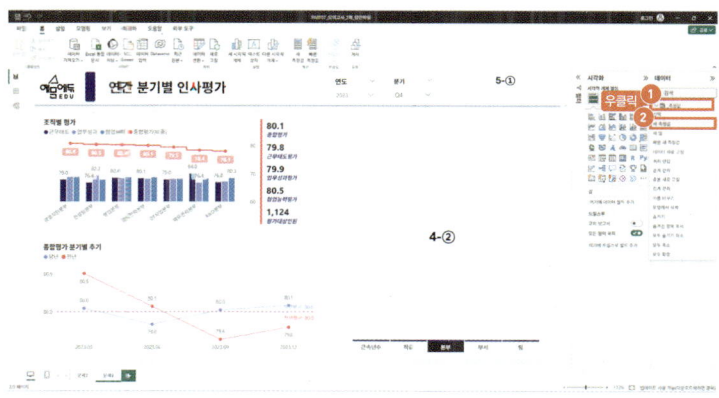

❸ [수식 편집기]의 박스에 수식 작성 후 [Enter]
❹ [측정 도구] 탭에서 백분율 설정 아이콘 (%) 클릭
❺ 천 단위 구분 기호(,) 클릭
❻ 소수점 이하 자릿수 입력란에 "1"을 입력

종합평가_전년증감률 = DIVIDE([종합평가_전년증감], [종합평가_전년2])

DAX 풀이

이 수식은 [종합평가_전년증감]값을 [종합평가_전년2]로 나누어 성장률을 계산한다.
- 분자 : [매출액_억] - [매출액_전년_억]은 매출액의 전년 대비 증감을 계산
- 분모 : [매출액_전년_억]은 전년 매출액으로, 성장률의 기준값이 됨
- [DIVIDE] 함수는 나눗셈 연산 중 분모가 0이거나 공백인 경우 오류를 방지하며 기본값 [BLANK() 또는 사용자 정의 값]을 반환

사용 함수

- [DIVIDE] : 두 값을 나누고 결과를 반환
  - 구문 : DIVIDE(<분자>, <분모>, [대체값])
- ※ [대체값](선택) : 분모가 0이거나 공백일 경우 반환할 값으로 기본값은 BLANK()이다.

---

④ 다음 조건으로 '문제 3' 페이지에 폭포 차트를 구현하시오. [4점]
▶ 활용 필드
  - <_측정값> 테이블의 [종합평가_전년증감] 측정값, [분석차원] 분석차원
▶ [매개 변수]에 따라 범주가 변경되도록 구현
▶ 차트 제목 : "종합평가 증감 분석"
  - 글꼴 크기 '12', '굵게'
▶ X축 제목, Y축 제목 및 값 제거
▶ 폭포 차트 서식
  - 열 : [증가] 색 '테마 색2' 지정, [총 열 표시] 해제
  - 데이터 레이블 사용
▶ 폭포 차트를 '4-②' 위치에 배치

문제 3-4-④ 풀이

(1) 차트 생성 및 빌드 요소 추가

❶ [시각화 창]의 [시각적 개체 빌드]에서 폭포 차트( ) 클릭
❷ 차트를 '3-①' 위치로 크기 조정 및 배치
❸ [범주]에 <분석차원> 테이블의 [분석차원] 매개 변수 필드를 드래그하여 추가
❹ [Y축]에 <_측정값> 테이블의 [종합평가_전년증감] 측정값을 추가

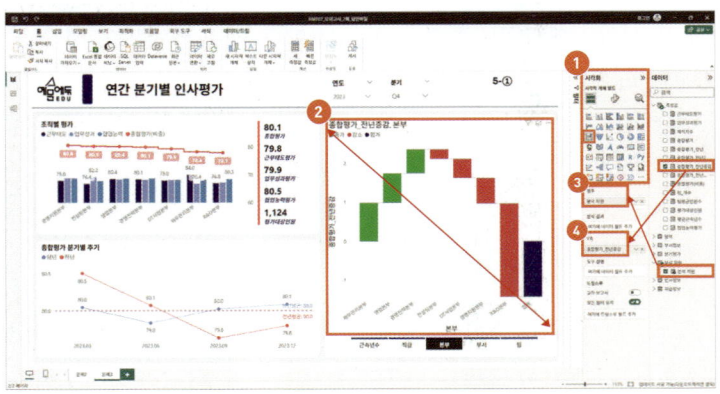

(2) 차트 제목 설정

❶ [시각화 창]의 [시각적 개체 서식 지정] (🔧) 클릭
❷ [일반] 탭 선택
❸ [제목] 탭 선택 확장
❹ [제목]에 "종합평가 증감 분석" 입력
❺ [글꼴] 서식 지정
• 크기 '12', '굵게' 설정

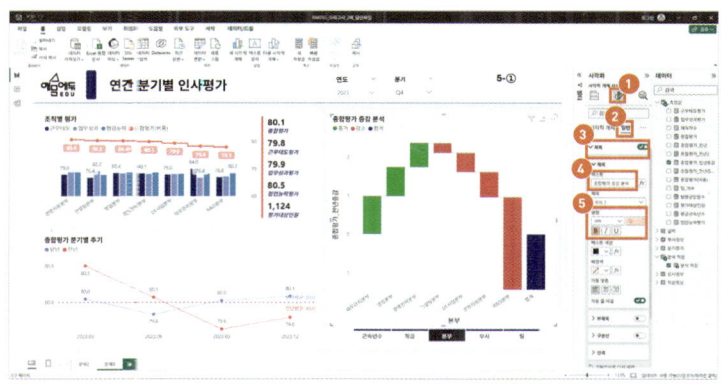

(3) X축 서식 설정

❶ [시각적 개체] 탭 선택
❷ [X축] 탭 선택 확장
❸ [제목]을 클릭하여 체크 해제

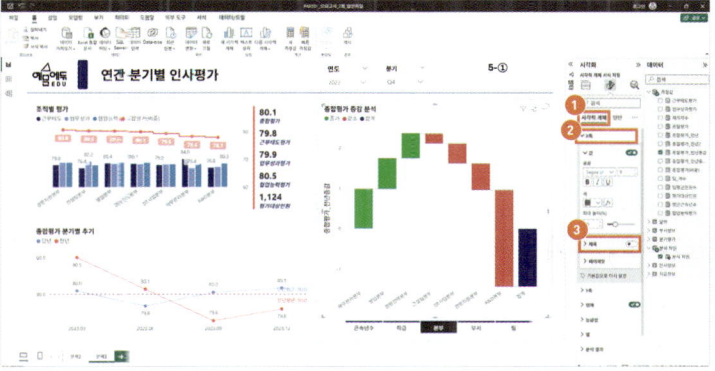

(4) Y축 서식 설정

❶ [Y축] 탭 선택 확장
❷ [값]을 클릭하여 체크 해제
❸ [제목]을 클릭하여 체크 해제

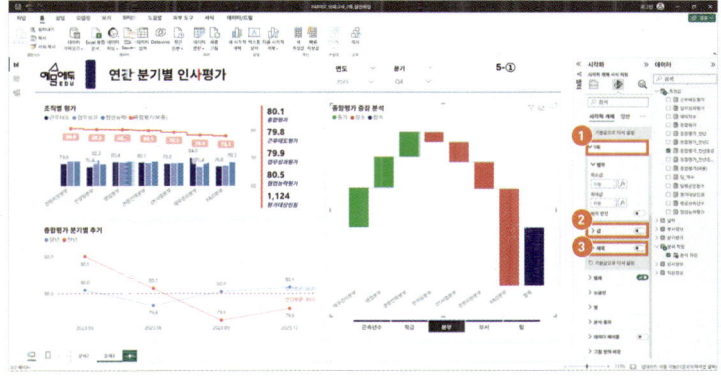

(5) 눈금선 및 열, 레이블 서식 설정

❶ [열] 선택 확장
❷ [증가]의 [색]을 '테마 색2' 지정

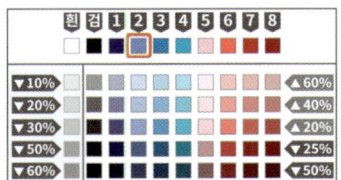

❸ [총 열 표시] 체크 해제
❹ [데이터 레이블] 사용 체크

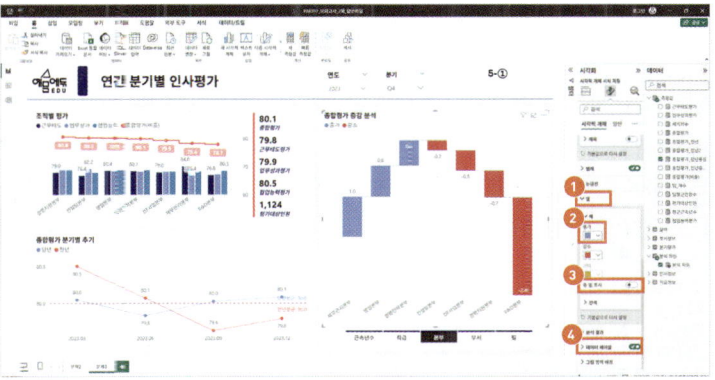

5 다음 지시사항에 따라 '문제 3' 페이지에 페이지 탐색기를 구현하고 개체 간 상호 기능을 설정하시오. [5점]

① 다음 조건으로 페이지 탐색기를 구현하시오. [3점]
▶ 도형 및 회전 : 도형 '둥근 탭, 양쪽 위', 도형 회전 '180'
▶ 스타일 설정
  - 테두리 설정 해제
  - 기본값 상태 : 채우기 색 '흰색, 10% 더 어둡게'
  - 선택한 상태 : 채우기 색 '테마 색1'
▶ 페이지 탐색기를 '5-①' 위치에 배치

문제 3-5-① 풀이

(1) 페이지 탐색기 생성 및 배치
❶ [리본 메뉴]의 [삽입] 탭 선택
❷ [단추]( ) 클릭
❸ 탐색기 > 클릭
❹ [페이지 탐색기] 선택
❺ 페이지 탐색기를 '5-①' 위치에 배치

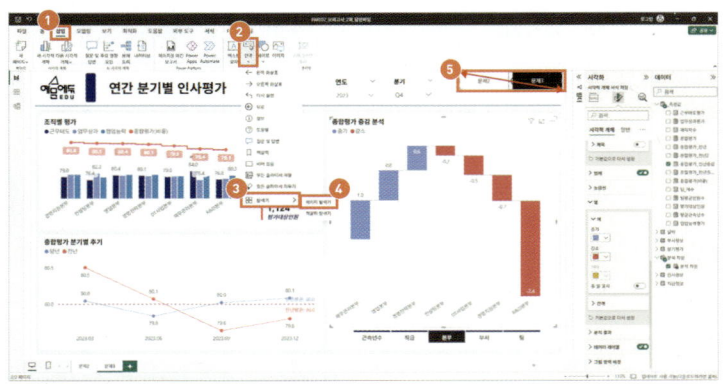

(2) 페이지 탐색기 서식 지정
❶ [서식] 창의 [시각적 개체] 탭 선택
❷ [도형] 탭 선택 확장
❸ [도형]을 '둥근 탭, 양쪽 위' 선택
❹ [도형 회전]을 '180' 설정

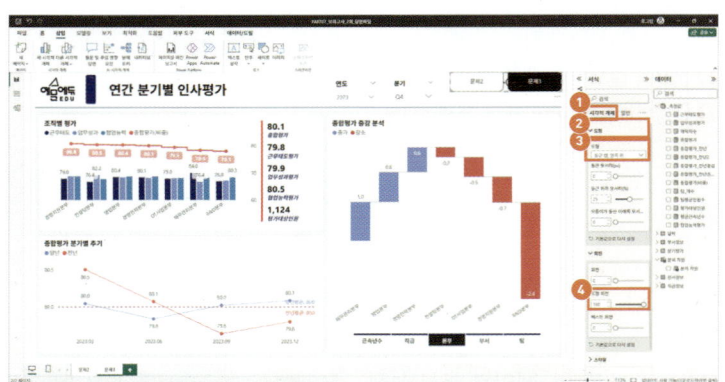

(3) 기본 상태 설정
❶ [스타일] 탭 선택 확장
❷ [설정 적용 대상]의 [상태] '기본값' 선택
❸ [채우기] 탭 선택 확장
❹ [색]을 '흰색, 10% 더 어둡게'로 설정

❺ [테두리] 체크 해제

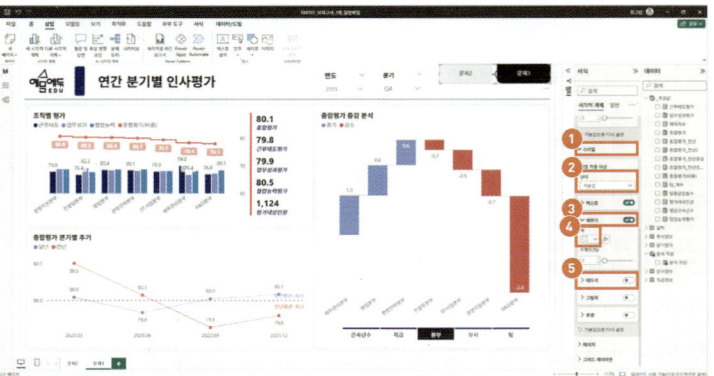

(4) 선택 상태 설정

❶ [설정 적용 대상]의 [상태] '선택한 상태' 선택
❷ [색]을 '테마 색1'로 설정

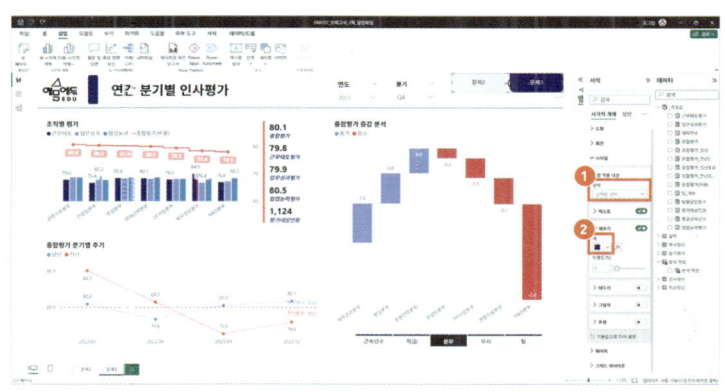

(5) 탐색기 배경 설정

❶ [일반] 탭 선택
❷ [효과] 선택 확장
❸ [배경] 사용 설정

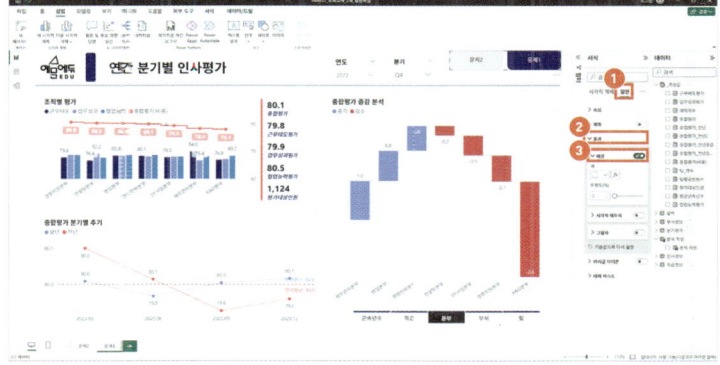

② 다음과 같이 시각적 개체의 상호 작용을 설정하시오. [2점]

▶ 꺾은선형 차트 : 꺾은선형 및 묶은 세로형 차트, 여러 행 카드, 폭포 차트와 상호 작용 '없음'

문제 3-5-② 풀이

(1) 개체 상호 작용 설정

❶ 꺾은선형 차트 선택
❷ [리본 메뉴]의 [서식] 탭 선택
❸ [상호 작용 편집](상호 작용 편집) 클릭
❹ 꺾은선형 및 묶은 세로형 차트의 [없음](⊘)을 클릭하여 상호 작용 해제(⊘) 설정
❺ 여러 행 카드의 [없음](⊘)을 클릭하여 상호 작용 해제(⊘) 설정
❻ 폭포 차트의 [없음](⊘)을 클릭하여 상호 작용 해제(⊘) 설정

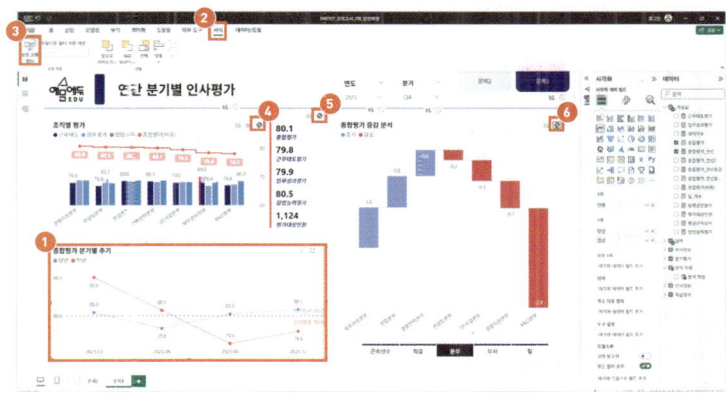

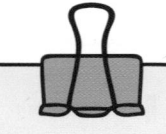

CHAPTER 05

모의고사 3회

문제 및 데이터 안내

1. 최종 제출해야 할 답안 파일은 1개입니다. 문제 1, 문제 2, 문제 3의 답을 하나의 답안 파일(.pbix)로 제출하십시오.
2. 문제 1, 문제 2, 문제 3은 각각 독립적으로 구성되어 있어 앞 문제를 풀지 않아도 다음 문제풀이가 가능합니다.
3. 문제 2와 문제 3 풀이를 위해 필요한 일부 측정값, 필터가 답안 파일에 미리 적용되어 있을 수 있습니다. 지시사항에 제시되지 않은 것은 변경하지 마십시오.
4. 하위문제(①, ②, ③)별로 점수가 부여되며, 하위문제의 지시사항(▶ 또는 - 표시)을 이행하지 않을 경우 점수가 부여되지 않습니다.
5. 이 시험을 위한 데이터 파일은 2개이며, 문제 1을 위한 데이터와 문제 2, 3의 데이터가 구분됩니다.

   가. 문제 1 풀이에는 '서울지역_출생데이터.xlsx'를 사용하십시오.

파일명	서울지역_출생데이터.xlsx													
테이블	구조													
지역구분	권역구분				자치구					자치구코드				
	도심부				종로구					11010				
2021년	년도	자치구코드	성별	01	02	03	04	05	06	07	08	09	10	11	12	총합계
	2021	11680	합계	00	00	00	00	00	00	00	00	00	00	00	00	00
2022년	년도	자치구코드	성별	01	02	03	04	05	06	07	08	09	10	11	12	총합계
	2022	11680	합계	00	00	00	00	00	00	00	00	00	00	00	00	00

   나. 문제 2와 문제 3의 풀이에는 '손익계산서.xlsx'를 사용하십시오.

파일명	손익계산서.xlsx									
테이블	구조									
부서정보	부서코드		부서명		부서명_약			본부분류		
	DIV001		영업1사업부		영업1			제1본부		
손익항목	항목코드	분류코드	손익항목	항목순서	항목표시명	항목표시_요약	요약순서	항목분류	분류순서	표시레벨
	A010001	A01	매출액	1	1.매출액	1.매출액	1	매출액	1	1
계획	년월		부서코드		항목코드		계획		기준일	
	202201		DIV001		A010001		6,536,384,164		2022-01-31	
실적	년월		부서코드		항목코드		실적		기준일	
	202201		DIV001		A010001		6,536,384,164		2022-01-31	

문제 1) 작업준비 30점

1. 답안 파일을 열고, 다음의 지시사항에 따라 데이터 가져오기 및 데이터 편집을 수행하시오. [10점]

① 데이터 파일을 가져온 후 파워쿼리 편집기를 통해 데이터를 편집하시오. **[4점]**
  ▶ 가져올 데이터 : '서울지역_출생데이터.xlsx' 파일의 <2021년>, <2022년>, <지역정보> 테이블
    - 첫 행을 머리글로 사용
  ▶ <2021년>, <2022년>, <지역정보> 테이블의 [자치구코드] 필드의 데이터 형식을 '텍스트'로 변경

② 파워쿼리 편집기를 통해 <서울지역출생정보> 테이블을 생성하고 편집하시오. **[4점]**
  ▶ 쿼리 추가 기능 사용
    - 연결할 테이블 : <2021년>, <2022년>
    - 새 쿼리로 추가 옵션 선택
    - 결과 테이블 이름 : <서울지역출생정보>
  ▶ [총합계] 필드 제거
  ▶ <2021년>, <2022년> 테이블의 로드 해제

③ 파워쿼리 편집기를 통해 <서울지역출생정보> 테이블의 데이터를 변환하시오. **[3점]**
  ▶ 피벗 해제 기능 사용
  ▶ 변환 작업
    - [년도], [자치구코드], [성별] 필드를 제외한 나머지 열을 피벗 해제
    - [특성] 필드명 및 데이터 형식 변경 : 필드명 '월', 데이터 형식 '정수'

2. 다음 지시사항에 따라 데이터 편집 및 새 테이블을 추가하시오. [10점]

① 파워쿼리 편집기를 통해 <서울지역출생정보> 테이블에 <지역구분> 테이블의 필드를 추가하시오. **[4점]**
  ▶ 쿼리 병합 기능 사용
    - <서울지역출생정보> 테이블의 [자치구코드]와 <지역구분> 테이블의 [자치구] 필드를 기준으로 병합
    - 조인 종류 : 왼쪽 외부
    - 병합 결과에서 권역구분, [자치구] 필드를 추가
  ▶ <지역구분> 테이블의 로드 해제

② 파워쿼리 편집기를 통해 <서울지역출생정보> 테이블의 데이터를 변환하시오. **[3점]**
  ▶ 피벗 기능 사용
  ▶ 변환 작업
    - [성별] 필드를 기준으로 피벗
    - 값 열 : [값] 필드
  ▶ [남자], [여자] 필드명 변경
    - [남자] → '남', [여자] → '여'

③ 다음 조건으로 새 테이블을 추가하시오. **[3점]**
- ▶ 테이블 이름 : <DimDate>
  - 필드 : [Date], [년], [반기], [분기], [월] 필드 구성
  - 사용 함수 : ADDCOLUMNS, CALENDAR, YEAR, MONTH, QUARTER, IF
  - [Date] 필드의 시작일 : 2022-01-01
  - [Date] 필드의 종료일 : 2023-12-31
  - 연도, [월], [분기] 필드 : [Date] 필드 기준으로 값 표시
  - [반기] 필드 : [Date] 필드의 월을 기준으로 '7' 미만이면 '상반기', 그 외의 경우 '하반기' 표시
- ▶ [Date] 필드 서식 : 'YYYY-MM-DD' 형식으로 표시되도록 적용

3. 다음 지시사항에 따라 계산 열을 추가하고 데이터 모델링 작업을 수행하시오. [10점]

① 다음 조건으로 <서울지역출생정보> 테이블에 [집계기준일] 필드를 추가하시오. **[3점]**
- ▶ 계산 열 이름 : [집계기준일]
  - 활용 필드 : <서울지역출생정보> 테이블의 [년도], [월] 필드
  - [년도], [월] 필드를 기준으로 매월 1일을 생성한 후 각 해당월의 마지막 날짜를 반환
  - 사용 함수 : DATE, EOMONTH
- ▶ [Date] 필드 서식 : 'YYYY-MM-DD' 형식으로 표시되도록 적용

② 다음 조건으로 <서울지역출생정보> 테이블에 [월별순위] 필드를 추가하시오. **[4점]**
- ▶ 계산 열 이름 : [월별순위]
  - 활용 필드 : <서울지역출생정보> 테이블의 [년도], [월], [합계] 필드
  - 각 연월별로 출생자수 합계가 높은 순서대로 순위를 반환
  - 사용 함수 : RANKX, FILTER, ALL, EARLIER
  - 동률일 경우, 같은 순위를 부여하고 다음 순위는 동률인 항목만큼 순위를 건너뛴 후 순위 부여

③ <DimDate>와 <서울지역출생정보> 테이블 간의 관계를 설정하시오. **[3점]**
- ▶ 활용 필드 : <DimDate> 테이블의 [Date] 필드, <서울지역출생정보> 테이블의 [집계기준일] 필드
- ▶ 기준(시작) 테이블 : <DimDate> 테이블
- ▶ 카디널리티 : '다대일(* : 1)' 관계
- ▶ 크로스 필터 방향 : '단일'

문제 2 단순요소 구현 [30점]

〈시각화 완성화면〉 각 세부문제 풀이 후 '문제 2' 페이지에 아래와 같이 개체를 배치하시오.

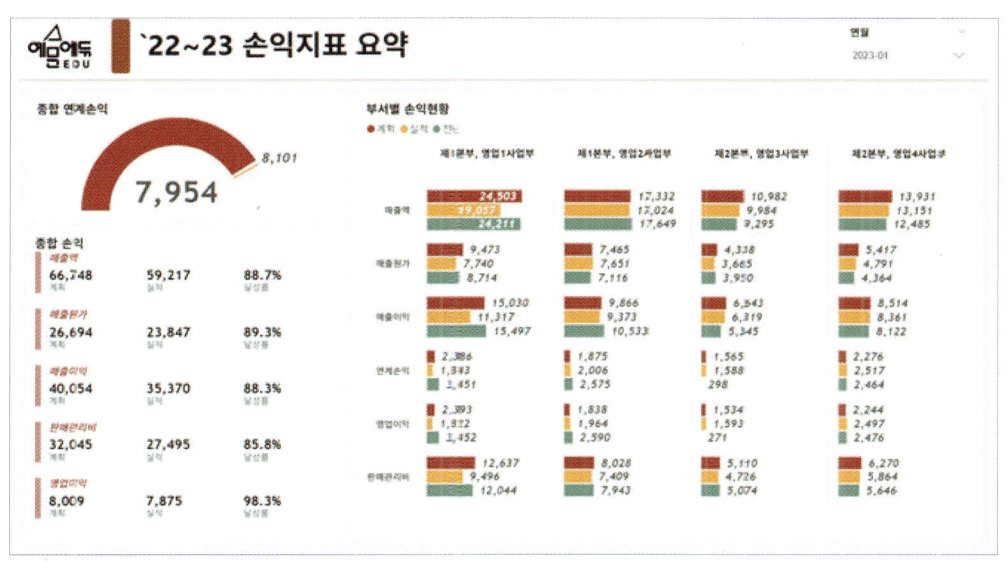

※ 계산식 작성에 사용되는 문자열은 큰따옴표("")를 사용하여 작성하시오.

1. '문제 2', '문제 3' 보고서의 전체 서식을 아래 지시사항에 따라 설정하시오. [5점]

① '문제 2'와 '문제 3' 페이지의 캔버스 배경을 설정하고 보고서 전체의 테마를 설정한 후 테마 사용자 지정 기능을 사용하여 설정을 변경하시오. [3점]

   ▶ 배경 이미지
      - '문제 2' 페이지 : '모의2_문제 2_배경.png'
      - '문제 3' 페이지 : '모의3_문제 3_배경.png'
   ▶ 캔버스 배경 설정
      - 이미지 맞춤 : '맞춤', 투명도 '0%'
   ▶ 보고서 테마 : '확산'
      - 이름 및 색의 테마 색 변경 : 테마 색2 '#F9A400'
      - 시각적 개체 배경 색 변경 : '#FFFFFF'

② 텍스트 상자를 사용하여 '문제 2' 페이지에 보고서 제목을 작성하시오. [2점]

   ▶ 제목 : "'22~23 손익 요약"
      - 제목 서식 : 글꼴 'Segoe UI', 글꼴 크기 '28', '굵게', '왼쪽'
   ▶ 텍스트 상자를 '1-②' 위치에 배치

2. 다음 지시사항에 따라 슬라이서와 카드를 구현하시오. [5점]

① 다음 조건으로 '문제 2' 페이지에 슬라이서를 구현하시오. [2점]
- ▶ 활용 필드 : <달력> 테이블의 [연월] 필드
- ▶ 슬라이서 설정
  - 슬라이서 스타일 : '드롭다운'
  - 슬라이서의 선택 항목 중 한 가지의 항목만 선택할 수 있도록 설정
- ▶ 슬라이서 서식
  - 머리글 : 글꼴 크기 '10', '굵게'
  - 값 : 글꼴 크기 '10'
- ▶ 슬라이서 값 : '2023-01' 필터 적용
- ▶ 슬라이서를 '2-①' 위치에 배치

② 다음 조건으로 '문제 2' 페이지에 여러 행 카드를 구현하시오. [3점]
- ▶ 활용 필드 및 표시 단위
  - <손익항목> 테이블의 [손익항목] 필드
  - <_측정값> 테이블의 [계획], [실적], [달성률] 측정값
- ▶ 차트 제목 : "종합 손익", 글꼴 크기 '12', '굵게'
- ▶ 카드 서식
  - 설명값 : 글꼴 크기 '13', '굵게'
  - 범주 레이블 : 글꼴 크기 '9'
  - 카드 제목 : 글꼴 크기 '10', '굵게', '기울임꼴'
  - 악센트 바 : 색 '테마 색1, 40% 더 밝게', 너비 '8'
- ▶ 여러 행 카드에 <손익항목>의 [표시레벨]이 '1'인 항목 표시, [손익항목]이 '연계손익'인 항목을 제외하고 표시
- ▶ 카드를 '2-②' 위치에 배치

3. 다음 지시사항에 따라 계기 차트를 구현하시오. [10점]

① 다음 조건으로 '문제 2' 페이지에 계기 차트를 구현하시오. [4점]
- ▶ 활용 필드
  - <_측정값> 테이블의 [실적] 측정값
- ▶ 게이지 축 설정
  - 최대값 : <_측정값> 테이블의 [계획_축] 측정값
  - 대상 : <_측정값> 테이블의 [계획] 측정값
- ▶ 도구 설명에 <_측정값> 테이블의 [달성률]이 표시되도록 추가
- ▶ 계기 차트를 '3-①' 위치에 배치

② 다음과 같이 계기 차트의 각 요소에 대한 서식을 지정하시오. [4점]
- ▶ 차트 제목 : "종합 연계손익"
  - 제목 서식 : 글꼴 'Trebuchet MS', 크기 '12', '굵게'

- ▶ 데이터 레이블 제거
- ▶ 목표 레이블 : 크기 '13', '굵게', '기울임꼴'
- ▶ 설명 값 : 글꼴 'Trebuchet MS', '굵게'

③ 계기 차트를 <손익항목>의 [손익항목]이 '연계손익'인 항목만 표시하시오. **[2점]**

4. 다음 지시사항에 따라 묶은 가로 막대형 차트를 구현하시오. [10점]

① 다음 조건으로 '문제 2' 페이지에 묶은 가로 막대형 차트를 구현하시오. **[4점]**
- ▶ 활용 필드
  - <손익항목> 테이블의 [항목분류] 필드
  - <부서정보> 테이블의 [본부], [부서명] 필드
  - <_측정값> 테이블의 [계획], [실적], [실적_전년] 측정값
- ▶ 활용 필드 이름 변경 : [실적_전년] → "전년"
- ▶ 축소 다중 항목을 <부서정보> 테이블의 [본부], [부서명] 순서로 표시되도록 추가
- ▶ 도구 설명에 <_측정값> 테이블의 [달성률]이 표시되도록 추가
- ▶ 묶은 가로 막대형 차트를 '4-①' 위치에 배치

② 다음과 같이 묶은 가로 막대형 차트의 각 요소에 대한 서식을 적용하시오. **[4점]**
- ▶ 차트 제목 : "부서별 손익현황"
  - 제목 서식 : 글꼴 'Trebuchet MS', 크기 '12', '굵게'
- ▶ X, Y축 : Y축 제목 제거, X축 제목과 값 제거
- ▶ 축소 다중 항목 서식
  - 레이아웃 : 행 '1', 열 '4'
  - 테두리 : 선 색 '흰색, 20% 더 어둡게'
  - 제목 : 글꼴 크기 '10', '굵게', 맞춤 '가운데'
- ▶ 막대 서식
  - 테두리 사용 : 색 '흰색' 지정
  - '전년'의 색을 '테마 색8, 40% 더 밝게' 지정
- ▶ 데이터 레이블
  - 글꼴 크기 '11', '굵게', '기울임꼴' 표시 단위 '없음'

③ 묶은 가로 막대형 차트를 <손익항목>의 [표시레벨]이 '2'보다 작은 항목으로만 표시하시오. **[2점]**

문제 3 복합요소 구현 [40점]

〈시각화 완성화면〉 각 세부문제 풀이 후 '문제 3' 페이지에 아래와 같이 개체를 배치하시오.

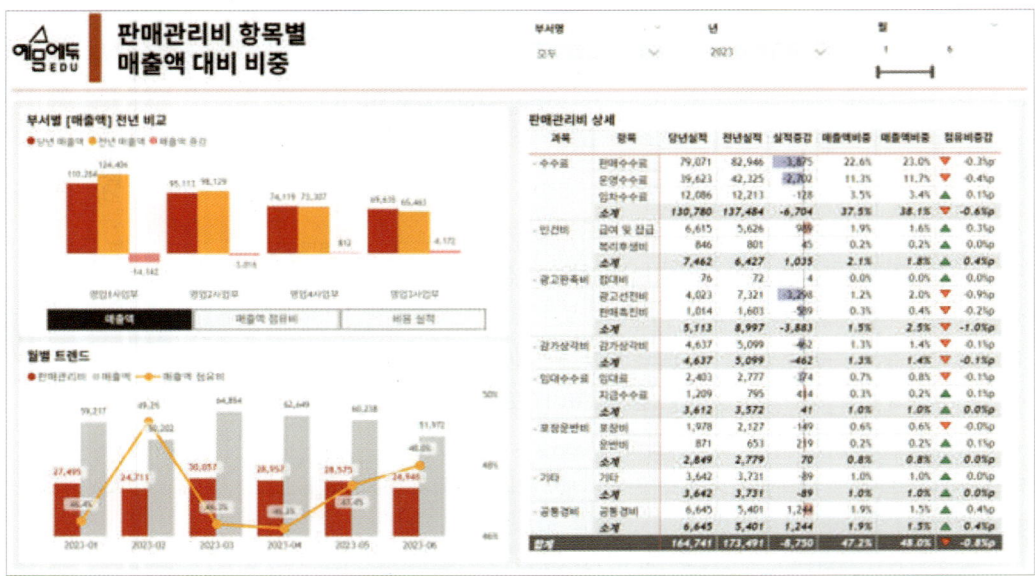

※ 계산식 작성에 사용되는 문자열은 큰따옴표("")를 사용하여 작성하시오.

1. 다음 지시사항에 따라 페이지 필터를 적용하고 슬라이서를 구현하시오. [5점]

① 다음 조건으로 '문제 3' 페이지에 페이지 필터를 적용하시오. [2점]
- ▶ 활용 필드 : 〈손익항목〉 테이블의 [항목분류], [표시레벨] 필드
- ▶ 적용 조건
  - 항목분류 : '기본 필터링', '판매관리비' 항목만 표시
  - 표시레벨 : '기본 필터링', '2'인 항목만 표시

② 다음 조건으로 '문제 3' 페이지에 [부서], [년], [월] 슬라이서를 구현하시오. [3점]
- ▶ 활용 필드
  - 〈부서정보〉 테이블의 [부서명] 필드
  - 〈달력〉 테이블의 [년], [월] 필드
- ▶ 슬라이서 설정
  - 부서 슬라이서 : 스타일 '드롭다운', '모두 선택' 표시
  - 년 슬라이서 : 스타일 '드롭다운', '단일 항목' 선택
  - 월 슬라이서 : 스타일 '사이', '반응형' 해제
- ▶ 슬라이서 서식
  - 슬라이서 머리글 : 크기 '10', '굵게'

- 슬라이서 값 서식
    - 부서, 년 슬라이서 : 글꼴 크기 '10'
    - 월 슬라이서 : 글꼴 크기 '9'
- ▶ 슬라이서 값 설정
    - 부서 '모두' 필터 적용, 년 '2023' 필터 적용, 월 '1~6' 필터 적용
- ▶ 부서 슬라이서를 '1-①', 년 슬라이서를 '1-②', 월 슬라이서를 '1-③' 위치에 배치

2. 다음 지시사항에 따라 꺾은선형 및 묶은 세로 막대형 차트를 구현하시오. [10점]

① 다음 조건으로 <_측정값> 테이블에 측정값을 추가하시오. [3점]
- ▶ 측정값 : 매출액
    - 활용 필드
        - <실적> 테이블의 [실적(백만)] 필드
        - <손익항목> 테이블의 [손익항목] 필드
    - [손익항목] 필드에서 값이 "매출액"인 데이터만 필터링하여 [실적(백만)] 필드의 합계를 계산
    - 사용 함수 : CALCULATE, SUM, FILTER, ALL
    - 서식 : '천단위 구분 기호', '소수점 아래 0자리까지' 표시
- ▶ 측정값 : 매출액_비중
    - 활용 필드 : <_측정값> 테이블의 [매출액], [실적] 필드
    - [실적]을 [매출액]으로 나눈 값을 계산하여 개출액 대비 비율 반환
    - 사용 함수 : DIVIDE
    - 서식 : '백분율 형식', 소수점 아라 1자리까지 표시

② 다음 조건으로 '문제 3' 페이지에 꺾은선형 및 묶은 세로 막대형 차트를 구현하시오. [3점]
- ▶ 활용 필드
    - <달력> 테이블의 [연월] 필드
    - <_측정값> 테이블의 [실적], [매출액], [매출액_비중]
- ▶ 레이블명 변경
    - [실적] → "판매관리비", [매출액_비중] → "매출액 비중"
- ▶ X축 설정 : [연월]기준 '오름차순 존렬'
- ▶ 꺾은선형 및 묶은 세로 막대형 차트를 '2-①' 의치에 배치

③ 다음 조건으로 꺾은선형 및 묶은 세로 막대형 차트의 각 요소에 대한 서식을 지정하시오. [4점]
- ▶ 차트 제목 : "월별 트렌드"
    - 글꼴 크기 '12', '굵게'
- ▶ 서식 설정
    - X축 : 제목 제거
    - Y축 : 제목과 값 제거
    - 열 : [매출액] 계열의 색을 '흰색, 20% 더 어둡게'로 지정

- 선 및 표식 : [매출액 비중]의 선 색 '테마 색2' 지정, 표식 크기 '7'
- 데이터 레이블
    • 표시 단위 '없음', 글꼴 크기 '8'
    • [판매관리비] 계열의 값 색 '테마 색1', '굵게'

3. 다음 지시사항에 따라 행렬 차트를 구현하시오. [15점]

① 다음 조건으로 <_측정값> 테이블에 측정값을 추가하시오. [4점]
  ▶ 측정값 : 실적_증감
    - 활용 필드 : <_측정값> 테이블의 [매출액 비중] 측정값
    - [매출액]에서 [매출액_전년]을 빼서 전년대비 증감 값을 반환
    - 서식 : '천단위 구분 기호', '소수점 아래 0자리'까지 표시
  ▶ 측정값 : 매출액_비중_전년
    - 활용 필드 : '달력' 테이블의 [날짜] 필드, <_측정값> 테이블의 [매출액 비중] 측정값
    - 12개월 전의 [매출액 비중]을 반환
    - 사용 함수 : CALCULATE, DATEADD
    - 서식 : '백분율', '소수점 아래 1자리'까지 표시
  ▶ 측정값 : 매출액_비중_증감
    - 활용 필드 : <_측정값> 테이블의 [매출액 비중], [매출액 비중 전년] 측정값
    - [매출액 비중]에서 [매출액 비중 전년]을 빼서 전년대비 증감 값을 반환
    - 서식 : '사용자 지정 서식'을 사용
      • 양수일 경우 : '+0.0%p' 형태로 표시
      • 음수일 경우 : '-0.0%p' 형태로 표시
      • '0'일 경우 : ' -- '로 표시

② 다음 조건으로 '문제 3' 페이지에 행렬 차트를 구현하시오. [3점]
  ▶ 활용 필드
    - <손익항목> 테이블의 [항목표시_요약], [손익항목] 필드
    - <_측정값> 테이블의 [실적], [실적_전년], [실적_증감] 측정값
    - <_측정값> 테이블의 [매출액_비중], [매출액_비중_전년], [매출액_비중_증감] 측정값
  ▶ 레이블명 변경
    - [항목표시_요약] → "과목", [손익항목] → "항목"
    - [실적] → "당년실적", [실적_전년] → "전년실적", [실적증감] → "실적증감"
    - [매출액_비중] → "당년매출(%)"
    - [매출액_비중_전년] → "전년매출(%)"
    - [매출액_비중_증감] → "매출(%)증감"
  ▶ 행을 마지막 수준까지 확장하여 표시
  ▶ 행렬 차트를 '3-①' 위치에 배치

③ 다음과 같이 행렬 차트의 설정 및 각 요소에 대한 서식을 지정하시오. [4점]
- ▶ 차트 제목 : "판매관리비 상세"
  - 글꼴 크기 '12', '굵게'
- ▶ 서식 지정
  - 스타일 : '최소값'
  - 눈금 : 세로 눈금선 사용, 행 안쪽 여백 '2'
  - 값 : 배경색 및 다른 배경색을 '흰색'으로 지정
  - 열 머리글 : 텍스트 크기 '9', '굵기', 머리글 맞춤 '가운데' 설정
  - 행 머리글 : '+/- 아이콘 사용' 제거, '계단형 레이아웃' 제거
  - 행 소계
    • 배경색 '흰색, 10% 더 어둡게' 지정, 레이블에도 적용
    • '항목' 수준 부분합 레이블 "소계" 설정
  - 행 총합계 : '기울임꼴', 텍스트 색상 '흰색', 배경색 '검정, 40% 더 밝게', 레이블에도 적용

④ 행렬 차트에 조건부 서식을 적용하시오. [4점]
- ▶ 설정 적용 대상 : '실적증감'
  - '데이터 막대' 사용
  - 양수 막대 색 : '테마 색3, 40% 더 밝게'
  - 음수 막대 색 : '#B0B6E2'
- ▶ 설정 적용 대상 : '매출(%)증감'
  - '아이콘' 사용
  - 적용 대상 : '값 및 합계'
  - 서식 스타일 : 규칙
    • 규칙1 : '최소값'보다 크고 '0'보다 작으면 '▼(빨간색 아래쪽 세모)'
    • 규칙2 : '0'보다 크거나 같고 최대값보다 작거나 같으면 '▲(초록색 위쪽 세모)'

4. 다음 지시사항에 따라 매개 변수와 그룹을 구성하고 묶은 세로 막대형 차트를 추가하시오. [10점]

① 다음 조건으로 <_측정값> 테이블에 측정값과 매개 변수를 추가하고 그룹으로 구성하시오. [4점]
- ▶ 측정값 이름 : 매출액_전년
  - 활용 필드 : <달력> 테이블의 [날짜] 필드, <_측정값> 테이블의 [매출액] 측정값
  - [매출액]의 전년값 반환
  - 사용 함수 : CALCULATE, SAMPERIODLASTYEAR
  - 서식 : '천단위 구분 기호', '소수점 아래 0자리'까지 표시
- ▶ 측정값 이름 : 매출액_전년_증감
  - 활용 필드 : <_측정값> 테이블의 [매출액], [매출액_전년] 측정값
  - [매출액]에서 [매출액_전년]을 차감하여 전년대비 증감값 반환
  - 서식 : '천단위 구분 기호', '소수점 아래 0자리'까지 표시

▶ 매개 변수 이름 : [분석변수]

▶ 대상 필드 및 필드 이름 변경

테이블	대상필드	변경 레이블명
<_측정값>	[매출액_비중] 측정값	당년 점유비
	[매출액_비중_전년] 측정값	전년 점유비
	[매출액_비중_증감] 측정값	점유비 증감
	[실적] 측정값	당년 판관비
	[실적_전년] 측정값	전년 판관비
	[실적_증감] 측정값	판관비 증감
	[매출액] 측정값	당년 매출액
	[매출액_전년] 측정값	전년 매출액
	[매출액_전년증감] 측정값	매출액 증감

▶ 필드 그룹 이름 : [분석그룹]
- 활용 필드 : <분석변수> 매개 변수의 [분석변수] 필드
- 그룹명 및 구성필드
  • '매출액' : [당년 매출액], [전년 매출액], [매출액 증감]
  • '매출액 점유비' : [당년 점유비], [전년 매출액], [매출액 증감]
  • '판매관리비' : [당년 판관비], [전년 판관비], [판관비 증감]

② 다음 조건으로 '문제 3' 페이지에 매개 변수 슬라이서를 구현하시오. **[2점]**
▶ 활용 필드 : <분석변수> 테이블의 [분석그룹] 필드
▶ 슬라이서 설정
- 스타일 '타일', '단일 항목'만 선택되도록 설정
- 슬라이서 머리글 제거
▶ 슬라이서를 '4-①' 위치에 배치

③ 다음 조건으로 '문제 3' 페이지에 묶은 세로 막대형 차트를 구현하시오. **[4점]**
▶ 활용 필드
- <부서정보> 테이블의 [본부], [부서명] 필드
- <분석변수> 매개 변수의 [분석변수] 필드
▶ [매개 변수]에 따라 Y축이 변경되도록 구현
▶ 차트 제목 : "부서별 실적 전년 비교"
▶ 묶은 세로 막대형 차트 서식
- X축 제목, Y축 제목 및 값 제거
- 열 : 범주 사이의 간격(%) '6'
- 데이터 레이블 : 글꼴 크기 '8', 표시 단위 '없음'
▶ 묶은 세로 막대형 차트를 '4-②' 위치에 배치

CHAPTER **06**

모의고사 3회 풀이

SECTION 01	문제 1-작업준비
SECTION 02	문제 2-단순요소 구현
SECTION 03	문제 3-복합요소 구현

SECTION 01 문제 1-작업준비 [30점]

1 답안 파일을 열고, 다음의 지시사항에 따라 데이터 가져오기 및 데이터 편집을 수행하시오. [10점]

① 데이터 파일을 가져온 후 파워쿼리 편집기를 통해 데이터를 편집하시오. [4점]
  ▶ 가져올 데이터 : 서울지역_출생데이터.xlsx 파일의 <2021년>, <2022년>, <지역정보> 테이블
    - 첫 행을 머리글로 사용
  ▶ <2021년>, <2022년>, <지역정보> 테이블의 [자치구코드] 필드의 데이터 형식을 '텍스트'로 변경

문제 1-1-① 풀이

(1) 실습 파일 열기

❶ [파일] 탭
❷ [열기] 선택
❸ [이 장치 찾아보기] 클릭 > 'PART07_모의고사_3회_답안파일.pbix' 파일 열기

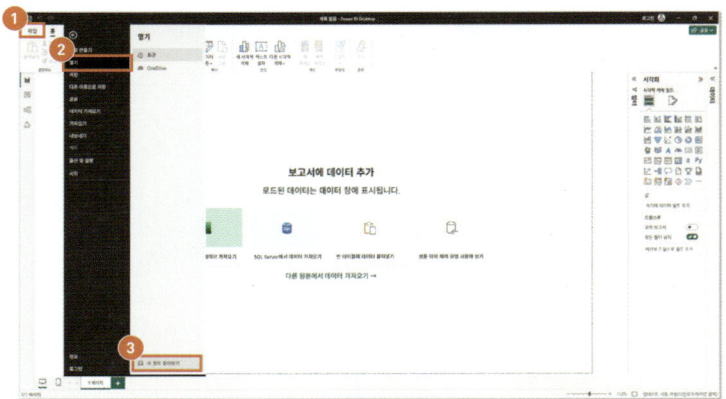

(2) 데이터 파일 열기

❶ [홈] 탭 선택
❷ [Excel 통합 문서]( ) 클릭
❸ '서울지역_출생데이터.xlsx' 파일 선택
❹ [열기] 클릭

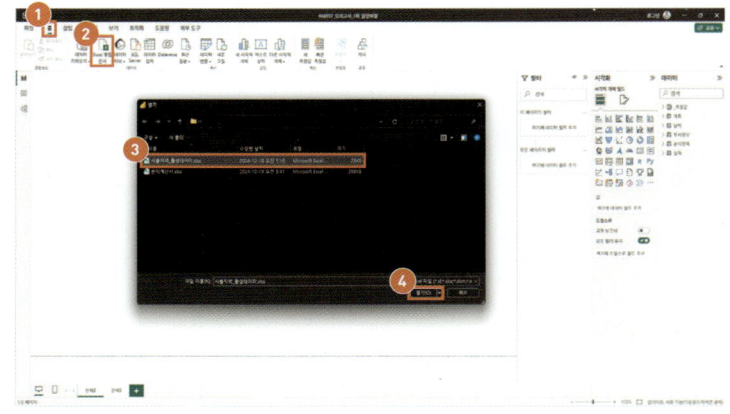

(3) 데이터 로드 및 파워쿼리 실행

❶ <2021년>, <2022년>, <지역정보> 테이블 체크
❷ [데이터 변환] 클릭

> **빠른 작업을 위한 TIP**
> 연속된 데이터를 선택할 경우 첫 번째 항목을 선택한 후 [Shift]를 누른 상태로 마지막 항목을 클릭하여 한 번에 선택할 수 있다.

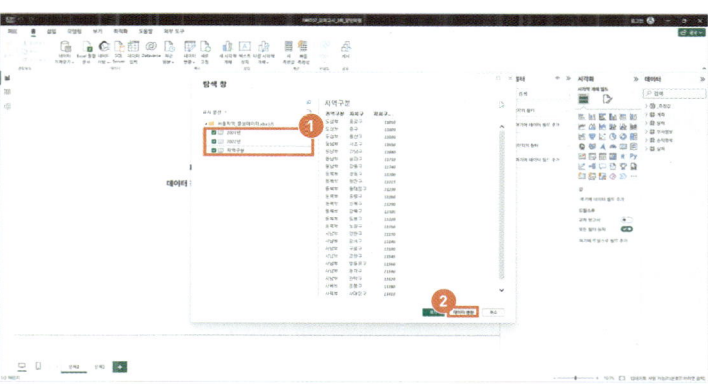

(4) 첫 행을 머리글로 사용

❶ <2021년> 테이블 선택
❷ [리본 메뉴]의 [홈] 탭 선택
❸ [첫 행을 머리글로 사용] 클릭
❹ <2022년> 테이블 선택
❺ [첫 행을 머리글로 사용] 클릭

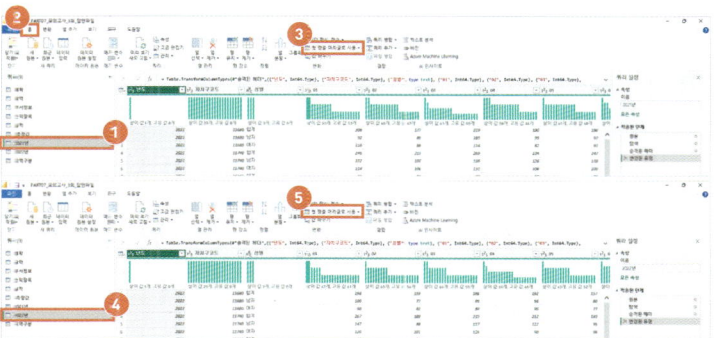

(5) 필드 데이터 형식 변경

❶ <2021년> 테이블 선택
❷ [자치구코드] 필드 머리글 우클릭
❸ [형식 변경]
❹ 데이터 형식 [텍스트] 선택
❺ [현재 전환 바꾸기] 선택

• <2022년>, <지역구분> 테이블의 [자치구코드] 필드 선택 후 동일한 작업을 반복한다.

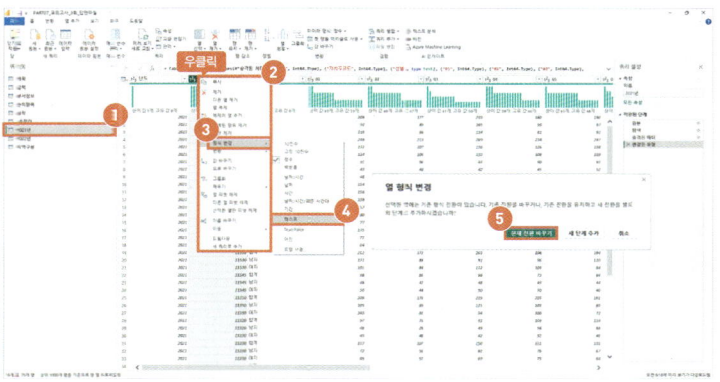

---

② 파워쿼리 편집기를 통해 <서울지역출생정보> 테이블을 생성하고 편집하시오. [4점]

▶ 쿼리 추가 기능 사용
  - 연결할 테이블 : <2021년>, <2022년>
  - 새 쿼리로 추가 옵션 선택
  - 결과 테이블 이름 : <서울지역출생정보>
▶ [총합계] 필드 제거
▶ <2021년>, <2022년> 테이블의 로드 해제

문제 1-1-② 풀이

(1) 쿼리 추가 실행

❶ <2021년> 테이블 선택
❷ [홈] 탭 선택
❸ [쿼리 추가 ▼]의 오른쪽 확장 아이콘 (▼) 클릭
❹ [쿼리를 새 항목으로 추가] 선택

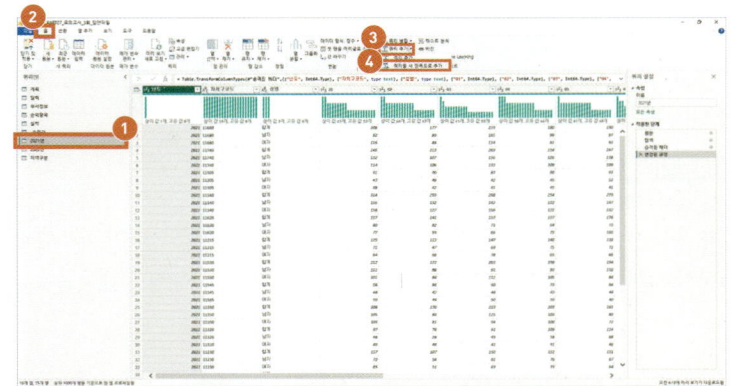

(2) 쿼리 추가 설정

❶ [2개의 테이블] 선택
❷ 두 번째 테이블을 <2022년> 선택
❸ [확인] 클릭

(3) 추가 테이블 이름 변경 및 [총합계] 필드 제거

❶ [쿼리 설정 창]의 [이름]에 "서울지역출생정보" 입력 후 [Enter]
❷ [총합계] 필드를 선택
❸ [Delete] 키 입력

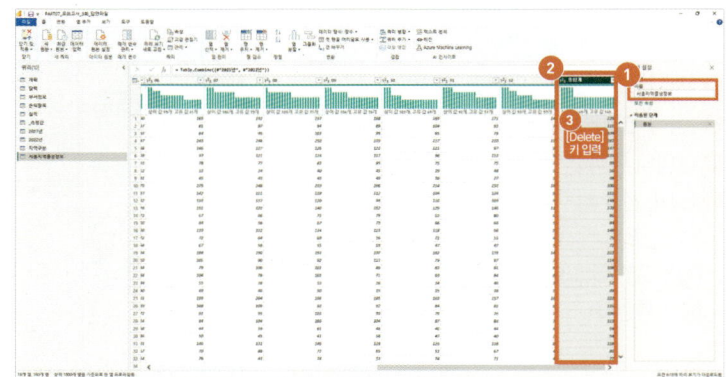

(4) <2021년>, <2022년> 테이블의 로드 해제

❶ <2021년> 테이블 우클릭
❷ [로드 사용] 클릭하여 체크 해제
❸ 경고 팝업 [계속] 클릭

> **참고**
> 이전의 실습 과정 중 [로드 사용] 해제를 진행했을 경우, '❸'의 경고 팝업이 나타나지 않고 [로드 사용] 해제 처리가 될 수 있다.

❹ <2021년> 테이블명이 '기울임꼴'로 변경된 것을 확인

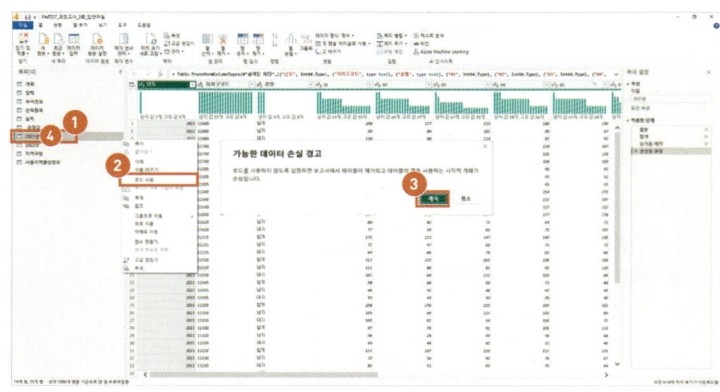

532 경영정보시각화능력 실기

❺ <2022년> 테이블 우클릭
❻ [로드 사용] 클릭하여 체크 해제
❼ <2022년> 테이블명이 '기울임꼴'로 변경된 것을 확인

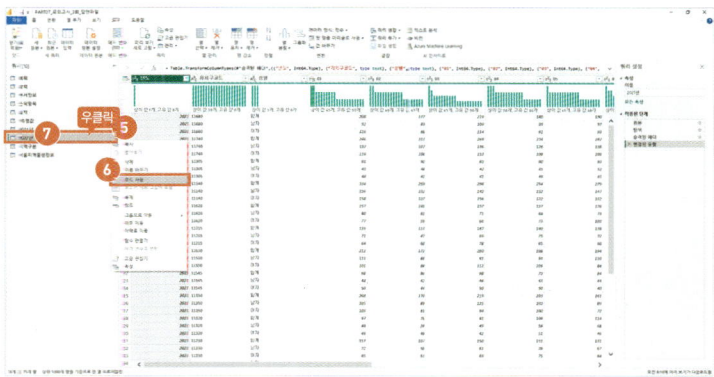

③ 파워쿼리 편집기를 통해 <서울지역출생정보> 테이블의 데이터를 변환하시오. [3점]

▶ 피벗 해제 기능 사용
▶ 변환 작업
 - [년도], [자치구코드], [성별] 필드를 제외한 나머지 열을 피벗 해제
 - [특성] 필드명 및 데이터 형식 변경 : 필드명 '월', 데이터 형식 '정수'

문제 1-1-③ 풀이

(1) <서울지역출생정보> 테이블 피벗 해제

❶ <서울지역출생정보> 테이블 선택
❷ [Ctrl]을 누른 상태로 [년도], [자치구코드], [성별] 필드를 선택
❸ 선택된 필드 머리글에서 우클릭
❹ [다른 열 피벗 해제] 선택

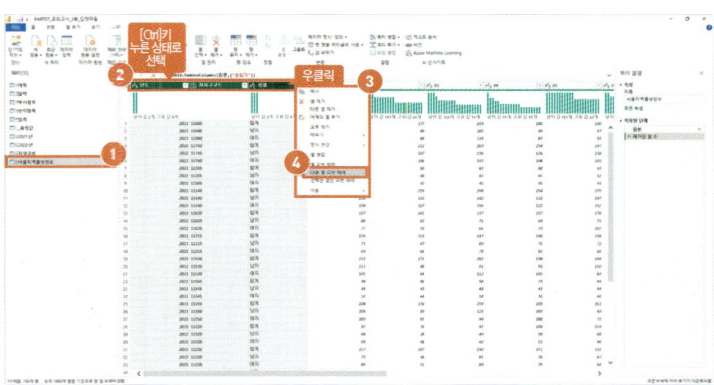

(2) [특성] 필드명 및 데이터 형식 변경

❶ [특성] 필드 머리글 더블 클릭하여 "월" 입력 후 [Enter]
❷ [지역번호] 필드 머리글 왼쪽의 ABC 클릭
❸ 데이터 형식 [정수] 선택

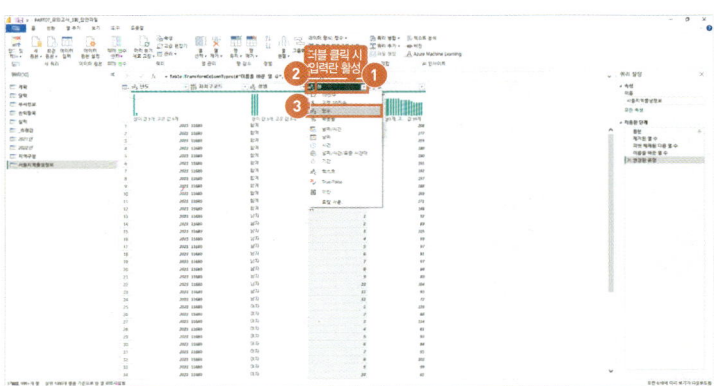

2 다음 지시사항에 따라 데이터 편집 및 새 테이블을 추가하시오. [10점]

① 파워쿼리 편집기를 통해 <서울지역출생정보> 테이블에 <지역구분> 테이블의 필드를 추가하시오. [4점]
  ▶ 쿼리 병합 기능 사용
    - <서울지역출생정보> 테이블의 [자치구코드]와 <지역구분> 테이블의 [자치구] 필드를 기준으로 병합
    - 조인 종류 : 왼쪽 외부
    - 병합 결과에서 권역구분, [자치구] 필드를 추가
  ▶ <지역구분> 테이블의 로드 해제

문제 1-2-① 풀이

(1) 쿼리 병합 실행

❶ <서울지역출생정보> 테이블 선택
❷ [홈] 탭 선택
❸ [쿼리 병합] 메뉴 확장 클릭
❹ [쿼리 병합] 선택

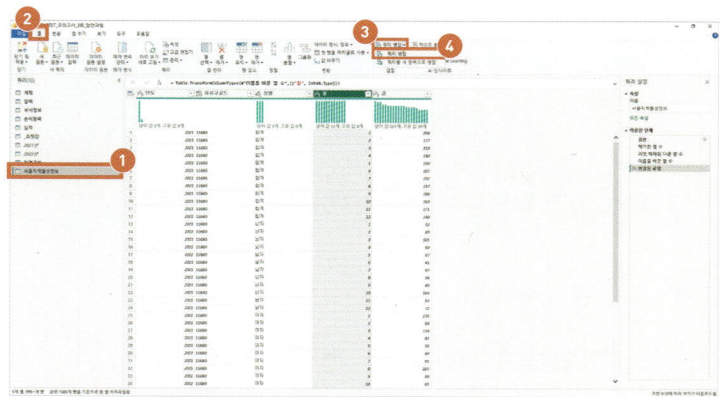

(2) 쿼리 병합 설정

❶ <지역구분> 테이블 병합 대상 선택
❷ <서울지역출생정보> 테이블의 [자치구코드] 필드 선택
❸ <고객정보> 테이블의 [자치구코드] 필드 선택
❹ 조인 종류 [왼쪽 외부] 선택
❺ [확인] 클릭

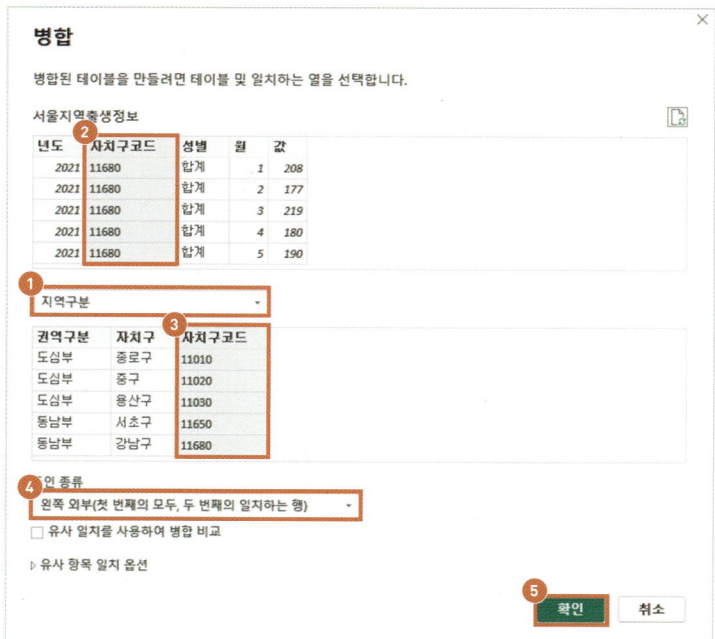

(3) 필드 확장 추가 및 확인

❶ [지역구분] 필드 머리글의 아이콘 클릭
❷ [확장] 선택
❸ '(모든 열 선택)' 체크 해제
❹ 권역구분, [자치구] 항목 선택
❺ [원래 열 이름을 접두사로 사용] 체크 해제
❻ [확인] 클릭

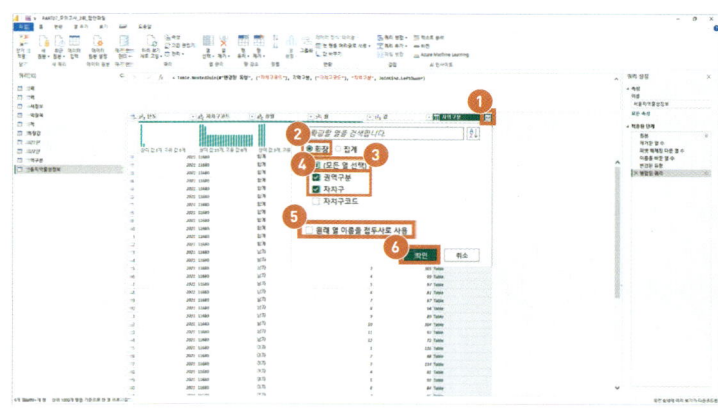

❼ 확장된 권역구분, [자치구] 필드 확인

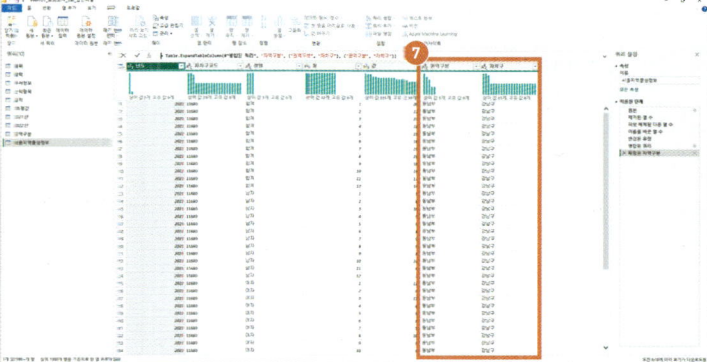

(4) <지역구분> 테이블 로드 사용 해제

❶ <지역구분> 테이블 우클릭
❷ [로드 사용] 클릭
❸ 경고 팝업 [계속] 클릭

> **참고**
> 이전의 실습 과정 중 [로드 사용] 해제를 진행했을 경우, '❸'의 경고 팝업이 나타나지 않고 [로드 사용] 해제 처리가 될 수 있다.

❹ 테이블명이 '기울임꼴'로 변경된 것을 확인

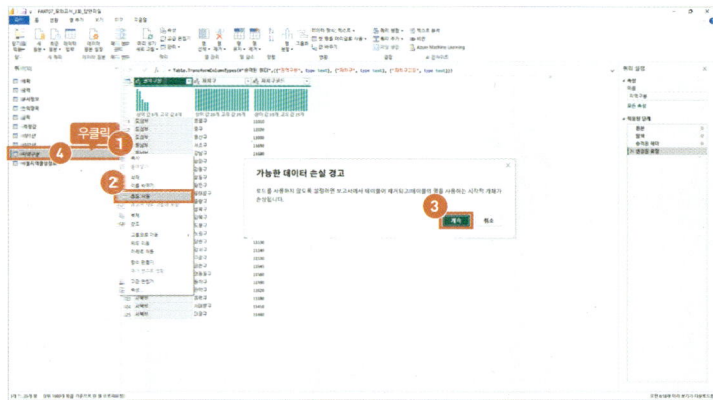

② 파워쿼리 편집기를 통해 <서울지역출생정보> 테이블의 데이터를 변환하시오. [3점]
- ▶ 피벗 기능 사용
- ▶ 변환 작업
  - [성별] 필드를 기준으로 피벗
  - 값 열 : [값] 필드
- ▶ [남자] [여자] 필드명 변경
  - [남자] → '남', [여자] → '여'

문제 1-2-② 풀이

(1) [성별] 필드 피벗

❶ [성별] 필드 선택
❷ [변환] 탭 선택
❸ 피벗 열 클릭
❹ [값 열]을 '값' 선택
❺ [확인] 클릭

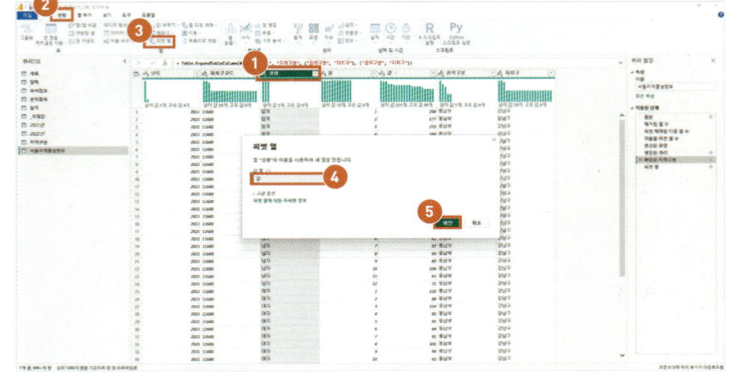

(2) 필드명 변경

❶ [남자] 필드 머리글을 더블 클릭하여 "남" 입력 후 [Enter]
❷ [여자] 필드 머리글을 더블 클릭하여 "여" 입력 후 [Enter]

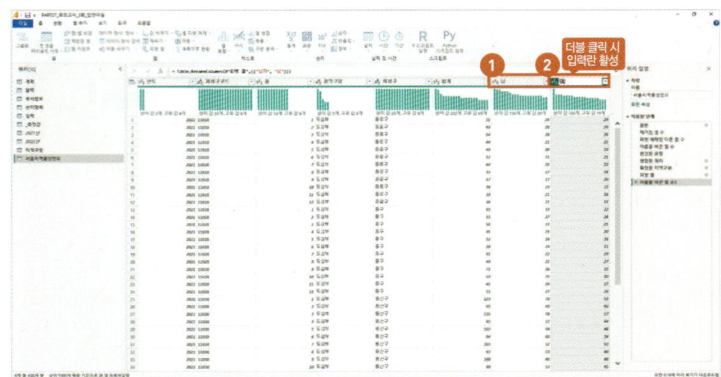

(3) 편집 작업 저장 및 닫기

❶ [홈] 탭 선택
❷ [닫기 및 적용]( )을 클릭

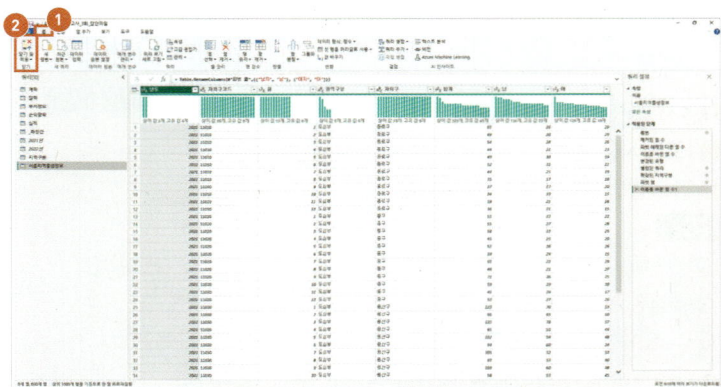

---

③ 다음 조건으로 새 테이블을 추가하시오. [3점]

▶ 테이블 이름 : <DimDate>
　- 필드 : [Date], [년], [반기], [분기], [월] 필드 구성
　- 사용 함수 : ADDCOLUMNS, CALENDAR, YEAR, MONTH, QUARTER, IF
　- [Date] 필드의 시작일 : 2022-01-01
　- [Date] 필드의 종료일 : 2023-12-31
　- 연도, [월], [분기] 필드 : [Date] 필드 기준으로 값 표시
　- [반기] 필드 : [Date] 필드의 월을 기준으로 '7' 미만이면 '상반기', 그 외의 경우 '하반기' 표시
▶ [Date] 필드 서식 : 'YYYY-MM-DD' 형식으로 표시되도록 적용

문제 1-2-③ 풀이

(1) <DimDate> 테이블 생성

❶ [테이블 뷰] 작업영역 선택
❷ [홈] 탭 선택
❸ [계산] 그룹의 [새 테이블]() 클릭

❹ [수식 편집기]의 박스에 수식 작성 후 [Enter]

```
DimDate =
ADDCOLUMNS(CALENDAR("2022-01-01","2023-12-31")
    ,"년", YEAR([Date])
    ,"반기", IF(MONTH([Date]) < 7, "상반기", "하반기")
    ,"분기", QUARTER([Date])
    ,"월", MONTH([Date])
    )
```

DAX 풀이

기 수식은 CALENDAR 함수를 사용하여 2022년 1월 1일부터 2023년 12월 31일까지의 날짜를 포함하는 테이블을 생성한 후, 각 날짜에 연도, 반기, 분기, 월 정보를 추가하여 DimDate 테이블을 생성한다.

- [CALENDAR] 함수는 지정된 시작일("2022-01-01")과 종료일("2023-12-31") 사이의 날짜를 생성
- [ADDCOLUMNS] 함수는 생성된 날짜 테이블에 새 열을 추가
- [YEAR] 함수는 날짜의 연도를 반환하여 "년" 열을 생성
- [IF] 함수는 날짜의 월을 기준으로 '7<' 조건을 적용하여 7 미만인 1~6월은 "상반기", 나머지 조건인 7~12월은 "하반기"로 구분하여 "반기" 열을 생성
- [QUARTER] 함수는 날짜가 속한 분기를 반환하여 "분기" 열을 생성
- [MONTH] 함수는 날짜의 월을 반환하여 "월" 열을 생성

사용 함수

- [CALENDAR] : 지정된 시작일과 종료일 사이의 날짜를 생성
  - 구문 : CALENDAR(<시작일>, <종료일>)
- [ADDCOLUMNS] : 기존 테이블에 새 열을 추가
  - 구문 : ADDCOLUMNS(<테이블>, <열 이름>, <식>, …)

> **사용 함수**
> - [YEAR] : 지정된 날짜의 연도를 반환
>   - 구문 : YEAR(<날짜>)
> - [MONTH] : 지정된 날짜의 월을 반환
>   - 구문 : MONTH(<날짜>)
> - [QUARTER] : 지정된 날짜의 분기를 반환
>   - 구문 : QUARTER(<날짜>)
> - [IF] : 조건을 평가하고 참 또는 거짓에 따라 값을 반환
>   - 구문 : IF(<조건>, <참일 때 값>, <거짓일 때 값>)

(2) [Date] 필드 서식 지정

❶ <DimDate> 테이블의 [Date] 필드를 선택
❷ [리본 메뉴] > [열 도구] 탭의  클릭 확장
❸ '2001-03-14(yyyy-mm-dd)' 선택

3 다음 지시사항에 따라 계산 열을 추가하고 데이터 모델링 작업을 수행하시오. [10점]

> ① 다음 조건으로 <서울지역출생정보> 테이블에 [집계기준일] 필드를 추가하시오. [3점]
> ▶ 계산 열 이름 : [집계기준일]
>   - 활용 필드 : <서울지역출생정보> 테이블의 [년도], [월] 필드
>   - [년도], [월] 필드를 기준으로 매월 1일을 생성한 후 각 해당월의 마지막 날짜를 반환
>   - 사용 함수 : DATE, EOMONTH
> ▶ [Date] 필드 서식 : 'YYYY-MM-DD' 형식으로 표시되도록 적용

문제 1-3-① 풀이

(1) [집계기준일] 계산 열 생성 및 서식 지정

❶ [테이블 뷰] 작업영역 선택
❷ [데이터 창]에서 <서울지역출생정보> 테이블 선택
❸ [테이블 도구] 탭 활성
❹ [새 열] 클릭

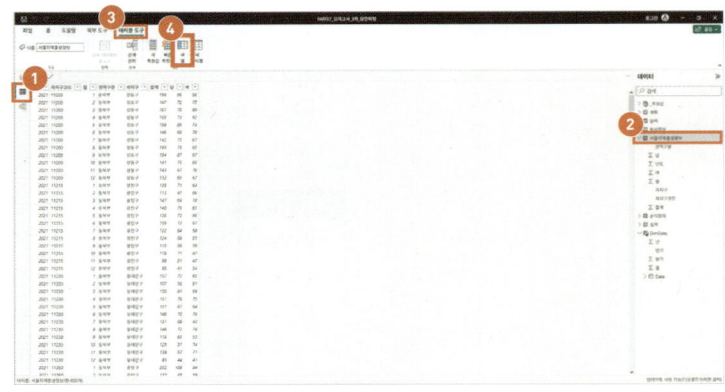

❺ [수식 편집기]의 박스에 수식 작성 후 [Enter]
❻ [리본 메뉴] > [열 도구] 탭의 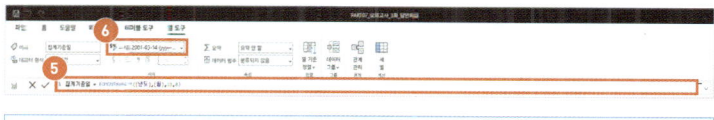 클릭하여 '2001-03-14(yyyy-mm-dd)'으로 선택

집계기준일 = EOMONTH(DATE([년도],[월],1),0)

DAX 풀이

이 수식은 지정된 [년도]와 [월]을 기반으로 해당 월의 마지막 날짜를 계산하여 [집계기준일] 필드를 생성한다.
- [DATE] 함수는 [년도], [월], 1일을 기준으로 날짜를 생성
- [EOMONTH] 함수는 지정된 날짜의 마지막 날을 반환하며, 0은 현재 월을 기준으로 계산

사용 함수
- [DATE] : 연도, 월, 일 값을 조합하여 날짜를 생성
  - 구문 : DATE(<연도>, <월>, <일>)
- [EOMONTH] : 지정된 날짜의 마지막 날짜를 반환
  - 구문 : EOMONTH(<날짜>, <월 간격>)
- ※ <월 간격> : 기준 날짜에서 이동할 월의 간격(양수=미래, 음수=과거)

② 다음 조건으로 <서울지역출생정보> 테이블에 [월별순위] 필드를 추가하시오. [4점]
▶ 계산 열 이름 : [월별순위]
  - 활용 필드 : <서울지역출생정보> 테이블의 [년도], [월], [합계] 필드
  - 각 연월별로 출생자수 합계가 높은 순서대로 순위를 반환
  - 사용 함수 : RANKX, FILTER, ALL, EARLIER
  - 동률일 경우, 같은 순위를 부여하고 다음 순위는 동률인 항목만큼 순위를 건너뛴 후 순위 부여

문제 1-3-② 풀이

[1] [월별순위] 계산 열 생성
❶ [테이블 뷰] 작업영역 선택
❷ [데이터 창]에서 <서울지역출생정보> 테이블 선택
❸ [테이블 도구] 탭 활성
❹ [새 열]( ) 클릭

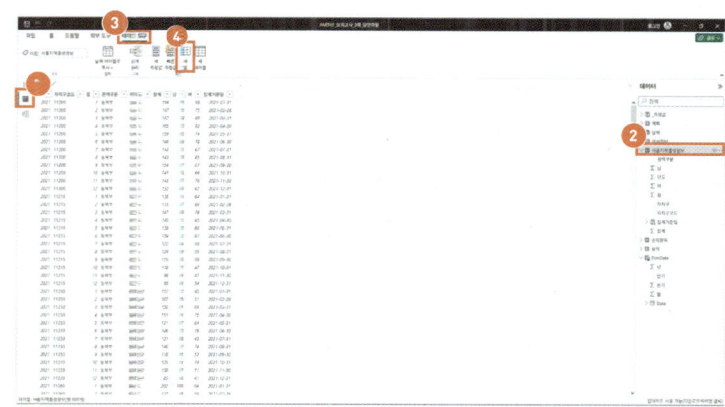

❺ [수식 편집기]의 박스에 수식 작성 후 [Enter]

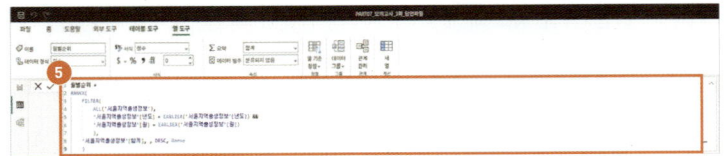

월별순위 =
RANKX(
    FILTER(ALL('서울지역출생정보'),
        '서울지역출생정보'[년도] = EARLIER('서울지역출생정보'[년도]) &&
        '서울지역출생정보'[월] = EARLIER('서울지역출생정보'[월])
    ),
    '서울지역출생정보'[합계], , DESC, Skip
)

DAX 풀이

이 수식은 <서울지역출생정보> 테이블에서 같은 년도와 월 데이터를 기준으로 [합계] 값을 내림차순으로 정렬하여 [월별순위]를 계산한다.

- [ALL] 함수가 <서울지역출생정보> 테이블에 적용된 모든 필터를 제거하여 전체 데이터를 반환
- [EARLIER] 함수가 현재 행의 [년도]와 [월] 값을 가져와 필터 조건에서 사용
- [FILTER] 함수가 전체 데이터를 필터링하여 현재 행과 동일한 [년도]와 [월]에 해당하는 데이터만 반환
- [RANKX] 함수가 최종 필터링 된 테이블의 각 행에 대해 [합계] 값을 기준으로 내림차순으로 순위를 계산하고, 동률일 경우 Skip 방식을 적용하여 같은 순위를 부여하고 다음 항목은 순위를 건너뛰어 반환

사용 함수

- [RANKX] : 지정된 테이블의 각 행에 대해 순위를 계산
  - 구문 : RANKX(<테이블>, <식>, [값], [정렬 순서], [순위 방식])
  - [정렬 순서] : ASC(오름차순) 또는 DESC(내림차순)
  - [순위 방식] : Dense(동일 순위 다음에 연속된 순위를 부여) 또는 Skip(동일 순위 다음에 순위를 건너뜀)
- [FILTER] : 조건에 맞는 데이터를 필터링하여 반환
  - 구문 : FILTER(<테이블>, <조건>)
- [ALL] : 테이블 또는 열에 적용된 모든 필터를 제거하여 전체 데이터를 반환
  - 구문 : ALL(<테이블 or 열>)
- [EARLIER] : 현재 행의 값을 가져와 외부 컨텍스트에서 사용
  - 구문 : EARLIER(<열>)

③ <DimDate>와 <서울지역출생정보> 테이블 간의 관계를 설정하시오. [3점]
- ▶ 활용 필드 : <DimDate> 테이블의 [Date] 필드, <서울지역출생정보> 테이블의 [집계기준일] 필드
- ▶ 기준(시작) 테이블 : <DimDate> 테이블
- ▶ 카디널리티 : '다대일(* : 1)' 관계
- ▶ 크로스 필터 방향 : '단일'

문제 1-3-③ 풀이

(1) 관계 설정

❶ [모델 보기] 작업영역 선택
❷ 관계 설정 대상인 <주문정보> 테이블과 <DimDate> 테이블의 위치를 적당한 곳으로 이동

> **참고**
> 테이블을 새로 로드하거나 생성할 경우, 사용자마다 표시 위치는 이미지와 다를 수 있다. [모델 보기]에서 정상적으로 배치되었을 경우, 이 단계는 생략해도 된다.

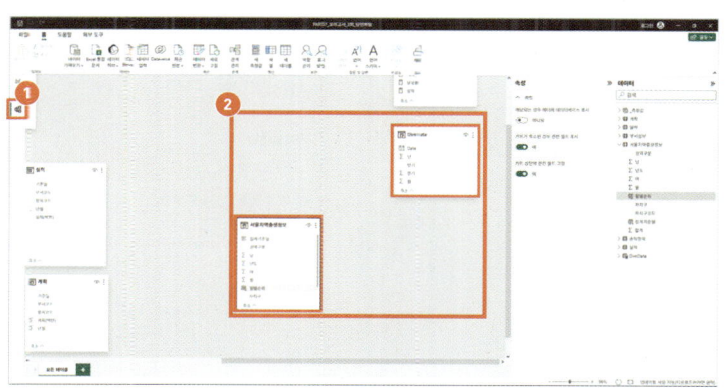

❸ <DimDate> 테이블의 [Date] 필드를 <주문정보> 테이블의 [주문일자] 필드로 드래그 앤 드롭

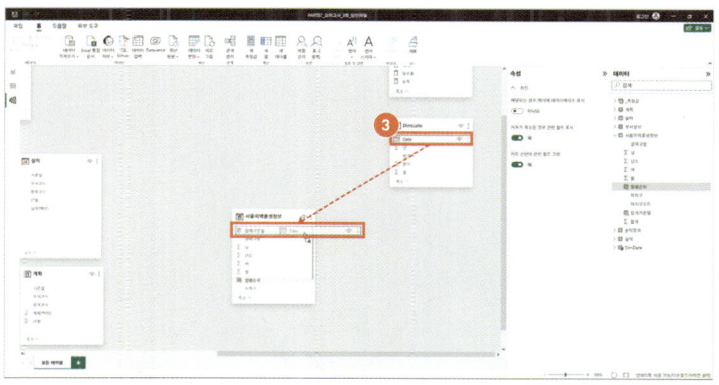

(2) 관계 설정 확인

❶ 연결선 생성 확인 및 선택
❷ [속성 창]에서 관계 설정된 <테이블> 및 필드 정보 확인
❸ [카디널리티]의 '다대일(* : 1)' 설정 확인
❹ [교차 필터 방향]의 '단일(Single)' 설정 확인
❺ [관계 편집기 열기] 클릭

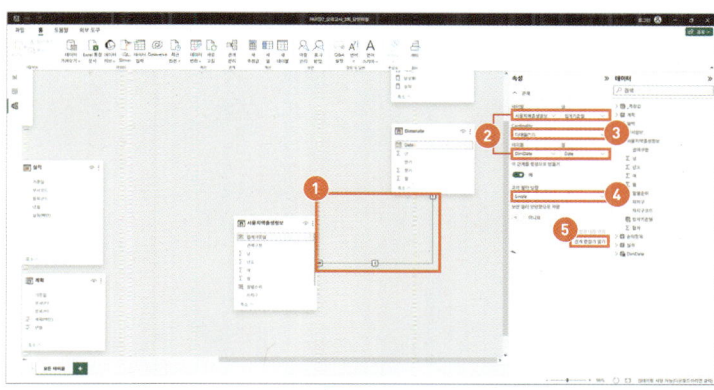

❻ 설정된 관계 정보 재확인
❼ [확인] 클릭

SECTION 02 문제 2-단순요소 구현 [30점]

1 '문제 2', '문제 3' 보고서의 전체 서식을 아래 지시사항에 따라 설정하시오. [5점]

① '문제 2'와 '문제 3' 페이지의 캔버스 배경을 설정하고 보고서 전체의 테마를 설정한 후 테마 사용자 지정 기능을 사용하여 설정을 변경하시오. [3점]
▶ 배경 이미지
  - '문제 2' 페이지 : '모의2_문제 2_배경.png'
  - '문제 3' 페이지 : '모의3_문제 3_배경.png'
▶ 캔버스 배경 설정
  - 이미지 맞춤 : '맞춤', 투명도 '0%'
▶ 보고서 테마 : '확산'
  - 이름 및 색의 테마 색 변경 : 테마 색2 '#F9FA00'
  - 시각적 개체 배경 색 변경 : '#FFFFFF'

문제 2-1-① 풀이

(1) 문제 2 캔버스 배경 설정

❶ [보고서 보기] 작업영역 선택
❷ '문제 2' 페이지 선택
❸ [보고서 페이지 서식 지정](🖌) 클릭
❹ [캔버스 배경] 선택 확장
❺ [이미지]의 [찾아보기...] 클릭
❻ '모의3_문제 2_배경.png' 파일 선택
❼ [열기] 클릭
❽ [이미지 맞춤]을 '맞춤'
❾ [투명도]를 '0%' 설정

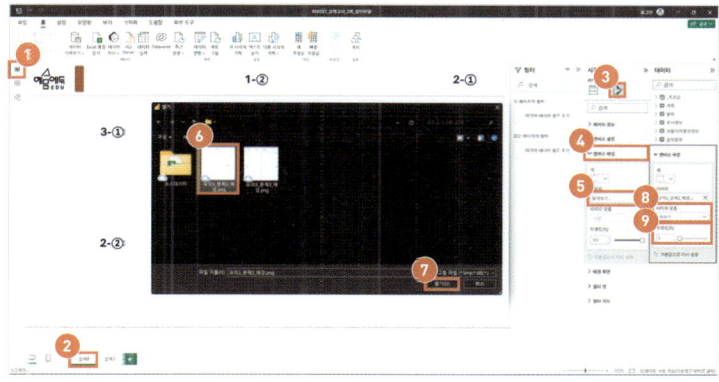

(2) 문제 3 캔버스 배경 설정

❶ '문제 3' 페이지 선택
❷ [보고서 페이지 서식 지정](🖌) 클릭
❸ [캔버스 배경] 선택 확장
❹ [이미지] 찾아보기 클릭하여 '모의3_문제 3_배경.png' 파일 선택
❺ [이미지 맞춤]을 '맞춤'
❻ [투명도]를 '0%' 설정

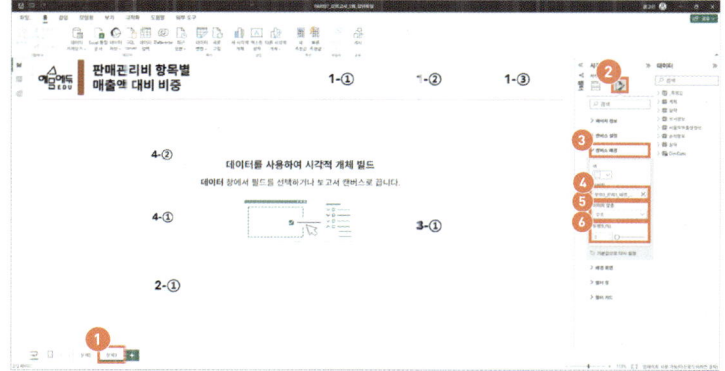

(3) 보고서 테마 설정

❶ '문제 2' 페이지 선택
❷ [보기] 탭 선택
❸ [테마] 확장 화살표 클릭
❹ '확산' 테마 선택

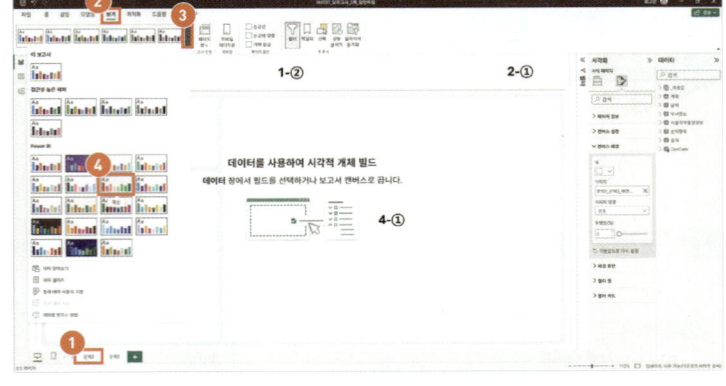

(4) 사용자 지정 서식

❶ [보기] 탭 선택
❷ [테마] 확장 화살표 클릭
❸ [현재 테마 사용자 지정] 클릭

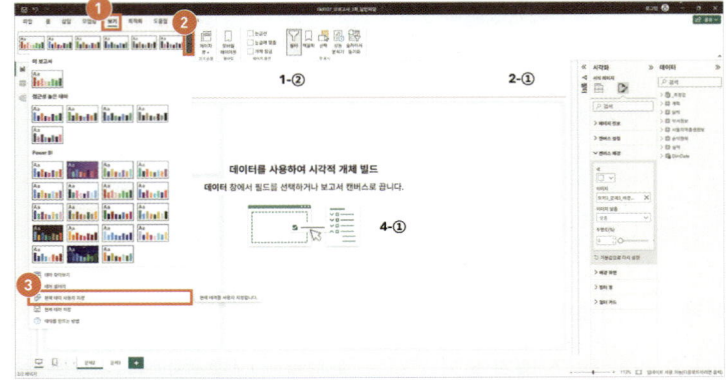

(5) 테마 색 변경

❶ [이름 및 색]에서 [테마 색]의 [색2] 클릭
❷ [헥스] 입력란에 "#F9AA00" 입력
❸ [색 설정 창] 외부를 클릭

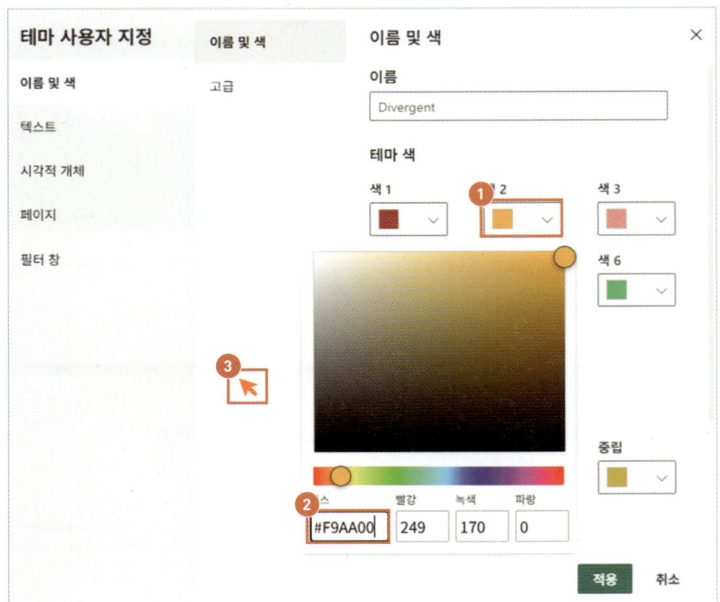

(6) 시각적 개체 배경 색 변경

❶ [시각적 가체] 탭 선택
❷ [배경]의 [색] 클릭
❸ [헥스] 입력란에 "#FFFFFF" 입력
❹ [색 설정 창] 외부를 클릭
❺ [적용] 클릭

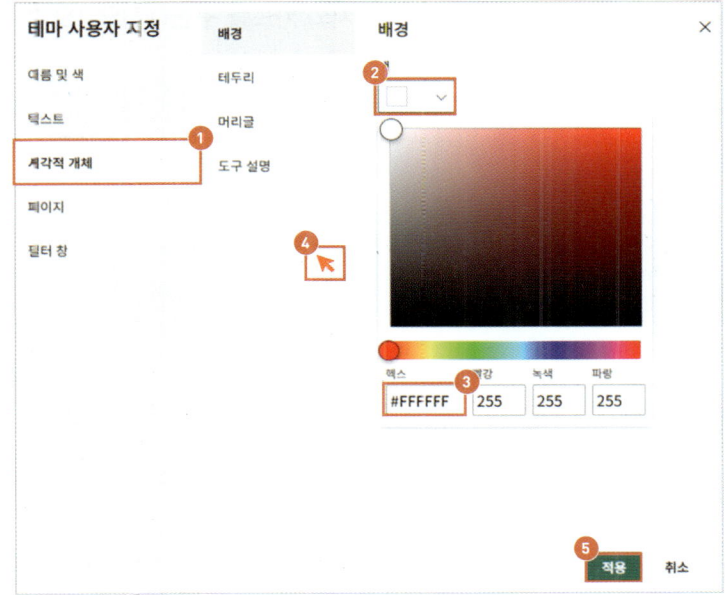

②텍스트 상자를 사용하여 '문제 2' 페이지에 보고서 제목을 작성하시오. [2점]
  ▶ 제목 : "22~23 손익 요약"
    - 제목 서식 : 글꼴 'Segoe UI', 글꼴 크기 '28', '굵게', '왼쪽'
  ▶ 텍스트 상자를 '1-②' 위치에 배치

문제 2-1-② 풀이

[1] 제목 텍스트 상자 생성

❶ [삽입] 탭 선택
❷ [요소] 그룹의 [텍스트 상자]( ) 클릭
❸ 생성된 [텍스트 상자]를 '1-②'에 배치하고 "`22~23 손익지표 요약"을 입력한 후 전체 텍스트를 드래그하여 선택
❹ 글꼴 'Segoe UI' 선택
❺ 글꼴 크기 '28' 설정
❻ '굵게' 설정
❼ '왼쪽 정렬' 설정

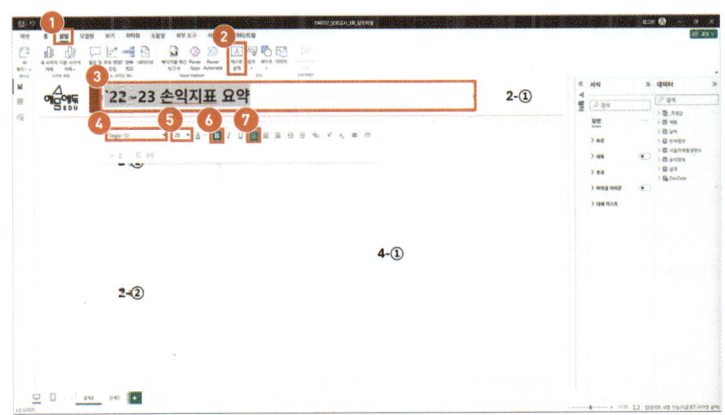

2 다음 지시사항에 따라 슬라이서와 카드를 구현하시오. [5점]

① 다음 조건으로 '문제 2' 페이지에 카드를 구현하시오. [2점]
- ▶ 활용 필드 : <달력> 테이블의 [연월] 필드
- ▶ 슬라이서 설정
  - 슬라이서 스타일 : '드롭다운'
  - 슬라이서의 선택 항목 중 한 가지의 항목만 선택할 수 있도록 설정
- ▶ 슬라이서 서식
  - 머리글 : 글꼴 크기 '10', '굵게'
  - 값 : 글꼴 크기 '10'
- ▶ 슬라이서 값 : '2023-01' 필터 적용
- ▶ 슬라이서를 '2-①' 위치에 배치

문제 2-2-① 풀이

(1) 슬라이서 개체 생성 및 배치

❶ [보고서 보기] 작업영역 선택
❷ [시각화 창]의 [시각적 개체 빌드]에서 슬라이서(🗂) 개체 클릭
❸ [데이터 창]에서 <달력> 테이블의 [연월] 필드 클릭하여 슬라이서의 필드에 추가
❹ 슬라이서를 '2-①' 위치로 드래그하여 크기 조정 및 배치

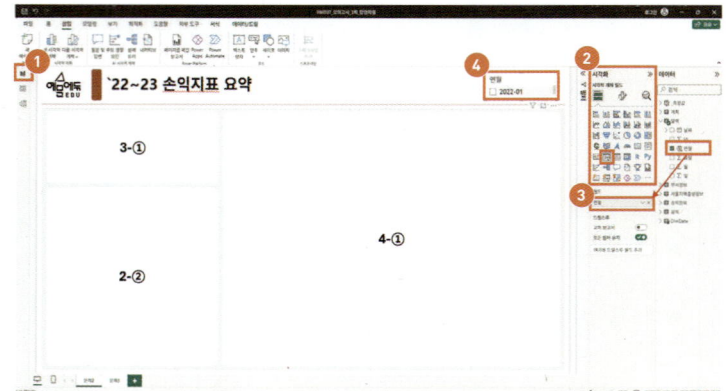

(2) 슬라이서 서식 지정 및 설정

❶ [시각화 창]의 [시각적 개체 서식 지정] (🖌) 클릭
❷ [시각적 개체] 탭 선택
❸ [슬라이서 설정] 탭 선택 확장
❹ [스타일] '드롭다운' 설정
❺ [선택] > [단일 선택] 체크
❻ [슬라이서 머리글] 서식
  • 글꼴 '10', '굵게' 설정
❼ [값]에 글꼴 '10' 설정
❽ 슬라이서에 '2023-01' 값 필터 적용 선택

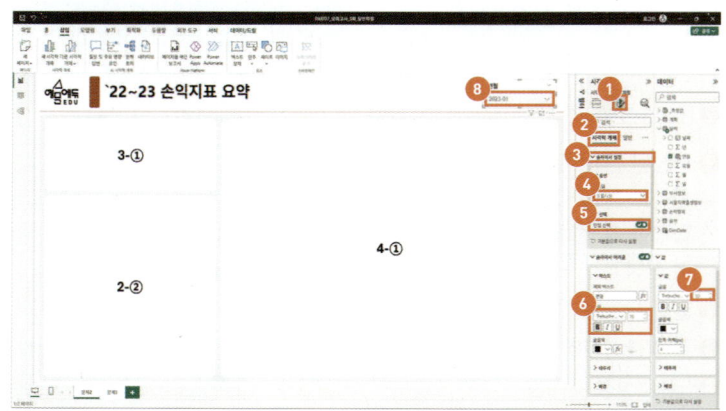

② 다음 조건으로 '문제 2' 페이지에 여러 행 카드를 구현하시오. [3점]
- ▶ 활용 필드 및 표시 단위
  - <손익항목> 테이블의 [손익항목] 필드
  - <_측정값> 테이블의 [계획], [실적], [달성률] 측정값
- ▶ 차트 제목 : "종합 손익", 글꼴 크기 '12', '굵게'
- ▶ 카드 서식
  - 설명값 : 글꼴 크기 '13', '굵게'
  - 범주 레이블 : 글꼴 크기 '9'
  - 카드 제목 : 글꼴 크기 '10', '굵게', '기울임꼴'
  - 악센트 바 : 색 '테마 색1, 40% 더 밝게', 너비 '8'
- ▶ 여러 행 카드에 <손익항목>의 [표시레벨]이 '1' [손익항목]이 '연계손익'인 항목을 제외하고 표시
- ▶ 카드를 '2-②' 위치에 배치

문제 2-2-② 풀이

(1) 차트 생성 및 배치

❶ [시각화 창]의 [시각적 개체 빌드]에서 여러 행 카드( ) 개체 클릭
❷ 카드 개체의 크기를 조정한 후 '2-②' 위치의 왼쪽에 배치

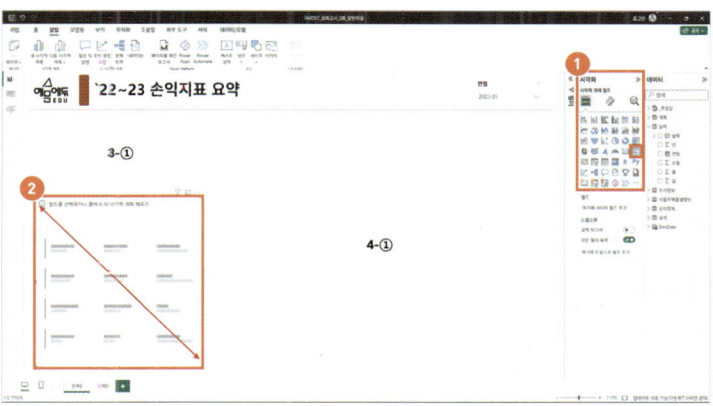

(2) 시각화 빌드 요소 추가

❶ [데이터 창]에서 <손익항목> 테이블의 [손익항목] 필드 선택
❷ <_측정값> 테이블의 [계획] 측정값 선택
❸ <_측정값> 테이블의 [실적] 측정값 선택
❹ <_측정값> 테이블의 [달성률] 측정값 선택

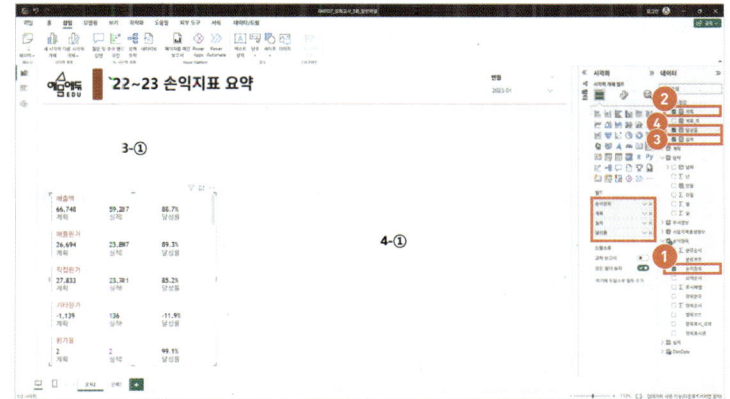

(3) 차트 제목 설정

❶ [시각화 창]의 [시각적 개체 서식 지정] (🎨) 클릭
❷ [일반] 탭 선택
❸ [제목] 탭 선택 확장
❹ [텍스트]에 "종합 손익" 입력
❺ 글꼴 크기 '12', '굵게' 설정

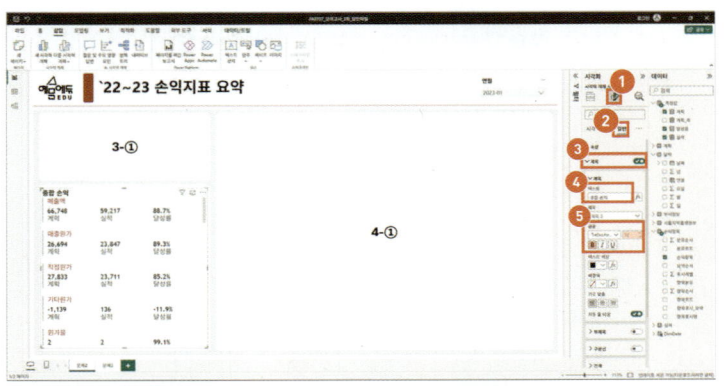

(4) 차트 설정 및 서식 지정

❶ [시각적 개체] 탭 선택
❷ [설명 값] 탭 선택 후 글꼴 크기 '13', '굵게' 설정
❸ [범주 레이블] 탭 선택 후 글꼴 크기 '9' 설정

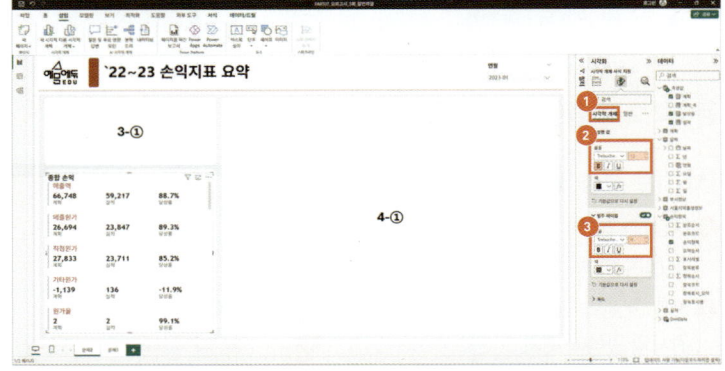

❹ [카드] 탭 선택 확장
❺ 제목 글꼴 크기 '10', '굵게', '기울임꼴' 설정
❻ [악센트 바] 탭 선택 확장
❼ 악센트 바 [색] 클릭하여 '테마 색1, 40% 더 밝게

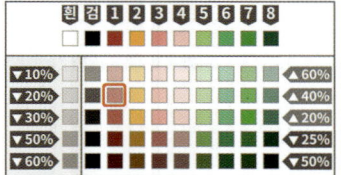

❽ 너비 '8' 설정

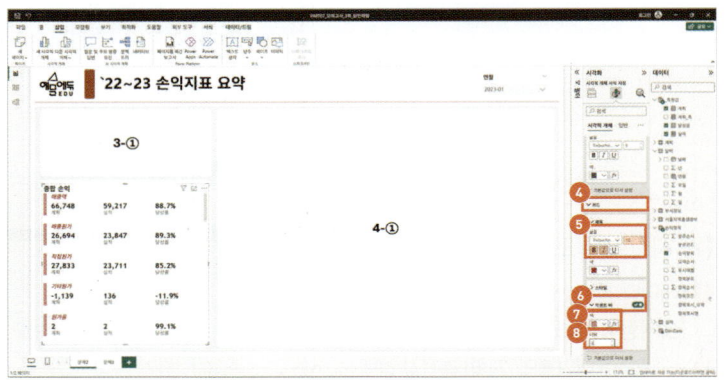

(5) 차트 표시 필터 설정

❶ [필터 창]의 « 아이콘 클릭 확장
❷ <손익항목> 테이블의 [표시레벨] 필드를 시각적 개체의 필터로 드래그하여 추가
❸ [필터 형식]을 [기본 필터링] 설정
❹ '1' 항목만 선택
❺ [손익항목] 필터카드 아이콘(☑) 클릭 확장
❻ [필터 형식]을 '기본 필터링'으로 설정
❼ '모두 선택' 선택 후 '연계손익' 항목 클릭하여 체크 해제

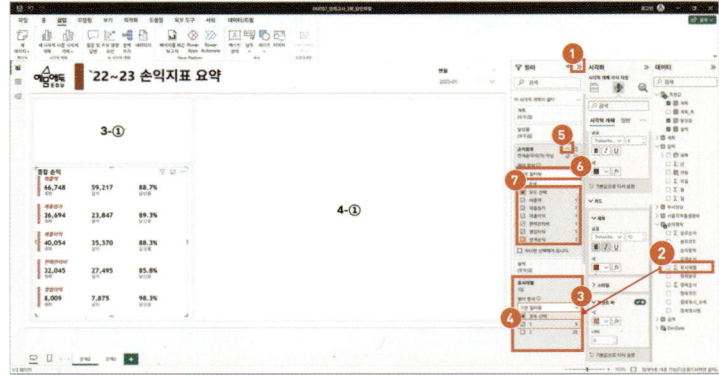

3 다음 지시사항에 따라 계기 차트를 구현하시오. [10점]

① 다음 조건으로 '문제 2' 페이지에 계기 차트를 구현하시오 [4점]
  ▶ 활용 필드
    - <_측정값> 테이블의 [실적] 측정값
  ▶ 게이지 축 설정
    - 최대값 : <_측정값> 테이블의 [계획_축] 측정값
    - 대상 : <_측정값> 테이블의 [계획] 측정값
  ▶ 도구 설명에 <_측정값> 테이블의 [달성률]이 표시되도록 추가
  ▶ 계기 차트를 '3-①' 위치에 배치

문제 2-3-① 풀이

(1) 차트 생성 및 배치

❶ [시각화 창]의 [시각적 개체 빌드]에서 계기 차트(⌒) 클릭
❷ 차트를 '3-①' 위치에 크기 조정 및 배치

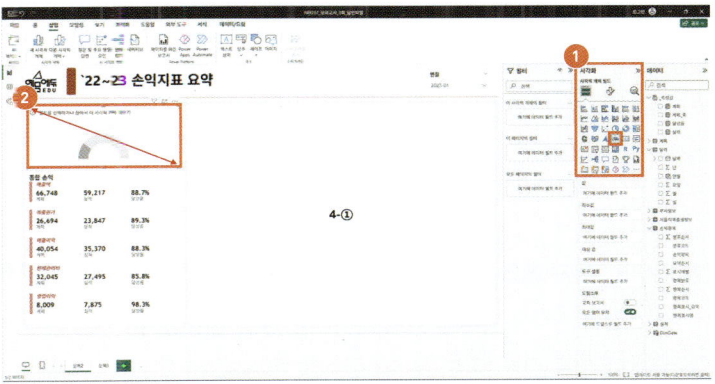

(2) 시각화 빌드 요소 추가

❶ [값]에 <_측정값> 테이블의 [실적] 필드를 드래그하여 추가
❷ [최대값]에 <_측정값> 테이블의 [계획_축] 측정값 추가
❸ [대상 값]에 <_측정값> 테이블의 [계획] 측정값 추가
❹ [도구 설명]에 <_측정값> 테이블의 [달성률] 측정값 추가

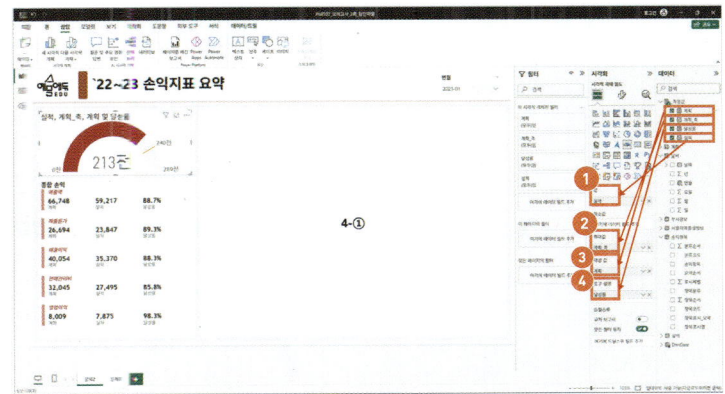

② 다음과 같이 계기 차트의 각 요소에 대한 서식을 지정하시오. [4점]
- ▶ 차트 제목 : "종합 연계손익"
  - 제목 서식 : 글꼴 'Trebuchet MS', 크기 '12', '굵게'
- ▶ 데이터 레이블 제거
- ▶ 목표 레이블 : 크기 '13', '굵게', '기울임꼴'
- ▶ 설명 값 : 글꼴 'Trebuchet MS', '굵게'

문제 2-3-② 풀이

[1] 차트 제목 설정

❶ [시각화 창]의 [시각적 개체 서식 지정] (   ) 클릭
❷ [일반] 탭 선택
❸ [제목] 탭 선택 확장
❹ [제목]에 "종합 연계손익" 입력
❺ [글꼴]서식 지정
- 글꼴 'Trebuchet MS'
- 크기 '12', '굵게'

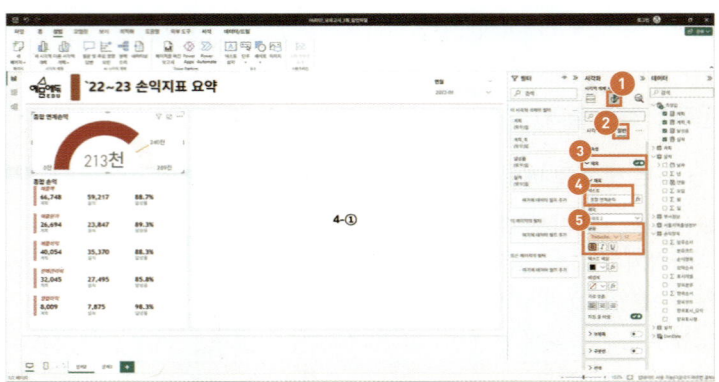

[2] 데이터, 목표 레이블 서식 지정

❶ 서식 지정의 [시각적 개체] 탭 선택
❷ [데이터 레이블] 체크 해제
❸ [목표 레이블] 선택 확장
❹ [값] 서식 지정
- 글꼴 크기 '13'
- '굵게', '기울임꼴' 설정

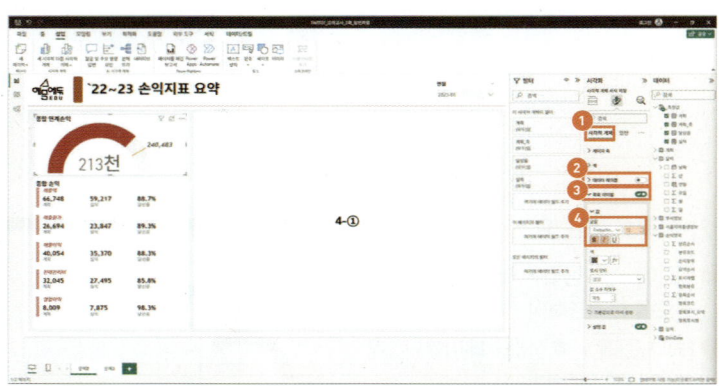

[3] 설명 값 서식 지정

❶ [설명 값] 탭 선택 확장
❷ [값] 서식 설정
- 글꼴 'Trebuchet MS', '굵게'

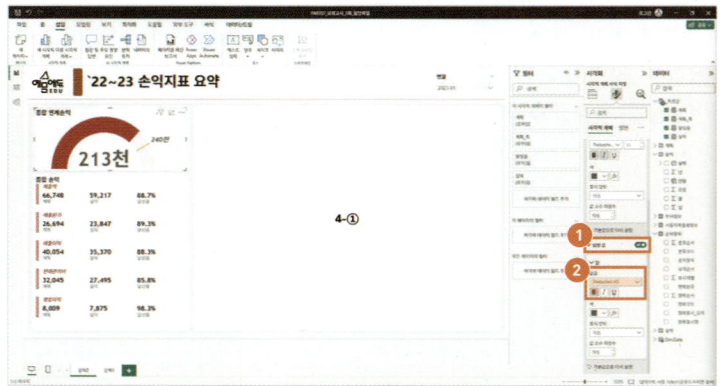

③ 계기 차트를 <손익항목>의 [손익항목]이 '연계손익'인 항목만 표시하시오. [2점]

문제 2-3-③ 풀이

(1) 차트 표시 필터 설정

❶ <손익항목> 테이블의 [손익항목] 필드를 [필터 창] 시각적 개체의 필터로 드래그하여 추가
❷ [손익항목] 필터카드 아이콘(∨) 클릭 확장
❸ [필터 형식]을 [기본 필터링] 설정
❹ '연계손익' 항목 선택 체크

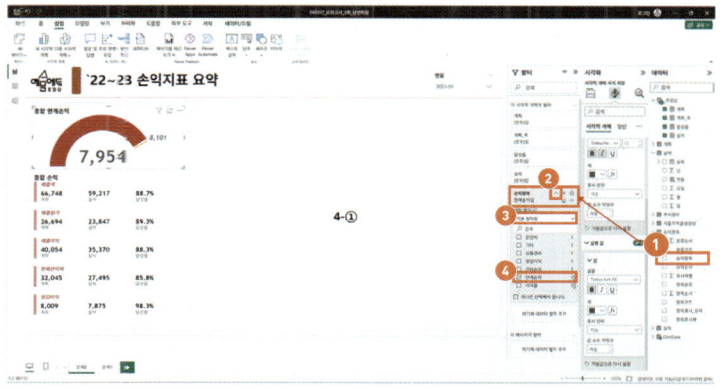

4 다음 지시사항에 따라 묶은 가로 막대형 차트를 구현하시오. [10점]

① 다음 조건으로 '문제 2' 페이지에 묶은 가로 막대형 차트를 구현하시오. [4점]
▶ 활용 필드
 - <손익항목> 테이블의 [항목분류] 필드
 - <부서정보> 테이블의 [본부], [부서명] 필드
 - <_측정값> 테이블의 [계획], [실적], [실적_전년] 측정값
▶ 활용 필드 이름 변경 : [실적_전년] → "전년"
▶ 축소 다중 항목을 <부서정보> 테이블의 [본부], [부서명] 순서로 표시되도록 추가
▶ 도구 설명에 <_측정값> 테이블의 [달성률]이 표시되도록 추가
▶ 묶은 가로 막대형 차트를 '4-①' 위치에 배치

문제 2-4-① 풀이

(1) 차트 생성 및 배치

❶ [시각화 창]의 [시각적 개체 빌드]에서 묶은 가로 막대형(📊) 개체 클릭
❷ 차트를 '4-①' 위치로 드래그하여 크기 조정 및 배치

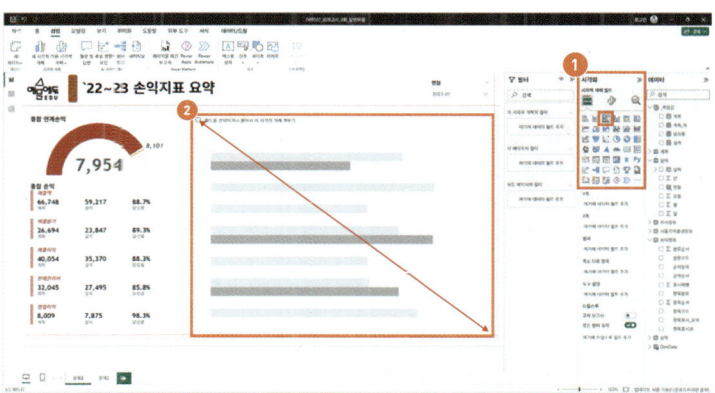

(2) 시각화 빌드 요소 추가

❶ [Y축]에 <손익항목> 테이블의 [항목분류] 필드 추가
❷ [X축]에 <_측정값> 테이블의 [계획], [실적], [실적_전년] 측정값 추가
❸ [축소 다중 항목]에 <부서정보> 테이블의 [본부], [부서명] 필드를 순서대로 추가
❹ [도구 설명]에 <_측정값> 테이블의 [달성률] 추가
❺ [실적_전년] 필드 이름을 더블 클릭하여 "전년" 변경 입력 후 [Enter]

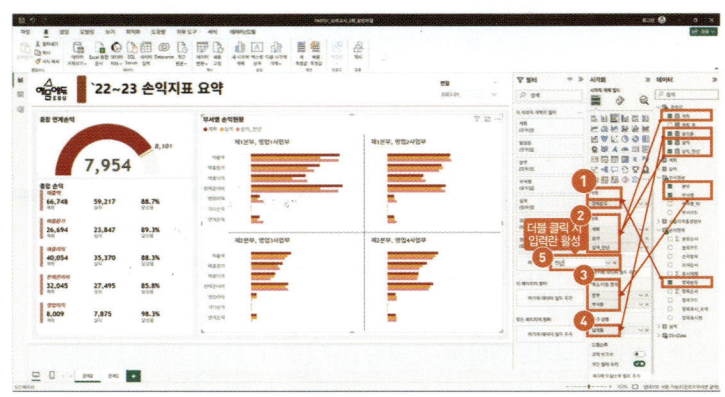

② 다음과 같이 묶은 가로 막대형 차트의 각 요소에 대한 서식을 적용하시오. [4점]

▶ 차트 제목 : "부서별 손익현황"
  - 제목 서식 : 글꼴 'Trebuchet MS', 크기 '12', '굵게'
▶ X, Y축 : Y축 제목 제거, X축 제목과 값 제거
▶ 축소 다중 항목 서식
  - 레이아웃 : 행 '1', 열 '4'
  - 테두리 : 선 색 '흰색, 20% 더 어둡게'
  - 제목 : 글꼴 크기 '10', '굵게', 맞춤 '가운데'
▶ 막대서식
  - 테두리 사용 : 색 '흰색' 지정
  - '전년'의 색을 '테마 색8, 40% 더 밝게' 지정
▶ 데이터 레이블
  - 글꼴 크기 '11', '굵게', '기울임꼴', 표시 단위 '없음'

문제 2-4-② 풀이

[1] 차트 제목 설정

❶ [시각화 창]의 [시각적 개체 서식 지정] (🖌) 클릭
❷ [일반] 탭 선택
❸ [제목] 탭 선택 확장
❹ [제목]에 "부서별 손익현황" 입력
❺ [글꼴]을 'Trebuchet MS', 크기 '12', '굵게' 설정

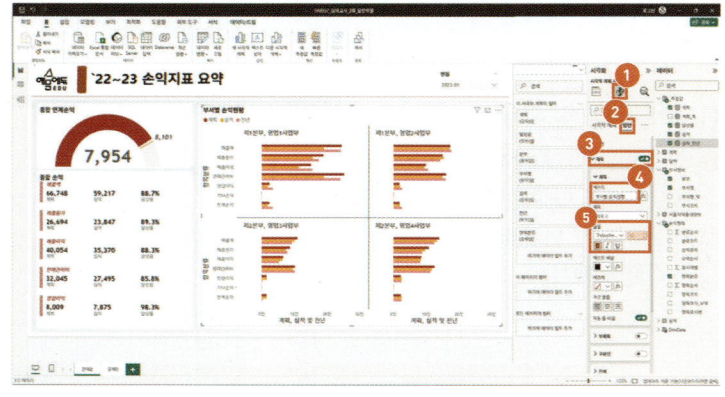

(2) X, Y축 서식 지정

❶ [시각적 개체] 탭 선택
❷ [Y축] 탭 선택 확장
❸ [제목] 체크 해제
❹ [X축] 탭 선택 확장
❺ [값] 체크 해제
❻ [제목] 체크 해제

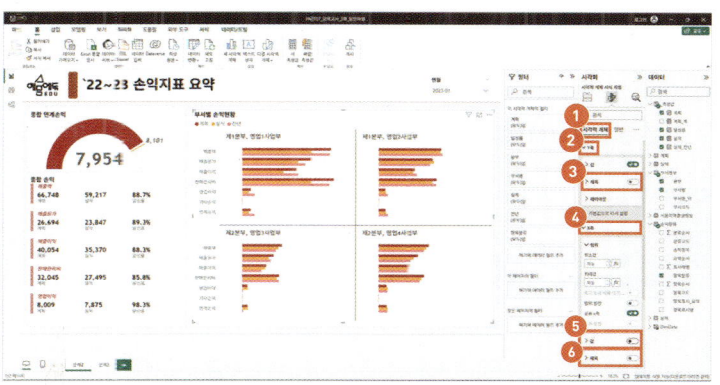

(3) 축소 다중 항목 서식 지정

❶ [축소 다중 항목] 탭 선택 확장
❷ [레이아웃] 행 '1', 열 '4' 설정
❸ [테두리] 탭 선택 확장
❹ [선 색]을 '흰색, 20% 더 어둡게' 지정

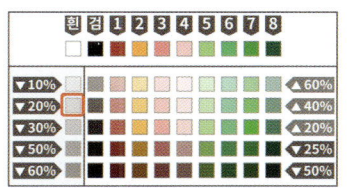

❺ [제목] 탭 선택 확장
❻ 글꼴 서식 지정
• 크기 '10'
• '굵게'
• [가로 맞춤] '가운데 정렬'

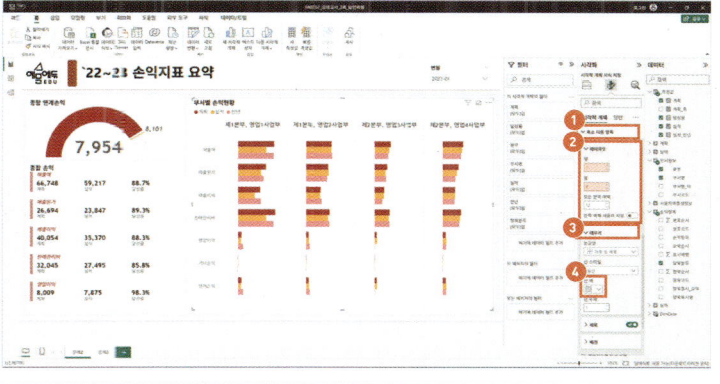

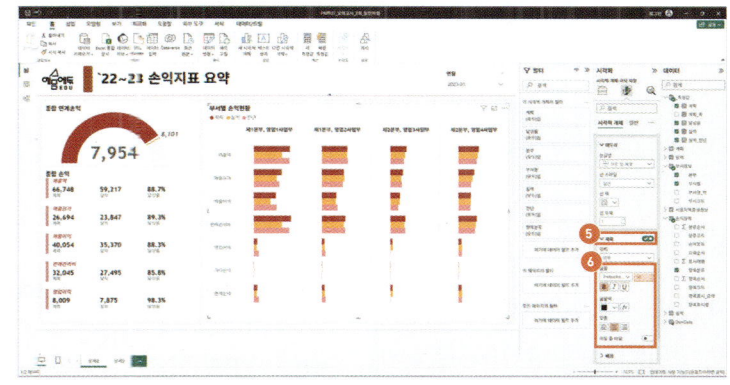

(4) 막대 서식 지정

❶ [막대] 탭 선택 확장
❷ [계열] '모두' 선택
❸ [테두리] 탭 사용 설정 및 선택 확장
❹ [색]을 '흰색'으로 지정

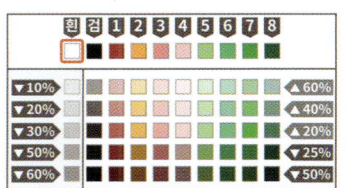

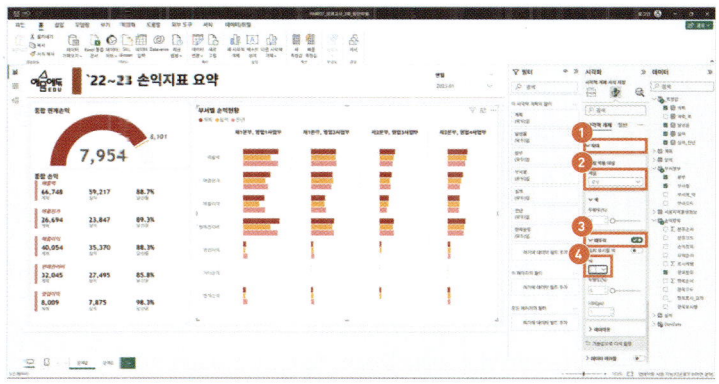

❺ [데이터 레이블] 사용 설정
❻ [데이터 레이블] 서식 지정
❼ '테마 색8, 40% 더 밝게' 선택

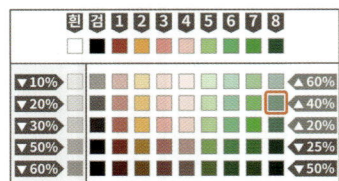
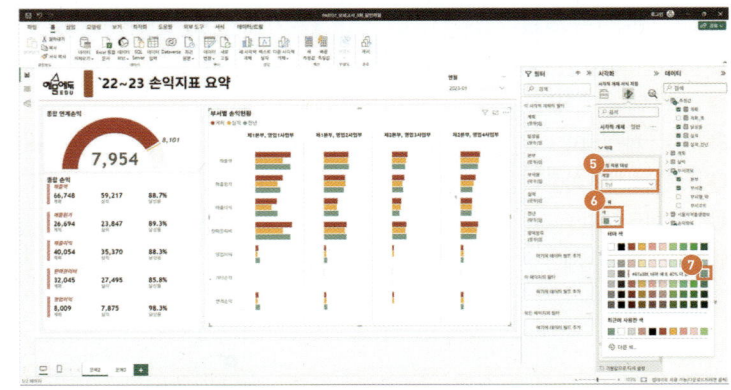

(5) 데이터 레이블 서식 지정

❶ [데이터 레이블]탭 사용 설정 및 선택 확장
❷ [값] 탭 선택 확장
❸ 글꼴 서식 지정
 • 글꼴 크기 '11'
 • '굵게', '기울임꼴'
❹ [표시 단위] '없음' 설정

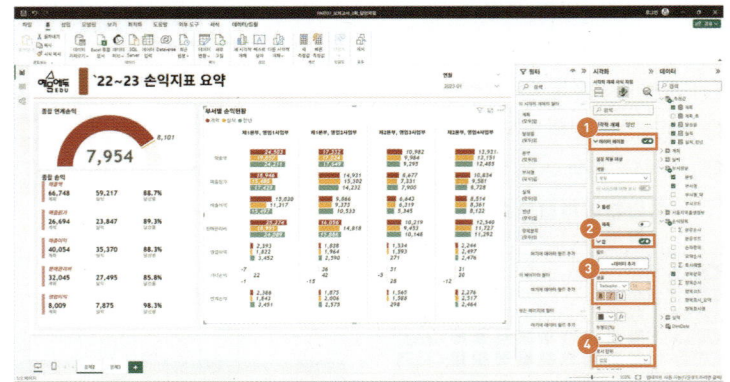

③ 묶은 가로 막대형 차트를 <손익항목>의 [표시레벨]이 '2'보다 작은 항목으로만 표시하시오. [2점]

문제 2-4-③ 풀이

(1) 차트 표시 필터 설정

❶ <손익항목> 테이블의 [표시레벨] 필드를 [필터 창] 시각적 개체의 필터로 드래그 하여 추가
❷ [표시레벨] 필터카드 아이콘(∨) 클릭 확장
❸ [필터 형식]을 [고급 필터링] 선택
❹ 항목 표시 조건을 지정
 • [보다 작음] 설정
 • 기준 값 '2' 입력
❺ [필터 적용] 클릭

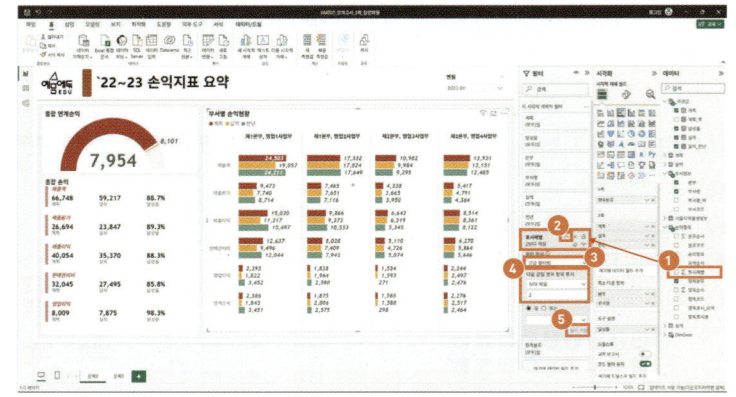

SECTION 03 문제 3-복합요소 구현 [40점]

1 다음 지시사항에 따라 페이지 필터를 적용하고 슬라이서를 구현하시오. [5점]

① 다음 조건으로 '문제 3' 페이지에 페이지 필터를 적용하시오 [2점]
- ▶ 활용 필드 : <손익항목> 테이블의 [항목분류], [표시레벨] 폴드
- ▶ 적용 조건
  - 항목분류 : '기본 필터링', '판매관리비' 항목단 표시
  - 표시레벨 : '기본 필터링', '2'인 항목만 표시

문제 3-1-① 풀이

(1) 페이지 표시 필터 설정

❶ [보고서 보기] 작업영역 선택
❷ '문제 3' 페이지 선택
❸ [필터 창]의 아이콘 클릭 확장
❹ <손익항목> 테이블의 [항목분류] 필드를 [필터 창]의 '이 페이지의 필터'로 드래그하여 추가
❺ '판매관리비' 항목 체크
❻ <손익항목> 테이블의 [표시레벨] 필드를 '이 페이지의 필터'에 추가
❼ [필터 형식]을 [기본 필터링] 설정
❽ '2' 항목 체크

② 다음 조건으로 '문제 3' 페이지에 [부서], [년], [월] 슬라이서를 구현하시오. [3점]
- ▶ 활용 필드
  - <부서정보> 테이블의 [부서명] 필드
  - <달력> 테이블의 [년], [월] 필드
- ▶ 슬라이서 설정
  - 부서 슬라이서 : 스타일 '드롭다운', '모두 선택' 표시
  - 년 슬라이서 : 스타일 '드롭다운', '단일 항목' 선택
  - 월 슬라이서 : 스타일 '사이', '반응형' 해제
- ▶ 슬라이서 서식
  - 슬라이서 머리글 : 크기 '10', '굵게'
  - 슬라이서 값 서식
    • 부서, 년 슬라이서 : 글꼴 크기 '10'
    • 월 슬라이서 : 글꼴 크기 '9'
- ▶ 슬라이서 값 설정
  - 부서 '모두' 필터 적용, 년 '2023' 필터 적용, 월 '1~6' 필터 적용
- ▶ 부서 슬라이서를 '1-①', 년 슬라이서를 '1-②', 월 슬라이서를 '1-③' 위치에 배치

문제 3-1-② 풀이

(1) 부서 슬라이서 생성

❶ [시각화 창]의 [시각적 개체 빌드]에서 슬라이서(📊) 클릭
❷ 슬라이서를 '1-①' 위치로 크기 조정 및 배치
❸ <부서정보> 테이블의 [부서명] 필드 클릭

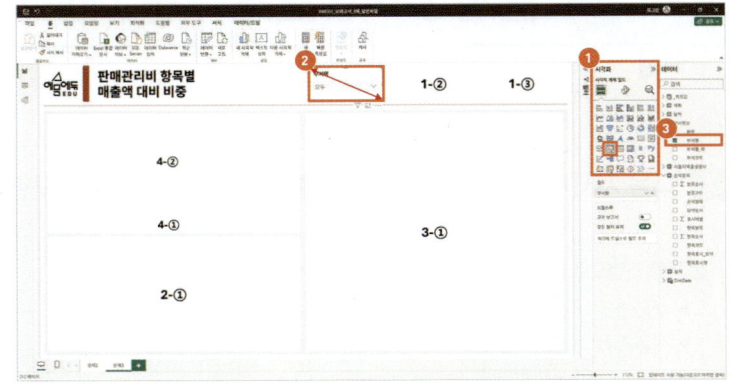

(2) 부서 슬라이서 설정

❶ [시각화 창]의 [시각적 개체 서식 지정] (🖌) 클릭
❷ [슬라이서 설정] 탭 선택 확장
❸ [스타일]을 '드롭다운'으로 설정
❹ [모두 선택 옵션 표시] 설정
❺ [슬라이서 머리글] 서식 설정
• 글꼴 크기 '10', '굵게'
❻ 슬라이서 개체 '모두 선택' 값 필터 적용

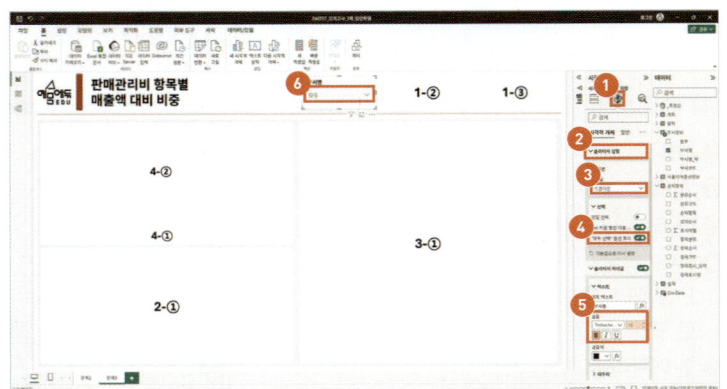

(3) 년 슬라이서 복사 생성

❶ 부서 슬라이서 선택 후 [Ctrl]+[C], [Ctrl]+[V]하여 슬라이서를 복제
❷ 슬라이서를 '1-②' 위치로 크기 조정 및 배치
❸ <부서정보> 테이블의 [부서명] 필드 클릭 해제
❹ <달력> 테이블의 년 필드 클릭 선택
❺ [시각화 창]의 [시각적 개체 서식 지정] (🖌) 클릭
❻ [슬라이서 설정] > [선택]에서 '단일 선택' 설정
❼ 슬라이서 값 '2023' 필터 적용

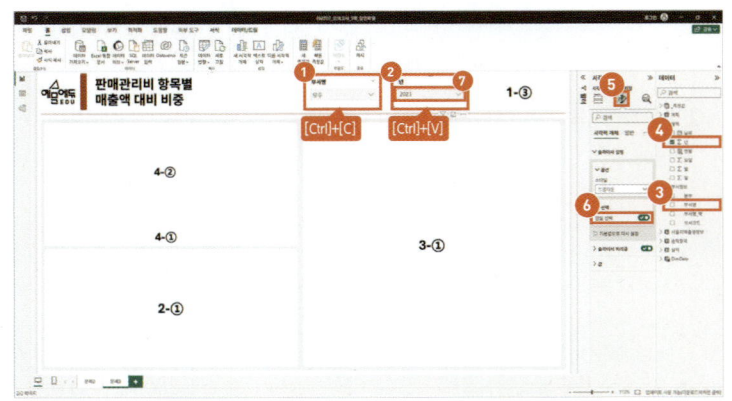

(4) 월 슬라이서 복사 생성

❶ 부서 슬라이서 선택 후 [Ctrl]+[C], [Ctrl]+[V]하여 슬라이서를 복제
❷ 슬라이서를 '1-③' 위치로 크기 조정 및 배치
❸ <부서정보> 테이블의 [부서명] 필드 체크 해제
❹ <달력> 테이블의 [월] 필드 클릭 선택
❺ [시각화 창]의 [시각적 개체 서식 지정] ( ) 클릭
❻ [시각적 거체] 탭 선택
❼ [스타일] '사이' 설정

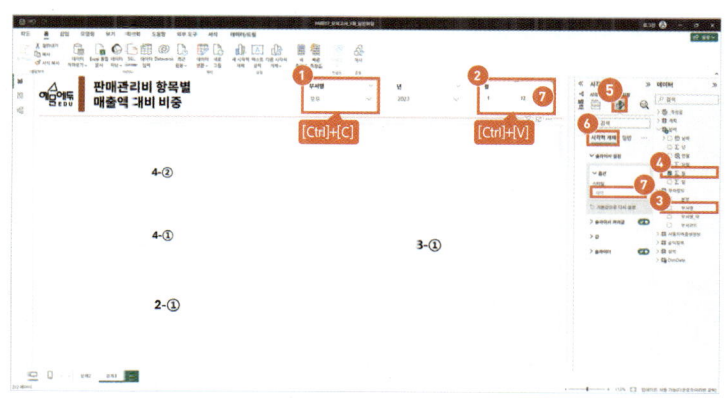

(5) 월 슬라이서 생성

❶ [시각화 창]의 [시각적 개체 서식 지정]( ) 클릭
❷ [일반] 탭 선택
❸ [고급 옵션] 선택 확장
❹ [반응형] 체크 해제
❺ 슬라이서 값 '1~6' 필터 적용

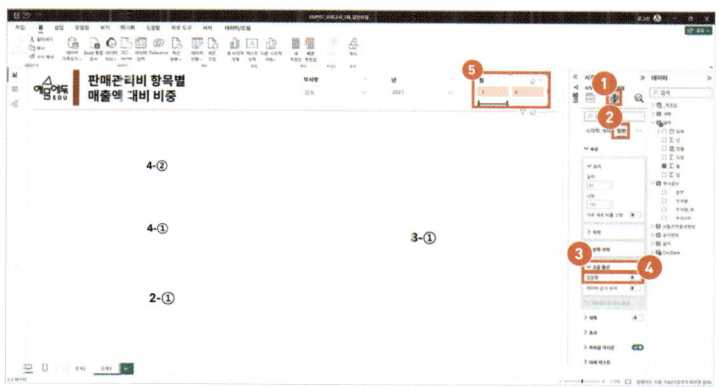

2 다음 지시사항에 따라 꺾은선형 및 묶은 세로 막대형 차트를 구현하시오. [10점]

① 다음 조건으로 <_측정값> 테이블에 측정값을 추가하시오. [3점]
▶ 측정값 : 매출액
  - 활용 필드
    • <실적> 테이블의 [실적(백만)] 필드
    • <손익항목> 테이블의 [손익항목] 필드
  - [손익항목] 필드에서 값이 "매출액"인 데이터만 필터링하여 [실적(백만)] 필드의 합계를 계산
  - 사용 함수 : CALCULATE, SUM, FILTER, ALL
  - 서식 '천단위 구분 기호', '소수점 아래 0자리까지' 표시
▶ 측정값 : 매출액_비중
  - 활용 필드 : <_측정값> 테이블의 [매출액], [실적] 필드
  - [실적]을 [매출액]으로 나눈 값을 계산하여 매출액 대비 비율 반환
  - 사용 함수 : DIVIDE
  - 서식 '백분율 형식', 소수점 아래 1자리까지 표시

문제 3-2-① 풀이

(1) [매출액] 측정값 생성

❶ [데이터 창]의 <_측정값> 테이블 우클릭
❷ [새 측정값] 선택

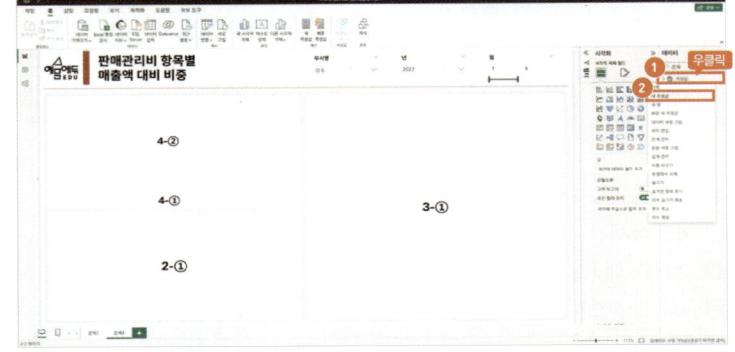

❸ [수식 편집기]의 박스에 수식 작성 후 [Enter]
❹ 천 단위 구분 기호(,) 클릭
❺ 소수점 이하 자릿수 입력란(￦ 0)에 "1"을 입력

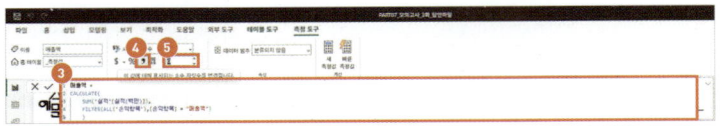

```
매출액 =
CALCULATE(
    SUM('실적'[실적(백만)]),
    FILTER(ALL('손익항목'),[손익항목] = "매출액")
)
```

DAX 풀이

이 수식은 <실적> 테이블에서 [손익항목] 값이 "매출액"인 데이터를 필터링한 후, 해당 데이터의 [실적(백만)] 값을 합산하여 [매출액] 값을 반환한다.
- [CALCULATE] 함수는 컨텍스트를 수정하여, 필터 조건([손익항목] = "매출액")이 적용된 상태에서 [실적(백만)]의 합계를 계산
- [ALL] 함수는 <손익항목> 테이블에 적용된 기존 필터를 제거하여 전체 데이터를 반환
- [FILTER] 함수는 필터링된 데이터에서 [손익항목] 값이 "매출액"인 행만 포함된 데이터를 반환
- [SUM] 함수는 필터링된 데이터에서 [실적(백만)] 값을 모두 합산

사용 함수

- [CALCULATE] : 컨텍스트를 수정하여 식을 계산
  - 구문 : CALCULATE(<식>, <필터>, …)
- [ALL] : 테이블 또는 열의 필터를 제거
  - 구문 : ALL(<테이블> | <열>)
- [FILTER] : 조건에 맞는 데이터를 필터링하여 반환
  - 구문 : FILTER(<테이블>, <조건>)
- [SUM] : 지정된 열의 모든 값을 합산
  - 구문 : SUM(<열>)

(2) [매출액_비중]측정값 생성

❶ [데이터 창]의 <_측정값> 테이블 우클릭
❷ [새 측정값] 선택

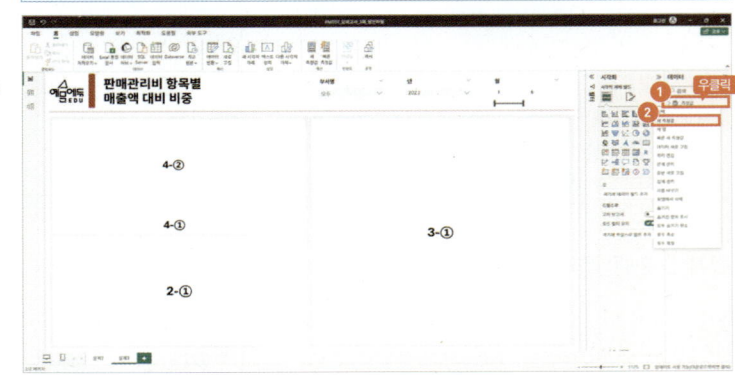

❸ [수식 편집기]의 박스에 수식 작성 후 [Enter]
❹ [측정 도구] 탭에서 백분율(%) 클릭
❺ 소수점 이하 자릿수 입력란(📊 0)에 "1"을 입력

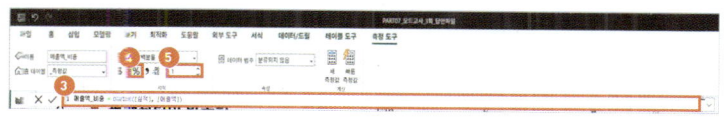

매출액_비중 = DIVIDE([실적], [매출액])

DAX 풀이
기 수식은 [매출액_억]과 [매출액_전년_억]의 차이를 [매출액_전년_억]으로 나누어 성장률을 계산한다.
- 분자: [매출액_억]-[매출액_전년_억]은 매출액의 전년 대비 증감을 계산
- 분모: [매출액_전년_억]은 전년 매출액으로, 성장률의 기준값이 됨
- [DIVIDE] 함수는 나눗셈 연산 중 분모가 0이거나 공백인 경우 오류를 방지하며 기본값(BLANK() 또는 사용자 정의 값)을 반환

사용 함수
- [DIVIDE] : 두 값을 나누고 결과를 반환
  - 구문 : DIVIDE(<분자>, <분모>, [대체값])
  ※ [대체값](선택) : 분모가 0이거나 공백일 경우 반환할 값, 기본값은 BLANK()

---

② 다음 조건으로 '문제 3' 페이지에 꺾은선형 및 묶은 세로 막대형 차트를 구현하시오. [3점]
  ▶ 활용 필드
    - <달력> 테이블의 [연월] 필드
    - <_측정값> 테이블의 [실적], [매출액], [매출액_비중]
  ▶ 레이블명 변경
    - [실적] → "판매관리비"
  ▶ X축 설정 : [연월]기준 '오름차순 정렬'
  ▶ 꺾은선형 및 묶은 세로 막대형 차트를 '2-①' 위치에 배치

문제 3-2-② 풀이

(1) 차트 생성 및 빌드 요소 추가

❶ [시각화 창]의 [시각적 개체 빌드]에서 꺾은선형 및 묶은 세로 막대형 차트(📊) 클릭
❷ 차트를 '2-①' 위치로 크기 조정 및 배치

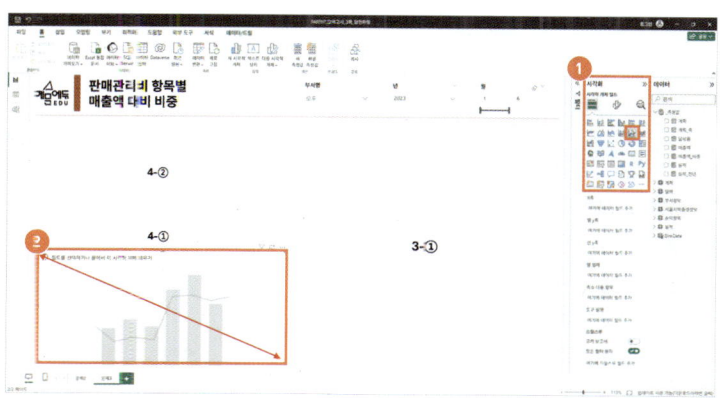

❸ [X축]에 <달력> 테이블의 [년월] 필드를 드래그하여 추가
❹ [열y축]에 <_측정값> 테이블의 [실적], [매출액] 측정값을 순서대로 추가
❺ [선y축]에 <_측정값> 테이블의 [매출액 비중] 측정값을 추가

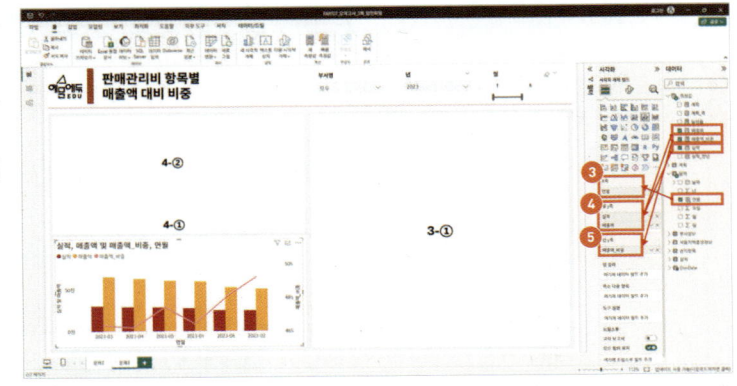

(2) 필드 레이블 변경 및 설정

❶ [열y축]의 [실적] 필드를 더블 클릭하여 "판매관리비" 입력 후 [Enter]
❷ [선y축]의 [매출액_비중] 필드를 더블 클릭하여 "매출액 비중" 입력 후 [Enter]
❸ 차트의 오른쪽 상단 추가 메뉴(…) 클릭
❹ [축 정렬] 선택
❺ [연월] 클릭하여 기준 설정
❻ '❸~❹' 단계를 반복하여 [오름차순 정렬] 클릭 설정

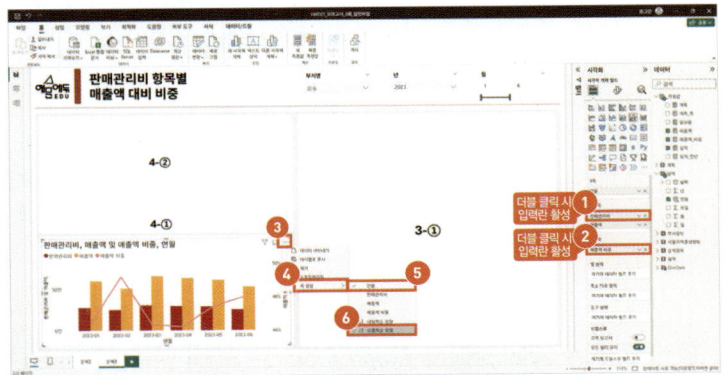

③ 다음 조건으로 꺾은선형 및 묶은 세로 막대형 차트의 각 요소에 대한 서식을 지정하시오. [4점]
  ▶ 차트 제목 : "월별 트렌드"
    - 글꼴 크기 '12', '굵게'
  ▶ 서식 설정
    - X축 : 제목 제거
    - Y축 : 제목과 값 제거
    - 열 : [매출액] 계열의 색을 '흰색, 20% 더 어둡게'로 지정
    - 선 및 표식 : [매출액 비중]의 선 색 '테마 색2' 지정, 표식 크기 '7'
    - 데이터 레이블
      • 표시 단위 '없음', 글꼴 크기 '8'
      • [판매관리비] 계열의 값 색 '테마 색1', '굵게'

문제 3-2-③ 풀이

(1) 차트 제목 설정

❶ [시각화 창]의 [시각적 개체 서식 지정] (아이콘) 클릭
❷ [일반] 탭 선택
❸ [제목] 탭 선택 확장
❹ [텍스트]에 "월별 트렌드" 입력
❺ 글꼴 서식 지정
  • 글꼴 크기 '12', '굵게'

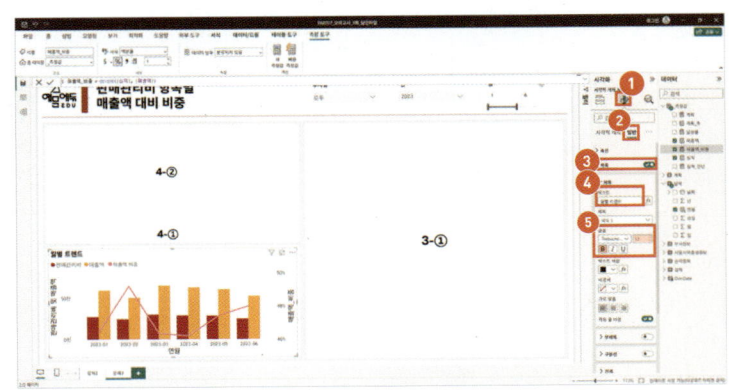

(2) X축 지정

❶ [시각적 개체] 탭 선택
❷ [X축] 선택 확장
❸ [제목] 클릭 체크 해제

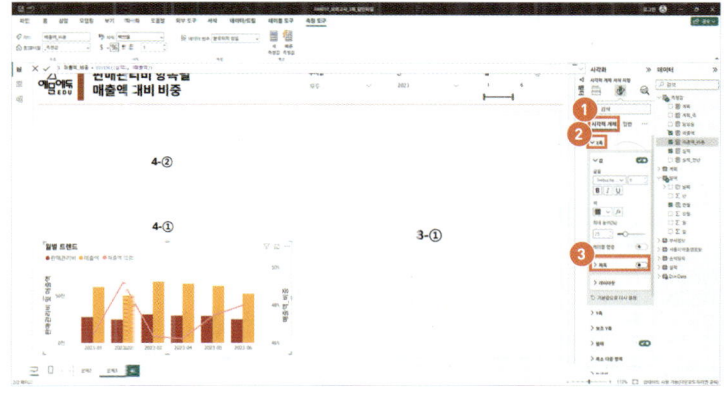

(3) Y축 설정

❶ [Y축] 선택 확장
❷ [값] 체크 해제
❸ [제목] 클릭 체크 해제

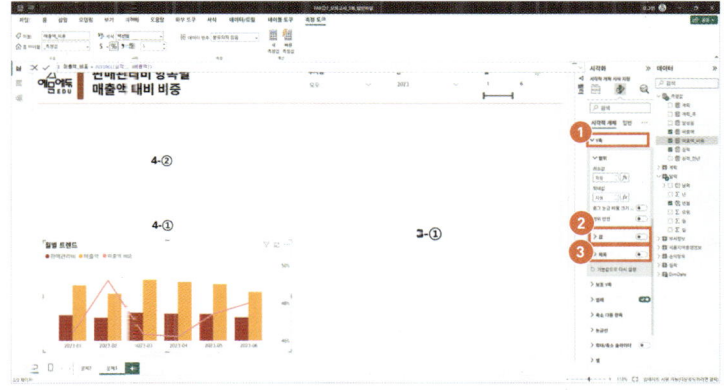

(4) 열 설정

❶ [열] 탭 선택 확장
❷ [설정 적용 대상]의 [계열]을 '매출액'으로 지정
❸ [색]을 클릭하여 팔레트에서 '흰색, 20% 더 어둡게' 선택

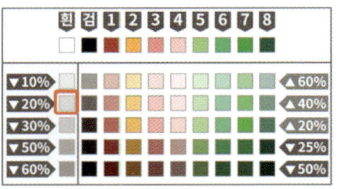

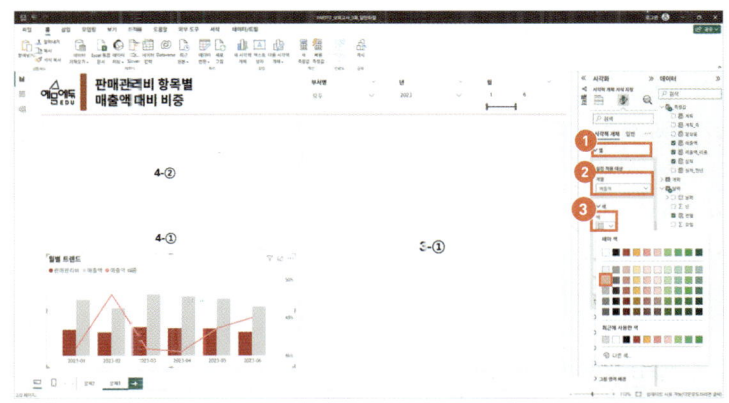

(5) 선 및 표식 설정

❶ [선] 탭 선택 확장
❷ [색] 탭 선택 확장
❸ [매출액 비중]의 선 색을 '테마 색2'로 설정

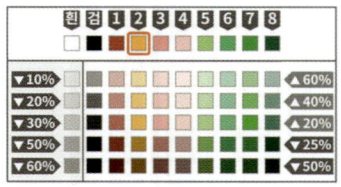

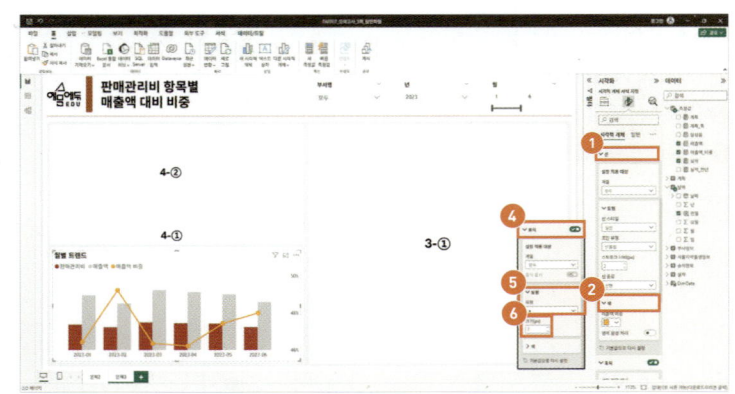

❹ [표식] 사용 설정 및 탭 확장
❺ [도형] 선택 확장
❻ [크기(px)]를 '7'로 설정

(6) 데이터 레이블 공통 서식 지정

❶ [데이터 레이블] 사용 설정 및 확장
❷ [값] 선택 확장
❸ 글꼴 크기 '8' 설정
❹ [표시 단위]를 '없음'으로 설정

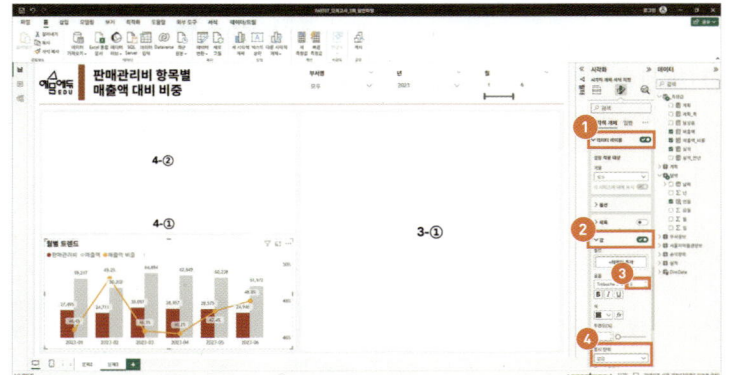

(7) [판매관리비] 계열 서식 지정

❶ [설정 적용 대상] 계열 [판매관리비] 선택
❷ [값] 탭 선택 확장
❸ 글꼴 '굵게' 설정
❹ [색] 선택 상자 클릭하여 '테마 색1' 설정

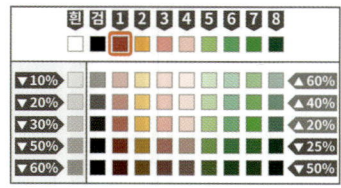

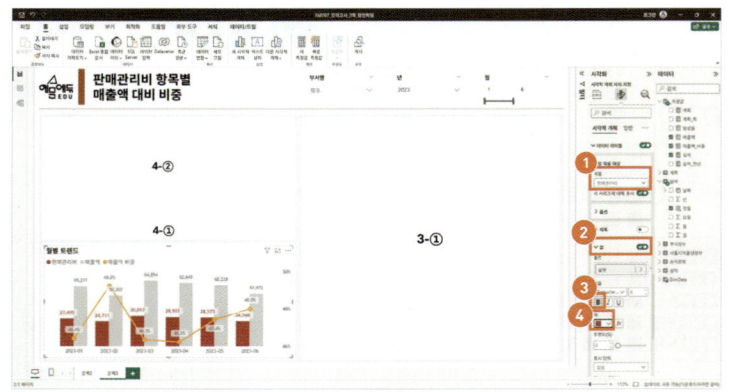

3 다음 지시사항에 따라 행렬 차트를 구현하시오. [15점]

① 다음 조건으로 <_측정값> 테이블에 측정값을 추가하시오 [4점]
- ▶ 측정값 : 실적_증감
  - 활용 필드 : <_측정값> 테이블의 [매출액 비중] 측정값
  - [매출액]에서 [매출액_전년]을 빼서 전년대비 증감 값을 반환
  - 서식 : '천단위 구분 기호', '소수점 아래 0자리'까지 표시
- ▶ 측정값 : 매출액_비중_전년
  - 활용 필드 : '달력' 테이블의 [날짜] 필드, <_측정값> 테이블의 [매출액 비중] 측정값
  - 12개월 전의 [매출액 비중]을 반환
  - 사용 함수 : CALCULATE, DATEADD
  - 서식 : '백분율', '소수점 아래 1자리'까지 표시
- ▶ 측정값 : 매출액_비중_증감
  - 활용 필드 : <_측정값> 테이블의 [매출액 비중], [매출액 비중 전년] 측정값
  - [매출액 비중]에서 [매출액 비중 전년]을 빼서 전년대비 증감 값을 반환
  - 서식 : '사용자 지정 서식'을 사용
    - 양수일 경우 : '+0.0%p' 형태로 표시
    - 음수일 경우 : '-0.0%p' 형태로 표시
    - '0'일 경우 : ' -- '로 표시

문제 3-3-① 풀이

(1) [실적_증감] 측정값 생성

❶ [데이터 창]의 <_측정값> 테이블 우 클릭
❷ [새 측정값] 선택

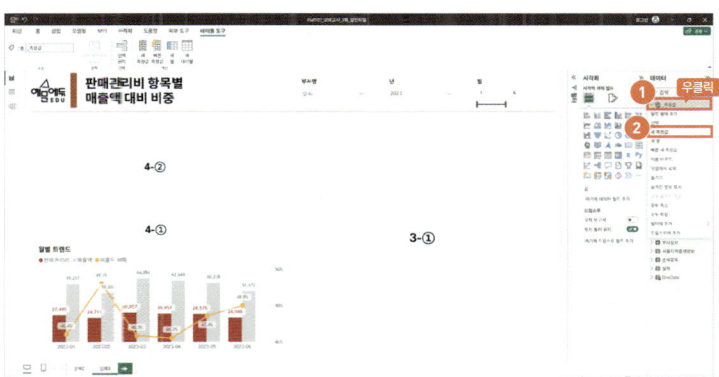

❸ [수식 편집기]의 박스에 수식 작성 후 [Enter]
❹ 천 단위 구분 기호(,) 클릭
❺ 소수점 이하 자릿수 입력란에 "1"을 입력

실적_증감 = [실적] - [실적_전년]

> **DAX 풀이**
> 이 수식은 [실적] 값에서 [실적_전년] 값을 빼서 실적의 전년 대비 증감을 계산한다.
> - [실적]은 '문제 3' 페이지의 필터 컨텍스트에 의해 판매관리비의 합계를 반환
> - [실적_전년]은 전년도 판매관리비 실적 값을 나타냄
> - 이 두 값을 뺀 결과로 판매관리비의 증가 또는 감소량을 계산하여 반환

(2) [매출액_비중_전년] 측정값 생성

❶ [데이터 창]의 <_측정값> 테이블 우클릭
❷ [새 측정값] 선택

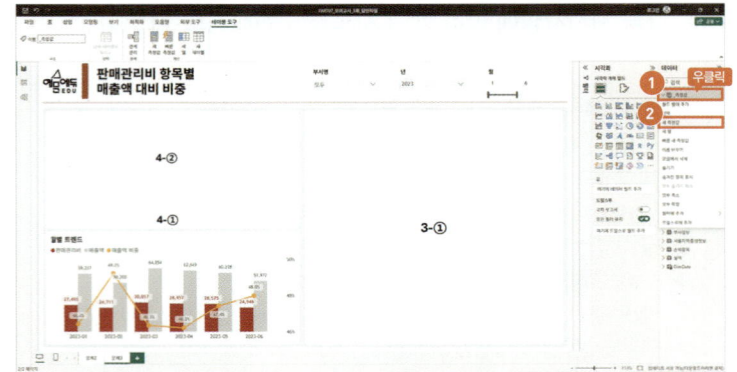

❸ [수식 편집기]의 박스에 수식 작성 후 [Enter]
❹ [측정 도구] 탭에서 백분율(%) 클릭
❺ 소수점 이하 자릿수 입력란에 "1"을 입력

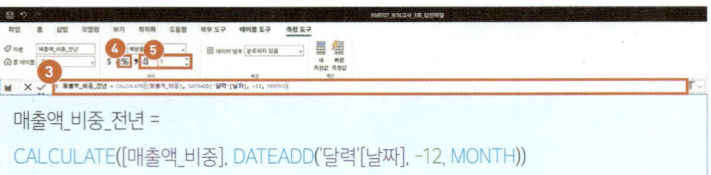

매출액_비중_전년 =
CALCULATE([매출액_비중], DATEADD('달력'[날짜], -12, MONTH))

> **DAX 풀이**
>
> 이 수식은 <달력> 테이블의 [날짜] 필드를 기준으로 현재 컨텍스트에서 12개월 전 데이터를 계산하여, [매출액_비중] 값을 반환한다. 결과는 해당 날짜의 전년도 매출 비중 값을 나타낸다.
> - [CALCULATE] 함수는 기본 컨텍스트를 수정하여 12개월 전, 즉 전년의 [매출액_비중] 값을 반환
> - [DATEADD] 함수는 현재 날짜에서 12개월(1년) 이전의 날짜를 계산하고, 그 날짜를 기준으로 컨텍스트를 변경

(3) [매출액_비중_증감] 측정값 생성

❶ [데이터 창]의 <_측정값> 테이블 우클릭
❷ [새 측정값] 선택

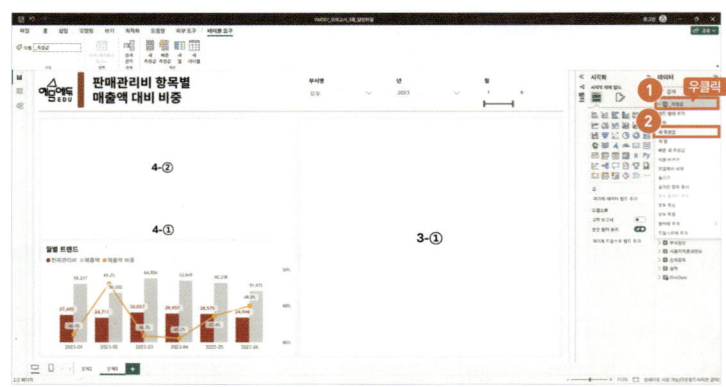

❸ [수식 편집기]의 박스에 수식 작성 후 [Enter]
❹ [측정 도구] 탭의 [서식]을 클릭하여 입력 커서 활성
❺ "+0.0%p ; -0.0%p ; --" 입력 후 [Enter]

매출액_비중_증감 = [매출액_비중] - [매출액_비중_전년]

> **DAX 풀이**
> 이 수식은 현재 [매출액_비중] 값에서 전년도 [매출액_비중_전년] 값을 빼서 매출 비중의 증감률을 계산한다.

> **참고**
> • "+0.0%p ; -0.0%p ; --" 사용자 지정서식은 값의 상태에 따라 세 가지 형태로 표시되며, 각 서식은 세미콜론(;)으로 구분된다.
> • '+0.0%p'(양수 서식) : 양수 값을 퍼센트 포인트로 표시하며 "+" 기호를 추가한다. 정수 부분 값이 '0'인 경우에도 '0'을 표시한다.
>   예 0.025는 2.5%p로 표시된다.
> • '-0.0%p'(음수 서식) : 음수 값을 퍼센트 포인트로 표시하며 "-" 기호를 유지한다.
>   예 -0.015는 -1.5%p로 표시된다.
> • '--'(0 값 또는 데이터 없음 서식) : 값이 0이거나 빈 값일 경우 "--"로 표시된다.

② 다음 조건으로 '문제 3' 페이지에 행렬 차트를 구현하시오. [3점]
  ▶ 활용 필드
    - <손익항목> 테이블의 [항목표시_요약], [손익항목] 필드
    - <_측정값> 테이블의 [실적], [실적_전년], [실적_증감] 측정값
    - <_측정값> 테이블의 [매출액_비중], [매출액_비중_전년], [매출액_비중_증감] 측정값
  ▶ 레이블명 변경
    - [항목표시_요약] → "과목", [손익항목] → "항목"
    - [실적] → "당년실적", [실적_전년] → "전년실적", [실적증감] → "실적증감"
    - [매출액_비중] → "당년매출(%)"
    - [매출액_비중_전년] → "전년매출(%)"
    - [매출액_비중_증감] → "매출(%)증감"
  ▶ 행을 마지막 수준까지 확장하여 표시
  ▶ 행렬 차트를 '3-①' 위치에 배치

문제 3-3-② 풀이

(1) 차트 생성 및 빌드 요소 추가

❶ [시각화 창]의 [시각적 개체 빌드]에서 행렬 차트(▦) 클릭
❷ 차트를 '3-①' 위치로 크기 조정 및 배치
❸ [행]에 <손익항목> 테이블의 [항목표시_요약], [손익항목] 필드를 순서대로 드래그하여 추가
❹ [값]에 <_측정값> 테이블의 다음 측정값들을 추가한 후 순서대로 배치
  • [실적]   • [실적_전년]
  • [실적_증감]   • [매출액_비중]
  • [매출액_비중_전년]
  • [매출액_비중_증감]

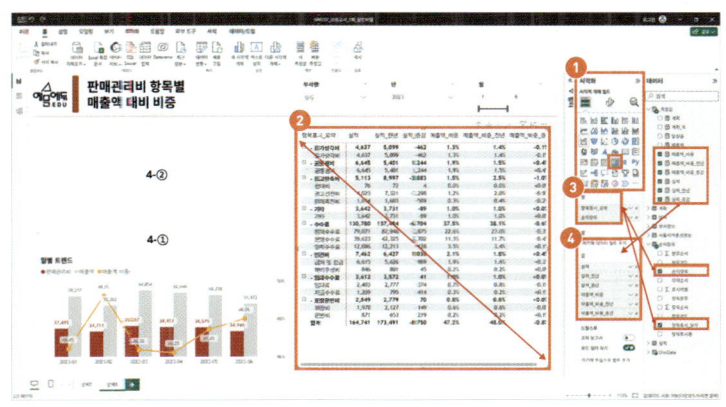

(2) 행 및 값 필드 이름 변경

❶ [행]의 필드를 더블 클릭하여 변경할 레이블 입력 후 [Enter]
- [항목표시_요약] → "과목"
- [손익항목] → "항목"

❷ [값]의 필드를 더블 클릭하여 변경할 레이블 입력 후 [Enter]
- [실적] → "당년실적"
- [실적_전년] → "전년실적"
- [실적증감] → "실적증감"
- [매출액_비중] → "당년매출(%)"
- [매출액_비중_전년] → "전년매출(%)"
- [매출액_비중_증감] → "매출(%)증감"

❸ [한 수준 아래 확장](📊)을 클릭하여 최저 수준까지 확장

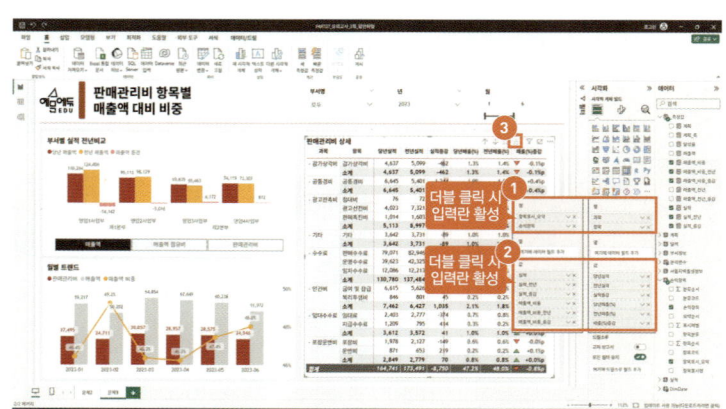

③ 다음과 같이 행렬 차트의 설정 및 각 요소에 대한 서식을 지정하시오. [4점]
▶ 차트 제목 : "판매관리비 상세"
  - 글꼴 크기 '12', '굵게'
▶ 서식 지정
  - 스타일 : '최소값'
  - 눈금 : 세로 눈금선 사용, 행 안쪽 여백 '2'
  - 값 : 배경색 및 다른 배경색을 '흰색'으로 지정
  - 열 머리글 : 텍스트 크기 '9', '굵게', 머리글 맞춤 '가운데' 설정
  - 행 머리글 : '+/- 아이콘 사용' 제거, '계단형 레이아웃' 제거
  - 행 소계
    • 배경색 '흰색, 10% 더 어둡게' 지정, 레이블에도 적용
    • '항목' 수준 부분합 레이블 "소계" 설정
  - 행 총합계 : '기울임꼴', 텍스트 색상 '흰색', 배경색 '검정, 40% 더 밝게', 레이블에도 적용

문제 3-3-③ 풀이

(1) 차트 제목 설정

❶ [시각화 창]의 [시각적 개체 서식 지정](🖌️) 클릭
❷ [일반] 탭 선택
❸ [제목] 탭 선택 확장
❹ [제목]의 텍스트에 "판매관리비 상세" 입력
❺ [글꼴 크기] '12' 설정, '굵게' 설정

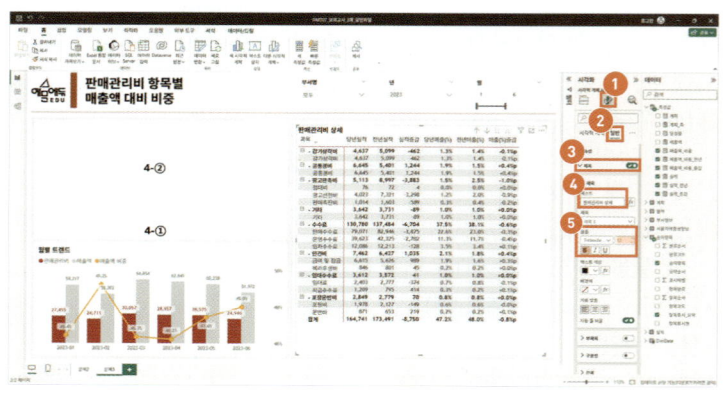

(2) 스타일 및 눈금 설정

❶ [시각적 개체] 탭 선택
❷ [스타일 사전 설정]을 '최소값'으로 선택
❸ [눈금] 탭 선택 확장
❹ [세로 눈금선] 체크
❺ [옵션] 탭 선택 확장
❻ [행 안쪽 여백]을 '2'로 설정

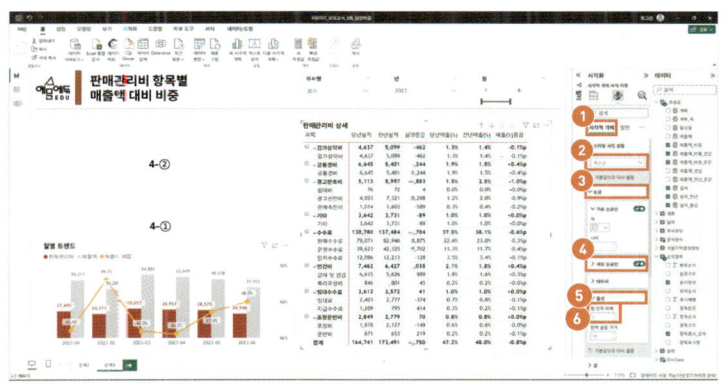

(3) 값 설정

❶ [값] 탭 선택 확장
❷ [배경색]을 '흰색'으로 설정
❸ [다른 배경색]을 '흰색'으로 설정

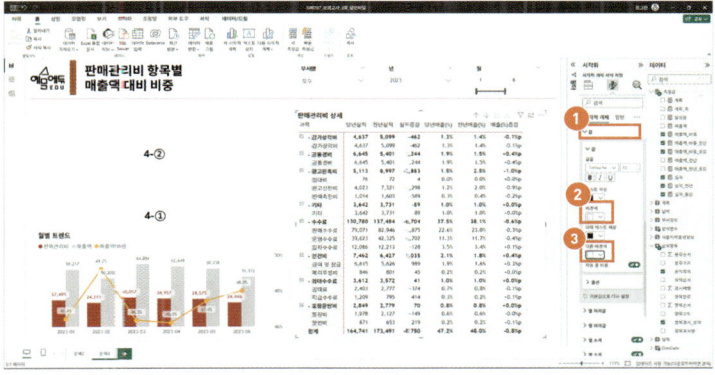

(4) 열 머리글 설정

❶ [열 머리글] 탭 선택 확장
❷ 글꼴 서식 설정
• 글꼴 크기 '9', '굵게'
❸ [머리글 맞춤] '가운데 정렬'

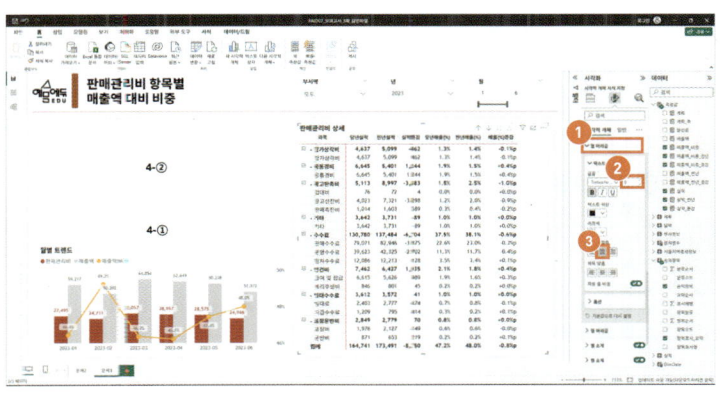

(5) 행 머리글 설정

❶ [행 머리글] 탭 선택 확장
❷ [+/- 아이콘] 체크 해제
❸ [옵션] 탭 선택 확장
❹ [계단형 레이아웃] 체크 해제

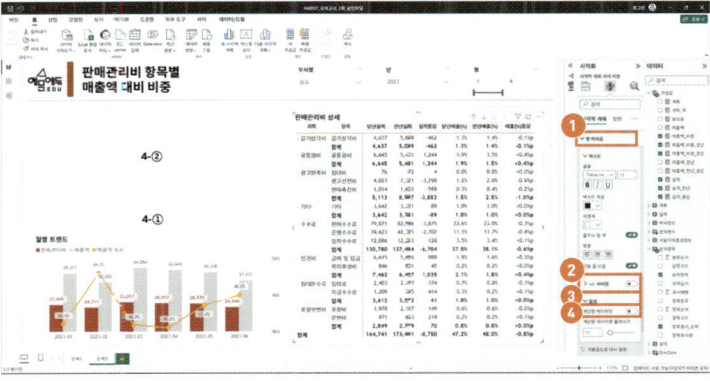

CHAPTER 06 모의고사 3회 풀이 567

(6) 행 소계 설정

❶ [행 소계] 탭 선택 확장
❷ [행 소계]의 [값] 선택 확장
❸ 행 소계 [값]의 [배경색] 클릭
❹ '흰색, 10% 더 어둡게' 선택
❺ [레이블에 적용] 설정

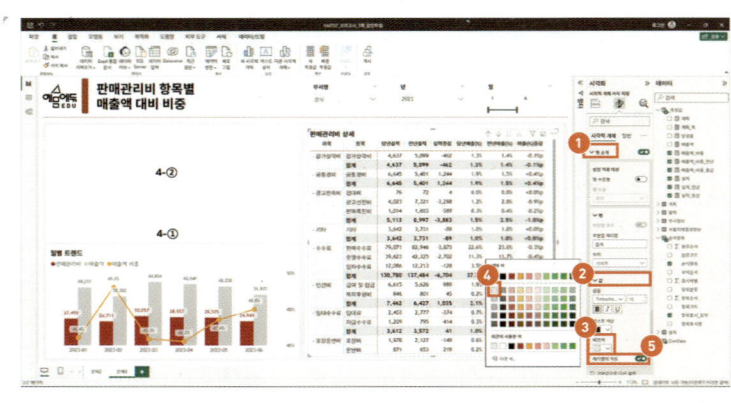

❻ [행 수준별] 사용 설정
❼ [행 수준]을 '항목'으로 선택
❽ [부분합 레이블]에 "소계" 입력

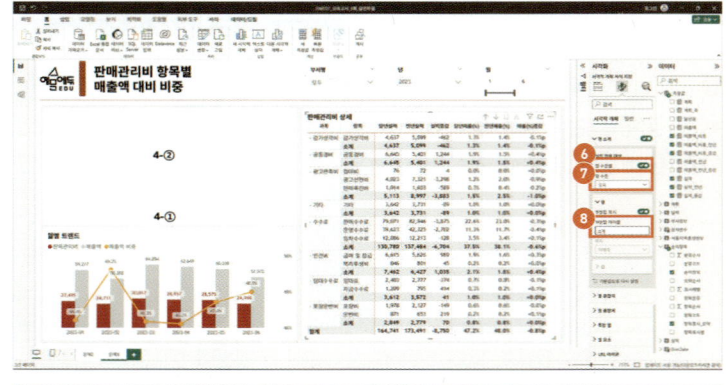

(7) 행 총합계 설정

❶ [행 총합계] 탭 선택 확장
❷ [기울임꼴] 설정
❸ [텍스트 색상]을 '흰색'으로 지정
❹ [배경색]을 '검정, 40% 더 밝게'로 지정

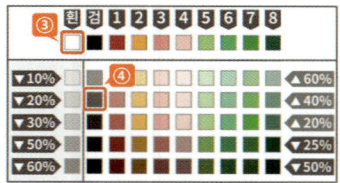

❺ [레이블에 적용] 체크

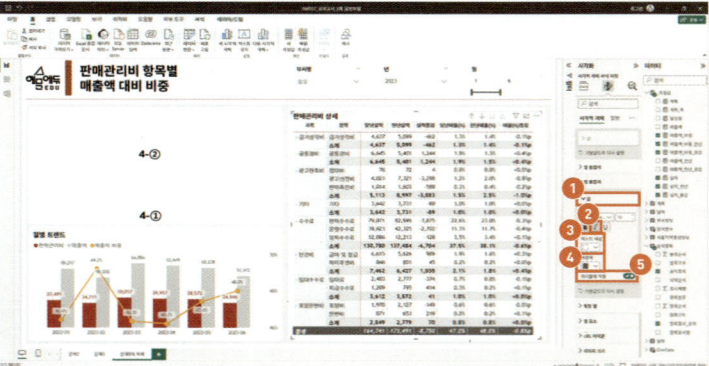

---

④ 행렬 차트에 조건부 서식을 적용하시오. [4점]
▶ 설정 적용 대상 : '실적증감'
- '데이터 막대' 사용
- 양수 막대 색 : '테마 색3, 40% 더 밝게'
- 음수 막대 색 : '#B0B6E2'
▶ 설정 적용 대상 : '매출(%)증감'
- '아이콘' 사용
- 적용 대상 : '값 및 합계'
- 서식 스타일 : 규칙
• 규칙1 : '최소값'보다 크고 '0'보다 작으면 '▼(빨간색 아래쪽 세모)'
• 규칙2 : '0'보다 크거나 같고 최대값보다 작거나 같으면 '▲(초록색 위쪽 세모)'

문제 3-3-④ 풀이

(1) [실적증감] 열 조건부 서식 설정

❶ [셀 요소] 탭 선택 확장
❷ [계열]을 '실적증감'으로 설정
❸ [데이터 막대] 사용 설정
❹ [조건부 서식](fx) 클릭
❺ [양수 막대]의 색을 '테마 색3, 40% 더 밝게'로 지정

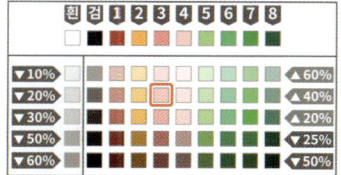

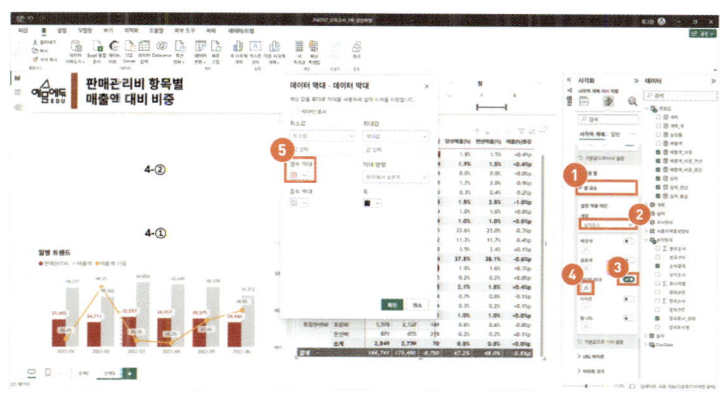

❻ [음수 막대] 클릭
❼ [다른 색…] 클릭
❽ 헥스에 "#B0B6E2" 입력
❾ [색 설정 창] 외부를 클릭
❿ [확인] 클릭

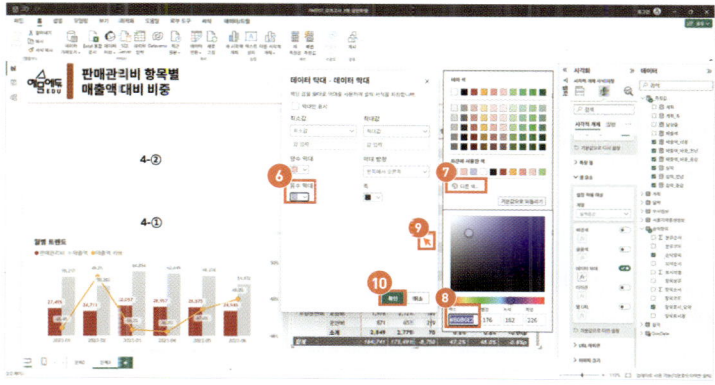

(2) [매출(%)증감] 열 조건부 서식 설정

❶ [계열]을 '매출(%)증감'으로 설정
❷ [아이콘] 사용 설정
❸ [조건부 서식](fx) 클릭

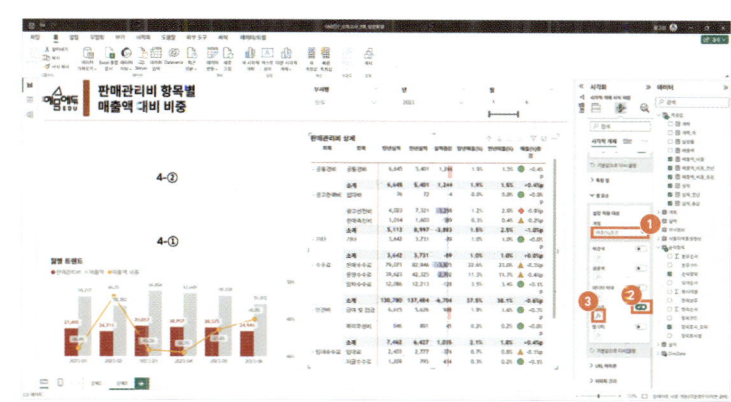

(3) 아이콘 표시 설정

❶ [서식 스타일]을 '규칙'으로 설정
❷ [적용 대상]을 '값 및 합계'로 설정
❸ [매출액_비중_증감]을 기반 필드로 설정
❹ 스타일을 ▼ ━ ▲ 로 설정

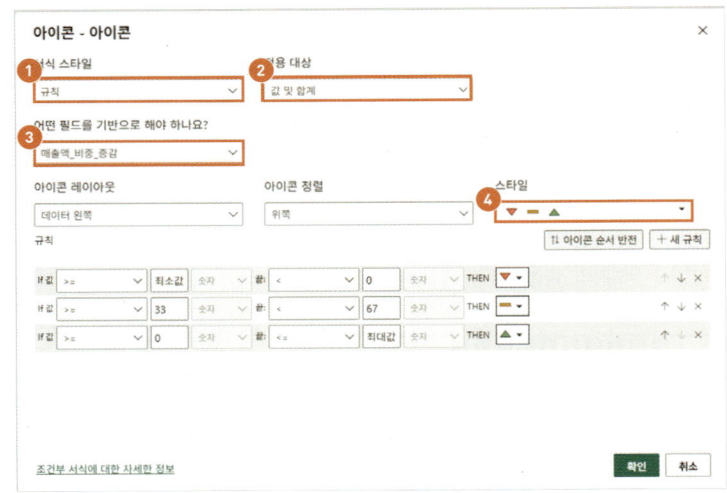

(4) 규칙 설정

❶ 규칙 설정 ⓐ
• If값 : [>=], [최소값], [숫자] 선택
• 끝 : [<], [0], [숫자] 선택
• THEN : ▼ 선택

❷ 규칙 설정 ⓑ
• [X] 클릭하여 삭제

❸ 규칙 설정 ⓒ
• If값 : [>], [0], [숫자] 선택
• 끝 : [<=], [최대값], [숫자] 선택
• THEN : ▲ 선택

❹ [확인] 클릭

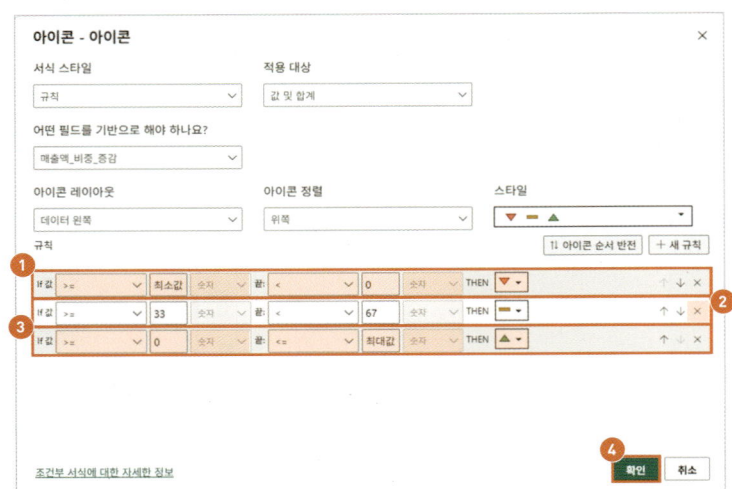

4 다음 지시사항에 따라 매개 변수와 그룹을 구성하고 묶은 세로 막대형 차트를 추가하시오. [10점]

① 다음 조건으로 <_측정값> 테이블에 측정값과 매개 변수를 추가하고 그룹으로 구성하시오. [4점]
▶ 측정값 이름 : 매출액_전년
  - 활용 필드 : <달력> 테이블의 [날짜] 필드, <_측정값> 테이블의 [매출액] 측정값
  - [매출액]의 전년값 반환
  - 사용 함수 : CALCULATE, SAMPERIODLASTYEAR
  - 서식 : '천단위 구분 기호', '소수점 아래 0자리'까지 표시
▶ 측정값 이름 : 매출액_전년_증감
  - 활용 필드 : <_측정값> 테이블의 [매출액], [매출액_전년] 측정값
  - [매출액]에서 [매출액_전년]을 차감하여 전년대비 증감값 반환
  - 서식 : '천단위 구분 기호', '소수점 아래 0자리'까지 표시
▶ 매개 변수 이름 : [분석변수]
▶ 대상 필드 및 필드 이름 변경

테이블	대상필드	변경 레이블명
<_측정값>	[매출액_비중] 측정값	당년 점유비
	[매출액_비중_전년] 측정값	전년 점유비
	[매출액_비중_증감] 측정값	점유비 증감
	[실적] 측정값	당년 판관비
	[실적_전년] 측정값	전년 판관비
	[실적_증감] 측정값	판관비 증감
	[매출액] 측정값	당년 매출액
	[매출액_전년] 측정값	전년 매출액
	[매출액_전년증감] 측정값	매출액 증감

▶ 필드 그룹 이름 : [분석그룹]
  - 활용 필드 : <분석변수>매개 변수의 [분석변수] 필드
  - 그룹명 및 구성필드
    • '매출액' : [당년 매출액], [전년 매출액], [매출액 증감]
    • '매출액 점유비' : [당년 점유비], [전년 매출액], [매출액 증감]
    • '판매관리비' : [당년 판관비], [전년 판관비], [판관비 증감]

문제 3-4-① 풀이

[1] [매출액_전년] 측정값 생성

❶ [데이터 창]의 <_측정값> 테이블 우클릭

❷ [새 측정값] 선택

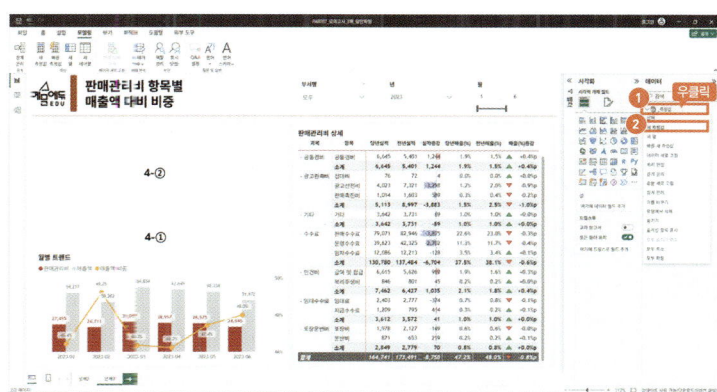

❸ [수식 편집기]의 박스에 수식 작성 후 [Enter]
❹ 천 단위 구분 기호(,) 클릭
❺ 소수점 이하 자릿수 입력란에 "0"을 입력

매출액_비중_전년 =
CALCULATE([매출액], SAMEPERIODLASTYEAR('달력'[날짜]))

DAX 풀이

이 수식은 <달력> 테이블의 [날짜] 필드를 기준으로 동일한 기간(날짜 범위)의 전년도 데이터를 가져와 [매출액] 값을 계산한다.
- [CALCULATE] 함수는 컨텍스트를 수정하여 동일한 기간의 전년도 데이터를 기반으로 [매출액] 값을 계산
- [SAMEPERIODLASTYEAR] 함수는 현재 컨텍스트의 날짜 범위에서 동일한 전년도 날짜 범위를 반환

사용 함수

- [CALCULATE] : 컨텍스트를 수정하여 식을 계산
  - 구문 : CALCULATE(<식>, <필터>, …)
- [SAMEPERIODLASTYEAR] : 현재 날짜 범위의 전년도 동일 기간을 반환
  - 구문 : SAMEPERIODLASTYEAR(<날짜 열>)

(2) [매출액_전년_증감] 측정값 생성

❶ [데이터 창]의 <_측정값> 테이블 우클릭
❷ [새 측정값] 선택

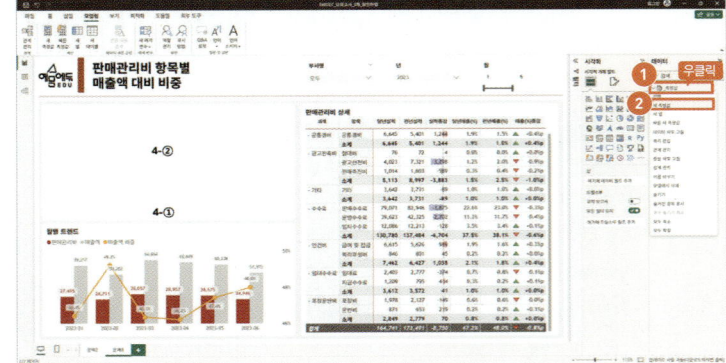

❸ [수식 편집기]의 박스에 수식 작성 후 [Enter]
❹ 천 단위 구분 기호(,) 클릭
❺ 소수점 이하 자릿수 입력란에 "0"을 입력

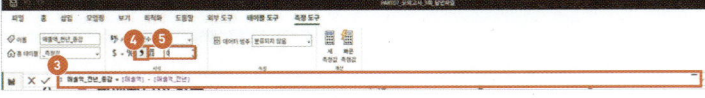

매출액_전년_증감 = [매출액] - [매출액_전년]

DAX 풀이

이 수식은 [매출액]에서 [매출액_전년] 값을 뺀 결과를 반환하며, 전년 대비 매출액의 증감을 계산한다.
- [매출액] 측정값은 현재 컨텍스트에서 손익항목을 조건을 재설정하여 매출액을 나타냄
- [매출액_전년] 측정값은 동일한 기간의 전년도 매출액 측정값을 반환
- 두 값의 차이를 계산하여 전년도 대비 증감 값을 반환

(3) 매개 변수 생성

❶ [리본 메뉴]의 [모델링] 탭 선택

❷ [새 매개 변수]( ) 클릭

❸ [필드] 선택

❹ 매개 변수 설정창의 [이름]에 "분석 변수" 입력

❺ <_측정값> 테이블의 다음 측정값들을 클릭하여 추가
- [매출액] 측정값
- [매출액_비중] 측정값
- [매출액_비중_전년] 측정값
- [매출액_비중_증감] 측정값
- [매출액_전년] 측정값
- [매출액_전년_증감] 측정값
- [실적] 측정값
- [실적_전년] 측정값
- [실적_증감] 측정값

❻ '이 페이지에 슬라이서 추가' 체크 해제

❼ [만들기] 클릭

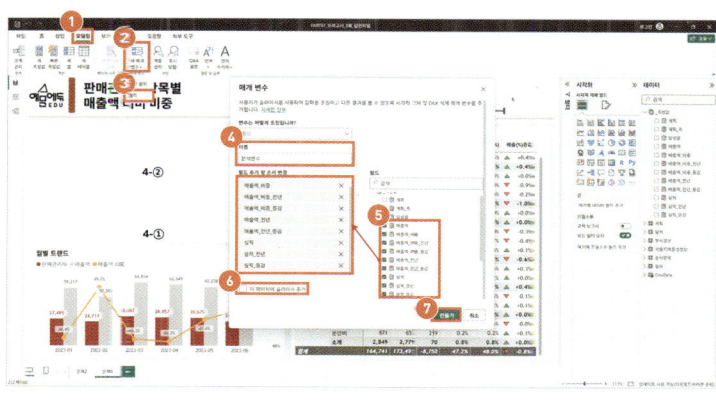

(4) 매개 변수 필드명 변경

❶ [데이터 창]에서 <분석변수> 테이블 선택

❷ [수식 편집기]의 박스에 수식 작성 후 [Enter]

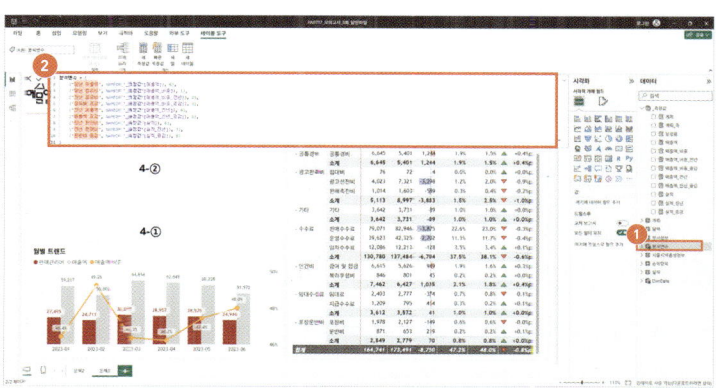

```
분석변수 = {
    ("당년 매출액", NAMEOF('_측정값'[대출액]), 0),
    ("당년 점두비", NAMEOF('_측정값'[대출액_비중]), 1),
    ("전년 점두비", NAMEOF('_측정값'[대출액_비중_전년]), 2),
    ("점유비 증감", NAMEOF('_측정값'[대출액_비중_증감]), 3),
    ("전년 매출액", NAMEOF('_측정값'[대출액_전년]), 4),
    ("매출액 증감", NAMEOF('_측정값'[대출액_전년_증감]), 5),
    ("당년 판관비", NAMEOF('_측정값'[실적]), 6),
    ("전년 판관비", NAMEOF('_측정값'[실적_전년]), 7),
    ("판관비 증감", NAMEOF('_측정값'[실적_증감]), 8)
}
```

(5) 필드 그룹 설정

❶ [데이터 창]에서 <분석변수> 테이블의 [분석변수] 필드 선택
❷ [리본 메뉴]의 [데이터 그룹] 선택
❸ [새 데이터 그룹] 선택
❹ [이름]에 "분석그룹" 입력
❺ [그룹화되지 않은 값]의 [당년 매출액], [전년 매출액], [매출액 증감] 항목을 [Ctrl]을 누른 상태로 선택
❻ [그룹화] 클릭

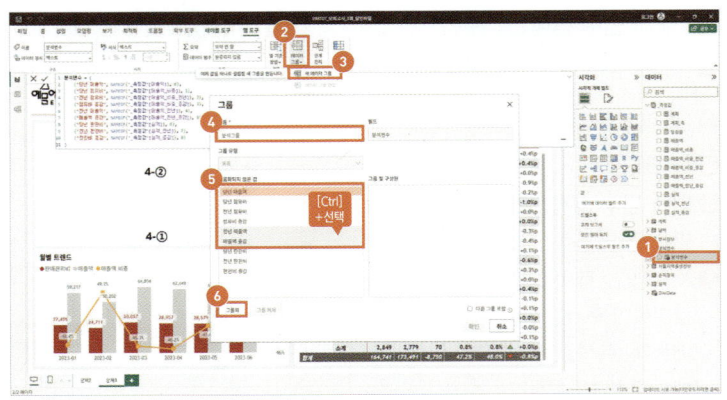

❼ '❺~❻' 단계를 반복하여 [당년 점유비], [전년 점유비], [점유비 증감] 항목을 그룹 설정
❽ '❺~❻' 단계를 반복하여 [당년 판관비], [전년 판관비], [판관비 증감] 항목을 그룹 설정

(6) 필드 그룹명 변경 및 생성

❶ 그룹명을 더블 클릭하여 "매출액" 입력 후 [Enter]
❷ 그룹명을 더블 클릭하여 "매출액 점유비" 입력 후 [Enter]
❸ 그룹명을 더블 클릭하여 "판매관리비" 입력 후 [Enter]
❹ [확인] 클릭

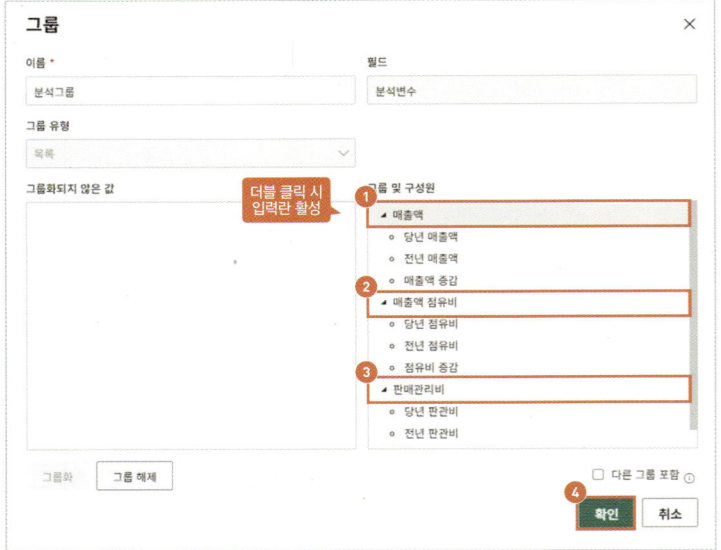

② 다음 조건으로 '문제 3' 페이지에 매개 변수 슬라이서를 구현하시오. [2점]
- ▶ 활용 필드 : <분석변수> 테이블의 [분석그룹] 필드
- ▶ 슬라이서 설정
  - 스타일 '타일', '단일 항목'만 선택되도록 설정
  - 슬라이서 머리글 제거
- ▶ 슬라이서를 '4-①' 위치에 배치

문제 3-4-② 풀이

(1) 슬라이서 개체 생성 및 배치

❶ [시각화 창]의 [시각적 개체 빌드]에서 슬라이서( ) 개체 클릭
❷ [데이터 창]에서 <분석변수> 테이블의 [분석그룹] 필드 선택
❸ 슬라이서를 '4-①' 위치로 드래그하여 크기 조정

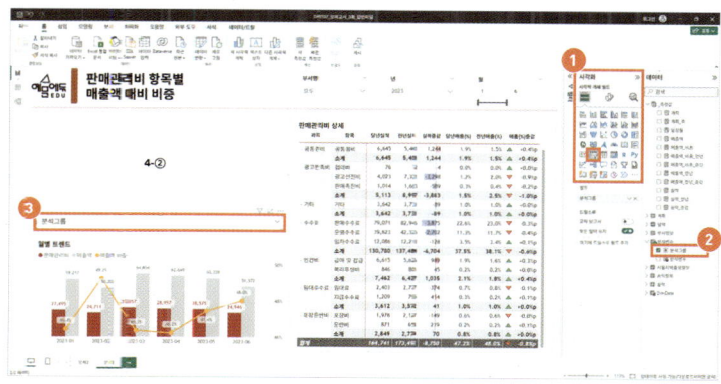

(2) 슬라이서 서식 설정

❶ [시각화 창]의 [시각적 개체 서식 지정] ( ) 클릭
❷ [시각적 개체] 탭 선택
❸ [슬라이서 설정] 탭 선택 확장
❹ [스타일] '타일' 설정
❺ [선택] 탭 선택 확장
❻ [단일 선택] 설정

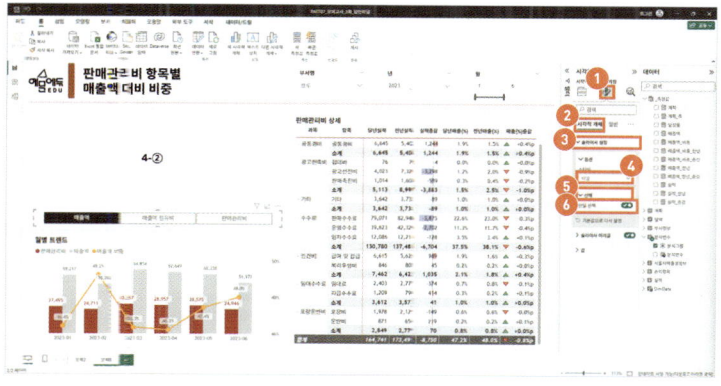

③ 다음 조건으로 '문제 3' 페이지에 묶은 세로 막대형 차트를 구현하시오. [4점]
- ▶ 활용 필드
  - <부서정보> 테이블의 [본부], [부서명] 필드
  - <분석변수> 매개 변수의 [분석변수] 필드
- ▶ [매개 변수]에 따라 Y축이 변경되도록 구현
- ▶ 차트 제목 : "부서별 실적 전년 비교"
- ▶ 묶은 세로 막대형 차트 서식
  - X축 제목, Y축 제목 및 값 제거
  - 열 : 범주 사이의 간격(%) '6'
  - 데이터 레이블 : 글꼴 크기 '8', 표시 단위 '없음'
- ▶ 묶은 세로 막대형 차트를 '4-②' 위치에 배치

문제 3-4-③ 풀이

(1) 차트 생성 및 빌드 요소 추가

❶ [시각화 창]의 [시각적 개체 빌드]에서 묶은 세로 막대형 차트(📊) 클릭
❷ 차트를 '4-②' 위치로 크기 조정 및 배치
❸ [X축]에 <부서정보> 테이블의 [본부], [부서명] 필드를 순서대로 추가 후 [본부] 기준 표시 확인
❹ [Y축]에 <분석변수> 테이블의 [분석변수] 필드를 드래그하여 추가

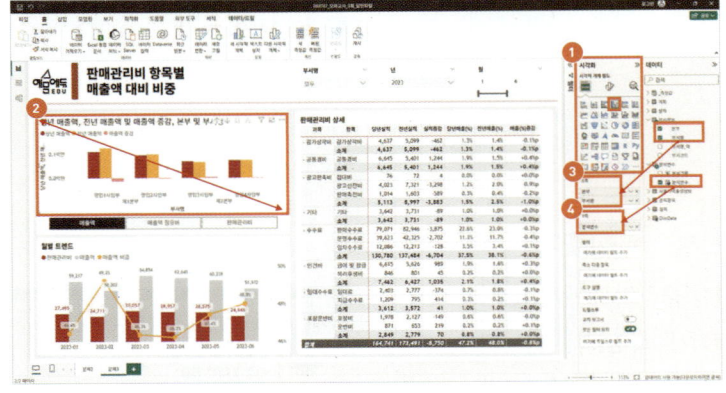

(2) 차트 제목 설정

❶ [시각화 창]의 [시각적 개체 서식 지정] (🎨) 클릭
❷ [일반] 탭 선택
❸ [제목] 탭 선택 확장
❹ [텍스트]에 "부서별 실적 전년 비교" 입력
❺ 글꼴 서식 지정
• 글꼴 크기 '12', '굵게'

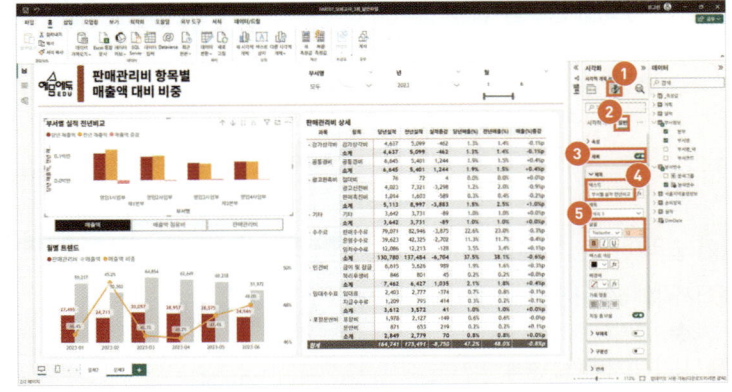

(3) X축 설정

❶ [시각적 개체] 탭 선택
❷ [X축] 선택 확장
❸ [제목] 체크 해제

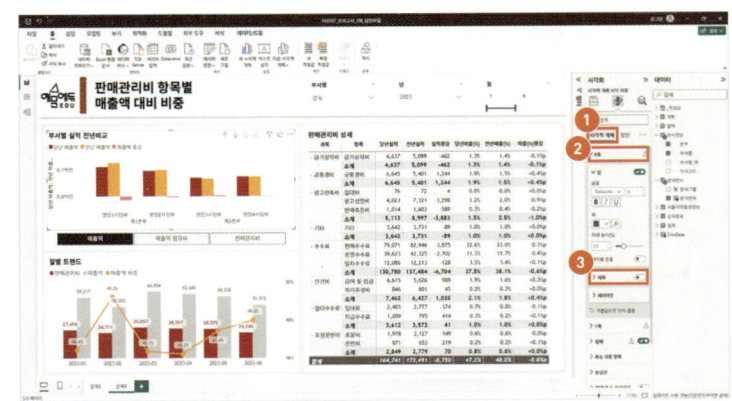

576 경영정보시각화능력 **실기**

(4) Y축 설정

❶ [Y축] 탭 선택 확장
❷ [값] 체크 해제
❸ [제목] 체크 해제

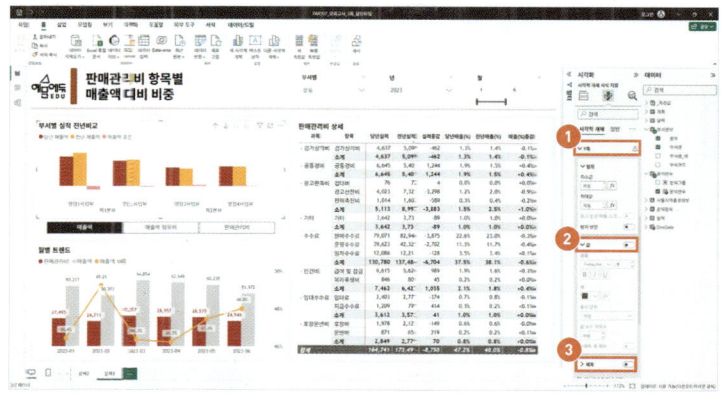

(5) 열 설정

❶ [열] 탭 선택 확장
❷ [레이아웃] 선택 확장
❸ [범주 사이의 간격(%)]을 '6'으로 설정

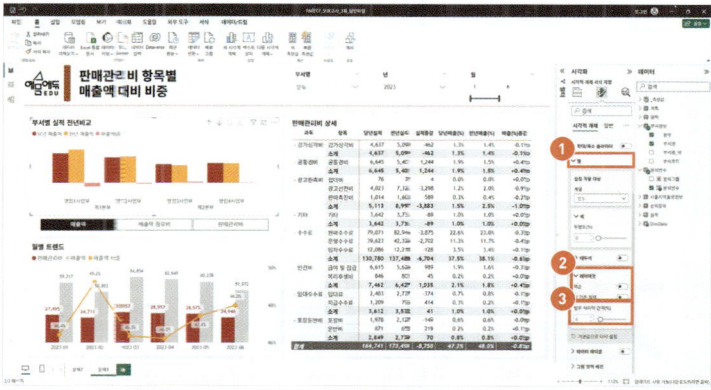

(6) 데이터 레이블 설정

❶ [데이터 레이블] 사용 체크 및 선택 확장
❷ [값] 선택 확장
❸ [글꼴]의 크기를 '8'로 설정
❹ [표시 단위] '없음' 설정

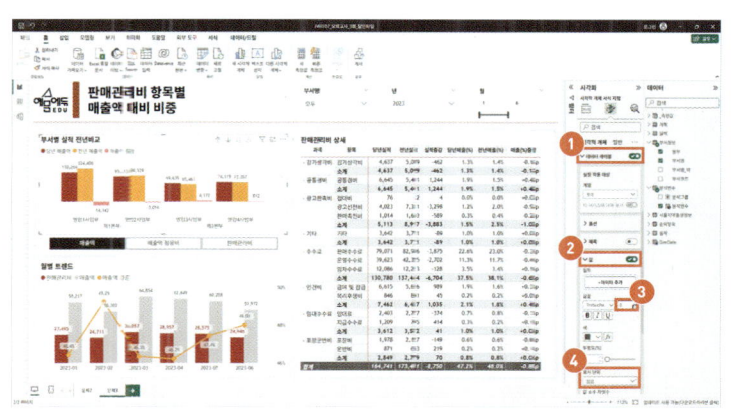

PART 08

기출유형복원문제

CHAPTER **01**

2024년 1회
기출유형복원문제

《 문제 및 데이터 안내 》

1. 최종 제출해야 할 답안 파일은 1개입니다. 문제 1, 문제 2, 문제 3의 답을 하나의 답안 파일(.pbix)로 제출하십시오.
2. 문제 1, 문제 2, 문제 3은 각각 독립적으로 구성되어 있어 앞 문제를 풀지 않아도 다음 문제풀이가 가능합니다.
3. 문제 2와 문제 3 풀이를 위해 필요한 일부 측정값, 필터가 답안 파일에 미리 적용되어 있을 수 있습니다. 지시사항에 제시되지 않은 것은 변경하지 마십시오.
4. 하위문제(①, ②, ③)별로 점수가 부여되며, 하위문제의 지시사항(▶ 또는 - 표시)을 이행하지 않을 경우 점수가 부여되지 않습니다.
5. 이 시험을 위한 데이터 파일은 6개이며, 문제 1을 위한 데이터와 문제 2, 3의 데이터가 구분됩니다.

　가. 문제 1 풀이에는 '온라인화장품판매정보.xlsx', '2024년 1/2/3/4분기 온라인 화장품 판매정보.csv' 파일을 사용하십시오.

파일명	온라인화장품판매정보.xlsx										
테이블	구조										
제품목록	순서	상품번호	화장품명		발매일	정가(원)	분류				
	1	116454983	로즈 워터 글로우 크림		2022년 12월	15000	스킨케어				
A_주문내역	주문ID	주문일자	주문파일	상품번호	주문처ID	주문단가	주문수량	주문금액	결제금액	할인금액	회원ID
	P0000001	2023-08-27	202308.csv	118615742	B0000018	25000	2	50000	47000	3000	C0000089
B_주문내역	주문ID	주문일자	주문파일	상품번호	주문처ID	주문단가	주문수량	주문금액	결제금액	할인금액	회원ID
	M0000001	2023-12-17	202312.csv	120494902	B0000021	34000	2	68000	61800	6200	C0000068
주문고객	주문처 코드	주문채널	광역시도	시구	지역코드	위도	경도				
	B0000001	뷰티클럽몰	서울특별시	강남구	11680	37.5172	127.0473				
주문통계	성별	연령대	스킨케어	안티에이징	에멀전	크림	클렌징	젤	마스크팩	선케어	미스트	합계
	남성	청소년	62	78	8	184	145	96	81	24	29	707

파일명	2024년 1분기 온라인 화장품 판매정보.csv, 2024년 2분기 온라인 화장품 판매정보.csv, 2024년 3분기 온라인 화장품 판매정보.csv, 2024년 4분기 온라인 화장품 판매정보.csv									
테이블	구조									
온라인화장품판매정보	주문ID	주문일자	상품번호	주문처ID	주문단가	주문수량	주문금액	결제금액	할인금액	회원ID
	P0000001	2023-08-27	118615742	B0000018	25000	2	50000	47000	3000	C0000089

나. 문제 2와 문제 3의 풀이에는 '온라인화장품판매실적.xlsx'을 사용하십시오.

파일명	온라인화장품판매실적.xlsx								
테이블	구조								
주문 데이터	주문ID	주문일자	상품번호	주문처ID	주문단가	주문수량	주문금액	결제금액	할인금액	회원ID
	P0000001	2023-01-01	118615493	B0000018	17000	3	51000	51000		C0000068
상품목록	순서		상품번호		화장품명		정가(원)		분류
	1		116454983		로즈 워터 글로우 크림		15000		스킨케어
회원목록	회원ID		성별		연령		지역		
	C0000001		여		20대		제주특별자치도		
주문처	주문처ID		주문처명			채널구분			
	B0000001		뷰티클럽몰			종합몰			
지역 마스터	Date	연도		월		분기		연월	
	44927	2023		1		1Q		202301	
DimDate	광역시도				권역				
	서울특별시				서울경인				

문제 1 작업준비 30점

1. 다음 지시사항에 따라 데이터 가져오기 및 편집을 수행하시오. [10점]

① 데이터 파일을 가져온 후 파워쿼리 편집기를 통해 테이블의 데이터를 편집하시오 [3점]

▶ 가져올 데이터
  - 온라인화장품판매.xlsx 파일의 <제품목록>, <A_주문내역>, <B_주문내역>, <주문고객>, <주문통계> 테이블

▶ 파워쿼리 편집기를 통해 <A_주문내역>, <B_주문내역> 테이블에서 [주문ID], [주문일자], [주문파일], [상품번호], [주문처ID], [주문수량], [주문금액]을 제외한 다른 필드를 삭제

▶ <주문통계> 테이블에 대해 다음 조건에 따라 열 피벗을 설정하시오.
  - 첫 행을 머리글로 사용
  - [합계] 필드와 행은 삭제, [스킨케어]부터 [디스트]까지 화장품 분류명 필드를 대상으로 열 피벗 해제를 적용
  - [성별] 필드의 null에 대해 위에 있는 값을 아래로 채우기
  - [연령대] 필드는 '값' 필드를 기준으로 피벗 열 적용
  - [특성] 필드의 열 머리글을 [제품분류]로 변경

② 파워쿼리 편집기를 통해 다음 조건에 따라 열을 병합, 그룹화를 수행하고, 새로운 테이블을 추가한 후 편집하시오. [3점]
  ▶ 열 추가
    - <A_주문내역>, <B_주문내역> 테이블의 [주문파일] 필드에 대해 구분 기호 "." 앞자리 연도와 월만 추출
      ※ 하나의 작업으로 구분 기호 기준으로 텍스트가 추출된 열이 생성되도록 할 것
    - 예) 202312.csv → '202312'
    - 필드명 변경 : 주문파일 → [date]
  ▶ 열 병합
    - [date] 필드와 [주문처ID] 필드를 열 병합하여 [회원코드] 생성
    - 구분 기호로 사용자 지정 "_"(언더바)를 사용하고, 새 열 이름을 [회원코드]로 설정
③ 파워쿼리 편집기를 통해 다음 조건에 따라 그룹화를 수행하고, 새로운 테이블을 추가하고 편집하시오. [4점]
  ▶ 그룹화
    - [회원코드]를 기준으로 그룹화
    - 대상필드 : [주문수량], [주문금액] 합계
    - <A_주문내역> 테이블의 [주문수량]과 [주문금액]의 합계를 집계하여 [PC_주문수량], [PC_주문금액] 필드 생성
    - <B_주문내역> 테이블의 [주문수량]과 [주문금액]의 합계를 집계하여 [모바일_주문수량], [모바일_주문금액] 필드 생성
  ▶ <회원별 온라인 화장품 주문집계> 새 테이블 추가
    - '쿼리를 새 항목으로 병합' 기능 사용
    - 테이블 이름 : <회원별 온라인 화장품 주문집계>
    - <A_주문내역>, <B_주문내역> 테이블의 [회원코드] 필드를 기준으로 병합
    - 조인 종류 : '왼쪽 외부'
  ▶ 로드사용 해제 : <A_주문내역>, <B_주문내역> 테이블의 로드사용을 해제하시오.

2. 다음 지시사항에 따라 테이블 및 측정값을 추가하시오. [10점]

① 폴더 내 모든 파일을 가져온 후 파워쿼리 편집기를 통해 테이블의 데이터를 편집하시오. [3점]
  ▶ 가져올 데이터 : 분기별 온라인 화장품 판매 폴더 내 모든 파일
  ▶ Source.Name 필드명을 "주문분기"로 변경하고, 파일명에서 분기부분을 추출하여 값으로 설정
    - 예) 2024년 1분기 온라인 화장품 판매.csv → '1분기'
  ▶ 테이블 이름 변경 : <분기별 온라인 화장품 주문집계> → <온라인 화장품 주문정보>
② 다음 조건으로 데이터 창에 테이블을 추가하시오. [4점]
  ▶ 테이블 이름 : <날짜>
    - 필드 : [Date], [연도], [월], [분기] 필드 구성
    - 사용 함수 : ADDCOLUMNS, CALENDAR, DATE, YEAR, MONTH, FORMAT
    - [Date] 필드의 시작일 : 2023-01-01
    - [Date] 필드의 종료일 : 2023-12-31
  ▶ [Date] 필드 서식 : '*2001-03-14(Short Date)' 형식으로 표시

③ 다음 조건에 따라 <온라인 화장품 주문정보> 테이블과 다른 테이블의 관계를 설정하시오. **[3점]**
- ▶ 활용 필드 : <온라인 화장품 주문정보> 테이블의 [주문일자] 필드, <날짜> 테이블의 [Date] 필드, <온라인 화장품 주문정보> 테이블의 [주문처] 필드, <주문고객> 테이블의 [주문처코드] 필드, <온라인 화장품 주문정보> 테이블의 [상품번호] 필드, <제품목록> 테이블의 [상품번호] 필드
- ▶ 기준(시작) 테이블 : <온라인 화장품 주문정보> 테이블
- ▶ 카디널리티 : '다대일(* : 1)' 관계
- ▶ 크로스 필터 방향 : '단일'

3. 다음 지시사항에 따라 새 열, 테이블, 측정값을 추가하시오. [10점]

① 다음 조건으로 <주문고객> 테이블에 새 열을 생성하시오. **[4점]**
- ▶ 열 이름 : [지역구분]
- ▶ 활용 필드 : <주문고객> 테이블의 [광역시도]
- ▶ <주문고객> 테이블의 [광역시도] 필드값이 "서울특별시", "경기도", "인천광역시"일 경우 "수도권", 그 외의 값일 경우 "지방권"을 반환
- ▶ 추가된 필드의 데이터 형식 : '텍스트'
- ▶ 사용 함수 : IF, IN

② <온라인 화장품 주문정보> 테이블을 요약해 상위 5개 품목 정보를 반환하는 테이블을 생성하시오. **[3점]**
- ▶ 계산 테이블 이름 : 상위5_화장품 판매 품목
- ▶ 활용 필드 : <온라인 화장품 주문정보> 테이블의 [주문금액] 필드, <제품목록> 테이블의 [화장품명] 필드
- ▶ 품목별 주문금액의 합계기준으로 상위 5개 품목을 반환
- ▶ 필드명은 [화장품명], [총매출금액]으로 반환
- ▶ 사용 함수 : SUM, SUMMARIZE, TOPN

③ 다음 조건으로 <@측정값> 테이블에 측정값을 생성하시오. **[3점]**
- ▶ 측정값 이름 : 히트상품수
- ▶ 활용 필드 : <온라인 화장품 주문정보> 테이블의 [주문금액] 필드, <제품목록> 테이블의 [화장품명] 필드
- ▶ 표시 값 : 총 주문금액이 1,000,000원 이상인 제품 수(주문금액이 없을 경우 공백 표시)
- ▶ 사용 함수 : CALCULATE, FILTER, F, ISBLANK, MAX, COUNTX, BLANK

문제 2 단순요소 구현 [30점]

〈시각화 완성화면〉 각 세부문제 풀이 후 '문제 2' 페이지에 아래와 같이 개체를 배치하시오.

※ 계산식 작성에 사용되는 문자열은 큰따옴표("")를 사용하여 작성하시오.

1. '문제 2', '문제 3', '문제 3-4' 페이지의 전체 서식을 설정하시오. [5점]

① '문제 2'와 '문제 3' 페이지의 캔버스 배경을 설정하시오. **[3점]**
  ▶ 배경 이미지
   - '문제 2' 페이지 : '문제 2-배경-화장품.png'
   - '문제 3' 페이지 : '문제 3-배경-화장품.png'
  ▶ 캔버스 배경 설정
   - 이미지 맞춤 : '맞춤'
   - 투명도 : '10%'
  ▶ 보고서 테마 : '태양'
  ▶ 회사 로고 이미지 추가
   - 이미지 : Logo_CI.png
   - 스타일 : '기본'
   - 이미지를 '1-①' 위치에 배치

② 텍스트 상자를 사용하여 '문제 2' 페이지에 보고서 제목을 작성하시오. [2점]
- ▶ 제목 : "'23~24년 온라인 화장품 판매 보고서'
  - 제목 서식 : 글꼴 'Segoe UI', 글꼴 크기 '28', '굵게', '가운데 정렬'
  - 텍스트 상자를 '1-②' 위치에 배치

2. 다음 지시사항에 따라 슬라이서와 카드를 구현하시오. [5점]

① 다음 조건으로 '연도'와 '채널구분' 슬라이서를 구현하시오. [2점]
- ▶ 연도 슬라이서
  - 활용 필드 : <DimDate> 테이블의 [연도] 필드
  - 슬라이서 설정 : 스타일 '세로 목록', '모두 선택' 표시
  - 슬라이서 값에 '2024' 필터 적용
  - 슬라이서를 '2-①' 위치에 배치
- ▶ 채널구분 슬라이서
  - 활용 필드 : <주문처> 테이블의 [채널구분] 필드
  - 슬라이서 스타일 : '세로 목록'
  - '모두 선택' 표시
  - 슬라이서를 '2-②' 위치에 배치
- ▶ 슬라이서 서식
  - 값 서식 : 글꼴 'Segoe UI', 글꼴 크기 '10', '굵게'
  - 슬라이서 머리글 보이지 않도록 설정

② 다음 조건으로 3개의 카드를 구현하시오. [3점]
- ▶ 활용 필드 : <_측정값> 테이블의 [총주문금액], [총주문수량], [구매회원수] 측정값
  - 설명 값 서식 : 글꼴 'DIN', 글꼴 크기 '30', '굵게', 표시 단위 없음
  - 범주 레이블 서식 : 글꼴 'DIN', 글꼴 크기 '14'
- ▶ 레이블명 변경 : [총주문금액] → '총 판매금액', [총주문수량] → '총 판매수량'
- ▶ 카드를 '2-③' 위치에 총 판매금액, 총 주문금액, 구매회원수 순서로 배치

3. 다음 지시사항에 따라 도넛형 차트를 구현하시오. [10점]

① 다음 조건으로 '문제 2' 페이지에 도넛형 차트를 구현하시오. [4점]
- ▶ 활용 필드
  - <주문처> 테이블의 [채널구분], [주문처명] 필드
  - <_측정값> 테이블의 [총주문금액] 측정값
- ▶ 도넛형 차트를 '3-①' 위치에 배치

② 도넛형 차트의 각 요소에 대한 서식을 지정하시오. [3점]
- ▶ 차트 제목 : "주문채널별 주문금액 비율"
    - 제목 서식 : 글꼴 'Segoe UI', '굵게', '중앙 정렬'
- ▶ 범례 : 위치 '아래쪽 가운데'
- ▶ 색상 : '전문몰' 채널 조각 색상 '#FF867A'
- ▶ 내부 반경 : '65%'

③ 다음과 같이 도넛형 차트 세부 정보 레이블에 대한 서식을 지정하시오. [3점]
- ▶ 레이블 내용 : '범주, 총 퍼센트'로 표시
- ▶ 위치 : '바깥쪽 우선'

4. 다음 지시사항에 따라 꺾은선형 및 묶은 세로 막대형 차트를 구현하시오. [10점]

① 주문지역별 주문수량과 주문금액을 나타내는 '꺾은선형 및 묶은 세로 막대형 차트'를 구현하시오. [3점]
- ▶ 활용 필드
    - <지역마스터> 테이블의 [광역시도] 필드
    - <_측정값> 테이블의 [총주문수량], [총주문금액] 측정값
- ▶ 지역별 주문금액을 열, 주문수량을 선으로 표시
- ▶ 차트를 '4-①' 위치에 배치

② 다음 조건으로 꺾은선형 및 묶은 세로 막대형 차트의 각 요소에 대한 서식을 지정하시오. [4점]
- ▶ 차트 제목 : "주문지역별 주문금액 및 수량"
    - 제목 서식 : 글꼴 'Segoe UI', '굵게', '중앙 정렬'
- ▶ X축, Y축, 보조Y축 : 축 제목 제거
- ▶ 데이터 레이블
    - 방향(열) '세로', 위치(열) '축에 가깝게' 표시
- ▶ 꺾은선형 차트 서식
    - 선 스타일 : '점선'
    - 표식 : 도형 유형 '◆', 크기 '5', 색 '검정'

③ 꺾은선형 및 묶은 세로 막대형 차트의 열 색에 조건부 서식을 적용하시오. [3점]
- ▶ 서식 스타일 : 그라데이션
- ▶ 기반 필드 : [총주문금액] 측정값
- ▶ 최소값 '1,000,000' , 최대값 '10,000,000'
    - 색 : 최소값 '테마 색1, 60% 더 밝게', 최대값 '테마 색4'

문제 3) 복합요소 구현 [40점]

〈시각화 완성화면〉 각 세부문제 풀이 후 '문제 3' 페이지에 아래와 같이 개체를 배치하시오.

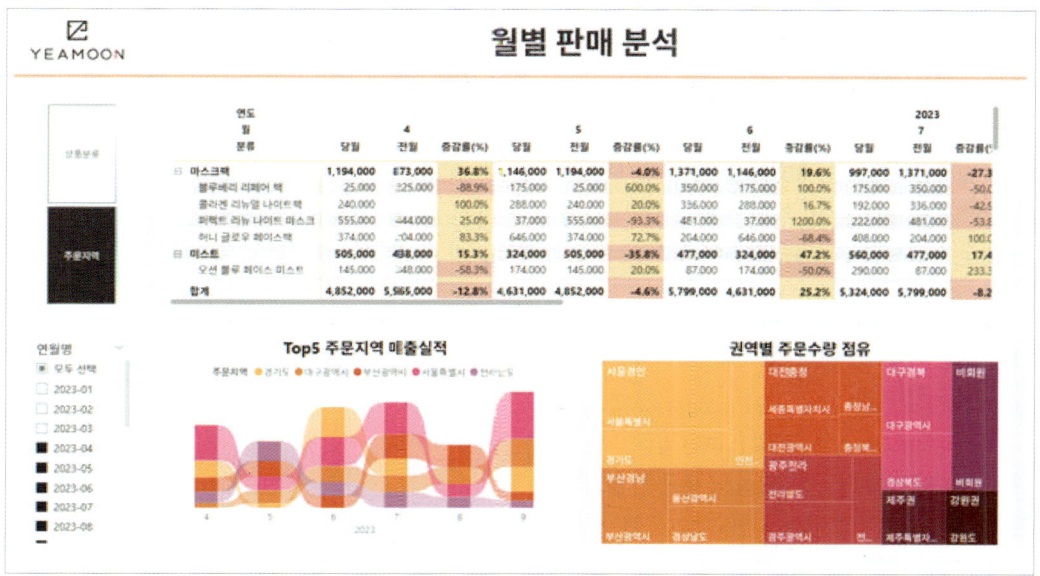

※ 계산식 작성에 사용되는 문자열은 큰따옴표("")를 사용하여 작성하시오.

1. 다음 지시사항에 따라 매개 변수와 슬라이서를 구현하시오. [10점]

① 제품분류와 지역명을 필드 매개 변수로 설정하고, '문제 3' 페이지에 슬라이서를 구현하시오. [4점]
- ▶ 매개 변수 이름 : "분석차원"
- ▶ 활용 필드
  - <상품목록> 테이블의 [분류] 필드
  - <회원목록> 테이블의 [지역] 필드
- ▶ 필드 레이블 변경 : [분류] → '상품분류', [지역] → '주문지역'
- ▶ 슬라이서를 '1-①' 위치에 배치

② 매개 변수 슬라이서의 서식을 설정하시오. [3점]
- ▶ 슬라이서 설정
  - 스타일 '타일', '단일 선택'
- ▶ 슬라이서 머리글 제거
- ▶ 슬라이서에 '주문지역' 선택

③ 다음 조건으로 새 열을 생성하고 '문제 3' 페이지에 슬라이서를 추가하시오. [3점]
- ▶ 새 열 이름 : 연월명
  - 활용 필드 : <DimDate> 테이블의 [연도] 필드, [월] 필드

- [연도], [월] 필드와 "-" 텍스트를 연결하여 '2024-01' 형태로 표현
- 사용 함수 : FORMAT
▶ 연월 슬라이서
- 활용 필드 : <DimDate> 테이블의 [연월명] 필드
- 슬라이서 스타일 : '세로 목록'
- 값 서식 : 글꼴 'Segoe UI', 글꼴 크기 '10'
- 슬라이서 머리글 보이지 않도록 설정
- 슬라이서를 '1-②' 위치에 배치
- 슬라이서의 값을 '2023-04~2023-09'로 적용

2. 다음 지시사항에 따라 측정값과 행렬 차트를 구현하시오. [10점]

① <_측정값> 테이블에 전월대비 주문금액 증감률을 반환하는 측정값을 추가하시오. [4점]
▶ 측정값 이름 : 전월증감률(%)
- 활용 필드
• <DimDate> 테이블의 [Date] 필드
• <주문데이터> 테이블의 [주문금액] 필드
- 전월대비증감률 반환, 전월금액이 공백인 경우 1 표시
- 사용 함수 : CALCULATE, VAR, RETURN, DIVIDE, SUM, IF, DATEADD, ISBLANK
▶ 변수 이름
- [주문금액] 합계 : 'this_mth'
- [전월금액] 합계 : 'prev_mth'
▶ 서식 : 백분율, 소수점 첫째 자리까지 표현

② 화장품 제품 정보와 주문금액 증감률을 나타내는 행렬 차트를 '문제 3' 페이지에 구현하시오. [3점]
▶ 활용 필드
- <제품목록> 테이블의 [제품분류], [제품명] 필드
- <DimDate> 테이블의 [연도], [월] 필드
- <_측정값> 테이블의 [총주문금액], [총주문금액_전월], [전월증감률(%)] 측정값
▶ 행과 열 머리글은 계층구조 마지막 수준까지 확장
▶ 행렬 차트 서식
- 눈금 : 행 안쪽 여백 '2'
- 열 머리글 : 글꼴 'Segoe UI', '굵게', 머리글 맞춤 '가운데'
▶ 행렬 차트를 '2-①' 위치에 배치

③ 행렬 차트에 다음 조건부 서식을 적용하시오. [3점]
▶ 조건부 서식 설정 : [전월비(%)] 필드
- 조건부 서식 종류 '배경색'
- 적용 대상 : '값 및 합계'

▶ 서식 스타일 : 규칙
  - 0 < 값 ≤ 최대값 : '테마색1, 60% 더 밝게'
  - 최소값 ≤ 값 < 0 : '테마색3, 60% 더 밝게'

3. 다음 지시사항에 따라 '문제 3' 페이지에 리본 차트를 구현하고, 시각적 개체 간 상호 작용을 설정하시오. [10점]

① 다음 조건으로 '문제 3' 페이지에 리본 차트를 구현하시오. [3점]
  ▶ 활용 필드
    - <DimDate> 테이블의 [연도], [월] 필드-X축
    - <분석차원> 테이블의 [분석차원] 필드-범례(가변)
    - <_측정값> 테이블의 [총주문금액] 측정값-Y축
  ▶ 리본 차트를 '3-①' 위치에 배치

② 다음과 같이 리본 차트의 각 요소에 대한 서식을 지정하시오. [4점]
  ▶ 차트 제목 : "Top5 주문지역 매출실적"
    - 제목 서식 : 글꼴 'Segoe UI', 글꼴 크기 '15', '굵게', '가운데 맞춤'
  ▶ X축 : 축 제목 제거
  ▶ Y축 : 축 제목 제거, 값 제거
  ▶ 범례 : 위치 '위쪽 가운데'
  ▶ 리본 : 색의 '투명도 50%'

③ 리본 차트의 표시 상태를 설정하시오. [3점]
  ▶ X축 정렬 : '연도 월' 기준 '오름차순 정렬
  ▶ 시각적 개체 필터
    - [총주문금액] 기준 상위 5위인 [주문지역]만 표시
    - [주문지역]이 '비회원'인 항목 표시 제외

4. 다음 지시사항에 따라 트리맵 차트를 구현하고, 시각적 개체 간 상호 작용 및 도구 설명을 설정하시오. [10점]

① 주문채널, 지역별, 주문수량의 비율을 나타내는 트리맵 차트를 구현하시오. [3점]
  ▶ 활용 필드
    - <지역마스터> 테이블의 [권역] 필드
    - <지역마스터> 테이블의 [광역시도] 필드
    - <_측정값> 테이블의 [총주문수량] 측정값
  ▶ 범주 : [권역] 필드
  ▶ 자세히 : [광역시도] 필드
  ▶ 값 : [총주문수량] 측정값
  ▶ 리본 차트를 '4-①' 위치에 배치

② 트리맵 차트의 서식을 지정하고 '문제 3' 페이지의 시각적 개체 간 상호 작용을 설정하시오. **[3점]**
- ▶ 차트 제목 : "권역별 주문수량 점유"
  - 제목 서식 : 글꼴 'Segoe UI', 글꼴 크기 '15', '굵게', '가운데 맞춤'
- ▶ 시각적 개체 간 상호 작용
  - 리본차트에서 선택한 필터 값이 행렬 차트, 트리맵에 작용되지 않도록 설정

③ '문제 3-4' 페이지에 테이블 차트를 추가하고 도구 설명 페이지로 설정하시오. **[4점]**
- ▶ 캔버스 크기 : 높이 '300', 너비 '400', 세로 맞춤 '중간'
- ▶ 테이블 차트 생성 추가

분류	총주문금액	총주문수량	총결제금액	구매회원수
마스크팩	21,894,000	737	20,220,150	166
미스트	10,856,000	368	10,019,450	118
선케어	13,175,000	360	12,138,150	114
스킨케어	2,265,000	151	2,099,250	59
안티에이징	16,636,000	504	15,418,000	138
에멀젼	16,747,000	596	15,342,800	150
젤	8,278,000	365	7,515,300	113
크림	14,394,000	571	13,213,750	143
클렌징	12,100,000	371	11,235,000	122
합계	116,345,000	4,023	107,201,850	200

  - 활용 필드
    - <상품목록> 테이블의 [분류] 필드
    - <_측정값> 테이블의 [총주문금액], [총주문수량], [총결제금액], [구매회원수] 측정값
- ▶ '문제 3' 페이지의 리본 차트와 트리맵에 '문제 3-4' 도구 설명 페이지 표시

CHAPTER **02**

2024년 1회 기출유형복원문제 풀이

SECTION 01   문제 1-작업준비
SECTION 02   문제 2-단순요소 구현
SECTION 03   문제 3-복합요소 구현

SECTION 01 문제 1-작업준비 [30점]

1 다음 지시사항에 따라 데이터 가져오기 및 편집을 수행하시오. [10점]

① 데이터 파일을 가져온 후 파워쿼리 편집기를 통해 테이블의 데이터를 편집하시오. [3점]
▶ 가져올 데이터
  - 온라인화장품판매.xlsx 파일의 <제품목록>, <A_주문내역>, <B_주문내역>, <주문고객>, <주문통계> 테이블
▶ 파워쿼리 편집기를 통해 <A_주문내역>, <B_주문내역> 테이블에서 [주문ID], [주문일자], [주문파일], [상품번호], [주문처ID], [주문수량], [주문금액]을 제외한 다른 필드를 삭제
▶ <주문통계> 테이블에 대해 다음 조건에 따라 열 피벗을 설정하시오.
  - 첫 행을 머리글로 사용
  - [합계] 필드와 행은 삭제, [스킨케어]부터 [미스트]까지 화장품 분류명 필드를 대상으로 열 피벗 해제를 적용
  - [성별] 필드의 null에 대해 위에 있는 값을 아래로 채우기
  - [연령대] 필드는 '값' 필드를 기준으로 피벗 열 적용
  - [특성] 필드의 열 머리글을 [제품분류]로 변경

문제 1-1-① 풀이

(1) 파일 열기
❶ [파일] 탭 선택
❷ [이 장치 찾아보기] 클릭 > '2024년_1회_기출.pbix' 파일 선택
❸ [열기] 버튼 클릭

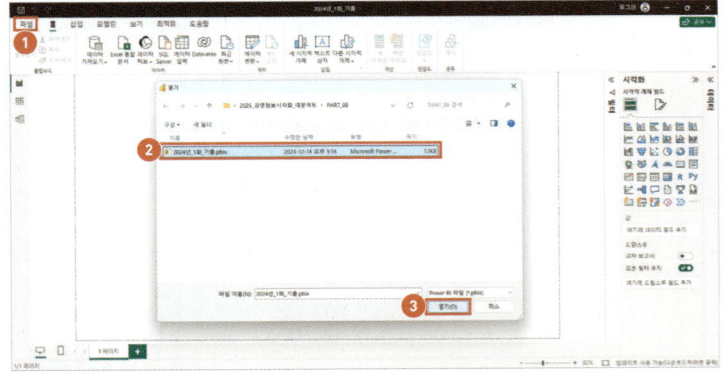

(2) 데이터 가져오기
❶ [홈] 탭 선택
❷ [데이터] 그룹의 [Excel 통합문서] 클릭
❸ '온라인화장품판매정보.xlsx' 파일 선택
❹ [열기] 버튼 클릭

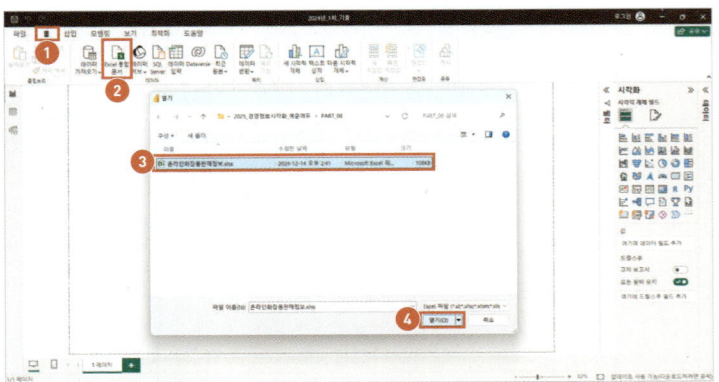

(3) 테이블 선택

❶ [탐색 창]에서 <A_주문내역>, <B_주문내역>, <제품목록>, <주문고객>, <주문통계> 테이블을 체크하여 선택
❷ [데이터 변환] 버튼 클릭

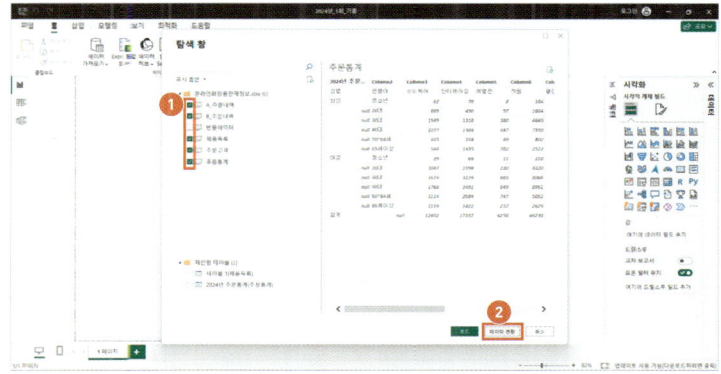

(4) 다른 열 제거 ⓐ

❶ [쿼리 창]에서 <A_주문내역> 테이블 선택
❷ [주문ID] 필드명을 마우스로 클릭하여 선택
❸ [Ctrl]을 누른 상태에서 [주문일자], [주문파일], [상품번호], [주문처ID], [주문수량], [주문금액] 필드명을 마우스로 클릭하여 복수 선택
❹ 필드명 위에서 마우스 오른쪽 버튼 클릭 > 팝업 메뉴에서 [다른 열 제거] 기능 선택

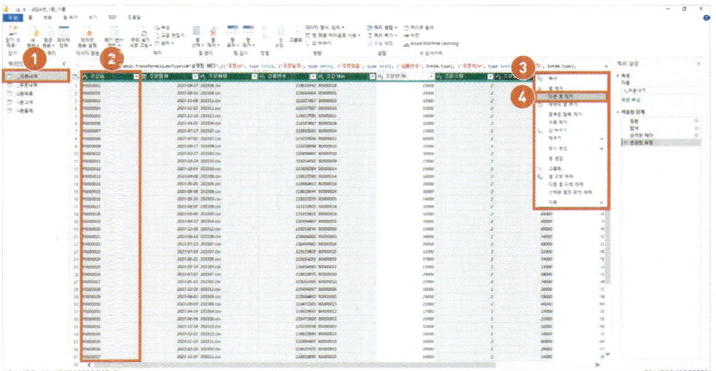

(5) 다른 열 제거 ⓑ

❶ [쿼리 창]에서 <B_주문내역> 테이블 선택
❷ [주문ID] 필드명을 마우스로 클릭하여 선택
❸ [Ctrl]을 누른 상태에서 [주문일자], [주문파일], [상품번호], [주문처ID], [주문수량], [주문금액] 필드명을 마우스로 클릭하여 복수 선택
❹ 필드명 위에서 마우스 오른쪽 버튼 클릭 > 팝업 메뉴에서 [다른 열 제거] 기능 선택

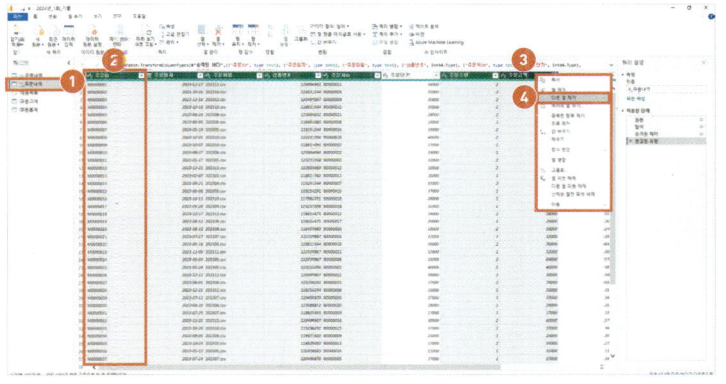

(6) 주문통계 테이블 설정

❶ [쿼리 창]에서 <주문통계> 테이블 선택
❷ [홈] 탭 > [변환] 그룹 > [첫 행을 머리글로 사용] 클릭

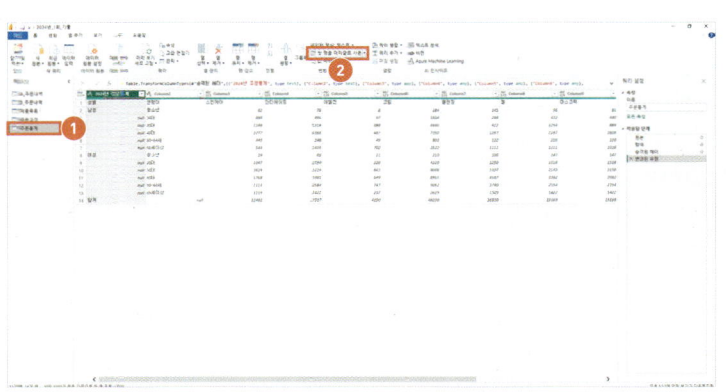

(7) [합계] 행 필터 해제

❶ [성별] 칼럼의 오른쪽에 위치한 필터 버튼(▼) 클릭
❷ '합계' 체크 해제
❸ [확인] 버튼 클릭

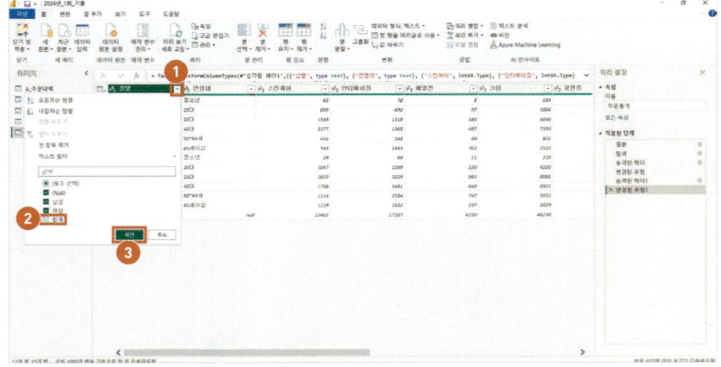

(8) [합계] 열 제거

❶ 스크롤 오른쪽 이동하여 [합계] 필드명 선택
❷ 필드명 위에서 마우스 오른쪽 버튼 클릭하여 [제거] 선택

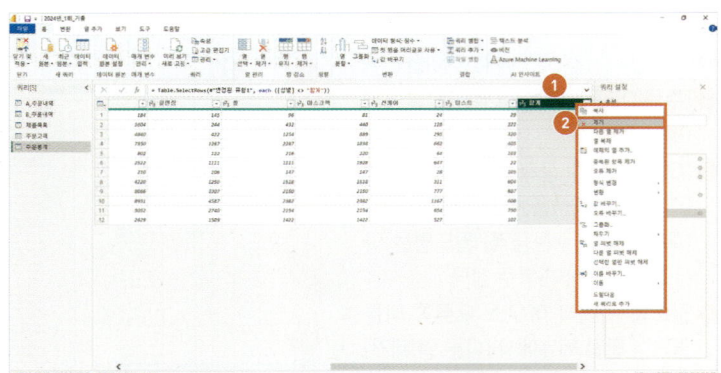

(9) 성별 값 채우기

❶ [성별] 필드명 선택
❷ 마우스 오른쪽 버튼 클릭 > [채우기] 기능 선택
❸ '아래로' 선택

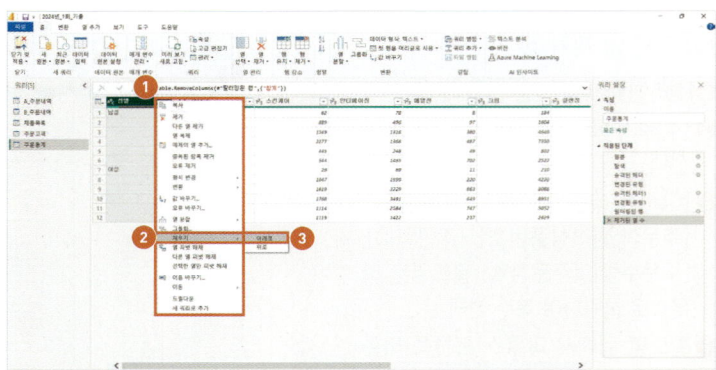

(10) 열 피벗 해제

❶ [스킨케어] 필드 선택
❷ [Shift]를 누른 상태에서 [미스트] 필드 선택
❸ [리본 메뉴] [변환] 탭 > [열] 그룹 > [열 피벗 해제] 클릭

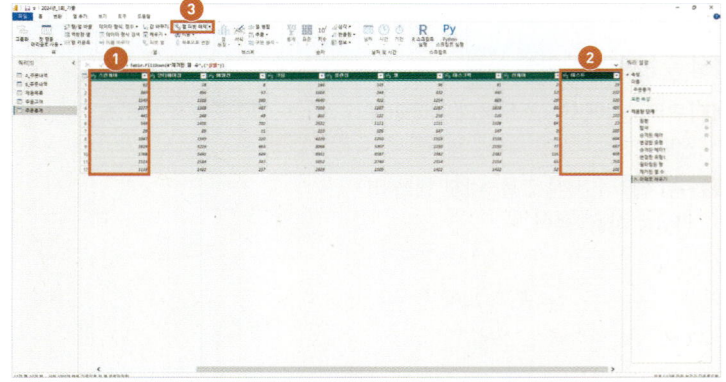

[11] 피벗 열

❶ [연령대] 필드 선택
❷ [리본 메뉴] [변환] 탭 > [열] > [피벗 열] 클릭
❸ 피벗 열의 값 열에 '값'을 선택
❹ [확인] 버튼 클릭

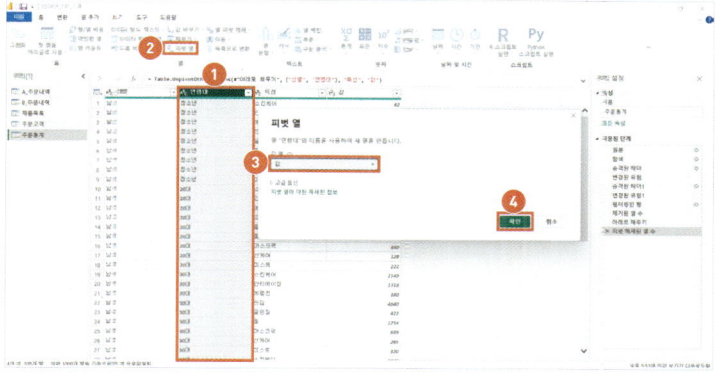

[12] 필드명 변경

❶ [특성] 필드명 더블 클릭 > 필드명에 "제품분류" 입력

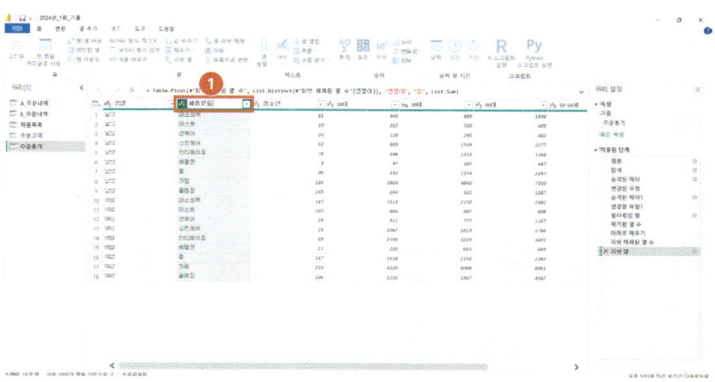

② 파워쿼리 편집기를 통해 다음 조건에 따라 열을 병합, 그룹화를 수행하고, 새로운 테이블을 추가한 후 편집하시오. [3점]

▶ 열 추가
- <A_주문내역>, <B_주문내역> 테이블의 [주문파일] 필드에 대해 구분 기호 "." 앞자리 연도와 월간 추출
  ※ 하나의 작업으로 구분 기호 기준으로 텍스트가 추출된 열이 생성되도록 할 것
- 예) 202312.csv → '202312'
- 필드명 변경 : 주문파일 → [date]

▶ 열 병합
- [date] 필드와 [주문체ID] 필드를 열 병합하여 [회원코드] 생성
- 구분 기호로 사용자 지정 "_"(언더바)를 사용하고, 새 열 이름을 [회원코드]로 설정

문제 1-1-② 풀이

[1] 연도와 월 추출

❶ [쿼리 창]에서 <A_주문내역> 테이블 선택
❷ [주문파일] 필드 선택
❸ [변환] 탭 선택
❹ [텍스트] 그룹 > [추출] 아이콘(ABC/123) 클릭
❺ '구분 기호 앞 텍스트' 선택
❻ 구분 기호 란에 "." 입력
❼ [확인] 버튼 클릭

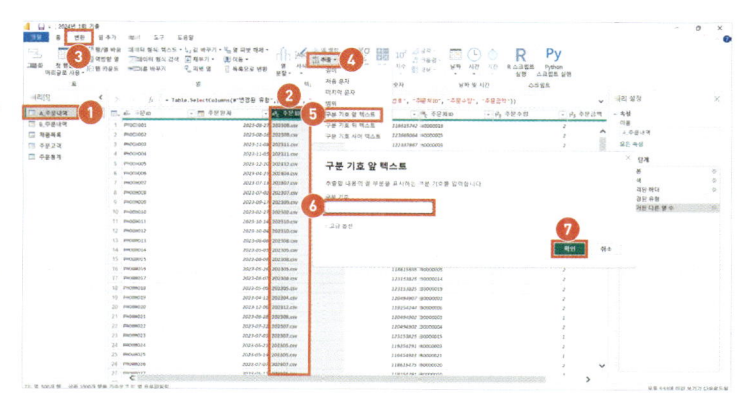

(2) 필드명 변경

❶ [주문파일] 필드명 더블 클릭 > 필드명에 "date" 입력

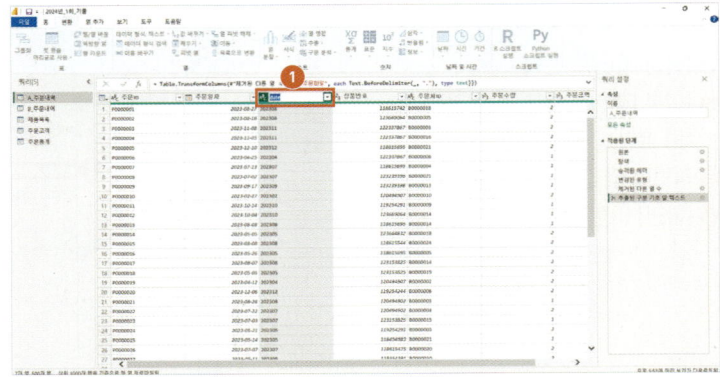

(3) 열 병합

❶ [date] 필드를 선택
❷ [Ctrl]을 누른 상태에서 [주문처ID] 필드 선택
❸ [열 추가] 탭 선택
❹ [텍스트에서] 그룹 > [열 병합] 아이콘(🔳) 클릭
❺ 열 병합 대화상자에서 구분 기호에 '--사용자 지정--'을 선택
❻ "_"(언더바)를 입력
❼ 새 열 이름에 "회원코드"를 입력
❽ [확인] 버튼 클릭

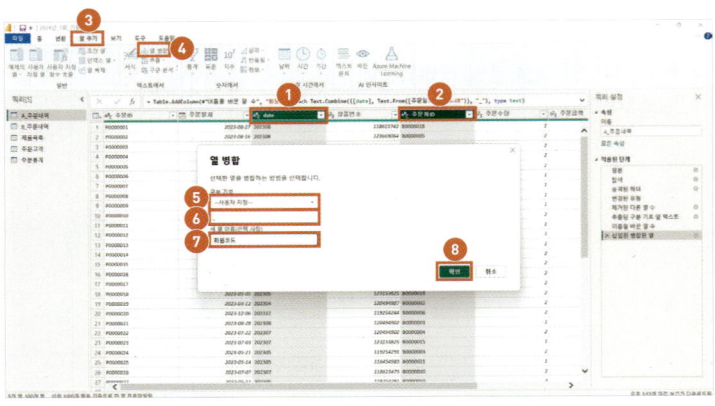

(4) [회원코드] 필드 확인

• 열 병합 결과를 확인한다.

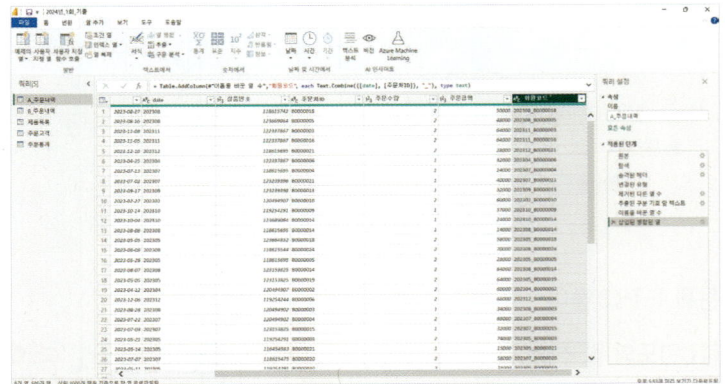

(5) A_테이블 고급 편집기 복사

❶ [보기] 탭
❷ [고급] 그룹의 [고급편집기] 클릭
❸ '#"제거된 다른 열 수"'부터 '#"삽입된 병합된 열"'까지 선택하여 복사

> **참고**
> 2024년 1회 실기시험에서는 '시간관리'가 매우 중요하였다. 짧은 시간 안에 반복되는 작업을 수행하기 위해서 고급 편집기 기능을 활용할 수 있다면 유리하다.

(6) B_테이블 고급 편집기 선택

❶ <B_주문내역> 테이블 선택
❷ [보기] 탭 클릭
❸ [고급] 그룹의 [고급편집기] 클릭

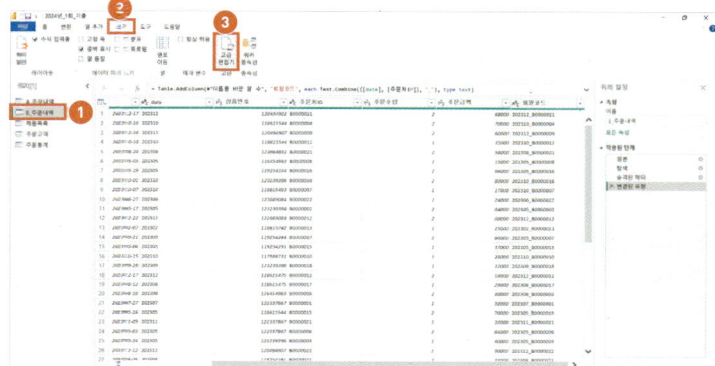

(7) B_테이블 고급 편집기 붙여넣기

❶ 'in #"변경된 유형"'을 선택
❷ ","(쉼표)를 입력
❸ <A_주문내역> 고급편집기에서 복사한 '#"제거된 다른 열 수"'부터 '#"삽입된 병합된 열"'까지 붙여넣기
❹ [완료] 버튼 클릭

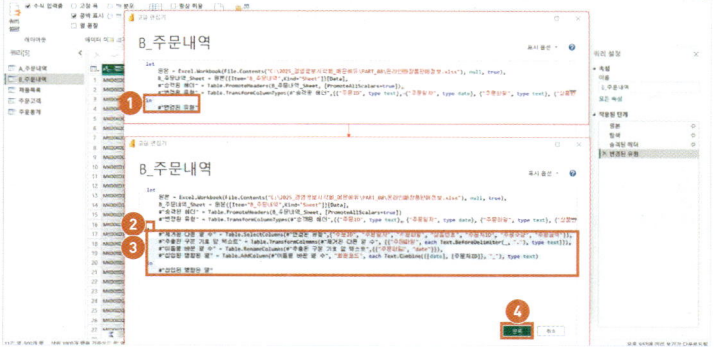

(8) [회원코드] 필드 확인

• 열 병합 결과를 확인한다.

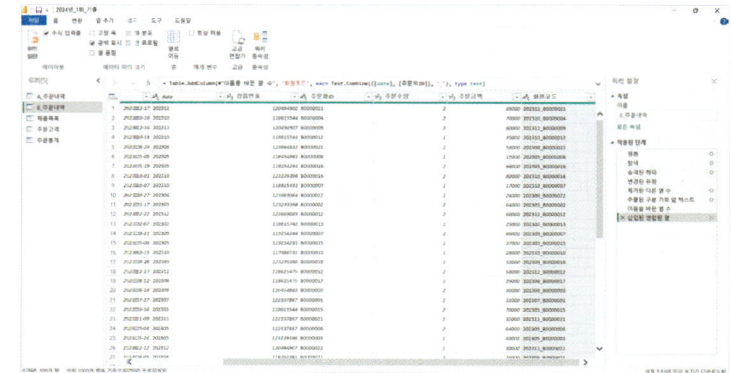

③ 파워쿼리 편집기를 통해 다음 조건에 따라 그룹화를 수행하고, 새로운 테이블을 추가하고 편집하시오. [4점]
▶ 그룹화
- [회원코드]를 기준으로 그룹화
- 대상필드 : [주문수량], [주문금액] 합계
- <A_주문내역> 테이블의 [주문수량]과 [주문금액]의 합계를 집계하여 [PC_주문수량], [PC_주문금액] 필드 생성
- <B_주문내역> 테이블의 [주문수량]과 [주문금액]의 합계를 집계하여 [모바일_주문수량], [모바일_주문금액] 필드 생성
▶ <회원별 온라인 화장품 주문집계> 새 테이블 추가
- '쿼리를 새 항목으로 병합' 기능 사용
- 테이블 이름 : <회원별 온라인 화장품 주문집계>
- <A_주문내역>, <B_주문내역> 테이블의 [회원코드] 필드를 기준으로 병합
- 조인 종류 : '왼쪽 외부'
▶ 로드사용 해제 : <A_주문내역>, <B_주문내역> 테이블의 로드사용을 해제하시오.

문제 1-1-③ 풀이

(1) 그룹화 대상 필드 선택

❶ [쿼리 창]에서 <A_주문내역> 테이블 선택
❷ [변환] 탭 클릭
❸ [그룹화] 클릭

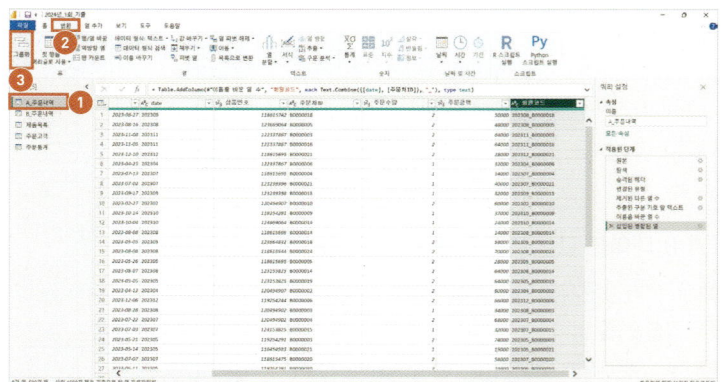

(2) 그룹화 대화상자 설정

❶ [고급] 기능 선택
❷ 기준 필드로 [회원코드] 선택
❸ 새 열 이름에 "PC_주문수량" 입력, 연산에 '합계' 선택, 열에 [주문수량] 선택
❹ [집계 추가] 버튼 클릭
❺ 새 열 이름에 "PC_주문금액" 입력, 연산에 '합계' 선택, 열에 [주문금액] 선택
❻ [확인] 버튼 클릭

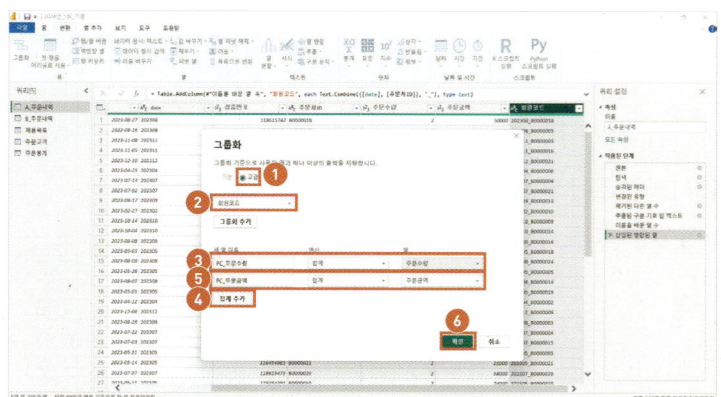

(3) 그룹화 대상 필드 선택

❶ [쿼리 창]에서 <B_주문내역> 테이블 선택
❷ [변환] 탭 클릭
❸ [그룹화] 클릭

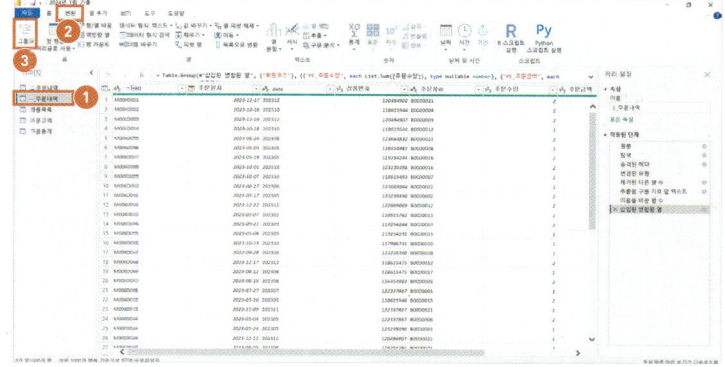

(4) 그룹화 대화상자 설정

❶ [고급] 기능 선택
❷ 기준 필드로 [회원코드] 선택
❸ 새 열 이름에 "모바일_주문수량" 입력, 연산에 '합계' 선택, 열에 [주문수량] 선택
❹ [집계 추가] 버튼 클릭
❺ 새 열 이름에 "모바일_주문금액" 입력, 연산에 '합계' 선택, 열에 [주문금액] 선택
❻ [확인] 버튼 클릭

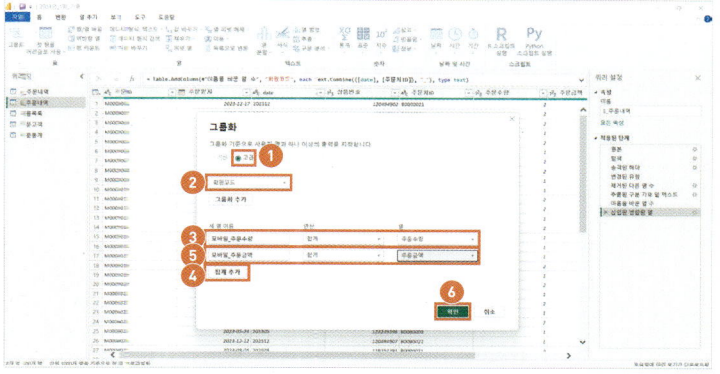

(5) 쿼리 병합 기능 선택

❶ [홈] 탭 클릭
❷ [결합] 그룹의 [쿼리 병합] 확장 버튼 (▼)클릭
❸ [쿼리를 새 항목으로 병합] 선택

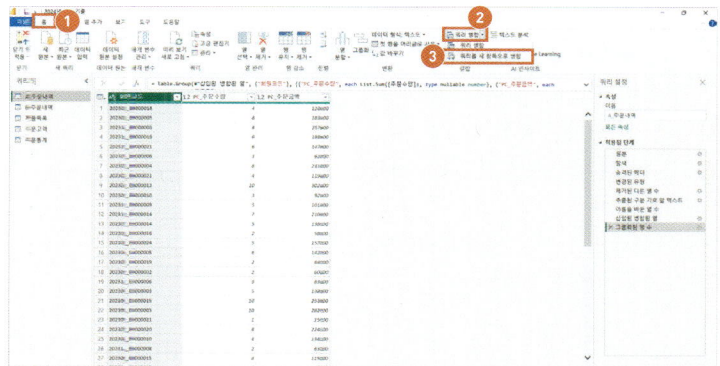

(6) 병합 대화상자 설정

❶ <A_주문내역> 테이블 선택
❷ [회원코드] 클릭하여 키 설정
❸ <B_주문나역> 테이블 선택
❹ [회원코드] 클릭하여 키 설정
❺ 조인 종류를 '왼쪽 외부'로 설정
❻ [확인] 버튼 클릭

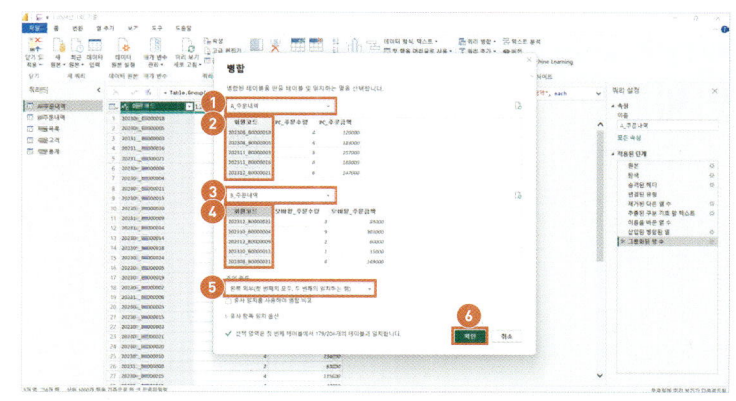

(7) 병합 대상 필드 설정

❶ [B_주문내역] 필드명 오른쪽 확장 아이콘(⟷) 클릭
❷ [모바일_주문수량], [모바일_주문금액] 체크하여 선택
❸ '원래 열 이름을 접두사로 사용' 체크 해제
❹ [확인] 버튼 클릭

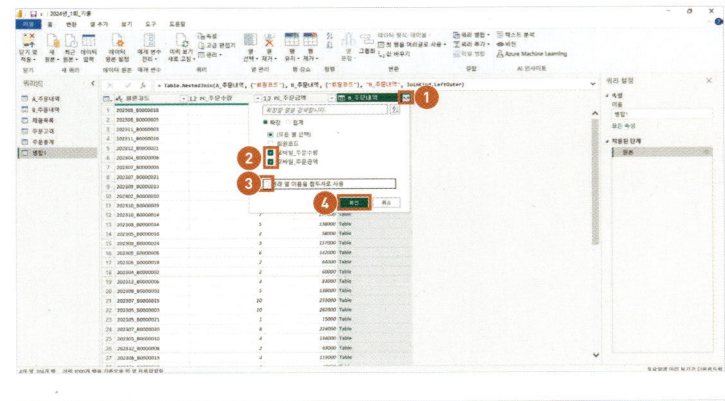

(8) 테이블명 변경 및 적용

❶ <병합1> 테이블명을 더블 클릭하여 "회원별 온라인 화장품 주문집계" 입력

(9) 로드 사용 해제

❶ 쿼리 창에서 <A_주문내역>을 선택한 후 마우스 오른쪽 버튼 클릭
❷ [로드 사용] 체크 해제
❸ 가능한 데이터 손실 경고 [계속] 버튼 클릭
• 같은 방법으로 <B_주문내역> 테이블의 [로드 사용]을 해제한다.

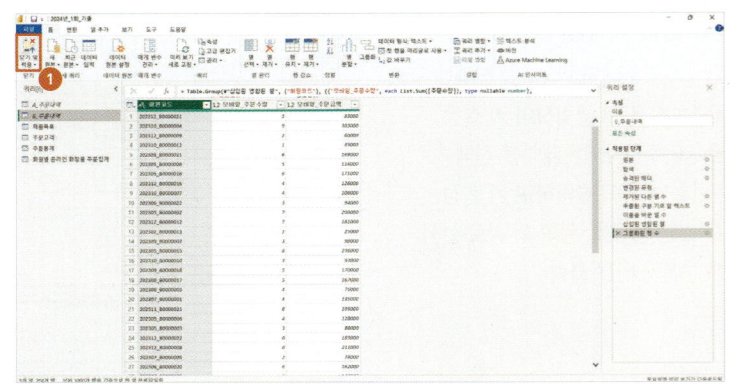

(10) 닫기 및 적용

❶ [홈] 탭의 [닫기 및 적용] 클릭

2 다음 지시사항에 따라 테이블 및 측정값을 추가하시오. [10점]

① 폴더 내 모든 파일을 가져온 후 파워쿼리 편집기를 통해 테이블의 데이터를 편집하시오. [3점]
  ▶ 가져올 데이터 : 분기별 온라인 화장품 판매 폴더 내 모든 파일
  ▶ Source.Name 필드명을 "주문분기"로 변경하고, 파일명에서 분기부분을 추출하여 값으로 설정
    – 예) 2024년 1분기 온라인 화장품 판매.csv → '1분기'
  ▶ 테이블 이름 변경 : <분기별 온라인 화장품 주문집계> → <온라인 화장품 주문정보>

문제 1-2-① 풀이

(1) 데이터 가져오기

❶ [홈] 탭 > [데이터] 그룹 > [데이터 가져오기] 클릭
❷ [폴더] 선택
❸ [연결] 클릭

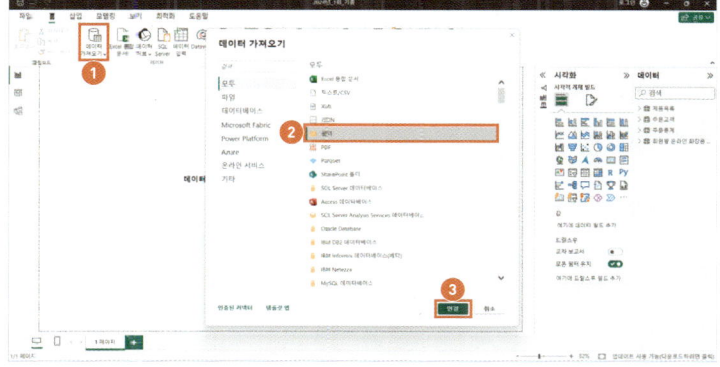

(2) 데이터 찾아보기

❶ 폴더 대화상자에서 [찾아보기] 버튼을 눌러서 폴더 경로 설정
❷ [확인] 버튼 클릭

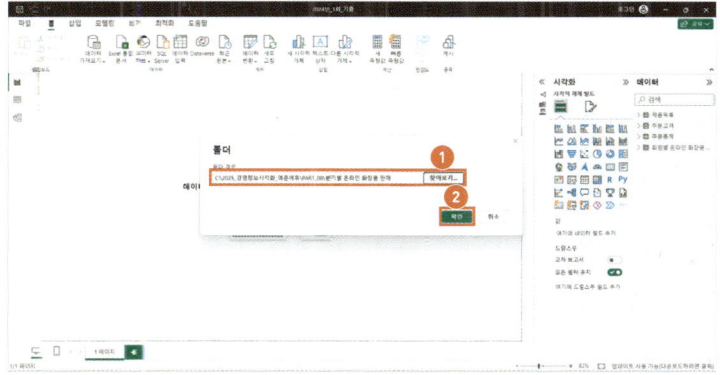

(3) 결합 및 로드

❶ 데이터 테이블 정보 확인 후 [결합] 버튼 클릭
❷ [결합 및 변환] 클릭

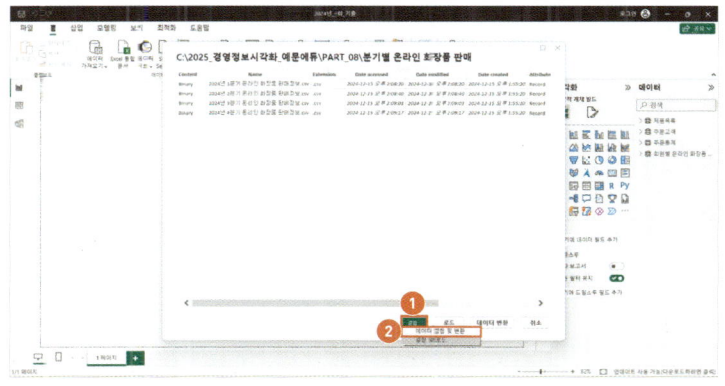

(4) 파일 병합

❶ [확인] 버튼 클릭

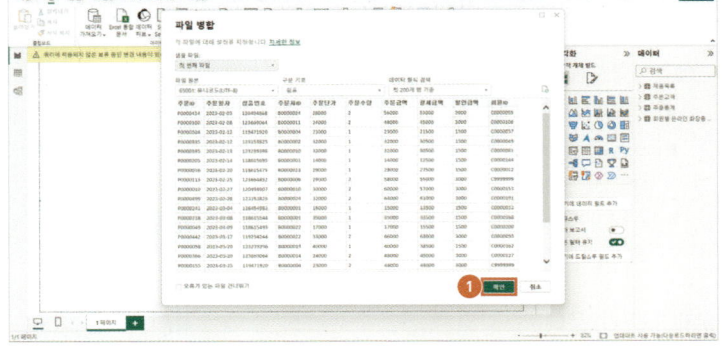

(5) 텍스트 추출

❶ [변환] 탭 선택
❷ [텍스트] 그룹 > [추출] 클릭
❸ 시작 인덱스에 "6" 입력
❹ 문자 수에 "3" 입력
❺ [확인] 버튼 클릭

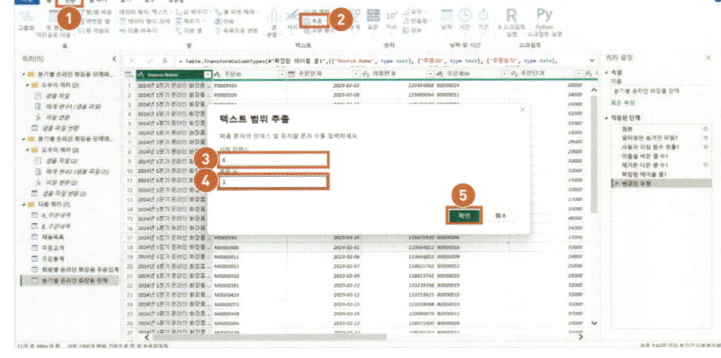

(6) 필드명 변경

❶ [Source. Name] 필드명을 더블 클릭 > "주문분기"를 입력

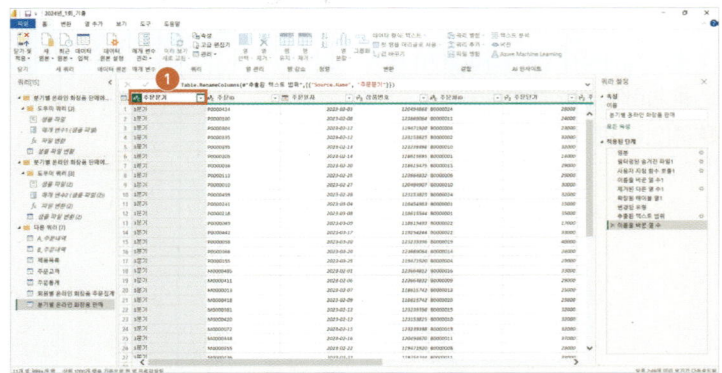

(7) 테이블명 변경

❶ <분기별 온라인 화장품 판매> 테이블을 더블 클릭 > "온라인 화장품 주문정보"를 입력
❷ [닫기 및 적용] 버튼 클릭

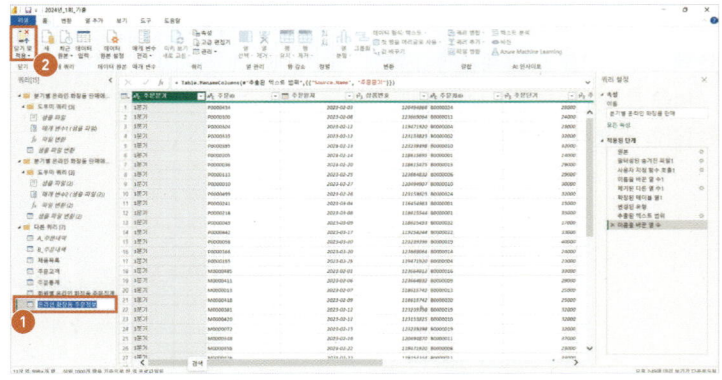

② 다음 조건으로 데이터 창에 테이블을 추가하시오. [4점]

▶ 테이블 이름 : <날짜>
  - 필드 : [Date], [연도], [월], [분기] 필드 구성
  - 사용 함수 : ADDCOLUMNS, CALENDAR, DATE, YEAR, MONTH, FORMAT
  - [Date] 필드의 시작일 : 2023-01-01
  - [Date] 필드의 종료일 : 2023-12-31
▶ [Date] 필드 서식 : '*2001-03-14(Short Date)' 형식으로 표시

문제 1-2-② 풀이

(1) 새 테이블 생성

❶ [테이블 뷰] 클릭
❷ [홈] 탭의 [새 테이블] 클릭

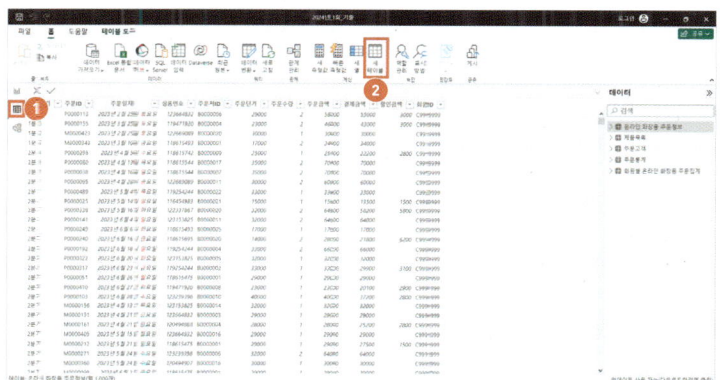

(2) DAX 함수 입력

❶ 함수 입력란에 함수 입력 후 [Enter]

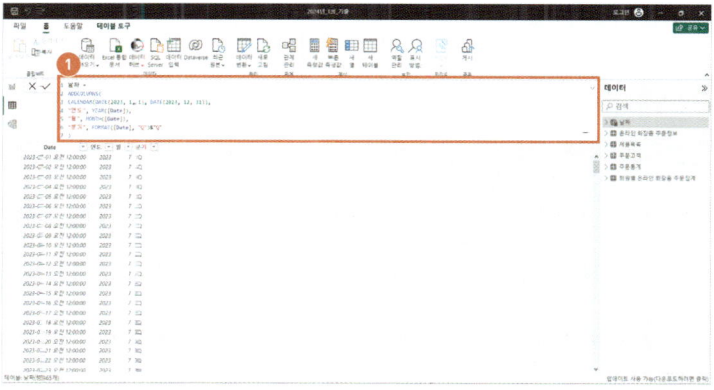

```
날짜 =
ADDCOLUMNS(
CALENDAR(DATE(2023, 1, 1), DATE(2023, 12, 31)),
"연도", YEAR([Date]),
"월", MONTH([Date]),
"분기", FORMAT([Date], "Q")&"Q"
)
```

> **DAX 풀이**
>
> 이 수식은 2023년 1월 1일부터 2023년 12월 31일까지의 날짜를 포함하는 달력 테이블을 생성하고, 각 날짜에 대해 연도, 월, 분기 정보를 추가한다.
> - [CALENDAR] 함수는 시작일과 종료일을 기준으로 날짜 범위를 생성
> - [ADDCOLUMNS] 함수는 생성된 테이블에 "연도", "월", "분기" 열을 추가
> - [YEAR], [MONTH] 함수는 각각 날짜의 연도와 월 값을 계산
> - [FORMAT] 함수는 날짜를 특정 형식("Q")으로 변환하여 분기를 숫자값으로 반환
> - 계산 결과로 날짜, 연도, 월, 분기가 포함된 새로운 테이블을 반환

> **사용 함수**
>
> - [ADDCOLUMNS] : 테이블에 하나 이상의 새로운 열을 추가
>   - 구문 : ADDCOLUMNS(<테이블>, <열 이름>, <식>, …)
> - [CALENDAR] : 시작일과 종료일을 지정하여 날짜 범위를 생성
>   - 구문 : CALENDAR(<시작일>, <종료일>)
> - [DATE] : 지정된 연도, 월, 일 값을 기준으로 날짜를 생성
>   - 구문 : DATE(<연도>, <월>, <일>)
> - [YEAR] : 지정된 날짜의 연도 값을 반환
>   - 구문 : YEAR(<날짜>)
> - [MONTH] : 지정된 날짜의 월 값을 반환
>   - 구문 : MONTH(<날짜>)
> - [FORMAT] : 값 또는 날짜를 지정된 형식으로 변환
>   - 구문 : FORMAT(<값>, <형식>)

(3) 날짜 서식 변경

❶ [Date] 필드 선택
❷ [열 도구] 선택
❸ [서식] 클릭
❹ 일반 날짜 형식 '2001-3-14(Short Date)'를 선택

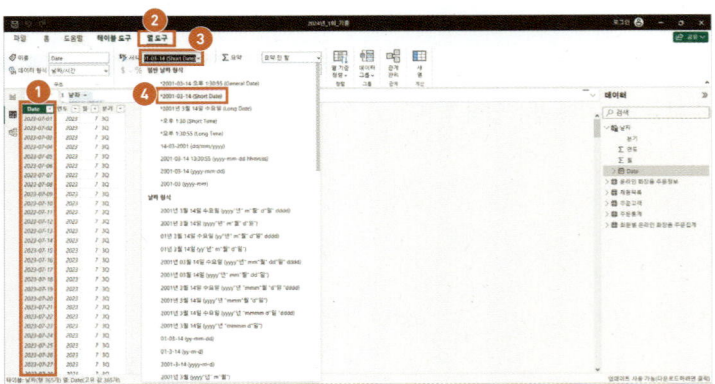

> ③ 다음 조건에 따라 <온라인 화장품 주문정보> 테이블과 다른 테이블의 관계를 설정하시오. [3점]
> ▶ 활용 필드 : <온라인 화장품 주문정보> 테이블의 [주문일자] 필드, <날짜> 테이블의 [Date] 필드, <온라인 화장품 주문정보> 테이블의 [주문처ID] 필드, <주문고객> 테이블의 [주문처코드] 필드, <온라인 화장품 주문정보> 테이블의 [상품번호] 필드, <제품목록> 테이블의 [상품번호] 필드
> ▶ 기준(시작) 테이블 : <온라인 화장품 주문정보> 테이블
> ▶ 카디널리티 : '다대일(* : 1)' 관계
> ▶ 크로스 필터 방향 : '단일'

문제 1-2-③ 풀이

(1) 모델 보기 관계 설정

❶ Power BI의 [모델 보기]를 클릭
❷ <날짜> 테이블의 [Date] 필드에서 마우스 왼쪽 버튼을 누른 상태로 드래그하여 <온라인 화장품 주문정보> 테이블의 [주문일자]에 드롭
❸ <주문고객> 테이블의 [주문처코드] 필드에서 마우스 왼쪽 버튼을 누른 상태로 드래그하여 <온라인 화장품 주문정보> 테이블의 [주문처ID]에 드롭
❹ <제품목록> 테이블의 [상품번호] 필드에서 마우스 왼쪽 버튼을 누른 상태로 드래그하여 <온라인 화장품 주문정보> 테이블의 [상품번호]에 드롭

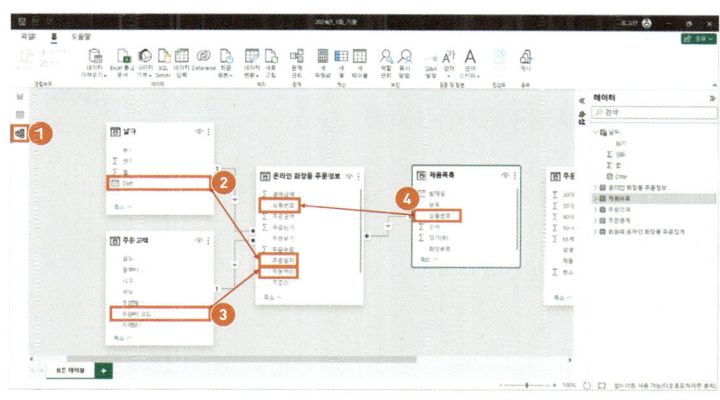

(2) 속성 설정

❶ [속성 창]에서 선택
❷ 카디널리티 '다대일(* : 1)' 관계, 교차 필터 방향 'Single(단일)' 확인

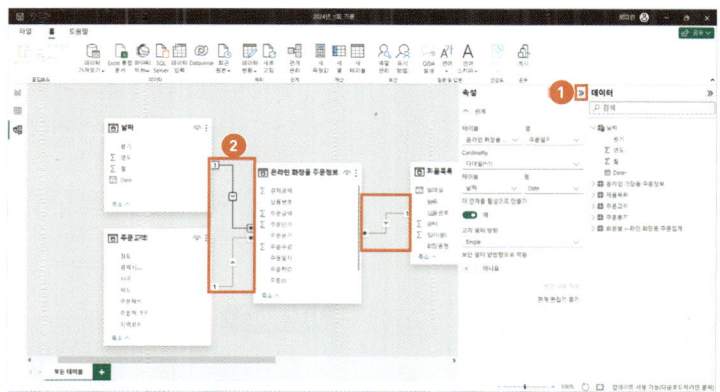

3 다음 지시사항에 따라 새 열, 테이블, 측정값을 추가하시오. [10점]

① 다음 조건으로 <주문고객> 테이블에 새 열을 생성하시오. [4점]
▶ 열 이름 : [지역구분]
▶ 활용 필드   <주문고객> 테이블의 [광역시도]
▶ <주문고객> 테이블의 [광역시도] 필드값이 "서울특별시", "경기도", "인천광역시"일 경우 "수도권", 그 외의 값일 경우 "지방권"을 반환
▶ 추가된 필드의 데이터 형식 : '텍스트'
▶ 사용 함수 : IF, IN

문제 1-3-① 풀이

(1) 새 열 추가

❶ [테이블 뷰] 클릭
❷ [데이터 창]에서 <주문고객> 테이블 선택
❸ [열 도구] 탭 선택
❹ [계산] 그룹 [새 열] 클릭
❺ [수식 편집기]의 박스에 수식 작성 후 [Enter]

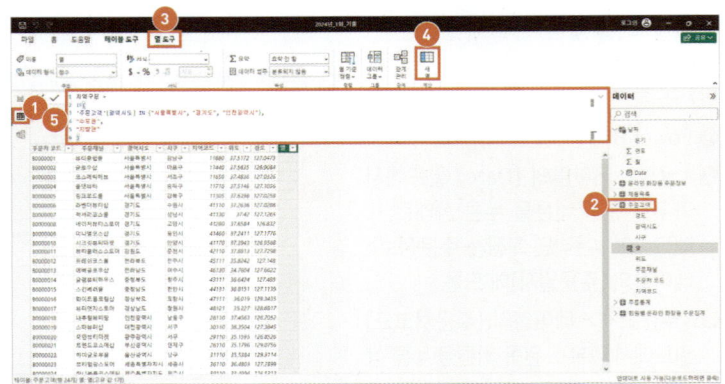

지역구분 =
IF(
'주문고객'[광역시도] IN {"서울특별시", "경기도", "인천광역시"},
"수도권",
"지방권"
)

DAX 풀이

이 수식은 <주문고객> 테이블의 [광역시도] 값이 "서울특별시", "경기도" 또는 "인천광역시" 중 하나인 경우 "수도권"으로, 그렇지 않으면 "지방권"으로 분류한다.
- [IF] 함수는 조건을 평가하여 결과를 반환
- [IN] 연산자는 [판매시도] 값이 지정된 목록에 포함되는지를 확인
- 계산 결과로 각 [판매시도] 값에 따라 "수도권" 또는 "지방권"을 반환

사용 함수
- [IF] : 조건을 평가하고 참 또는 거짓에 따라 다른 값을 반환
  - 구문 : IF(<조건>, <참일 때 값>, <거짓일 때 값>)
- [IN] : 지정된 값이 목록에 포함되는지를 확인
  - 구문 : <값> IN {<포함목록1>,[<포함목록2, 3, …>]}

② <온라인 화장품 주문정보> 테이블을 요약해 상위 5개 품목 정보를 반환하는 테이블을 생성하시오. **[3점]**
- ▶ 계산 테이블 이름 : 상위5_화장품 판매 품목
- ▶ 활용 필드 : <온라인 화장품 주문정보> 테이블의 [주문금액] 필드, <제품목록> 테이블의 [화장품명] 필드
- ▶ 품목별 주문금액의 합계기준으로 상위 5개 품목을 반환
- ▶ 필드명은 [화장품명], [총매출금액]으로 반환
- ▶ 사용 함수 : SUM, SUMMARIZE, TOPN

문제 1-3-② 풀이

(1) 새 테이블 추가

❶ [테이블 뷰] 클릭
❷ [테이블 도구] 탭 선택
❸ [계산] 그룹 [새 테이블] 클릭
❹ [수식 편집기]의 박스에 수식 작성 후 [Enter]

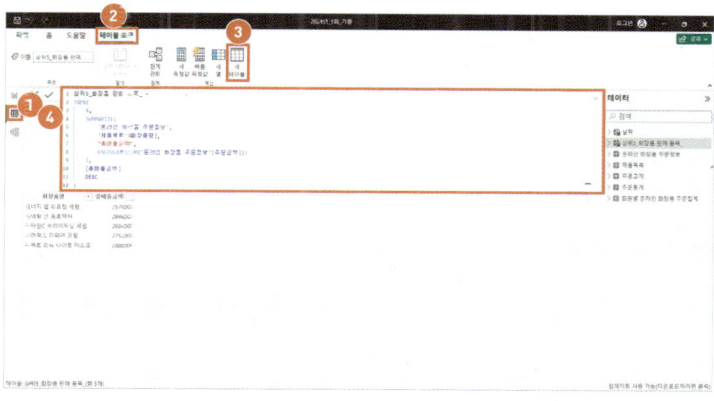

```
상위5_화장품 단매 품목_ =
TOPN(
    5,
    SUMMARIZE(
        '온라인 화장품 주문정보',
        '제품목록'[화장품명],
        "총매출금액",
        CALCULATE(SUM('온라인 화장품 주문정보'[주문금액]))
    ),
    [총매출금액],
    DESC
)
```

DAX 풀이

이 수식은 <온라인 화장품 주문정보> 테이블에서 [화장품명]별로 [주문금액]의 합계를 계산하고, "총매출금액"을 기준으로 내림차순으로 정렬하여 상위 5개 품목을 반환한다. 반환되는 필드명은 [화장품명]과 [총매출금액]이다.

- [SUMMARIZE] 함수는 <온라인 화장품 주문정보> 테이블을 [화장품명]별로 그룹화하고, "총매출금액" 열에 [주문금액]의 합계를 추가
- [SUM] 함수는 각 품목의 [주문금액]을 합산
- [TOPN] 함수는 "총매출금액" 기준으로 내림차순(DESC) 정렬하여 상위 5개 품목을 반환
- 계산 결과로 [화장품명]과 [총매출금액] 필드로 구성된 새로운 테이블이 생성됨

사용 함수

- [TOPN] : 지정된 순위까지의 상위 또는 하위 행을 반환
  - 구문 : TOPN <순위>, <테이블>, <정렬 열>, [정렬 순서])
- [SUMMARIZE] : 테이블을 그룹화하고 요약 데이터를 생성
  - 구문 : SUMMARIZE(<테이블>, <그룹화 필드>, …, <열 이름>, <식>)
- [SUM] : 지정된 열의 모든 값을 합산
  - 구문 : SUM(<열>)

❸ 다음 조건으로 <@측정값> 테이블에 측정값을 생성하시오. [3점]
- ▶ 측정값 이름 : 히트상품수
- ▶ 활용 필드 : <온라인 화장품 주문정보> 테이블의 [주문금액] 필드, <제품목록> 테이블의 [화장품명] 필드
- ▶ 표시 값 : 총 주문금액이 1,000,000원 이상인 제품 수(주문금액이 없을 경우 공백 표시)
- ▶ 사용 함수 : CALCULATE, FILTER, IF, ISBLANK, MAX, COUNTX, BLANK

문제 1-3-❸ 풀이

(1) 새 측정값 생성

❶ [테이블 도구] 탭 선택
❷ [계산] 그룹 [새 측정값] 클릭
❸ [수식 편집기]의 박스에 수식 작성 후 [Enter]

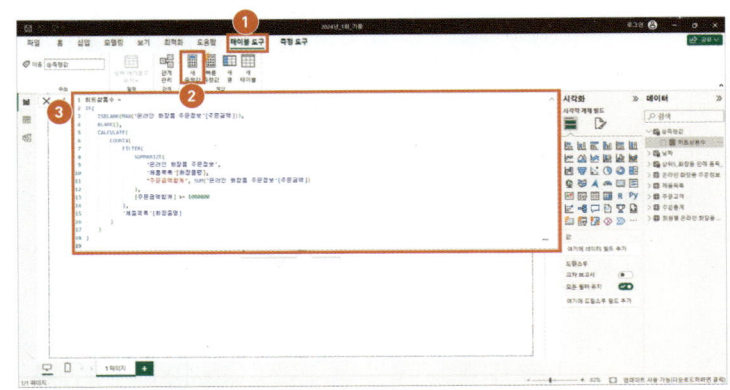

```
히트상품수 =
IF (
    ISBLANK (MAX ('온라인 화장품 주문정보'[주문금액])),
    BLANK (),
    CALCULATE (
        COUNTX (
            FILTER (
                SUMMARIZE (
                    '온라인 화장품 주문정보',
                    '제품목록'[화장품명],
                    "주문금액합계", SUM ('온라인 화장품 주문정보'[주문금액])
                ),
                [주문금액합계] >= 1000000
            ),
            '제품목록'[화장품명]
        )
    )
)
```

DAX 풀이

이 수식은 <온라인 화장품 주문정보> 테이블에서 주문금액 합계가 1,000,000원 이상인 제품의 개수를 계산하며, 주문금액이 비어 있을 경우 공백을 반환한다.

- [MAX] 함수는 <온라인 화장품 주문정보> 테이블의 [주문금액]에서 최대값을 가져와 ISBLANK 함수가 사용할 단일값을 만듦
- [ISBLANK] 함수는 MAX 함수가 반환한 값이 비어 있는지 확인
- [IF] 함수는 ISBLANK의 결과에 따라 주문금액이 비어 있으면 공백을 반환하고, 그렇지 않으면 계산을 진행
- [SUMMARIZE] 함수는 제품명 기준으로 데이터를 그룹화하고 각 제품의 주문금액 합계를 계산
- [FILTER] 함수는 SUMMARIZE로 만들어진 테이블에서 주문금액 합계가 1,000,000원 이상인 제품만 포함시킴
- [COUNTX] 함수는 FILTER 조건에 맞는 제품의 개수를 계산
- [CALCULATE] 함수는 필터링된 테이블을 기반으로 COUNTX의 결과를 반환

사용 함수

- [MAX] : 지정된 열에서 최대값을 반환
  - 구문 : MAX(<테이블>[<열>])
- [ISBLANK] : 값이 비어 있는지 확인
  - 구문 : ISBLANK(<값>)
- [IF] : 조건에 따라 서로 다른 값을 반환
  - 구문 : IF(<조건>, <값1>, <값2>)
- [SUMMARIZE] : 테이블을 그룹화하고 요약 데이터를 생성
  - 구문 : SUMMARIZE(<테이블>, <그룹화 필드>, ··, <열 이름>, <식>)
- [FILTER] : 조건에 맞는 테이블의 행단 반환
  - 구문 : FILTER(<테이블>, <조건>)
- [COUNTX] : 테이블의 각 행에 대해 계산식을 평가하고, 결과값을 개수로 반환
  - 구문 : COUNTX(<테이블>, <식>)
- [CALCULATE] : 컨텍스트를 수정하여 주어진 표현식을 평가
  - 구문 : CALCULATE(<식>, [필터1], [필터2], …)

SECTION 02 문제 2-단순요소 구현 [30점]

1 '문제 2', '문제 3', '문제 3-4' 페이지의 전체 서식을 설정하시오. [5점]

① '문제 2'와 '문제 3' 페이지의 캔버스 배경을 설정하시오. [3점]
- ▶ 배경 이미지
  - '문제 2' 페이지 : '문제 2-배경-화장품.png'
  - '문제 3' 페이지 : '문제 3-배경-화장품.png'
- ▶ 캔버스 배경 설정
  - 이미지 맞춤 : '맞춤'
  - 투명도 : '10%'
- ▶ 보고서 테마 : '태양'
- ▶ 회사 로고 이미지 추가
  - 이미지 : Logo_CI.png
  - 스타일 : '기본'
  - 이미지를 '1-①' 위치에 배치

문제 2-1-① 풀이

[1] 문제 2 캔버스 배경 설정

❶ [보고서 보기] 작업영역 선택
❷ '문제 2' 페이지 선택
❸ [보고서 페이지 서식 지정](▶) 클릭
❹ [캔버스 배경] 선택 확장
❺ [이미지]의 찾아보기... 클릭
❻ '문제 2_배경-화장품.png' 파일 선택
❼ [열기] 클릭
❽ [이미지 맞춤]을 '맞춤'으로 선택
❾ [투명도]를 '10%' 설정

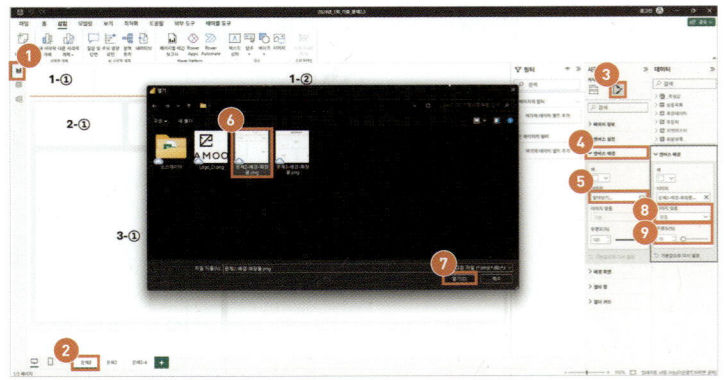

[2] 문제 3 캔버스 배경 설정

❶ '문제 3' 페이지 선택
❷ [보고서 페이지 서식 지정](▶) 클릭
❸ [캔버스 배경] 선택 확장
❹ [이미지] 찾아보기 클릭하여 '문제 3_배경-화장품.png' 파일 선택
❺ [이미지 맞춤]을 '맞춤'으로 선택
❻ [투명도]를 '10%' 설정

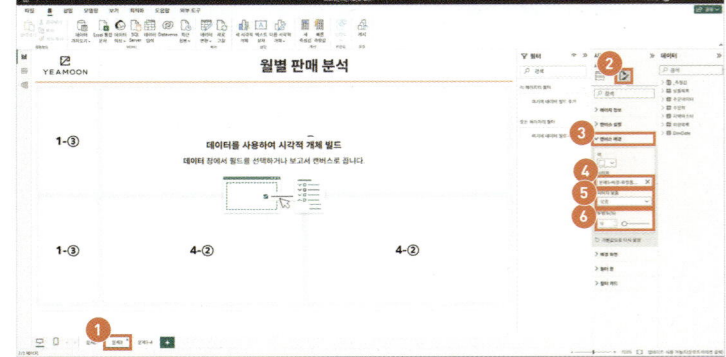

[3] 보고서 테마 설정

❶ '문제 2' 페이지 선택
❷ [보기] 탭 선택
❸ [테마] 확장 버튼(∨) 클릭
❹ '태양' 테마 선택

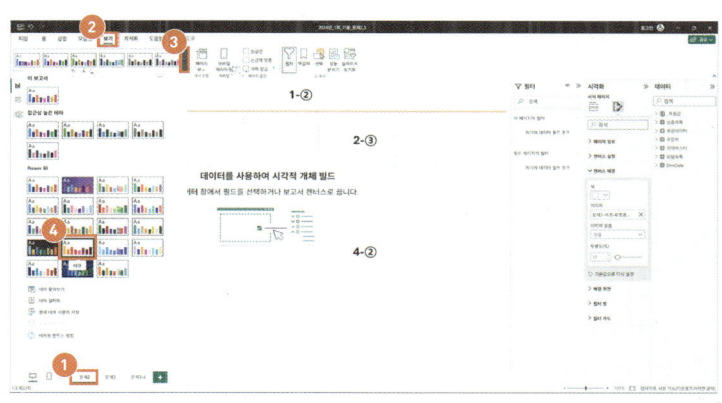

[4] 이미지 추가

❶ [삽입] 탭 선택
❷ [요소] 그룹의 [이미지]( ) 클릭
❸ 'Logo_Cl..ong' 파일 선택
❹ [열기] 클릭

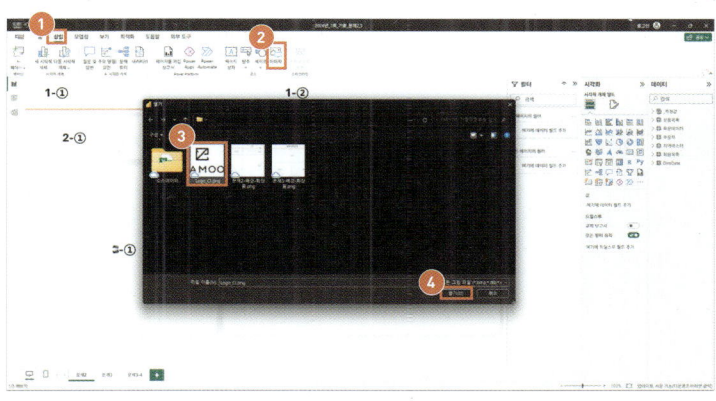

❺ 불러온 이미지를 '1-①'에 배치
❻ [스타일] 탭 선택 확장
❼ [크기 조정]을 '기본'으로 설정

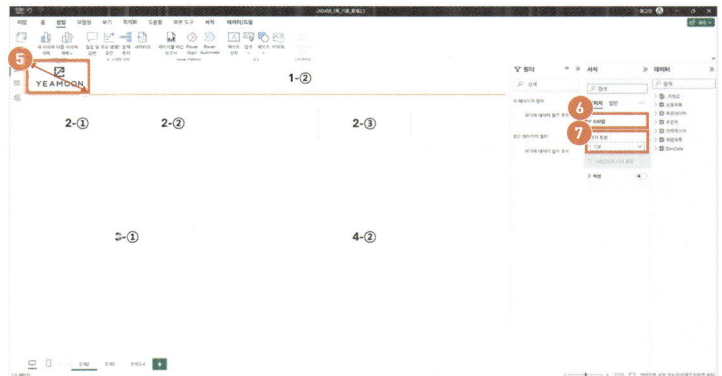

---

② 텍스트 상자를 사용하여 '문제 2' 페이지에 보고서 제목을 작성하시오. [2점]

▶ 제목 : "23~24년 온라인 화장품 판매 보고서"
  - 제목 서식 : 글꼴 'Segoe UI', 글꼴 크기 '28, '굵게', '가운데 정렬'
  - 텍스트 상자를 '1-②' 위치에 배치

문제 2-1-② 풀이

(1) 제목 텍스트 상자 생성

❶ [삽입] 탭 선택

❷ [요소] 그룹의 [텍스트 상자](텍스트 상자) 클릭

❸ 생성된 텍스트 상자를 '1-②'에 배치하고 "`23~24년 온라인 화장품 판매 보고서"를 입력한 후 전체 텍스트를 드래그하여 선택

❹ 글꼴 'Segoe UI' 선택

❺ 글꼴 크기 '28' 설정

❻ '굵게' 설정

❼ [가로 맞춤] '가운데 정렬'

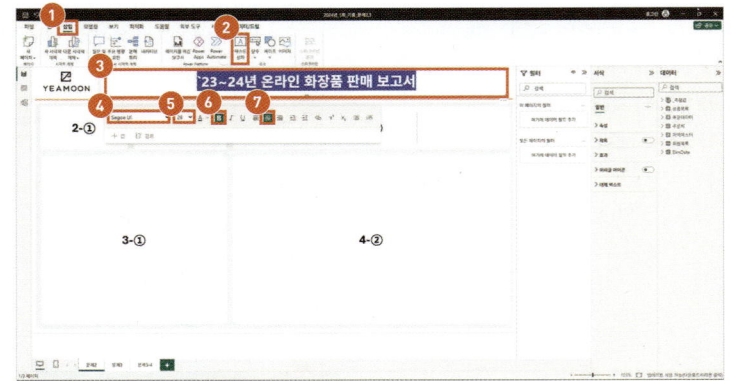

2 다음 지시사항에 따라 슬라이서와 카드를 구현하시오. [5점]

① 다음 조건으로 '연도'와 '채널구분' 슬라이서를 구현하시오. [2점]
  ▶ 연도 슬라이서
   - 활용 필드 : <DimDate> 테이블의 [연도] 필드
   - 슬라이서 설정 : 스타일 '세로 목록', '모두 선택' 표시
   - 슬라이서 값에 '2024' 필터 적용
   - 슬라이서를 '2-①' 위치에 배치
  ▶ 채널구분 슬라이서
   - 활용 필드 : <주문처> 테이블의 [채널구분] 필드
   - 슬라이서 스타일 : '세로 목록'
   - '모두 선택' 표시
   - 슬라이서를 '2-②' 위치에 배치
  ▶ 슬라이서 서식
   - 값 서식 : 글꼴 'Segoe UI', 글꼴 크기 '10', '굵게'
   - 슬라이서 머리글 보이지 않도록 설정

문제 2-2-① 풀이

(1) 슬라이서 개체 생성 및 배치

❶ [보고서 보기] 작업영역 선택

❷ [시각화 창]의 [시각적 개체 빌드]에서 슬라이서(🔳) 개체 클릭

❸ [데이터 창]에서 <DimDate> 테이블의 [연도] 필드 체크하여 슬라이서의 필드에 추가

❹ 슬라이서를 '2-①' 위치로 드래그하여 크기 조정 및 배치

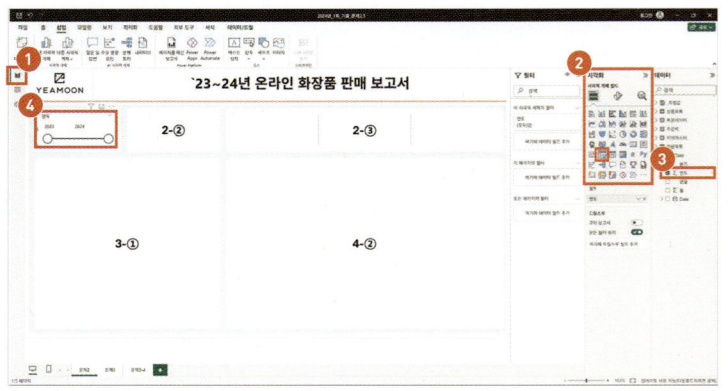

(2) 연도 슬라이서 서식 지정 및 설정

❶ [시각화 창]의 [시각적 개체 서식 지정] (🖌) 클릭
❷ [시각적 개체] 탭 선택
❸ [슬라이서 설정] 탭 선택 확장
❹ [스타일] '세로 목록' 설정
❺ ['모두 선택' 옵션 표시] 체크
❻ [슬라이서 머리글] 제거
❼ [값] 서식 지정
• 글꼴 'Segoe UI', 글꼴 크기 '10', '굵게' 설정
❽ 슬라이서에 '2024' 선택

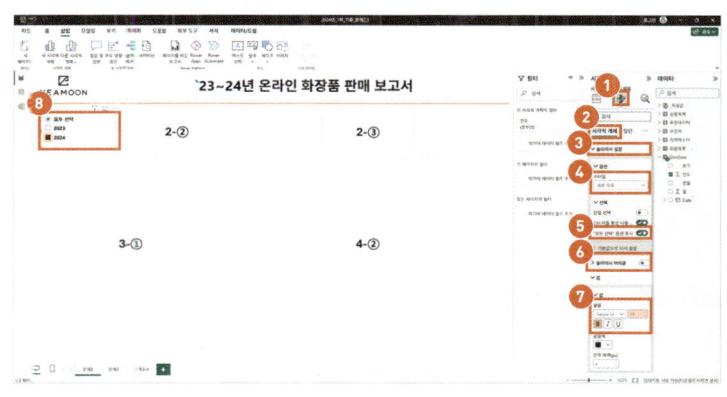

(3) 채널구분 슬라이서 복사 생성

❶ 연도 슬라이서 선택 후 [Ctrl]+[C], [Ctrl]+[V] 하여 슬라이서를 복제
❷ 슬라이서를 '2-②' 위치로 크기 조정 및 배치
❸ <DimDate> 테이블의 [연도] 필드 체크 해제
❹ <주문처> 테이블의 [채널구분] 필드 체크

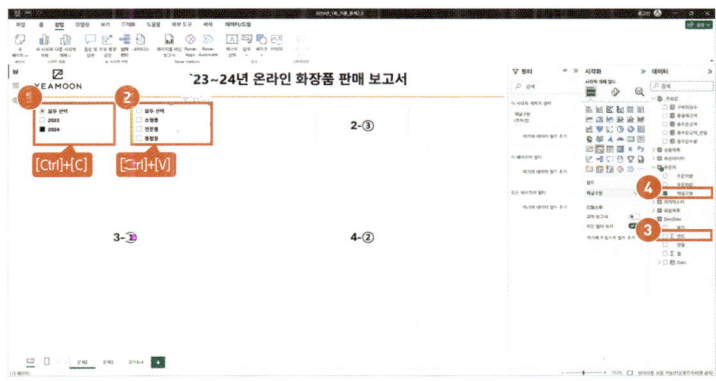

② 다음 조건으로 3개의 카드를 구현하시오. [3점]
▶ 활용 필드 : <_측정값> 테이블의 [총주문금액], [총주문수량], [구매회원수] 측정값
  - 설명 값 서식 : 글꼴 'DIN', 글꼴 크기 '30', '굵게', 표시 단위 없음
  - 범주 레이블 서식 : 글꼴 'DIN', 글꼴 크기 '14'
▶ 레이블명 변경 : [총주문금액] → '총 판매금액', [총주문수량] → '총 판매수량'
▶ 카드를 '2-③' 위치에 총 판매금액, 총 주문금액, 구매회원수 순서로 배치

문제 2-2-② 풀이

(1) 총 판매금액 카드 생성

❶ [시각화 창]의 [시각적 개체 빌드]에서 카드 개체(🗔)클릭
❷ <_측정값> 테이블의 [총주문금액] 측정값 체크
❸ 카드의 크기를 조정하여 '2-③' 위치의 왼쪽에 배치
❹ [총주문금액] 레이블을 더블 클릭하여 "총 판매금액" 입력 후 [Enter]

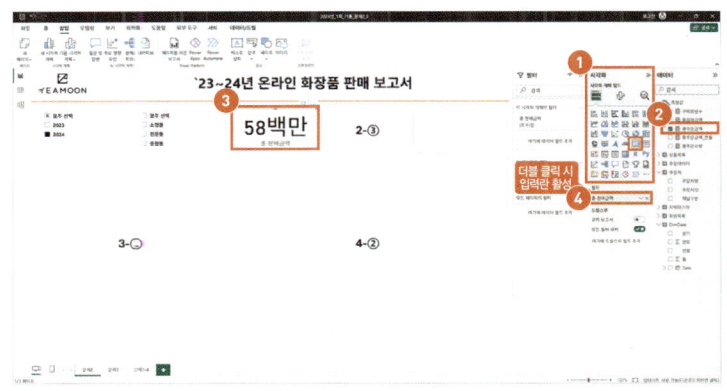

(2) 총 판매금액 카드 서식 지정

❶ [시각화 창]의 [시각적 개체 서식 지정] (🖌) 클릭
❷ [시각적 개체] 탭 선택
❸ [설명 값] 선택 확장
❹ 글꼴 서식 지정
 • 글꼴 'Din', 글꼴 크기 '30', '굵게'
❺ [표시 단위] '없음' 설정
❻ [범주] 레이블 서식 지정
 • 글꼴 'Din', 글꼴 크기 '14', '굵게'

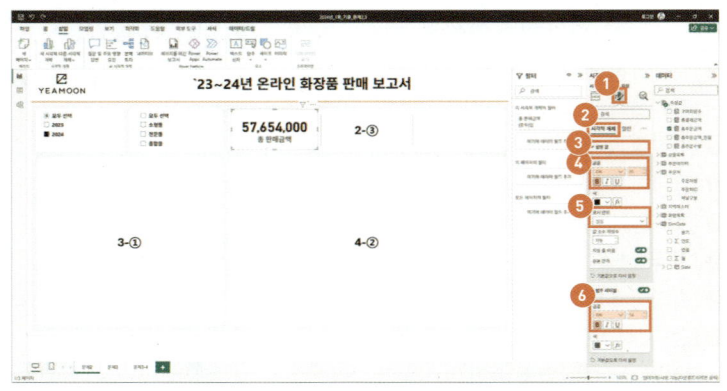

(3) 총 판매수량 카드 복제 생성

❶ 총 판매금액 카드 개체를 [Ctrl]+[C], [Ctrl]+[V]로 복제한 후 '2-③' 위치의 가운데 배치
❷ <_측정값> 테이블의 [총주문금액] 측정값 체크 해제
❸ <_측정값> 테이블의 [총주문수량] 측정값 체크
❹ [총주문수량] 레이블을 더블 클릭하여 "총 판매수량" 입력 후 [Enter]

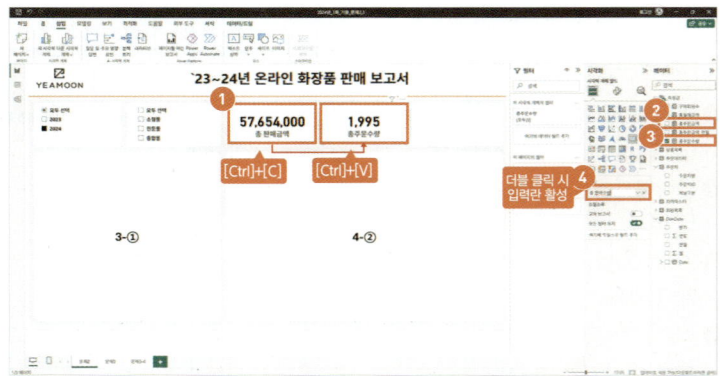

(4) 구매회원수 카드 복제 생성

❶ 총 판매금액 카드 개체를 [Ctrl]+[C], [Ctrl]+[V]로 복제한 후 '2-③' 위치의 오른쪽 배치
❷ <_측정값> 테이블의 [총주문수량] 측정값 체크 해제
❸ <_측정값> 테이블의 [구매회원수] 측정값 체크

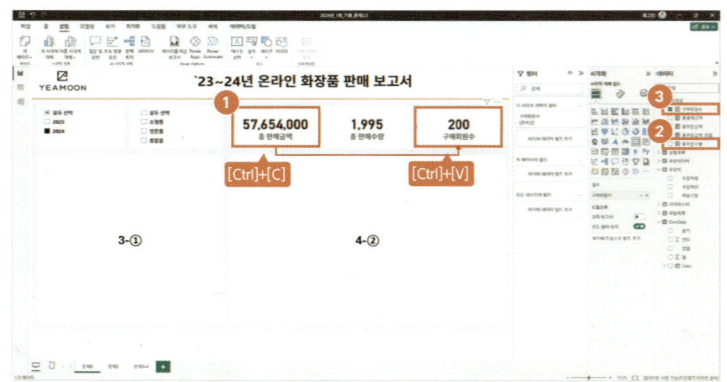

3 다음 지시사항에 따라 도넛형 차트를 구현하시오. [10점]

① 다음 조건으로 '문제 2' 페이지에 도넛형 차트를 구현하시오. [4점]
  ▶ 활용 필드
    - <주문처> 테이블의 [채널구분], [주문처명] 필드
    - <_측정값> 테이블의 [총주문금액] 측정값
  ▶ 도넛형 차트를 '3-①' 위치에 배치

문제 2-3-① 풀이

(1) 차트 생성 및 배치

❶ [시각화 창]의 [시각적 개체 빌드]에서 도넛형 차트(◯) 클릭
❷ 차트를 '3-①' 위치로 드래그하여 크기 조정 및 배치

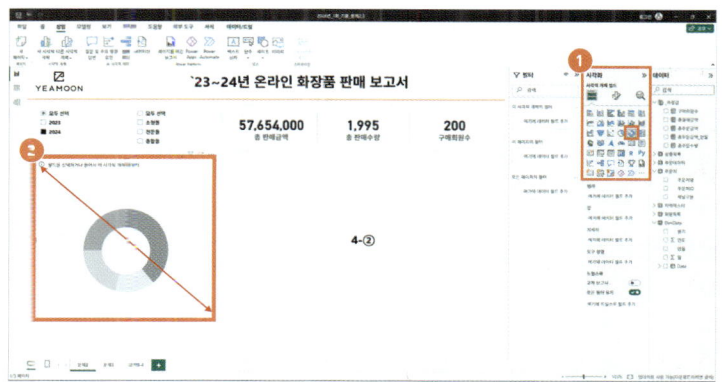

(2) 시각화 빌드 요소 추가

❶ [범례]에 <주문처> 테이블의 [채널구분] 필드 추가
❷ [값]에 <_측정값> 테이블의 [총 주문금액] 측정값 추가
❸ [자세히]에 <주문처> 테이블의 [주문처명] 필드 추가

② 도넛형 차트의 각 요소에 대한 서식을 지정하시오. [3점]
  ▶ 차트 제목 : "주문채널별 주문금액 비율"
    - 제목 서식 : 글꼴 'Segoe UI', '굵게', '중앙 정렬'
  ▶ 범례 : 위치 '아래쪽 가운데'
  ▶ 색상 : '전문몰' 채널 조각 색상 '#FF867A'
  ▶ 내부 반경 : '65%'

문제 2-3-② 풀이

(1) 차트 제목 설정

❶ [시각화 창]의 [시각화 개체 서식 지정] (🖌) 클릭
❷ [일반] 탭 선택
❸ [제목] 탭 선택 확장
❹ [제목]에 "주문채널별 주문금액 비율" 입력
❺ [글꼴] 서식 설정
- 글꼴 'Segoe UI', 글꼴 크기 '14', '굵게' 설정

❻ [가로 맞춤] '가운데 정렬'

(2) 차트 서식 설정

❶ [시각적 개체] 탭 선택
❷ [범례] 탭 선택 확장
❸ [위치]를 '아래쪽 가운데' 설정
❹ [조각] 탭 선택 확장
❺ '전문몰' 색 선택
❻ 🎨 다른 색... 클릭
❼ [헥스]에 "#FF867A" 입력 후 [Esc] 2번 입력
❽ [간격]의 [내부 반경(%)]을 '65'로 설정

---

③ 다음과 같이 도넛형 차트 세부 정보 레이블에 대한 서식을 지정하시오. [3점]
▶ 레이블 내용 : '범주, 총 퍼센트'로 표시
▶ 위치 : '바깥쪽 우선'

문제 2-3-③ 풀이

(1) 세부 정보 레이블 서식 지정

❶ [세부 정보 레이블] 선택 확장
❷ [옵션]의 [위치]를 '바깥쪽 우선' 설정
❸ [레이블 내용]을 '범주, 총 퍼센트' 설정

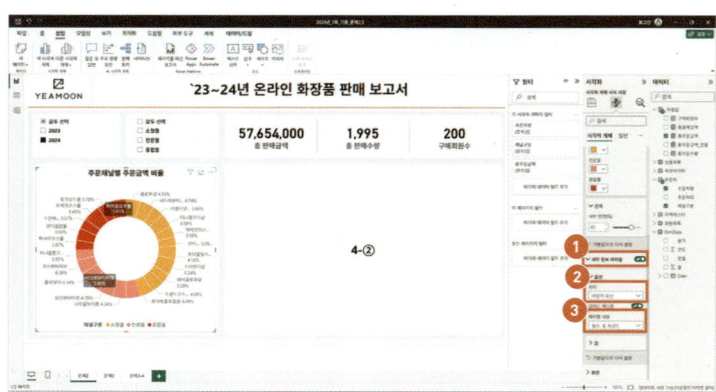

4 다음 지시사항에 따라 꺾은선형 및 묶은 세로 막대형 차트를 구현하시오. [10점]

① 주문지역별 주문수량과 주문금액을 나타내는 '꺾은선형 및 묶은 세로 막대형 차트'를 구현하시오. [3점]
   ▶ 활용 필드
      - <지역마스터> 테이블의 [광역시도] 필드
      - <_측정값> 테이블의 [총주문수량], [총주문금액] 측정값
   ▶ 지역별 주문금액을 열, 주문수량을 선으로 표시
   ▶ 차트를 '4-①' 위치에 배치

문제 2-4-① 풀이

(1) 차트 생성 및 빌드 요소 추가

❶ [시각화 창]의 [시각적 개체 빌드]에서 꺾은선형 및 묶은 세로 막대형 차트(📊) 클릭
❷ 차트를 '4-①' 위치로 크기 조정 및 배치

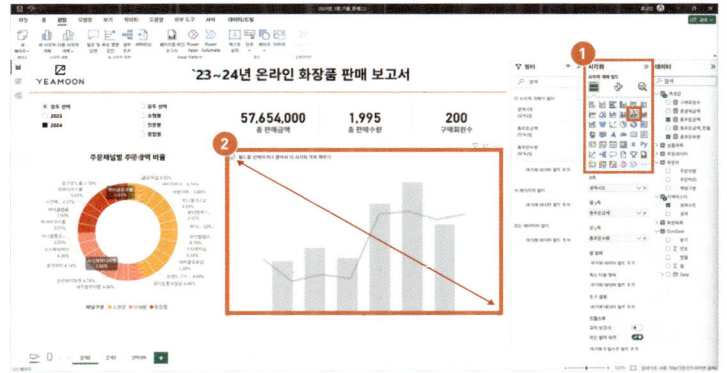

❸ [X축]에 <지역마스터> 테이블의 [광역시도] 필드를 드래그하여 추가
❹ [열y축]에 <_측정값> 테이블의 [총주문금액] 측정값을 추가
❺ [선y축]에 <_측정값> 테이블의 [총주문수량] 측정값을 추가

② 다음 조건으로 꺾은선형 및 묶은 세로 막대형 차트의 각 요소에 대한 서식을 지정하시오. [4점]
   ▶ 차트 제목 : "주문지역별 주문금액 및 수량"
      - 제목 서식 : 글꼴 'Segoe UI', '굵게', '중앙 정렬'
   ▶ X축, Y축, 보조Y축 : 축 제목 제거
   ▶ 데이터 레이블
      - 방향(열) '세로', 위치(열) '축에 가깝게' 표시
   ▶ 꺾은선형 차트 서식
      - 선 스타일 : '점선'
      - 표식 : 도형 유형 '◆', 크기 '5', 색 '검정'

문제 2-4-② 풀이

(1) 차트 제목 설정

❶ [시각화 창]의 [시각화 개체 서식 지정] (아이콘) 클릭
❷ [일반] 탭 선택
❸ [제목] 탭 선택 확장
❹ [제목]에 "주문지역별 주문금액 및 수량" 입력
❺ [글꼴] 서식 설정
- 글꼴 'Segoe UI', 글꼴 크기 '14', '굵게' 설정

❻ [가로 맞춤] '가운데 정렬'

(2) 축 제목 제거

❶ [검색 창]에 "제목" 입력 후 [→(방향키)]
❷ [X축] 제목 체크 해제
❸ [Y축] 제목 체크 해제
❹ [보조 Y축] 제목 체크 해제
❺ [검색 창]의 [X] 클릭

(3) 데이터 레이블 설정

❶ [시각적 개체] 탭 선택
❷ [데이터 레이블] 사용 설정 및 확장
❸ [옵션] 선택 확장 및 설정
- 방향(열) : '세로'
- 위치(열) : '축에 가깝게'

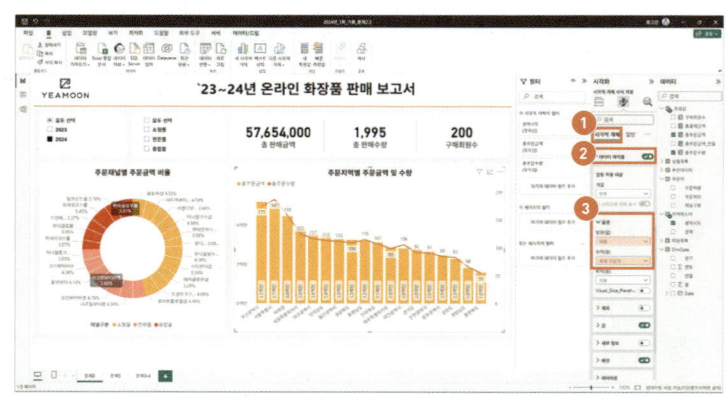

(4) 꺾은선 설정

❶ [선] 탭 선택 확장
❷ [선 스타일] '점선' 설정
❸ [표식] 사용 체크 및 탭 확장
❹ [도형] 선택 확장
❺ [유형]을 '◆'로 설정
❻ [색] 탭 선택 확장
❼ [기본값 색]을 '검정'으로 설정

③ 꺾은선형 및 묶은 세로 막대형 차트의 열 색에 조건부 서식을 적용하시오. [3점]
  ▶ 서식 스타일 : 그라데이션
  ▶ 기반 필드 : [총주문금액] 측정값
  ▶ 최소값 '1,000,000', 최대값 '10,000,000'
    – 색 : 최소값 '테마 색1, 60% 더 밝게', 최대값 '테마 색4'

문제 2-4-③ 풀이

(1) 열 막대 석 조건부 서식 적용

❶ [열] 탭 선택 확장
❷ [색] 탭 선택 확장
❸ 조건부 서식 아이콘(fx) 클릭
❹ [서식 스타일]을 '그라데이션' 설정
❺ [기반 필드]에 <_측정값> 테이블의
  [총주문금액] 측정값 선택
❻ [최소값] 설정
  • '사용자 지정' 선택
  • "1000000" 입력
  • 색 : '테마 색1, 60% 더 밝게' 설정
❼ [최대값] 설정
  • '사용자 지정' 선택
  • "10000000" 입력
  • 색 : '테마 색4' 설정
❽ [확인] 클릭

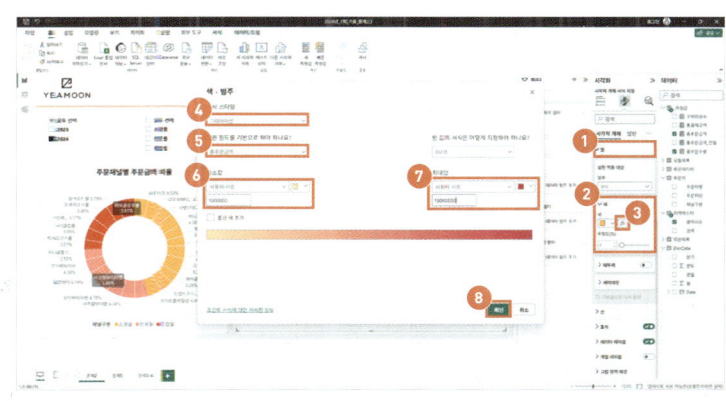

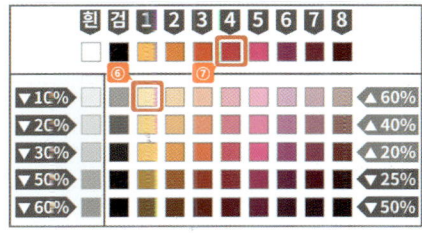

SECTION 03 문제 3-복합요소 구현 [45점]

1 다음 지시사항에 따라 매개 변수와 슬라이서를 구현하시오. [10점]

① 제품분류와 지역명을 필드 매개 변수로 설정하고, '문제 3' 페이지에 슬라이서를 구현하시오. [4점]
- ▶ 매개 변수 이름 : "분석차원"
- ▶ 활용 필드
  - <상품목록> 테이블의 [분류] 필드
  - <회원목록> 테이블의 [지역] 필드
- ▶ 필드 레이블 변경 : [분류] → '상품분류', [지역] → '주문지역'
- ▶ 슬라이서를 1-① 위치에 배치

문제 3-1-① 풀이

(1) 매개 변수 생성

❶ '문제 3' 페이지 선택
❷ [리본 메뉴]의 [모델링] 탭 선택
❸ [새 매개 변수]( ) 클릭
❹ [필드] 선택
❺ 매개 변수 설정창의 [이름]에 "분석차원" 입력
❻ <상품목록> 테이블의 [분류] 필드, <회원목록> 테이블의 [지역] 필드를 순서대로 클릭하여 추가
❼ [이 페이지에 슬라이서 추가] 체크
❽ [만들기] 클릭

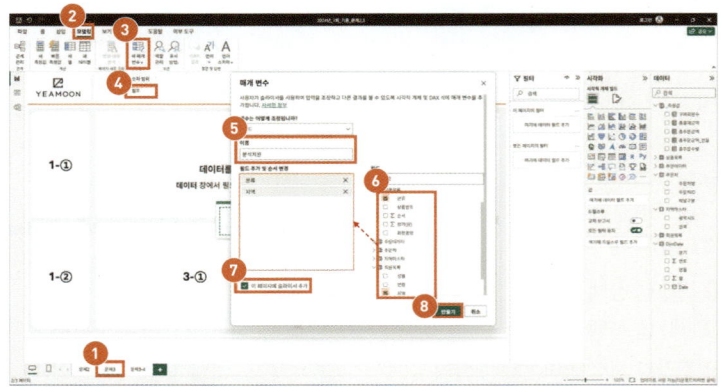

(2) 매개 변수 필드명 변경 및 배치

❶ [데이터 창]에서 <분석차원> 테이블 선택
❷ [수식 편집기]에서 수식 편집
- [분류]를 '상품분류'로 변경
- [지역]을 '주문지역'으로 변경 후 [Enter]
❸ 슬라이서를 '1-①' 위치에 배치

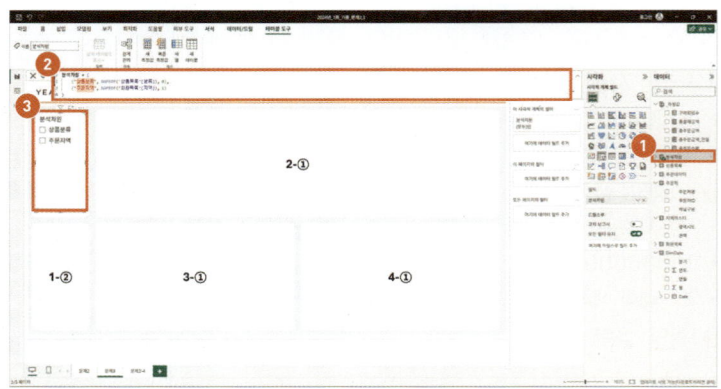

② 매개 변수 슬라이서의 서식을 설정하시오. [3점]
▶ 슬라이서 설정
- 스타일 '타일', '단일 선택'
▶ 슬라이서 머리글 제거
▶ 슬라이서에 '주문지역' 선택

문제 3-1-② 풀이

(1) 매개 변수 슬라이서 설정

❶ [시각화 창]의 [시각화 개체 서식 지정] (🖌) 클릭
❷ [시각적 개체] 탭 선택
❸ [스타일]을 '타일'로 설정
❹ [선택] 탭 확장 후 '단일 선택' 체크
❺ [슬라이서 머리글] 사용 체크 해제
❻ 슬라이서의 값을 [주문지역] 선택

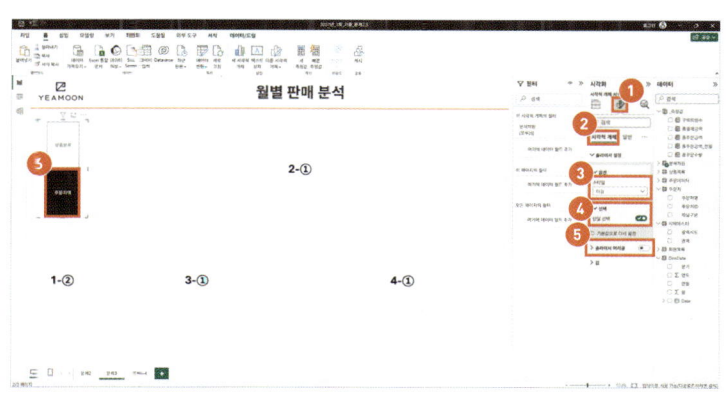

③ 다음 조건으로 새 열을 생성하고 '문제 3' 페이지에 슬라이서를 추가하시오. [3점]
▶ 새 열 이름 : 연월명
- 활용 필드 : <DimDate> 테이블의 [연도] 필드, [월] 필드
- [연도], [월] 필드와 "-" 텍스트를 연결하여 '2024-01' 형태로 표현
- 사용 함수 : FORMAT
▶ 연월 슬라이서
- 활용 필드 : <DimDate> 테이블의 [연월명] 필드
- 슬라이서 스타일 : '세로 목록'
- 값 서식 : 글꼴 'Segoe UI', 글꼴 크기 '10'
- 슬라이서 머리글 보이지 않도록 설정
- 슬라이서를 '1-②' 위치에 배치
- 슬라이서의 값을 '2023-04~2023-09'로 적용

문제 3-1-③ 풀이

(1) [연월명] 계산 열 생성

❶ [데이터 창]의 <DimDate> 테이블 선택
❷ [테이블 도구] 탭 선택
❸ [새 열](📋) 클릭

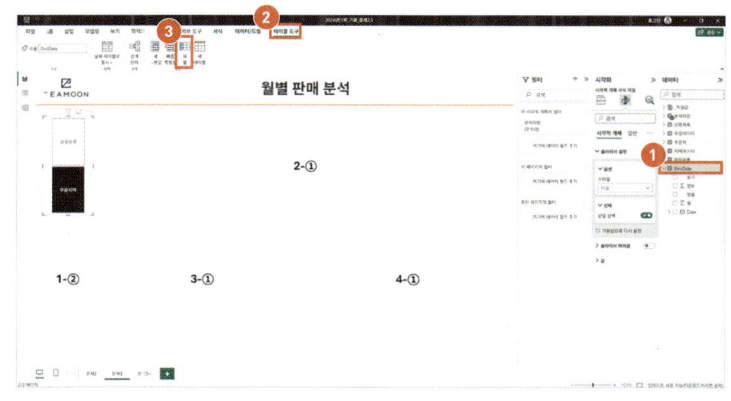

❹ [수식 편집기]의 박스에 수식 작성 후 [Enter]

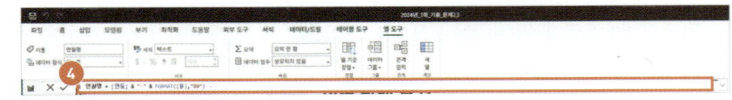

연월명 = [연도] & "-" & FORMAT([월],"00")

DAX 풀이

이 수식은 [연도]와 [월] 필드를 결합하여 "YYYY-MM" 형식의 문자열을 반환하는 계산된 열을 생성한다.
- [FORMAT] 함수는 [월] 필드의 숫자값을 두 자리 형식("00")의 문자열로 변환함
- [&] 연산자는 [연도] 값과 포맷팅된 [월] 값을 "-"로 연결하여 "연도-월(2자리)" 형식의 새로운 문자열을 만듦

사용 함수

- [FORMAT] : 값을 지정된 형식으로 변환
  - 구문 : FORMAT(<값>. <형식>)

(2) 슬라이서 개체 생성 및 배치

❶ [보고서 보기] 작업영역 선택
❷ [시각화 창]의 [시각적 개체 빌드]에서 슬라이서(🔲) 개체 클릭
❸ [데이터 창]에서 <DimDate> 테이블의 [연월명] 필드 클릭하여 슬라이서의 필드에 추가
❹ 슬라이서를 '1-②' 위치로 드래그하여 크기 조정 및 배치

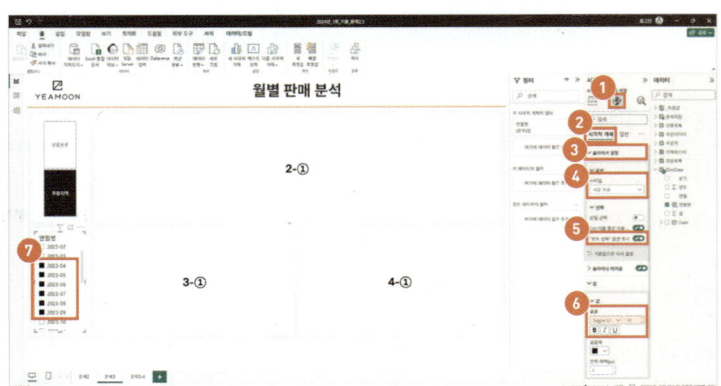

(3) 슬라이서 서식 지정 및 설정

❶ [시각화 창]의 [시각적 개체 서식 지정] (🔽) 클릭
❷ [시각적 개체] 탭 선택
❸ [슬라이서 설정] 탭 선택 확장
❹ [스타일] '세로 목록' 설정
❺ [선택] 선택 확장 및 ['모두 선택' 옵션 표시] 체크
❻ [값] 선택 확장 및 서식 지정
- 글꼴 'Segoe UI', 글꼴 크기 '10'
❼ [Ctrl]을 누른 상태로 슬라이서의 '2023-04~2023-09' 항목을 클릭하여 값 필터 적용 선택

2 다음 지시사항에 따라 측정값과 행렬 차트를 구현하시오. [10점]

① <_측정값> 테이블에 전월대비 주문금액 증감률을 반환하는 측정값을 추가하시오. [4점]
▶ 측정값 이름 : 전월증감률(%)
- 활용 필드
  • <DimDate> 테이블의 [Date] 필드
  • <주문데이터> 테이블의 [주문금액] 필드
- 전월대비증감률 반환, 전월금액이 공백인 경우 1 표시
- 사용 함수 : CALCULATE, VAR, RETURN, DIVIDE, SUM, IF, DATEADD, ISBLANK
▶ 변수 이름
- [주문금액] 합계 : 'this_mth'
- [전월금액] 합계 : 'prev_mth'
▶ 서식 : 백분율, 소수점 첫째 자리까지 표현

문제 3-2-① 풀이

(1) 전월증감률(%) 측정값 생성

❶ [데이터 창]에서 <_측정값> 테이블 선택
❷ [리본 메뉴]의 [새 측정값] 클릭

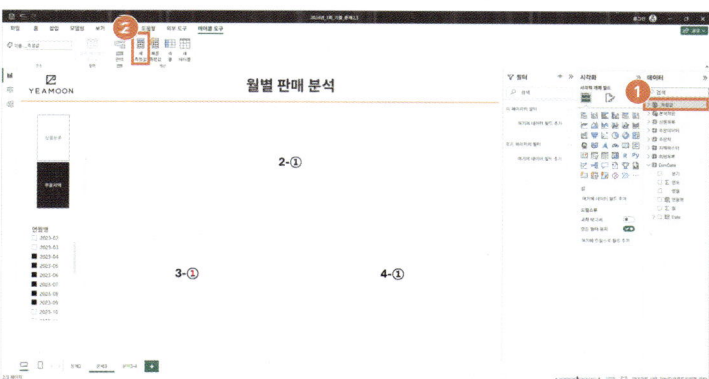

❸ [수식 편집기]의 박스에 수식 작성 후 [Enter]
❹ [측정 도구] 탭에서 백분율(%) 클릭
❺ 소수점 이하 자릿수 입력란 (0)에 "1"을 입력

전월증감률(%) =
VAR this_mth = SUM('주문데이터'[주문금액])
VAR prev_mth =
CALCULATE(
    SUM('주문데이터'[주문금액]),
    DATEADD('DimDate'[Date],-1,MONTH)
)
RETURN
IF(ISBLANK(prev_mth),1, DIVIDE(this_mth-prev_mth, prev_mth))

> **DAX 풀이**
>
> 이 수식은 현재 달과 전월의 [주문금액]을 각각의 변수에 지정한 후 비교하여 전월 대비 증감률을 계산한다.
> - VAR this_mth-변수1 : 현재 컨텍스트에서 [주문금액]의 합계를 계산하여 변수에 저장
>   - [SUM] 함수는 [주문금액] 필드의 총합을 반환
> - VAR prev_mth-변수2 : 전월 데이터를 기준으로 [주문금액]의 합계를 계산하여 변수에 저장
>   - [CALCULATE] 함수는 컨텍스트를 수정하여 전월 데이터를 기준으로 [주문금액]의 합계를 계산
>   - [DATEADD] 함수는 <DimDate> 테이블의 [Date] 필드를 기준으로 현재 날짜에서 1개월(-1) 전의 날짜를 반환
> - RETURN-결과 반환 : 변수를 기반으로 최종 계산값을 반환
>   - [IF] 함수는 [ISBLANK] 함수를 통해 전월 데이터(prev_mth)의 공백 여부를 확인함. 전월 데이터가 비어 있는 경우 기본값 (1)을 반환
>   - 그렇지 않은 경우, [DIVIDE] 함수가 '(this_mth-prev_mth)÷prev_mth'를 안전한 나눗셈으로 수행하여 전월대비 증감률을 계산

> **사용 함수**
>
> - [VAR] : 변수를 선언하고 저장된 값을 수식 내에서 재사용할 수 있도록 함
>   - 구문 : VAR <변수명> = <값>
>   ※ <변수명> : 선언할 변수의 이름
> - [RETURN] : 선언된 변수값을 사용하여 최종 결과를 반환
>   - 구문 : RETURN <값>
> - [SUM] : 지정된 열의 모든 값을 합산
>   - 구문 : SUM(<합계를 계산할 열>)
> - [CALCULATE] : 컨텍스트를 수정하여 식을 계산
>   - 구문 : CALCULATE(<식>, <필터>, …)
> - [DATEADD] : 날짜를 지정된 간격만큼 이동함
>   - 구문 : DATEADD(<날짜 열>, <간격>, <단위>)
> - [ISBLANK] : 값의 공백여부를 확인하고, 공백이면 TRUE, 아닐 경우 FALSE를 반환
>   - 구문 : ISBLANK(<값>)
> - [DIVIDE] : 두 값을 나누고 결과를 반환
>   - 구문 : DIVIDE(<분자>, <분모>, [대체값])
>   ※ [대체값](선택) : 분모가 0이거나 공백일 경우 반환할 값. 기본값은 BLANK()

> **알고 가기**
>
> [VAR] 변수의 변수명을 선언할 때 주의해야 하는 규칙은 다음과 같다.
> - 공백 사용 불가 : 필요시 언더스코어(_)나 대소문자를 사용하여 구분
> - 한글 및 특수문자를 사용 불가 : 변수명은 영문자(A-Z, a-z), 숫자(0-9), 그리고 언더스코어(_)만 허용
> - 숫자로 시작 불가
> - 대소문자 구분 불가 : Variable1, variable1, VARIABLE1은 동일하게 인식
> - 예약어 사용 불가 : DAX 예약어(예 SUM, CALCULATE, IF 등) 사용 불가

> **심화**
>
> 예약어란 프로그래밍 언어나 DAX에서 특정한 기능이나 역할을 수행하기 위해 미리 정의된 단어이다. 이 단어들은 고유한 의미를 가지고 있기 때문에 변수나 필드 이름으로 사용할 수 없으며, 예약어를 변수명이나 필드명으로 사용하려고 하면 오류가 발생한다. DAX에는 함수, 키워드, 연산자 등으로 사용되는 단어들이 예약어에 해당한다.
> 예 함수(SUM, AVERAGE, IF, CALCULATE, …), 키워드(TRUE, FALSE, BLANK, VAR, …), 논리연산자(AND, OR, NOT, …) 등

② 화장품 저품 정보와 주문금액 증감률을 나타내는 행렬 차트를 '문제 3' 페이지에 구현하시오. [3점]
- ▶ 활용 필드
  - <제품목록> 테이블의 [제품분류], [제품명] 필드
  - <DimDate> 테이블의 [연도], [월] 필드
  - <_측정값> 테이블의 [총주문금액], [총주문금액_전월], [전월증감률(%)] 측정값
- ▶ 행과 열 머리글은 계층구조 마지막 수준까지 확장
- ▶ 행렬 차트 서식
  - 눈금 : 행 안쪽 여백 '2'
  - 열 머리글 : 글꼴 'Segoe UI', '굵게', 머리글 맞춤 '가운데'
- ▶ 행렬 차트를 '2-①' 위치에 배치

문제 3-2-② 풀이

(1) 행렬 차트 배치 및 빌드 요소 추가

❶ [시각화 창]의 [시각적 개체 빌드]에서 행렬 차트(▦) 클릭
❷ 차트를 '2-①' 위치로 크기 조정 및 배치
❸ [행]에 <상품목록> 테이블의 [분류], [화장품명] 필드를 순서대로 드래그하여 추가
❹ [열]에 <DimDate> 테이블의 [연도], [월] 필드를 순서대로 드래그하여 추가
❺ [값]에 <_측정값> 테이블의 [총주문금액], [총주문금액_전월], [전월증감률(%)] 측정값 순서대로 추가

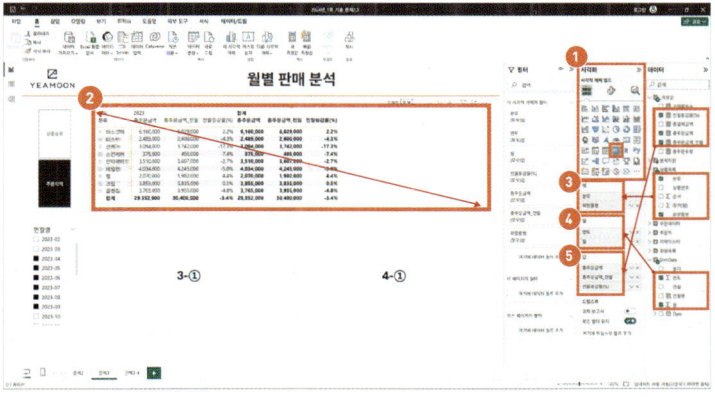

(2) 값 필드 이름 변경 및 표시 설정

❶ [값]의 필드를 더블 클릭하여 변경할 레이블 명 입력 후 [Enter]
- [총주문금액] → "당월"
- [총주문금액_전월] → "전월"
- [전월증감률(%)] → "증감률(%)"

❷ 드릴온 대상을 '행'으로 설정(드릴온 행 ▾) 한 후 [한 수준 아래 확장](🔽)을 클릭하여 최저 수준까지 확장

❸ 드릴온 대상을 '열'로 설정(드릴온 행 ▾) 한 후 [한 수준 아래 확장](🔽)을 클릭하여 최저 수준까지 확장

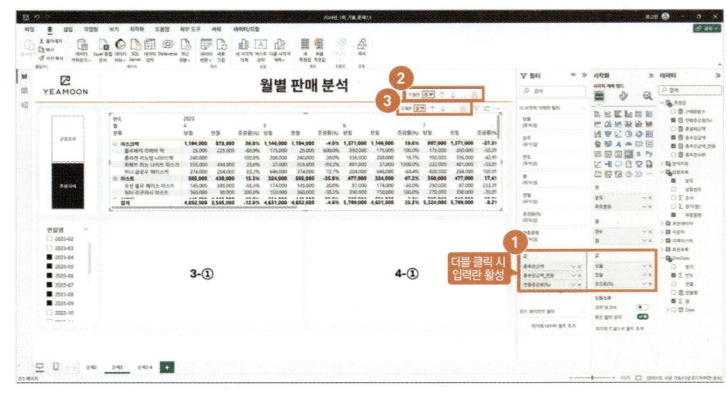

(3) 눈금 설정

❶ [시각화 창]의 [시각적 개체 서식 지정] (🖌) 클릭
❷ [시각적 개체] 탭 선택
❸ [눈금] 탭 선택 확장
❹ [옵션] 선택 확장
❺ [행 안쪽 여백] '2' 설정

(4) 열 머리글 설정

❶ [열 머리글] 탭 선택 확장
❷ [글꼴] 설정
- 글꼴 'Segoe UI', '굵게'
❸ [머리글 맞춤] '가운데 정렬'

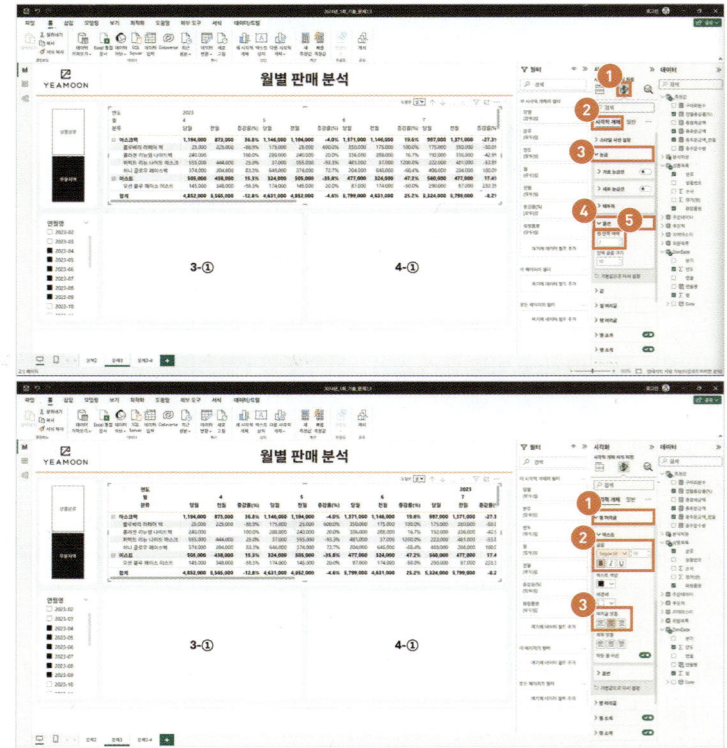

③ 행렬 차트에 다음 조건부 서식을 적용하시오. [3점]
▶ 조건부 서식 설정 : [전월비(%)] 필드
  - 조건부 서식 종류 : '배경색'
  - 적용 대상 : '값 및 합계'
▶ 서식 스타일 : 규칙
  - 0 < 값 ≤ 최대값 : '테마색 1, 60% 더 밝게'
  - 최소값 ≤ 값 < 0 : '테마색 3, 60% 더 밝게'

문제 3-2-③ 풀이

[1] 전월비(%) 열 조건부 서식 설정

❶ [셀 요소] 탭 선택 확장
❷ [계열]을 '전월비(%)'로 설정
❸ [배경색] 사용 체크
❹ [조건부 서식] 아이콘(fx) 클릭

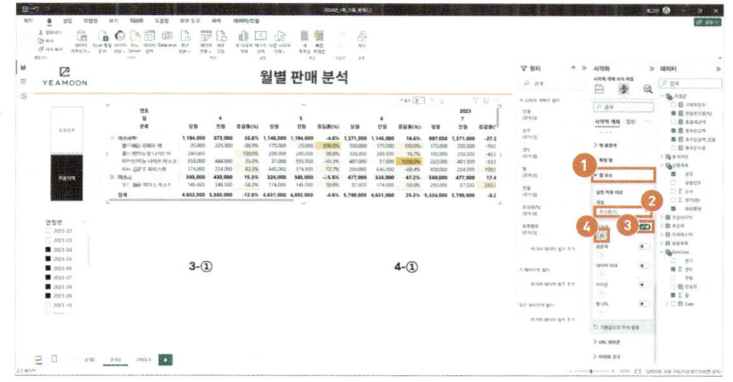

[2] 조건부 서식 대상 및 스타일 설정

❶ [서식 스타일]을 '규칙'으로 설정
❷ [적용 대상]을 '값 및 합계'로 설정
❸ [전월증감률(%)]를 기반 필드로 설정
❹ [+ 새 규칙] 클릭하여 규칙 추가

[3] 규칙 설정

❶ 규칙 ⓐ
- If값 : [>], [0], [숫자] 선택
- 끝 : [< =], [최대값], [숫자] 선택
- THEN : [테마색 1, 60% 더 밝게]

❷ 규칙 ⓑ
- If값 : [<], [0], [숫자] 선택
- 끝 : [<=], [최소값], [숫자] 선택
- THEN : [테마 색3, 60% 더 밝게]

❸ [확인] 클릭

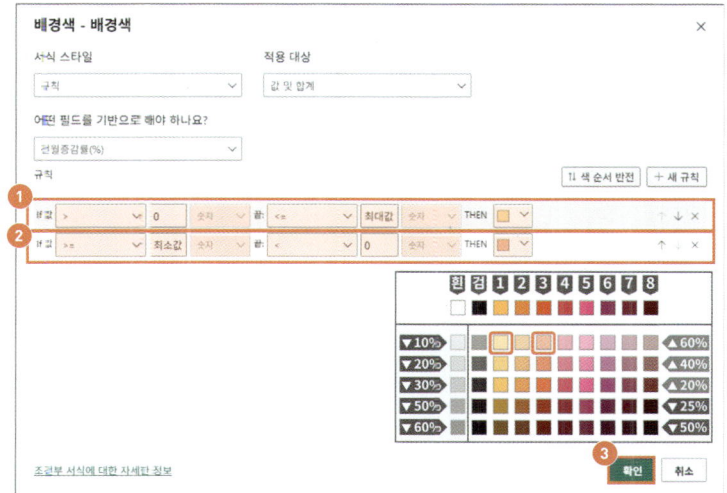

3 다음 지시사항에 따라 '문제 3' 페이지에 리본 차트를 구현하고, 시각적 개체 간 상호 작용을 설정하시오. [10점]

① 다음 조건으로 '문제 3' 페이지에 리본 차트를 구현하시오. [3점]
▶ 활용 필드
- <DimDate> 테이블의 [연도], [월] 필드-X축
- <분석차원> 테이블의 [분석차원] 필드-범례(가변)
- <_측정값> 테이블의 [총주문금액] 측정값-Y축
▶ 리본 차트를 '3-①' 위치에 배치

문제 3-3-① 풀이

(1) 차트 생성 및 빌드 요소 추가

❶ [시각화 창]의 [시각적 개체 빌드]에서 리본 차트(📊) 클릭
❷ 차트를 '3-①' 위치로 크기 조정 및 배치
❸ [X축]에 <DimDate> 테이블의 [연도], [월] 필드를 순서대로 추가
❹ [Y축]에 <측정값> 테이블의 [총주문금액] 측정값 추가
❺ [범례]에 <분석차원>테이블의 [분석차원] 필드 추가

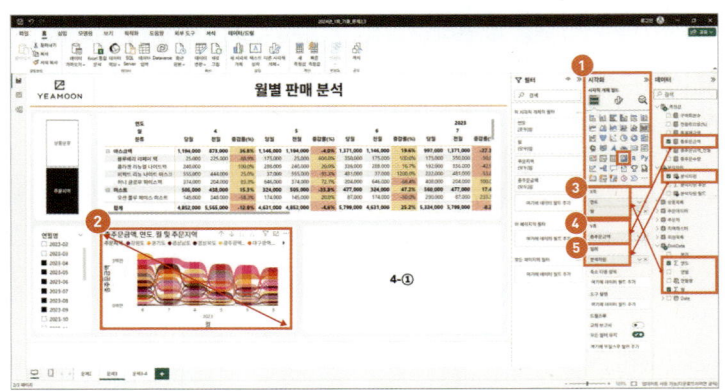

② 다음과 같이 리본 차트의 각 요소에 대한 서식을 지정하시오. [4점]
▶ 차트 제목 : "Top5 주문지역 매출실적"
- 제목 서식 : 글꼴 'Segoe UI', 글꼴 크기 '15', '굵게', '가운데 맞춤'
▶ X축 : 축 제목 제거
▶ Y축 : 축 제목 제거, 값 제거
▶ 범례 : 위치 '위쪽 가운데'
▶ 리본 : 색의 '투명도 50%'

3-3-② 풀이

(1) 차트 제목 설정

❶ [시각화 창]의 [시각적 개체 서식 지정]
  ( ) 클릭
❷ [일반] 탭 선택
❸ [제목] 탭 선택 확장
❹ [텍스트]에 "Top5 주문지역 매출실적"
  입력
❺ [글꼴] 서식 지정
  • 글꼴 'Segoe UI', 글꼴 크기 '15', '굵게'
❻ [가로 맞춤] '가운데 정렬'

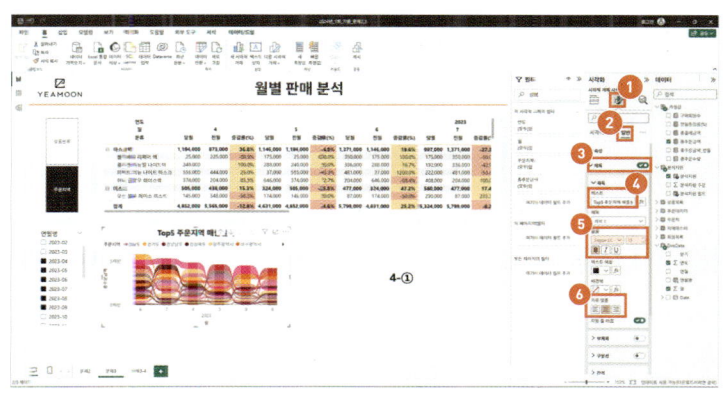

(2) X축 설정

❶ [시각적 개체 서식 지정] 클릭
❸ [제목] 체크 해제

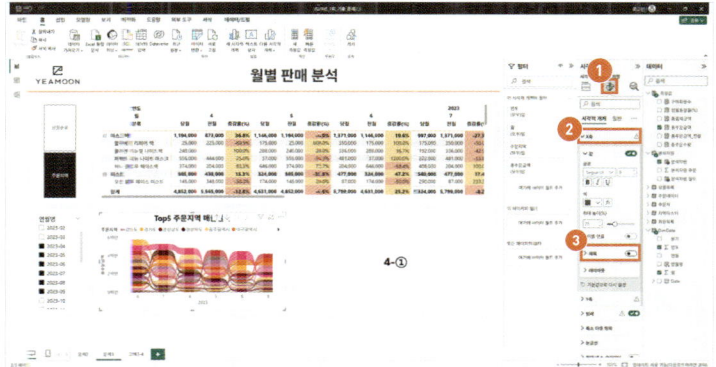

(3) Y축 설정

❶ [Y축] 탭 선택 확장
❷ [값] 체크 해제
❸ [제목] 체크 해제

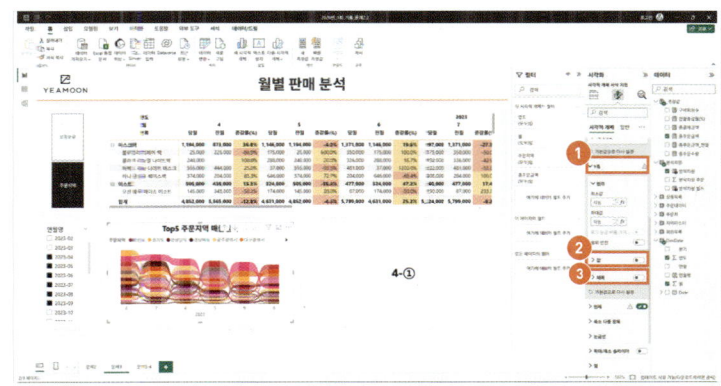

(4) 범례 및 리본 설정

❶ [범례] 탭 선택 확장
❷ [위치] '위쪽 가운데' 설정
❸ [리본] 탭 선택 확장
❹ [색] > [투명도(%)]를 '50' 설정

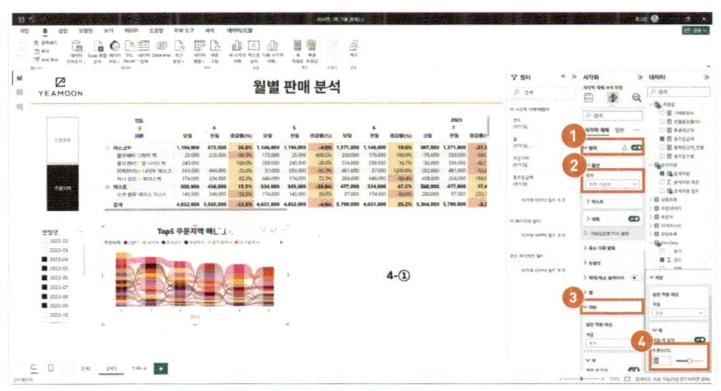

③ 리본 차트의 표시 상태를 설정하시오. [3점]
▶ X축 정렬 : '연도 월' 기준 '오름차순' 정렬
▶ 시각적 개체 필터
  - [총주문금액] 기준 상위 5위인 [주문지역]만 표시
  - [주문지역]이 '비회원'인 항목 표시 제외

문제 3-3-③ 풀이

[1] 리본 차트 축 정렬 설정

❶ 차트의 오른쪽 상단 추가메뉴(⋯) 클릭
❷ [축 정렬] 선택
❸ [연도 월] 클릭하여 기준 설정
❹ '❶~❷' 단계를 반복하여 [오름차순 정렬] 클릭하여 정렬 설정

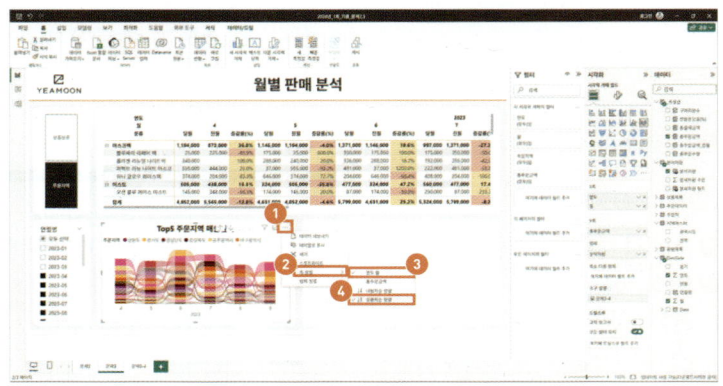

[2] 상위 5개 표시 필터 설정

❶ [필터 창]의 [주문지역] 필터카드 아이콘(∨) 클릭 확장
❷ [필터 형식]을 '상위 N' 설정
❸ [항목 표시]를 '위쪽', '5'개 설정
❹ [값]에 <_측정값> 테이블의 [총주문금액] 측정값을 드래그하여 추가
❺ [필터 적용] 클릭

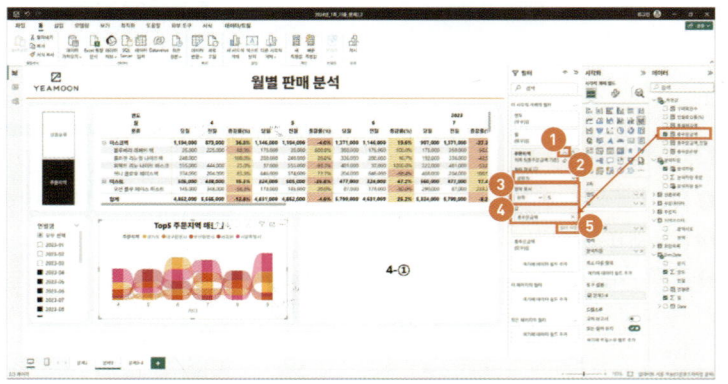

[3] 비회원 항목 제외 필터 설정

❶ <회원목록> 테이블의 [지역] 필드를 [필터 창] 시각적 개체의 필터로 드래그하여 추가
❷ [표시레벨] 필터카드 아이콘(∨) 클릭 확장
❸ [필터 형식]을 [고급 필터링] 선택
❹ 항목 표시 조건을 지정
 • [다음이 아님] 설정
 • 조건 값 "비회원" 입력
❺ [필터 적용] 클릭

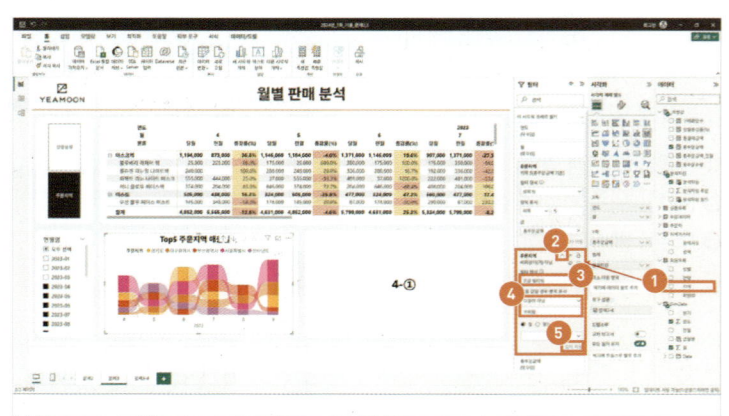

4 다음 지시사항에 따라 트리맵 차트를 구현하고, 시각적 개체 간 상호 작용 및 도구 설명을 설정하시오. [10점]

① 주문채널, 지역별, 주문수량의 비율을 나타내는 트리맵 차트를 구현하시오. [3점]
  ▶ 활용 필드
    - <지역마스터> 테이블의 [권역] 필드
    - <지역마스터> 테이블의 [광역시도] 필드
    - <_측정값> 테이블의 [총주문수량] 측정값
  ▶ 범주 : [권역] 필드
  ▶ 자세히 : [광역시도] 필드
  ▶ 값 : [총주문수량] 측정값
  ▶ 리본 차트를 '4-①' 위치에 배치

문제 3-4-① 풀이

(1) 차트 생성 및 배치

❶ [시각화 창]의 [시각적 개체 빌드]에서 트리맵(🔲) 클릭
❷ 차트를 '4-①' 위치로 드래그하여 크기 조정 및 배치

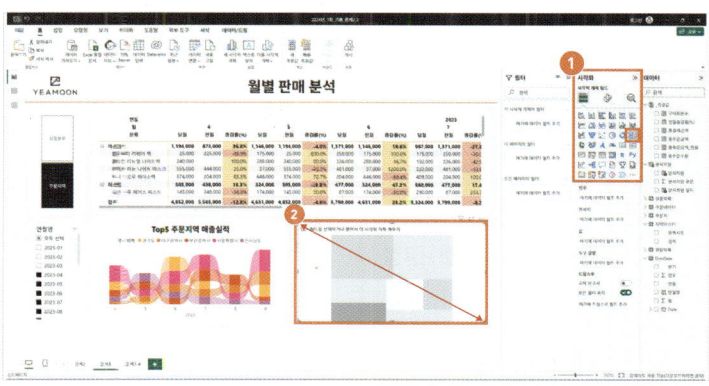

(2) 시각화 필드 요소 추가

❶ [범주]에 <지역마스터> 테이블의 [권역] 필드 추가
❷ [자세히]어 <지역마스터> 테이블의 [광역시도] 필드 추가
❸ [값]에 <_측정값> 테이블의 [총주문수량] 측정값 추가

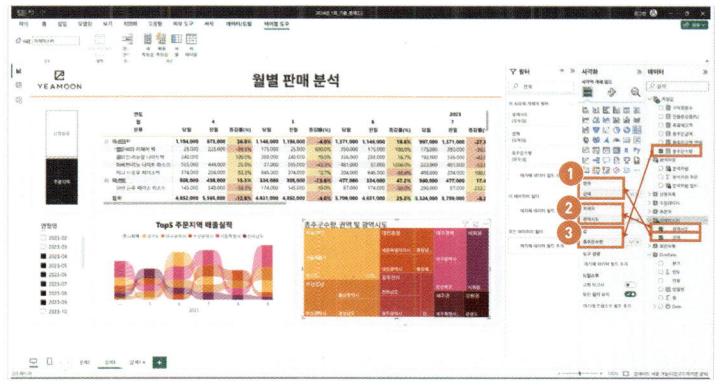

② 트리맵 차트의 서식을 지정하고 '문제 3' 페이지의 시각적 거체 간 상호 작용을 설정하시오. [3점]
  ▶ 차트 제목 : "권역별 주문수량 점유"
    - 제목 서식 : 글꼴 'Segoe UI', 글꼴 크기 '15', '굵게', '가운데 맞춤'
  ▶ 시각적 개체 간 상호 작용
    - 리본차트에서 선택한 필터 값이 행렬 차트, 트리맵에 작용되지 않도록 설정

문제 3-4-② 풀이

(1) 트리맵 제목 설정

❶ [시각화 창]의 [시각적 개체 서식 지정] (　) 클릭
❷ [일반] 탭 선택
❸ [제목] 탭 선택 확장
❹ [텍스트]에 "권역별 주문수량 점유" 입력
❺ [글꼴] 설정
  • 글꼴 'Segoe UI', 글꼴 크기 '15', '굵게'
❻ [가로 맞춤] '가운데 정렬'

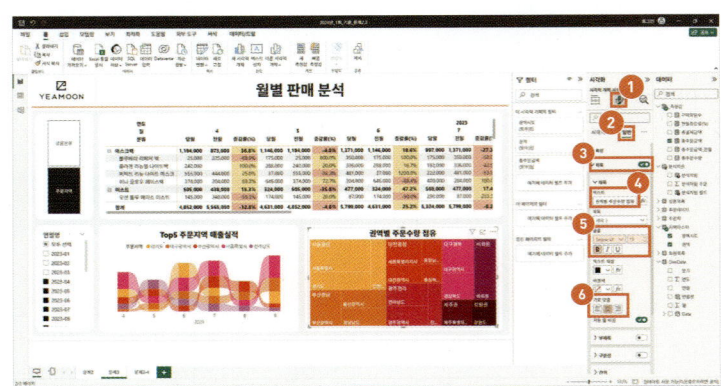

(2) 시각적 개체 상호 작용 설정

❶ 리본 차트 선택
❷ [리본 메뉴]의 [서식] 탭 선택
❸ [상호 작용 편집](　) 클릭
❹ 행렬 차트의 상호 작용을 없음 아이콘(　)을 클릭하여 해제(　) 설정
❺ 트리맵 차트의 상호 작용을 없음 아이콘(　)을 클릭하여 해제(　) 설정

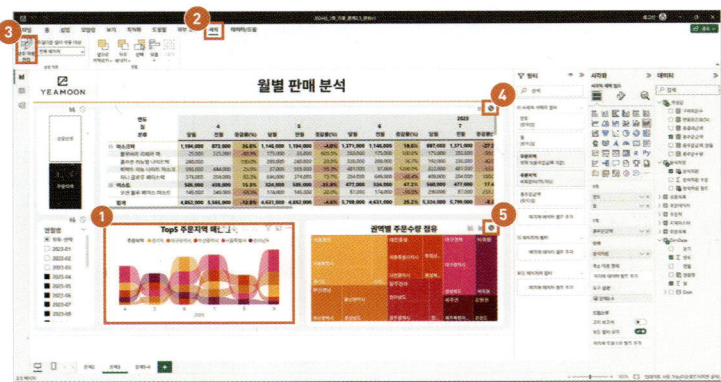

③ '문제 3-4' 페이지에 테이블 차트를 추가하고 도구 설명 페이지로 설정하시오. [4점]

▶ 캔버스 크기 : 높이 '300', 너비 '400', 세로 맞춤 '중간'
▶ 테이블 차트 생성 추가

분류	총주문금액	총주문수량	총결제금액	구매회원수
마스크팩	21,894,000	737	20,220,150	166
미스트	10,856,000	368	10,019,450	118
선케어	13,175,000	360	12,138,150	114
스킨케어	2,265,000	151	2,099,250	59
안티에이징	16,636,000	504	15,418,000	138
에멀전	16,747,000	596	15,342,800	150
젤	8,278,000	365	7,515,300	113
크림	14,394,000	571	13,213,750	143
클렌징	12,100,000	371	11,235,000	122
합계	116,345,000	4,023	107,201,850	200

- 활용 필드
  • <상품목록> 테이블의 [분류] 필드
  • <_측정값> 테이블의 [총주문금액], [총주문수량], [총결제금액], [구매회원수] 측정값
▶ '문제 3' 페이지의 리본 차트와 트리맵에 문제 3-4 도구 설명 페이지 표시

632　경영정보시각화능력 실기

문제 3-4-③ 풀이

(1) '문제 3-4' 페이지 도구 설명 설정

❶ '문제 3-4' 페이지 선택
❷ [보고서 페이지 서식 지정](▶)선택
❸ [페이지 정보] 선택 확장 후 [도구 설명으로 사용…] 사용 설정
❹ [캔버스 설정] 선택 확장 및 설정
- 유형 : '사용자 지정'
- 높이(px) : 300
- 너비(px) : 400
- 세로 맞춤 : '중간'

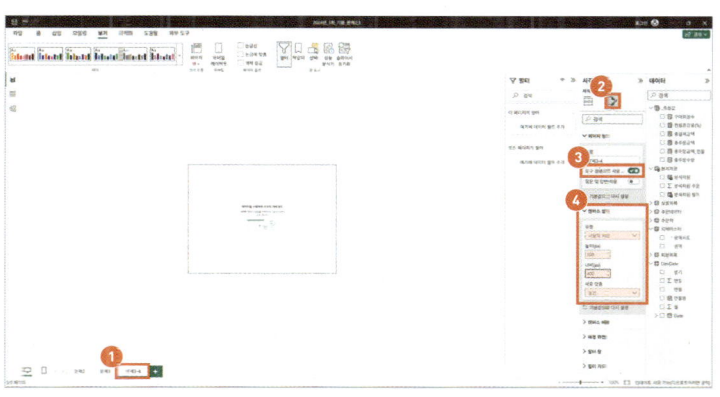

(2) 테이블 생성 및 빌드 요소 추가

❶ [시각화 창]의 [시각적 개체 빌드]에서 테이블(▦) 클릭
❷ 테이블을 드래그하여 크기 조정 및 배치
❸ [열]에 다음의 필드 및 측정값을 순서대로 추가
- <상품목록> 테이블의 [분류] 필드
- <_측정값> 테이블의 [총주문수량]
- <_측정값> 테이블의 [총주문금액]
- <_측정값> 테이블의 [총결제금액]
- <_측정값> 테이블의 [구매회원수]

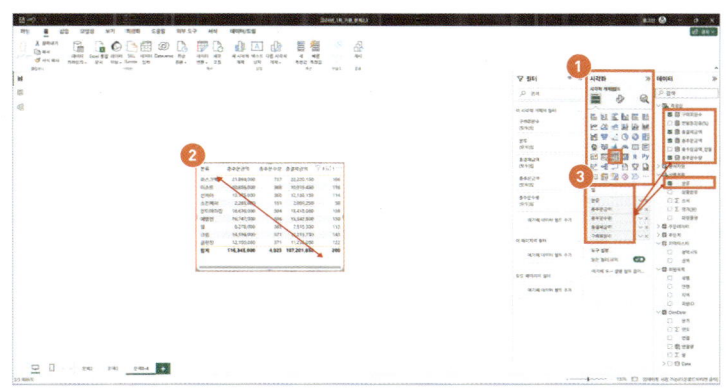

(3) 리본 차트 [도구 설명] 지정

❶ '문제 3' 페이지 이동
❷ 리본 차트 선택
❸ [시각화 창]의 [시각적 개체 서식 지정] (🖌) 클릭
❹ [일반] 탭 선택
❺ [도구 설명] 선택 확장
❻ [옵션] 설정
- 유형 : 보고서 페이지
- 페이지 : '문제 3-4' 설정
❼ 리본 차트의 값 위에 마우스를 올려 설정 완료 여부를 확인

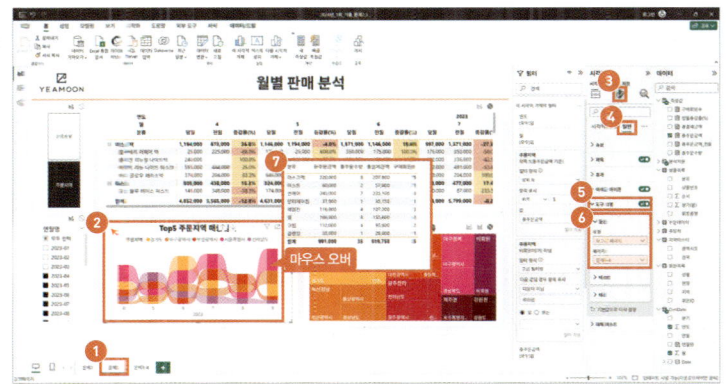

(4) 트리맵 [도구 설명] 지정

❶ 트리맵 차트 선택
❷ [시각화 창]의 [시각적 개체 서식 지정] (🖌) 클릭
❸ [일반] 탭 선택
❹ [도구 설명] 선택 확장
❺ [옵션] 설정
• 유형 : 보고서 페이지
• 페이지 : '문제 3-4' 설정
❻ 리본 차트의 차트 위에 마우스를 올려 설정 완료 여부를 확인

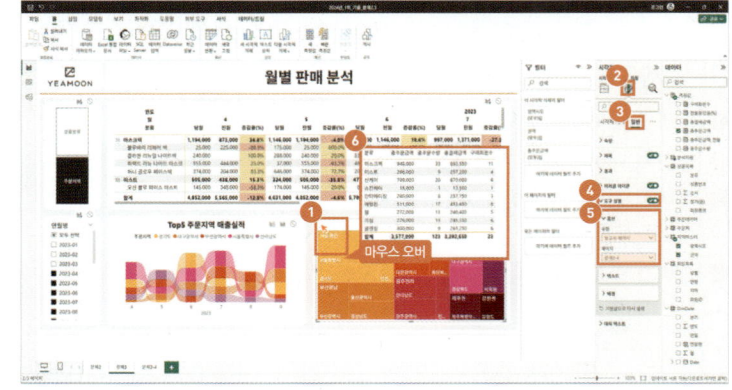

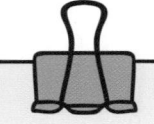

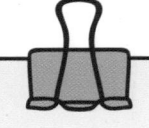

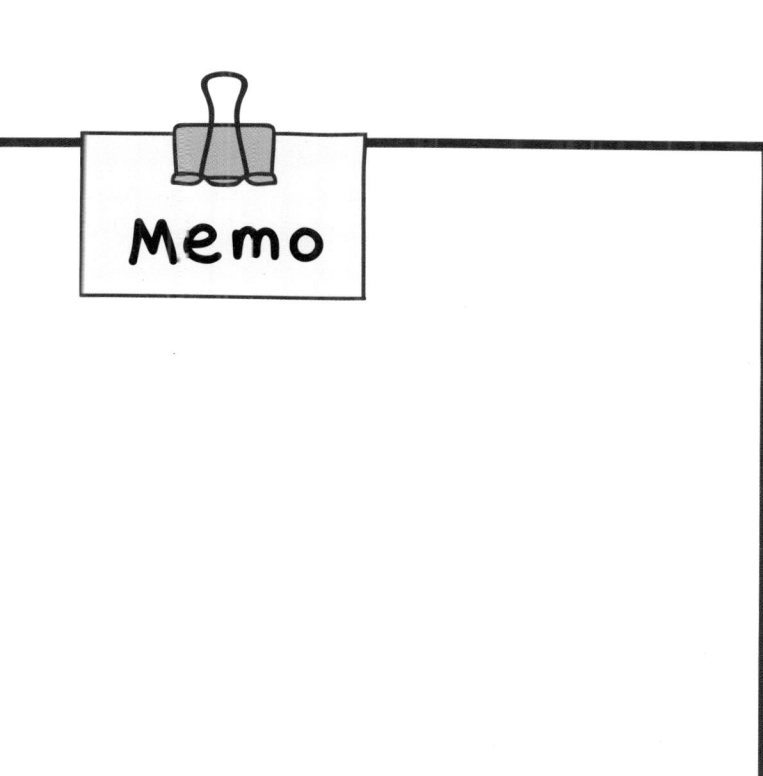

**2025
경영정보시각화능력 실기 한권완성 Power BI**

초 판 발 행	2025년 2월 10일
공　　　저	최형규, 정경문
발 행 인	정용수
발 행 처	(주)예문아카이브
주　　　소	서울시 마포구 동교로 18길 10, 2층
T E L	02) 2038-7597
F A X	031) 955-0660
등 록 번 호	제2016-000240호
정　　　가	36,000원

- 이 책의 어느 부분도 저작권자나 발행인의 승인 없이 무단 복제하여 이용할 수 없습니다.
- 파본 및 낙장은 구입하신 서점에서 교환하여 드립니다.

홈페이지 http://www.yeamoonedu.com

ISBN 979-11-6386-414-1　　[13000]